视听传播专业核心课程系列教材

视听采访与写作
SHITING CAIFANG YU XIEZUO

曾祥敏 杨凤娇 汤 璇 著

中国传媒大学出版社
·北京·

目 录

第一章 理解视听采访与写作 …………………………………………… 1
    第一节 采访与写作的内涵 ……………………………………………… 2
    第二节 视听采访与写作的变革 ………………………………………… 8

第二章 视听采访与写作的特点 ………………………………………… 29
    第一节 发挥视听采访的优势 …………………………………………… 29
    第二节 提升视听写作的优势 …………………………………………… 54
    第三节 用个性、情感与思辨直击人心 ………………………………… 63

第三章 视听采访与写作的原则与要求 ………………………………… 68
    第一节 采访与写作的基本原则 ………………………………………… 68
    第二节 为看与听而采——镜头意识 …………………………………… 73
    第三节 为视与闻而写——画面意识 …………………………………… 93

第四章 选题分析与策划 ………………………………………………… 104
    第一节 确定选题角度 …………………………………………………… 104
    第二节 聚集与提炼主题 ………………………………………………… 126

第五章 视听采访报道的思路与方法 …………………………………… 139
    第一节 报道具体化的思路 ……………………………………………… 139
    第二节 引人注目的中心人物 …………………………………………… 162

第六章　视听采访拍摄：动态与细节 ······ 186
第一节　动态采访 ······ 186
第二节　细节是金 ······ 208

第七章　视听采访拍摄：全景视频和无人机 ······ 223
第一节　全景视频报道 ······ 223
第二节　无人机航拍报道 ······ 235

第八章　视听采访拍摄：现场同期声 ······ 250
第一节　同期声的特点及创作方法 ······ 250
第二节　同期声与主观声音的关系 ······ 264

第九章　视听采访报道：出镜报道 ······ 274
第一节　现场出镜报道 ······ 274
第二节　Vlog 新闻出镜报道 ······ 297

第十章　视听采访报道：提问与访谈 ······ 313
第一节　理解现场提问与访谈 ······ 313
第二节　如何接近被访者 ······ 319
第三节　现场访谈的总体原则 ······ 323
第四节　现场随机采访 ······ 334
第五节　人物专访 ······ 344

第十一章　视听写作：短新闻 ······ 370
第一节　电视消息写作 ······ 370
第二节　短视频新闻写作 ······ 387
第三节　音频短新闻写作 ······ 419
第四节　H5 新闻文本写作 ······ 434

第十二章　视听写作：新闻专题 ········· 447
第一节　深度报道写作 ········· 447
第二节　人物专题写作 ········· 458
第三节　融媒体新闻写作 ········· 469

第十三章　视听写作：纪录片 ········· 475
第一节　纪录片写作概述 ········· 475
第二节　纪录片创作的核心要素 ········· 481
第三节　纪录片解说词的创作与叙事 ········· 490

第十四章　视听写作：评论 ········· 500
第一节　电视新闻评论 ········· 500
第二节　短视频新闻评论 ········· 510
第三节　音频新闻评论 ········· 517

后　记 ········· 529
中文文献 ········· 532
英文文献 ········· 542

采访是对"真实"的选择,报道是发现、聚焦和提炼的艺术

第一章
理解视听采访与写作

视听采访与写作是什么?

视听采写是技术赋能,发挥视听媒介优势的信息采集与整合;视听采写也是融合采写,是媒介进化与分化后,从视觉与听觉的更高维度去考量信息传播;视听采写是新媒体时代,新闻思维、视觉思维和用户思维的融合;视听采写更是全员采写,是在互联网"人人都有麦克风"的时代,专业采写与用户采写的平台聚合与整合;视听采写最终还是以"人"为核心的采写,是全媒体传播时代,坚持人文精神的守正创新。

新闻是对新近发生的事实的报道,**采访与写作是新闻报道的基础与核心,是新闻工作者为公共服务的目的,通过观察、访问、调查、发现等活动而搜集信息,形成报道的过程,是特殊的调查研究活动**。从工业革命到信息革命,从原子到比特,从铅与火到光与电,进而到数与网,从纸质媒介到广播、电影、电视媒介,进而到互联网视听新媒介,信息收集、呈现、传播的技术和手段不断发展,而采写作为信息收集的基础环节没有变。

技术赋能引发了新闻生产与传播的变革,从文生文,到文生图,进一步到文生视频,人工智能全面介入多模态的新闻信息生产和传播。人们还在不断探索其对以"现场""真实""真相"和"真理"为原则的新闻将构成何种影响,未来人机协同的视听采写将呈现何种面貌,这是当下视听报道极具创新的变革性因素。

技术平权带来了媒体话语权的下移,信息生产与传播从书籍、报纸、广播、电视的"中心化"传播,变革为去"中心化"的全员传播,媒体恪守的制度、规则和话语受到全员发布的挑战,某种程度上而言,平台和用户开创的采访报道的话语、形态、

样态等甚至倒逼着传统媒体进行模仿、创新、融合和引领，比如弹幕、Vlog、鬼畜、花字包装等报道或表现形式。

在互联网语境下，新闻传递信息的大众传播功能不断拓维，分众化、垂直化的服务不断深化，"新闻+政务服务商务"的中国新闻实践不断深入，视听采写成为媒体参与社会治理和百姓服务的基础性环节，其内涵和外延空前扩展。

视听采访与写作正是在这样的语境下不断变革，守正创新是新时代的重要命题。

第一节　采访与写作的内涵

在把握视听采写规律和方法之前，先要探究采写的含义和价值。采写是求知、探索的过程，是为了获取事实真相、传播事实信息而展开的活动。更重要的是，采写是一门探究人的艺术，是对人的个性、人的心理、人的情感、人性本质、人性弱点、人性光辉的揣摩、印证与对质，"人是新闻的理由"，"新闻因人而生动"，"新闻写人影响人"。我们所依仗的视听媒介工具和手段只是为了更有助于展现、揭示我们的被访事件以及事件当中的人。

我们不妨先抛开采访与写作的技术和技能的讲解，首先专注于采访报道理念的形成与培养。因为没有这样的理念贯穿，报道便难有突破。

一、采访报道是现场的发现

采访是记者在现场的独家发掘、发现和发展，是为了公共传播的调查研究。尤其是在视听新媒体时代，人人都有麦克风，"键盘侠""文抄公""剪刀手""书房记者"甚嚣尘上，从网络上搜索获取新闻"营养液"的自媒体泛滥成灾。现场事件被包装、二次剪辑，成为自媒体的素材。

反者，道之动，记者在现场的亲身观察、独家发现、专业呈现更显得珍贵、有力。脚底板下出新闻，记者的"四力——脚力、眼力、脑力、笔力"之首是脚力，俯下身，沉下心，察实情，做出沾土带露冒热气的作品，只有在现场，才能接近真实、还原真相、发现真理。让我们看看这些一线记者的思考：

无论社会环境、舆论生态如何变化，新闻报道的核心竞争力依然是调查研究，通过记者深入基层一线的蹲点报道，用一个个鲜活故事来展现重大主题、记录时代变迁。

　　新时代的新闻实践无论形式如何发展，传播的路径如何丰富，根本还是调查研究。丢弃了调查研究，就等于战士丢弃了武器，河流自绝了源头。

　　媒体要讲好大时代的故事，必须深潜到底、平心静气，才能清晰、准确地去叙述这个时代。

　　记者，行者也，记者的特质就是在"现场"。记者的生命之路在脚下，失去"脚力"就意味着失去根基。[①]

　　在视听新媒体时代，那些犯有"材料依赖症"的"新闻搬运工""二传手""臆想家"迟早会被人工智能所代替[②]。那么，什么样的记者或新闻不会被这个时代所淘汰？"夫情动而言形，理发而文见"（《文心雕龙·体性》），记者只有深入现场，扎实调研，情动心动，独家观察，深入思考，准确判断，报道出具有穿透力、创造力和生命力的作品，才能不负于这个时代。

二、采访报道是新的发现

　　新闻的"新"不仅仅是新的事件，更重要的是记者新的观察和新的发现，发现新的题材，发现新的视角。每天的事件从时间上来说固然都是新的，然而若千篇一律，其新意又从何体现？新闻是给公众提供欲知、未知和应知的信息，这就需要记者在事件探究中发现新现象，提出新问题，引发新思考。诸如《中国首次成功试航北极西北航道》[③]，《全球最薄不锈钢在太钢问世 0.02 毫米可手撕》[④]，《我国首座深海渔场"深蓝一

[①] 笔者对福建省广播影视集团融媒体资讯中心采访部主任游宁剑、浙江广播电视集团融媒体新闻中心高级记者杨川源、成都商报—红星新闻深度报道中心记者杨灵的访谈，2024年2月；新华社国内部记者赵承在"中国新闻传播大讲堂"的演讲《脚下有泥 心中有光 笔下有神》，2021年。

[②] 之江轩. 记者不该犯"材料依赖症"［EB/OL］.（2023-11-23）［2023-12-26］. https：//mp.weixin.qq.com/s/bXaKgloL5X1b8OvyJfiEAw.

[③] 央视网. 中国首次成功试航北极西北航道［EB/OL］.（2017-09-09）［2023-12-26］. http：//app.www.gov.cn/govdata/gov/201709/09/411310/article.html.

[④] 央视新闻. 全球最薄不锈钢在太钢问世 0.02 毫米可手撕［EB/OL］.（2024-05-02）［2023-12-27］. https：//baijiahao.baidu.com/s?id=1797883382595308885&wfr=spider&for=pc.

号"黄海启用》①,《全国首创,上海自贸区企业一证闯天下》②,等等,这些"首次、首创、第一、最"体现出历史比较下的新的发现与价值,同时,新闻也要体现出与受众的意义和联系。

美国舆论学家沃尔特·李普曼(Walter Lippmann)曾说:"新闻不是社会状况的一面镜子,而是对已经暴露出头角的那方面的报告。"③ 这句话一针见血地指出了记者应具备发现能力。好新闻是记者独家观察、独立思考、独立判断并审慎发布的结果。比如,《贺兰山生态环境整治后 大批野生动物重回家园》中,记者从野生动物出现瞬间,独家发现贺兰山环境整治和生态修复的趋势④;《"并村"之后》中,记者深入蹲点温州永嘉的八个不同类型的合并村,提出"并村"之后基层治理、基层发展亟待破解的难题;⑤ "东北黑土保护调查"系列报道中,记者两赴中国黑土核心区,行程上千米,冒险暗访揭开黑土盗卖产业"黑幕"⑥;《神秘"曹园"》中的记者虽难以进入曹园,但通过多种途径独家调查,获得曹园违法乱建、破坏生态的一手证据⑦;《水漫河堤、防汛一级应急响应,秦淮河大堤却被挖空建高档餐厅》中,记者揭露大坝内部宽近百米、深十几米的混凝土坝体已经被掏空,变身为酒吧餐厅,如此触及水利设施红线的违法行为,却无人监管⑧。这些优秀的视听报道无不是记者践行"四力",获得独家发现的结果。

"东北黑土保护调查"相关报道二维码

---

① 齐鲁频道. 我国首座深海渔场"深蓝一号"黄海启用 [EB/OL].(2020-11-15)[2023-12-26].https://v.qq.com/x/page/d32041k0b2s.html.
② 看东方. 全国首创,上海自贸区企业一证闯天下 [EB/OL].(2024-02-20)[2023-12-27].https://haokan.baidu.com/v?pd=wisenatural&vid=3867037232225074997.
③ 李普曼. 公众舆论 [M]. 阎克文,江红,译. 上海:上海人民出版社,2006:245.
④ 宁夏新闻联播. 贺兰山生态环境整治后 大批野生动物重回家园 [EB/OL].(2023-07-20)[2023-12-27].https://www.iqiyi.com/v_19rveub6yc.html.
⑤ 浙江新闻联播. "并村"之后 [EB/OL].(2019-10-17)[2023-12-27].https://v.qq.com/x/page/z3009z1qyqf.html.
⑥ 新华社. 东北黑土保护调查 [EB/OL].(2021-04-01)[2023-12-28].https://xhpfmapi.zhongguowangshi.com/vh512/share/9876318?channel=weixinp.
⑦ 新闻1+1. 神秘"曹园"[EB/OL].(2023-02-13)[2023-12-28].https://www.bilibili.com/video/BV1qM411P7fD/.
⑧ 网易视频. 水漫河堤、防汛一级应急响应,秦淮河大堤却被挖空建高档餐厅 [EB/OL].(2020-07-26)[2023-12-28].https://m.163.com/news/video/VFHI17S1C.html.

图 1-1-1 《"东北黑土保护调查"相关报道》截图

我国主流媒体在"走基层"的许多节目中,呈现的是记者在报道中的切身体验,更重要的是这些切身体验中有新的发现,有充满个性又能与用户情感相通的"熟悉的陌生人",令人印象深刻。铁路线上的爱情是"新春走基层"报道的常客,诞生了很多"出圈"的作品。比如,中央广播电视总台"新春走基层"从相同主题之中探寻新内容。2015 年,在《一条红围巾"团圆"6 秒钟》中,李佳妮带孩子在火车上依靠伸出窗外的红围巾,与哨所岗位上的丈夫"相见"6 秒钟;2017 年,在《从北到南 载思念回家》中,列车长罗磊与身为列车员的新婚妻子,利用两列列车停泊交会的时间隔窗挥手相望;还有 2019 年,在《相约在零点 37 分》中,铁路司机郝康和列车乘务员雷杰在车站短暂见面时的真情流露。2023 年,在《向春而行|烟花照归途》中,记者找到了陕西夫妻杨蓉蓉与郭龙飞的故事。当郭龙飞驾驶的火车即将驶过家门,杨蓉蓉与家人点燃烟花,照亮家的方向,以独特而新颖的烟花之约实现"团圆"。此类在新春之际报道的特殊的爱情主题,传递出普通人对爱情的坚定、对亲人的思念、对团聚的渴望,以最朴实的故事和最踏实的讲述,触及用户心里的柔软区域。

《向春而行|
烟花照归途》
二维码

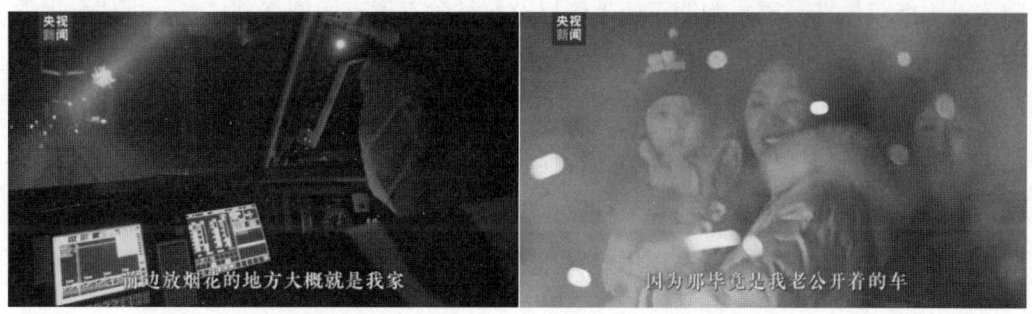

图 1-1-2 《向春而行|烟花照归途》截图

三、采访报道是一种选择

新闻报道是主观见之于客观的活动，采写是记者作为把关人对事实的选择。有人认为，新闻并非包罗万象地记录现实，而是通过人的选择，将某些报道置于聚光灯下，从而塑造出选择性的事实。[1] 也有人说，新闻不是发生的事情，而是某人认为已发生或将发生的事情。[2] 面对纷繁芜杂的大千世界，记者首先要考虑的是应该选择什么样的新闻事实，选择什么样的切入角度。**记者的采访工作其实就是一个对事件、被访者、事实角度的选择活动**。记者能否从被访者洋洋洒洒的回答中提取几秒钟的话语作为同期声引语？能否从众多的素材中提炼出凸显主题和角度的视听内容？而在互联网时代，一方面，面对碎片化传播语境的发展，如何以短小的切片高亮事件燃点，形成快速准确传播；另一方面，面对用户生产的勃兴，如何选择和整合用户生产内容，既能释放用户生产力，又能引领价值，更考验着记者选择和提炼的能力。这需要记者思考以下几个问题：

第一，如何选择事件才能契合当代社会的历史背景与内在本质？

第二，如何选择被访者才能给事件提供更客观的表述、更全面而丰富的视角、更多样性的解读方式？

第三，如何从一般事实中挖掘出最有价值的新闻事实，从何种角度切入才能提升新闻价值？

解决了这些问题，才能抓到事件的本质与特点，才能体现出与其他把关人不一样的体验。因此，每个记者的每一次采访活动都是一种选择，这种选择基于你的采访经验，基于你对事件高屋建瓴的本质把握以及对社会发展方向的深刻体察。正如有记者说："大部分情况下是你选择什么样的信息？你让谁的事实占据足够的分量？"[3] 有人认为选择即观点，也有人说"信息就是选择"，的确，记者的观点和主动性隐藏于选择之中，通过信息的选择来表达立场、传递理念。因此，选择是衡量一个记者新闻敏感度、新闻判断力的标尺。当新闻事件发生时，你选择的事实、讲述人、采访形式，将直接决定报道的新闻价值，决定用户对事件理解的程度。在移动化、碎片化的视听传

---

[1] 德波顿. 新闻的骚动[M]. 丁维，译. 上海：上海译文出版社，2015：32.
[2] SIGAL L V. Sources make the news [M] //SCHUDSON M. Reading the news. New York：Pantheon，1986：15.
[3] 《新闻调查》栏目组. "调查"十年：一个电视栏目的生存记忆[M]. 北京：生活·读书·新知三联书店，2006：37.

播语境下，现场、事实和观点的选择更加精练短小。

人生无处不选择，但选择意味着舍弃，选择是危险的，更需要审时度势。选择了一个新闻事实、一个新闻细节，就意味着舍弃了另外一些事实、一些视角，对于初涉采访的同学来说，最容易忽略的、最难把握的环节就是选择。我们常说，一个学生的采访作业大而无当，没有主题，只有对事件的概述，问题的症结就在于此，因为他没有选择的经验，也没有选择的勇气，结果只能大而化之或者是流水账式地呈现。因此，从采访开始，就要训练自身的选择能力，勇于选择，也勇于舍弃，懂得选择的多元原则、平衡原则，这样的选择过程也就是采访提高的过程。选择是采访的难点，而魅力也蕴含其中。

我们要知道，只有懂得有取有舍，才能有声有色。

四、采访报道是聚焦与提炼

在发现与选择的基础上，新闻报道也是一种提炼，即记者自身的知识水平、报道经验与基层采访碰撞后产生的思考与聚焦。这种提炼实际上是一种特写式的故事化讲述，通过细节的呈现与主题的提炼放大话题。在现代新闻竞争的环境下，媒体所获得的独家信息、独家资源越来越少。而在移动社交互联网时代，信息的广泛快速传播，使得大多数情况下，记者所获得的只是相同的"罐头"信息，如何形成自身的报道角度显得尤为重要。记者如果仅仅照搬原样地记录和呈现，没有独家的提炼，报道自然缺乏独特的竞争力。

新闻报道是一种提炼，当我们以这样的操作方式去面对纷繁芜杂的信息时，其主题的明确、角度的凝练就相应而生。报道者如果仅仅停留在单纯信息的发布上，内容的不可替代性就很难凸显，而提炼恰恰是报道者主观能动性的体现，也是报道深度与价值的可操作路径。

关于报道和提炼的方式方法，本书将在第三章中具体探讨。

> 记住：视听采写是发现、选择、聚集与提炼的过程，而最终还是以"人"为核心的采写，是全媒体传播时代，坚持人文精神的守正创新。

第二节　视听采访与写作的变革

在技术赋能、媒介变革的时期，视听技术和采写手段也在创新。因此，在理解视听采访的特点之前，有必要从"变"和"不变"的角度思考视听采访与写作的发展，从而把握当下视听采写与传播的道与理、法与术。

一、视听传播的流变

"视听"一词古已有之，《史记·秦始皇本纪》言："皇帝明德，经理宇内，视听不息。"这里的"视听"指视觉和听觉。视听也有耳目、看到的和听到的、言路舆论等多种含义，如《三国志·吴志·诸葛恪传》言："恪更拜太傅。于是罢视听，息校官，原逋责，除关税，事崇恩泽，众莫不悦。""视听"在此处意为耳目。苏轼的《转对条上三事状》言："臣以此知明主务广视听，深防蔽塞。"此处的"视听"意为看到的和听到的。视听还有现代意义的舆论的含义，如唐代苏鹗《苏氏演义》卷下言："五明扇，舜所作也。舜广开视听，求贤为辅，故作。""视听"在此处意为言路舆论。

现代技术极大地拓展了视听传播的意义，随着电话（1875年）、留声机（1877年）、电影（1895年）、广播（1906年、1920年）、电视（1926年）的出现，视听传播的实践在不断推进并丰富。21世纪兴盛的互联网视听新媒体囊括所有视听媒介、要素和形态于其中，也形成了以视频传播为核心的融合创新发展。

视听传播（Audio-Visual Communication）**泛指以视听媒介为物质载体，通过声像技术对视听材料进行的传播。**视听传播及相关研究的兴盛，源于第二次世界大战对视听材料的广泛使用。① 也有观点认为，"视听传播"是一种将视觉与听觉组合在一起的信息传播方式。它同时使用图像技术与声音技术来创造有意义的、可供交流的内容，从而实现讯息、信息与想法的传递。② 大众传播媒介延展了人的耳目，扩散了舆论，并随着技术的变革而不断让受众通过媒介看到和听到的越来越逼真，舆论扩散越来越迅速、广泛。而伴随着数字时代的降临，种种基于数字新媒体技术而再创造的

---

① ALLEN W H. Audio-visual communication research [J]. The journal of educational research, 1956, 49（5）: 321-330.
② Audio-visual communication and audible communication [EB/OL].（2022-08-12）[2023-12-29].https://www.businesscommunicationarticles.com/audio-visual-communication-and-audible-communication/.

视听产品形态极大地拓展了"视听媒介"的内涵与外延。除了传统的电影、电视外，动画、IPTV、网络/手机电视、网络视听节目①，以及近年来快速发展的网络直播、短视频、交互影像、AI合成视频等，都可被纳入"视听媒介"的概念范畴。"视听"的概念正在变得泛化与遍在。这种"视听传播"内涵的拓展，权威且直观地体现在相关政策表述的变迁之上。2007年，欧盟委员会对《电视无国界指令》(*Television without Frontiers Directive*)②进行修订，并将之重命名为"视听媒体服务指令"(*Audiovisual Media Services Directive*)③。新指令用"视听媒体服务"(audiovisual media services)替代了原来的"广电服务"(broadcasting services)这一术语。这一新指令于2010年被编入欧盟法典（Directive 2010/13/EU），并在2018年新一轮修订中将视频分享平台纳入管理范围。在我国，2004年，国家广播电影电视总局实施39号令《互联网等信息网络传播视听节目管理办法》④，首次对网络视听节目与广播电视节目做出区分，并对《信息网络传播视听节目许可证》的申请程序、业务监管等做出了规定。之后的十年中，伴随着多项规章与政策性文件的出台，以及中国网络视听节目服务协会的成立，我国对网络视听内容的监管框架基本形成。此外，在我国于2020年修订的《著作权法》中，第三条内容也由"电影作品以及以类似摄制电影的方法创作的作品"改为"视听作品"⑤，以解决之前部分规定难以涵盖新的事物、无法适应新的形势的问题⑥。

总体而言，从视听传播的发展而言，尤其是进入视听新媒体时代，其变革体现在以下几大方面。

---

① "网络视听节目"本身也是一个伞式术语，广电总局2010年发布的《互联网视听节目服务业务分类目录（试行）》称，"网络视听节目"包含网络剧、网络电影、网络综艺节目、网上已有或网民上传的视听内容的聚合/转发等。

② The Council of the European Communities.Council Directive 89/552/EEC of 3 October 1989 on the coordination of certain provisions laid down by law, regulation or administrative action in Member States concerning the pursuit of television broadcasting activities [Z/OL].（1989-10-03）[2023-11-03].https://eur-lex.europa.eu/legal-content/EN/TXT/?uri=celex%3A31989L0552.

③ European Parliament, Council of the European Union.Directive 2010/13/EU of the European Parliament and of the Council of 10 March 2010 on the coordination of certain provisions laid down by law, regulation or administrative action in member states concerning the provision of audiovisual media services (Audiovisual Media Services Directive)(Text with EEA relevance)[Z/OL].（2010-04-15）[2023-11-03].https://eur-lex.europa.eu/legal-content/EN/ALL/?uri=CELEX%3A32010L0013.

④ 国家广播电影电视总局.互联网等信息网络传播视听节目管理办法[Z/OL].（2004-07-06）[2023-11-03].http://www.gov.cn/gongbao/content/2005/content_64200.htm.

⑤ 中华人民共和国著作权法[Z]最新修正版.北京：法律出版社，2020.

⑥ 袁曙宏.关于《中华人民共和国著作权法修正案（草案）》的说明：2020年4月26日在第十三届全国人民代表大会常务委员会第十七次会议上[EB/OL].（2020-11-12）[2023-11-03].http://www.npc.gov.cn/npc/c30834/202011/f254003ab9144f5db7363cb3e01cabde.shtml.

（一）技术驱动力成为支撑力量

先进技术为支撑，技术驱动力引领视听传播理念、生产、表达和交互连接。从大的图景而言，网络信息技术变革促进媒体全要素和全产业链发生深刻的变革，量子通信、未来网络、全息显示、虚拟现实、人工智能、类脑计算、大数据认知分析、脑神经科学、基因编辑、无人驾驶、区块链、云计算等新技术不断发展，由此变革了新闻生产与传播的方式，极大地拓展了传媒的边界。

聚焦视听传播，可以从两个层面去理解。在内容生产层面，人工智能技术催生了音视频自动化生产，将新闻工作者从简单重复的劳动中解放出来，他们转而投入具有创造力的内容生产工作。从文生文，到文生图，进而到文生视频，人工智能已经全面介入多模态的信息生产和传播。2024 年 2 月，OpenAI 发布文字生成视频模型 Sora，该模型能生成长达 60 秒，高质量，富含细节场景、复杂镜头运动和丰富情感的角色的视频；大数据分析可获取实时、准确的全样本信息，辅助新闻工作者对信息进行有效加工与处理，并对事件进行深度剖析；H5 融合了图文、音视频、动画、互动游戏等形式，为用户营造沉浸感，并提供场景化的内容获取途径；虚拟现实（VR）、增强现实（AR）、混合现实（MR）等技术突破了单一感官参与的限制，实现了多感官参与和联动，重塑用户对新闻信息传播的理解和认知模式。在传播分发层面，5G 技术帮助媒体实时掌握全局情况，提高对周围环境的反应能力，并自动、实时采集传输，为媒体提供实时、全面、准确的信息素材，创新信息采集生产模式与流程；智能推荐算法技术通过对用户偏好的精确匹配，从海量的信息洪流中将用户最关心、最适合用户接收的信息甄选出来，实现信息与人的精准匹配；区块链技术以去中心化和难以篡改的特性，为内容生产者提供作品原创性证明，有效保护内容产品版权。

（二）内容呈现与表达创新

内容建设为根本，技术赋予内容呈现和表达融合式创新。

媒介之间的界限正在消融，新闻趋于液态化的重塑，归属于不同媒介的呈现形式、交互体验、功能属性，正趋向重新集成于同一个内容产品之中，从而形成全媒体内容产品。这些媒体产品可听、可视、可读，甚至可触，从而尽最大可能辅助媒体内容的全新呈现，同时提升产品交互性与界面友好性。而从总体趋势来看，融合创新是以视听为核心的创新，可视化、可听化成为信息传播的主流趋势。

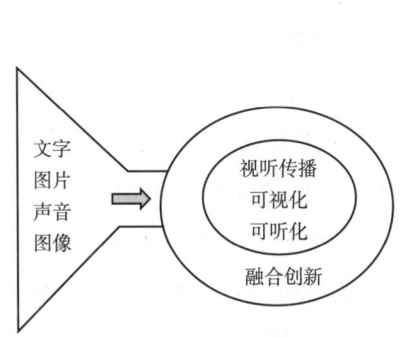 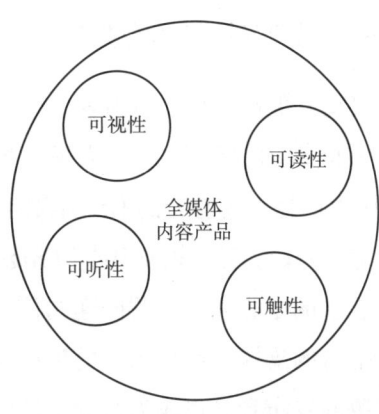

图 1-2-1　视听传播与融合创新示意图　　图 1-2-2　全媒体内容产品示意图

（三）主题高燃与叙述简短

移动互联网带来了信息传播的移动化和碎片化，当代社会进入随身资讯时代。时长短、体量小的短视频让视听采访聚焦现场高潮点和关键点，抓取一瞬间、一句话、一过程，从而形成主题高度聚焦、叙述简短、易于社交传播的采访形态，报道并不是完整地阐述事件的来龙去脉，而是选择了事件的核心部分。无论是《人民日报》布局各个商业平台的短视频，还是中央广播电视总台的《央视V观》《主播说联播》《如果国宝会说话》《听起来很好吃》，以及浙江广播电视台的《一瞬间》等面向社交传播的新闻节目或微纪录片，都在适应碎片化的传播语境，更加简短地设计和叙事。有研究分析了浙江省政务媒体"美丽浙江"的爆款短视频，发现爆款短视频分为仅呈现事件起因、仅呈现过程、仅呈现结果、仅呈现影响、呈现过程+结果等几种情况。其中，呈现事件过程的视频有207例，占比为42%，选择事件最核心的过程画面进行呈现。①

《听起来很好吃》二维码

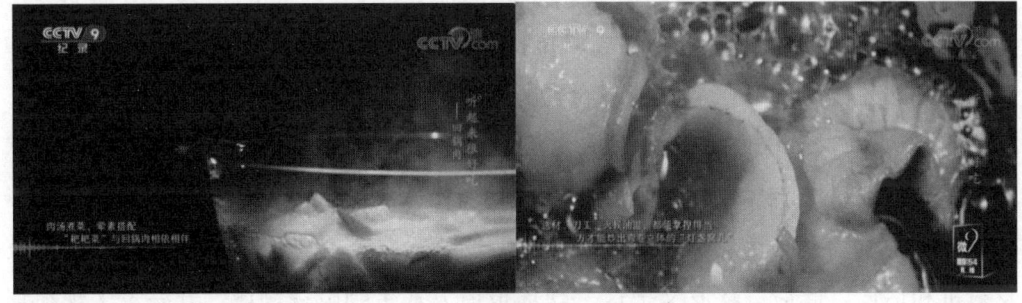

图 1-2-3　《听起来很好吃》截图

---

① 胡诗柯，宁海林．正能量如何赢得大流量［J］．传媒评论，2023（11）：59．

（四）用户交互与信息共建

连接交互促使用户参与内容生产与传播，一方面，用户成为交互叙事的重要主体，与记者共同推动叙事完成，《人民日报》的 H5 融媒体作品《快看呐，这是我的军装照》、中央广播电视总台的 H5 融媒体作品《幸福照相馆》，以及《纽约时报》的移动直播《生活片段：路边的奥秘》（*Fragments of a Life：a Curbside Mystery*）等让用户也能成为叙事的中心人物，共同建构信息。另一方面，影像拍摄和剪辑技术的普及，移动社交平台的支撑，都让用户的生产与分享成为视听内容的重要来源。用户不仅成为第一信源的发布者，也成为社会生活的监督者、社会舆论的引导者。比如，一名旅游者在陕西省榆林市靖边县波浪谷脚踏丹霞地貌违规拍照，被用户拍成手机视频上传网络，引发媒体关注报道，并进而促成当地执法部门回应追查责任人。在今天很多的社会新闻中，用户发布线索、媒体跟踪报道的模式已经成为社交网络的常态。

二、视听采访与写作的流变

作为视听传播的前端，出于大众传播目的，视听采访经历了广播录音采访、电影摄影机采访和电视采访，进而到新媒体技术下的多种手段和方式的发展进程。

（一）采访技术革新

从电子媒介技术诞生伊始，采访就烙上技术赋能的特性，媒介的技术特性赋予采访以面貌，决定了采访的方式、形态和特点。文字记者采访手段简便，一支笔、一个笔记本、一个采访机就可以获得信息，但现场信息是以抽象文字记录的，而电子媒介极大提升了采访的时效性和用户体验。

1. 广播采访

广播采访开启了声音还原现场、传播现场信息的历史，以记者的现场播报和现场同期声迅速记录现场，用声音部分还原传播了现场。在第二次世界大战期间，广播正是以快捷、及时的优势，进入了"黄金时代"。美国著名记者爱德华·默罗（Edward R. Murrow）以《现在请听》（*Hear It Now*）、《这里是伦敦》（*This is London*）现场广播报道赢得了"民族英雄"的称号。当时，他用的设备仅仅是短波发射机和话筒。此后，默罗又把这一现场报道方式带到电视领域，开办了《现在请看》（*See It Now*）。

2. 电影摄影采访

电影摄影机以画面记录现场，实现对物质现实的复原，但由于音频拾取的限制，摄影机基本是用画面摄取信息，缺乏同期声和人际交流的采访。20 世纪 80 年代之前，我国的电视采访大量使用的是 16 毫米胶片摄影机。由于技术条件的限制，电视采访的现场抓取能力和时效性都有很大局限，"摄影设备上，较为先进的摄影机是 50 年代初瑞士生产的发条式鲍莱克斯摄影机，一把发条最多时间 25 秒左右"，"在第 26 届世界乒乓球锦标赛上，徐寅生扣杀星野的'十二大板只拍了九板，摄影机就停止转动了'，'第二次再上发条已经时过境迁'"[①]。而且胶片在摄影之后，必须经过冲洗，新闻的时效因此受到很大影响。这一时期，电视采访的技术特点是"声画分离"，没有新闻事件现场声，采访也没有关注事件的现场感以及用户对现场的参与感。"初期的纪实，除解说外，对 16 毫米影片的新闻节目，不论其内容是否适合配乐，一律按新影厂《新闻简报》的惯例配以背景音乐，在中央台建台初期，周总理在一次审片中就提出，能不能让人们在电视上听到老百姓自己说话的声音呢？"[②]这个时期是电视采访的婴儿期，电视采访很大程度上没有摆脱电影的制作模式和创作观念。电视传媒还没有成为一个主要的新闻信息传播媒介，用户收看电视还是偏重娱乐。

3. 电视采访

电视采访的独立发展得益于电子新闻采集的技术发展。20 世纪 70 年代，出现了可供新闻采访用的摄录设备，即"电子新闻采集"（Electronic News Gathering，ENG）摄录一体摄像机。它以纯电子的方式拍摄新闻。ENG 这种前期拍摄、后期编辑的素材采集工作方式，是电视采访技术手段的重大突破。在这种工作方式下，画面信息和声音信息在采制阶段就以双通道的途径进入摄像机，现场画面和声音同步采集，同期声成为电视新闻不可分割的一部分。这样就实现了对现场声音画面的完整抓取，方便电视记者进行出镜采访，突出了电视新闻采访的现场感。这个时期还出现了"电子现场制作方式"（Electronic Field Production，EFP），它是以一整套设备连接为一个拍摄和编辑系统，进行现场拍摄与现场编辑的工作方式，实质是在拍摄的同时进行编辑，追求前期拍摄与编辑制作一次完成。它可以与播出系统相连。现场采集、现场编辑，即可实现现场直播。EFP 可以兼容 ENG 的工作系统，在切换现场拍摄和编辑时，EFP 可以采用 ENG 和 DNG 的设备，但在多机拍摄时，EFP 还需要监视器、切换台和其他录

---

① 朱羽君，殷乐. 生活的重构：新时期电视纪实语言［M］. 北京：北京广播学院出版社，1998：23.
② 朱羽君，殷乐. 生活的重构：新时期电视纪实语言［M］. 北京：北京广播学院出版社，1998：23.

像设备连成一体，对现场多机拍摄的多路信号进行现场切换、加工和录制。EFP 除了拍摄新闻节目之外，也用于其他演播室节目的拍摄。中国电视媒体实际上是从 20 世纪 80 年代开始使用 ENG 和 EFP 设备的。

进入卫星新闻采集时期，"卫星新闻采集"（Satellite News Gathering，SNG）是指将 ENG 和 EFP 与卫星相连，实现电视拍摄、编辑与播出三者同步合一的工作方式。这种系统在可移动运载转播车上安装小型地面卫星发射站装置。卫星新闻采集车能够在它到达后的 15 分钟之内播出现场的新闻图像。数字新闻采集时期，"数字化新闻采集"（Digital News Gathering，DNG），即基于数字摄像机和数字录像机等数字摄录和编辑设备的新闻采集方式。数字摄录设备记录并改进了模拟式摄录设备的信号记录、处理、储存等方式。由数字摄录设备记录下的视频、音频信号都是数字信号，它具有多代复制性能好、重放图像声音质量高、整体电路集成度高和电路工作可靠性高等优点。它的信号失真度小，防干扰能力强，信号传送质量高，更适合于信号的远距离传输。数字技术与 ENG 工作方式的结合产生了 DNG 工作方式，从实质上说，DNG 是指在前期拍摄中以数字技术录制声音和图像，在后期进行数字化、非线性编辑的工作方式。DNG 系统包括了 DSNG（Digital Satellite News Gathering），即数字卫星新闻采集。由此，记者快速反应，深入突发事件现场，即时依赖新闻卫星直播成为突发事件报道的常态，涌现出大量的"屋顶新闻"（rooftop journalism）、"圆锅猴子"（disk monkey）[①] 出镜报道。

4. 互联网新媒体采访

互联网新媒体采集时期，依靠不断发展的互联网通信技术，以及台式电脑、手机、平板电脑等终端设备，新闻采访可以通过论坛、聊天室、电子邮件、社交软件和视频会议等多样的方式开展。这改变了大众对传统采访的认知，打破了时间和空间的壁垒，即使相隔千里，在跨时空的网络空间中，人们依然可以完成采访工作。这也是中国互联网自 20 世纪 90 年代正式接入国际网络后取得迅猛进步的结果。

这一时期，新闻采访的成本降低，便捷性、时效性提高，进而追求更好的视听感受。依赖于 5G、大数据、云计算等技术，多元采访如音频采访、视频采访、全息影像采访等极大地丰富了采访的手段与形式。借助于虚拟演播室、虚拟现实、增强现实和混合现实等新技术，新闻采访能够在媒体搭建的虚拟场景中进行，还原记者难以去到或拍摄到的特殊现场，充分调动人的身体和感官，通过图文、音视频内容带来视听层面颇具真实感的体验。人工智能技术改善了信息采集和算法分发的途径。同时，互联

---

① 指在事发区域公寓屋顶通过卫星直播发出的出镜连线报道。

网的开放性和共享性,也为信息的采集和查证提供了便利,人们利用搜索引擎、网上数据库即可快速获取所需信息。而如何平衡采访形式和内容,发挥新媒体技术优势,又不只求形式、弱化内容,是这一时期新闻采访需要注意的问题。

(二)采访方式变革

媒介技术变革也引发了采访方式的变革,信息采集和编辑被深深打上了电子媒介技术的烙印,广播的"广"和电视的"视"都创新了媒介采访,视听新媒体更从全媒体视野创造新的采访方式。

1. 广播电视的发展

广播和电视技术的发展,至少在以下三方面影响了采访方式。

(1)技术设备的轻便性与灵活性使电视记者能够更加便捷地接近现场

所谓"接近真相,从现场开始",没有现场第一手资料的摄取,何来对事件的深入探究?没有现场的亲身经历,何来独家角度的展现?因此,从这一点看,技术的发展使电视采访、电视报道开始接近事件现场,传播事件现场。应当指出,中国电视新闻界是在20世纪80年代中后期开始逐渐意识到新闻事件的"现场性"是电视采访的重要特征,并在实践中逐步拓展各种凸显电视采访现场感的报道方式,比如记者现场出镜报道。从实际的发展来看,现场出镜报道真正为中央电视台和各地方电视台重视与大规模使用是在20世纪90年代中后期。

(2)同期声成为传递信息的重要载体

这个时期,由于信息双通道的建立,同期声成为信息传播不可或缺的一部分。同期声带来了电视新闻的现场感,这种状态使电视基本摆脱了电影重摆拍、重后期加解说等主观声音的制作模式。电视新闻的现场性与真实性日益凸显。

(3)多元采访方式的发展

随着21世纪初DV、手机等微型采访设备的出现,电视新闻把采访报道的视角延伸到世界的每一个角落。采访设备的平民化使受众也能成为新闻素材的提供者、新闻报道的参与者,这极大地扩展了电视媒体对新闻事件的采访与传播视角,加深了受众对新闻事件的认知。

2. 互联网的发展

互联网视听新媒体时代,融合创新推动全媒体采编与运维的发展与探索,经过分化与融合的视听采访报道呈现出多种采编方式。

（1）一次采集，多元生成

媒体融合促进了全媒体传播体系的建设，对于文字、图片、音频、视频等不同介质进行采编、整合、融通，从而形成多元发布。全媒体一体策划、一次采集、多元生成、多平台发布，打破了按照介质区隔、各自为政的采编发模式，对新闻素材进行多层级、多层次开发，实现一次采集、多形态生产、多（全）时段展示、多介质传播。

（2）采编流程扁平化

传统的策采编评发的线性流程发生改变，新媒体采编生产多采用垂直化一贯到底、多方横向合作的生产模式。在内容融合的趋势下，新闻报道打破了传统媒体策划、采编、制作的线性生产模式，适应事件的快速发展，契合用户快速变化的需求，使策划、采编、制作流程扁平化，技术支撑和内容采制并行。因此，以技术赋能，多元融合的新闻报道理念是分工合作、协同推进。

（3）智能化生产

人工智能技术最初运用于文字写作和编辑之中，随着大模型的发展，人工智能生成内容（AIGC）运用于视听采访报道中，助力于视听内容生产与分发。

第一，智能体采集。智能机器的介入，提升了采集的广度、深度和精度。无人机等设备的普及，不仅扩宽了视听内容采集的视野，也弥补了去一些人工无法抵达的区域拍摄采访的问题。智能手表、手机等传感器收集、记录现场和人体等的多方面信息，提升了"微"信息的价值和精度。

第二，辅助视听内容生产。如今日头条资讯平台通过大数据算法辅助用户，自动生成建议的视频封面，以及机器自动剪辑体育赛事集锦等。此外，还有人工智能审核，依靠算法核实真伪，剔除敏感信息和不良信息。新闻对话机器人通过深度学习、自然语言处理、语音识别技术等以文本或语音的方式与用户自动交流，会话界面和人格化表达模拟对话场景，形成用户的交流体验感。

第三，综合视听内容生产。新华社2017年年底推出的人工智能平台"媒体大脑"，集新闻分发、采集、版权监测、人脸核查、用户画像、智能会话、语音合成等功能于一身。2018年3月6日，新华社"媒体大脑"从5亿个网页中梳理出两会热词，用15秒生产出第一条两会MGC（机器生产内容）视频新闻《新华社2018两会MGC：政府工作报告》，媒体大脑通过词云、数据、图表、图片的呈现和分析，不仅对比最近五年的《政府工作报告》，解读新热词、新亮点、新趋势，还列出《政府工作报告》发布当天排名前十的舆情热词，在100,746张关于《政府工作报告》的图片中，精选出100张

《"媒体大脑"也在学习政府工作报告，机器发现了这些看点！》二维码

并展示最热门的 1 张。2019 年全国两会期间，新华社与搜狗合作的 AI 新闻男女主播通过人脸合成技术、语音生成技术以及表情合成技术形成具有真人感的虚拟主播，降低了新闻后期制作成本，同时在新闻现场采用语音转文字技术，大大节省了新闻制作的时间，提高了新闻报道效率。2020 年全国两会期间，《人民日报》"智能创作机器人"亮相。该机器人基于 AI+5G 技术，虽然没有实体形象，但 5G 智能采访、AI 辅助创作、两会新闻追踪、全媒体智能工具箱、智能生成视频等功能一应俱全，为"策采编发"全程提供智能支持。①

2022 年 11 月，大型预训练人工智能语言模型 ChatGPT 发布，这一生成式人工智能技术可以根据对话提示（prompt），生成文本、图像等多种媒介形态。未来，依靠预训练大模型，视听采访报道也会出现新的升级。

（三）采访观念创新

观念是在技术和方式之上的意识存在，是最能体现采访创新和升维的要点，应当成为记者突破旧有藩篱、创造新发展的要义。

1. 广播电视采访观念

电视采摄技术的发展，尤其是 SNG 技术使电视采访、报道、播出同步，真正实现了三者合一，技术的发展将电视采访形态及观念又往前推进了一步。我们可以从以下三个方面来理解其进步意义。

（1）现场的同在

从某种程度上说，技术甚至推动了新闻定义的发展，新闻不仅仅是新近发生的事实的报道，而且可以成为正在发生的事实的报道。有人说："如果说二战前最没有生命的事物莫过于昨天的报纸的话，今天的看法是，最没有生命的事物莫过于几小时以前发生的新闻。"广播电视的发展，采摄技术和传播技术的不断更新，推动着新闻采访不断缩短新闻事实的发生与采访报道之间的时间距离。顺着这一思路，现在看来，最没有生命的事物莫过于几分钟前、几秒钟前的事物。电视媒介真正把过去的新闻采访报道"TNT"——"Today News Today"（今天的新闻今天报），转变成现在的新闻采访报道"NNN"——"Now News Now"（现在的新闻现在报）。

---

① 人民日报.AI+5G！人民日报"智能创作机器人"亮相两会［EB/OL］.（2020-03-06）［2023-12-29］.https://mp.weixin.qq.com/s/gSUyA2Xt8_JcLG3O0lDyPA.

（2）过程的同步

电视新闻报道是过程式的报道，而不是结论式的报道，这改变了人们对电视新闻的认识。电视新闻报道与事件同步进行，这个过程中的悬念感与未知因素正是报道的魅力所在，这种过程式的报道方式完全突破了过去结论式的报道方式，真正发挥出了电视媒介的特性。在直播报道中，电视媒体将信息的搜寻、选择、组合等过程直接展现在传播行为中，与报道同步进行，形成一种信息流。

（3）信息的同构

这种方式利用卫星技术进行新闻的采集与播出，不仅大大提高时效，还能加强电视媒体演播室的即时控制与引导。由主播在演播室以电话或卫星连线方式和外地记者对谈，可以实现新闻的直播化，扩展新闻事件的背景解读。电视媒体在第一时间不仅可以提供新闻事件的现场，还能够提供媒体对事件的解读，这正暗含"新闻报道是聚焦事件所产生的影响"这一含义。从其英文本义来看，"新闻"是"news"，由东（east）、西（west）、南（south）、北（north）这四个英文单词的首字母合并而成。电视媒介实现了把东西南北的信息第一时间整合与传播的新闻应有之义。这一点也使我们意识到，电视直播不仅是重大事件的特有采访方式，而且应该成为一种常态。如何使电视直播报道常态化应该成为电视媒体发展的重要问题。

2. 视听新媒体采访观念

互联网 5G 技术、大数据的发展，手机、无人机、行车记录仪等影像设备的普及，极大地降低了视听采访拍摄的门槛，普通用户能第一时间进入突发事件现场采集信息，这也带来了采访观念的变革。

（1）专业采访与用户信息采集相结合

正如上文所言，面对突发事件或社会事件，新闻的第一落点往往被用户抓取。面对这样的变化，专业记者一方面要努力实现"我在场"，迅速采集事实，另一方面更要畅通用户上传信息的机制，有效整合用户资源，实现新闻第一现场、第一落点的整合。比如，《人民日报》的年度盘点短视频《2022 这一年辛苦了，2023 加油》集合的是众多用户的手机视频，呈现 2022 年度平凡人的众多感动瞬间，连缀成一幅平凡人推动社会进步、传递关爱、勇于向前的社会图景。

《2022 这一年辛苦了，2023 加油》二维码

（2）专业解读与多元呈现

一方面，专业记者第一时间运用自身积累的资源呈现专业解读，去伪存真，满足公众需求，这是专业媒体融合创新中的价值回归与坚守，是实现差异化竞争的基础。

另一方面，充分发挥专业采编的能力，实现信息的多元呈现，以电视新闻、短视频、图片、可视化文字、交互甚至沉浸性报道形态传播信息。典型的案例如中央广播电视总台对于"孟晚舟回国"的全媒体报道。①

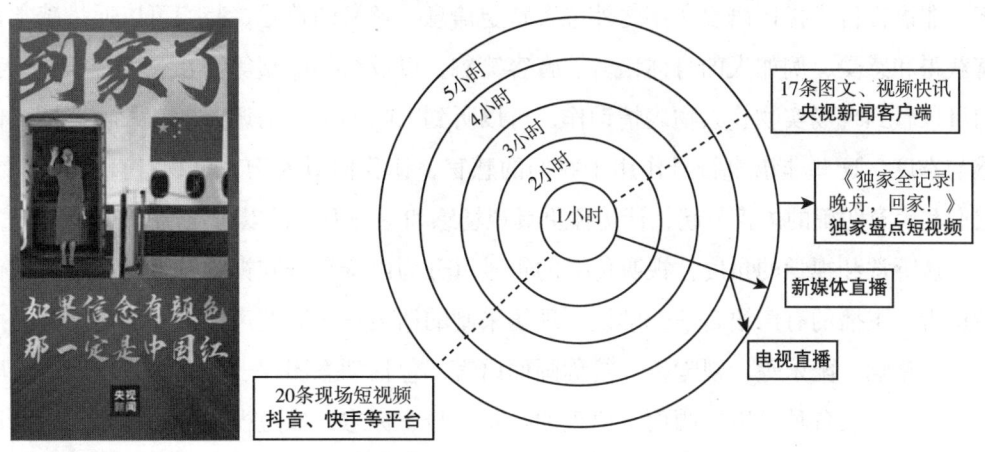

图 1-2-4 "孟晚舟回国"全媒体报道过程示意图

（3）采访报道过程的透明化，后台前置

传统媒体"中心制"的传播方式是先筛选、甄别信息，再发布传播。而互联网"去中心化"的信息场往往是先发布传播信息，再筛选和甄别。面对突发事件发生后互联网自媒体信息的抢发，在普遍追求第一时间的诉求下，如何平衡快速与准确地把握第一时间与第一效果，这是视听新媒体语境下，主流媒体面临的难题。信息甄别、求证和发布的透明化与过程化成为趋势，利用直播技术、社交媒体技术，媒体把信息甄别的过程透明化、过程化，同步呈现在用户面前。其核心理念正符合比尔·科瓦奇（Bill Kovach）等人所言，客观性并非中立性，它真正的含义是，媒体应该使用客观、透明的新闻采编和信息核实方法。

（三）视听写作的流变

信息传播古已有之，任何信息的传播离不开符号。运用各种符号和标志来表达特定意义的语言形式称为符号语言。广义的符号语言包括声音、语言（此处指口头语言，笔者注）、文字、图画、手势、体姿、表情等。狭义的符号语言则单指图画和实物标志。②视听传播可以综合运用广义上的多种符号语言来传播信息、思想与情感，发挥

---

① 曾祥敏.融合新闻学［M］.北京：中国传媒大学出版社，2023：341-342.
② 童兵.理论新闻传播学导论［M］.北京：中国人民大学出版社，2000：55.

多种符号语言的优势，影响人们对世界的认知和价值观念。

从语言的角度，视听传播使用的符号可分为语言符号和非语言符号。语言是人类社会特有的现象，是由语音、词汇、语法构成的意义系统，包括声音形式的口语和文字。非语言符号指口语、文字之外包含特定信息、意义的符号，我们可以通过感觉器官获得和感受，例如人的身体语言、音容笑貌，以及绘画雕塑等。在视听传播中，我们可以看到现场实物、人物表情动作，可以听到人物的语气语调，感知人物个性、情感与态度，这些非语言符号作用于我们的感官，让我们对人物、事物有直接的感受，它们和表意明确的语言一起，让传播更具现场感和感染力，可以增强传播的效果。

从听觉和视觉的角度，视听传播的符号可分为声音符号和视觉符号。声音符号包括记者、主播的有声语言——解说，现场采制的话语——同期声，以及话语之外的声音——音响、配乐等。视觉符号统称画面语言，包括动态图像、静态图片、图表、屏幕文字，以及各种可以在画面上出现的视觉符号、标志，如短视频中的弹幕、表情符号、花字等。

媒介技术的革新推动视听传播形态不断创新，从大众传播模式的广播电视到互动反馈更及时的网络视听，视听写作的表达方式、语言语态、写作理念也在不断发展。

1. 不同视听媒介的文稿写作

（1）广播写作

广播是声音媒介，广播新闻文稿主要撰写播音员、主持人、记者在现场外口头播报、解说的内容；有些现场报道、现场评论也可以预先准备背景、设计结构、组织语言。无论是播出文稿写作还是报道前的构思，都需要把握广播作为听觉媒介的特性，综合运用各种声音元素，丰富声音的表现力。

广播报道中的声音包括报道者的有声语言、现场实况音响（人物说话的同期声、现场环境声等）、音响资料、音乐音效。报道者的有声语言中，一类是先写成文字再由播音员、记者、主持人念出来的有声语言，如口播新闻、非现场解说，这类语言被语言学界定义为"书面语言的口头化"；另一类是记者、主持人在新闻事件的现场做现场报道时直接说出来的口头语言[①]。广播写作的内容主要是第一类，例如口播新闻，录音新闻中用来交代背景、串联音响和同期声片段的解说，广播评论中记者、主持人的口头评论。

广播发展初期的一些新闻节目脱胎于报刊文体，例如口播消息、单纯使用有声语

---

① 周小普. 广播电视概论 [M]. 北京：中国人民大学出版社，2014：90.

言的广播通讯、广播专访,但不是对报刊文体的简单搬用,而是"在移植的同时不断作适应性改造的结果"[①]。广播是给广大听众听的,广播写作的语言需要口语化、通俗化。

随着录音设备的改进和技术的发展,新闻中对现场实况音响、人物讲话同期声的运用增多,并发展出广播讲话、现场实况转播等具有鲜明媒介特色的报道形式,广播写作也需要发挥"音响"的纪实性、传真性优势,让人们在报道中听到来自远方现场的实况音响、人物说话同期声,拉近人们与新闻现场的心理距离,产生"身临其境"之感。

一方面,广播的优势是传播迅捷,其传播不受播出时间、空间的局限,不同文化层次的听众都可以收听,受众广泛。另一方面,声音是广播唯一的符号,广播写作也受此制约。具体来说,声音传播转瞬即逝、保留性差,不像报刊,读者可以反复阅读,因而广播写作要求通俗易懂,语句简明,结构清晰,易于听懂,多采用时间顺序结构和逻辑递进结构,少采用倒金字塔结构、复线结构。广播消息一般是在新闻栏目按序播出一组稿件,标题是不可见的,往往在栏目开头的提要部分以一句话的形式提示新闻要点,吸引人们收听。

(2)电视写作

电视是视听结合的媒介,其视觉逻辑与边看边听的特点,使得电视写作有着独特的要求。电视新闻写作中的文字在节目中表现为画外声音,被称为解说或报道词。为与电视专题、纪录片中的解说保持一致,本书将其统称为解说。

以视觉为主导,声画并茂是电视相较于报刊、广播的优势。电视文稿写作要有观众意识:要基于画面、结合画面、补充画面,帮助观众理解画面内容。画面的优势在于展现特定的场景、过程、细节,但是画面也有局限性。例如,画面难以表现过去的事实,难以准确表述人物心理活动,难以表达抽象的思想观念,难以清晰交代新闻要素,这时可以用解说、字幕、同期声等元素来补足。

从接受端来说,电视解说(报道词)是给观众听的,而不是供人阅读的。电视解说与广播文稿一样是"为耳朵而写",在语言表达和结构上要适应"口说耳听"的需要,既要便于主播口播,又能让观众一听就懂。不同的是,广播只有声音符号,除了现场实况音响,往往需要通过解说来描写现场环境、展现现场氛围。而电视写作中,"现场"是画面的优势,解说无须重复描述,而是补充和拓展画面中没有呈现的内容。

我国广播电视新闻在发展中,重视通过热线电话、观众来信等方式了解受众反馈,

[①] 曹璐,吴缦.新闻专稿教程[M].北京:中国广播电视出版社,1995:11-13.

发现新闻选题线索；在语态上也发展出"播新闻""说新闻"和"讲述"的方式，适应不同定位的节目，倡导与受众平等对话、交流，但作为面向广泛人群播出的大众传播模式，其交流和互动是有限的。

（3）网络视听写作

互联网改变了我们获取信息、连接世界的方式，也重塑着视听传播的格局。除了广播电视媒体，其他机构、个体也可以生产发布音视频，网络视听生产主体多元化，内容极大丰富，形态越来越多样化、个性化，如短视频、微视频、网络直播、有声书、播客等。网络视听与广播电视存在视听语言的共性，更值得关注的是其不同之处——互联网基因。网络视听写作要具有互联网思维、用户意识。

具有用户意识意味着要了解用户的需求、收听观看的场景、行为方式。以当前广泛渗透人们生活的短视频为例。中国网络视听节目服务协会发布的《2023中国网络视听发展研究报告》显示，截至2022年12月，我国网络视听用户规模达10.40亿，超过即时通信（10.38亿），成为第一大互联网应用。其中，短视频用户规模达到10.12亿，成为吸引网民"触网"的首要应用。[①] 短视频适应了人们快节奏的浏览需要。不同于电视作为家用媒体，短视频主要通过智能手机观看，观看距离改变带来观看心理改变，讲述故事的方式也相应要有亲近感。

"对于今天的用户来说，社交活动与视频观看，两者已经成为越来越密切关联的行为。"[②] 网络视听写作既要考虑内容的新闻价值、社会价值，又要考虑社交分享价值。此外，还要适应用户的参与需求，用开放而非封闭的思维写作，吸引用户参与。

2. 视听写作的变化

（1）从面向大众到面向平台用户写作

广播电视传播范围广泛，从开播之初就努力为大众服务。随着电台频率、电视台频道的增加，广播电视出现分众传播趋势；互联网带来广播电视受众的分流，广播电视媒体一方面入驻各大互联网平台开设账号，另一方面自建新媒体平台。视听写作转变为面向平台用户写作。

面向平台用户写作，意味着视听传播的内容要针对平台用户的需求，传播内容要体现"重要"与"需要"的结合；不同平台的传播特性也各有差异，视听写作的文本需要适应各大平台的调性，贴近平台用户的表达习惯。

---

① 中国网络视听节目服务协会.2023中国网络视听发展研究报告［EB/OL］.（2024-04-01）［2024-03-29］.https://www.sgpjbg.com/baogao/120545.html.
② 彭兰.新媒体导论［M］.北京：高等教育出版社，2015：15.

（2）文字与视听元素"混搭"，触发用户体验

视听写作不同于报刊写作，需要根据传播内容和主题需要，综合运用文字与视听元素，共同讲述故事、传播信息、表达情感观念。尽管报纸和杂志中也会使用图片辅助叙事，但视听写作更强调对视觉符号和听觉符号的统合运用，尤其是数字技术带来视听呈现方式的多样化、视听传播更注重对人们感官的触发，在人们"看"与"听"，以及"触摸"、交互中引发共情、共鸣。

数字技术的发展使得视听文本可以混搭不同形式的符号，让人们能更好地观看、更有兴趣收听、更有意愿点击和互动。"混搭"既意味着解说与画面、同期声、字幕等的相融，也意味着文字表达的创意性、语言风格的年轻态。例如，传统文字写作是连贯的、完整的，网络视频的解说、屏幕文字则"适时出现"，屏幕上飞出的关键词、花字也只是短暂出现，起到提示、突出的作用。

需要补充的是，"混搭"的文字虽是"只言片语"的、简短的，但它与其他元素合在一起后，应是内容完整的、逻辑连贯的。

（3）从提供信息到互动交流

互动是互联网传播的基本特点。新媒体语境下的视听传播，突破了传统广播电视单向传播、反馈不及时的局限性，从内容到语态都不止于提供信息，而是试图加强与用户的互动，体现出对"回应用户"与"用户回应"的重视。

"回应用户"首先表现为回应用户的关切，以用户关注的问题作为报道选题。有些选题是显性的，例如针对微博热搜榜上的话题展开采访报道，提供更深入的内容；有些是隐性的，需要作者结合对日常生活的观察，从用户大数据中挖掘值得关注的角度与内容。此外，"回应用户"还表现为视听写作中加入用户生产的内容，引入网友评论中有代表性的观点等；在直播平台通过文字、主播说明等方式回应网友的提问或评论。

"用户回应"即用户对节目的点击、点赞、评论、转发。社交媒体时代，"用户回应"已成为扩大传播效果的重要途径。视听写作的内容要具有社交分享价值，语态上要与用户如同朋友般交流，语言上要能吸引用户点击、参与。"回应用户"与"用户回应"不是截然分开的，真诚地"回应用户"往往能引来用户的正向回应，强化与用户的连接，从而提高用户持续收听、观看的意愿。

三、视听采访与写作的界定

与其他媒介相比，视听采访与写作具有自己独特的方式，虽然在全媒体语境下，

不同介质的采集方式在融合创新,但厘清视听采写的内涵仍然具有重要意义。

(一)视听采访的界定

概言之,视听采访是记者综合运用视听媒介技术手段,为新闻报道(信息传播)而进行的素材采集活动。总体而言,视听采访工作分成三个环节,这三个环节建立在视听媒介技术特性基础之上。

- 拍摄:记者使用视听采集设备摄录声画一体的现场形象;
- 出镜采访报道:记者出镜提问、访谈、交流等动态过程;
- 画外采访:记者围绕事件所进行的文字、图片、背景、资料等非形象素材的采集等。

根据以上的界定,我们可以明确,体现视听采访特点的主体活动主要聚焦第一个和第二个环节。

从第一个环节来看,基于摄像机、手机与拾音技术设备,把现场信息转换成可视可听的信息符号,传播给用户,是视听采访最基本、最有效的信息表达与传播方式,也是视听采访的核心工作模式。随着媒介融合的发展,作为信息抓取工具的摄像机也扩展为手机、无人机等工具,但其形象信息的本质并没有改变。

从第二个环节来看,记者的出镜采访报道实际上是围绕着拍摄展开的,是通过人性化的交流过程引导、激发、传递事件信息。视听新媒体也扩展了记者出镜采访报道的形态,出现了以第一视角临场化的出镜报道。比如,《人民日报》以 Vlog 方式直播报道东航坠机事件。

由此,对视听采访的学习重点应该放在第一个和第二个环节,初学者应当在具体的采访过程中,体会视听采访与其他媒介的采访在方式、方法上的区别,从而更好地发挥视听媒介工具的特点。

在第三个环节,视听采访收集资料的方式体现出与其他媒介的相似性,但这种相似性又是相对的。视听采访的文字、图片、背景、资料的收集与选取仍然具有自身的特点,那就是建立在视听形象叙事的基础上,即记者的素材收集要围绕如何用视听媒介直观形象地传达信息这一核心问题展开。围绕这一核心问题展开,记者在挖掘背景、人物关系、选取影像素材等方面才会更好地发挥视听媒介的特点。在互联网时代,资料的收集与整合也越来越依赖于人工智能技术,大数据采集和智能研判分析能为视听内容提供背景信息。

由此核心界定出发，我们可以从传承创新的视角，对视听采访进行全面概括。正如上文所言，从内涵和形态而言，"视听"早已有之，但是从技术发展而言，"视听"的概念凸显是因为互联网新媒体的发展，突破旧有媒介的边界，而从更高的维度去囊括视觉感知和听觉感知的信息。基于此，我们可以把视听采访分为广义的和狭义的来理解。

1. 广义的视听采访

视听媒介的融合变革，推动了视听采访的方式、手段和形态发展。因此，广义的视听采访包括了广播采访、电视采访等传统视听媒介的采访。在全媒体传播体系建设中，全息媒体的发展，广播、电视与新媒体视听采访共存的格局，广播不同体裁的节目、电视不同体裁的节目和互联网短视频等共存，形成融合视听与全媒体传播的态势。因此，对视听采访的理解要全面。

2. 狭义的视听采访

狭义的视听采访则是聚焦互联网，尤其是移动互联网新媒体的视听采访，在移动化、碎片化、可视化、智能化、交互化的传媒语境下，视听采访呈现出移动采访场景凸显、用户即时互动交流、多元视听表达形态等诸多特点。视频、音频、图片、可视化图形既能融合表达，又能相对独立地以不同介质呈现。比如《人民日报》的《复兴大道70号》《复兴大道100号》等融合性产品，在长图中穿插视频、音频和图片。

《复兴大道100号！这是我走过最牛的一条路》二维码

图1-2-5 《复兴大道70号》和《复兴大道100号》截图

传统广播、电视采访报道和呈现与视听新媒体的采访与呈现，既存在差异性，又存在共通性，而且两者在融合语境下不断交融。长视频与短视频在时长、体量、传播场景等方面存在差异，导致其主题表达、现场呈现、同期声和音乐展现等方面存在不同，但在视听元素和方法的运用上又有共通之处。由此，视听内容在采集、叙事、呈现、表达和传播的链条中既继承了以往媒介的一些要素和特点，更在技术变革中实现融合创新。在我们的探讨中，必须有传承连续的观点，也要有创新发展的思维。

（二）视听写作的界定

写作是运用文字语言记录事实、传递信息、传播知识、表达观点、抒发情感的创作活动，是人们沟通交流的重要方式。当写作与视听结合，写作一方面受到媒介特性的制约，另一方面又有了更多新形式和发挥创意的空间。

视听写作是为视听传播而进行的文稿写作。视听传播注重画面（图像、图片、图表）、同期声、音响、音乐的表现力；但对于这些元素未能达意之处，需要运用解说或屏幕文字来提示、补充、解释，这就是视听写作的意义。

本书中的视听写作，涵盖作为大众传播媒体的广播电视，具有互动性的互联网视频、音频，以及其他融合了视觉、听觉元素的新闻样态，例如H5、评论海报。

视听文稿写的虽然是文字，但统筹的是所有元素。视听文稿是解说（画外音）、图像、图片、同期声、屏幕文字、音响音乐的有机配合。因而视听文稿的文字部分本身不具备完整性，不是自成一体的独立文章。单看文字内容，它是断续的、不完整的，需要将其与其他元素放在一起，方构成连续的、完整的内容。

画面是视频的优势所在，画面已经表达的内容，解说无须重复描述。解说（画外音）是为了吸引人们看画面、帮助人们更好地理解画面，要避免解说"满堂灌"，干扰人们看画面。移动互联网时代，很多短视频不使用解说，代以屏幕文字交代要素、补充信息，这时的文字既需要在内容上与画面相融，又要在形式上考虑字幕排布的视觉美感。

广播电视文稿中的文字不用于书面表达，而用于记者、主播说给观众听，要让人们听得懂、听得进。视听写作的语言具有口语化的特点，却又不能完全等同于生活中的说话，它可以被理解为"书面语言的口语化"，要符合准确、简洁、清晰、规范的要求。

除了媒介特性，视听写作还要适应时代语境。一方面，视听写作的选题、内容要关切公众关注的热点，针对人们生活中的焦点、难点、痛点进行报道和评论，使传播内容与人们"心意相通"；另一方面，视听写作的语言也要与时俱进，接地气，运用鲜活的、人们喜闻乐见的语言来表达，使视听传播与人们"话语相通"。

四、视听采访与写作的不变

视听新媒体的传播变革不可阻挡，然而，我们梳理报纸、广播、电影、电视，乃至于视听新媒介的传播流变时，会发现信息的呈现与接受在媒介迭代中既有它的变化，更有它的不变与传承。因此，在这个媒介瞬息万变的时代，我们需要思考的是视听采访报道的变与不变是什么。

那么，电视以及视听新媒体，这些依赖于视听媒介作为信息传播载体的媒介形式自身有何特点？相较于阅读的主动思考，对很多人而言，观看电视、短视频这样的视听媒介似乎总是一种漫不经心的过程，听到的、看到的信息经不经过大脑好像不那么重要。因此，有人称电视为后仰式（leaning-back）观看的媒介。如果是这样，视频似乎没有什么注意的优势。但，为什么有的报道让你凝神而视，甚至屏住呼吸。有人说，这是事件本身的冲击力，视听媒介只是直观地呈现。如果是这样，一条电视新闻报道似乎没有什么操作的含金量。问题是，为什么有的报道能真实呈现事件的现场，有的报道却无法让用户感受到现场？不仅如此，为什么有的报道生动、鲜活，能把形象深刻地烙在用户头脑中，直击人心，而有的报道枯燥、乏味，只是过眼烟云？

需要说明的是，诸如短视频、移动直播、H5等新形态的视听交互媒介，适应了移动化、碎片化和社交化的特点，虽然体现出报道表达和交互呈现的新特点，但更需要临场化和沉浸性体验的深度，要求共情性、情绪化等情感的浓度。

所以，信息如何呈现，这是一个重要的问题。

那么，一条好的视听报道到底具备哪些要素？许多初学者都想迅速一窥其门径。为了让复杂问题简单化，我们不妨用简单叠加的方式，简洁地描绘出它的缩略图：

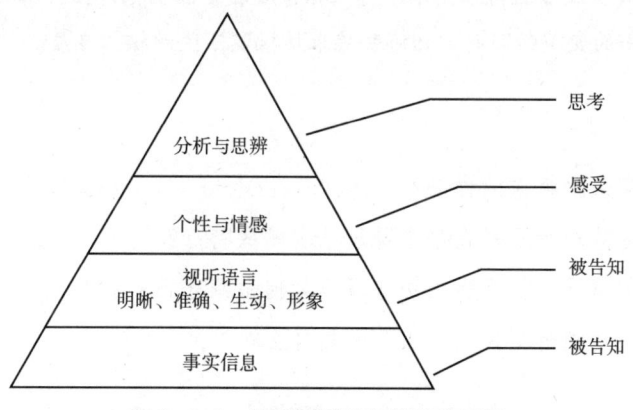

图 1-2-6 视听报道信息呈现分层图

首先，新闻最基础的是传达事实信息。在这一层里，是把新的事实讲清楚、说明白，反映事件本质，呈现新的意义。它涉及选题的把握，即选题是否新颖，是否有意义（它与社区、社会的关系）？此外，还有角度的问题，即选择什么样的角度切入。

其次，用视听语言明晰、准确、生动、形象地传达事实信息。在这里，我们赋予这一层如此多的词汇限制，因为它是发挥视听媒介优势的一环。它依靠视听语言去传达信息，这就需要记者对视听语言的功能与意义有深刻的理解与把握。到达这一步，把事实形象生动地呈现出来，任务似乎完成了，但这还不够。如果说前面这两步都还处于信息告知的层面，那么我们还应该让用户去感受与思考。视听媒介是能够提供切身的感受与思考的。

顺着图再往上走，事实的核心是什么？是事实本身吗？的确，多数情况下，我们把事件加以形象地呈现就足够了。但是，在我们头脑中留下深刻印象的视听作品，远不止于此，那它一定还有一些更重要的因素。的确是这样，那就是人，如何理解事件中的人？如何用视听形象呈现人的个性、情感？如何把个性、情感融入信息的传达中，让用户去感受？完成这一步，继续往上走。

最后，在事实信息和人物个性情感表达中，引出问题的分析与思辨中，引起用户思考事件，思考事件中的人，从而引领、启发用户去判断。好的报道不仅仅是传达信息，更能够启迪人的思想和心智。

到此为止。

当然，说到这里，这样的缩略图虽然一目了然，但过于简单。那么，在下面的章节里，我们不妨来看看视听采访与写作的核心理念和特点。

> 记住：视听新媒体的传播变革不可阻挡，要在全面拥抱传播技术驱动下的采访技术、方式与理念的变革的同时，始终明确采访报道不变的核心本质。

思考

1. 如何理解采访报道的内涵？
2. 历史流变的视听采写在每个阶段呈现哪些特点？
3. 在全媒体语境下，视听采访与写作如何做到守正创新？
4. 视听采访和视听写作的特点分别是什么？

用最丰富的视角，做最深入的探寻

第二章 视听采访与写作的特点

每一种传播媒介都有自身技术、符号、形态和表达的特性，如何发挥媒介自身的优势，扬长避短，是我们在新闻采制过程中尤其要考虑的重要因素。虽然新闻采访已经进入融合创新时代，但在"合"与"分"的辩证思维下，思考每种媒介的功能优势和场景应用是创新内容表达和传播触达的要义。视听报道也在融合创新的语境下不断创新传播优势。

第一节　发挥视听采访优势

作为视听采访记者，最基础的功底，是应该掌握用视听形象清楚、明晰地传达有效信息，深入理解用画面和声音叙事的技巧和规律。在这样的操作中，记者头脑中应该形成这样三个词：**明晰、准确、有效信息**，即呈现清楚、事实准确、信息量丰富。这样的要求看似简单，实则需要记者具备较好的形象思维、严格的视听语言训练、扎实的采访功底。记者的重点不在于怎么用文字去表达清楚一个信息，而是用画面和声音去还原事件和现场。因此，在实际的采访报道中，为满足这样的要求，记者应该把握视听采访报道的特点，更好地发挥视听传播优势，扬长避短，才能做出优秀的报道。

一、直观可视

声画兼备的视听媒介,用视听形象还原现场,用视听语言叙事表达,让用户不断升维临场感和沉浸感,从更多维度感受现场并获得信息。

(一)立体视角呈现信息

事件现场的综合性往往要求记者具备"场性思维",场性思维指呈现在思维中的一个完整的生活场,在这个场中需要提供社会生活的全部信息[①]。这就意味着,我们不是从线性的角度,而是从综合、立体的角度多面呈现现场的特质。具体到视听采访中,可以从三个层面来理解。

一是视听现场采访拍摄的镜头角度,二是我们观察事物的角度,三是理解问题的角度。前两者是具体的,后者则相对抽象,但三者紧密相连,拍摄的镜头角度和观察的视角决定了记者理解问题的角度。

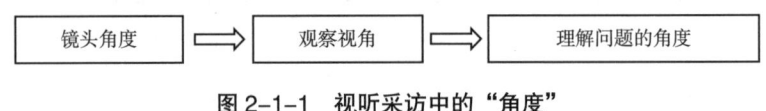

图 2-1-1 视听采访中的"角度"

从视听采访的拍摄而言,记者必须在现场用画面呈现这些多维的角度。为了说明这个问题,我们先从一首人们耳熟能详的诗作开始分析。"横看成岭侧成峰,远近高低各不同。不识庐山真面目,只缘身在此山中。"这是指我们看一个事物的时候,既须入乎其中,又要出乎其外,才能认清事物的全貌。从传播学的角度而言,信息是不确定性地减少的,当我们观察一个事物时,观察的视角越立体,获得的信息越丰富,我们体察事件的层次就越多元,事件的不确定性也就越少。比如,《"悬崖村"扶贫纪事》这则报道,不断用无人机航拍的视角与上山下山路的细节进行呼应,尽可能给用户一个立体而全面的视角。

---

① 高鑫,高文曦. 电视艺术:多元与重构[M]. 北京:北京师范大学出版社,2006:86.

图 2-1-2 《"悬崖村"扶贫纪事》截图

从理解问题而言,对问题的全面理解建立在多元、立体的观察和呈现之上。有人说,知识的边界也就是无知的边界,一个人的知识越多,就越知道自己的无知。这句话提醒我们,对事实与真相要有敬畏与谨慎之心,更尽量用丰富、多元的角度去无限地接近事实。具体到视听采访报道中,视角多元化体现为拍摄视角的多元化和观察视角的多元化。

1. 宏观视角与微观视角的结合

作为记者,既要具备"三山半落青天外,二水中分白鹭洲"的宏观视角,又应把握"红豆生南国,春来发几枝"的微观呈现;既要有"前不见古人,后不见来者"的纵向观照,又要有"青山一道同云雨,明月何曾是两乡"的横向对应。我们形象地展示一个事件的时候,不仅要关注事件本身的微观细节,同时也应该展现事件本身与周围环境及事物的关系,这样才能跳出就事论事的局限,呈现事件相对完整的性质。新华社"东北黑土保护调查"系列报道,以不同高度的航拍展现黑土遭到的明显盗采和破坏,土地被盗采后留下的伤疤触目惊心,以隐蔽拍摄和特写等画面,展现优质黑土的细节以及不法分子确凿的细节证据。层次有序的镜头构成丰富的观察事物和叙事的视角,成为舆论监督有说服力的视听影像支撑。

2. 行为动态与对行为动态的反应的结合

从对现场叙事的明确性而言,在实际的创作中,事件本身、动态行为本身往往成为记者天然关注的角度。一般情况下,记者的摄像机就对准动态事件和人物行为。但是，让我们思考一下，事件的现场是立体的，是综合的，是一个"场"的概念。有实施行为动态的人，就必然有接受行为动态的人或事，抑或有观看行为动态的人，正是正反角度的信息集合才形成了事件的现场，只有用镜头将这一切全面地呈现出来，才能使用户对事件的理解更全面。那些受到行为动态影响的人和观看的人，不同样也是摄像机需要抓取的内容吗？于是，立体的"场"由此形成。这样的理解，需要我们在现场拍摄的时候，观察并拍摄场景中的不同动态主体和对话主体，才能形成动态的交流感与鲜活的现场感。比如，《普利桥种粮记》中，普利桥镇政府请几位瓜蒌大户开会商议退出原有的耕作模式，推广"水稻+N"的模式，在镇里主管农业的副书记讲话的时候，镜头同时兼顾瓜蒌大户的反应，呈现出他们无动于衷、内心抗拒的心理。现场镜头的调度有效呈现了会议丰富的场景，推动了关系发展。

《普利桥种粮记》二维码

图 2-1-3 《普利桥种粮记》截图

随着视听传播的发展，更开放的传播空间赋予采访和传播视角多元性，无论是一个事件的多种素材视角，还是多种评论和话题视角，都提升了观察事件和问题的丰富性。比如，《掌握节奏篇》[①]把2023年全国两会期间，宪法宣誓前，仪仗队入列的过程，通过双视窗对列双视角呈现——会场视角和演播室导播视角的方式，把导播后台前置，把国家政治仪式的细节以直白、轻松的方式传播给用户，具有揭秘性和网感，产生了很好的效果。

在"全员媒体"的时代，视角多元性也是用户合力齐聚促成的。互联网充分释放了用户的生产力，移动社交平台为用户分享自己所见、所闻、所经历的故事提供了基

---

① 中央广播电视总台央视新闻. 掌握节奏篇 [EB/OL]. (2023-03-10) [2023-12-29]. https：//content-static. cctvnews.cctv.com/snow-book/index.html?item_id=5192320979555083225&track_id=5923f442-958c-4c3e-90ba-1951165cfbfd.

础。主流媒体善于利用用户生产内容，形成更多元、平衡的内容视角，有利于事件的全貌展示。比如，《人民日报》短视频《小女孩练舞狮偶遇舞狮队》展现广东揭阳一名七岁的小女孩在路边练习舞狮，恰好一支专业舞狮表演队路过为她敲锣擂鼓，呐喊助威。视频精彩之处在于，小女孩家长的视角与车上舞狮队的视角形成呼应，仿佛年轻的舞狮后生与前辈在对话，视频不仅相对完整地呈现事件全貌，更隐喻了中华文化传承与创新的自信。

《小女孩练舞狮偶遇舞狮队》二维码

图 2-1-4 《小女孩练舞狮偶遇舞狮队》不同视角的截图

（二）用指向性的画面去明确事件信息

所谓指向性，就是画面呈现的信息正是拍摄者想要传达给用户的信息，而不是无确切含义的、单纯的空镜头。在实际的创作中，很多视听报道要么使用大而无当的万能画面，要么用一些看似与事件相关但无法明确传达信息的画面去填补空白、配合解说词，而不是让画面产生它应有的意义。记者应有的追求是，要用指向性很强的画面去清晰、明确地传达信息，使画面与解说词形成呼应，避免使用万能画面和杂乱无章的镜头干扰所要表达的信息。在系列报道《基层牌子何其多》中，围绕浙江省基层村（社区）"机构牌子多、考核评比多、创建达标多"这一热点难点问题，记者深入调查采访，揭示村（社区）负担过重现象及其带来的危害，剖析基层负担根源所在，探讨创新浙江基层社会治理路径。在第一集《挂不下的牌子》里，现场记者出镜采访报道，通过有序的现场调度和明确的镜头语言，非常明晰地展示了基层社区为了应对上级的任务而设计的花样百出的牌子。节目用大量准确、明晰的画面有力地呈现了主题——基层负担过重导致上有政策、下有对策的现象出现。①

图 2-1-5 《挂不下的牌子》截图

（三）从直观到形象

海德格尔（Martin Heidegger）曾说："世界被构想和把握成图像。"视听媒介正是用直观、形象的视听语言传递信息，构造出人们对世界的印象。直观、形象，谓之简单，而实际操作却很难。最重要的是，我们应该意识到"直观""形象"是两个不同的概念，直观意味着具体、直接，当我们用视听设备拍摄下现场，其画面和声音信息就直观地传达给了用户。这是视听采访区别于其他采访的重要特点。然而，有了直观的画面并不意味着一定是好的视听报道，因为形象才是信息表达的更高层次，形象并不是直观的必然，直观未必形象。比如，电视媒体中的很多程式化的会议新闻是直观的，但是它们并不形象。因此，相对于直观而言，形象是视听采访报道传达信息的更高要求，形象意味着生动、鲜活、立体。只有具备了形象性，报道才能体现出视听媒介的采访特点。就形象性而言，可以从以下几个方面来理解。

1. 现场信息的形象性

现场信息的形象性要求记者善于利用视听语言表达现场信息，我们平时所说的记者要具有"画面感"也蕴含了这个意思。形象性实际上要求记者用画面去体现现场信

---

① 新蓝网·浙江网络广播电视台.基层牌子何其多（一）：挂不下的牌子［EB/OL］.（2014-06-28）［2023-12-30］.http：//n.cztv.com/wy/328858-1.html.

息与新闻价值，把静态的信息变为动态的信息，把过去单靠文字、声音构成用户想象的信息表达转换为以视听综合元素为载体的信息直观表达，把以空间展开的信息变为时间延续的信息。

下面，我们从《探寻电商亚马逊》(*Inside Amazon*)这条长消息入手分析。在美国圣诞节前夕，有分析预测在即将到来的圣诞节电商销售量将飞速增长，可能会首次突破零售业总额的10%，这是一个标志性的突破。显然，单靠一条口播消息是无法体现其重要性的，那么，如何去体现互联网销售的飞速增长，如何体现这个抽象的"10%"？我们看到，记者首先选取了美国最有代表性的一家电商——亚马逊，探寻亚马逊在节日前的工作状态。接着，记者选取了亚马逊在全美的44个大型仓库之一——纽约的仓储中心为切入点。问题来了，怎么才能用这个大仓库去表现"10%"这个数字，去表现互联网销售迅猛发展的态势？拍摄报道仓储中心，极易落入静态的报道中，但记者并没有落入窠臼，而是充分发挥了视觉思维和想象力，从宏观和微观等多元角度，调动动态报道的手段，通过丰富的现场出镜报道设计、不同维度的采访以及独特的拍摄视角，表现了亚马逊纽约仓储中心在圣诞节来临之际的紧张与忙碌。

- 在呈现商品从挑选到扫描、包装到运送的处理过程时，记者用传送带的拍摄视角以及富有节奏感的剪辑，生动形象地体现出现场忙碌的节奏。（见图2-1-6）

图2-1-6 《探寻电商亚马逊》截图

- 通过记者出镜与仓储中心的对比，通过经理的采访以及货柜商品密集排列的细节抓取，记者分别从宏观和微观角度呈现了仓储中心的大以及商品的多。（见图2-1-7）

图 2-1-7 《探寻电商亚马逊》截图

- 记者采访其中一位员工,呈现其圣诞节来临之际劳动强度以及压力的增大,更进一步说明亚马逊在节假日的繁忙。(见图 2-1-8)

图 2-1-8 《探寻电商亚马逊》截图

- 记者非常巧妙地采用骑自行车的出镜报道,进一步形象地说明纽约仓储中心的大。(见图 2-1-9)

图 2-1-9 《探寻电商亚马逊》截图

- 最后,叙述亚马逊在节假日要额外招收 1.5 万名员工,说明节假日网络销售的火爆。(见图 2-1-10)

图 2-1-10 《探寻电商亚马逊》截图

- 结尾宏观呈现亚马逊仓储中心的大,点题。(见图 2-1-11)

图 2-1-11 《探寻电商亚马逊》截图

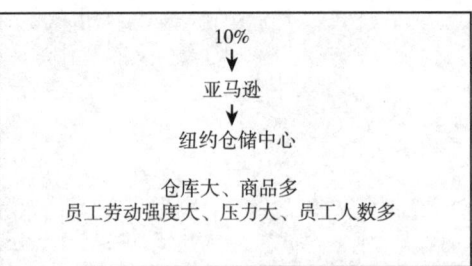

图 2-1-12 《探寻电商亚马逊》信息呈现逻辑图

《3D还原胡某宇尸体发现地现场勘查情况》二维码

借助于新技术，对于现场的还原不仅是现场拍摄，也依赖于虚拟技术的使用，比如动画、三维特效技术的使用。2023 年 2 月 2 日，关于网上争议已久的胡某宇事件，有关部门召开调查情况发布会，发布会上播放了时长为 38 秒的案件调查视频《3D 还原胡某宇尸体发现地现场勘查情况》，胡某宇系自缢死亡，遗体发现地为原始第一现场。视频通过三维建模、动画制作，辅之以数据信息：用砖石砌成的围墙高约 5.11 米，胡某宇缢吊于该树树干凸起处，悬挂点距离地面 4.5 米，与围墙顶端垂直距离约为 0.61 米等。视频配合发言人的旁白，画面中三维动画特写、景别多角度切换流畅，视频简洁、清晰地还原案发现场，被媒体转发传播，对于事件的准确还原起到了有效的作用。虚拟现实等技术的使用，以更沉浸式的效果让用户体验现场，比如中央广播电视总台的《三星堆奇幻之旅》创新打造的虚拟博物馆和 3000 年前的古蜀王国。

图 2-1-13 融合报道《三星堆奇幻之旅》截图

2. 理性、抽象信息的形象性

其实，在上面的案例中，我们已经谈到理性、抽象信息的形象性。对记者来说，如何把本身不具形象性的信息用画面传达出来，这是一个挑战，但这也为记者提供了腾挪的空间。我们常说，记者未必是一个专家，但必须是一个好的翻译家，要把枯燥、难以理解的数据、文字等理性信息转换成用户可以感知的形象信息。对于记者来说，这样的工作更复杂。

（1）数据的形象性与贴近性

布隆代尔（William E. Blundell）说，数据无异于毒药。但在许多新闻故事中，数据为整个新闻定性，有时候数据本身就是新闻。① 数据重要但也抽象。有的时候，引用数据不可避免，这就需要记者发挥想象力，实现数字的转换和形象呈现，可以利用以下几种方法。

第一，利用形象的视听语言表达。

用可视、动态和形象的方式呈现数据，在新媒体语境下，数据可视化更呈现出全新的视觉表达形态。数据可视化兼具科学性与艺术性，能够美观、实用、高效地呈现信息。比如，《经济日报》的《数说70年》选取消费、饮食、大国工程、数字经济、生态、外贸六个方面与人民生活息息相关的数据，创新地用数据动画的形式，以具有纵深感的视角、

《数说70年》二维码

具有话题性的内容，充分展现了70年历程中人民生活不断改善并持续提升的发展过程。美国公共广播电视台（PBS）的《透视美国》（*America Revealed*）和中央电视台的《数说命运共同体》等，使用卫星定位跟踪系统数据，通过大量GPS移动轨迹提升数据新闻的视觉表达效果；使用数据库对接可视化工具，在节目中全景呈现真实的数据轨迹。

第二，提供数据的形象解读。

一个数据出现后，往往伴随着这个数据的变化及其带来的影响。因此，记者在提供数据的同时，要紧接着提供对数据的解释——数据产生的原因、后果等，从而提升报道的新闻价值。对于记者而言，更高的要求是为数据提供形象的注脚，从而让用户对这些数据形成直观的认识。比如，《安全性增强的高速路行驶》② 这条新闻，报道美国2010年高速路车祸死亡率比2005年降低了25%，是1949年起车祸连年攀升以来的首次下降。记者没有停留在数字的简单报道上，而是用视听形象分析了车祸死亡率下降的原因。报道引用了保险公司的防撞实验视频，对比了汽车安全措施改进前后的变化，从汽车结构、安全气囊及安全带的使用等多方面分析数字下降的原因，同时进一步报道了驾驶的安全隐患来自驾驶员注意力不集中等因素。

此外，记者也可以提供不同的数字组合，构建新的意义。比如美国哥伦比亚广

---

① 布隆代尔.《华尔街日报》是如何讲故事的[M].徐扬,译.北京：华夏出版社，2006：160.
② 美国广播公司《世界新闻》，2011年4月播出。

播公司（CBS）《晚间新闻》报道 2011 年 4 月份失业率的新闻，称 4 月份的失业率是 84%，下降得不多（这是数字的意义）。如果仅仅报道这个数字，口播就可以，但是报道者从 84% 这个新闻由头展开，又引用了新泽西州立大学对失业工人的调查数据，报道了失业对他们的生活及前景的影响。

第三，赋予数字人的维度。

为出现的数字或数字变化提供背后的人的因素，解读数字会对谁产生影响、产生怎样的影响，报道会因此而生动。比如《就业上升》①中，报道美国 2012 年 3 月的数字表明，美国增加了 216 万个就业岗位，失业率下降到 8.2%，为两年来的最低点，但是仍有数以万计的美国人处于失业状态。为了让这些抽象的数据形成有吸引力的报道，记者选取了佛罗里达州布鲁明戴尔奥特莱斯购物中心，现场出镜采访这个卖场最近招收的雇员，并分别列举了北卡罗来纳州一位已经找到工作的妇女和佛罗里达州迈阿密尚处于失业状态的中年男人的案例。这条报道把数据的意义与人有效地联系起来，不仅使数据在用户头脑中产生意义，也增强了报道的人文内涵。

第四，使用类比方式表达。

除了技术手段之外，我们还应借用类比修辞手法来完成信息的形象化表达。数据类比，比如，有网友吐槽送餐途中跳桥救人的外卖小哥，质疑他跳下 12 米高的桥梁不算什么，记者把这个高度与全红婵 10 米跳台跳水的高度进行类比，点出普通人从这一高度跳水的难度，凸显外卖小哥的行为蕴含着巨大的勇气和献身精神。形象类比，比如采访高端轴承生产的工匠，我们要展现轴承的高精度，就可以用头发丝的直径作为参照，来表现各个部件的低误差、高要求；继而再结合工匠身上由于职业特性留下的痕迹，如手指上因为打磨部件留下的老茧等，这将使画面和场景变得生动活泼，让用户印象更加深刻。

第五，用比率及概数代替具体数字。

比率能清晰地体现部分与全部的关系。比如，1600 万是个具体的数字，占总量的 30%，它的性质是需要用比率来体现的。进一步说，当比率还显得复杂时，就使用概数，比如用"少于三分之一"来代替 30%。比率和概数实际上就是形象的表达方式。

第六，数据可视化

建立在新技术基础上的大数据可视化，是通过数据创造具象之美，数据可视化叙事对传统新闻叙事的改变体现为叙事文本从单一的文字变成了丰富的图形，通过

---

① 美国广播公司《世界新闻》，2012 年 3 月播出。

直观的图形和图像呈现的语义逻辑来完成故事的讲述，比如《经济日报》的《数说70年》①。

图 2-1-14 《数说 70 年》截图

此外，三维技术，虚拟现实、增强现实、混合现实和扩展现实等沉浸性技术，极大地丰富了数据的形象体验和感知。比如，新华网全国两会报道"看报告"系列作品之一《跃然纸上看报告》，采用 3D 立体画＋折纸动画技术，把中国发展现实以折纸方式呈现出来，辅之以数据可视化，让熟悉的事物陌生化，"变着法子"制造新奇，让用户以不同视角、不同形式、不同体验看报告。再如，美国气象频道（the Weather Channel）关于佛罗伦斯飓风的报道②，用虚拟技术呈现飓风引起的洪水的高度，洪水从 3 英尺（约 0.91 米），到 6 英尺（约 1.83 米），进而到 9 英尺（约 2.74 米）及以上，四级洪涝的情况被形象展示出来，并同主持人身高类比，呈现洪水席卷一切的场景。类比的方式给数字提供了形象的参照对象。在报道中，记者要把数字变得可感知、有趣味。

（2）会议简报、文件、政策的形象性

会议报道往往是记者报道的难点。会议新闻的形象性绝不在于会场的规模与现场情况，文件的形象性也不在于简单直观地展示文件。这些报道形象化的关键是在会议简报和文件的内容上做文章。俗话说，会内新闻会外报，会议的重要决议、会议所影

---

① 曾祥敏. 融合新闻学［M］. 北京：中国传媒大学出版社，2023：299-323.
② 环球网. 飓风"佛罗伦斯"登陆美国北卡罗来纳州［EB/OL］.（2018-09-13）［2023-12-31］. https://m.huanqiu.com/gallery/9CaKrnQhMaf.

响的人才是报道的重点。

方法一： 把会议要点化整为零，从内容中提取最有特点、最能体现会议情况的新闻价值点。比如，CGTN 的短视频《忘了如何用法语说？马克龙来帮忙》(Forgot How to Say It in French? Macron Helps Him Out) 以马克龙在现场帮助主持人念法语这一新闻由头，引出"中法文化之春"艺术季开幕式。

《华春莹霸气"六连"，驳斥美政客言论无耻无德》二维码

方法二： 从会议的同期声中提炼最有价值的同期声引语，作为新闻报道的实证性语言，更作为聚焦主题的方向。央视新闻的短视频《华春莹霸气"六连"，驳斥美政客言论无耻无德》报道我国外交部时任新闻发言人华春莹在新闻发布会上批驳美国政客关于中国新冠肺炎疫情信息发布的评论。短视频没有线性完整地呈现华春莹的全部发言，而是提炼出华春莹回答中的对美国政客的"六个拷问"，配上音乐和花字，信息密集，节奏明快，记者的专业凝练和聚焦能力在短视频中呈现出新的表达样态。

《"十四五"是什么"舞"》二维码

方法三：形象联想类比。 用形象化的比喻和类比，把陌生、抽象或专业的新事物与用户可以感知的事物联系起来，加强新闻与用户的贴近性。比如，中央广播电视总台电视评论《"十四五"是什么"舞"》以2021年全国两会热议的话题"'十四五'规划"为着眼点，把"十四五"比喻为人们熟知的舞蹈，如民族舞、古典舞等，而新媒体端"央视新闻"更以此发布了海报组图《"十四五"是什么"舞"》，放大"五"与"舞"的谐音梗，列举不同舞种来冠名各项"十四五"发展目标，可视化图文与谐音配合创造出声画融合的新表达，使用户在玩梗的同时加深对于"十四五"关键话题的印象，也为"十四五"话题增加了曝光量。

（3）内心感受、氛围的形象性

内心感受、感觉这种内在、无形的信息，是记者在影像表达中的难点。对于"难受""愉快""痛苦""隐忍"这样一些无形的信息，文学、绘画作品可以用不同的文字和形象元素来传递。如贾岛的"僧敲月下门"比"僧推月下门"更形象地传递了明月朗照、寂静无声的意境，更具有声音牵带出的空间感；"深山藏古寺"的画作以山脚下提水的小和尚含蓄形象地传递出深山空幽、古寺隐隐的禅意；而"踏花归去马蹄香"以蝴蝶翻飞马蹄间，形象地传达出花香。视听媒介当然可以通过画面、解说词、文字等多种手段综合表达无形信息，这种表达应当以画面信息为主；当画面信息不足时，用解说词、字幕和音乐来弥补。但无论是画面表达还是声音传递，都应该注意的是：要用具体、形象的视听语言去表达，避免用大量抽象的解说词去描绘。

（4）再造想象，引发联想

用画面信息引发用户的想象和联想。这种想象和联想意味着用户主动参与信息的构建。当调动了用户的主动参与意识时，新闻就成了用户挥之不去的念想，节目也就提升到了必看的地位。比如央视新闻《救援最新进展！坠机核心区现场发现失联人员随身物》，镜头聚焦东航客机 MU5735 机上失联人员遗留的画着平安扣的纸张特写，让物与人的命运形成极大反差，引发用户联想和共情。再如凤凰卫视对俄罗斯别斯兰人质事件的报道中，经验不足的凤凰卫视驻莫斯科首席记者卢宇光在报道中简单地提到了现场散落的孩子们的作业本和鞋子，却没有深入下去。而其采编总监吕宁思从废墟堆里找到了一个名叫"安德烈"的男孩的作业本，这个作业本上面贴着卡通人物画，还有做错的算术题："9-2=4"。吕宁思针对这道极其简单却被算错的算术题做了现场出镜报道，将镜头推给作业本。① 这一刻，这个小学生的脸孔仿佛跃然纸上，虽然用户从来没有见过他，但是这道题引发了用户无尽的想象。仔细揣摩，一个连一道简单的算术题都不会做的孩子，他该有多么稚嫩，而此时这个稚嫩的生命却已经不在了。鲁迅说过，悲剧是把美好的东西撕破给人看。这则报道传达了这种情感的力量，同一般的对现场简单的展示性采访报道不同的是，这则报道带给用户的心理参与，是不一样的感动、不一样的震撼，以此反衬恐怖分子的凶残。在这里，情感因素已经深深地渗入报道之中。

《体育老师王红旭生命中最后一次百米冲刺》二维码

在视听融合创新的语境下，新技术释放了形象再造的空间，借助于新媒体编辑制作技术，一些缺失的现场被还原。比如《体育老师王红旭生命中最后一次百米冲刺》，聚焦一位老师的英雄壮举，他在路遇儿童落水后义无反顾地以百米冲刺的速度跳入江中，救起了两个孩子，自己却失去了年轻的生命。主创团队通过前期多次采访王红旭的家人、好友、同事了解到，王红旭生前还有好多未完成的事。例如，陪妻子去跳广场舞，吃爸爸做的面，等等，报道最后选择以"告别"这个点，通过穿越时空的对话，使用动画还原和真人讲述相结合的形式，让王老师与他生命中重要的人告别，旨在让他的亲人、学生、朋友走出悲痛，重拾生活的勇气。

---

① 张林，等．大事背后：凤凰卫视资讯台揭秘［M］．北京：中国和平出版社，2005：169．

因此，我们在采访中应当揣摩的是，怎样把这冷冰冰的媒介工具转换成可感、可知、可触摸的生命与情感体验的载体。正如有人说的那样，给你的报道一些温度，给你的新闻一点色彩。

二、现场感（临场化）

现场是新闻之源，新闻记者挖掘新闻线索要到现场，捕捉细节要在现场，而对于视听采访而言，现场更是核心因素（不在新闻现场，就是在去新闻现场的路上）。声画一体、直观形象的画面决定了视听报道可以最大限度地直接记录现实生活中的各种信息并对其加以还原，传达给用户。用户从屏幕上看到的是现实的人和事。用特定现场背景作衬托是视听采访独有的形式，也是它同其他传播媒介采访形式最大的区别之一。

与其他媒介相比，视听采访可以直接抓取现场的原始信息传达给用户。由于有特定现场背景作衬托，视听采访不但能够传达信息，而且能够直接传达形象。视听媒介传达的信息不仅显示新闻事件发生时记者在场，还让用户感觉到"我就在新闻现场"，从而让用户身临其境，能够在第一时间，以第一视角感受现场。借助现场信息本身的直观性、多义性和透视性，视听采访给用户提供了多方面的思考。而随着手机、无人机、虚拟现实、Vlog等视听新技术、新形态的发展，新闻采访的临场感、现场感更加强烈，用户对新闻现场的体验更加多维而深刻。

从这一特性来看，记者应当做到以下几方面。

（一）亲历现场

第一现场是主流媒体报道立身之要，而脚力是记者"四力"之首，"接近真相，从现场开始"，即记者要再现现场的亲身经历。从视听报道而言，好的现场环境，能增加电视画面的冲击力，适合电视表达，适合人物情绪和个性的烘托。比如中央电视台"走基层"报道《"悬崖村"扶贫纪事》中，记者亲自攀登陡峭崖壁上的道路即说明了一切，极具震撼力。因此，环境的到位，是记者现场意识的体现，也是记者在报道中须考虑的重要因素。在互联网语境下，"键盘侠"无事实依据的评论，以及无现场画面的"PPT新闻"甚嚣尘上，记者亲历现场，以第一视角获取第一落点信息，显得尤为重要。在现场，沉浸式观察、体验和思考，必将从熟悉的地方看出风景来。下面，我们看看中央广播电视总台一名工作不满一年的新记者，在2023年7月底去河北涿州洪水现场采访后的讲述①。

张婉莹是一名工作不满一年的新记者。接到去涿州的报道任务时，她的心情是非常紧张的，不是对于洪水的恐惧，而是怀疑自己能否承担起这么重要的报道任务。"面对镜头，我要说些什么？""直播经验少，搞砸了怎么办？"这种状态一直持续到次日中午，当她与拍摄团队真正进入救援现场，和救援队伍一起蹚进积水，所有的见闻与感受都开始"真实"地冲击着她：

灾害，是有"实感"的。什么是"积水"？它有深度、温度，还有气味，救援队就是在这样又深又凉又脏的水中长时间浸泡、来回奔波。什么是"橡皮艇"？它会破损、会漏气，每次拖拽到岸边都需要花费不少力气。简简单单一个词，都会让人感慨救援的艰辛与不易。

"逆行者"，是具体的人。在现场，张婉莹看到了一位坐在沙袋上大口喘气的"救援大哥"。他已经连续进行了6个小时的作业，连开口说话都十分困难，但被问到是否还要回去继续救人时，他立刻回答："去！去！去！"看到他奋战的背影，那一刻，张婉莹感到，"'逆行者'这个词在我的心中，变成了一个个具体的人……"

记者要理解第一现场的不同含义，善于寻求第一现场，比如短视频《中国社会救援力量公羊救援队携设备赴土耳其》，把第一现场定位于杭州萧山国际机场，报道中国首支社会救援力量浙江公羊队奔赴土耳其地震灾区开展救援行动，把土耳其地震产生的影响有效转化为第一现场。视频突出土耳其地震后的中国速度和中国担当，也突出公羊队作为社会力量的角色，从而规避意识形态的差异，多维呈现"中国形象"。视频被国内外众多主流媒体刊播，也在国内外社交平台上获得广泛转发，如TikTok平台共收到25个国家的网友用21种语言留下的正向留言。②

《中国社会救援力量公羊救援队携设备赴土耳其》二维码

---

① CMG观察.总台记者在现场丨风雨中展现前行的力量［EB/OL］.（2023-08-08）［2023-12-31］.https：//mp.weixin.qq.com/s?__biz=MjM5MTExMTMwOQ==&mid=2705880915&idx=1&sn=2ad83b2d25d067c0920f62f0c6132e7c&chksm=820656b1b571dfa729ea9c9395af4250b577c669ed33375574d0ac3be3c6fbdcf7152fd5a455&scene=27.
② 颜一顾，顾周皓.省级媒体如何在国际传播中有效提升影响力：以TianmuMedia关于公羊队驰援土耳其地震灾区的报道为例［J］.传媒评论，2023（2）：42-44.

（二）尽快给用户呈现现场

事件现场是新闻的由头，是用户可以感知的具体空间。如何让新闻有现场感？视听采访报道应该由现场切入，充分发挥视听优势，让用户看到记者所处的现场氛围、空间，听到现场富有质感的声音。许多采访报道大而空，就是因为记者缺乏从现场切入的意识。在报道中，记者要善于从现场最新的事态入手，从现场的细节入手，这是一个巧招。比如，短视频《忘了如何用法语说？马克龙来帮忙》就是从2023年"中法文化艺术之春"开幕式现场的一个细节场面入手，引出艺术节的亮点。

（三）"视点"的亲历和独家

记者不仅身在现场，还要通过观察，寻找反映现场的独特位置、独特视角，获得第一手资料，这也体现了记者对事件和现场的独特理解。比如我国电视新闻界一条经典的新闻，即重庆广播电视台的《走进贫困山区》第一集，第一个省级媒体、电视媒体进入该地的记者[①]，采用体验式报道深入四川巴山山区。在报道中，记者抓住"行路难"向观众展示了山区崎岖险峻的路况。其报道特点有如下三点。

第一，独特的新闻价值点。节目放大了事物特点，向观众展示新闻事实中最独特的视点。记者用广角镜头拍摄路边犬牙交错的山岩，其贴近逼视的视角使画面中的岩石扑面而来。"广角镜头极强烈地夸张了相对大小，靠近摄像机的物体显得相对较大，而沿z轴在其背后仅一小段距离之隔的类似物体却展现出急剧减小的图像。"[②]这样的镜头样式放大了事物的特点，使其清晰地呈现在观众面前。

第二，独特的拍摄视角。记者使用了许多非常规的视角，比如在靠近拖拉机轮子的位置和贴近悬崖的位置拍摄，使观众获得多种视角来接近现场，身临其境。

第三，立体而丰富的视角。节目视角不仅独特，而且形成呼应，既有表现山路的具体特征的镜头，也有体现山路与大山的关系的镜头；既有展现事物的镜头，也有表现记者拍摄事物的镜头。这些视角相互形成呼应，为观众展示了一个立体的时空。

[①] 参见笔者参与制作的《2021中国新闻传播大讲堂：践行四力 与时代同行》。韩咏秋.苦练"四力"内功 不负时代使命［EB/OL］.（2021-11-10）［2024-01-10］.https://article.xuexi.cn/articles/index.html?art_id=11300324427887434313&read_id=89d3d16a-2865-4717-8e39-cabf3d02e940&ref_read_id=6b884d3c-da39-4366-b9dc-d070ded5dea8&reco_id=&mod_id=&cid=&source=&study_style_id=undefined.

[②] 泽特尔.图像 声音 运动：实用媒体美学（第三版）［M］.赵淼淼，译.北京：北京广播学院出版社，2003：152.

图 2-1-15 《走进贫困山区》截图

青衫磊落险峰行，试想，没有现场的独到观察，是很难获得如此形象而生动的信息的。但很多记者深入现场，拍回来的素材却似曾相识，其原因就在于惯性思维支配着其惯常的视角。因此，到了现场，就要充分体现"视点"的亲历性和独家性，记者在现场能不能换一个角度看世界，能不能换一个位置看事件，能不能从熟悉的事物中看出风景？

想想，身在现场的你，视角在何处？

（四）用同期声传达现场

声音是极其重要但又往往容易被忽视的现场要素，记者须认识到，视听报道的优势除了现场画面，还在于现场的同期声。自从 ENG、EFP 等电子采集系统出现以后，新闻信息便从现场开始即通过信息双通道的模式被采集、编辑与整合，便携式摄像机、手机的使用，为信息的采集提供了更大的便利。其中，现场的同期声与画面一起成为采访信息的载体与重要表现元素。

应当说，对于同期声还原现场，传达信息的理解是不断发展的，主观声音与同期声、画面的关系仿佛经历了一个螺旋式上升的过程（见图 2-1-16）。早在 20 世纪 30 年代的格里尔逊时代，提倡"创造性地处理现实"，解说词替代了现场同期声，进行直接宣导，画面成为解说词的依附。

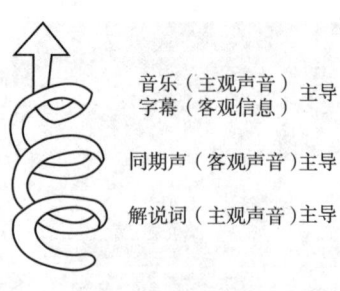

图 2-1-16 视听采访报道的声音

而现代电视新闻所追求的是，能够用现场同期声传达信息、说明问题的，就尽量使用同期声，只有在一些背景因素的介绍或者无法用现场画面与同期声说明问题的情况下，才使用解说词等后期声音与音响。

到了视听新媒体时代，在碎片化和情绪化的语境下，一方面是同期声的提炼和放大更加突出，解说词的功能越来越弱，主观的字幕信息的功能日益增强。另一方面，主观音乐，即所谓"BGM"（Background Music）也成为吸引注意力、提亮情绪的手段。比如，短视频《一名11岁儿童被水冲走 3名巡逻辅警听到呼救后立即展开救援》通过3个关键过程清晰呈现3名辅警营救水渠中落水少年，又相互帮忙自救的事件，清晰而生动地展现了一个温馨感人的故事。而在某种程度上，音乐甚至成为引导画面叙事、创造节奏的主体，比如"中国航天科工""中国船舶"视频号的以魔性音乐主导的短视频，具有突出的宣导功能。

关于视听采访报道的声音问题，我们将在第八章进一步讨论。

三、过程性

过程是指事情进行或事物发展变化的经过[①]。视听媒介是按照时间顺序展开信息的媒介，视听采访报道是过程式报道，而不是结论式报道，是按照时间顺序展现连续的动态画面和声音，呈现现场连续的时空。基于此，视听采访要注重连续发展和动态推进，不仅展现事件发生发展的过程，更要运用采访技巧，以静态的点结构动态的过程。

（一）呈现过程

通过抓取、记录，要有意识地报道事件从发生、发展到结束的关键环节和发展历

---

① 汉语大字典编纂处. 现代汉语词典［M］. 全新版. 成都：四川辞书出版社，2022：210.

程，呈现出事件推进的过程。比如短视频《掌握节奏篇》①把第十四届全国人大一次会议第三次全体会议宪法宣誓仪式上，礼兵护送《中华人民共和国宪法》入场的过程与总台记者导播的过程进行即时对比，有效地把庄严神圣的国家仪式传播到用户指尖，让普通用户了解重大会议的现场信息。

图 2-1-17 《掌握节奏篇》截图

（二）结构过程

通过记者的体验式的报道，随机采访，去形成采访报道的过程，通过记者的动态采访去激发有效信息，呈现人物个性和情感。比如新华社记者亲历第三届上海世界进口博览会现场，以 Vlog 的视频形态，通过体验报道的方式，呈现进博会的面积、分类展区和特色，记者个性化的日常体验融进报道过程中，采用吐槽播报的方式，形成了《我以迅雷不及掩耳之势来到了进博会现场 结果……》《你们人类的口味实在是太重了》等四集 Vlog 系列短视频。

不得不说，在视听新媒体的碎片化语境下，过程被极大压缩，时间被极大剪辑，成为一言、一语、一瞬间、一动态、一高潮，这样碎片化的过程易于传播和分享，但也应当引起我们的辩证思考。

对于过程，我们将在第六章中进一步探讨。

---

① 中央广播电视总台央视新闻.掌握节奏篇［EB/OL］.（2023-03-10）［2023-12-31］.https：//content-static.cctvnews.cctv.com/snow-book/index.html?item_id=5192320979555083225&track_id=5923f442-958c-4c3e-90ba-1951165cfbfd.

四、动态性

我们提及过程时，它其实就具有动态性，视听采访是动态的结构，而非静态的展示。动态首先是一种外在的视听呈现形式，即视听的内在运动和外在运动。视听媒介按照时间顺序展现连续的动态画面，其媒介特点决定了我们在现场抓取素材时要展现事物的运动，并以一种动态的方式来结构事件、展现信息。

同时，动态更是一种采访观念、创作理念。作为现场纪实创作观念的核心要素之一，动态观念是一种开放的观念，即尊重现场，尊重事实，接受现场任何可能发生的情况，忠实记录现场，还原事件。理解这一点，并不意味着我们在现场只能听之任之，除了被动地跟随记录，在其他方面毫无作为，而是能够意识到现场的突发性与突变性，从而对现场有更好的预判、更强的掌控力。拍摄也好，采访也好，选择也好，都能在事发瞬间做出最为优化的拍摄采访抉择。

五、交流感

最好的传播方式是人际传播，视听采访是人际交流的采访方式，视听采访的优势在于真实还原人际交流，用人际交流呈现信息。好的采访要让被访者忘记采访本身，沉浸在交流中。通过展示记者与被访者、被访者与被访者之间的交流来传达信息也是视听采访区别于其他采访的重要特征。这种交流不仅是视听采访的形式，也是视听采访的重要内容。信息就是在这样的互动状态下形成的。在这里，我们有必要厘清视听采访报道中人际交流的不同层次。

- 出镜记者通过人际交流的方式与被访者互动，获得信息（与文字记者不同的是，这种互动可以直接加以展示，形成视听报道的重要内容）。
- 出镜记者通过自身报道行为向屏幕前的用户传达信息，引导用户参与到现场中来，用户或以心理投射的方式与记者和现场互动，或以网络交互技术与记者形成直接互动。
- 视听采访是通过镜头展示人际交流，让用户感到自己与现场的人物进行着面对面的交流，是在现场获取信息，这是一种准社交关系[①]，是拟态的人际传播。
- 互联网交互技术为用户与报道者的交流提供了便利，用户通过弹幕、评论等方式参与报道，共同建构信息，影响报道走向。

通过以上不同层次的人际交流展现，新闻的真实感、动态交流感、互动参与感就凸显出来了。记者应当在采访报道中，建立"人格化"的交流感，与用户建立信任度、形成交流感、获得亲近感。有的报道，如在《江苏盐城一化工园区内发生爆炸 救援已展开》直播报道中，用户只闻记者声，不见记者人，只有现场展示，而无人际交流，信息的亲近度、可信度大打折扣，媒体的权威性和独家性也难以树立。

在这一方面，我们考虑的重点不应该是其原理，而应是采访中的具体交流状态，即如何在现场还原出相对生活化的交流场，使交流呈现一个相对自然、轻松、信手拈来的状态。从视听媒介诞生伊始，其装备复杂的特点便决定了视听采访是一种形式感很强的采访方式。某种程度上，这一特点恰恰妨碍了视听采访中信息的传达。被访者的紧张、矜持及故作姿态等都是因为镜头的存在。因此，在视听采访中，记者应该着重考虑如何打破视听形式感因素的束缚，具体而论，有以下三点。

（一）如何体现互动

既称之为"互动"，就是一个双向沟通的状态。交流是平等的状态，是双向的信息流通。在采访中，记者可以提问，被访者也可以提问，采访是在双方碰撞中激发信息、闪现情感的。笔者曾经拍摄的文献纪录片《中国广告二十年》中，有一集讲述凤凰自行车的广告发展史。作为摄像与编导，我在创作中首先考虑的是如何从用户可以感知的视角切入主题。如果节目一上来就是车间、厂房，甚至辉煌的历史叙述，显然不具有可视性。我们找到了一辆拥有36年历史的凤凰自行车的主人钱凤鸣老人。在上海的一个普通的弄堂里，我们的摄像机开始了叙述。镜头记录的是钱凤鸣老人把她的自行车从弄堂的角落里搬到显眼的位置。笔者一边拍摄，一边插入提问："您这自行车有多少年历史了？"老人回答："36年了，1963年10月份买的。"这时老人突然转身问笔者："它的年龄可能比你还大了吧？你几岁了？你还没有36吧？"被访者的突然发问使笔者一下子意识到这正是这段采访的精彩之处。摄像机在转动，我的思绪也在飞转。我赶紧接上对方的提问："还没有。"这时，老人倍感自豪："啊，它年龄比你还大了，待会

[①] HORTON D, RICHARD W R .Mass communication and para-social interaction［J］.Psychiatry：interpersonal & biological processes，1956，19（3）：215-229.

儿看看发票你就知道了。"这样，老人对凤凰自行车的情感自然鲜活地展现了出来，一个企业的历史也自然鲜活地呈现了出来。在实际拍摄之前，我只与老人通过一次电话，告诉她，我们想看看她的自行车。现场这段没有任何修饰的交流，让笔者思考电视采访中记者与被访者形成互动的要义，同时意识到电视采访应该还原一个真实自然的交流状态。此外，交流中的碰撞与交锋同样也是人的思维与情感的自然闪现。

（二）如何还原自然的交流状态

像上文提到的钱凤鸣老人这种呈现出自然状态的行为不多，更多的被访者需要依靠记者去有效地引导。记者应该帮助被访者忘掉摄像机、忘掉灯光、忘掉所有与视听采访有关的事物，而完全沉浸在与记者的探讨之中。正因为视听媒介具有很强的形式感，记者在采访中的重要工作之一便是消除这种形式感，其实也是消除被访者的紧张感，让其重新回到生活的自然状态中。这实际上也是被访者从"要我说"向"我要说"谈话状态的微妙转变。随着更轻便的手机、单反相机等设备投入使用，采访拍摄也极大地消除了传统电视媒介的仪式感，而进入社交关系的状态，记者与被访者的交流也越来越平等，越来越强化日常的交流感，比如在《武汉Vlog：92年小姐姐 求国家给安排个男朋友》里，记者深入现场与即将离开武汉的一位江西籍的90后抗疫医生进行了交流。

《武汉Vlog：92年小姐姐求国家给安排个男朋友》二维码

记者：你平时在这儿怎么打发时间，除了工作之外？

医生（玩着手机）

记者：你有什么爱好没有？

医生：看书啊。（笑）

记者：你是想在镜头前极力表现你很有文化是吧，你是个知性女性是吧。

医生（笑，指着手机）：你知道手机微信小程序里有一个叫斗地主的东西吗？

记者：啊，你平时最爱的是斗地主。

医生（笑）：不能这么说，不能这么说我平时最爱斗地主啊……

仿佛就是平常的聊天、开玩笑，记者的采访引出了医生最真实的一些感受和想法。

图 2-1-18 《武汉观察 Vlog：92 年小姐姐 求国家给安排个男朋友》截图

（三）如何与用户互动交流

互联网的连接本质促进了视听新媒体交互功能的凸显，尤其是在移动直播中，用户的围观和评论构成了直播的要素，评论形成生产力，围观构成传播力。从具体形式而言，移动直播形成了记者现场与用户交流、直播留言区域的评论和社交、公屏的弹幕等多元交流形式。从现场记者的角度而言，在现场的直播过程中，可以适时鼓励用户在评论区留言讨论，提出问题，让用户获得存在感，激发参与积极性。从直播运营角度而言，应加强"陪伴式社交"和"群体认同"的情感陪伴和情绪纾解。比如，《超强台风"利奇马"登陆浙江温岭 浙视频记者夜闯台风眼》中，记者不停地在平台上与用户互动，回答他们的问题，并用一种商量的口吻了解用户时时刻刻关注的是什么样的画面。① 又如，《现场直击普吉游船倾覆事故 救援仍在进行》中，直播记者团队与网友实时互动，及时且有针对性地解答用户的困惑。例如，在直播海上搜救画面时，网友询问游船倾覆的原因，记者及时介绍事故当天海上天气状况欠佳、两艘游船的设计差异导致不同的事故后果，在互动中衍生内容，增大信息密度与用户黏性。此次直播过程中，用户与记者、用户与用户之间的互动，衍生出众多一手信息。

《现场直击普吉游船倾覆事故 救援仍在进行》二维码

> 记住：用视听形象明晰、准确地传达有效信息。

---

① 周旭辉."追风"启示录：移动直播《超强台风"利奇马"登陆浙江温岭浙视频记者勇闯台风眼》采访心得[J].传媒评论，2020（12）：18-19.

第二节　提升视听写作的优势

视听写作的特点是由视听传播规律决定的。视频综合运用画面和声音符号传播信息，电视新闻中的解说语言以及短视频新闻中辅助画面叙事的屏幕文字，在内容传达方面均具有非独立性，需要与画面、现场同期声等符号协同，共同实现报道事实、传递信息的功能。

音频新闻以声音为传播符号，来自现场的声音是音频新闻的传播优势，解说语言须与现场同期声、环境声等多种声音符号共同传递信息，增强音频新闻的现场感和吸引力。

从接收端来说，视听新闻的解说作用于人们的听觉，具有"口说耳听"的特点。

适应当前移动化、碎片化、社交化的传播场景，视听写作呈现出"微叙事"的新特点，语态上更强调亲近感、互动感。

一、广播电视写作特点

技术变革带来视听传播渠道和传播模式的拓展，从大众传播模式的广播电视到交互性的网络视听，视听新闻的内容呈现方式与语言语态也相应变化。广播电视是有史以来最具影响力的大众传播媒介之一[①]，在当今新老媒介共存的传播生态中，广播电视依然是人们，尤其是老年群体的信息来源之一。讨论视听写作特点，有必要从广播电视入手，进而探讨新媒体语境下视听写作的变化。

（一）解说语言的非独立性

"非独立性"指视听节目撰写解说文稿时，**需要统筹运用视觉、听觉的多种元素，共同传递信息、讲好故事**。对于报纸、杂志的新闻稿件而言，通常情况下文字语言可以独立成篇；广播电视媒介撰稿强调多种元素的协作，而非仅仅通过撰写的解说词传递内容。

具体来说，视频节目的视觉元素包括动态画面、图片、图表、字幕（叠加于画面上的屏幕文字）等，听觉元素包括由文字稿转化而来的解说、人物同期声、现场环境

---

① 周勇.广播电视新闻学导论［M］.北京：高等教育出版社，2011：1.

声、音效、音乐等。视频写作需要综合调度这些元素,既发挥它们各自的优势,又使其有机配合,共同作用于观众的眼睛、耳朵,真正体现视听传播的特色,提升视听表达的吸引力。例如,《我在故宫修文物》第一集开头出现的是现场的工匠们交谈文物修复中遇到的问题、现场工作环境声,渲染了文物修复现场忙碌的工作氛围;其后出现的解说或补充画面信息,或说明画面中文物的工艺背景以烘托其珍贵,有的侧重于介绍人物身份以体现其社会价值。例如"他们视自己为普通的故宫工作人员,但其实,他们是最顶级的文物修复专家,是给这个国家最顶级的文物治病的医生",很通俗地道出了现场工作者的工作内容及其重要性;过渡部分也选用了机器运转的镜头,交织着机器运转的现场同期声,较为自然地展现了人物的工作状态。

《我在故宫修文物》二维码

图 2-2-1 《我在故宫修文物》截图

音频节目是声音的艺术,由于缺少画面这一信息通道,记者的口头叙述、描述以及音响成为主要的报道手段,**音频写作同样强调声音元素的丰富性和现场感**。音频节目中的声音符号包括由文字稿转化而来的有声语言(播音员的配音,或记者、主播的口播、评论等等)、新闻事件现场的实况音响、环境音响、人物访谈同期声、音响资料、音效、音乐等。有声语言主要用于陈述事实概要、交代必要背景、表达观点看法、衔接不同音响片段,现场音响则有呈现事实依据、建构现场环境、渲染气氛、表现人物个性、场景过渡等效果,音频节目的撰稿需要重视通过对多种声音符号的综合运用来传递新闻事实、思想和情感,增强音频节目的吸引力。

比如,北京广播电视台制作的音频消息《大山里的百灵鸟——冬奥开幕式上,唱着奥运会歌的山里孩子》,综合发挥多种声音的表现力,获

《大山里的百灵鸟——冬奥开幕式上,唱着奥运会歌的山里孩子》二维码

得第 33 届中国新闻奖。它讲述了来自革命老区贫困县——河北省阜平县城南庄镇马兰新村的孩子们登上北京冬奥会开幕式舞台演唱奥运会会歌的故事，展现了我国脱贫攻坚战取得全面胜利后乡村孩子的精神面貌，传递出大山里的孩子共享冬奥的主题。

节目中声音元素丰富，有孩子们现场演唱的同期声，有对小演员及孩子家长的采访，有张艺谋对表演的点评，等等。节目从孩子们用希腊语演唱的奥运会会歌《奥林匹克颂》切入，这段约 10 秒的清澈童声，重现冬奥会开幕式的现场情境。紧跟着的记者串词是"回想起开幕式那天晚上的经历"，引出小演员席庆茹参加开幕式的感受。她讲述了登台表演时的心情，以及音乐老师邓老师如何教他们学音乐。接下来的串词"席庆茹口中的邓老师，是老一辈新闻工作者邓拓的女儿邓小岚"实现过渡，开始介绍邓小岚在革命老区长期支教的背景。从这里，可以看到记者有声语言和人物同期声咬合紧密，承接自然。有声语言可以串接同期声、现场音响片段，起到结构素材的作用；可以补充背景；可以预报未来行动——孩子们即将投入紧张的冬奥会闭幕式演出排练。节目结尾，席庆茹表达了她的理想，"长大后来教山里的孩子唱歌"，之后是她唱歌的同期声："如果有一天你来到美丽的马兰，别忘记带一束鲜艳的花环……"节目在动听的歌声中结束，音乐本身的抒情性增强了节目的感染力。

（二）解说有连有断，有密有疏

《超级工程3：纵横中国》二维码

好的视频解说应该是有连有断、有密有疏的。"连"即语言的连续、逻辑的连贯，"断"即留白，解说暂停，让位于有吸引力、有冲击力的画面，让位于有感染力的同期声。解说一方面需要适当留白，另一方面需要通过解说语言的逻辑性，将零散的、非同一时空的画面、同期声连接起来。以纪录片《超级工程3：纵横中国》第一集《食物供应》为例，视频开篇聚焦云南省元阳县，画面中的当地村民正站在由荒山开凿而成的梯田中辛勤插秧，解说告诉观众这延续数千年的哈尼梯田是中国古代养育了一代又一代人的"超级工程"。当解说转向如今的中国，"13 亿 8000 万人对食物的巨大需求，依靠传统的农耕方式显然难以满足"话音一落，解说随之停止。画面以稻田为过渡，镜头跟随稻田上空飞过的一架农用机的轨迹向前推进，天空风云变幻，场景转到东北的一处农场，农用机正水平飞过稻田进行航化农药喷洒作业。这段画面还配上了有鼓点的音乐，整体节奏明显加快，让观众感受到机械化工作效率高。无须用复杂的语言解说，画面对自给自足的传统农耕方式与现代化机械作业方式的对比展现，已然能让观众窥见"全球人口最多的国家如何解决自己的吃饭问题"的秘诀之一。

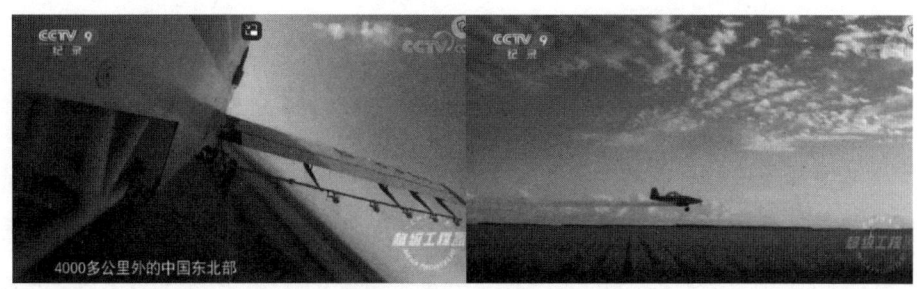

图 2-2-2 《食物供应》截图

"密"和"疏"即解说语言、字幕字数的多寡。有的视频段落需要交代概况信息、背景信息，或表达哲理性思考（例如政论性纪录片），解说字数相对多一些；有时连接上下段落的解说词只需要几个字眼。有的视频不使用画外解说，通过屏幕文字交代基本要素、背景或承上启下。字幕的使用也是同理，整体上宜少而精，以不干扰观众感受画面信息为好，尽量发挥现场画面、声音的优势和表现力。

（三）口说耳听的语言风格

视频观众边看画面边听解说，音频用户通过听觉来接收信息，因而广播电视节目撰写的解说内容具有"口说耳听"的风格，这是其区别于报刊写作的一个特点。视听节目撰稿人写作时，需要结合观众和听众的收听语境，考虑听觉效果。

"口说耳听"表现为撰写的稿件适合主播"说"、适合观众"听"，语言通俗易懂，合乎人们日常生活中的交流习惯。例如，第17届中国新闻奖获奖消息《兖州封存两亿吨大煤田，留给子孙美好家园》[①] 的开头：

> 1月14号一大早，兖州市小孟镇后孟村村民王军山就来到自家的麦地里，前几天的降雨化解了入秋以来的干旱，顶着露珠的麦苗油亮亮的。眼前的一切，王军山是看在眼里乐在心里。然而更让他感觉踏实的还是昨天村干部传达的上级精神，市里决定停止小孟煤田的开发，脚下的这方良田总算保住了。

这段导语后面是村民王军山讲述自己感受的同期声。这里的"一大早""感觉踏实""总算保住了"，都带有日常生活语言的特点。关于兖州市委、市政府决定封存小孟煤田的决策，也避免了公文式表达，而是转化为老百姓听得懂的形式。

同时，"口说耳听"也体现在听觉的艺术性上，如节奏感、韵律感等。中国新闻奖广播专题获奖作品《追逐太阳的青春》[②] 报道了唐山师范学院15名大学生长年在西藏

---

① 山东人民广播电台《山东新闻》2008年11月19日播出，节目制作者：权珍琦、孙泉莉。
② 唐山人民广播电台《801纪实》节目2006年11月8日播出，节目制作者：程锐、肖玉、贾丽娟、郁立东。

援救的故事。在西藏，考验他们的不仅是高原反应、艰苦的生活环境，还有对家人的思念。请听下面这段报道：

  从渤海岸边的唐山到平均海拔4000多米的西藏，他们选择了高原，就选择了境界，选择了留下，也就选择了奉献。常年高寒缺氧的环境也让他们付出了非同寻常的代价，指甲凹陷、面色紫红、脸颊浮肿是他们共同的面容，心室肥大、心律不齐、高血压是他们共同的疾病。

在这里，长短句的结合与整齐的句式，增强了有声语言的节奏感，让人们有更好的听觉体验，同时加重了语言的力度，强化了所要表达的情感。

二、新媒体语境下的视听写作特点

为了适应当前移动化、碎片化、社交化的传播场景，视听语言呈现以下新特点。

（一）微叙事

1. 体量"微型"化，轻量、轻快

《创纪录！82岁女飞行员再次冲上云霄》二维码

碎片化传播情境下，视听产品体量微型化，短视频、微视频成为用户主要消费类型。节目篇幅短小，解说、屏幕文字需要简洁、精准，突出核心信息，避免面面俱到。与传统广播电视的内容相比，新媒体语境下的视听写作在一些方面做了"减法"，如开篇不加铺垫、精简背景等。

例如，《中国妇女报》在报道新中国第二批女飞行员苗晓红82岁高龄再次驾驶飞机翱翔蓝天时，仅叠加简短字幕，交代时间、地点、人物、事件等关键信息，注重直接用震撼人心的视频画面真实展现其重返蓝天的飞行壮举，表现了观众对此新闻最感兴趣的内容，避免喧宾夺主。

图 2-2-3 《创纪录！82岁女飞行员再次冲上云霄》截图

2. 角度上从微观切入

新媒体平台上的视听节目突破传统宏大叙事模式，选题上不局限于重大、显要等新闻价值，重视以普通个体视角贴合用户"普通人"的心理。内容呈现上，聚焦具体事件、具体人物、具体场景、具体细节，于微观、微小中发掘深层价值。

成都大运会期间，《中国日报》选择了"大爷大妈学英文"这一来自社区的新鲜事作为报道角度。视频从志愿者用"大运英语100句"进行授课的场景切入，下一个镜头是大妈们两人一组比画猜词的游戏现场，接着是班里其他学员看她们猜词，第四个镜头则是两位大妈用英语说"欢迎来到成都"，视频到这里一共11秒，作者以简短的篇幅快速呈现了"大爷大妈为了大运会快乐学习英语"的具体场景和氛围，传递出市民迎接大运会的热情。整个视频一共35秒，节奏较快，现场感强。

《社区英语班欢乐多 大爷大妈英文祝福来自世界各地的运动员》二维码

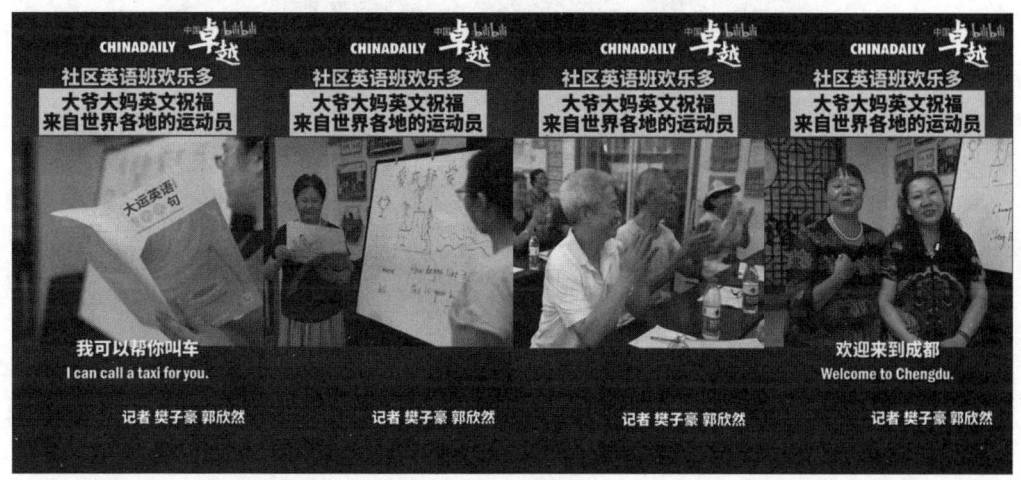

图2-2-4 《社区英语班欢乐多 大爷大妈英文祝福来自世界各地的运动员》截图

（二）个人化叙事

适应社交平台的传播特性，视听节目在报道中采取个人化叙事方式，强调故事主体的个人体验，更容易引发用户关注和互动。

1. 讲述个体人物故事：重视人的故事、人的视角、人的情感

当前的视听写作更重视故事性和人情味，展现具体某个人的故事、个人的体验、情感（感受），从中传递有价值的主题。需要注意的是，要真正在理念上"以人为本"，讲述反映时代脉搏、值得关注、有社会认知价值，能引发人们共鸣、共情的故事，而不是让人物"工具化"，为了主题贴事例的概念化写作、套路化模式并不可取。

例如，2023年，新华社推出了"逐梦路上·我们的奋斗"系列视频，讲述了来自各行各业的当代青年开启新征程、拼搏追梦的故事。《荣静："亮剑"人生》这一期中，北京冬残奥会开幕式上的护旗手之一、中国轮椅击剑队队员荣静，出镜讲述了她为何参与击剑项目、训练过程中的故事、如何走上残疾人运动工作岗位的历程及原因。短片以荣静的第一视角讲故事为主，让观众很直观地感受到参与体育运动给荣静带来的快乐，以及她对于这份事业的热爱，背后反映的是国家及江苏省政府等的相关部门为残疾人事业做出的努力。

《逐梦路上·我们的奋斗丨荣静："亮剑"人生》二维码

图2-2-5 《逐梦路上·我们的奋斗丨荣静："亮剑"人生》截图

2. 以第一人称分享交流

传播者使用第一人称，讲述"我"的经历、"我"的体验、"我"的感受，拉近与用户的心理距离。一方面，这表现为专题、纪录片中采用第一人称的叙事口吻讲故事；另一方面，记者、主播参与事件，并用第一人称分享他们的体验和感受成为视听节目的常见形式。对于音频新闻、播客来说，人的语音天然地具有个人化特质，更易形成亲近的心理感受。

比如，《中国日报》推出了"小彭Vlog"系列视频，记者彭译萱运用大量自拍镜头，以第一人称视角向观众讲述自己在不同新闻事件中的所见、所闻、所感。在《爆冷击败阿根廷的沙特究竟是个怎样的国家？》这期Vlog中，小彭告诉观众："据我从窗口的观察，这里一天的工作开始得很早""今天我们要去当地的一个游乐场"。第一人称视角有助于拉近传播者与用户的心理距离。在画面呈现上，跟随小彭的走动、奔跑，Vlog中会出现晃动镜头，这些看似"不专业"的镜头某种程度上传递出纪实、自然之感。

《爆冷击败阿根廷的沙特究竟是个怎样的国家？》二维码

图 2-2-6 《爆冷击败阿根廷的沙特究竟是个怎样的国家？》截图

(三)"非正式"的语言风格

不同于传统广播电视新闻播报的庄重、严肃风格，重视社交属性的视听节目更重视亲和力、亲近感，讲述新闻内容时和用户像朋友一样交流，避免生硬。

为了吸引更多移动端的年轻用户，BBC 建议记者制作具有亲近感的、"随性的"（informal）的短视频。对用户来说，移动设备观看的私密性使其更具非正式风格，记者在报道中要增强亲切感，采用一种"仿佛是朋友在解释事情"的语气。为使影片显得更加"非正式"，记者们要"尽量避免使用专业术语——请记住，你是在和朋友聊天"。建议中还提到："有时，你只需要坐下来，身体微微前倾，就能让表达更自然、更富有对话感。"①

视频屏幕上的文字语言，也在风格、结构上有别于书面语体，其表达更为直接、轻松，更富有创意。比如，《中国日报》发布在哔哩哔哩网站上的短视频《美国水球运动员想过熊猫的生活》，视频内容是成都大运会期间一群外国运动员来到成都大熊猫繁育研究基地参观，面对记者"你看到它们第一印象是什么"的提问，一名美国水球运动员回答说："它们好能睡，简直是人生梦想啊。"在这句同期声之后，画面上出现花字"酸了"，字体、颜色呈柠檬状，轻微晃动的"酸了"两个字让人感觉生动有趣。视频最上方，文字"外国运动员羡慕熊猫：吃完就睡，简直是人生梦想"

《美国水球运动员想过熊猫的生活》二维码

---

① BURRELL I.BBC told to emulate Buzzfeed by producing 'informal' short videos where reporter acts as 'friend'［EB/OL］.［2025-04-02］.https：//www.independent.co.uk/news/media/bbc-told-to-emulate-buzzfeed-by-producing-informal-short-videos-where-reporter-acts-as-a-friend-a6723216.html.

保持全程出现，搭配上儿歌一般的背景音乐，整个短视频的风格轻松愉快，符合短视频平台的调性。

图 2-2-7 《美国水球运动员想过熊猫的生活》截图

（四）互动语态

参与、互动是新媒体的基本特性，吸引用户参与和互动，既是**尊重用户主体性的体现，也是增强节目传播效果的重要方面**。视听节目撰稿要有互动意识，"互动"体现在从选题到刊发的一系列环节中：在选题阶段重视从评论区、网友留言中发现线索，在语言丰富上重视交流感、对话感，在内容和形态上可适当融合用户生产的内容，并善于通过语言吸引用户参与讨论、评论。

> 记住：用对话、互动式语态写作，对画面、同期声进行补充和延展。

第三节 用个性、情感与思辨直击人心

有人说,有渗透力的新闻可以战胜岁月。新闻是"易碎品",但所有的记者都想让新闻没有皱纹,能够经得起时间的检验。其核心何在?就在于新闻报道已经超越了简单的信息传达层面,而直指人心。在视听新媒体时代,情感共鸣,情绪共振,更是信息获得传播力和影响力的一个重要指标。

一、个性、情感与思辨是魂

正如上文所言,一个视听报道在信息传达的过程中包括了三个层面。

1. **信息层面**。一个节目是否准确明晰地运用视听语言传达了有效信息,即从媒介承担着社会监测功能考虑,能否传播社会生活等方方面面的资讯信息。

2. **个性情感层面**。节目传达信息的过程中,是否能从现场的人物、叙述传达出情感,或者从现场信息中升华到直击人心的情感高度。需要说明的是,这样的情感高度,是首先以信息传达为基础的,是在信息的基础上自然牵带出情感,而不是无源之水的空洞情感,是先有事实,才有情感的自然抒发。

3. **思辨层面**。节目从一个信息的传达延伸到思想的深入,要有对问题的分析与思辨,以及对事件中人性的探讨。一个节目要有多面的事实和观点呈现,形成碰撞、冲突、交流和交锋,以呈现多面观点和事实为基础,给用户一个开放式的思考空间。

晓之以理,动之以情。当我们用影像视听语言清晰传达事件信息,这只是一个基本要求,除此之外,视听采访报道在信息传递中还应该有更大的提升。相对于其他媒介而言,视听采访报道的独特优势究竟在哪里?视听媒介直观、形象的视听语言是它的独特表现形式,尼尔·波兹曼(Neil Postman)认为:"电视最大的长处是它让具体的形象进入我们的心里,而不是让抽象的概念留在我们脑中。"① 那它内在的独特机理为何?视听传播诉诸感性印象远远大于抽象的告知,用户从视听报道中感受到的远远比他们被告知的要深刻。当你看完一个节目之后,头脑中留下印象的恐怕只是一个画面细节、一句同期声,正是这些颇具感性的因素拨动了你的心弦。美国资深媒体顾问阿尔·汤

《贺炜诗意解说我们为什么深爱足球》二维码

---

① 波兹曼.娱乐至死[M].章艳,译.桂林:广西师范大学出版社,2004:159.

姆金斯（Al Tompkins）说："伟大的故事抓住用户的眼睛和耳朵，能直击人心，最好的电视新闻故事不仅仅告知信息，更能教导、引领、启迪用户。"[1] 而这样的引领与启迪则需要采访报道中呈现出的情感与思辨去承载。一条好的新闻故事不只是呈现，而是能引起用户的共鸣与思考，这样的共鸣与思考就是节目与用户心理互动的结果。比如，短视频《贺炜诗意解说我们为什么深爱足球》说道：

> 观众朋友们，问问我们自己，四年前陪你看球的人，现在还在联系吗？四年后看球的自己，许过的愿望都实现了吗？我们为什么深爱着足球这项运动，因为它不仅展现了球员们励志的奋斗故事，还寄托了我们普通人平凡生活中的英雄梦想。我们恭喜阿根廷，我们也向法国队送上祝福，无论今晚你支持的球队是胜是负，都希望今天晚上的感悟能够帮助你勇敢面对明天早上推开门之后真实的生活，这才是这项运动真正的魅力。我爱足球，我想你们也是。

央视新闻以贺炜在2022年卡塔尔世界杯总决赛上的解说词作为短视频主体内容，契合世界杯的周期轮回，从四年前与四年后的对比切入，以情感认同激发用户蒸腾已久的情绪，唤醒用户对于世界杯的个人记忆。视频段落突出贺炜的个人视角和个人风格，高亮显示具有传播力的金句，动情而不矫情，平实而不平淡，能用寥寥数语抓住用户的痛点，说出观众心中有而笔下无的肺腑之言，把世界杯的话题上升到即便不是球迷的普通用户也能共情的层次。正如短视频的解说词所强调的，深爱足球的意义在于寄托平凡生活中的英雄梦想。每个人都有自己心中的英雄，每个人也都是自己奋斗不息的英雄，由此引发最大范围用户的情感共鸣和情绪共振。诗意的解说词连同高效直给的剪辑制作让这条短视频超越了世界杯的垂类标签本身，实现了体育新闻的破圈传播。

二、个性与情感的挖掘

记者有意识地去发挥共情共鸣的软性传达和沟通交流的作用，挖掘事件中呈现的个性与情感，从而达到用户情感连接乃至认同，有助于信息触达和观点输出。

---

[1] TOMPKINS A. Write for the ear, shoot for the eye, aim for the heart: a guide of TV producers and reporters [M]. California: Bonus Book, 2004.

（一）记者感受现场

记者在现场不仅要通过影像信息的传达还原事件，更重要的是去感受现场，感受事件中的人的个性与情感。从记者的职业状态而言，记者应当具有理性中立的态度，但从记者对事件的体验而言，感同身受往往能获得更一手直接的信息。这样的感受把冷冰冰的摄像机变成了真正可以传达情绪、个性的人性化工具。用理性去分析，用情感去感受。记者只有理解得越深、感受得越深，在信息的传达过程中，才能明白个性与情感的力量，才能有意识地形成这样的力量。当然，这样的个性与情感的力量，建立在用视听语言去陈述事实的基础上，自然牵带出这样的感受，绝对不是空穴来风、穿凿附会。

（二）让用户去感受

在记者用视听语言传达信息的过程中，让用户去感受事件中的人的个性与情感，在感受中形成对信息的理解，具体而言，可以从以下几个方面发挥视听采访与传播的优势。

承载感受的个性化人物。如何让用户感受到这种个性与情感，其前提应该是所报道的主题与事件都应该通过具体的人物呈现出来，通过人物的个性与情感呈现出来。

细节呈现个性与情感。视听元素在表达细节上更直观、形象、多义，通过画面细节把人物的个性、情感更加具体地呈现出来。被访者的动作、表情等形象细节都能成为传达情感的载体，让用户去体味、琢磨。

同期声呈现个性与情感。被访者个性化的语气、沉默无声等感性化的因素都能在真实的记录中表现出来，从而让用户去感受。

交流呈现个性与情感。视听传播善于展现动态的人际交流过程，在记者与被访者、被访者与被访者之间形成交流互动、碰撞，能够牵带出个性与情感。

让用户去感受，这对于时政、主题、典型、形势等报道尤其重要，我们想要表达的概念、思想都应该化为用户可以感受的信息表达，而不是抽象的概述，才可能在用户头脑中产生共鸣。

（三）群体情感共鸣

情感和情绪成为互联网传播的重要因素，尤其在群体传播和圈层传播的语境下，"情感是网络话题的根本动力"[①]。因此，具有形象性、临场感、沉浸性、代入感的视听

---

① 蒋晓丽，何飞.互动仪式理论视域下网络话题事件的情感传播研究［J］.湘潭大学学报（哲学社会科学版），2016（2）：120-123，153.

传播更能够激发群体情感共鸣、情绪共振。无论是短视频还是H5等交互内容，都要注意这一点，要发挥其优势。在创作中要善于构建一个群体共情的表达语境，激发网民的情感共鸣。抓住热点、切中痛点、激发燃点，使得作品具备"情感内需力"。[①] 比如，《人民日报》短视频《小女孩练舞狮偶遇舞狮队》以多视角的场景呼应，展现小女孩对中华文化朴实的热爱、敬重和传承，这种跃出屏幕外的热爱与自信，以社交短视频的形式迅速让用户沉浸其中，瞬间激发网友的共情，获得极大关注。

综上，从现场情感的体悟，到现场情感的挖掘，进而到现场情感的升华，情感和意义空间被记者有效利用。

三、思辨探讨

报道提供的思辨性为用户提供了共同参与报道建构的途径，当报道引起用户思索、分析的时候，它就已经在用户头脑中打上烙印。而这更需要媒体的理性与独立判断的能力，尤其是在虚假新闻和新闻反转不断出现的今天，引导用户理性思考，正确判断，是主流媒体的价值所在。比如，备受网民关注的"胡鑫宇案"，面对公众的疑惑，以及借机博眼球、引流量的谣言，《人民日报》两次发声——《继续调查胡鑫宇事件，以准确详情化解公共疑惑》《真相呈现，让理性回归》，"从发现胡某宇失踪之始，到遗体发现之时，直至调查结果公布，这名15岁高中少年都受到关切。这种关切，既有良善网友对一个普通个体生命的悲悯，也有对真相追寻的愿望"。"公众的关切，媒体的参与，一定程度上推进了相关工作进程，促使相关方面更加注意搜寻工作的公开透明。""坚持理性与保持客观都是我们必须守住的底线，也是我们远离情绪化思维的关键品质，真相呈现、理性回归之后，更多关注青少年群体心理健康，如何让胡某宇的悲剧不再出现，更值得我们思考。"[②] 这样的分析精辟独到，不仅提供了更多样的解读事件的视角，也对媒体进行了理性的反思。当然，我们在这里所提到的思辨，不是用滔滔不绝的道理去说明，而是在事实的层层剖析中让用户来一次思想的旅行。

有的时候，一个节目我们看了开头，就知道它的结尾，因为这样的节目提供的是单面的、一边倒的信息，缺乏较为复杂的读解与分析。如果我们提供多元的信息和观点，形成碰撞，并能够去分析问题而不是简单地描述现象，也不是简单地下结论，节

---

① 杨炯.新闻短视频如何在导向和流量之间找到最大公约数[J].中国记者，2023（5）：64-66.
② 人民日报.真相呈现，让理性回归[EB/OL].（2023-02-03）[2024-01-05].https://k.sina.com.cn/article_3606949911_d6fdb0170400019lok.html.

目所呈现的复杂、多面的内容不仅能让用户更清楚地了解事件的本质,也更能激发用户在新闻所传达的信息基础上主动参与新闻报道的建构,形成多元的思考。在中央电视台"新春走基层""走基层蹲点日记"的报道中,记者把现实生活的个案放在国家、民族、社会转型的背景中,从政治、经济、医疗、教育等视角去分析,而不是简单地下结论。"新疆皮里村蹲点日记""北京儿童医院蹲点日记""湖南板桥村蹲点日记""北京同仁医院蹲点日记""铁道宿营村蹲点日记"等长篇系列作品,揭示了我们改革发展中的短板,剖析问题背后的现实复杂性,体现了记者对问题的辩证思考。

> 记住:用个性、情感与思辨直击人心。

思考

1. 如何运用视听媒介明晰、准确地传达有效信息?
2. 相比于其他媒介的采写,视听采访与写作有哪些共性要求,又有哪些个性特点?
3. 如何处理好视听写作中,信息、个性情感和思辨的关系?

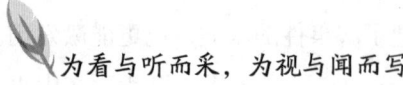
为看与听而采,为视与闻而写

第三章
视听采访与写作的原则与要求

新媒体变革时代,视听采访写作面临着守正创新的不变与变,这是从继承和发展的维度进行的考量。总体而言,新闻作品要做到"有思想、有温度、有品质"①。同时,视听采访写作既要遵循一般采访写作的总体原则和要求,追求真实、真相和真理,也有自身独特的原则与要求,为视与听而采写。这是从普遍性和特殊性的角度进行的考量。只有从这两个维度思考视听采写的原则,才能遵循新闻报道的规律,发挥视听采写的优势。

第一节 采访与写作的基本原则

原则是说话、行事所依据的准则,②是在长期实践基础上总结出的规则或判断,具有一定的普遍性和稳定性。一般而言,原则是颠扑不破的,具有一定的强制性,是必须遵守的。因此,视听采写先要理解新闻采写的基本原则,再去把握视听新媒体时代的新要求。

---

① 习近平.在党的新闻舆论工作座谈会的讲话(2016年2月29日)[M]//习近平总书记重要讲话文章选编.北京:中央文献出版社,党建读物出版社,2016:437.
② 罗竹凤.汉语大词典[M].上海:上海辞书出版社,1997:395.

一、采访写作的普遍原则

纵观新闻学的历史源流,从18世纪到19世纪末,新闻学最早在西方初步形成,直到20世纪20年代,以徐宝璜的《新闻学大纲》、邵飘萍的《实际应用新闻学》和戈公振的《中国报学史》为基础框架,中国的新闻学初步形成。新闻真实、新闻客观和职业道德是新闻学的基础伦理问题,也对应着新闻学的三个普遍原则:真实性原则、客观性原则和人本原则。

(一)真实性原则

新闻真实性指的是在新闻报道中的每一个具体事实必须合乎客观实际,即表现为新闻报道中的时间(when)、地点(where)、人物(who)、事情(what)、原因(why)和经过(how)都经得起核对。要深刻理解新闻真实性的要求,先要辩证理解新闻真实这一概念。关于新闻真实有以下共识:首先,新闻真实是一个动态的过程。新闻报道往往基于实时信息,有限的信息可能随着多方求证、报道更正和用户反馈而更新,因此,所谓真实性其实指的是持续不断地接近事实。其次,新闻真实受到介质的影响。从文字、图片、视频再到H5,新闻报道的呈现方式逐渐多元,人们对新闻真实的认识也逐渐立体。传统新闻报道中,确保事实真实需要做到以下四点:第一,新闻报道中的事实要素必须准确。第二,新闻报道中引用的各种材料必须真实准确。第三,新闻报道描述的事实环境、过程、人物的语言行为等细节必须真实。第四,新闻报道中涉及的人物心理活动、思想认识必须是当事人亲述的。尽管技术不断变革,但新闻的基础性原则没有变,记者首要的是对事实的确证。[①]

(二)客观性原则

陆定一对新闻的定义是:"新闻是新近发生的事实的报道。"这表明,事实是第一性的,而报道是第二性的,只有见诸报道的事实才能成为新闻,而报道在具有主观意识的主体下完成,采写编的每个环节都可能体现倾向性。归根结底,新闻真实对受众而言是"人造的真实",这要求新闻报道要秉持一定的标准。1928年,美国新闻编辑

---

① KOVACH B,ROSENSTIEL T. The elements of journalism:what newspeople should know and the public should expect [M]. New York:Crown,2021.

人协会的会议记录中首次用到"客观性"这个名词。19世纪晚期，中国新闻界就出现了"有闻必录"的说法。到1991年，中华全国新闻工作者协会第一次全体会议通过了《中国新闻工作者职业道德准则》，其中的第五条明确指出坚持客观公正的原则。随后，客观性原则一直在经历质疑和发展。至今，及时准确，公开透明，全面客观报道仍是重要遵循。①

（三）人本原则

新闻伦理指新闻工作者在职业工作中必须坚持的原则和职业道德底线。除了坚持新闻真实性和客观性原则，新闻记者的职业道德和新闻报道的价值取向也至关重要。人本主义导向的新闻致力于强调"人"的本体性，通过提升报道策划者解码编码的共情力、凸显新闻生产者的行为能动性、重视新闻接受者的阅听参与度，突破专业主义藩篱，重新审视新闻生产的实践常规与价值理念。我国的新闻报道历来强调以人民为中心，群众路线提倡一切为了群众，一切依靠群众，从群众中来，到群众中去；三贴近原则进一步提出坚持贴近实际、贴近生活、贴近群众。在具体的新闻报道中，集中体现人本原则的是灾难性报道采访，在特殊情景下，采写人员需要坚守"善"的底线，充分考量报道的正当性，兼顾报道对象和受众的情感，兼顾报道的社会效应。值得注意的是，马克思主义新闻观要求坚持正确舆论导向，这也是人本意识的重要面向之一。

二、视听采访与写作的新要求

进入21世纪，媒介技术日新月异，电视逐渐走入历史，短视频、H5新闻、VR新闻、数字新闻等多元报道形式走上新闻舞台，新闻报道的内容生产流程、传播环境特征和用户阅听习惯均发生变化。视听采写面临新的挑战，也有了新的要求。守正创新是每一个时代新闻采写原则与时俱进的方向，因此，在新时代，视听采访与写作的新要求是在前述传统原则基础上的继承与发展，体现了新闻不变的价值内核和鲜明的时代特色。

（一）核查要求：获取和呈现真实

真实性和客观性仍然是视听采写的核心原则，但是，在虚假信息泛滥和新闻反转

---

① 新华社.中国新闻工作者职业道德准则［EB/OL］.（2019-12-15）［2024-01-02］.https：//www.gov.cn/xinwen/2019-12/15/content_5461304.htm.

频发的社交媒体时代，信息的生产和传播成本极大降低，获取和呈现新闻真实的难度随之增大。在公共领域不再由记者把关的世界里，记者已经失去了决定什么是新闻的能力，新闻该如何安身立命，答案是事实核查，职业新闻人应当而且能够判定信息的真伪，强调事实和真相作为社会整合的知识基础。① 因此，视听采写需要坚持核实的底线。具体包括以下几方面。

多方获取信息：获取真实新闻的第一步是从多个来源收集信息，有助于确保新闻的准确性和客观性。例如，采访不同的人、参考多个报道、查阅文献资料等。

核实信息来源：在使用信息之前，务必核实信息的来源和可信度。优先选择来自可靠机构、专业记者或有权威性的个人的信息。对于社交媒体或未经证实的消息，要持谨慎态度，确保信息的可靠性。

采访技巧：在采访时，采用开放式问题并倾听受访者的回答，不断追问，以深入了解事实真相。同时，要保持客观中立的立场，不偏袒任何一方，以确保报道的客观性。

事实核实：通过查阅资料、对比不同来源的信息等方式，确保所报道的内容准确无误。

透明度和平衡：在呈现新闻时，要保持透明度，清楚地说明消息来源、采集过程以及可能存在的偏见或利益冲突。同时，要力求平衡报道，给予不同观点和利益相关者相应的空间和表达机会。

保护个人隐私和尊重：在采访和报道过程中，要尊重个人隐私和尊严，避免侵犯他人的隐私权。在报道涉及个人信息时，要经过该人同意或采取必要的措施保护其隐私。

（二）价值诉求：注重传播规律和公众利益

传统的新闻价值主要指新鲜性、趣味性、显著性、重要性、接近性等，出于平衡信息传播规律和公众需求，视听采访与写作应充分考虑以下方面。

全面性和平衡性：视听采访与写作应当追求全面性和平衡性，充分呈现各种不同观点和立场，让观众能够全面了解事件背后的复杂性，做出自己的判断。

及时性和公共利益：视听采访与写作应当注重及时性，及时报道重大事件和社会问题，满足公众对信息的需求。同时，要考虑公共利益，关注社会公正、人民福祉等方面的议题，引导公众思考和行动。

责任感和道德标准：新闻工作者应当具备责任感和道德标准，尊重事实，尊重被

---

① 格雷夫斯.事实核查：后真相时代美国新闻业的选择［M］.周睿鸣，刘于思，译.北京：中国人民大学出版社，2023：10-11.

采访者的权利和尊严，不违背职业道德，不散布虚假信息或误导观众。

文化多样性和包容性：视听采访与写作应当尊重文化多样性，避免对不同文化和群体的歧视或偏见，反映社会多元化和包容性的特点。

（三）用户需求：立足传播力探索创新

视听时代，用户的即时性和实时性需求增加，个性化和定制化需求增强，互动性和参与性需求增加，透明度和可信度需求增强，用户依赖多样化和多渠道获取新闻，对深度和质量的需求大大提升。这是视听采访与写作的需求基点和创新方向。

视听传播时代与过去的传播时代相比，具有不同的传播特征，其主要特征包括以下几点。

多媒体性：视听传播时代以多媒体形式为主，包括电视、网络视频、广播、流媒体等，这些传播方式丰富了信息的表达形式，提供了更多元化的传播渠道。

交互性：视听传播时代的特点之一是交互性增强。用户不再是被动接收信息的对象，而是可以通过各种方式参与传播过程，例如通过社交媒体评论、互动直播等形式与内容创作者和其他用户互动。

实时性：视听传播时代信息传播的速度更快。通过互联网和社交媒体等平台，新闻和事件可以被实时报道和传播，观众可以在第一时间获取最新的信息。

碎片化和个性化：视听传播时代的用户倾向于获取个性化、碎片化的信息。他们可能选择观看特定主题的视频、听取感兴趣的节目、关注自己喜爱的网络直播等，而不是完整地接收传统媒体提供的统一内容。

内容多样性：视听传播时代的内容更加多样化。传统媒体与新兴媒体共存，内容种类繁多，涵盖了新闻、娱乐、教育、科技等各个领域，满足了不同观众的需求。

全球化和跨文化传播：视听传播时代加速了信息在全球范围内的传播，促进了不同文化之间的相互理解和交流，打破了地域和语言的限制。

（四）互动探求：诉诸多元呈现与体验升级

互联网的本质在于连接和互动，视听采访写作也基于此，技术赋能下的用户沉浸和交互可以通过多种方式实现，要充分发挥视听传播的优势和特性。

沉浸式体验：使用虚拟现实（VR）或增强现实（AR）技术，为用户提供沉浸式体验。运用虚拟现实环境或增强现实元素，让用户感觉自己置身其中，增强内容的吸引力和参与度。

互动性内容：提供互动性的内容，例如通过调查问卷、投票、互动游戏等形式，让用户参与其中，提升用户的参与感和忠诚度。

社交媒体互动：在社交媒体平台上与用户互动，回复评论、分享观点、提出问题等，与用户建立更加紧密的联系，增强用户对内容的参与感和认同感。

直播和实时互动：通过直播形式进行采访和报道，与用户实时互动，回答用户的问题、听取用户的意见等，提升用户的参与感和亲密感。

个性化推荐和定制化内容：根据用户的兴趣和偏好，提供个性化推荐和定制化内容，让用户感觉到内容是专门为他们量身定制的，提升用户的参与度和忠诚度。

故事化表达：采用故事化的表达方式，通过生动有趣的故事情节和人物角色吸引用户的注意力，引发用户的情感共鸣，提升用户的沉浸感和参与度。

> 记住：真实性原则、客观性原则和人本原则是基础，核查要求、价值诉求、用户需求、互动探求是新时代视听采写的重点要求。

第二节 为看与听而采——镜头意识

具体到采访而言，从传统广播、电影、电视媒介到视听新媒介，视听媒介的采访一直在探索符合自身表达的方法和规律。围绕"视"和"听"，去思考纳入这一范畴的媒介采访原则和要求，具有重要意义。围绕视听采访，主要以拍摄为核心，具备镜头意识。

一、视听采访的总体要求

视听采访既要遵循信息传播目的和公共利益诉求，也要体现媒介采制技术特点，从而既做到客观理性，准确真实地呈现事实，也能丰富信息量，深入开掘情感与个性，让视听内容信息精准呈现，易于传播。

（一）客观理性

新闻是客观事实的报道。记者在采访提问时也要用事实说话，忌带主观色彩。在提问时问题要客观，这在批评性报道的现场采访中尤其要注意。有的记者出于义愤，提问采访时往往带有个人的感情色彩，这不符合新闻规律，也不利于事实的呈现。新闻要客观，谁是谁非，摆出事实，让用户去判断。客观理性，并不意味着冷冰冰地拒人于千里之外，而是把握"度"，采访和提问中不显露自己的情绪和观点倾向，但又能与被访者打成一片，感同身受，让被访者诉说观点和想法。

（二）深化信息

《当你老了怎么办？跟王冰冰一起探访养老驿站》二维码

视听采访报道声画同步，加强了信息的优化组合，能在相同的报道时间内深化信息内容。视听媒介是声画一体的信息双通道，一方面，镜头画面要能清晰明确地呈现现场和事件，捕捉细节、人物神情等，揭示深层次的信息。另一方面，同期声能丰富补充画面信息，与画面一起立体展示现场。同时，记者通过采访提问交流，动态挖掘事件和人，从而有效展示表象后的本质，当画面能够呈现现场信息的时候，记者的采访提问需要揭示画面没有呈现的内容，否则二者就产生了重复。从这一点来说，现场采访提问的信息与解说词功能相同，即揭示画面里更深层的信息。要发挥这种特点，记者就必须在采访中思考如何深化信息，不要让自己的提问流于表面。比如，中央广播电视总台全国两会报道系列节目《王冰冰带你走街串巷看两会 VLOG》的第4集《当你老了怎么办？跟王冰冰一起探访养老驿站》围绕着"养老"这一主题展开。在养老驿站采访时，记者围绕老人们的手机使用提问交流，引出更深层的东西。一位老人说，手机App儿女最多教两遍，他还不会用呢，儿女就烦了。他继而吐槽："我们年轻的时候也不笨。"片子埋入并有意识地放大这句话，从而揭示出老年群体迫切地想跟上数字时代的步伐这一心理，也传递出儿女与老人之间就手机引发的情感，引起很多网友的共鸣。言为心声，视听媒介能直观地呈现"颜"和"言"，更要揭示其内心的真实想法。

（三）突出个性

人是新闻中最活跃、最生动、最有表现力的因素。通过对特定新闻人物的采访，挖掘他的内心思想，或者与采访对象探讨理性问题等，都是深化新闻内容的重要方法，也是展现人物个性的有效手段。艺术家强调，把握和表现个性的东西是艺术的真正生命。同样，发现、捕捉、表现个性，也是视听报道的活力、魅力所在。挖掘采访对象的个性化语言、个性化动作是展现人物个性的重要方法。比如，CGTN 记者与日本记者 Gido

Tujioka 连线，对方展示挂牌带子上有 10 个冰墩墩，表情夸张并一一数来，该采访片段走红网络。又如，在上海外滩随机采访报道《"二孩"之后》中，央视记者对两位父亲及其孩子的采访引出富有个性的回答，真实地呈现出今天中国百姓生动、幽默的一面。

（四）引发情感

记者在现场采访不仅要挖掘信息，还要在交代事实的同时，展现人物的情感，而个性和情感又通常是糅合在一起的。有个性的语言带有情感色彩，同样也能唤起用户的情绪、联想及想象力。通常，能调动起用户喜、怒、哀、乐等情绪的采访，都是个性化的采访，人物个性就是在用户的联想、想象中展现的。《世界杯来袭：著名解说员韩乔生快问快答来了！》1 分 26 秒处，王冠问著名足球解说员韩乔生"印象最深的世界杯歌曲是哪首"，提出让对方"哼两句"，从而通过交流唤起用户对世界杯更多的历史记忆，在活跃采访氛围的同时，引发情感共鸣。

《世界杯来袭：著名解说员韩乔生快问快答来了！》二维码

（五）开拓思想

视听形象化特点，要求记者尽量发挥画面和声音形象的作用，尽量用视听形象呈现信息。与此同时，要运用现场采访提问，提问内容应是画面表现不了的，特别是对抽象的概念，对人物的内心活动、思想等方面的阐述。采访的语言要在对画面形象的补充、深化上下功夫，用现场采访开拓报道的思想内涵。好的采访是记者与被访者的共谋，是双方的碰撞与激发让问题达到一定的深度，让思想的开掘进入前所未有的境界，这是任何一方都无法单独完成的。

二、为视与听而采

围绕视觉和听觉信息的采集去还原现场，记录事实，记者在现场要关注任何可视化和可听化的信息元素，这就意味着现场的采制工作以现场为核心，具有强烈的镜头意识。

（一）以拍摄为核心

采访报道的现场信息以进入摄像镜头为准，通过画面和声音信息记录还原现场。再好的现场和信息，没有拍到就是永远的遗憾，这是视听采访报道以拍摄为核心的工作方式。现场稍纵即逝的信息、即时发展的事态，都要求记者开机进现场，待机采访，随时做好抓拍和抢拍的准备。在视听新媒体语境下，手机、无人机等轻便摄录设备不仅使即时拍摄更加便利，也扩展了拍摄的领域。而交通摄像头、行车记录仪、楼宇监控摄像头等长时记录设备的存在，更保证了事件记录的完整性。因此，以拍摄为核心的理念，不仅强调现场记录的即时、迅速和完整，更强调寻求可视的事件素材，整合不同视角的视频素材。

"帅气的弯腰"（人民日报抖音视频，天安门仪仗队队长升旗仪式队列行进中，弯腰捡拾游客掉下的小国旗的瞬间）

"自动扶梯的救助瞬间"（中新网抖音视频，商场监控摄像头记录贵州一商场员工以身封挡扶梯上刹不住车的老人轮椅的瞬间）

"行车道上母鹿扶起小鹿的温情瞬间"（今日美国短视频，行车记录仪记录人们为一对梅花鹿母子停车等候的瞬间）

"11·12达拉斯上空两架飞机相撞"（2022年11月12日美国得克萨斯州达拉斯机场附近两架飞机相撞爆炸的瞬间）

图 3-2-1　相关短视频截图

这些瞬间，是技术普及，全民捕捉的一瞬间，是新技术赋予人们强烈的视听意识的一瞬间，让全民成为时代风云的记录者。

（二）镜头意识

所谓镜头意识，是指记者在采访报道中，要始终想到自己的采访是在摄像机前的采访，采访时要想到镜头的拍摄位置以及镜头里可能出现的内容。

这里所说的"镜头"有三方面的含义：一是物理意义上的镜头，即光学镜片所能摄入的影像，它包括了现实空间真实存在的主体，以及记录主体时所蕴含的光影、视角、色调等；二是拍摄意义上的镜头，即在开机、关机之间记录的连续时间段，它呈现了对象在空间中的运动过程；三是剪辑意义上的镜头，这是组织剪辑的最小环节，若干镜头所组成的场景构成了叙事和表意的基本单元。

如果从这三个角度看待镜头意识，狭义而言，它应该包括三个部分。

第一，记者对现实和镜头空间的构建意识，即在画面中重构、异构、再构画面空间的能力，为受众理解场景提供支撑。

第二，记者对镜头美学的审美意识。记者等被拍摄主体在镜头中"亮眼"的运动过程，能够帮助镜头呈现有意味的形式美。

第三，记者对所采访主体的行为，特别是非语言行为的捕捉意识。在画面剪辑的过程中，主体的关键行为构成了故事冲突的基本要素，对主体行为、动作、表情变化的准确捕捉有助于呈现场景的"戏剧性"。

而从采访拍摄更广义的角度而言，镜头意识的理解则要更宽泛一些，它是摄像师和记者在现场的合力，构成视听采访最独特的现场意识。

1. 把握"三个力"的要求

无论是出镜记者还是摄像记者，都是镜头空间的介入者、记录者。从这三个方面定义"镜头意识"，对记者的采访、摄制全流程提出了"三个力"的要求，即场景和空间的调度力、画面构图和生活情趣的表现力、人物动作行为的辨识力。①

（1）场景和空间的调度力

视听报道是通过摄像机记录和展现空间的。在单个镜头内，摄像机的三维运动，是受众理解相关新闻现场空间关系的基础。在摄影上，我们强调全景景别的作用，就是为了准确构建一定范围之内所有事物的空间关系。常见的广角镜头、传统的地平线相机、近年来迅速发展的全景技术，都是为了强化这种空间感。

首先，要对拍摄镜头的光学特性、拍摄角度进行准确选择，并通过角度、畸变等镜头特性，放大空间所具有的冲击力。例如，光圈的大小能够反映室内室外的不同空间特性；色温的冷暖能够反映早晚时间差别；焦距长短能够压缩距离感，也能从背景中凸显主体；等等。

---

① 笔者对浙江广播电视台记者杨川源团队的访谈，2023 年 8 月 20 日。

图 3-2-2　回应网传甘肃敦煌鸣沙山月牙泉景区的骆驼由于"劳累过度被人骑死"的报道的截图

例如，在回应网传甘肃敦煌鸣沙山月牙泉景区的骆驼由于"劳累过度被人骑死"的报道中，总台中国之声记者摄制了两个全景镜头，其一选择了广角，展现了大漠的苍凉与人之渺小；其二选择了长焦镜头，展现了驼队的蜿蜒曲折。虽然同为全景镜头，但长焦镜头更能凸显驼队的人数之多。对摄像机位置的调度，反映了不同的主观叙事需求。

体育新闻中常见的 GoPro 拍摄的主观镜头所展现的空间大小和变化关系实际上类似于缓推的长焦镜头所展现的，但主观镜头的纵深感和运动方式，要远比长焦有冲击力，也更具"镜头感"。

图 3-2-3　体育新闻中用 GoPro 拍摄的主观镜头

《吉林首次遭遇台风三连击"梨树模式"扛住了》二维码

在采访过程中，记者对镜头类型以及景别的选择直接关系到采访的现场感。吉林电视台采制的《吉林首次遭遇台风三连击"梨树模式"扛住了》中，记者没有采用传统采访"两个纽扣"的中景镜头，而是将话筒远离采访对象，尽量拉大采访的景别，融入了其他农户劳动的景象。这种大景别、大景深的画面布局，很好地反映了北方秋收繁忙的景象。

图 3-2-4 《吉林首次遭遇台风三连击"梨树模式"扛住了》截图

中央电视台的蹲点报道《曹家巷拆迁日记》则大量采用了广角镜头，跟随采访对象进入逼仄的居住环境中采访，突出了改造的必要性。常用的广角镜头特别有利于跟进式采访，有利于在同一场景中采访多个采访对象，突出现场感和交流感。

图 3-2-5 《曹家巷拆迁日记》截图

其次，记者在采访过程中，要考虑镜头从怎样的角度切入，如何有序推进采访过程，帮助观众形成对空间关系的准确认知，凸显场景内部的重点因素。这种对空间准确把握的镜头意识，有利于用户在意识中重构空间，看到"活的"新闻现场，营造强烈的"在场感"。

特别是在直播类现场报道的采访过程中，这种空间感尤为重要。对于绝大多数观众来说，现场是陌生的，记者必须迅速地消解陌生感，才能引导受众准确了解现场，并将注意力集中到记者讲述的内容上来。在这里，"说清楚"就是基本的"镜头意识"。例如，在2019年抗击台风"利奇马"的报道中，记者杨川源就从一个开着盖子、插着警告牌的窨井说起，用简单的场景介绍了现场积水情况，然后沿着黑暗的街道蹚着水一点点往里走，边走边采访，充分展现了当地的受灾情况以及抢险排涝工作的难度。

图 3-2-6　电视消息《直击超强台风"利奇马"》截图

而从镜头运用的方式来说，这组报道就是一个不断后退的长镜头，方式很简单。但正是这种简单而合理的运镜方式，帮助观众尽快熟悉和融入现场。徐徐展开的场景，又不断引发了用户新的思考和关注，这种身临其境的现场感，就是在记者的引导下，由镜头和空间的有序运动带来的。

通常，在直播采访过程中，记者需要解决场景调度、人员调度、镜头调度的组合关系，准确合理地引导摄像机的空间运动。而在一些节庆类现场报道中，纷乱的现场容易让人"迷失"，记者需要极力避免镜头忽左忽右、游移不定的情况；同时善于引导摄像师的镜头进入采访区域，为摄像师抓取最好的角度提供便利。这些做法，都有利于提升"镜头感"。

总之，"镜头意识"不是镜头的简单炫技，也不是记者夸张出位的表演，而是恰当地展现空间和运动，引导用户更好地"进入"现场的基本业务素质。

当然，记者引导镜头空间运动的最终目的，是为了形成兴趣焦点，引导用户关注，突出记者所想表述的核心关键内容。本质上，它考验了记者的镜头语言叙事能力和聚焦核心的判断能力。

（2）画面构图和生活情趣的表现力

《多地游客登山被困 消防成功解救》二维码

视听媒介要强调画面的造型感。例如，体育节目中运动员充满韵律的动作；旅游节目中潺潺的流水声，延伸的山体线条；等等。这些充满造型感的线条和立体结构乃至声音，都令画面获得了美的欣赏价值。完整而充分地展现这种镜头内部律动的过程，有助于提升采访过程的趣味性。

例如，在 2023 年 3 月的《多地游客登山被困 消防成功解救》这则报道中，救援人员手中的绳索和缓慢移动的被困群众，构成了空间透视关系。救援人员被置于画面的右上方，被困群众位于画面左下角近黄金分割位置，这根延伸的透视线，让画面重点更突出、更聚焦，展现了山体的挺拔险峻和救援的难度。另外，救援人员和被困群众又构成了倒三角形，突出了画面的不稳定感，游客的移动又加剧了这种不稳定性。同时，喊话的现场声也进一步引导了视线的聚焦，提升了镜头内部空间的紧张感、悬念感。

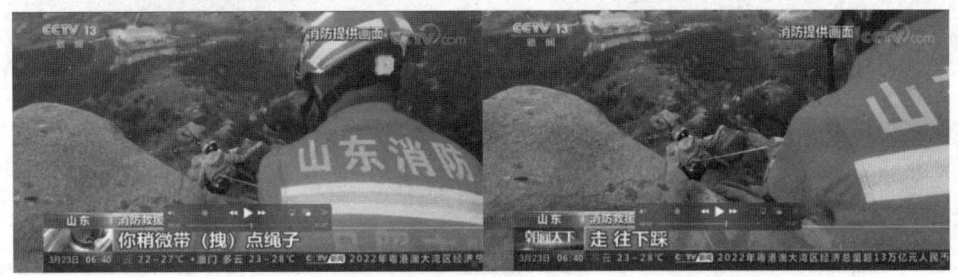

图 3-2-7 《多地游客登山被困 消防成功解救》截图

在成都大运会报道中，总台记者蒋林就非常善于运用画面内部的律动，增强镜头的表现力。例如，在《成都第 31 届世界大学生夏季运动会 大运会开幕式充满青春活力》这篇报道中，他多次使用舒张手臂指示方向的动作，以引导视线，推进报道的叙事进程。在采访开幕式总导演陈维亚的过程中，摄像几乎是从正侧方拍摄，记录了导演与演员互动头碰头的过程。人物的空间关系从两根平行线变成了相交的正三角形结构，稳定、踏实，使观众对开幕式的成功表演增添了信心。这也反映出其乐融融的生活情趣。

《成都第31届世界大学生夏季运动会 大运会开幕式充满青春活力》二维码

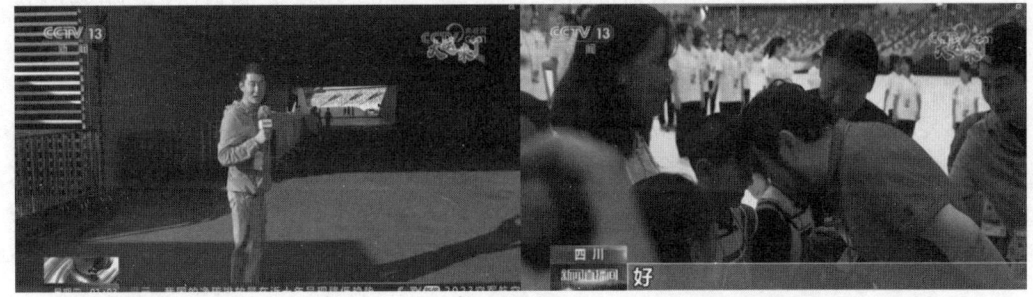

图 3-2-8 《成都第 31 届世界大学生夏季运动会 大运会开幕式充满青春活力》截图

当然，有些画面并没有蕴含过多的"意义"，对于观众来说，它只是好看，但生活中很难遇到这样"有情趣"的场景。对这些场景的艺术性处理，特别是完整展现动作的整个过程，能够增强镜头的表现力。如果单看猎豹的照片，人们很难感受到动物奔跑中肌肉收缩和舒张的野性美；同样，轮滑运动员比赛的瞬间也显得有些怪异。记者要强化对运动美的镜头意识，相对完整地记录这些运动过程。

图 3-2-9　强化对运动美的镜头意识相关案例

在拍摄过程中，强调"早开机、晚关机"，一定程度上就是为了避免镜头内主体的运动行为被人为"切断"，从而丧失生活情趣和运动画面的表现力。

（3）人物动作行为的辨识力

在后期剪辑的过程中，记者常会抱怨，"后悔"没有拍摄到某些镜头，使得整个片子的叙事逻辑缺少了关键的一环，或者难以用生动的镜头来佐证采访。

在新闻现场，当事人到底干了什么，为什么会干这件事，背后有着怎样的驱动力？这考验了记者的辨识力。很多看似普通的动作、不经意的面部表情，往往才最有"镜头感"。在后期剪辑过程中，这些镜头可以在关键环节产生"质变"的效应。

《"并村"之后》二维码

2019年浙江卫视采制的《"并村"之后》，在反映村民对"并村"政策不了解的问题上，使用了这组摆手的镜头。正是行为上的拒绝，丰富了故事的冲突感，一下子凸显了改革面临的干群难题。强化镜头意识，及时记录拍摄主体冲突行为的现场，远比伸出话筒的正式采访更有"镜头感"。

图 3-2-10 《"并村"之后》截图

在采访过程中,被采访对象跟谁说了话,干了什么事,甚至做了什么表情,很容易被忽略。但记者如果多从后期剪辑的角度思考问题,往往可以提前预判。"好记性不如烂笔头",提前做好采访提纲和明确编辑思路,对于任何报道都是有利的。当然,经验带来的"敏感性",对人物的共情与感悟,也有利于记者捕捉精彩瞬间。

在拍摄《韩凯:"微笑"27 年 向善的力量》一片时,总台记者何盈就曾为了要不要拍摄一场志愿者活动的分享会而纠结。毕竟,在此前的拍摄中,她已经采访了多位志愿者,会也开了不少。同样是会,重复,是否有意义?但在确定报道编辑思路时,她定下了"从医疗救助行为到'医治'世道人心"的总基调。在听了几个志愿者的分享之后,何盈决定一定要拍摄这个分享会,并将它用作整个片子的结尾。正是记者的编辑意识,让她看到了看似"重复"的行为背后的情感价值。何盈认为"围绕事做,只要把事情讲清楚,围绕人做,就需要有记者自己的感悟在里面,你对这个人理解多少决定了你的片子有多少"。①

《韩凯:"微笑"27 年 向善的力量》二维码

采访对象在现场的很多小动作,例如嫌弃的表情、远离的脚步,都可以成为视听报道情感叙事的要素。

当然,包括面部表情在内的肢体语言具有语义的模糊性,在后期剪辑的过程中,可以通过蒙太奇使其生成其他意义。例如,当事人背到墙角抽烟,写字时下意识转动笔帽等,也许只是简单的无意识的行为,但通过镜头剪辑可以生成"焦虑""烦躁""无聊"等意义。记者虽然出于后期剪辑的需求,有意识地拍下了这些细节,但组接必须基于真实的情绪基础,而不能"张冠李戴",更不能故意曲解。

---

① 何盈. 于无声处 [M]. 北京:红旗出版社,2018:9-10.

2. 照顾摄像师的拍摄

记者要善于引导摄像师的镜头进入采访区域，并且为摄像师抓取最好的角度提供便利。比如，记者意识到被访者的站位和角度不利于摄像师抓取其正面形象时，要善于调整采访方位，让被访者给镜头一个舒服的角度。

要保证摄像师能够充分调整镜头，抓拍到一些关键性的细节。当镜头呈现的内容由于光线或其他原因不完整时，记者要善于在现场补充这些细节，从而使采访提问内容与镜头内容相呼应。

在一些危险的情况下，记者要善于保护、引导摄像师，充当摄像师的第三只眼，因为此时摄像师的注意力主要放在寻像器或显示屏上。比如，"浙视频"记者在温岭的直播报道《东海第一鲜开捕！随我们一起跟船出海吧》[①]，直播过程中由于路线地形复杂，摄像师为了正面拍摄，需要机器面向被摄场景，人倒着行走，这时就需要记者帮摄像师看准"后方"的路，避开危险路段。拍摄过程中，记者可与摄像师做一些手势，如向左、向右、停止等，引导摄像师在安全情况下拍摄。

图 3-2-11 《东海第一鲜开捕！随我们一起跟船出海吧》工作现场照片

[①] 笔者对浙江日报报业集团"浙视频"记者周莎莎的访谈，2023 年 7 月 7 日。

3. 深化镜头的内容

好的现场采访需要记者的提问与镜头的拍摄密切配合。记者既要注意采访提问与镜头里拍摄的内容相配合，同时也要不断深化镜头的内容。用户与现场记者的区别在于两者掌握的信源不同，如果信源相同就没有必要设立前方记者了。因此，记者的现场采访应该超越视觉和表象，向更深层次发展。这样，出镜采访的作用才能得到充分体现。

《东亚江豚误闯杭州苕溪 浙视频记者直击搜救现场》二维码

记者要善于思考，既让用户通过摄像机镜头看到现场，又让他们能透过镜头里的现场把握更深层次的东西。这就要求记者不能见画面说画面，而是善于挖掘镜头之外的东西，充分调动各种感官为用户带来视觉之外的人性化的感受。比如，"浙视频"记者直播《东亚江豚误闯杭州苕溪 浙视频记者直击搜救现场》①，在专家还在现场商讨救援方案时，画面较为单调，记者通过画外音向用户实时科普江豚的习性，如呼吸频率、行为动作、生活环境等内容，解释说明当时江豚的生存状态，并通过视频号直播及时回复用户提出的问题，同时把杭州近几年对于生态环境及水环境的治理等相关背景在直播中展开背景介绍。不仅如此，记者还根据现场情况，临时开设第二路直播，拍摄救援队的准备工作。开始救援时，为了让用户更近距离地关注整个救援过程，摄像师翻过围栏爬到了河道中间的船闸上，正面拍摄救援画面，记者为了更好地根据现场讲解也试图到达船闸平台的二层，直击现场实时解说。

图 3-2-12 《东亚江豚误闯杭州苕溪 浙视频记者直击搜救现场》截图

---

① 浙视频记者直播. 东亚江豚误闯杭州苕溪 浙视频记者直击搜救现场［EB/OL］.（2021-11-10）［2024-01-03］. https：//www.bilibili.com/video/BV1uq4y137du/?vd_source=55381b0b1eddfa14d1f99850fe493566.

图 3-2-13 摄像师穿越围墙抵达船闸上方拍摄

4. 从现场信息切入采访与报道

这一方式与上文并不矛盾，而是问题的两面，辩证地存在。一方面，我们强调记者的采访信息不能与镜头重复；另一方面，我们要注意根据现场的信息切入提问和交流。这是看菜吃饭、就地取材的最好方式，能形成良好的交流氛围。比如，"神十三"发射前夕，新华社记者张扬在酒泉卫星发射中心对航天员系统总设计师黄伟芬进行了专访。在拍摄过程中，一位工作人员出现在摄影机后，行色匆匆。记者见状中断了采访，让这位工作人员出现在画面中，进而生动捕捉到黄伟芬总师签署发射任务书的纪实画面，精彩呈现出航天工作者在发射前夕紧张、有序、严谨的工作氛围。①

《权威访谈 | 张扬对话黄伟芬：星辰有梦，不负使命》二维码

有的时候，我们从现场事物寻找共同的话题，迅速拉近距离，让被访人打开心扉。正如中国新闻社贵州分社记者袁超所言："在每一次的人物采访中，我基本会去寻找与采访对象的共同话题，关系就可以慢慢靠近。在贵州水城山体滑坡的现场，我们进入到了贵阳消防的指挥部，在里面进行采访报道，基于我跑消防积攒下来的经验，我迅速把采访对象定位在搜救犬队队员的身上，当时一名消防员正携带他的搜救犬休息，我用一支烟开启了我们的交谈。尽管我对犬队非常了解，但是我以一名受众的角度去和他进行交流，不断向他抛出各类有关于消防犬的问题。看出我对他的犬很感兴趣后，他也和我聊得越来越深入，甚至会告诉我，他的媳妇常常因为这条犬

---

① 笔者对新华社记者团队的访谈，2023 年 7 月 7 日。

吃醋，这次救援回去后，又得想办法哄她，因为他说了谎……"①从现场信息激发出的共同话题鲜活、真实，当然也需要记者审时度势，机敏灵活地把握话题走向。

5. 明知故问

有的信息，虽然记者知道或部分知道答案，但仍然需要以用户的视角和心理去提问，让被访者对着镜头，实际上是向用户直接说出来，直观呈现事实，需要采用明知故问的方法，关照拍摄的直接抓取，无论是让被访人直抒胸臆还是直接抓取证据都是有效的方法。比如上文提到的笔者对钱凤鸣老人的采访，笔者一边拍摄，一边插入提问："您这自行车有多少年历史了？"老人回答："36年了，1963年10月份买的。"虽然笔者早已经知道这辆车的年龄，但为了让老人对着镜头（实际上也是对着用户）亲口说出来，所以采用明知故问的方式，也才引出老人对自行车的情怀。

在求证性的报道中，记者为了获取证据，往往也采用明知故问的方式，以获取面对面的直观证据，从记者怀揣答案，到试探和求证，进而证实或者证伪，形成采访链条。需要注意的是，这一提问方式要求记者心中有答案，但又不能先入为主，还是要保持好奇心，要有接受任何回答的准备，而不是强扭问题，强迫对方说出你想要的东西。

三、视听采访的价值判断

视听采访的价值要素遵循经典的新闻价值衡量，但在视听新媒体语境下，也在不断发生变革，理解其中的"变"与"不变"是关键。

（一）新闻价值五要素的再审视

新闻价值是新闻事实满足社会需求的特殊要素的总和。在新闻实践中，新闻价值要素表述并不统一，但约定俗成的新闻价值要素为五要素。

第一，时新性。新闻报道无限接近于新闻事实发生的时间以及事实内容的新鲜。

第二，重要性。新闻事实所具有的社会意义和重要价值。

第三，显著性。新闻事实的显要程度以及新闻人物的知名度。

第四，接近性。新闻事实同新闻受众在地理和心理上的接近程度。

第五，趣味性。新闻事实蕴含的人情味和积极的生活情趣，引起受众注意的有趣程度。

在新闻报道中，以上新闻价值要素的选取成为新闻报道的重要依据，而五要素在

---

① 袁超 庖丁解news. 采编公开课：人物报道如何做出情感共鸣？［EB/OL］.（2023-02-07）［2024-02-07］. https://mp.weixin.qq.com/s/hCtNKGTxcwWtLqxBPPUv9w.

新闻报道中也有所侧重，面对不同的受众，特定的价值要素发挥不同的作用。因此，传统的新闻价值判断本身就兼顾了公共需求和受众诉求，一方面是以新闻事实和公共价值为原则，体现在新鲜性、重要性、显著性上；另一方面以受众关切为依据，体现在接近性和趣味性上。当然，这二者不是截然分开的。从新闻的价值判断而言，它本身就包含了客观性与主观性，新闻事实是一切的基础，是客观存在的，这也构成了媒体履行社会监督义务、满足公众知情权的社会基础。

（二）新闻价值之变

在向视听新媒体迈进的过程中，新闻价值要素的基础没有改变，但在实际的新闻实践中，也存在着新的挑战，出现了新的变化。

第一，从新闻的时新性而言。主流媒体对于新的事实的报道受到挑战，尤其是突发动态新闻的第一落点，往往最先被用户手机视频、行车记录仪、交通监控摄像头等采集。掌握新闻价值之手高度离散，主流媒体在场的把关角色被弱化。主流媒体如何做到新闻现场不缺失，在新闻报道和信息发布上既"快"又"准"，既"快"又"深"，是融合新闻必须应对的重要命题。

第二，从新闻的重要性而言。大数据、云计算让新闻信息高度匹配用户的利益诉求，甚至为了迎合用户口味实现精准推送。但由此也造成了生产传播过程由"有的放矢"滑向"投其所好"，市场逻辑凌驾于公共利益之上。利益相关程度越来越深带来的"信息茧房"和"回音室"效应让用户的视野越来越狭窄，使用户在同质信息"自动投喂"的不断重复中强化固有喜好与偏见，媒体新闻报道的公共性也越来越弱。

第三，从新闻的显著性而言。由于用户的传播节点被激发、社交网络的非理性传播，受关注的事件和人在互联网上迅速出现几何级数增长。但为追求流量，形成爆款和刷屏效应，新闻的"眼球效应"变得更加极致，无意义、博感官的人和事被肆意炒作，带偏节奏，甚至追求浅薄与浮夸，以实现影响力迅速最大化，形成互联网引爆点。

第四，从新闻的接近性而言。针对用户的本地新闻同信息、生活等服务联系越来越紧密，而互联网交互的特质使新闻与用户的关系更加紧密。同样，接近性也排斥了其他与用户自身无关的信息，一定程度上使传播的公共性受到侵害。

第五，从新闻的趣味性而言。互联网的情感和情绪化的特征，使新闻诉诸情感、情绪的特点越来越突出。从媒介发展史来看，新闻历经报刊、广播、电视，到今天的互联网，其诉诸趣味性和吸引力的程度逐渐加深。总体而言，新闻从报纸文字的理性，到广播电视媒介声音、画面的感性，进而到互联网的视听融合的情绪性，无论是内容题材还是形态表现，都越来越呈现出远离精英审美、契合大众兴趣和品位的趋势，也呈现出浅表性和一闪而过的快感。而某条新闻是否成为热点，也逐渐被社交平台的热搜来定位，这不得不说是对新闻理性价值的挑战。

以上新闻价值要素的性质变化，既决定了我们在判断事件和现象的方向上，在新闻取向上作出新的调整，但同时要求我们辩证对待，避免新闻价值低俗化和庸俗化，正确处理好正能量和大流量的关系。

（三）新闻报道之变

面对新闻价值之变，在碎片化、移动化、可视化的传播环境，针对全程、全息、全员、全效的发布语境，新闻报道和传播出现"去中心化"的模式，视听采访报道更要处理好"快"和"准"、"快"和"深"、"专"和"浅"这几组新闻报道中的矛盾关系，利用好不同平台和不同信息形态的传播特性（时效靠微博，深度用微信，感性发视频），做到鱼和熊掌兼得，把握好时、度、效原则。

第一，在"快"和"准"上切中公众关注点。

针对时新性和显著性价值之变，传统媒体报道的快速、准确仍然是媒体竞争的利器。唯快不破，精准有力，但"快"和"准"在全媒体语境下已经发生新的变化。传统媒体"中心制"的传播方式是先筛选、甄别信息，再发布传播。而互联网"去中心化"的信息场往往是先发布传播信息，再筛选和甄别。在这样的语境下，媒体对信息的筛选和甄别就成为至关重要的环节。面对突发事件发生后互联网自媒体信息的抢发，在普遍追求第一时间的诉求下，主流媒体能否平衡快速与准确地把握第一时间与第一效果，这是新媒体语境下一个有待我们不断探索的难点。

首先，舆论引导的时、度、效是我们把握新闻报道的原则。其中的"时"，是"及时"，快速准确地报道事件。能否第一时间运用自身积累的资源进入现场，呈现专业解读，去伪存真，满足公众需求，这是专业媒体融合创新中的价值回归与坚守，是实现差异化竞争的基础。比如，东航 MU5735 航班客机坠机事件后，《人民日报》记者迅速赶到客机坠毁核心区进行移动直播，以 Vlog 的第一人称视角，带领用户进入事发现场，看到布满标记的残骸现场，并努力去探寻事故的细节。再如，在武汉"封城"期间，人民日报社新媒体中心充分发挥主流媒体的责任担当，深入金银潭医院"红区"，通过长达 36 天的持续跟拍，最终呈现 28 分钟的纪录片作品《生死金银潭》。在新冠肺炎疫情袭来时，网络上充斥着大量信息，有身在武汉的自媒体博主制作的 Vlog 视频，以个人视角记录武汉"封城"前后的情况，以短视频展现武汉的现状。因为疫情

《生死金银潭》二维码

限制，金银潭医院"红区"内都是受严格管理的人员，新闻工作者无法大量进入医院。为此，创作团队创新性地采用"云"制作的内容生产模式。前方采访、拍摄团队在武汉，后期编辑、制作力量在北京。每天，前方记者和摄像师进入医院采访拍摄，传回拍摄素材，后方及时下载整理，并进行初步剪辑。到了深夜，前后方团队会通过电话会议沟通次日的拍摄内容及计划，往往一沟通就是几个小时。赶上拍摄对象值夜班，拍摄团队便会跟着调整拍摄时间，通宵跟拍。通过线上日常沟通，在完成拍摄时，剪辑的思路和重点已有了方向。"云"制作模式解决了疫情中前期和后期工作人员无法见面的难题，及时的交流也避免了拍摄重点跑偏带来的关键信息缺失。借助"云"端的连接，以后方为指挥策划，前方落实执行，前后方的协同配合使主流媒体深入核心现场，带来了适用于疫情之下可行的工作范式，造就内容生产的一大利器。①

《大国外交最前线》二维码

为了应对移动社交媒体的碎片化和即时性，主流媒体也积极开设面向移动端的新闻报道样态，如总台的《央视V观》《大国外交最前线》等，第一时间发布重大时政信息，解读时政要点。《大国外交最前线 | 上半场延长近半小时！中美元首会晤现场气氛如何？》一集，更是同步深入核心现场进行报道，让用户及时见证。

图 3-2-14 《大国外交最前线》报道及微博、B 站评论截图

---

① 曾祥敏. 中国新媒体研究报告 2022［M］. 北京：人民日报出版社，2023：348-357.

其次，我们不得不看到，传统媒体遵循先筛选、甄别后传播的机制，强调可靠信源和平衡，虽然具有后发优势，但其时效性和先发优势正受到极大的挑战。俗语说："真相还在穿鞋子的时候，谎言都环游世界一周了。"全媒体语境下，媒体不仅要加强对信息的筛选和甄别，还要努力使甄别和传播同步进行。社交平台，诸如微博和微信的传播特点是"相同的内容不会转第二次"，努力掌握"首发"是把握舆论主导权的关键所在。那么，如何兼顾"快"和"准"？目前看来，信息甄别和求证的透明化与过程化成为趋势。比如，美国福克斯新闻台（Fox News）原《谢帕德·史密斯报告》（*Shepard Smith Reporting*）设计的全媒体演播室"新闻甲板"（NewsDeck）能带给我们启示，其中的推特墙通过大屏幕呈现三栏内容：社交媒体上的热点事件、正在验证的信息、经过验证的信息。通过这样的设计，利用直播技术、社交媒体技术，媒体把信息甄别的过程完全透明化、过程化，同步呈现在观众面前。其核心理念正符合比尔·科瓦奇等所说的，客观性并非中立性。它真正的含义是，媒体应该使用客观、透明的新闻采编和信息核实方法。

《自驾进罗布泊车队失联者被找到已遇难》二维码

最后，媒体也应该采取一些灵活的应对方式。一方面，适应互联网的众包思维，媒体发挥组织、引领和核查的作用，把去中心化的视频资源再以中心化的方式迅速整合，及时发布。另一方面，适时将获得的准确信息，采用文字拼贴画面的方式，进行可视化传播。比如《新京报》"我们"微博视频#自驾进罗布泊车队失联者被找到已遇难#，首发视频是以字幕信息配以社交平台上的罗布泊资料画面（非事件本身画面），迅速获得高观看量。而后续跟踪报道"#搜救罗布泊自驾失联者画面#救援者：经验不足曾劝其不要贸然进入"，则是以救援者的手机视频和同期声为主，完成事件的讲述和呈现。

第二，在"快"和"深"上回应公众关切点。

针对时新性和趣味性价值之变，碎片化、移动化传播语境必然带来信息浅表化。如何把碎片化信息形成深度拼图，最大化地呈现"快"与"深"的平衡与融合，这是融合语境下有待解决的问题。从认识论的角度，信息增量还体现在对事实内容由点及面、由碎片至全景的呈现过程中。对复杂事物的认识不是一蹴而就的，由事实报道的碎片，最终形成对某一事物完整、深刻的报道，这体现了马克思主义新闻观"有机的报刊运动"思想。"在突发事件的最开始，不需要报道角度，需要的是具体的点。点越多越好，把一个个点了解清楚，把碎片化的点组成一个个拼图，再尽可能地去扩大这张拼图。只有拼图足够大的时候，才需要角度。"① 新媒体采编要"小步快跑"，全景

---

① 《中国新闻周刊》副总编辑陈晓萍：找到那个"一针见血"的问题，为历史留下一份底稿 | 传媒前线 [EB/OL]．（2020-03-09）[2022-03-17]．https://mp.weixin.qq.com/s/jUNVIbL7X-1nKPqmfR6BbQ．

式的长篇报道需要碎片化的积累，对每一个事件进行深度解析，就离事实真相更近了一步，这也正是分与合的辩证统一。

第三，在"公"和"私"上寻求公众平衡点。

针对接近性和趣味性价值之变，我们需要在主流价值和公共利益的新闻信息、垂直圈层信息，以及用户个人需求信息上寻求平衡点，把握主流价值内容的媒体推荐和个人兴趣需求精准推送的有效结合。比如，目前主流的客户端平台的内容布局和功能设计，往往是以平台推荐结合算法推送，从而把公共信息的触达与分众化、个性化的信息推送有效结合起来。

第四，在"专"和"浅"上回答公众疑惑点。

媒体的专业性并非体现为使用佶屈聱牙的专业术语，而是对专业领域问题做大众化解读，尤其是在"浅阅读"盛行的时代，报道者能用专业知识、专业表达去帮助用户进行权威信息的筛选处理，对事件给出独特的切入视角，从而带来"深思考"。其中，以新技术的加持，充分发挥视听传播在形象呈现和情感表达方面的优势，把专业信息化为用户可以理解的信息，正在不断探索中。比如，在 2018 年 8 月至 9 月，飓风"佛罗伦斯"即将登陆美国时，美国气象频道创新利用"3D 立体视觉特效"技术，模拟佛罗伦斯对美国本土所造成的洪涝灾害现场，基于 VR/AR/MR 等技术的虚幻引擎（Unreal Engine）渲染出佛罗伦斯形成洪水不同水位的情景，直观呈现出飓风可能对城市造成的一系列破坏，开启了虚拟沉浸解读天气影响人类报道的新阶段。

新闻记者不仅要熟练掌握采写编评的新闻专业技能，同时要具备相关领域的专业知识，并向大众准确地解读专业信息，结合大众熟悉的日常生活经验深入浅出地解读。在"全员媒体"的时代，主流媒体的价值凸显，在于其拨云见日的洞察力、明辨是非的判断力和澄清谬误的解读力。比如，上海报业集团"晏秋秋"融媒体工作室，以短视频的形态，解读时事，引领方向。这体现了新媒体时代，短、实、快、活、新的主流媒体策略。在全员媒体时代，一些专业机构也加入信息发布领域，成为解读专业信息，满足用户需求的专业发布者。《中国国家地理》《科技日报》《法治日报》《中国食品报》等以短视频形态，回应"热知识"关切、满足"冷知识"需求，直观可视地诠释与用户相关的专业信息。从视听角度而言，这也对我们的视听思维和视听媒介技术的把握能力提出了新的要求。

记住：视听采访以拍摄为核心，具备镜头意识。

第三节 为视与闻而写——画面意识

视听新闻的写作既需要遵循信息传播的共性原则，表达真实准确，合乎法律规范，传递正确的价值观念等，还要适应视听写作的个性要求——为视与闻而写。视听写作不同于文字媒体的写作，其撰稿要有画面意识和声音意识。

一、遵循新闻传播的基本要求

真实是新闻的生命，真实准确是视听新闻节目写作最基本的要求。具体来说，写作的准确性表现在以下几个方面。

- 新闻内容确有其事，新闻基本要素表述准确，撰稿时要有事实核查意识，严谨细致，避免事实失真或拼写错误。尤其是引用互联网平台上用户发布的内容时，须先核查真伪。
- 准确使用专有名词，准确使用含感情色彩的词汇，例如有关死亡的表达有去世、离世、逝世、死亡、病逝等，撰稿时须根据具体情况选用恰当的词汇。
- 慎用绝对化的语言，避免绝对化、主观化、揣测性的表达，例如"一定能……""相信他会……"。使用"填补空白""首创"这类词语时，需要提供确切的依据，避免失之准确，影响公信力。
- 合乎法律规范，撰稿人要具备法治意识，写作内容要合乎法律规范。对案件的报道要客观中立，遵守司法程序，避免媒介审判。

二、为看而写：画面意识

优秀的视频写作，是字幕、声音与画面的有机结合。视频中常常有解说、字幕、图表、同期声、现场画面等元素的配合，在移动场景下，视频中传递信息的字幕重要性得到提升，能帮助用户在不适合声音外放的场景下理解视频内容。

所谓画面意识，是指写作时，**我们需要考虑解说、字幕信息、同期声等元素与画面如何互补、相得益彰，既不能彼此脱节，也不能相互干扰。**

（一）补充画外信息，帮助用户看懂画面

画面的优势在于直观呈现现场信息，然而，画面本身的信息是有限的，画面的一些局限使得撰稿时需要通过解说、字幕等辅助手段提供画外信息，帮助人们更好地理解画面。

1. 交代叙事基本要素

新闻叙事的基本要素包括何时、何地、何人、何事、何因、如何。仅从画面一般难以看出确切的时间，事件发生的准确时间一般需要通过解说或字幕（屏幕文字）交代。画面可以显示地点和环境，但对于用户不熟悉的场所，需要通过解说或字幕交代确定的地点信息，有时还需要交代地理背景。对事件原因的分析，一般运用专业人士、权威人士分析的同期声，也可以通过解说或字幕显示，此时一般会说明信息源。

视频画面可以呈现事件发生的过程、情节，但如果受限于节目时长，例如短视频的制作，需要对过程性内容进行压缩，借助解说或字幕文字予以简要概括。

《行程满满成果满满！习主席"南非行"五大看点回顾》二维码

比如，央视网短视频《行程满满成果满满！习主席"南非行"五大看点回顾》，对习近平主席"南非行"中的五大亮点进行了总结。中南"同志加兄弟"情谊满满，中非"共叙友情、共商合作"成果满满，金砖"扩容"成色满满，"金砖+"发展共同体信心满满，密集会见行程满满，五大看点内容丰富，信息量大，很难在6分35秒的微视频中详细展开。该微视频选择用"当地时间8月21日晚，习近平主席乘专机抵达约翰内斯堡""会谈后，拉马福萨向习近平主席授予'南非勋章'"等简短的字幕文字将时间、地点、事件等基本信息讲述清楚，同时选用习近平主席和南非总统拉马福萨会谈时的发言等原声作为画面解说，将两国关系的历史及未来发展愿景等更厚重的信息传递给用户。

2. 解释画面事物、人物行为

画面信息模糊或具有多释性时，不同的用户可能有不同的解读，传播者需要提供必要的背景和语境，为用户理解画面提供意义线索或方向指引。

例如，新华社微纪录片《国家相册·取景新时代 | 从"梦"中驶来》，开头是墙上的一幅画，画的痕迹歪歪扭扭，难以辨认。这时候，解说响起："看得出，这是一列长

长的火车,尽管画得歪歪扭扭,却昂头欲飞。这幅画,画在一间昏暗破旧的土坯房里,作者是一名年轻的农家妇女。"正是通过解说的解释和背景补充,用户才知道画的是火车,作者是一名来自甘肃陇南的农家妇女杨尕女,她根据早年外出时听说的关于火车的模糊印象,把它画到自家墙上,梦想着有一天能坐着火车走出大山。这集微纪录片从"墙上的火车"入手,用杨尕女对美好生活的向往引出兰渝铁路全线开通运营的过程、修筑中的困难艰辛和筑路者的精神力量。

图 3-3-1 《国家相册·取景新时代丨从"梦"中驶来》截图

3. 提供整体概况等抽象信息

画面往往采摄自特定现场、特定人物,当节目需要由点到面、反映事态整体概貌时,往往通过解说、字幕或专业人士、权威人士的同期声提供相关内容,例如数据、事件发展程度、态势分析等。

央视网短视频《跟着习主席看世界丨向海图强》在音频部分选用了"我们要像关爱生命一样关爱海洋"等习近平主席对全球海洋治理与海洋经济发展的重要论述为同期声,视频画面配上了"海洋产生了地球上至少50%的氧气,全球超10亿人摄入的蛋白质也主要来源于海洋"等重要数据的字幕,为用户了解海洋的重要性,从而增强对习近平主席为全球海洋治理与海洋经济发展提出新思路、新方案重要部署的认知提供信息补充。

《跟着习主席看世界丨向海图强》二维码

图 3-3-2 《跟着习主席看世界丨向海图强》截图

4. 表达观点、评价等意见性信息

画面的优势在于具象，观点、评价属于抽象性内容，当需要表达对事件、社会问题以及人物的评价、看法时，视频往往结合事实层面的具象画面，通过有声语言（解说、同期声）或字幕（屏幕文字）传递观念性内容，实现思想、观念层面的引领。

《贺兰山生态环境整治后 大批野生动物重回家园》二维码

比如，宁夏广播电视台播发的《贺兰山生态环境整治后 大批野生动物重回家园》在结尾处使用了宁夏大学生命科学学院教授张显理的同期声。"如果我们长期保持这种态势，继续加大贺兰山保护力度的话，以后贺兰山的生态环境会变得更好，而且它会成为咱们国家人类和自然环境和谐共处的一个典范。"专家对贺兰山的环境综合整治工作进行的整体研判会增强受众对新闻事实的信任，也让受众对生态恢复更有信心。

图 3-3-3 《贺兰山生态环境整治后 大批野生动物重回家园》截图

（二）提示、强调画面中的重要细节

1. 提示细节，增强指向性

画面中有时候出现的事物较多，对于重要的事实证据、细节，可以通过解说词予以明确提示。例如"请注意这桶豆沙，据当时的目击证人说，上面已经长满了霉菌"。此外，也可以运用箭头、红线圈等方式标注画面中的重点。在央视网报道智能电视开机广告无法被关闭的新闻《央视记者实测关闭电视开机广告用了3天》中，广告两字在屏幕右上角所占位置小，不突出，所以记者用红圈将其圈出，标记重点。在讲述消费者权益法中对广告的相关要求时，随着解说词的讲解，记者也将重点的话语用黄色高亮标出，画面效果更为直观，更便于观众理解。

《央视记者实测关闭电视开机广告用了3天》二维码

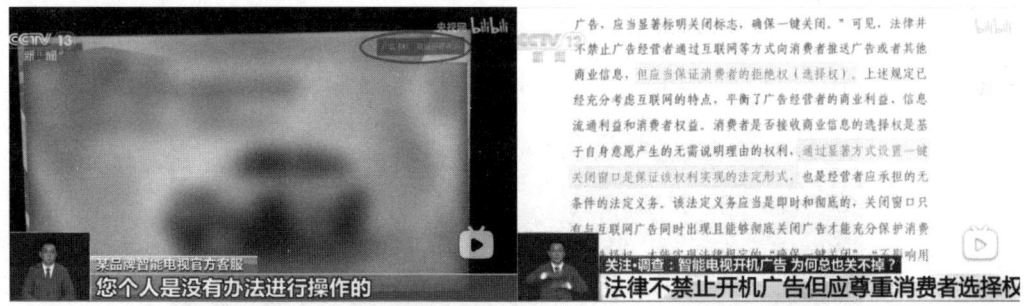

图3-3-4 《央视记者实测关闭电视开机广告用了3天》截图

2. 适当重复，强调关键细节

通常情况下，解说词尽量补充画面中没有的信息，无须描述画面中已有的信息，但有时为了强调某一细节，可以同步描述或重复提及。

3. 设置悬念，吸引观众看画面

在视频节目开端，通过解说突出事件或人物的亮点、不同寻常之处，激发用户的兴趣；或在节目进程中运用解说、字幕等元素设置悬念，吸引用户持续观看。

（三）逻辑串联，转场过渡

由于素材采集与节目时长的限制，画面难以完整再现事件发生发展的全过程，需要在提炼、精选片段的基础上组织结构。有时画面素材涉及多个地点，也需要我们以一定的方式将不同时空的画面有序衔接。画面切换过渡的方式有很多种，例如通过场景、细节等视觉上的联系转场，通过环境音响、人物同期声、音乐等听觉上的联系过渡，或通过屏幕文字的衔接转场。字幕、解说因其在逻辑表达方面的优势，常用来起到串接素材的结构作用。

（四）把握节奏，适当留白

《救援中！长沙自建房坍塌事故被困女孩：一定要快点来接我 我不会哭》二维码

为视听报道撰稿时，应注意适当留白，给用户理解、感受画面的时间，避免解说从头灌到尾，或者屏幕文字太多，用户来不及理解和吸收。当画面内容很精彩、画面信息足够清晰时，可以暂停解说，避免干扰用户感受画面，达到"无声胜有声"的效果。

中央广播电视总台对长沙自建房倒塌事故的报道，通过解说词对坍塌现场环境及救援情况进行简要介绍后，穿插使用现场画面，比如第八位被救援女孩在与救援人员对话中表示"我不会哭""我想大口大口喝矿泉水"，这类来自事件现场的真实画面和声音会让受众更受触动，感受到女孩对生的渴望、坚持，对救援队的信任以及乐观的心态。

图 3-3-5 《救援中！长沙自建房坍塌事故被困女孩：一定要快点来接我 我不会哭》截图

三、为听而写：声音意识

除了适应于画面的信息互补，在表述上，视听写作也有一些规律需要遵循和把握，便于形象化和易于传播。

（一）适于口头传播

所谓声音意识，是指视听写作的语言是"口说耳听"的语言，而非用于阅读的书面语言。写作内容、措辞用语要易于传播者"说",易于接收者听,不仅听得懂,还要听起来很自然,有兴趣听。

撰稿尽量使用生活化、口语化的语言。所谓口语化,是指相对于书面语言而言,使用适合口头传播的语言和对话风格,让表达通俗易懂,亲切生动。具体来说,这表现在以下方面。

- 使用生活中人们容易理解的语言写作,避免使用生僻的文字、公文式的用语,以及华丽的辞藻、隐晦的表达,因为它们可能会带来听觉上的理解障碍。
- 专业性的术语需要解释并翻译为通俗的语言,让人们一听就懂。

以央视网短视频《两个航天器怎样找到彼此?3分钟看懂"交会对接"》为例,该视频使用通俗的语言和形象的动画,试图将"交会对接"这一建设中国空间站的关键技术解释清楚。比如,交会对接的第一步"火箭升空"被描述为"发射前我们可以想象为地球带着它和长征火箭一起旋转,从起飞的那一瞬间起,它们不再随地球运动,脱离地表的直接束缚独立飞入太空",伴随着画面中旋转飞入太空的火箭,用户建立起对火箭升空原理的具象化认知,清楚明白。作为航天器在轨运行中最复杂的技术之一,交会对接中还蕴藏了很多类似"航天器升空后轨道越低,运行角速度越快"的科学原理,为解释得通俗易懂,视频结合问天实验舱,将其表述为"打个比方,只要保持问天的轨道低于空间站,问天'自然'就以更快的角速度追上空间站",再配合画面中代表问天和空间站的两个点的追逐动画,实现令人一目了然的效果。

《两个航天器怎样找到彼此?3分钟看懂"交会对接"》二维码

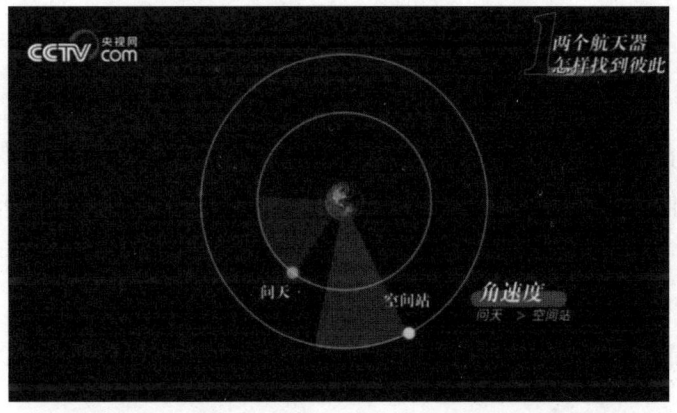

图 3-3-6 《两个航天器怎样找到彼此?3分钟看懂"交会对接"》截图

- 句式上尽量符合人们的听觉习惯，少用结构复杂的长句、倒装句，多使用简单句、短句。
- 采用对话的语言风格。撰稿人写作时要有对象感、交流感，想象自己和受众是在一对一交流。

在话语风格方面，具有互动感的语言风格在 Vlog 新闻作品中非常常见，写作时可适当借鉴这种与人聊天般自然而富有亲和力的话语表达，给予用户更具代入性、更加愉快和放松的视听感受。比如"小彭 Vlog"系列视频，语言风格口语化特征明显，视频开头，小彭会亲切地向镜头前用户问好，有时会向用户发问"你有什么感受"，有时会随机与遇到的人交流，互动感强。

（二）简明生动

1. 简洁

视听写作中的解说或文字字幕，要讲究和其他元素的配合与协同，不宜从头到尾"灌到底"，需要给受众理解画面、感受现场音响的空间。加之移动互联网时代音视频节目的碎片化趋势，视听节目的撰稿宜少而精，并不是写得越多越好。

- 事实要精练，短视频、短音频的写作无须面面俱到，宜一事一报，角度有所聚焦。与传统电视、广播节目相比，不强调内容的完整性，更重视突出现场瞬间，或活动中的重点、亮点。
- 表达要简洁，摒弃陈词滥调，去掉无实质意义的空话套话，让每句话都言之有物，字字珠玑。

2. 清晰

简明意味着既要简洁，还要清晰明了。清晰一方面体现为内容清晰，例如新闻基本要素清晰、信息来源清晰，另一方面体现为撰稿需要适应人们的收听习惯，能让人瞬间听懂。

- "为听而写"时，为了让听众更好地理解，一般在人名出现之前先交代人物身份。
- 音频新闻中，在出现人物同期声之前，一般先交代人物身份。

- 音频新闻中使用指示性代词、人称代词时，需要考虑听者是否明白所指代的对象。对于主要的人名、地名，需要适当重复。
- 谨慎使用单音字、简称、缩略词。单音字在书面阅读中更为常用，但不符合人们日常生活中的使用习惯。使用简称和缩略词时需要考虑使用者的圈子、文化背景等，宜写明规范的全称。为了精简解说而有必要使用简称时，最好是人们耳熟能详的简称。
- 注意同音异义词的使用，避免使用容易引起歧义和误听的词汇。
- 结构和层次须合乎人们的听觉逻辑，不宜过于复杂。

文字媒体对时空的调度可以更灵活和多样化，例如倒叙、顺叙、插叙相结合，双线或多线条叙事。视听写作在一般情况下，除开头采用倒叙，突出高潮或结果之外，主体部分按事件发生发展的过程叙述。

3. 生动

"言之无文，行而不远"，视听写作需要鲜活生动才能有吸引力，在触达用户的基础上入耳入心，产生好的传播效果。

（1）突出亮点

视听撰稿要善于挖掘亮点，突出亮点，即那些最能体现报道对象特色，最能引起人们注意，唤起人们情感的地方。

（2）表达具象化

具体是和抽象的概念、理念、概括性的语言相对的，事实具体才能有说服力，情节、细节具体才能有感染力。视听撰稿要综合使用文字、画面等元素，讲好故事。

（3）数据形象化

数据的优势是精确，但不够形象直观，难以给人留下印象，宜将数据的表达形象化，常见的手法有"相当于……"；也可直接换算，用人们更易理解的方式表达。

如 2023 年央视财经频道推出的《万盏灯 亮中国》系列报道介绍复兴号高铁时，作者把解说词里的关键数据，如复兴号运行"近 1000 公里"只需要"不足 4 小时"以文字形式呈现在屏幕上，突出展现重要信息。运行距离"超 19 亿公里"等受众难以直接体察的数据则用大约相当于"环绕赤道行驶 48000 圈"做了形象化展现，并且用飞驰的火车头和旋转的地球做图标，让受众更为直观地感受到复兴号高铁不仅速度快，而且已经走进了人们的生活。

《万盏灯 亮中国丨匠心铸就大国重器　中国制造加速前行》二维码

图 3-3-7 《万盏灯 亮中国 | 匠心铸就大国重器 中国制造加速前行》截图

（4）增强生活化、原生态色彩

有人提出生活化是民间短视频的底色，短视频须"从民间文化中汲取滋养，尽可能贴近用户"。除了在选题视角和内容上贴近用户，撰稿中可适当使用大白话、运用民间语言、撷取来自现场的环境声，增强稿件生活化、原生态的色彩。

《仅此一版 | 你定没见过的 5000 年立体版杭州》二维码

以央视网介绍杭州历史的短视频《仅此一版 | 你定没见过的 5000 年立体版杭州》为例，解说中不仅使用了"打卡"这样的流行语，还插入了一些在语境中容易被听懂的杭州话，并在画面字幕上标注了相对应的普通话，如"小伢儿"（小孩儿）、"荡荡"（体验）、"辰光"（时间），表达方式更具有杭州本地的韵味。短视频在展现现代杭州城赓续千年文脉，古代与现代元素有机融合时，加入了叫卖声、口技表演声、纺布织造声、交谈声等环境声，与画面中货摊林立、人流熙攘的市集相配合，向用户展现出杭州城独特的城市魅力。

图 3-3-8 《仅此一版 | 你定没见过的 5000 年立体版杭州》截图

> 记住：视听写作是为视与闻而写，要具备画面意识和声音意识。

思考

1. 采访与写作的普遍原则是什么？
2. 视听采访与写作的新要求有哪些？
3. 何为镜头意识？从广义而言，镜头意识主要包括哪些方面？
4. 何为画面意识？视频写作主要注重哪些要点？

越聚焦越独特，越提炼越有魂

第四章 选题分析与策划

新闻选题的分析与确定是采访的首要环节。选题是报道的"命根子"，一个好的选题是报道成功的基础。当然，选题的好与坏是相对的，因为选题还涉及角度的问题。有人认为，没有不好的选题，只有不好的把握，这是指把选题进行多向度的分析与操作，最终确定一个最优角度。这当然并不绝对，但关键是我们看事物和问题应该确立什么坐标系，从不同的维度去判断，从而从多个角度挖掘事实，进而提升选题价值。因此，新闻选题的这种重要特质，为视听采访策划提供了可辗转腾挪的空间，是含金量很高的一个操作环节。

对于记者而言，更需要注意的是，选题的把握是主流舆论引导和价值引领的风向标，是议程设置的调节器。主流媒体选什么报道或不选什么报道，在今天的移动社交网络时代，具有举足轻重的作用，也是主流媒体发挥定盘星作用的利器。

第一节 确定选题角度

简而言之，**新闻报道是让有意义的主题变得有意思，让有意思的事件变得有意义。**而策划的首要一环，就是对选题的分析与把握，聚焦选题角度，分析背景意义，提炼主题立意，从而让高大上的主题贴地飞行，让具体的事件与时代同向同行。

一、选题的内涵与获得

首先，我们需要认识选题的内涵，并进一步明确选题来源的主要渠道和方向，才能使报道综合政治性、时代性、人民性、思想性、新闻性和专业性，与国家和社会发展同频共振。

（一）什么是选题

选题能不能击中用户最敏感的神经，决定了之后的报道能不能产生影响力。它不是记者单方面的判断，而是与社会发展、媒体定位相契合，与用户同声共气的。在用户思维的时代，新闻选题仍然要把握主题价值与用户价值的兼顾。因此，新闻选题可以被定义为：**适应国家社会在一定时期的政治、经济、社会生活等方面的变化以及用户兴趣，对事件的新闻价值形成判断，从而做出的报道内容、报道方向、报道角度的选择**。这样的报道内容、报道方向、报道角度的选择符合用户的兴趣，抓住时代脉搏，同时也能引导用户、引领社会的发展方向。这个界定说明了选题与国家社会发展相契合，同时也指出记者作为把关人对信息的主观控制力。换言之，记者选择何种题材、确定何种方向，即确定了报道什么样的内容，进行何种议程设置，传达何种媒体观点，传导何种新闻取向和价值导向。

在新媒体时代，具备用户思维的选题价值判断，意味着在策划阶段需要把用户的需求放在重要的位置，需求引发用户兴趣的契合点，但绝不是唯一的方向。因此，选题要结合国家社会的发展重点、难点与焦点，也要把握选题与用户需求和兴趣的契合点，兼顾主流价值引领与用户需求满足之间的平衡，从而让报道接天连地，无论是高大上的政治主题还是热点社会话题、焦点社会问题都能飞入寻常百姓家。

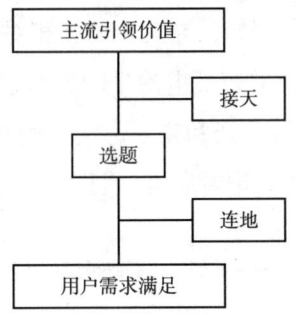

图 4-1-1　以用户为导向的选题价值判断示意图

具体而言，对选题的理解应该从两方面切入：一是不同的事实构成不同的选题，也就是从众多的一般事实中，挖掘出最契合社会发展的事实，即最有价值的事实；更重要的是，我们要意识到，同一事实会有不同的选题角度。如果说前者更依赖客观事实，那么，后者则更强调记者的主观判断与选择。当然，这种判断与选择是建立在事实这个真实语境之下的。只有明白了这一点才能调动记者的主观能动性，去考察事实的多面性和问题的不同角度。

（二）获取选题线索

总体而言，选题线索可以分为自上而下的政策导向型和自下而上的基层故事导向型两大类。

1. 政策导向型

自上而下的政策导向型，要求记者在报道前熟悉国家政策和报道主题，再深入基层，寻找基层开展工作的案例和故事，探索检验国家大政方针落地的路径、方法和实施效果，以实现政策与实践的有机结合。这样的做法能够从城乡居民和市场主体的感受出发讲述民生故事，深挖国家政策在地方层面的实施效果。① 比如，《浙江新闻联播》选题来源既有省委、省政府推进的重点工作，也有基层推进的重点改革，又有全省新闻协作网络的报题，双重机制确保了报道内容既符合政策导向，又能够及时反映基层的实际情况和群众需求。这种在宏大叙事上找寻小切口的做法，是报道选题中的惯常逻辑。"不过，我们也需要反思，在这种逻辑导向下，一旦记者把握出现偏差，就有可能陷入'带着答案提问题'的陷阱，甚至出现生搬硬套的'高级黑、低级红'报道。"②

2. 基层故事导向型

自下而上的基层故事导向型（问题导向型）选题路径，即在基层关注具体的人和故事，或者探寻其所折射出的国家大政方针，或者探寻国家社会发展的规律性认识。在实地走访的过程中，表现为关注当地是否出现了值得注意的事件或"节点"，"基层故事具有极强的典型价值"。③ 例如，在总台的《相对论》栏目中，有一期节目讲述了这样一个故事：儿子年轻时对父亲下屯治牛的工作感到羞耻，离家创业失败后返乡随父出诊，在此过程中重新了解父亲和家乡。父子俩和解的过程，实则是乡村变迁、年轻人价值观念转变的缩影。正如记者所言，"我们是先找到打动人、有共鸣的社会热

---

① 笔者对《成都商报》成都发布融媒体中心钟茜妮、成都商报红星新闻深度报道中心记者杨灵的访谈，2024年1月。
② 笔者对浙江广播电视集团融媒体新闻中心高级记者杨川源的访谈，2024年1月。
③ 笔者对浙江广播电视集团融媒体新闻中心高级记者杨川源的访谈，2024年1月。

点、痛点和人物故事，进而再通过寻找答案、挖掘故事，使观众自然而然地感受到其与国家政策等宏大主题的关联……另外，我们寻找的关联，更多的不是和国家某个具体政策的关联，而是对某种社会情绪或是政策方向的把握"①。因此，我们需要主动把握社会发展的脉搏，主动感知基层民众复杂的情绪，及时跟进，回应人民之问、时代之问。

除了基层的人物故事，以实际的问题为导向，发现基层经济发展和社会运行的难点和痛点，往往也是选题的来源。"围绕问题找选题，今年以来我们围绕经济发展层面的共性和关键问题，进行经济报道的蹲点选题。"②"从群众需求较突出的发展问题节点、问题导向挖掘基层解决问题的实践探索。"③这方面实际上是检验政策在基层贯彻执行的效果，基层下情上达的路径，也是媒体参与社会治理的途径。

从获得渠道而言，在视听新媒体时代，基层的人物故事或实际问题，除了记者实地采访和案头工作外，也来自搜集网络民意，充分发挥互联网连接和互动的功能，带着网络用户关心的问题进行采访，既了解了用户关心的问题，也能回应用户关切，让节目更接地气，获得普遍关注。比如《神秘"曹园"》④是央广新闻热线根据一份实名举报材料展开的调查，材料反映牡丹江的国有林地里一个叫"曹园"的地方违法占地、违法毁林。在实地调查前，记者上网检索相关资料，在当地贴吧和自媒体号上，发现大量关于"曹园"是非的帖子，由此引出记者的调查。又如《相对论》的记者对于淄博烧烤的蹲点报道，随着蹲点的深入和节目先导片发布后网友的反馈，记者感受到两种社会情绪，一是知道淄博火了，但纳闷为啥火，有的人觉得是炒作；二是为淄博火了高兴，但也担心，怕淄博承受不住。这让我们更加坚定了后续报道的方向，不仅要见证夜晚人们的狂欢，还要记录夜深人静的打拼；不仅探索火爆的原因，还要观察整座城市怎么应对"五·一"的考验。⑤于是才有了一位"90后"烧烤店主凌晨4点去市场"抢肉"的过程的真实记录，同时，节目也展现了各个服务行业的淄博市民：不甘心"鲁C被鲁F、鲁G超过"的夜班的哥、帮着商铺撑伞遮雨的城管协管员、应对"五·一"全程无休的高铁站工作人员，节目呈现出老百姓与当地政府同频共振，拧成一股绳发展特色经济的鲜活故事。

《凌晨四点的淄博，静悄悄？》二维码

---

① 笔者对中央广播电视总台新闻新媒体中心策划部特别报道组制片人庄胜春的访谈，2024年1月。
② 笔者对福建省广播影视集团融媒体资讯中心采访部主任游宁钊的访谈，2024年1月。
③ 笔者对浙江广播电视集团融媒体新闻中心高级记者杨川源的访谈，2024年1月。
④ 新闻1+1.曹园，究竟是个什么园？"庄主"曹波现身回应背后老板［EB/OL］.（2023-02-13）[2024-01-06］. https://www.bilibili.com/video/BV1qM411P7fD/?vd_source=55381b0b1eddfa14d1f99850fe493566.
⑤ 笔者对中央广播电视总台新闻新媒体中心策划部特别报道组制片人庄胜春的访谈，2024年1月。

图 4-1-2 《相对论》报道淄博烧烤的截图

二、选题角度的要求

在日常生活中,我们认识事物都会有自己的坐标,在不同的坐标参照下,对问题有不同的观察角度。采访报道亦是如此。在实际的采访中,记者首先要思考的是能否从一个事件中提炼出一个独特的角度,能否找到多种角度,哪个角度最有新意,哪个角度最接近事件本质。选题角度也即新闻角度、报道角度。有人说,新闻角度是记者凭借新闻敏感,为了充分展现事实的价值而选择的报道角度……从方法来看,新闻角度即报道角度,是指记者观察、挖掘、表现新闻事实时的着眼点、侧重点。选择报道角度同确立主题思想也是密切相关的,它直接关系到报道的客观效果。因此,有经验的记者都十分重视选择最佳的角度,以增强报道的新闻价值。[①] 在选题策划的具体阶段,分析选题角度非常重要。

(一)选题角度以事实为基础

新闻"用事实说话",事实是新闻的本位,选题确立以及角度选择都应该建立在事实基础上,不能凭空捏造。同时,记者在采访活动中不能被报道思想所束缚,继而通过寻找例证生搬硬套,切记不要为了体现报道思想而强扭角度。

就新闻的"新"而言,新闻报道应以"新"的事实为基础,而这首先建立在记者对生活的实际走访与调查基础之上。"脚底板下出新闻",在自媒体甚嚣尘上、人人都有麦克风、处处都有"键盘侠"的时代,更凸显出辛勤走访的意义。我国新闻界 2011 年掀起的"走基层、转作风、改文风"活动,就是为了推动记者进行调查研究,从基层生活中发现新的事实、新的选题。而"新春走基层"成为我国新闻战线

---

① 叶子. 电视新闻节目研究 [M]. 北京:北京师范大学出版社,1999:124-125.

在每年新春时节的常态化报道活动。例如，2023 年，中央广播电视总台新闻中心共派出 122 路记者——这一数量是 2022 年的两倍，联动 30 多个地方总站和多个海外记者总站①，探访我国边陲、南海战区、高原雪山、铁路沿线、地下隧道、重大工程建设现场等地点。比如，在《高寒铁路上的"守护人"》和《北纬 53 度 守卫零下 50℃的中国》中，记者面对零下 20 摄氏度以下的室外环境，全程跟拍桥隧检修班巡查检修和边境警察执行巡逻任务，协助涵洞的除冰作业，切身感受极端条件下工作的艰辛；《穿行哀牢山 巡逻路上写忠诚》则记录了记者与南部战区陆军"老山旅"，在中越边境被称为"死亡森林"的哀牢山中，近 8 个小时的危险巡边路；在《万家灯火的守护者》中，记者陪同电力电缆运维班人员一同走进城市地下电力隧道，从除夕夜晚上 7 点工作到大年初一夜里 1 点，在黑暗的、30 多摄氏度的闷热环境中迎来了新年。这些采访报道就是记者在当地"进入、深入、融入"的结果。记者的"四力"——"脚力、眼力、脑力、笔力"中，脚力是基础。很难想象一位不关注社会实际生活的记者能找到新鲜的报道角度，闭门造车，凭空想象，这只会失去角度选择的源头活水。

图 4-1-3 《高寒铁路上的"守护人"》《北纬 53 度 守卫零下 50℃的中国》截图

（二）选题角度以独特为方向

确立了"进入、深入、融入"的标尺以后，我们实际上是为选题的操作设立了一个基础。问题是，这些都是显性的标准。当所有记者都以这样的标准捕获选题时，那自身的优势又如何体现呢？当记者们对社会热点、难点都闻风而动的时候，自身选题的独特性又如何体现呢？如果说，以上提到的方面是选题存在的基础，那么，独特性就是选题的活力。高标独立、卓尔不群应是记者在策划选题时的追求。简言之，独特

---

① 陈燕. 中央广播电视总台记者新春走基层 Vlog［EB/OL］.（2023-02-01）［2024-02-01］.http：//www.zgjx.cn/2023-02/01/c_1310694221.htm.

性就是指人无我有、人有我新，以及提供给用户最有价值的信息。

我们分析选题时，应该多运用发散思维、统摄思维、逆向思维等思维方式对选题做出独特的采访延展、分析、解释。

虽然可以从多方面理解独特性，但独特性最本质的一点应该是**剖析事件的深入与精准**。当占有的事实材料足够丰富、采访视角足够多元，自然与其他媒体形成差距，独特性也油然闪现；当切入问题的本质，抓住了事物的特点，独特性便成为水到渠成的事。有人说："选题角度的独特，不是越偏越刁越好，而是越准越深越佳。"① 这指出了新闻选题独特性的终极追求。简言之，选题的独特性可以从事实的独特以及观点的独特两方面来理解，二者是相辅相成的。比如，总台电视评论《"十四五"是什么"舞"》以2021年全国两会热议的话题"十四五"规划为着眼点，独辟蹊径，把"十四五"比喻为人们熟知的舞蹈，而新媒体端"央视新闻"更以此发布了海报组图《"十四五"是什么"舞"》，放大"五"与"舞"的谐音梗，列举不同舞种来冠名各项"十四五"发展目标，可视化图文与谐音配合，创造出声画融合的新表达。

《"十四五"是什么"舞"》二维码

需要说明的是，选题的独特性追求要避免剑走偏锋，不切要害。选题的独特以抓住事物的本质特点为要义，而有些报道，如一些帕帕拉奇（Paparazzi）式的记者追踪隐私的报道、娱乐报道中的低俗化现象等，特别注重细枝末节，并放大这些细枝末节，从而获得一种看似新奇的角度。其实这种做法是在新闻事实上的错误选择，是对事件本质特征的忽视。从哲学角度来看，这是一种没有全局观的做法，忽略了个体与整体的关系。而在视听新媒体视域下，为了博取流量，一窝蜂式的猎奇煽情、追"星"逐"丑"的趋势更加突出，我们不得不警惕，并予以抵制。比如，2023年高考出分期间，考生高考查分的"表情包"短视频在社交平台上热传。当媒体的摄像头聚焦高考查分众生相，社交媒体专设热搜热榜"高考榜"，自媒体、营销号参与炒作，主流价值的弘扬让位于平台流量的狂欢，满屏欢喜折射的是分数崇拜，放大的依然是功利视野下的成绩焦虑、学校升学率考评下的教育压力。②

---

① 梁建增.《焦点访谈》红皮书［M］.北京：文化艺术出版社，2002：197.
② 李虹.传媒茶话会.高考查分刷屏："表情包"不是"流量宝"［EB/OL］.（2023-06-29）［2024-01-09］. https://mp.weixin.qq.com/s/sjbLypg1-SFYSSTkcYSbdQ.

图 4-1-4 "高考查分'表情包'"短视频截图

(三)选题角度以可视性为要求

视听报道要用形象来说话,这就牵涉到选题的可视性问题。可视性注重的是影像表达的具体化与独特性,在视听新媒体时代,可视化成为信息传播的重要方向,信息可视化、数据可视化成为信息传播的主要方式。如何用形象说话,这是视听采访必须重视的问题。在传统电视新闻中,我们也把可视性列为视听新闻的新闻价值要素之一,记者在考虑视听报道选题的时候,应当把选题可视性提升到一定的高度。

"可视性"这个词比较笼统、抽象。具体而言,可视性是指选题具有发挥视听媒介特点来传达事件信息与观点的基础。在这里,我们把"可视性"进一步具体化,即通过选题能延伸出具有传达事件信息的、以视听语言来刻画事件的中心人物,具有鲜活的、能用视听语言来展现的事件场面,蕴含独一无二的生动细节、能够提供大于思维的形象性元素。这些要素都构成了选题可视性的衡量标准。此外,我们还可以使用排除法来理解可视性,即选题的可视性意味着它不是一个抽象的概念集合,不是论文式的逻辑推理与思辨,不是没有个性人物与典型事件的空洞论述。在技术赋能的新媒体语境下,可视化虽然有多种实现手段,但是对现场、典型人物和动态事件的要求仍然重要。

(四)选题角度以用户的兴趣点为参照

好的选题不仅要承载主流价值趋向,也应当同用户的需求同频共振,同声共气,这是报道内容能够形成传播力的基础。

1. 选题的发展走向

用户思维是视听新媒体以用户为中心的发展方向，选题角度以用户感兴趣的话题、社会关注的问题为参照，由此确定选题的方向。比如，中央电视台2017年春节期间"新春走基层"推出的《天下父母》和《"二孩"之后》等系列报道，聚焦当下老百姓关注的养老与养娃的社会热点问题，由此激发用户和网友了解他人故事和参与评论的兴趣。

哥伦比亚广播公司《晚间新闻》原主持人丹·拉瑟（Dan Rather）曾提出"后院篱笆原则"，认为新闻应是家庭妇女在后院谈论的话题。虽然他是从新闻世俗化的角度提出的，但也反映出采访要抓住大众感兴趣的话题。传统媒体的新闻报道方向也越来越平民化、越来越考虑用户需求，而媒介迭代更加速了这一变化。视听新媒体把原本高高在上的新闻报道，以及过去只以国际、国内时政为主的媒体触角拉回到普通大众的生活之中，满足用户需求、引领用户需求。

2. 选题与话题性

互联网是一个话题场，尤其对于移动社交平台的信息传播而言，更多是在社交语境下展开的，信息传播的话题性被放大。视听新媒体注重用户思维，在衡量选题价值的时候，其中一个指向是该选题所引领的话题性。**话题性即信息被关注、谈论、分享的程度。**[①] 由此看来，关注话题性，也是分析用户感兴趣的热点、焦点、难点和痛点，从而能够适时放大，有效引导，合理疏解。比如，短视频《来看看这几天的西安》展示了2023年春节期间西安一些景区人潮涌动的场景，字幕"全国14亿人，7亿去三亚，7亿到西安了吗？"更戳中了疫情放开后人们急切出游的痛点，引起了用户的广泛评论，视频也引导本地居民尽量错峰出行，以方便外地游客游玩。

《来看看这几天的西安》二维码

移动社交平台方便用户搜索，机器推荐而设立的标签话题机制也是记者编辑需要掌握的技巧，视频在平台有标签内容设置，包括"标题+# 话题+@xx"，这不仅为视频内容分类，还有引导互动，贴热点话题的功能[②]。在视听新媒体时代，记者要善于利用热点，引领话题，更要创造话题，维持话题热度。比如新冠疫情防控期间，针对用户关心的口罩问题，中石化以"口罩机"话题形成开放式新闻，通过持续发布动态，策划口罩系列新闻，并以"我有熔喷布，谁有口罩机"等形成标签式新闻。[③]

[①] 曾祥敏．融合新闻学［M］．北京：中国传媒大学出版社，2023：114．
[②] 杨炯．新闻短视频如何在导向和流量之间找到最大公约数［J］．中国记者，2023（5）：64-66．
[③] 传媒茶话会．传媒实操小红书：不容错过的爆款小经验［M］．北京：人民日报出版社，2023：8-9．

凡事皆有两面性，注重用户趣味，不是唯用户趣味，更不是唯流量。在移动社交传播语境下，算法推荐迎合用户个性需求，热搜成为新闻价值衡量标准，"婆婆给封校的大四儿媳送红烧排骨""农村夫妻装扮成郭靖和黄蓉收稻子"这些猎奇的故事，频上热搜，失去新闻的公共价值和普遍意义，是记者在衡量选题，满足用户需求的时候，需要警惕的。同样，关注话题性，不是要挑起矛盾，激化难点问题，而是以回应关切，促进问题得到关注并被有效解决。

（五）选题角度以具体的核心人物为承载

这是视听报道具体化、形象化的基础，能否找到当事人在镜头前说话，能否采访到最了解事实的核心采访对象和相关人物，成为节目能否实现操作的重要因素。在后面的章节中，我们将进一步分析视听报道中的"中心人物"的作用。

总体而言，对选题的具体分析多种多样，不同的媒体、栏目和融媒体产品有不同的要求。其中，广播、电视消息类与深度报道类、短视频等融媒体报道类的选题在题材、选题容量、发展空间等方面均有不同。在把握基本规律的情况下，可以具体问题具体分析。

三、如何确定选题角度

选题角度的确立实际上是从现象聚焦到主题的操作路径。在实际的采访中，如何确立选题角度是聚焦报道点、获得有价值的新闻报道的手段。新闻的竞争已经逐渐从独家信息占有的竞争转向独家角度、独家解读的竞争，信息占有是基础，独家角度则能制胜。视听报道在选题角度的开拓上与其他媒介报道有共通性，但也有独特性。在以下分析确定角度的方法中，不同的方法也有交叉，笔者只能按照相对单一的标准进行分析。总之，在新闻报道中，记者需要发挥纵横捭阖的多维思维方式，打开思路，尽量拓展报道角度。

（一）从现场寻求采访角度

在视听采访报道中，声画一体的视听形象有助于记者放大现场的信息，形象生动地结构报道角度，做活现场。因此，从现场入手寻求角度是一个巧招。

1. 从现场事物中寻求报道角度

记者善于在现场观察，通过敏锐发现提炼角度，更要通过现场事物形象地呈现报道角度。发现现场事物的过程是提炼角度、凝练主题的过程，反过来说，提炼角度也

可以寻求现场事物作为形象的载体。比如,《"欧洲之门"汉堡对接中欧贸易》中,记者从德国汉堡易北河畔的19世纪汉堡港的货仓以及吊运货物的吊钩入手,去展开报道。《我国首次取得东北虎渡江迁徙证据》充分利用用户拍摄的手机现场视频,报道我国东北林业生态环保的发展,从而引来俄罗斯的老虎渡江跨境到中国的森林。《川源蹲点观察|"八八战略"20年主题展览》,开篇即从"'八八战略'实施20周年主题展"上的浙江省山海协作"清大线"的地图开始讲述,从现场切入叙述浙江省山海协作的历程。

图 4-1-5 《川源蹲点观察|"八八战略"20年主题展览》

2. 从现场人物语言中寻求报道角度

记者可从现场人物的语言、现场事件的发展中寻求报道角度,凝练主题。抓取鲜活的同期声语言是视听报道的优势,是新媒体时代记者要着力去发现的"金句"。比如,《独家视频|游客:"彭麻麻呢?"》仅有23秒,但是这23秒的内容做到了主题突出。视频画面开始于习近平总书记与游客在古镇中偶遇,游客纷纷与习近平总书记挥手打招呼,人群中有位女士问习近平总书记:"彭麻麻呢?"习近平总书记巧妙地回答:"没来。"还接了一句,"快过年了,都在家忙着呢!"对话中提及当时正值春节,而这有趣、有爱、有温度的谈话非常贴合传统节日的气氛,渲染浓浓的春节气息。视频中的习近平总书记就像家人、朋友一般,与我们聊着过节的家常话,展现了大国领袖亲切质朴的一面。

《独家视频|游客:"彭麻麻呢?"》二维码

3. 从现场戏剧性的高潮点寻求报道角度

在现场,记者还要善于抓住事件富有戏剧性的节点与高潮来组织报道角度。这样的节点或高潮场面,往往有助于记者摆脱程序性的、大而化之的报道方式,从一个特写或燃点切入,高度凝练地呈现事件性质,展现人物个性。比如,《央视〈焦点访谈〉揭秘:医保局专家"灵魂砍价",企业代表当场流泪!》聚焦专家和企业代表交锋回合，无论是3分钟的版本还是40秒的版本，均聚焦现场谈判关键节点，在新媒体碎片化语境下，这样的燃点切片抓取与放大越来越普遍。

（二）从事物历史的延展中寻求角度

从这个角度而言，记者需具备历史思维，跳出就事论事的惰性和局限，把事物放在纵向历史坐标上进行观察思考，记者的历史观和新闻观由此提升。

《央视〈焦点访谈〉揭秘：医保局专家"灵魂砍价"，企业代表当场流泪！》二维码

1. 从事物变化中寻求采访角度

这是事物发展纵向考量的思路，新闻的新在其变化中，在于其有新的现象、新的特点出现。"变动是事实形成新闻的要素。"① 变化是记者最能抓住报道角度的显性因素，把事物放在时间的维度上，做纵向的对比，往往能够找到较好的报道角度。"时间是衡量变化的尺子，因为它能够描述变化。"② 比如，新华社记者周科于2010年1月30日在南昌火车站拍

《再见 巴木玉布木》二维码

摄到一位背负大包、怀抱婴孩匆忙赶车的年轻的母亲巴木玉布木，这就是著名的照片《春运母亲》。时隔11年，在决胜脱贫攻坚年，记者通过多年寻访，终于在巴木玉布木的家乡四川大凉山见到这位母亲，由此展开呈现巴木玉布木家庭和家乡巨大变化的报道。时代变迁中的个体命运，映射出脱贫攻坚决胜时代大背景。正如记者所言："背着那么大的包外出打工，她当年的生活条件肯定不怎么样。她家是不是贫困户？生活有没有改善？还在外面打工吗？在脱贫攻坚战的收官之年，这张照片的一系列疑问不断撞击记者的心灵。找到她，以小人物故事彰显脱贫攻坚大主题，或许将是一篇打动人心的精彩报道。"③ 同样，江苏广播电视总台在2007年记录了云南怒江州大山深处的女孩余燕恰溜索上学的故事，2022年7月，江苏台得知余燕恰大学毕业选择回家乡当医生，拍摄《溜索女孩的人生之桥》，追踪讲述了余燕恰15年的成长故事，以典型个体故事讲述"党的十八大以来的山河巨变，梦想在时代沃土上生根开花的奋斗图景"④。

---

① 叶子．电视新闻节目研究［M］．北京：北京师范大学出版社，1999：126．
② 阿恩海姆．艺术与视知觉［M］．滕守尧，朱疆源，译．成都：四川人民出版社，1998：510．
③ 参见笔者参与制作的《2021中国新闻传播大讲堂：践行四力 与时代同行》．周科．2021中国新闻传播大讲堂"共鸣、共情、共振：以"春运母亲"报道为例［EB/OL］．(2021-11-10)［2024-01-10］．https://article.xuexi.cn/articles/index.html?art_id=8405642288549559473&read_id=6b884d3c-da39-4366-b9dc-d070ded5dea8&ref_read_id=14f9254b-076f-40bb-824c-f14a7a8131bc&reco_id=&mod_id=&cid=&source=&study_style_id=undefined．
④ 中国记协网．好故事，可遇亦可求［EB/OL］．(2024-02-07)［2024-06-07］．http://www.zgjx.cn/2024-02/07/c_1310763828.htm．

图 4-1-6 《再见　巴木玉布木》《溜索女孩的人生之桥》截图

《我国首次取
得东北虎渡江
迁徙证据》二
维码

　　需要注意的是，事物的变化有激烈、明显的显性现象，这是一般记者都能捕捉到的。但有的时候，事物的变动是潜移默化的，这就成为检验记者是否具有新闻敏感性的试金石，优秀的记者会从变化的蛛丝马迹中抓住现象背后的本质，从而放大这一变化。比如《我国首次取得东北虎渡江迁徙证据》，2014 年 6 月，一只东北虎渡过乌苏里江，从俄罗斯游到了中国，正好被打鱼的渔民用手机拍到，老虎游泳过江令人新鲜，渔民地道的东北方言让人忍俊不禁，视频火爆全网。但是，主流媒体没有仅仅停留在现象上，而是透过现象看本质，抓住生态环境的巨大改善这一主题。老虎处于食物链顶端，它的存在意味生态链的任何一个层次都是完整的，老虎需要吃獐狍野鹿，而这些动物又需要适合的生态环境，并保持足够的种群数量，它们生存繁衍得旺盛，老虎才做得成"山大王"，也说明生态环境的改善。正如主创人员所言："从 20 世纪 50 年代开始，黑龙江就为修复生态做了大量的工作，直到森林商业性采伐完全停止。东北虎再现，正是生态恢复的标志。所以我和记者说，一定要请中国野生动物研究界顶级的专家来解释'老虎过江'。"① 又如《贺兰山生态环境整治后　大批野生动物重回家园》，记者在基层获取线索后，克服困难，数次深入贺兰山腹地多个整治矿区实地

---

① 参见笔者参与制作的《2021 中国新闻传播大讲堂：践行四力 与时代同行》。关中（时任黑龙江广播电视台副台长）.2021 中国新闻传播大讲堂"践行四力 锤炼精品"［EB/OL］.（2021-11-10）［2024-01-10］. https://article.xuexi.cn/articles/index.html?art_id=2351360034534889532&read_id=ce42d371-1e00-4ff8-86b9-779fcdba3d11&ref_read_id=&reco_id=&mod_id=&cid=&source=&study_style_id=undefined.

调查，^①从而把这一持续数年才能呈现出来的生态变化报道出来。

在舆论监督报道中，历史的变化对比成为有力的证据，厘清变化的确凿脉络，能够增强报道的权威性和可信度。比如在《神秘"曹园"》^②的前期采访中，记者初步了解到"曹园"涉嫌毁林、削山、挖湖。在没有权威通报，又无曹园方面正面回应，相关事实也未被官方定性的情况下，记者通过中国科学院地理科学与资源研究所调取了"曹园"近十年来的卫星地图数据，通过采访专业人士来分析"曹园"所占林地的区域近十年来都发生了哪些变化。卫星地图权威客观，数据影像准确翔实，这无疑给这组调查报道增色不少，大大提升了报道的专业性。^③

《神秘"曹园"》二维码

图 4-1-7 《神秘"曹园"》截图

"故有之以为利，无之以为用。"从辩证的角度而言，人们关注事物变化的时候，同样也应该关注其不变。变化是选题角度，但有时不变也是新闻角度，不变也能反映某种特点。在处理这样的选题操作时，我们同样要注意与变化对应的不变以及变化中的不变。

---

① 中国记协网. 贺兰山生态环境整治后 大批野生动物重回家园［EB/OL］.（2020-10-14）［2024-01-11］. http://www.zgjx.cn/2020-10/14/c_139436533.htm.

② 新闻1+1. 曹园，究竟是个什么园？"庄主"曹波现身回应背后老板［EB/OL］.（2021-11-10）［2024-01-10］. https://www.bilibili.com/video/BV1qM411P7fD/?vd_source=55381b0b1eddfa14d1f99850fe493566.

③ 参见笔者参与制作的《2021中国新闻传播大讲堂：践行四力 与时代同行》. 管永超（管昕）（中央广播电视总台新闻中心特别报道部记者）.2021中国新闻传播大讲堂 全媒体时代如何放大舆论监督的正面传播价值：以中国新闻奖作品《神秘曹园》为例［EB/OL］.（2020-10-14）［2024-01-11］.https://article.xuexi.cn/articles/index.html?art_id=15291131963675727441&read_id=b01dac9f-4aa8-4ba9-80b5-b66d84c81475&ref_read_id=5905712b-ecc1-4f3b-a1fb-e75447a3663f&reco_id=&mod_id=&cid=&source=&study_style_id=undefined.

2. 从历史累积对比中寻求采访角度

《"最萌鞠躬礼"复制老照片，这一瞬间，太暖》二维码

这仍然是从时间这一维度上寻求事件的独特角度。它的微妙之处在于不仅仅是对比，更是把事件或事物放在时间链条上整体考虑，从现在着手向过去或未来进行拓展，从而为报道带来更丰富的历史内涵和未来趋向，形成有别于其他报道的独特之点。比如，2020年2月，新冠疫情肆虐，一张浙江省绍兴市中心医院"医患互敬"的照片，引起热议。在这幅被称作"最萌医患鞠躬照"的照片中，一位治愈出院的小男孩向"护士妈妈"鞠躬致敬，而被致敬的"护士妈妈"也向小男孩鞠躬致意。这个医患相互鞠躬的画面，让无数人真切感受到疫情寒冬中人性的善良与温暖。而更为巧合的是，100多年前，浙江大学医学院附属第二医院前身广济医院的院长梅滕根（David Duncan Main）在巡察病房后，与一位中国小朋友相互鞠躬的场景被拍摄下来，一老一小，双手作揖，互相行礼。两张照片历时百年，体现出仁心不变、医患互爱的温暖场景，遂成为央视新闻推文《"最美鞠躬礼"复制老照片，这一瞬间，太暖》。

图 4-1-8 《"最萌鞠躬礼"复制老照片，这一瞬间，太暖》截图

布隆代尔说："作为记者，我们总是停留在现在进行时中，这就是我们所属的时态。尽管有的时候，过去和未来在我们的故事中也是相当重要的组成部分，但它们往往都被忽视掉了。如果我们能够抓住过去和未来，我们的故事内容就得到了延展……"① 正如一位记者所言，重要的是，不要轻易结束。与事件主人公保持连接，可以持续拓展、丰富报道的意义。②

---

① 布隆代尔.《华尔街日报》是如何讲故事的［M］. 徐扬，译. 北京：华夏出版社，2006：51.
② 方力传媒评论. 今天我们怎么做记者｜民生新闻持续追踪的意义［EB/OL］.（2023-07-11）［2024-01-11］. https://mp.weixin.qq.com/s/TpPLobmLESChCAHiNtEeAw.

(三)从事物的反常中寻求采访角度

新闻关注反常,这也是新闻最基本的特点,反常、不寻常的事物和现象往往成为有价值的报道点。实际上,在报道中,有些事物的反常是显性的,比如新、奇、差异等之中存在新的报道点,记者较容易抓到。有的却需要更深入地思考,比如评论《减产为何却增收》报道2017年黑龙江农业减产却增收的奇特现象。作为中国第一产粮大省,黑龙江结束了连续13年的粮食增产,这是一个反常现象,减产却增收,这更反常。记者挖掘角度,抽丝剥茧剖析原因,呈现农业供给侧结构性改革给农业带来的重大变化。我们看看一线创作者的思考:

《减产为何却增收》二维码

> 2017年年底的时候,杨国栋跟我说今年农业不太好弄,减产,十四连增实现不了。我问收入怎么样?他说增加了,我说你看看增加了多少。最后统计局给我们一个非常惊人的数字,减产1%,增收8%。减产为什么会增收呢?是怎么实现的呢?减少的是滞销的玉米产品,增加的是其他适销对路的经济作物,这就是我们一再强调的调整结构,转变增长方式呀!报道中有一段感染力很强的同期声——这也是电视记者的"笔力"嘛!①

同理,显性的反常容易捕捉,而有的事物的反常是隐性的,需要记者在深入调查、挖掘、分析中提炼出新鲜的角度,记者应该具备从熟悉的地方看出风景的能力。

(四)从事物组合对比中寻求采访角度

这是事物横向考量的思路,从对比中抓特点。老子有言:"故有无相生,难易相成,长短相形,高下相倾,音声相和,前后相随。"当对单一事物的报道无法体现新意,或者无法抓到本质的时候,我们可以采用组合对比的方式,体现事物的特点,突出报道角度。对比可观全貌,对比可凸显本质。对比分析是提炼新闻主题的一种方法,这种方法使记者在事物的联系中体察其特点。在现代媒体资讯空前发达的情形下,所谓"小记者、大编辑"即指通过对不同资料信息的占有、媒体独家的信息整合与重新解读来形成新的角度、新的意义,这样的整合意识也贯穿于采访当中,形成整体的报

---

① 参见笔者参与制作的《2021中国新闻传播大讲堂:践行四力 与时代同行》。关中(时任黑龙江广播电视台副台长).2021中国新闻传播大讲堂"践行四力 锤炼精品"[EB/OL].(2020-10-14)[2024-01-11]. https://article.xuexi.cn/articles/index.html?art_id=2351360034534889532&read_id=ce42d371-1e00-4ff8-86b9-779fcdba3d11&ref_read_id=&reco_id=&mod_id=&cid=&source=&study_style_id=undefined.

道理念。具体说来，这种组合对比方法可以分为以下三种。

1. 从相同事物的对比中体察事物的不同

此即同中观异，从而体现出报道的特点和意义，这是寻求事物特殊性的方式。通过对比，选题策划能深入研究事物的特点，寻求最能反映事物本质特点的报道角度。

《一墙之隔，
两种景象》
二维码

比如电视消息《一墙之隔，两种景象》[①]，报道了进贤县李渡镇大桥村的两个自然村——栽西村和栽东村，四年前村情相同，现在却呈现出截然不同的景象：一边户户住新居，村经济充满活力；一边房屋破旧，慢慢空心化。记者没有仅关注聚焦栽西村成功案例，而是敏锐地捕捉到两村差异背后治理模式的不同，进行有效对比，挖掘出基层治理体制变革，以及由脱贫攻坚转向乡村振兴的内在机理。

图 4-1-9 《一墙之隔，两种景象》截图

2. 从不同事物的对比中找出相同的特点

此即异中观同，是一种寻求事物普遍性的方式。其实，不同和相同都是相对的，并能够相互转化。客观事物既有共性也有个性，如何从事物的个性中体现共性、体现其与其他事物的普遍联系，这也是我们在确定报道选题角度时要分析的因素。不同的原因，可能形成相同的结果；不同的结果，可能有相同的原因；不同的事物，可能有共同的本质。这需要记者发挥集中思维，建立联系。比如《人民日报》庆祝母亲节的短视频《我记得》，开篇以一笔画的表现手法呈现母亲陪伴孩子成长的过程，叙述母亲陪孩子成长，孩子陪母亲变老的场景，以热门流行歌曲为主线，进一步牵带出现实中无数个母亲与孩子的感动的瞬间现场，让众多的用户视频素材有机地融合，形成一个主流媒体价值引领，用户提供内容的信息集成方式。

《我记得》
二维码

[①] 中国记协网.一墙之隔，两种景象［EB/OL］.（2021-10-29）［2024-01-11］.http：//www.zgjx.cn/2021-10/29/c_1310267872_3.htm.

图 4-1-10 《我记得》截图

再如，在西藏和平解放 70 周年的报道中，新华社记者前往拉萨、林芝等地，推出"遇见西藏"系列融媒体报道。此次报道采用"第一视角"叙事，摄像机就像是记者的"双眼"，记者的一次次探寻就是在为观众勾勒出西藏的发展和变化。我们探访一个新的地方或者环境，一般是来寻找和展现它的"独特性"，但是从"共性"切入也是一种思路：因为平凡日常中的"相同"往往可以直达内心，产生深刻的共鸣和回响。记者和"90 后青年"扎西逛八廓街时，展现了西藏的人文风情，而从这里涌动着的人潮、鳞次栉比的店铺中，用户可以清晰地感受到这条街日新月异的发展活力。藏族青年的创业梦想在此孕育，传统文化与时尚潮流相互交融。"一条街见一座城"，这里散发着开放包容的气息，见证着这座古城的坚守与新生。从某种层面上来讲，在现场以"探寻相同"这一视角切入，其实就是一种"独特性的表达"。对于记者来讲，这既产生了内心共鸣和共情，也为他们提供了一个引人入胜的"奇观视角"。①

《纪录片｜遇见西藏》二维码

3. 通过正反对比衬托事物

这是从矛盾中找特点的方式，以白衬黑，以倍增其黑。比如，长消息《用"火箭弹"烙大饼的人》报道遭受战争创伤的叙利亚面包师。他用捡到的迫击炮弹、火箭弹、机枪子弹壳做成家里的日用品和装饰品。战争的武器成为日常的审美，但这种艺术欣赏是对战争的最大讽刺。用喜衬悲，把悲剧当成喜剧来写的时候，意到处，悲从中来，这条报道所抓取的角度独特而有力量。

《用"火箭弹"烙大饼的人》二维码

（五）从事物联系中寻求报道角度

记者要善于由此事物联系彼事物，从其内在因果关系中找到报道点。古语有云：

---

① 笔者对新华社记者李桢宇的访谈，2023 年 7 月 7 日。

"城门失火，殃及池鱼。"美国气象学家爱德华·洛伦兹（Edward W. Lorenz）也提出过著名的"蝴蝶效应"：南美的一只蝴蝶扇动翅膀，得克萨斯就会刮起龙卷风。这些都是事物具有普遍联系的观点。比如在《暖冬影响销售，应季水果价格下跌》中，记者从天气变化联系到市场水果销售的变化，经过对市场水果销售商的采访，理出因果关系。对记者而言，从天气变化的原因，联系到其引起的连锁反应——气温升高，水果提前成熟上市，并且不易保存，导致水果价格走低；或者从市场上水果价格下跌这一结果，探求其所成的原因——暖冬所致。作为记者，要发挥多维思考问题的能力，由此及彼，从而把一个表象的普遍信息变成一条独家报道。

（六）提炼数据，形成落脚点

《"数"说幸福②｜连续"霸占"〈政府工作报告〉热词榜单，它是谁？》二维码

我们在第一章谈到了如何在报道中让数据形象化，让数据产生意义，因为理性、抽象的数据在转瞬即逝的电视画面中不容易给人留下印象。因此，记者需要对数据做形象化的开拓。但如果从相反的角度而言，在一些情形下，记者恰恰又需要提炼和总结数据使报道产生意义，形成落脚点。比如，用统计的数字聚焦说明某次新闻发布会的主题，"一个总说'不'的奥组委主席"。而借助于词频分析和数据可视化，过去靠记者人工提炼的数据，可以通过智能技术迅速提炼新闻现场的数据，形成落脚点，成为一个凝练主题的有效方法。比如，《"数"说幸福②｜连续"霸占"〈政府工作报告〉热词榜单，它是谁？》中的："我们对2019—2023年《政府工作报告》进行词频统计，可以看到'发展'作为政府工作报告'长青词'共出现了622次；'建设'出现了302次，'经济'出现了297次。"①

四、策划性选题

在这里，我们要特别分析策划性选题。**策划性选题是媒体在一定时期，根据国家、社会发展的现实背景而专门组织、策划的报道选题。** 这种选题往往与国家、社会发展的现实紧密联系，影响力较大。应当说，策划性选题是凸显新闻机构整合资源能力、策划能力、联合报道能力的一个重要标准。策划性选题往往题材重大，所牵涉事件范围较广，有深度、有力度。从微观层面来说，这类策划性选题以思想性和编辑性为主，

---

① 中原网."数"说幸福②｜连续"霸占"《政府工作报告》热词榜单，它是谁？［EB/OL］.（2023-03-10）［2024-01-13］.https://mp.weixin.qq.com/s/ALmiPO143OGOK4l91k7gEA.

形成的是系列主题报道。从中观层面来看，媒体以大编辑部的新闻操作来策划选题。总体而言，策划性选题可以分为以下几类。

（一）年终报道、年终新闻事件盘点

这类选题以全年的重头新闻事件为主要内容，对这些新闻事件进行整合、集纳。这类选题通过整合、对比各类新闻事件，深化新闻价值，充分利用和开发已有的新闻资源，为用户描绘当年国家、社会发展的时代背景及其现实和历史意义；同时，通过回顾过去、展望未来的社会发展态势，起到媒体为用户解疑释惑的作用，扩大媒体的影响力。

移动社交传播语境下，短视频以"串烧"的方式进行年末盘点，越短的视频恰恰把越多的故事串联起来，体现了"小"与"大"的辩证法。比如，短视频《2018年，你经过怎样的人生》以电影《无问西东》的台词为串联，集合当年重大重要的事件和值得记忆的瞬间[1]；短视频《2023加油》整合用户视频，把一年的普通人感人瞬间集合起来；短视频《大片来袭》在2021年年末，以用户观看"三部大片"的创意形式，把"三农"领域2021年在生态环保、科技创新和乡村振兴领域的新闻事件集合起来进行年末盘点，展望未来[2]；短视频《最后一课》把无数个场景串联起来，展现高中生向老师们花式致敬的感人瞬间。

图 4-1-11 《大片来袭》截图

（二）配合重大新闻事件、重大主题的多角度、多方位报道的选题策划

这类选题以重大新闻事件、社会现象为新闻由头，以不同的节目形式、新闻体裁、

---

[1] 人民日报.2018年，你经历了怎样的人生？［EB/OL］.（2018-12-27）［2024-01-13］.https：//baijiahao.baidu.com/s?id=1620982661495403055&wfr=spider&for=pc.
[2] 央视三农.大片来袭［EB/OL］.（2023-03-10）［2024-01-13］.https：//weibo.com/7298805480/4730160483404428.

报道角度来合力报道新闻事件,从而给用户一个全方位、立体的理解。记者要从政策背景分析、人物故事挖掘、团队组织报道等进行充分策划,而在全媒体传播语境下,更要在"全息"传播、线上与线下、用户连接交互等方面形成不同层次的策划。比如,2020 年 2 月 5 日,《南方都市报》摄影记者跟随广东省第二批援助湖北医疗队进入武汉,蹲守"重灾区里的重灾区"汉口医院隔离病房,抢拍出最早一批前方医护人员的特写肖像,并采访记录下他们最朴素的感受和心愿。采编团队据此设计制作了一组极富视觉冲击力和感染力的海报,命名为"最美逆行者",并以此为基础,推出多种融媒体报道产品,包括海报《你们摘掉口罩的样子,很美!》、长图《印记》、图文报道《千言万语尽在脸上》、H5 作品《让我记住你的脸——印痕照相馆》等。在广东省委宣传部指导下,2 月 17 日晚,《南方都市报》在广州塔、猎德大桥等城市地标建筑发起"为最美逆行者亮灯"致敬行动,广东 21 个地级市积极响应,抗疫一线医务人员巨幅海报在广东地标建筑 1000 多块 LED 屏滚动播放,致敬英雄,燃爆全省。随后《南方都市报》又与广东省博物馆共同打造"众志成城——致敬抗疫者"专题展览,持续发挥沉浸式报道教育功能。"最美逆行者"系列融媒报道没有简单展示大而化之的集体形象,而将关注点放在具体的医护人员个人身上,选择展示每一位医护有印痕、伤痕,但又昂扬微笑的面容。以真切朴素的笑容感染人,凸显人的精神、勇气与力量,既致敬医护人员的付出和奉献,也为阴霾笼罩的社会情绪注入同心抗疫的信心与希望。记者近身紧贴现场,为捕捉丰富、真实的细节提供了基础,也是主流媒体进入事件核心现场的优势所在。①

此外,重大主题报道、形势报道、成就报道都属于这一类。比如每年的全国两会报道、新春走基层报道,以及"庆祝改革开放 40 年""坐着高铁看中国"等主题报道。新华社推出的融媒体产品《父亲·我们·时代》也在此列。为庆祝改革开放 40 周年,新华社策划推出献礼改革开放 40 周年《父亲·我们·时代》系列创意互动报道。短视频从父辈的眼神中"穿越",回望 40 年来一幕幕"点睛"时刻,致敬改革奋斗者,鼓舞新一代开启新征程;同时,在北京、上海、深圳三地的 4 个改革标志性地点设置红色巨幅相框,推出"与时代同框"互动活动。整合优势照片资源、报道资源和分社资源,通过全媒体一体策划诠释改革开放 40 年成就。屹立于改革开放潮头的代表人物,不仅是改革的弄潮者,也是时代背景下的普通人,是普通的父亲。报道从子女的角度讲述上一代人的改革故事,既可以从年青一代的立场讲述改革开放,保证故

《父亲·我
们·时代》
二维码

---

① 曾祥敏. 中国新媒体研究报告 2022 [M]. 北京:人民日报出版社,2023:421-431.

事的客观真实，与年青一代形成情感认同、共振，又能以"父亲"这一具有亲近感的概念，拉近不同年龄群体间的感情距离，促进用户以身份认同和情感归属主动实现口碑传播。①

图 4-1-12 《父亲·我们·时代》截图

（三）深入解读社会、文化现象的策划性选题

报道以系列主题的形式为用户打开了解社会的窗口，此类报道以亲身行走探访为主要采访形式，注重采访挖掘新鲜的细节和故事，让用户全景式了解一个地区的政治、经济、文化和社会风貌。具体而言，此类报道体现出以下特点：

- 亲历性——记者亲身体验、参与甚至以真人秀的模式融入其中，形成切身感受，并传达给用户。
- 探索性——突出寻找、探索、挖掘和发现。
- 全媒体——依靠多方联动，形成全媒体矩阵传播。

例如，中央广播电视总台的《乘着大巴看中国》以大巴作为移动媒介，把中国不同地域、富有特色的风物连接起来，塑造流动的空间。又如，香港TVBS的纪录片《无穷之路》在中国内地选择十个最具典型性的深度贫困地区，以记者亲身探访，体验了云南怒江的溜索、四川大凉山悬崖村的天梯，探访了广西乍洞村、宁夏西海固，让香港地区的受众深入了解内地扶贫故事和中国之大的国情。再如，新华社中国搜索推出的《老外看中国10年》(Welcome to C)展现长期旅居中国的国际友人在胡同、乡村等处最基层的、最细微的深入感受，呈现出中国邻里社区的真实面貌。

---

① 曾祥敏. 中国新媒体研究报告 2020 [M]. 北京：人民日报出版社，2020：394-402.

> 记住：选题角度以事实为基础，以独特为方向，以可视性为要求，以用户的兴趣点为参照，以具体的核心人物为承载。

第二节 聚集与提炼主题

确定选题角度只是聚焦主题的第一步，报道要精准触及事件的核心价值，找到最能反映事物本质的"魂"，这就需要对报道的主题进行准确分析和判断。主题一旦确定，简洁高效的视听叙事都围绕着主题展开。主题是文学和艺术作品的中心思想，是作品思想内容的核心[①]，新闻的主题也是事实核心的聚焦。

一、新闻主题和新闻话题

新闻主题决定了视听节目的拍摄、剪辑和叙述方向，一旦主题确定，所有的报道构思、视听元素、叙事安排、表达呈现都是围绕主题展开，为主题服务的。因此，理解新闻主题至关重要。而在实际的采访报道中，很多记者面临着事件选择、聚焦与主题挖掘的问题，只停留于事件或现象本身，难以做深入的开掘，经过上文的分析，我们理解了现场事件的角度的丰富性和开掘角度的方法后，还应该明确新闻主题的内涵。

（一）什么是新闻主题

新闻主题是建立在事实基础之上的新闻报道中心思想和核心主旨，是记者对客观事实的基本认识、观点，并通过事实的报道所传达的主观意图。主题不仅体现新闻报道的角度，更反映记者对故事理解的深度。从这个界定中，我们对新闻主题有两方面的理解。

1. 新闻主题是主观与客观的统一

新闻主题以事实为基础，体现了新闻主题与文学主题的区别。因此，客观性成为新闻主题的最本质的特征。[②] 但更为重要的是，新闻主题高于事实，它是在分析事实、

[①] 中国社会科学院语言研究所词典编辑室. 现代汉语词典 [M]. 7 版. 北京：商务印书馆, 2016：1712.
[②] 孙发友. 新闻报道写作通论 [M]. 北京：人民出版社, 2007：315-321.

选择提炼角度、综合背景基础上的主观认识。面对同样的新闻现场和新闻事实，不同的记者会提炼出不同的新闻主题，这就是记者主观认识的结果。

2. 新闻主题是丰富性与本质性的统一

在同一个新闻事件中，新闻主题却不是唯一的。正因为它是在记者综合事实、新闻背景基础上的选择和提炼，所以呈现出丰富性。而且，事实挖掘的深浅不一、扩展的背景大小不一，也令新闻主题具有不同的理解层次。有的报道停留在事件层面，就事论事；有的报道跟地域的背景和工作重点相联系，体现出区域性的意义；有的报道跟国家战略和大政方针联系起来，呈现出更宏阔的视野。但这样说，并不意味着，新闻主题是随意而取之，恰恰需要沙里淘金，挖掘到最能反映事件本质，提升事件意义的那一个主题。这不仅是新闻主题富有含金量的原因，也是衡量记者思维和能力水平的一个标准。

（二）新闻话题、新闻题材、新闻选题和新闻主题

为了进一步厘清新闻主题的内涵，我们再从新闻主题与相关概念的区分进行分析。有研究者提出了"话题和主题"的观点。[①] 依照笔者的理解，**话题是一个事件和新闻由头，是报道的叙述范围，而主题是该叙述范围里独特角度下的提炼，是报道者在现场就事件提炼出的最有新意、最有趣、最有价值的核心报道点**。因此，记者应该思考的是，如何从对事件的概述中提炼出独有的角度，在此基础上聚焦自己的主题（见图 4-2-1），这样的探索是一个不断聚焦的过程，也是从熟悉的地方看出风景的过程。

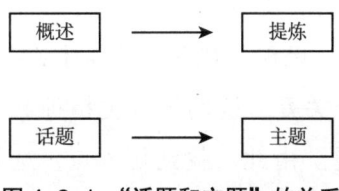

图 4-2-1 "话题和主题"的关系

如果我们再做稍微全面的分析，把事件作为话题，把事件涉及的领域作为题材，把选择聚焦的人物故事作为选题，那么，话题就是新闻由头和切入口，题材相当于骨架，选题则相当于血肉。而以这三者为基础，我们要找到最能体现事件本质、传递价值观的主题，主题就是"灵魂"。

---

① 笔者根据法国国家电视集团职业培训师德索莫先生在中国传媒大学电视与新闻学院开设的讲座整理而成，2009 年 12 月。

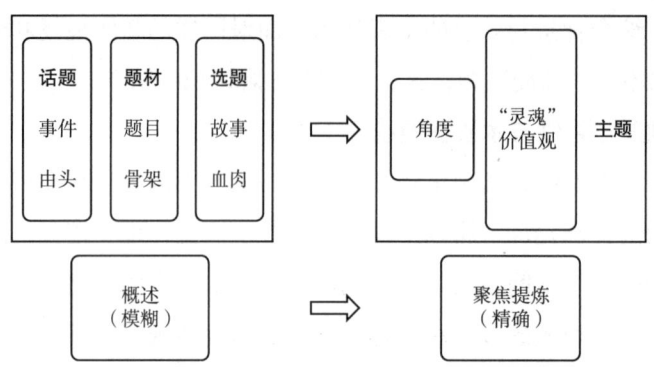

图 4-2-2 "话题和主题"的全面分析示意图

《红白·羊肉情缘》二维码

我们以短视频《红白·羊肉情缘》为例，为报道苏州的特色美食藏书羊肉，记者选择的是一对本地老夫妻开的羊肉店——邹记羊肉店，记录他们制作的羊肉美食。在这个故事中，话题就是苏州特色美食藏书羊肉，题材是美食这个领域，选题则是邹家这对老夫妻曲折又感人的爱情故事，那么，主题则是相依相伴，相濡以沫。"比美食更温暖的是你永久的陪伴"，"岁月相守，才能煮出最鲜美的羊肉"。从中可以看出，这三者相辅相成，我们既要找到能够引人共情共鸣的事件和故事，以此为基础，又要挖掘内在传达的价值和意义。

从事件的话题中聚焦凝练出主题，从现象中挖掘出本质，从具象的载体中升华出思想和情感。"义典则弘，文约为美"（《文心雕龙·铭箴》），主题是道理正确、合乎常情，往往关涉思想、理念与精神层面，是一言以蔽之的凝练。在报道中，我们常常把镜头和视角对准美食、美景、美人，但这些赏心悦目的事物只是承载主题的具象，而其折射出的道理、思想、观念、精神才关乎主题，诸如正义、梦想、成长、自我发现、自我实现、关爱、扶助等人类精神共通的东西、关于人性本质的要素才能构成一个好的主题。由此，找到切入点，选择并讲好人物故事，提炼出价值。

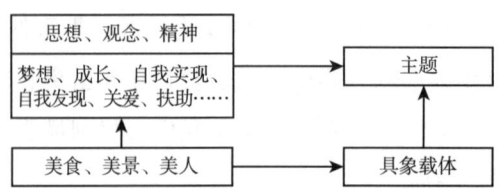

图 4-2-3 主题以及承载主题的具象

(三)化整为零

当然,并不是所有报道都绝对地体现这样的操作,但是记者应该有这样的追求,而不是仅满足于简单、平庸地复述和复现事件。记者面对事件,要有主动选择的意识,从化整为零的角度切入。比如短视频《王传君演技炸裂》,记者选取的是演员王传君在电影《我不是药神》发布会上的一段动情的讲述,而不是大而化之地去介绍发布会程序性的东西。

(四)聚焦提炼

越具体越有故事,越聚焦越有魂。记者更要把握提炼的能力。如美国全国广播公司(NBC)《今日秀》(Today)的一条灾害性事故新闻报道《邻居的噩梦——飞机撞上民宅后的英雄拯救》(Neighborhood Nightmare—Hero to the Rescue after Plane Hits House),一架双引擎的飞机坠落撞上民宅,这本是一个动态性的事故报道。简单描述造成它的原因和产生的后果吗?没有,记者的选取角度却放在了事故之后的一位英雄的拯救故事上——"一个非凡的形象和一个非凡的故事"(a remarkable story to go along with a remarkable image)。事件主角的一句"这是我的时间,但是我必须救助他们。"("It's my time, but I have to rescue the people.")传达出了浓浓的人文情怀。这一报道的记者没有局限于简单的事件陈述,而是选取了一个独特的切入角度,在对事件进行新闻"5W"的陈述后,把着眼点放在了一个具有人情味的主题上。当然,并不是所有的信息传达都需要这样的操作方式,但是,它为我们处理日常性报道提供了一个思路。在媒体竞争日趋激烈的情形下,"跟着事件走"的模式已经不适应当下的环境,发挥现场记者的主动性,提炼主题正逐渐成为报道的重心。

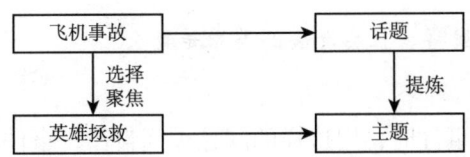

图 4-2-4 《邻居的噩梦——飞机撞上民宅后的英雄拯救》报道思路

二、如何提炼主题

明确了主题和话题的区别之后,我们需要探索的是主题形成的路径以及方法,进而找准事件和现象的本质，提升主题的价值和意义。

（一）什么时候形成主题

《西藏曲水：5374甘巴拉山巅上的坚守》二维码

一般而言，主题性的报道在采访前就有了一个大致方向，但这个方向具体怎么表现，放大其中的哪一点，却需要在实际采访中寻找答案。比如中央电视台"新春走基层"报道《西藏曲水：5374甘巴拉山巅上的坚守》，表现的是一年四季驻守在甘巴拉山巅上的子弟兵。在记者采访之前就有了家国情怀的主题，但这个主题只是一个方向，过于空泛。在实际的采访中，记者逐渐感受并通过令她印象深刻的细节形成了具体的方向。比如，一个18岁的小战士倒完垃圾后站在墙边观看狗和牦牛打架，在海拔5374米的地方做任何事情都不容易，小战士却愿意干倒垃圾的累活、脏活，而且他竟能如数家珍地讲述野狗、牦牛的习性，由此可见战士们的生活无聊到何种程度。对这些年轻战士而言，最大的挑战不是寒冷，不是高原反应，而是寂寞。片子的主题自然而然显露出来：我寂寞，但祖国知道我。

一个真正鲜活独特的主题，应该是在采访进入后半段或快结束后形成的，是采访中得到的惊喜和意料之外的东西，在成片剪辑完成或产品最后成型时明确。 那么，依据什么能形成主题？报道时，记者不妨问问自己：

- 这个事件最有趣的地方在哪里？
- 这个事件中最让我好奇的是什么？
- 我从这个事件中得到了哪些以前从未见过的东西？（这类选题和同类题材相比，差异性何在？）
- 这个事件与国家战略、社会发展的关系是什么？

当记者在报道一个事件时，用这样的问题去问自己，事件的聚焦就自然形成，话题成为背景，具有典型意义的主题开始浮现。

比如浙江广播电视台的电视专题报道《"并村"之后》[①]，其报道背景为，2019年是全国深化基层治理，加大力度推进"并村"改革的攻坚年，浙江省500人以下的行政村数量多、规模小、分布散、实力弱，严重制约了乡村振兴的步伐。然而，"村"并起来了，但"人"如何并？"心"如何并？"事"如何并？为此，记者选择了八个不

---

① 获得第30届中国新闻奖电视专题一等奖。

同类型的合并村蹲了下去。但是，面对错综复杂的基层治理选题，观察如盲人摸象，提炼主题如大海捞针。"一番纠结后，我决定从'并人、并事、并心'三个角度，沉浸式换位思考这场中国乡村行政体制改革的大考，梳理和提出了并村之后基层治理亟待破解的'干部能力提升、干群关系融合、发展方法转变'三大典型难题。"①《"并村"之后》三集节目分别以"一根水管、一片鸭棚、一段山路"作为"并村"发展中各方矛盾的典型展示，通过叙述三个典型矛盾的解决，回答典型难题，诠释主题。

《"并村"之后》二维码

（二）提炼核心句和关键词

记者提炼主题的一个操作思路是，当报道一个事件现场的时候，能否用简短的核心句去聚焦这个事件的主题，进而浓缩到能否用一个或两个关键词去提炼这个事件的核心新闻价值点。

回到上文提及的飞机坠落的案例，如果用一句话来聚焦这个事件的主题：

一个英雄的拯救

再聚焦，进而浓缩为一个词：

拯救

浓缩到这种程度时，新闻报道就不是简单的告知，而是让用户去感受了。需要强调的是，以一句话概括主题时，切忌只是点出了话题，而非主题，例如：

一架飞机撞上民宅
↓
飞机撞上民宅 居民获救

这只是一个新闻由头，一个话题，它可以做新闻的标题，但一定不是新闻的主题，主题是报道的魂，关乎价值观。我们头脑中的浓缩语不是简单的事件概括，而应是突出事件最值得报道的核心新闻价值，点明它的性质。我们以这样的思维去统领报道时，就能抓住精髓。

除此之外，我们还需要遵循主题的单一化与明晰化原则。在确定选题角度时，要凝练主题，尽量只做一个主题。尤其是消息类或短视频新闻，应当简明扼要地切中主题，要纯粹、明确，而不是浮皮潦草地概述新闻事件。正如俄国作家伊萨克·巴贝尔

---

① 参见笔者参与制作的《2021 中国新闻传播大讲堂：践行四力 与时代同行》。杨川源（时任浙江广播电视台高级记者）.2021 中国新闻传播大讲堂"越难越有价值：新闻现场报道的时度效"［EB/OL］.（2021-11-10）［2024-01-13］.https://article.xuexi.cn/articles/index.html?art_id=7503035350142953661&read_id=14f9254b-076f-40bb-824c-f14a7a8131bc&ref_read_id=&reco_id=&mod_id=&cid=&source=&study_style_id=undefined.

所说:"一句话里不能有一个以上的主题和形象。"

综观时下有些社交媒体的小视频,要么漫无目的,要么在同一条新闻中杂糅了过多的主题,致使报道角度混乱。"什么都说了等于什么都没说",我们在审视选题的时候,必须杜绝流水账式的浅表化报道,同时还要注意舍弃枝枝蔓蔓的东西,与主题无关的细节,再生动都不要选取,抓住主要一点,把它说得彻底而纯粹。

(三)如何提升主题

如果说前面一点讲述的是主题的内向深挖,那么这一点就是主题与背景的关联,是外向联系。主题与时代、国家、社会的大背景紧密相连,只有在更广阔的视野下,报道才具有普遍的意义和示范效应;主题也需要更实在的抓手和载体,报道才能具体而生动。

1. 主题的"大"与"小"

《幸福照相馆》
二维码

从大主题找到小切口,用小故事去诠释,使其具体而可感;小事件要找到大背景,赋予其时代与社会的意义。高大上的政治主题、政策措施需要用具象的人物和事件去承载;而小人物的故事、个性化的表达则必须契合时代背景和典型意义。由此,报道才能既见天地,又见人心。比如,新媒体创意互动 H5 作品《幸福照相馆》,以"团圆"为主题,以"多人脸融合"技术为基础,以"全家福"照片为互动形式,致敬改革开放 40 年。用户上传自己和家人的单人照片,一键操作,就可以打破时空束缚,生成一张不同年代的全家福,把改革开放的时代大潮体现在 40 年的家庭变迁中,把家庭变迁化为简洁的创意,把创意融于高效的交互中,完成个人、家国、时代的融合。

2. 采访报道的对象是事件本身吗?

答案为"是"和"不是"。谓之是,因为采访报道是以事件为切入点,通过对事件的报道传播信息,但采访报道并不局限于事件本身,**采访报道的重点是事件所产生的影响及事件进展,事件本身只是采访报道的由头**。有人认为,新闻报道不是局限于事件本身,而是事件所产生的影响,对人的影响、对社区的影响、对社会的影响。[①]当我们以这种角度思考问题时,报道的方向和思路会豁然开朗。记者在现场的职责,不仅仅是要告诉用户现场发生了什么,还要向用户传达这样的事件产生的影响,从而给用户建构一系列的关系。对这一系列关系进行结构梳理的过程,会逐渐帮助用户触摸到事件的本质,而不是雾里看花。这正是记者多年的训练与实际操作的含金量的体现

---

① 根据笔者于美国密苏里新闻学院的课程"广播电视新闻 2"(Broadcasting News 2)上的课堂笔记整理而成,2006 年 1 月。

（资深记者与非资深记者的区别，新闻敏感性强与不强的区别）。

下面我们来分析一下《6亿4千万彩票奖金》[①]这条新闻报道。2012年，美国史上奖金最高的"Jackpot"彩票即将开奖，总奖金达6亿4千万美元，美国全国广播公司《晚间新闻》报道美国42个州的彩票销量巨幅上升，每小时达到了1400万张，许多便利店都出现了排长队买彩票的场景。记者从面聚焦到点，切入新泽西州的一个便利店做详细的现场报道。忙碌的店主、碰运气的买彩票人，现场热闹喧嚣，但如果报道止步于此，就只是一个简单的动态现象描述，无法体现出报道的独特价值。该报道做了进一步的延伸，不仅讲到彩票销售收入使奖金提升，更由此点明彩票销售收入也为每个州的公共福利提供帮助，比如佐治亚州会将它用于资助学前教育和大学教育，爱达荷州会将它用于基础设施建设，宾夕法尼亚州会将它用于老年人福利，这就意味着购买彩票的人其实是在自愿交税。

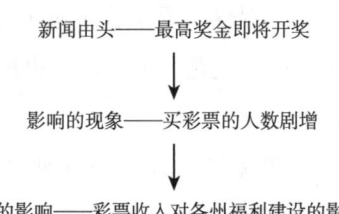

图4-2-5 《6亿4千万彩票奖金》新闻报道思路

这则报道做出了有效的角度开拓，扩展了报道的视野。立足事件，但不局限于事件，而是关注事件的影响与发展，这样的报道思路实际上也是新闻与受众的接近性原则的体现。依据这种思路做出的新闻报道，才会有全国、国际新闻中的本地视角，本地新闻中的全国、国际视野。

图4-2-6 《6亿4千万彩票奖金》截图

[①] 美国全国广播公司《晚间新闻》，2012年3月30日播出。

3. 主题的在地化与普遍性

沿着上面的话题，我们进一步分析，题材是本地化的，主题是全国性的；题材是中国的，主题是世界的。从地域而言，对于各层级媒体来说，需要将本地的题材放到全国的视野中去判断分析，而全国性的选题需要结合本地的故事或典型事件，同样要找到最佳结合点。因此，本地的题材起码应该具备三个方面的特质：引领性、示范性和典型性。

先进经验、示范性案例、典型人物，以及反映媒体社会守望功能的重大突发事件报道，都具有普遍的意义。过于局限于地域价值而不具有普遍性的题材，与全国性的主题意义无关，因为它们是地域个案，不可复制。

《乡村振兴蹲点记》二维码

因此，对于地域性的选题，在策划阶段就要充分提升视野，跳出地域的局限，赋予它全国性的主题，使其具有一定的影响力。比如《四川日报》的《乡村振兴蹲点记》[1]选取四川省雅安市荥经县龙苍沟镇万年村，以蹲点调研的形式，观察、记录这座村庄在乡村振兴战略中的发展密码，阐释乡村振兴这一重大主题。记者这样讲述：

2021年10—12月，我们先从全省选出一批候选村，再经过反复研究，在4个市州选取了4个村庄作为备选。2022年12月，经过实地考察，最终选定雅安市荥经县龙苍沟镇万年村作为蹲点村。

选择的原因就是，万年村具有很强的代表性。万年村80%以上的土地位于中高山地区，曾是省定贫困村，2017年底实现脱贫摘帽。也就在这一年，四川启动大熊猫国家公园体制试点。地处试点范围内，万年村成为大熊猫国家公园南入口社区第一村，距离核心保护区只有20多公里。

我们第一次到村里时，发现万年村是龙苍沟镇所辖四个村子发展最慢的一个。2021年万年村的集体收入只有20多万元，隔壁的发展村已达60余万元。但背靠大熊猫国家公园，这里的绿水青山正在成为村里发展的资源优势。换句话说，万年村在当时全省的建制村中处于中下游，但"两山"转化，在万年村已有苗头。观察这样一座村庄，具有样本意义。[2]

下面我们来看看这些作品在地域性题材和国家发展主题方面的多维处理方式。

短视频新闻《臊子书记》深入追踪一位天津大学生的驻村扶贫经历，聚焦展现他

---

[1] 中国记协. 乡村振兴蹲点记[EB/OL]. (2023-10-25) [2024-01-13]. http://www.zgjx.cn/2023-10/25/c_1310746238_2.htm.
[2] 笔者对四川日报首席记者的访谈，2024年1月。

积极挖掘地方特色，以沙湾腺子为切口，利用"互联网+扶贫"带领村民打造全链条式电商产业，因地制宜走出一条"带不走的幸福路"。作品把独特的个案故事与脱贫攻坚的重大战略结合起来，诠释了精准扶贫的主题。

短视频新闻《全乡村民化身"爬山侠"守护雪山！村民跋涉5000米高山捡垃圾》记录了四川省甘孜藏族自治州康定市贡嘎山乡村民自发捡拾垃圾、保护雪山的过程。在皑皑白雪的映衬下，平凡的村民、自发的行动、平实的话语，诠释了生态文明建设的全国乃至全球的发展主题。

短视频现场新闻《病死猪田间乱丢知道吗？〈问政山东〉现场局长被8连问后语无伦次》直面乱丢弃病死猪的问题，以犀利"八问"问政山东省农业农村厅主要负责人，聚焦当地形式主义、官僚主义和行政不作为等突出问题，诠释了新时期"以人民为中心"的社会治理和干部作风的主题。

短视频现场新闻《独家航拍！直击水龙与火龙艰苦拉锯》，报道四川省凉山彝族自治州西昌泸山突发山火，这场大火直逼人口76万的凉山州州府，附近还有加油站、液化气储配站、学校等，灾情危急，各界十分关注。媒体以最快速度直抵火灾现场，及时传达信息，回应关切，反映人民至上的理念。

三、主题把握的变与不变

在视听新媒体的碎片化发展趋势下，信息传播形态越来越简短，短视频的时长更在不断压缩，尤其是移动社交平台的传播逻辑也在持续挤压着短视频的时长，从15秒进而发展到六七秒的体量，视听信息传播越来越呈现出浅浏览、一过性的趋势，由此带来主题的模糊化和表达的现象化。对此，我们一定要审慎地辩证处理，思考这是否意味着未来信息传播的总趋势？

（一）社会守望与教育传承

意义传达和共享的内容，要信息明确，主题凝练，意义完整。拉斯韦尔将传播的三种功能分为：环境监测、社会协调和社会遗产传承。赖特在此基础上，进一步扩展了这一理论，增加了第四种功能，即满足人们的精神生活的需要，包括娱乐、休闲。而从互联网发展而言，新闻与信息的界限越来越模糊，娱乐信息和非娱乐信息的界限越来越模糊，以致出现了娱信（Infortainment）。由此，我们在把握信息传播的时候，

《高铁是中国速度，火车是中国温度》二维码

要有所区别，对于新闻信息，比如重大、突发的动态事件、时政报道等，则要坚持把握信息的完整性，明确"5个W"的信息挖掘，而在此基础上，把握主题的聚焦和凝练，挖掘独家角度，体现社会意义。主题性的短视频也须在短时间内高度凝练主题和价值。比如《高铁是中国速度，火车是中国温度》这一短短12秒的短视频，通过网友拍摄的高铁与绿皮车的速度对比，呈现中国的快速、和谐发展，可谓微言大义。

图 4-2-7 《高铁是中国速度，火车是中国温度》截图

（二）休闲娱乐与社交参与

社会类、生活化、情绪性的休闲娱乐类的内容，即软新闻的内容，它们是引发好奇、联想、令人心动的内容，则可以有更自由的表达形式，高度浓缩，切片进入，比如聚焦一瞬间、一个动态、一个情绪、一言一语，由此带来用户愉悦与情绪满足。比如，短视频《能坐下来听课已经够给面子了》，短短3秒钟视频，一个镜头反复正反打两次，呈现出幼儿园小朋友上课时的"霸气"坐姿，看了让人忍俊不禁。对于用户社交分享的内容，重点不在于社会意义的提升，而在于用户社交参与的功能满足，这类信息在主题价值的表达上并不凸显，但也让我们思考如何把主题价值蕴含其中。比如《还是更喜欢你刚开始桀骜不驯的样子》①展现农村可爱的小女孩儿帮助父母挖土豆，本来开开心心，但到后来面对永远挖不完的土豆，最后几近崩溃而大哭的情景，视频在哭与笑中传达出劳作者的艰辛。

《能坐下来听课已经够给面子了》二维码

---

① 人民网小红书账号．还是更喜欢你刚开始桀骜不驯的样子［EB/OL］．（2023-08-06）［2024-01-14］．http：//xhslink.com/a/spUvntl1sclz．

图 4-2-8 《能坐下来听课已经够给面子了》《还是更喜欢你刚开始桀骜不驯的样子》截图

值得关注的是，年轻用户尤其是 Z 世代（Gen Z）用户作为在线一代，对新闻的获取具有强烈的自我选择意识。有研究表明，他们更有可能对轻松、解压及拓宽知识面的"软"新闻话题感兴趣，他们希望新闻的内容简单、有趣且事实正确。成功吸引这一人群的关键是专注于与他们相关的、积极的、有意义的未知主题。35 岁以下的新闻用户更注重于新闻的娱乐性、可消费性和可共享性。[①] 这一趋势也促使我们去探索，硬新闻、大主题如何通过轻松、有趣的方式和形态传播，以及如何赋予软新闻价值和意义。比如，人民网、环球网在社交平台上的内容传播都突显出这样的特点。这也体现出了守正创新的要义。

> 记住：主题体现对事件提炼的独特角度，是报道者在现场就事件提炼出的最有新意、最有趣、最有价值的核心报道点，主题是"魂"。

---

① CTR 媒体融合研究院官方账号，德外 5 号. 致敬青年节：让 Z 世代"新闻不回避"| 德外视窗［EB/OL］.（2023-05-04）［2024-01-15］. https://mp.weixin.qq.com/s/3QD3M6vR3C2bOahk31Mn7w.

> **思考**
>
> 1. 什么是选题？选题有哪些要求？
> 2. 如何确定选题角度？
> 3. 什么是主题？主题和话题有何区别？
> 4. 如何提炼主题？

人是新闻的理由，新闻因人而生动

第五章
视听采访报道的思路与方法

视听采访与写作的一个难点是要用具体、形象的现场和动态事件呈现，而如何用视听语言来展现事件、现场、凸显主题，如何使新闻信息能够贴近用户，这就牵涉到在报道中如何把新闻具体化、故事化的问题。许多初涉视听传播的记者往往在这个环节捉襟见肘，完成的视听报道作品常常大而空，要么通篇解说词贴空镜头，要么只是展示或说明，叙事单调、乏味，缺乏吸引力，用户看了开头就知道结尾。这些缺失，都是记者没有掌握报道具体化的思路与方法的体现。

第一节 报道具体化的思路

在理解视听报道具体化的思路与方法之前，我们有必要从动态性和形象化的角度，分析不同新闻选题的性质与特点，由此结合不同新闻选题梳理出相应的操作方法，进行有针对性的报道。

一、新闻报道的分类

在众多类型的新闻报道中，化繁为简，依据题材表达，我们可以把新闻报道分为事件类报道和非事件类报道。而非事件类报道又可分为现象类新闻和主题类新闻。

（一）事件类新闻

这类新闻依托于新近发生的或正在发生的新闻事件，具有动态性，其新闻由头与切入角度相对实在、具体。记者意在采访报道新闻事件信息、挖掘事件真相、揭示事件背后的故事细节和问题所在。这些事件类新闻主题明确、人物具体，其操作实现具有天然的优势。但采访报道也需要找准角度，选准人物，切准问题。

（二）非事件类新闻

非事件类新闻不是一事一人的动态性题材，而是相对抽象和概念化的主题，其又可以分为两类，一类是现象类新闻，一类是主题类新闻。

1. 现象类新闻

《廉价蒲草"编"出亿元淘宝村》二维码

这类新闻是围绕社会上出现的某类新现象、某领域的发展趋向、某类问题展开采访、调查，从而结构新闻报道的。它不是一时出现的动态事件，而是一段时期的新现象，比如《廉价蒲草"编"出亿元淘宝村》报道的是山东省滨州市博兴县弯头村的一个新的经济现象。一般来说，现象或者问题具有抽象性，在视听形象表现方面具有一定的难度。如何用可视性的语言来反映这些现象或问题、挖出现象或问题背后的本质特征，是视听报道在具体化操作过程中的难点。

2. 主题类新闻

《沉默的话语》二维码

《阿向的生活》二维码

主题类新闻是围绕某类主题进行的采访报道。这类主题往往是以国家、社会发展到某个阶段的工作重点、方针政策等为基础形成的报道内容，比如"改革开放40年""新中国成立75周年""建党100周年""全国两会"等重大历史节点的报道。主题、形势、成就、典型等多层次多角度的正面报道，其显见的价值在于与时代大背景的关联，由于主题与时政紧密结合，往往这类新闻具有极强的现实意义与社会意义。但是，主题类报道也难在其高度普遍而抽象，在具体化和可视化的操作中有一定难度，即如何把一种理性的概念、一个抽象的主题或一个宏观的成就用具象、生动的视听形象语言去表现。比如，在2021年9月21日国际聋人日之际，《沉默的话语》（Silent Voice）选择了南京一位手语志愿者和他的帮助者的故事。再如，短视频《阿向的生活》[①]讲述的是在杭州市余

---

① 沈雯.每个人物都是时代的一束光：短视频生产怎样才有穿透力？[EB/OL].(2023-05-10)[2023-11-02]. https://mp.weixin.qq.com/s/Bvp55bOz-GerCv9FJ3-gpA.

杭区和甘孜州稻城县两地对口支援一周年之际，余杭记者去稻城异地采访拿到的故事。一年来，来自余杭的挂职干部从旅游、农业等项目起步，再到数字经济带动人才队伍建设，为当地干了许多实事。记者最终选取了浙川对口支援的第一个数字化改革项目"亚丁集市"网上商城平台——甘孜州首个县一级自主研发和运营的电商平台。这个项目是两地在对口支援合作中最亮眼的，也体现了余杭作为数字经济高地的产业特色。记者进而在对当地虫草市场的寻访中，"捕捉到"一位藏族小伙子向巴，他和几个小伙伴都曾是"亚丁集市"的第一线虫草"供货商"，记者记录了向巴一家人的生活日常以及他是如何将虫草从大山里销往全国各地的过程。

图 5-1-1 《阿向的生活》截图

二、结构视听报道的具体思路

在不断发展中，传统的新闻报道已经逐渐形成了比较成熟的、具体化的创作思路。这一思路在视听报道中，仍然行之有效，并且对驱动视听叙事更有帮助。这就是**新闻（主题）事件化、事件故事化、故事人物化、人物个性化（命运化）**，这个思路发展，是视听报道越来越具体化、形象化的过程，也体现了点、线、面的有机叙事。

（一）新闻事件化——新闻报道要以真实的动态事件作为依托和承载

新闻事件化遵循大处着眼、小处着手的方式，即大主题找到小切入口，小的报道点要探寻时代的大背景，做到上接天线，下接地气。

对于动态性的事件类新闻，最主要的是聚焦角度，提炼主题，我们已经在上文中加以分析。而尤其对非事件类新闻而言，是要从具体的事件中寻求到表达主题、展现新闻价值的途径。在实际的报道中，尤其是在面对现象类或主题类的报道时，记者大都从概念着手，解说词贴空画面，这样的报道空泛而枯燥。因此，要为这些现象或主题找到生活中真实的动态事件与一个人物被卷入其中的个案故事，使概念和主题在对

《贺兰山生态环境整治后 大批野生动物重回家园》二维码

事件、细节的展示中自然呈现。从这个角度而言,新闻事件化实际上就是"用事实说话",用真实的细节说话。比如,《贺兰山生态环境整治后大批野生动物重回家园》[1]报道宁夏贺兰山国家级自然保护区的生态变化。从2017年5月开始,宁夏回族自治区对贺兰山国家级自然保护区范围内169家矿山企业实行全部关停退出,进行环境综合整治。经过两年多的整治和生态修复,昔日满目疮痍的工矿区已经开始焕发生机活力。如何以具象的视听语言去呈现这一变化,记者从野生动物资源这一衡量一个地区生态修复成果的最好证据入手,使用了无人机、记录仪等多种拍摄设备和手段,捕捉到了岩羊、马鹿、金雕等野生动物出现的镜头,形象而生动地展示了野生动物重回整治矿区并形成较为完整的生态链的场景。这些动态现场、活的事实和鲜活的形象具有说服力。

图 5-1-2 《贺兰山生态环境整治后 大批野生动物重回家园》截图

《"棉花姑娘"们收获新喜悦》二维码

有的时候,当我们拿到一个好的选题,发现一个有趣的新现象,也需要等待动态事件的发生,对于选题的处理就是一个"养鱼"的过程,即把选题养到成熟,找到节点,待"事"而发。"当选题发展到合适的时间节点后,也要有全力一击的决心。"[2] 比如,电视消息《"棉花姑娘"们收获新喜悦》[3]是庆祝改革开放40年的主题报道,报道从一个最新的现场切入,两位"棉花姑娘"赴北京参观展览,与当年拍摄者的会面为新闻由头。报道继而引出1979年12月,济南13位"棉花姑娘"喜迎棉花丰收的照片在《人民日报》发表,题为"棉花姑娘们的喜悦",这是党的十一届三中全会之后我国农

---

[1] 宁夏广播电视台. 贺兰山生态环境整治后 大批野生动物重回家园[EB/OL].(2020-10-14)[2023-11-02]. http://www.zgjx.cn/2020-10/14/c_139436533_2.htm.

[2] 传媒茶话会. 传媒实操小红书:不可不知的采编小技巧[M]. 北京:人民日报出版社,2023:4-5.

[3] 济南广播电视台. "棉花姑娘"们收获新喜悦[EB/OL].(2019-06-23)[2023-11-06]. http://www.zgjx.cn/2019-06/23/c_138155798.htm.

村分配政策改革兑现最早的图片报道，被收入了"伟大的变革：庆祝改革开放40周年"大型展览，成为改革开放40年来的经典历史瞬间。从棉花姑娘这一典型人物群体的变化，折射农业农村的发展成就。

图 5-1-3 《"棉花姑娘"们收获新喜悦》截图

这牵涉到对事实的选取问题。一般来说，报道的事实是带有普遍性和典型性的，能够起到管中窥豹的作用。具象的事件需要既能反映普遍的联系又具有个性化的形象表现力。由此，要做到以小见大，从微观处看宏观。在新闻事件化的过程中，特别是记者报道行政指令、管理举措、体制机制改革等抽象或宏观主题时，应该落实到典型案例这一具体的点上，再从点生发开来。比如，为了呈现持续发展理念指导，转型新的经济发展模式和生态环保治理理念，纪录片《大众村的故事》选取了江苏省宿迁市宿城区耿车镇的大众村，这是江苏北部的一座小村庄，也是远近闻名的"垃圾村"。改革开放以来，大众村村民自发创业，形成以废旧物资回收加工为主的致富途径和产业模式。但致富背后，是垃圾围村、环境污染、生态环境急剧恶化的严重后果。片中举了一个生动的事例，在一节美术课上，老师纳闷地问孩子为什么将天空涂成了灰色而不是蓝色，孩子表示自己记事时起大众村的天空就是灰色的。可见，环境污染不仅笼罩着大众村，更笼罩在人们的心头。坚持做以牺牲环境为前提的废旧物资回收加工产业，还是壮士断腕，忍痛转型，尝试一条可持续发展的道路？《大众村的故事》就从宏大的社会问题中抽丝剥茧，紧紧抓住经济发展与环境保护这一主要矛盾展开故事的讲述。而这一突出的矛盾也正是在改革开放几十年后，我国在不断发展探索中积累起来的突出问题，具有普遍性和典型性。

在我国脱贫攻坚和乡村振兴中涌现出许多优秀报道，它们选准了典型事件、典型群体、典型个人，比如《"悬崖村"扶贫纪事》[①]选择四川省凉山彝族自治州昭觉县支

---

① 中央电视台."悬崖村"扶贫纪事［EB/OL］.（2017-06-16）［2023-11-07］. http://www.xinhuanet.com//zgjx/2017-06/16/c_136365097.htm.

《"悬崖村"扶贫纪事》二维码

《落地生根》二维码

《乡村振兴蹲点记》二维码

《11年前那位感动中国的"春运母亲",找到了!》二维码

尔莫乡阿土列尔村的故事;《落地生根》[①] 云南省怒江傈僳族自治州沙瓦怒族村庄;《乡村振兴蹲点记》[②] 选择四川省雅安市荥经县龙苍沟镇万年村;《11年前那位感动中国的"春运母亲",找到了!》追踪巴木玉布木的故事;等等。

表 5-1-1　典型事实、典型人物选择原因

作品	典型事实、典型人物选择原因
《"悬崖村"扶贫纪事》	四川作为全国脱贫攻坚的重点省份,阿土列尔村盘踞悬崖峭壁之上,所在的昭觉县是凉山州精准扶贫人口最多的地区之一,彝族百姓善良、淳朴、上进,全省逐级立下脱贫攻坚军令状的背景下,那里的每一点变化都会成为地区和时代的缩影。
《落地生根》	云南省怒江傈僳族自治州沙瓦怒族村庄,扶贫的元素多:风景美、有稻田、人勤劳善良、村民团结、修路问题、搬迁问题、山上贫困户住房的改造问题、旅游产业发展问题、孩子教育问题以及抓拍中精彩的故事,村民没有等靠要的思想、愿意积极配合政府脱贫,成功率高,故事张力大。
《乡村振兴蹲点记》	万年村80%以上的土地位于中高山地区,曾是省定贫困村,2017年年底实现脱贫摘帽。这一年,四川启动大熊猫国家公园体制试点。万年村成为大熊猫国家公园南入口社区第一村,距离核心保护区只有20多千米。万年村是龙苍沟镇所辖四个村子中发展最慢的一个。2021年万年村的集体收入只有20多万元,隔壁的发展村已达60余万元。但背靠大熊猫国家公园,这里的绿水青山正在成为村里发展的资源优势。万年村在当时全省的建制村中处于中下游,但"两山"转化,在万年村已有苗头。观察这样一座村庄,具有样本意义。
《11年前那位感动中国的"春运母亲",找到了!》	作者本人拍摄的《孩子,妈妈带你回家》的照片,多年来不断被各大媒体引用、转发,并成为"春运表情",深藏在亿万国人的记忆中,从买不起一件衣服、裹着褴褛中的婴孩外出打工讨生活,到顿顿吃上白米饭、在家门口挣上10万元年收入,小人物的命运巨变折射时代之变。

图 5-1-4　《"悬崖村"扶贫纪事》截图

[①] 柴红芳. 落地生根[EB/OL]. (2021)[2023-11-07].https://baijiahao.baidu.com/s?id=1761712142840640083&wfr=spider&for=pc.

[②] 四川日报. 乡村振兴蹲点记[EB/OL]. (2023-10-25)[2023-11-07].http://www.zgjx.cn/2023-10/25/c_1310746238_2.htm.

图 5-1-5 《落地生根》截图

（二）事件故事化——故事化的叙述方式

在报道中，事件是以讲故事的方式展开叙述。在新闻史上，新闻作为信息或故事，是两种叙事风格的选择①。一种是把新闻作为"社会组织"（公司）、市场和资源之间互动的产品，一种是讲故事为中心的"文化"观点，文化的观念强调新闻的传承性。②把新闻作为信息的观点，更强调迅速核实，贯穿着解释，强调事件的原因而不是意义。把新闻作为故事的观点，更使用情节、人物塑造、行动、对话、排序、戏剧化、因果关系、深化、隐喻和解释③。新闻就是有目的地讲故事。④

故事是有力量的，故事是节目创新的出发点，主题是故事的落脚点。故事同音乐一般，是世界的共同语言。我们从牙牙学语时，最喜欢的就是听故事。

早期新闻业
事实陈述

⬇

广播电视时代
故事讲述

⬇

视听新媒体时代
故事分享与自我创造

图 5-1-6 故事讲述方式变化

---

① 泽利泽. 严肃对待新闻：新闻研究的新学术视野［M］. 李青黎，译. 北京：中国人民大学出版社，2022：145.
② 舒德森. 新闻社会学［M］. 徐桂权，译. 2版. 北京：中国人民大学出版社，2020：172-187.
③ GADAM G S. Notes toward a definition of journalism：understanding an old craft as art form［M］. St. Petersburg：The polynter Institute for Media Studying；ROEH I. Journalism as Storytelling, Coverage as Narrative［J］. American bebavioral scientist, 1989, 33（2）：162-168.
④ KOVACH B, ROSENSTIEL T. The elements of journalism：what newspeople should know and the public should expect［M］. New York：Crown, 2021.

在世界新闻业发展的初期，我们以短平快的方式陈述事实，到广播电视阶段，我们从事实的陈述发展到故事的讲述，记者们收集事实，但讲述故事。而在互联网视听新媒体时代，我们的重心从讲述故事发展到分享故事以及用户自我创造故事。

20 世纪中后期以来，故事化的讲述方式在新闻中的地位逐渐凸显。报纸杂志开始提倡故事化的写作手法。美国记者罗伯特·达顿在《写新闻和讲故事》(*Writing News and Telling Stories*) 中首次探讨了主流新闻叙事和讲故事的技巧。[1]2003 年 7 月,《中华新闻报》的文章《故事化——新闻写作的一种思路》开始引发新闻媒体"故事化"写作取向的思考。

在电视媒体领域，故事化的叙事理念开始打破电视新闻、深度调查报道、纪录片等非虚构类节目平铺直叙、一击到底的模式，采用问题与悬念设置、峰回路转的结构方式。随后，这种模式在其他非虚构类节目中得到了全面拓展。"事件故事化""戏剧性和冲突性""悬念设置"等种种故事性的因素逐渐凸显。

美国学者埃里克·巴尔诺认为，早在弗拉哈迪的《北方的纳努克》里，就显示出了故事技巧。"弗拉哈迪显然已经掌握了在故事片中发展起来的'基本原理'。这种发展不仅改变了技术，而且也改变了用户的欣赏习惯。弗拉哈迪完全吸收了故事片的手法，然而他却把它运用在既非作家和导演创作的，也非演员所表演的题材上去了。这样，既保持了戏剧性场面感人的力量，又将其与真实的人结合起来了。"[2]这种叙事方式在电视新闻报道中最早是从美国电视界流行开来的，从美国老牌的杂志类新闻节目《60 分钟》《20/20》《日界线》《48 小时》到 CNN 纪录片式的节目《未告知的故事》(*Untold Story*)，无不在竞争中探索如何用钩子式的叙事技巧抓住用户的注意力。《60 分钟》的制片人唐·休伊特认为，新闻是人们从未听说过的故事；《20/20》的故事理念是：选择一个或几个典型的个人经历，用具有复杂叙事因素的个人故事引出报道的主题。随后，美国探索发现（Discovery）频道、国家地理（National Geographic）频道等纪录片频道的出现，更加强化了这一叙事模式。

近三十年中国电视节目的发展，也是故事叙事张力不断凸显，叙事技巧不断成熟的阶段，中国许多电视媒体都开始研究以故事讲述事件的节目呈现方式。比如中央电视台的《新闻调查》《共同关注》《走近科学》《百科探秘》，北京电视台的《档案》等，都从悬念、氛围的营造、故事结构等多方面来探索故事叙述的技巧。这些探索为中国电视节目的叙事发展提供了良好的范本。不仅如此，故事在纪录片、真人秀、娱乐节

---

[1] 泽利泽. 严肃对待新闻：新闻研究的新学术视野［M］. 李青藜，译. 北京：中国人民大学出版社，2022：149.
[2] 巴尔诺. 世界纪录电影史［M］. 张德魁，冷铁铮，译. 北京：中国电影出版社，1992：94.

目中也开始发挥着至关重要的作用。故事里的人、情感、情怀为节目注入了精、气、神,故事的叙事手段构筑了节目的吸引力。

随着移动互联网的发展,碎片化的语境让移动叙事越来越简短,但故事的叙述内核没有改变,反而需要更强的叙事张力和爆发力,在短视频、微信推文和 H5 等融媒体产品中,叙述中的转折、反转、高潮等故事意识仍然是具有吸引力的技巧和手段。

1. 什么是故事

了解故事化的叙事方式,先要了解故事的确切含义。亚里士多德在《诗学》中提出文艺理论需要解释叙事的结构、故事的诸要素以及要素的结合和表达的问题。他将"情节"(plot)解释为"事件的安排"①。《现代汉语词典》对故事的定义是"真实的或虚构的用作讲述对象的事情,有连贯性,富吸引力,能感染人";"文艺作品中用来体现主题的情节"。②希洛米斯·利蒙-坎南在《叙事小说》中将故事定义为"一系列按时间顺序排列的事件"③。法国学者茨维坦·托多洛夫认为故事是"从一种平衡开始通过不平衡达到新的平衡"④。当一个事件原有的状态被打破,即产生了新的信息和推动事态发展的动力。从新闻角度来说,报道关注的就是这些被打破平衡而出现的事物新的状态,并跟踪事件发展,形成后续报道。

笔者认为,两度获得美国普利策非虚构类作品奖的富兰克林关于故事的界定对我们最具借鉴意义——**故事是"令人同情的人物面临困境和挑战,为应对和解决问题而呈现出的一系列行为"**⑤。以人为核心的叙事理念、挑战与问题呈现出的冲突与戏剧、人物主动性的连贯行为的界定很好地把人、事件与情节、连续性、起伏性等要素蕴含其中。异曲同工的是,《英国达人秀》制片人保罗·扬·布鲁斯认为,"好的游戏节目的人物故事——人物在特定情境中,接受挑战,作出抉择,这是标准叙事模式"。《爸爸去哪儿》《奔跑吧兄弟》《极限挑战》等流行的电视真人秀节目,其实都暗含了故事叙事理念和方法。再来看看好莱坞的电影,一开始,主人公就被卷入一个困境或冲突中,影片围绕他的突围和解困展开讲述,最后主人公以智慧和能力不仅解决了种种问题,也获得了自我的提升。这样,经过分析,我们对故事最精简的界定就是:**人,遭遇挑战,作出抉择,解决问题**。

---

① 亚里士多德.诗学[M].陈中梅,译.北京:商务印书馆,1996:64.
② 中国社会科学院语言研究所词典编辑室.现代汉语词典[M].7版.北京:商务印书馆,2016:471.
③ 转引自:李冬晓.故事:在讲述和被讲述之间:简论剧作的模式理论和类型研究[J].电影文学,2003(2):14-15.
④ 托多罗夫.奇幻文学导论[M].方芳,译.成都:四川大学出版社,2015:122.
⑤ FRANKLIN J. Writing for story: craft secrets of dramatic nonfiction [M]. New York: Plume Book, Penguin group, 1994: 71.

我们所说的故事，可以理解为两方面：一是人物故事，二是故事化的叙述方式。人物故事要求我们在选材的时候就要挖掘有故事、有命运感的人，而故事化的叙述方式就是充分利用新闻事实中的故事性元素，采用讲故事的方式展现新闻事件、结构报道主题。

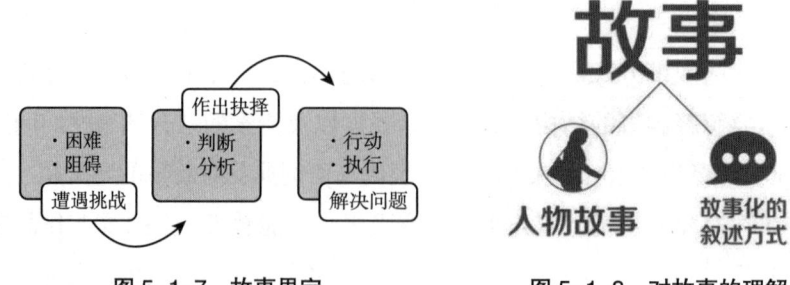

图 5-1-7　故事界定　　　　图 5-1-8　对故事的理解

2. 故事的吸引力

从故事的界定中，我们可以看到，故事的叙事要素构成了故事的吸引力，这种吸引力甚至超越国界，成为人类共通的审美需求，具体体现为：

第一，故事的核心——被卷入某种冲突的中心人物，其所呈现出的情感与情绪，能够引起普遍的共情共鸣；

第二，中心人物——个人或团队作出抉择，解决问题的叙事发展，能够引起用户的好奇和期待；

第三，矛盾和冲突的戏剧性张力，让人谋求情绪的释放；

第四，中心人物战胜困难，自我实现或者自我发现的成长，让人喜悦和满足。

比如，纪录片《极地》（30 分 53 秒—37 分 46 秒），讲述南极海鸟幼鸟在成长的过程中，必须渡过一个重要的关口——从悬崖飞身跃下，飞入大海中，这不仅是幼鸟第一次飞翔，也是幼鸟第一次进入大海的怀抱。但这个过程也充满了凶险，也可能是一次致命的飞翔，因为悬崖下有北极狐在急切盼望着获得猎物。幼鸟一旦飞不到大海里而落在海滩上，极有可能被猎食。故事叙述众多幼鸟在父亲的带领下成功滑翔在海面上，但重点讲述的是，一只不幸落在海滩乱石上的幼鸟，遭遇北极幼狐（中心人物被卷入冲突，引人关注）。与其他不幸幼鸟不同的是，这只幼鸟倔强而勇敢，北极幼狐也没有捕猎经验（勇敢抉择，接受挑战）。它们相互试探，幼鸟不仅要面对幼狐的追捕，还要跳过层层岩石，夺命奔赴海边（中心人物的命运值得期待）。在数个回合的纠缠中，幼鸟成

《极地》
二维码

功摆脱追捕,从乱石中跳到海滩上,进而跃入大海(战胜困难)。在这里,编导选择了一个面对挑战,勇敢抉择和抗争的对象,在冲突之后成功脱险的故事。这个故事段落的最后一句解说词是,"幼鸟幸福地与家人重聚,它将在5年后再次回到岩壁,开始繁衍后代",暗含着成长与团圆的主题。

图 5-1-9 《极地》展现的幼鸟第一次飞翔截图

探讨故事的吸引力,有助于我们在视听叙事中,明确与用户建立联系、引起用户关注的重点,从而打磨叙事方法和技巧,探究视听传播强化叙事吸引力的要素。

3. 故事的要素

具体而言,我们可以从主题、结构、悬念和情节等方面来探讨故事化的叙事方式,厘清那些具有吸引力的关键点。

(1)故事主题

明确故事的主题,首先要对故事进行聚焦和窄化。主题是故事的落脚点,不要为了讲故事而讲故事。"文者,贯道之器也;不深于斯道,有至焉者,不也"①,讲故事要服务于价值引领。要把"道"贯通于故事之中,通过引人入胜的方式启人入"道",通过循循善诱的方式让人悟"道"。② 主题是简单明了的东西,要在故事中不断展现、重复、暗示、显现立意。确立了主题后,所有的素材都要直奔主题,那些与立意和塑造人物无关的素材,再有意思也要放弃。对于提炼故事主题的方法,我们已经在本书第三章中进行了深入探讨,在此不再赘述。这里重点强调,要充分重视故事的意义,故事为主题服务,再好的故事,再有趣的事件,如果不能服务于主题,都可以舍弃。这一要求在今天移动化、碎片化、可视化的视听传播语境下具有更加重要的意义,如何让"浅观看"变成"深思考",把"有意思"变得"有意义",将"迎合"变成"引

---

① 李汉.昌黎先生集序[M]//韩愈.韩昌黎文集校注:上.上海:上海古籍出版社,2021:1-4.
② 习近平.在党的新闻舆论工作座谈会上的讲话(2016年2月29日)[M]//习近平总书记重要讲话文章选编.北京:中央文献出版社,党建读物出版社,2016:433.

领",这对于故事与主题的关系把握仍然极其重要。

（2）故事结构

实际创作中，当然可以为故事设置多种结构，但需要阐明的是对故事的核心结构的考量。长久以来，新闻报道的经典结构是倒金字塔结构，即上大下小——最重要的信息放在最前面，次重要的信息往后放，后面的信息是对前面信息的补充。应当说，百年来形成的这一结构并不过时，它仍适合于短、平、快的消息类模式，适合于在最快的时间里把最重要的信息传达给用户，即使到了视听新媒体时代，在短视频领域也延续了这一经典结构。

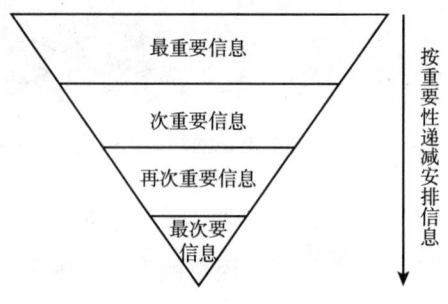

图 5-1-10　倒金字塔结构

《2018春运 平安回家路·京哈高速 液化气罐车泄漏着火 高速双向管制》二维码

①动态性报道

一般而言，动态性的事件，按照传统的倒金字塔结构的方式展开叙述，比如《2018春运 平安回家路·京哈高速 液化气罐车泄漏着火 高速双向管制》，开篇即把事件现场自然呈现，并把人员伤亡情况等最重要的信息放在前面，后面的叙述再不断补充细节，最后提出后续的措施，呈典型的倒金字塔结构。

00：00—00：08（字幕信息）2018年2月11日8时京哈高速北京方向一辆拉运液化石油气的罐车侧翻自燃（开篇即把时间、地点、什么事等诸要素呈现出来）

00：08—00：15（字幕信息）现场无人员死亡 两人烧伤 驾驶员烧伤50% 押运员烧伤10%（事件所产生的影响和结果，最重要的信息放在最前面）

00：15—00：19（字幕信息）在高速交警、路政、消防紧急救援下已送往医院（事件所产生的影响和结果，最重要的信息放在最前面）

以下为事件的细节信息，行车记录仪摄取的事故起火现场瞬间。

00：19—00：21（现场同期声）汽车里的乘客"后边不倒 我咋倒"
00：21—00：29（字幕信息）罐体发生泄漏覆盖路面 一轿车通过时被"流动"的大火吞没
00：26—00：29（现场同期声）大火吞没轿车时画面里传来人的叫喊声

但由于收声较远，叫喊声较小。

00：29（现场同期声）火警鸣笛声
00：30—00：35（字幕信息）小型汽车中共有7人 全部为手和脸部燎伤
00：33—00：35（现场同期声）画面里有人的喊叫声，这次的音量变大

以下为采取的后续措施，不断补充次重要的信息。

00：36（字幕信息）声音来源：高速交警秦皇岛支队政工科负责人陶平
00：36—00：52（现场采访声）由于它拉运的这个液化石油气是液态的，专家的建议说只能让它自燃，什么时候烧完什么时候维护，如果强行把这个起火点给封闭以后，由于气压的原因可能反而容易爆炸，现在只能采取一个罐体降温，往罐体上浇水，然后让它自然烧完为止。
00：52—00：53（现场同期声）画面背景中人的哭诉声
00：54—01：01（字幕信息）事故点后方实行交通管制 双向车辆排队8.7公里
00：55—01：05（现场采访声）我们采取交通管制措施是在秦皇岛北口分流沈阳方向的车辆，提示车辆就是从102国道从辽宁东戴河口上高速。
（视频全程都有背景音乐）

下面我们再来看一条标准的倒金字塔叙事结构的短视频，注意画面信息和字幕信息均是如此。

00：00—00：05

（画面信息）从正上方慢慢向下俯拍体育馆坍塌的远景

（字幕信息）7月24日齐齐哈尔第三十四中学体育馆坍塌事故共造成11人死亡

00：06—00：11

（画面信息）从正面慢慢向前俯拍体育馆前施工救援现场

（字幕信息）23日下午 该校体育馆楼顶发生坍塌致学校多名排球队员以及教练被困

00：12—00：14

（现场同期声）应急消防搜救队员钻地救人的机器声

（这3秒只有现场同期声，没有垫背景音乐。）

00：15—00：17

（现场同期声）应急消防搜救队员救人的过程中的呼叫声

00：12—00：17

（画面信息）平视视角环绕式拍摄应急消防队员们站在废墟上实施救援

（字幕信息）记者从知情人获悉 被困队员为初三学生 原计划过几天到湖南参加全国性比赛

00：18—00：23

（画面信息）电脑屏幕上迅速放大移动查看馆内坍塌细节的实况照片（俯拍视角）

（字幕信息）事发时馆内4人自行脱险15人被困 自行脱险的4人均为该校女排队队员

00：24—00：29

（画面信息）现场应急消防搜救队员穿着塑料雨衣，抬着担架救人

（现场同期声）现场应急消防搜救队员抬着担架救人的环境嘈杂音

（字幕信息）一名女教练遇难 其家中还有两个孩子 一名男教练获救 其脚部受伤正在治疗

00：30—00：35

（画面信息）医院里医生和其他工作人员推着伤者迅速治疗的场面

（字幕信息）目前被困者均已搜救出 伤者已送往医院治疗

00：35—00：41

（字幕信息）接诊医院某科室护士

第五章 视听采访报道的思路与方法

00:35—00:43

（画面信息）齐齐哈尔第三十四中学前的马路

（现场同期声）（字幕信息）我们科就三位患者 （胡某某情况）还行 挺稳定的 目前看没有生命危险 另外两个同学王某某挺好的 另一个同学稍微重一点

（说到"王某某"时，声音被哔掉，并且护士人声用的是假声）

（采访音全过程没有垫背景音乐）

00:45—00:51

（画面信息）体育馆坍塌的静态照片（俯拍视角、全景）

（字幕信息）经现场初步调查 与体育馆毗邻的教学综合楼施工过程中 施工单位违规将珍珠岩堆置体育馆屋顶 受降雨影响 珍珠岩浸水增重 致屋顶荷载增大引发坍塌

00:51—01:00

（画面信息）晚上施工大队和救护车在体育馆前面继续实施救援

00:51—00:54

（字幕信息）刘主任 学校综合楼施工项目招标联系人

（现场同期声）（字幕信息）不好意思 我那个不在那个单位了

00:55—00:58

（字幕信息）学校综合楼施工项目监理企业工作人员

00:55—00:56

（现场同期声）（字幕信息）这个事你们就等着官方通报吧

00:57—00:58

（现场同期声）记者：当初怎么招投标的过程呢

00:59—01:00

（现场同期声）我不清楚这个事儿

（00:51—01:00 的采访音全过程没有垫背景音乐）

01:00—01:05

（画面信息）齐齐哈尔市第三十四中学大门前夜晚落雨的空景

（现场采访声）下雨环境音

（字幕信息）目前相关责任人已被控制 事故调查工作正在进行

（视频里未特别标注的地方都铺垫了背景音乐）

整篇稿子叙事,镜头由远及近,又从近到远,让人深入事件,又跳出事件,镜头逻辑清晰有序,而字幕信息把最重要的结果放在最前面,后面是不断地对细节和事件原因进行的补充。

《新疆:11岁少年落水被冲走 两辅警救人受伤险被冲走》二维码

而新闻报道中故事性的叙述结构发生了新的变化,故事化的结构方式则是另外一种气象,在实际操作中其实有多种多样的变体,比如按照时间顺序式的结构、悬念式的结构等。具体而言,对于动态性报道而言,一种是以时间顺序展开,利用事件本身的情节和细节张力去增强叙事的吸引力,比如短视频《新疆:11岁少年落水被冲走 两辅警救人受伤险被冲走》,其三个关键过程按照时间顺序展开,事件本身的情节和命运期待即构成吸引力。

00:00—00:33(现场同期声)河水流淌的声音

(音量较小,基本被背景音乐盖住)

00:00—00:02(字幕信息)一名11岁儿童被水冲走 3名巡逻辅警听到呼救后立即展开救援

00:00—00:09(现场同期声)孩子呼叫的声音

00:05—00:09(字幕信息)一名辅警率先跳入渠中,但由于水流湍急,被石块击中腿、腰部受伤

00:07(现场同期声)岸上人的跑步声

00:10—00:14(字幕信息)另一名辅警迅速跳入渠中,用身体挡住落水少年

00:15—00:21(字幕信息)最终孩子被成功救出(字幕标黄)

00:20(现场同期声)岸上辅警协助上岸的指挥声

00:23—00:25(字幕信息)但此时第一个辅警因受伤也被水流冲走

00:26—00:34(字幕信息)爬上岸的辅警热合曼江·穆合塔尔第二次跳入渠中救人

00:34(现场同期声)湍急的水流声

00:35—00:37(字幕信息)两名辅警最终被救上岸 均不同程度受伤(字幕标黄)

00:38—00:40(字幕信息)勇救落水者!致敬战友情!(字幕标黄)

(视频全程都有背景音乐)

在视听新媒体中，短视频的故事化趋向更多以高亮瞬间、结构燃点来展开。比如短视频《游客："彭麻麻呢？"》是以场景对话形成立体的叙事空间和呼应，对话内含张力，推动叙事发展。

00：00—00：02 相机咔嚓拍摄的声音

00：00—00：02 小孩（未入画）："习大大，彭妈妈呢？"

00：02 习主席："没来。"

00：03—00：05 众人的欢笑声

00：06 小孩（未入画）："我们好爱你们！"

00：09 站在习主席后面的领导的欣慰笑声

00：09—00：10 习主席："过年了，都在家里忙着呢。"

00：10—00：15 众人的欢笑声

00：13 白衣服的女士（入画）："过年好！"

00：14 橘衣服的男士（入画）："过年好，习主席！"

（视频全程都有背景音乐。背景音乐声音很小，现场环境和人物同期声音量很大。）

另外一种是，以悬念设置展开，以设置疑问、期待感来增强叙事的吸引力，以转折和反转创造惊奇。

总体而言，故事化的叙事结构，不再把最重要的元素都放在最前面，让人一目了然，而是不断让人产生期待，并提供补偿，直到叙事结束。这样也能避免叙事的平淡，用户不会看了开头就知道大致的结尾。在今天强调完播率的网络短视频中，这样的叙事结构越来越凸显。

《公仆之路》二维码

②主题性报道

在主题性的报道中，故事的结构更加灵活多样，以时间线索展开，《公仆之路》（央视网）、《新千里江山图》（《人民日报》）按时间流程一镜到底讲述故事；《红色气质》《新中国密码》《父亲·我们·时代》（新华社）按时间顺序以物件为线索讲述故事。

《新千里江山图》二维码

图 5-1-11 《新千里江山图》截图

《红色气质》
二维码

《新中国密码》
二维码

无论以什么样的变体出现，它在报道中最典型的特征是对现场细节的深入刻画与展示。从另一个角度来说，这种依据现场细节的结构方式更加符合视听媒介直观、形象的特点，更符合视听报道现场性的特点。"所谓新闻故事化，就是打破常规的'倒金字塔'式短、平、快的报道方式，而对新闻进行细节化、情节化的表现，凸显新闻事实本身含有的一些戏剧因素。"①

综上，从故事结构来看，视听报道的故事结构越来越多样化。除了消息类新闻，在深度报道、专题类节目乃至纪录片中出现了更为复杂的叙述结构。比如，单线结构变为复线结构、并列式结构，事件的不同方面同时叙述、交叉进行；与时间顺序式结构相对的倒叙式的结构，从现场着手，回溯往事。除此之外，还有跳跃式的结构、碎片式的结构等适应后现代文化特征的结构模式。在这里我们不再赘述。记者在结构电视新闻节目的时候可以打开思路，不能囿于固有的模式。

（3）悬念设置

设置悬念是故事叙述的重要手段。悬念是钩，能抓住用户的注意力。《现代汉语词典》对悬念的解释是："欣赏戏剧、影视剧或其他文艺作品时，观众、读者对故事情节发展和人物命运很想知道又无从推知的关切和期待心理。"②悬念是"戏剧性故事的讲述者运用更有诱惑力的技巧……来吊你的胃口……从广义上讲，他埋下一颗炸弹，这颗炸弹可能是物质的，也可能是感情的，然后把它留到最后爆炸。就这样，他把戏剧中的能量释放出来，这种能量就是悬念"③。从某种意义上而言，悬念不仅是推动故事

---

① 吴丰军. 本土化、故事化、娱乐化：美国三大电视网的早间电视新闻节目的特色[J]. 南方电视学刊，2003(6)：94-95.
② 中国社会科学院语言研究所词典编辑室. 现代汉语词典[M].7版. 北京：商务印书馆，2016：1484.
③ 周健，王培铎. 论悬念的焦点[J]. 大连教育学院学报，2000(2)：28-30.

发展的动力，更是引起用户情感反应的手段，这种情感反应，由一系列诸如紧张、期待、焦虑、恐惧等复杂的心理活动构成。由此，悬念是一种在叙事过程中展开并实现相应心理效应的叙事活动，悬念的产生离不开用户的参与。①

悬疑大师希区柯克对悬念有一个经典的对比：四个人围坐在桌子旁边谈论棒球，如果你事先让观众知道桌子底下有一颗炸弹，将在五分钟内爆炸，你的预示就会造成有力的悬念，使观众十分关切这个谈论棒球的场面。可是，如果观众事先不知道桌子下面的那颗炸弹，四人谈了五分钟，突然，炸弹爆炸了，人被炸成碎片，观众只会感到十秒钟的震惊，而对四个人谈论的那五分钟，则会感到非常沉闷。在他眼里，悬念是让观众和导演成为全知者，而剧中人是傻子。"对内容一无所知，心中充满迷惑，只能激起观众的好奇；而观众已知并不停地期盼的事情，更能够使他们心烦并打动他们。"②总之，悬念让受众或用户参与到报道者建构的叙事之中，以心理期待和最终满足完成对信息的体验。实质上，悬念也是向受众或用户提出问题，并逐步去解决疑惑的叙事过程。从这个层面去思考，对于视听报道而言，会有所启发。

《种姜分红 过年暖心》二维码

比如，《人民日报》"新春走基层"报道《种姜分红 过年暖心》③：

> 春节临近，年味渐浓。走进重庆市潼南区新胜镇钟峰村，记者发现，这里的氛围在喜庆之余还多了一份忙碌。近400亩的生姜基地，被公路划成了两块，抬眼望去，两边都有村民在地里忙活。"一边在种反季蔬菜，一边是马上就要采收的锅炉姜。"基地负责人龚先锋介绍。
>
> 啥叫"锅炉姜"？记者跟着龚先锋走进田间看究竟。8个塑料大棚两两相对，4台3米高的锅炉立在门外"站岗守护"，升腾的热气驱逐着冬雨带来的寒意。"水管都铺进了大棚，热水在地下循环供热，跟城里的地暖一样。"

这是常规顺序写法，但这篇报道中，引起人好奇心的，恰恰是"锅炉姜"这个新鲜词。如何强化它的吸引力，我们不妨来一个倒装，将它前置：

---

① 龙念，贾佳. 悬念设置·冲突建构·仪式营造：湖南卫视《声临其境》的戏剧性解析 [J]. 中国电视, 2018 (8)：39-42.
② 雷蒙-凯南. 叙事虚构作品：当代诗学 [M]. 赖干坚，译. 厦门：厦门大学出版社，1991：14.
③ 传媒茶话会. 短稿怎么开头？看完这篇你就懂了！[EB/OL]. (2023-07-04) [2023-11-17]. https://mp.weixin.qq.com/s/7PNrRVM0PmeKlBy_3UZruQ.

"锅炉姜"？啥意思？走进重庆市潼南区新胜镇钟峰村，田间8个塑料大棚两两相对，门外立着4台3米高的锅炉。"科学种地，30度，姜苗长得好。我们把水管铺进大棚，热水在地下循环供热，跟城里的地暖一样。"基地负责人龚先锋给记者介绍。

春节前的钟峰村，喜庆中多了一份忙碌，近400亩的生姜基地里，很多村民在忙活。"锅炉姜马上就要采收了。"

①视听节目中悬念的类型

在视听报道中，悬念可以分为两种：一种是事件本身所构成的悬念，由于未知结果的推动，吸引用户对事件和人物命运产生关切；另一种是记者根据事件的曲折度设计的悬念，提出疑问并人为设置叙事中的障碍，延缓事件真相的揭示，从而加强用户的期待心理。非虚构类的呈现，视听报道可以充分运用事件本身所带来的悬念感。比如，移动直播中的，事件发生、发展和对身处其中的人物命运的期待。

除了这种直播事件本身所构成的悬念外，记者可以人为设置叙事悬念。具体说来，视听节目悬念的设置可以分为结构性悬念、兴奋性悬念、冲突性悬念和抑制性悬念等。

《鼓岭！鼓岭！》
二维码

第一，结构性悬念。结构性悬念是"贯穿电视节目始终的总体悬念，是大悬念。其主要作用在于构建节目的整体框架，突出节目的总体构思，揭示作品主题和思想内涵"①。这种悬念设置主要在节目开头，以一个待解决的大问题展开节目。《鼓岭！鼓岭！》② 以"这是一个跨越百年的真实故事"展开叙述，从加德纳在临终前喊的"Kuliang，Kuliang"到加德纳太太收拾丈夫遗物时发现"Kuliang"是中国福州鼓岭，讲述了时任福州市委书记习近平亲自促成的一段中外民间交往的佳话。

第二，兴奋性悬念。兴奋性悬念"通常是小悬念，诸多的小悬念在节目中起到铺垫故事情节、烘托人物形象、提高用户收视兴趣的作用"③。兴奋性悬念是节目中有待解决的小问题。如果把大悬念比喻为将要征服的高山，那么，小悬念即是沿途的河流与山崖。比如，《声临其境》充分利用只闻其声、不见其人的节目设计，调动悬念的设置，层层设扣，"经典之声"利用表演嘉宾的台词功力，为用户提供竞猜的素材；"魔

---

① 李兴国，余跃. 在悬念中叙事：论电视节目中的悬念意识[J]. 现代传播，2003（5）：57-59.
② 总台央视. 鼓岭！鼓岭！[EB/OL]. (2018-04-02)[2023-11-17]. http://www.zgjx.cn/2019-05/23/c_138080245.htm.
③ 李兴国，余跃. 在悬念中叙事：论电视节目中的悬念意识[J]. 现代传播，2003（5）：57-59.

力之声"强化演员自身蕴含的悬念性;"声音大秀"则把节目悬念引到谁将成为"声音之王"的终极悬念上。

第三,冲突性悬念。冲突性悬念是"把故事的全部、局部或某种迹象与征兆向用户作预先提示,或是通过对游戏规则的操作,去加剧人物冲突、增强故事的曲折性,使用户随收视对象的命运、遭遇而悲喜交加、紧张、焦虑"[①]。

从这方面而言,中央电视台曾经的一个节目《等着我》中的那扇红门就构成了悬念营造与释放的巨大压力场。每一个上场寻找失散多年的亲人或友人的主人公将遭遇怎样的命运?这扇门后出来的是主持人(意味着寻访的对象无果),还是寻访多年的亲人或友人?而《中国好声音》的转椅、《中国新歌曲》的滑行椅等也都是在人为设置一种冲突和令人期待的焦虑与不安。

第四,抑制性悬念。抑制性悬念是指"抓住用户急于获知内情的迫切心理,故意放慢叙述节奏,延缓事件进程的一种悬念表现方式"。比如,电视新闻《在千钧一发的时刻……》的导语为:"今天凌晨,巴中市巴州区遭受了三十年来罕见的暴雨袭击,一名少年被洪水围困在沙丘上,生命危在旦夕,一场扣人心弦的抢救行动迅速展开。"导语为观众讲述事件的发生,并引出人物命运,但是并没有告诉观众结果,而是在省略中给观众以期待。

②悬念的3S原则

简言之,悬念的设置环节具有3S原则:

- "悬置"(suspense)——设置问题和人物命运的不确定性,形成用户期待。
- "惊奇"(surprise)——以小悬念,或者以冲突制造惊喜,并形成好奇感。
- "满足"(satisfaction)——解决问题,用户的期待得到释放。

3S原则构成了节目结构悬念的总体原则。各个环节设置恰当,故事才能充满张力和吸引力。当然,视听报道借鉴了故事的悬念要素,对于非虚构记录或动态性报道而言,未必完全能够满足悬念的完整结构,而是以悬念意识去结构故事。

③不囿于悬念

悬念具有吸引力,但新闻报道不是虚构和想象,而是建立在真实和客观基础上的事实报道,悬念要以事实为悬念,不能把噱头当悬念,更不能成为新媒体中的"标题党",为博流量故弄玄虚,耸人听闻,肆意夸张或者文不对题。随着媒介的革新,

---

[①] 李兴国,余跃.在悬念中叙事:论电视节目中的悬念意识[J].现代传播,2003(5):57-59.

过去报纸的展示型内容供给转变为广播电视的时间顺序式供给，进而到微信等新媒体的内容折叠式供给，手机的小屏幕需要用户点击进入信息，这也助长了悬念式标语的出现。而诸如"震惊""突发""火了""定了""重磅""惊恐""事关3000万人"这样的标题表达成为新媒体的常用方式，形成"字越少，事儿越大"的梗。这虽然成为吸睛的手段，但如果一味故弄玄虚，文不对题，就会给人"狼来了"的厌弃之感。

图 5-1-12　悬念式标语示例

（4）放大情节和细节

《战疫情｜插管小组：直面病毒与死神抢夺生命》二维码

放大情节和细节指的是对事件本身含有的一些戏剧性因素进行情节化和细节化的塑造，从而形成节目的故事性节点。"时刻保持故事的紧张感和现场感，提供给用户任何可能得到的细节。"[1] 细节是故事的最小单位，情节由细节构成。把事件本身具有的冲突、纠葛、动态放大，会形成具有吸引力的一个又一个钩子。《战疫情｜插管小组：直面病毒与死神抢夺生命》近距离跟拍插管全过程，通过具有细节的动态镜头展示救治过程的"险"与"难"，突出"紧张"氛围。而在短视频中，具有冲突性的细节被反复强化放大：《病死猪田间乱丢知道吗……〈问政山东〉现场局长被8连问后语无伦次》[2]，放大主持人和当事人对话交锋的细节；《独家视频｜游客："彭麻麻呢？"》[3]里呈现群众和习近平总书记的对话、表情和语气的细节。这些细节和情节延展了新闻报道时长，加快了讲述的节奏，增强了故事性。

---

[1] 赫利尔德.电视广播和新媒体写作[M].谢静，等译.北京：华夏出版社，2002.
[2] 闪电新闻.病死猪田间乱丢知道吗……《问政山东》现场局长被8连问后语无伦次[EB/OL].（2020-10-14）[2023-11-18].http://www.zgjx.cn/2020-10/14/c_139439592.htm.
[3] 中央广播电视总台.独家视频｜游客："彭麻麻呢？"[EB/OL].（2021-10-25）[2023-11-18].http://www.zgjx.cn/2021-10/25/c_1310259411_2.htm.

（三）故事人物化——中心人物的设置

故事可以从两个层面理解，一是人的故事，一是故事化的叙事方式。前者是基础，后者是表达。只有对人和人的命运予以关注，才能形成良好的故事叙事基础；一个有趣、有故事、有情有义的人才能给故事注入魂魄。在节目中对人的关注，是对受到事件影响的人的行为、人的动机、人的命运以及人的情感与思想的重点展现，构成了节目最具体、最鲜活、最丰富的精气神。人是新闻的理由，人也是故事的核心，两者同声共气。为了深入探讨这个问题，下一节将着重探讨故事中的中心人物。

《病死猪田间乱丢知道吗……〈问政山东〉现场局长被8连问后语无伦次》二维码

（四）人物个性化

中心人物不能千人一面，而是有独特的性格、习惯、生活方式的人。我们在表现中心人物，尤其是典型人物时，不仅要展现他们之所以成为典型的不平凡一面，也要呈现他们作为普通人的"非典型"形象，有的时候恰恰要展现他们的缺点、弱点、矛盾和纠葛，而这些缺点和矛盾不仅不会妨碍优点，更能丰富人物的精神气质，并能使其形象真实丰满、可亲可信。他们出于"人间烟火"，又具备超出世俗的精神品格。比如一位记者采写全国社区党务工作先进个人的报道，在采访时，当事人诉说了初到社区时的情形：工作千头万绪，自己又怀了孕，而其父又在此时身患绝症。她挺着大肚子四处奔波，累得筋疲力尽，有时会一个人在办公室里偷偷抹泪。那一年春节，她让社区的工作人员买来八挂鞭炮在新建的办公楼前炸响。别人都捂着耳朵躲开了飞起的鞭炮，她流着泪一个人站在院子里一动不动。她说，让这震天的炮声去去这一年的晦气。记者最终把这个看似并不光辉的细节、场景写进了稿件。稿件刊发后引起热议，有人认为这恐怕有损人物形象，有人认为真实，人物形象更加立体鲜活。①

鲜活的现实大抵如此。

> 记住：新闻事件化—事件故事化—故事人物化—人物个性化

---

① 谢晓玲. 典型人物报道要写出"非典型"之处［EB/OL］.（2020-08-03）［2023-11-19］.https：//mp.weixin.qq.com/s/56HeHtj3qeTZB9IbT4hYHQ；刘国昌. 写典型人物，"非典型"一面能不能写？［EB/OL］.（2022-12-16）［2024-05-02］. https：//mp.weixin.qq.com/s/39bq96ypXhQaZAckPWvl6w.

第二节　引人注目的中心人物

在当代视听采访报道中，已经逐渐形成一个行之有效的报道规律：新闻（主题）事件化—事件故事化—故事人物化—人物个性化（命运化），这个报道思路其实就是新闻如何具体化、如何聚焦的方法与过程。它尤其是主题报道的利器，让记者与概念隐藏于事实呈现、故事讲述、人物情感之中，所谓润物细无声，即在于此。笔者认为，记者应该树立"我"在现场，但"我"不在节目中这一意识，"我"以现场的视角传达信息，但隐藏主观的"我"。在这样的报道思路中，核心是"人"，人的语言、命运、情感、个性，通过节目中的中心人物来承载和传达。

新闻因人而生动。"故事人物化就是让新闻故事的主人翁立起来，用人物的命运变迁和具体感受来加深人们对新闻的印象，为新闻的主题服务。"[①] 故事需要人物去承载，需要中心人物去讲述。因此，新闻事件中，人物的选取至关重要。在电视媒体黄金时期，美国《60分钟》原制片人唐·休伊特说："我们不是讲故事的人，我们的对象比我们更擅长讲故事，我们只是帮助他把故事讲得更好。"[②] 也有从业者认为："人物是可以而且足以同时承载理性与感性的，从人物切入是一个巧招。"[③] 在视听报道中，没有有个性、有吸引力的人物，事件就失去了叙事的灵魂。如果我们把所有技巧比喻成一个圆，"人"的因素就是这个圆的核心，所有的采访、报道、叙事技巧最后的落脚点都是在"人"上，即使是动物世界、自然奇观，也都是以拟人化的形式或被赋予人文色彩才显得生动有趣。因为，观赏节目的是"人"，是具有共通情感的人。

有人说，只有不好的采访，没有不好的采访对象。这是强调记者在采访中的主动性与采访能力。在实际的操作中，选择了一个好的采访对象能起到事半功倍的效果。因此也有人说，好的采访对象如同好新闻，可遇而不可求。

图 5-2-1　故事人物化

---

① 叶子.电视新闻：与事件同步[M].北京：北京师范大学出版社，2007：98.
② 周炯.用好方法讲好故事：管窥美国CBS《60分钟》节目的成功之道[J].今传媒，2005（3）：49.
③ 孙玉胜.十年：从改变电视的语态开始[M].北京：生活·读书·新知三联书店，2003：15.

一、以"人"为核心的报道理念

以"人"为核心的报道可以分为三层来理解,以人为主体、人本意识和对人性的探求,这三个层次是依次递进、逐渐深入的。

(一)以人为主体的报道方法

人是新闻报道的主体,《普利策新闻奖最佳作品集》一书的引言中,着重谈到了人作为新闻报道的核心因素:"新闻之所以重要,主要有一个原因,那就是——人。它写人,影响人。而且通常只有当它对人有影响时,最无生气的题目才会显得重要。""人是新闻的理由,写新闻时每个记者都应从人的角度去探索。""记者写人越多,新闻报道对读者就越有趣、越重要,人比无生命的事实更令人感兴趣。人的题材更易于唤起读者的反应。"① 哥伦比亚大学教授麦尔文·曼切尔也说:"对于涉及抽象的东西——思想方针、政策、发展等方面的报道,这个技巧是有用的。它的要求是:找出一个人,一个有代表性的人,他是受影响的,或者被卷入的,把这个人作为某一情况,或者这一情况的原因或后果的例子来写。"② 就如我们耳熟能详的一句唐诗,诗人李绅在《悯农》中写道:"锄禾日当午,汗滴禾下土。谁知盘中餐,粒粒皆辛苦。"放在诗人面前的是一碗白米饭,而诗人却感悟出这背后的"人"的因素。

下面我们再来看看《满月》(*Full Moon*)③这条报道:

---

① 斯隆,等.普利策新闻奖最佳作品集[M].丁利国,等译.北京:中国新闻出版社,1987:13.
② 曼切尔.新闻报道与写作[M].艾丰,等编译.北京:中国广播电视出版社,1981:59.
③ 美国全国广播公司,2012年5月6日播出。

图 5-2-2 《满月》截图

导语：昨晚，如果你所在的地区天气状况良好，你能有幸看见满月，这是月亮在运行轨道中离地球最近的一次，形成了令人窒息的美景。

解说词：这周末迎来今年最大、最圆的月亮，它照亮了世界各地。

观测月亮的孩童（同期声）：壮观，太壮观了。（人）

解说词：洛杉矶的市民爬到了山顶上，想透过望远镜看到更近的月亮。（人）

观测月亮的市民：天啊，真是不可想象。（人）

解说词：其实你不需要借助望远镜看到这一美景，它就呈现在我们眼前。（人）

专家（采访同期声）：我们称之为"超级月亮"，因为一年只有一次。

解说词：这次的月亮比它绕地球轨道上的其他位置要近30000英里。天文学家称之为近地点。

专家：近地点再加上满月，这次的月亮就特别亮。

解说词：而且比通常的满月更大。而诸如希腊雅典神庙附近的居民，俄罗斯的天主教堂附近的居民，佛罗里达的钓鱼人都能看到这一令人窒息的美景。这是宇航员从国际空间站里发到推特上的照片——超级月亮。除非遇到多云天气，每个人都能享受到这月光，从阿尔卑斯山，到罗马角斗场

（Colosseum），再到巴西里约热内卢标志性建筑。（人）

观测月亮的市民：你能看到不同的颜色，白色、银色、灰色、黑色，有很多你无法想象到的细节，太美了。（人）

解说词：专家说在未来几天的时间里，你都能看到满月，而下一次这样的完美月色要等到2029年了。

仔细分析《满月》这篇稿子，我们不难发现报道者仅仅简要分析了最大、最圆、最亮的"满月"的科学原理，而把更多的镜头和解说给了与这枚"满月"发生关系的不同地区的人，展示"满月"恩泽不同地区的光辉，带给不同人的惊奇与欣喜。唐代诗人张若虚在《春江花月夜》里歌咏："人生代代无穷已，江月年年望相似。不知江月待何人，但见长江送流水。"宇宙的博大固然让人难以企及，但宇宙正是因为万物之灵——人，才变得生动、有意义。

这个例子告诉我们，记者在新闻报道中也应该充分关注事件背后的"人"的因素，挖掘事件背后的"人"的故事，报道才会呈现出立体而丰富的一面。新闻报道要想吸引人、感动人，就必须突出人的主体地位，以"人"为核心。

（二）人本意识

从方法论上来说，视听媒介直观形象的特点对于表现"人"具有独特的优势。从报道观念来看，记者应该具有人本意识，以"人"为中心，具有体察普通民众感受、悲天悯人的人文情怀。中国古代儒家思想的"老吾老，以及人之老；幼吾幼，以及人之幼""己所不欲，勿施于人"等观念都体现了人本意识。《论语·乡党》记载了两千年前儒家思想家孔子的一则故事："厩焚。子退朝，曰：'伤人乎？'不问马。"这讲述的是马棚失火，孔子退朝回来，只问伤着人没有，没有问马怎么样。这是孔子仁者爱人思想的反映，是尊重人、重视人的实质体现。

视听报道中对"人"的重视是随着社会的发展而逐渐显现的。过去，社会观念是强调集体，忽视个性；突出"大我"，忽视"小我"。许多俗语也抑制个性的闪现，如"人怕出名，猪怕壮""木秀于林，风必摧之"。过去中国电视媒体的报道大多为"见事不见人""见物不见人""见集体不见个人"，比如灾难报道强调灾难性事件发生时，各地政府部门如何采取措施救助，而忽视对灾难造成的影响、人员伤亡情况的报道。随着社会的开放、思想的发展，报道重点也从过去单纯对政治、集体等方面的重视逐渐转换到对个人的重视，视听报道开始强调人性化、个性化的因素，逐渐开始以"人"

为中心结构报道。从"人本意识"来看，记者应该具有对时代、社会发展的前瞻性思考，顺应时代潮流，在新闻报道中体现出开放、包容的心态以及对人类终极关怀的意识。

但在实际操作中，我们还是会或多或少地表现出对"人"的忽视。比如，近年的许多天象及自然景观的电视直播往往强调直播的规模和技术，强调直播中的自然景观而忽视现场真正的主角。从这里可以看出，记者是否具有人本意识，是否站在用户的角度着想，将会直接影响新闻的方向。

纵观 30 多年来中国电视和视听报道的发展，围绕"人"的因素，我们可以看到有这样三个发展趋势。第一个趋势是人物专栏节目逐渐增多，栏目逐渐成熟。从中央电视台新闻改革之初的《东方时空》的子栏目《东方之子》到《实话实说》《艺术人生》《面对面》《高端访问》《新闻会客厅》《人物》等各种人物专访和人物传记节目，在形式、人文故事、人性探求等角度都做了有益探索并逐渐成熟。凤凰卫视等其他电视媒体，也在丰富着人物访谈、人物精神探求类节目的内容，如《鲁豫有约》《杨澜访谈录》《十三邀》等。第二个趋势是新闻栏目、纪录片中以人性探求、以"人"为基点的报道与创作得到了极大扩展，中央电视台的《新闻调查》，江西卫视的《传奇》，"5·12"汶川大地震的直播报道，中央电视台纪录片《再说长江》《香港十年》《澳门十年》《大国工匠》《舌尖上的中国》等，央视新闻的短视频《我的故事》，北京广播电视台的微纪录片《中国梦 365 个故事》等都能折射出普通劳动者、平凡"人"在其中日益凸显的趋势。第三个趋势是电视媒体逐渐开始以普通人为主角，以普通人的情感为核心，幸福着普通人的幸福，感动着普通人的感动。中央电视台的"走基层"等节目，把镜头对准各行各业、各个阶层的普通人。正如白岩松所说："我们要把人放大，人要有名字、有故事。"这里的"人"即普普通通的"人"。在视听新媒体时代，"自媒体"催生了千千万万普通人生活和故事的分享，他们成为自我创作的主角：《人民日报》新媒体中心的年终盘点短视频《2022 这一年辛苦了，2023 加油》展现无数个普通人的感动瞬间；澎湃新闻的短视频《手机里的武汉新年》展现新冠疫情后无数个武汉人记录的城市复苏瞬间。

人本意识还意味着记者要深入生活去感受。记者应该主动去感受采访对象的命运与内心，在报道中呈现出平等、真实的状态。在我国十几年来的"走、转、改"报道中，记者能够深入普通百姓的生活，"走近你，依靠你"，涌现出许多有真情实感的作品。但是，其中也会有一些问题，即有的记者会以同情、怜悯之心采访被访人，比如采访边远山区的上学的孩子，会不自觉地将"苦难"色彩投射到被访人身上，这样的采访其实是不平等的，是理解"人本意识"的误区。一些报道对典型人物的塑造过度美化、任意拔高，违背人情常理，罔顾实际"开美颜，加滤镜"，或者脸谱化、简单化，沦为"低级红""高级黑"。这都是缺乏人本意识的表现，效果适得其反。

图 5-2-3 《2022 这一年辛苦了，2023 加油》截图

（三）对人性的探求

"所有被称为伟大的故事，都来自伟大的创意，几乎所有伟大的故事创意中，都有一种人性的展示。"[①] 人性具有永恒性，描写人性构成了文学作品中的重要因素。高尔基说："文学是人学。"同样，让视听报道生动的元素也是报道的事件中所牵扯出的复杂的人性，人性中的善、恶、美、丑应是报道中不变的核心。中央电视台《新闻会客厅》原制片人包军昊认为，人性与故事性是《新闻会客厅》的两个核心因素。"所谓人性与故事性，是指无论是高官，或者平民百姓，栏目都从人性的角度出发，挖掘他背后的东西。正所谓'勤会高官贵人，常见布衣百姓'。"[②]

电视媒体黄金时期的一些优秀的调查性节目，如《寻找小王丽的家》中遗弃女儿的继母、父亲，《收棉时节访棉区》中欲盖弥彰的员工，《"罚"要依法》中蛮横无理的交警，《透视运城渗灌工程》中弄虚作假的地方官员等，这些电视新闻报道正是因为真实地呈现了人性中复杂的一面而让人印象深刻。

人性同样也是复杂而深刻的，不是非黑即白、界限分明的简单集合体，而往往处

---

① 布隆代尔.《华尔街日报》是如何讲故事的 [M].徐扬，译.北京：华夏出版社，2006：213.
② 包军昊，张晓明.相聚《新闻会客厅》[M].北京：文化艺术出版社，2006：29.

于一种矛盾与冲突中。正如英国当代诗人西格夫里·萨松（Siegfried Sassoon）在其诗作《于我，过去，现在以及未来》（In Me, Past, Present, Future Meet）中的不朽名句"In me the tiger sniffs the rose"，其中文含义是"我心里有猛虎在细嗅着蔷薇"[①]。它表现出人性里两种相对的本质，同时更表现出这两种相对本质的调和。《与神话较量的人》中刘姝威的矛盾与挣扎；《乡村里的中国》里的杜深忠，拥有中国农民的老实本分，一辈子面朝黄土背朝天，他依然守护艺术热忱，通过写字、学琵琶等，提升个人情操与思想境界；《城市梦》里带着家人在武汉街头摆摊维生的王天成，身患重病，与城管上演阵阵"猫鼠游戏"，像只"老母鸡"一样守护家人和"领土"；《摇摇晃晃的人间》中的脑瘫诗人余秀华，命运如同不能自已的步伐，摇摇晃晃，但她把灵魂寄托于诗歌写作，成为诗人后，亦遭非议，她依然倔强，追求肆意洒脱的诗意人生；《黄河尕谣》里乘着羊皮筏子离去归来的张尕怂，凭着黄河民谣在大城市开始孤注一掷的寻梦之旅，他一头扎进钢筋与混凝土筑造的现代都市，嬉笑怒骂、肆意歌唱后却离自己的初心越来越远，直到爷爷去世后才明白黄河边的小村庄才是心安之所……这些真实的人性刻画无不表现出这个真实世界的多样性。

我们过去的新闻报道往往把人展现得过于简单、千人一面，尤其是典型人物、宣传人物，这种缺乏深刻人性本质刻画的人物也就缺乏真实感和亲近感，报道本身因而缺乏说服力。一个优秀的人物也会有小缺点，但这些缺点并不妨碍其人性中的光辉，恰恰是这些小缺点让他成为一个有血有肉、有个性、有趣味的人。因此，我们的报道没有深入到人的因素，没有从人的角度去体察事件的时候，就会因缺乏个性而成为简单的概念与说理。比如，在报道一些典型人物的时候，往往展现他因为工作的关系，长年无暇顾家，但是家人非常理解。这样的家庭关系描述成了刻板印象，缺乏人物的个性，但这样的价值观值得提倡吗？"三过家门而不入"只应该是个别时期的现象，一个成功的人应该事业和家庭兼顾。比如，美国纪录片《执法精英》（The Bureau）第二集中，警官看到惨死的女大学生后，在接受采访时表示："这样的状况我永远不会希望发生在我自己家人的身上，保护这些年轻人是我的责任。"采访虽然将主人公的家庭一带而过，却确立了主人公富有责任感的家庭观，并且合理地解释了主人公从事警察职业的心理动机。

二、中心人物的选取方法

所谓中心人物，在于其是在众多新闻当事人或者见证者等之中被挑选、挖掘出来

---

① 余光中. 左手的缪斯：余光中原版散文集典藏本［M］. 北京：北京联合出版公司，2017：209.

的，其中就需要对中心人物进行研究、选择和挖掘。

（一）引人注目的"中心人物"

西方新闻报道也遵循一个"3C"原则，即"Compelling Central Character"，意为"引人注目的中心人物"，如果更准确地表述"Compelling Central Character"，意为"引人注目的中心角色"，既包括人也指物。在这里，中心人物是一个概述，阿尔·汤普姆金斯指出，实际上在报道中，中心角色通常是一个人，但有的时候也可以是一些事物，比如老教堂、墓地等一切能够激发起用户情感的形象性元素。中心角色的设置是节目传达信息、讲述故事的重要机制。①中心人物的提出，要求报道"有人物驱动的戏剧化故事"，**找到一个强有力的讲故事的人物，尽快地在屏幕上放一张脸，放一张能够生动地讲述故事的脸。**

我们可以把中心人物作为报道的一个切入点，让人物故事牵带出需要叙述的主题。最好的中心人物是能够贯穿节目始终的。比如，新华社在中国共产党建党95周年之际推出的短视频《红色气质》，选择了瞿独伊这个中心人物。瞿独伊是瞿秋白唯一的女儿，又与中国共产党同龄，是新华社驻莫斯科首任记者，也是开国大典上的俄语播音员，这么多的条件赋予瞿独伊在此片中无可替代的中心人物的地位。短视频《新中国密码：15665，611612！》找到曹红雯女士——年过七旬的她正是《没有共产党就没有新中国》的曲作者曹火星的女儿，人物的典型性不言而喻。短视频以乐曲为主线，串联起响应脱贫政策、组织船民上岸并成立工程队的江城财，汶川地震中被困56个小时后获救的幸存者贾正娇，治沙英雄王友德等人物，牵带出抗日战争、开国大典、解放军进军西藏、首颗原子弹爆炸、恢复高考、深圳特区建设、汶川地震、脱贫攻坚等节点性事件，在有些体量较大的报道中，可以用不同的中心人物承载不同的主题。

图 5-2-4 《红色气质》截图

---

① TOMPKINS A. Aim for the heart: write for the ear, shoot for the eye: a guide of TV producers and reporters [M]. Chicago: Bonus Book, 2004: 35.

图 5-2-5 《新中国密码：15665，611612！》截图

（二）中心人物的选择

视听报道中心人物的设置不仅仅是主题表现与叙事上的策略，也是适合于视听媒介特点与表现形式的手段。因此，中心人物的选择要从多方面来考虑，这样中心人物才具有个性，又具有代表性、典型性和共情性，能起到以一当十的作用。

1. 中心人物的功能

具体来说，视听报道中的中心人物至少承载着如下功能：

第一，选择的中心人物具有典型性和代表性，代表一个群体或者一个集团的整体形象。中心人物具有以个体反映整体，以个性反映普遍的功能。从中心人物切入叙述，反映了以小见大认识事物的方式，也体现了以点带面的报道手法。

第二，中心人物被卷入事件中，报道通过展示中心人物的行为动态、矛盾冲突推进叙事的发展，这与故事叙述的核心思想不谋而合。

第三，通过中心人物的语言、行为等动态因素，报道以人际交流的方式向用户传达信息。

第四，中心人物使节目蕴含丰富的人文内涵，从而摆脱概念与说理的简单状态，呈现出生动而丰富的人文信息。

2. 中心人物的判断标准

好的采访对象可遇不可求，尤其在突发事件中，遇到合适的即兴采访的对象更需要运气，但这并不意味着记者不去寻找、发现、选择和激发。在有采访准备的报道中，我们更应当精心选择人物，将掌控权抓在自己手里。

如何在纷繁芜杂的生活中去发现中心人物？如何在事件中梳理出中心人物？具体而言，节目中的中心人物可以用以下标准判断：

第一，中心人物首先是事件当事人、核心人和见证人，是离现场最近、对事件细节信息最为了解的人物。我们选择采访对象作为中心人物的时候，可以设置这样的问题来判断其在事件信息方面的权威性。"事发时，你在哪里？""你从事这项工作有多少年了？你对这个问题关注多长时间了？（你有足够的经验吗？）"

在人物对事件的权威性判断上，有人提出过"同心圆"理论[①]：

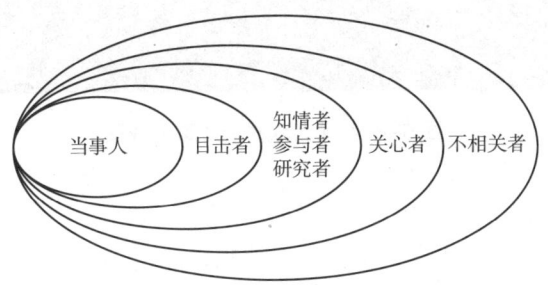

图 5-2-6　中心人物的选择

- 在这个同心圆中，居于中心的是当事人——与事件有直接关系的人。需要强调的是，当事人分为两种：一种是制造事件的人，一种是被事件影响至深的人。"当事人，是事件的参与者，他们要么促成了事件的发生，要么受到事件的直接影响。"[②]《大众村的故事》中的中心人物——具有责任担当，心系百姓的村党委书记李军，为了村子的可持续发展，敢于砍掉村子长期收购废品导致环境恶化的生存模式，转型新发展。村里两个代表性人物，一个是善于洞察商机，率先改革转型获利的村民邱永信，一个是转型不顺的村民史天鹏。他们是受到影响的人。他们共同构成了这个故事的当事人。

《大众村的故事》二维码

[①] 包军昊，张晓明.相聚《新闻会客厅》[M].北京：文化艺术出版社，2006：151.
[②] 布隆代尔.《华尔街日报》是如何讲故事的[M].徐扬，译.北京：华夏出版社，2006：24.

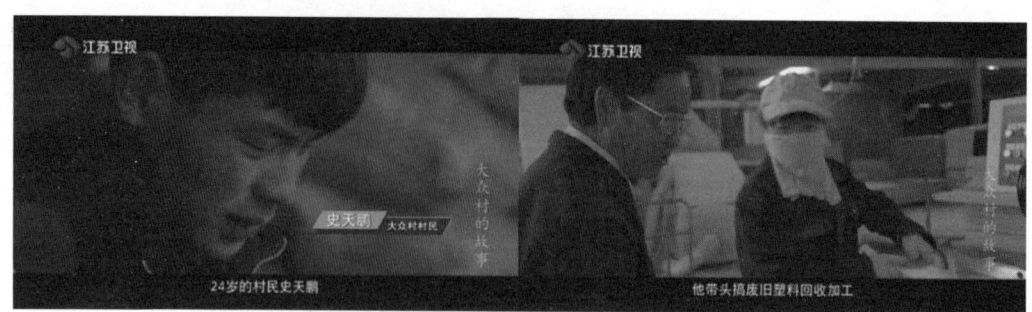

图 5-2-7 《大众村的故事》截图

- 在当事人外围的是目击者，也就是事件见证人。
- 在目击者外围的是知情者、参与者、研究者，他们是长期关注事件、对事件前因后果有深入了解的人。
- 最外围的是与事件毫无关系的人。

在这个同心圆的结构中，当事人、目击者、知情者、相关人的重要性和地位是由内而外递减的。因此，记者对中心人物的选择也是从内到外，依次进行的。

第二，中心人物具有典型性。中心人物能够折射出一个群体的形象。他有这个群体相通的情感，他身上集中体现这个群体共同的特点。比如，短视频《父亲·我们·时代》①，从父辈的眼神穿越，以相框为载体，回望 40 年来一幕幕"点睛"时刻，

《父亲·我们·时代》二维码

致敬改革奋斗者。报道通过一个个相框中的"父亲"，讲述一个个生动的改革故事：打破大锅饭的步鑫生，个人承包国有企业第一人的马胜利，第一个突破雇工数量限制的个体户年广久。屹立于改革开放潮头的代表人物，不仅是改革的弄潮者，也是时代背景下的普通人，是一位普通的父亲。②又如，江苏广电融媒体新闻中心的新闻纪录片《了不起的赶路人》，聚焦了大货车司机这一群体，但并没有停留在人间冷暖和个人奋斗的层面，而是精选典型公路、典型司机和典型货物，通过赶路人的视角展现中国的发展。

《了不起的赶路人》二维码

第三，中心人物视角的多样性。对于动态事件类的新闻报道而言，要真实地呈现事件信息，在有限的采访时间和有限的节目篇幅里，应该

---

① 新华社通讯社.《父亲·我们·时代》系列创意互动报道［EB/OL］.（2019-05-23）［2023-11-20］.http：//www.zgjx.cn/2019-05/23/c_138082764_2.htm.
② 笔者对新华社记者姚竣译的访谈内容，2020 年 2 月 24 日。

考虑所选择的采访对象的视角多样性。不是说选择的人物越多，节目所呈现的信息就越丰富，应当是选择的人物所代表的视角越丰富，事件信息的呈现才越立体，节目信息才越丰富。所谓兼听则明，偏听则暗，对一个事件的还原，有正、反、中立的视角，有当事人与旁观者的视角，事件才会更加明晰。

第四，中心人物具有个性。中心人物是我们"熟悉的陌生人"，中心人物不是符号，不是抽象的个体，不是千人一面、毫无特点的人物，而是承载着普遍情感，但又具有独特故事和个性的人物。正如有人所说："关于人物……不是为完成采访而说话的'工具'，不是某一因节目需要而出现的'身份'，而是有血有肉、有个性、有真正喜怒哀乐的活生生的人。"① 威廉·E.布隆代尔认为："当事人的所作所为或者他们的言语中，必须有一些令人感兴趣，又与事件紧密相连的信息。"② 在实际的报道中，有的典型报道追求"高大全""大而空"，唱高音高调，不仅不能让人信服，反而让人觉得面目可憎。比如，"默然姐姐，28 天连续加班，没换过衣服，没洗过头。在执行局干警的心中，她就是女神、女超人……""夫妻新婚之夜抄党章""干部大白天点马灯学党史""91 岁老奶奶在轮椅上坐了 3 年，伴随一首熟悉的红歌竟站起来跳起了舞蹈"。这些报道用力过猛，任意拔高的场景营造和人物设计，缺乏真实性，弄巧成拙，无法打动用户，反而引起反感，使正面宣传适得其反。

第五，中心人物具有命运感。中心人物具有个性化的、曲折的经历。这样的经历使人物离用户既近又远，从艺术上来说即"熟悉的陌生化"。远，意味着人物的故事、经历中新鲜的东西能让用户好奇，不致因太过熟悉而产生乏味感；近，意味着人物本身折射出与用户相通的情感——美、丑、善、恶、坚持、忍耐、奉献等都可以与用户产生共鸣的联系。比如 2009 年，英国独立电视台（ITV）的《英国达人》（*Britain's Got Talent*）选秀节目吸引了全世界的目光。目光聚集的焦点就是参加比赛的一位普通的英国苏格兰乡村农妇"苏珊大婶"。苏珊时年 47 岁，出生时因为缺氧患上认读困难症。她未曾婚嫁，与母亲居住在一起，喜欢唱歌。在其母亲去世之后，苏珊参加了《英国达人》选秀活动，按照她的说法是想进入歌唱界以及嫁给一位如意郎君。在选秀之初，面对这位来自苏格兰小镇的农妇，评委和观众都对其表示不屑。但是苏珊以一曲《我曾有梦》（*I Dreamed a Dream*）技惊四座，她独特的经历与近乎专业的歌唱技巧迅速成为节目的核心因素，吸引了众多观众的目光。虽然苏珊的成长经历奇特，与许多观众的经历相去甚远，但是她在比赛中所表现出的坚持、真诚、率真、心无旁骛的人性情感

---

① 包军昊，张晓明. 相聚《新闻会客厅》[M]. 北京：文化艺术出版社，2006：29.
② 布隆代尔.《华尔街日报》是如何讲故事的 [M]. 徐扬，译. 北京：华夏出版社，2006：24.

却与他们相通,这个"阿甘"式的人物故事成为电视媒体与互联网争相报道的热点。

在中央广播电视总台每年的"新春走基层"系列节目里,记者深入各个工作基层进行报道,但如果只是单纯地描述,显然不具有吸引力。为了从看似平常的工作岗位中找到精彩的故事,记者们下了番苦功夫。比如,2015年"新春走基层"的报道《只为多看你一眼:一条红围巾,"团圆"6秒钟》,选取的是李佳妮带着孩子看望春节仍坚守在岗位上的丈夫——一位驻扎在甘肃武威乌鞘岭隧道口的武警战士的故事。因为孩子有高原反应,无法到爸爸驻扎的单位探亲,李佳妮只能带着孩子坐上路过丈夫哨岗的火车。为了醒目,徐佳妮特意披上了红围巾。由此,形成了一条围巾和一次短暂团圆的报道。

《只为多看你一眼:一条红围巾,"团圆"6秒钟》二维码

《铁路小夫妻:天涯的重逢》二维码

《相约在零点37分》二维码

《向春而行 烟花照归途》二维码

2017年"新春走基层"节目《铁路小夫妻:天涯的重逢》,则选择报道从沈阳开往海南三亚的列车上,一对分别在不同车次列车上值班的年轻夫妻,他们只有在两列火车擦肩而过的时候,隔窗相望。2019年的《相约在零点37分》展现了铁路司机郝康和列车乘务员雷杰在车站短暂见面时的真情流露。2023年,《向春而行 烟花照归途》在铁路爱情的主题下新寻找到了陕西夫妻杨蓉蓉与郭龙飞的故事。当郭龙飞驾驶的火车即将驶过家门,杨蓉蓉与家人点燃烟花,照亮家的方向,以独特而新颖的烟花之约实现"团圆"。看似平凡的工作,却因为极致化的、个性化的戏剧故事和人物,让这几则报道充满了新意。此类在新春之际报道特殊的爱情主题,传递出普通人对爱情的坚定、对亲人的思念、对团聚的渴望,以最朴实的故事和最踏实的讲述,触及观众心里的柔软区域。值得一提的是,这些"出圈"的"走基层"报道,已经呈现出互联网情感性、情绪性的气质,记者需要把握新闻表达的"度",传达温情,避免煽情,从而引领价值导向。

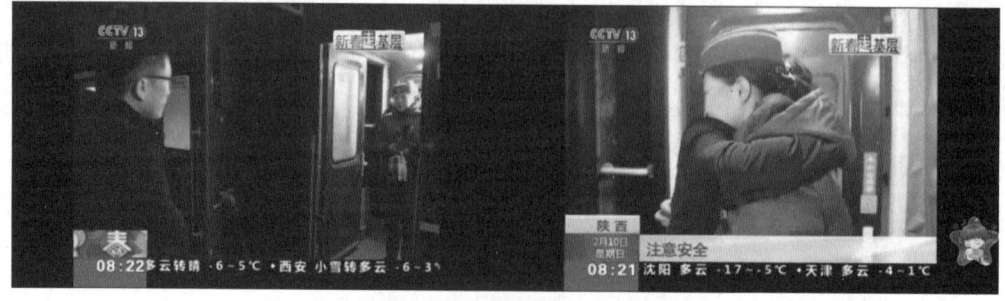

图 5-2-8 《相约在零点37分》截图

图 5-2-9 《向春而行 烟花照归途》截图

第六，中心人物具有目标感。前文中，我们分析选题具有故事性乃在于，中心人物面临挑战，要作出抉择和行动。因此，不平淡的叙述一定是所选取的中心人物有目标感，为达成一个目标所展开行动，有了目标感才有动力，才有行进中的事件，才有发展和变化。这也就是我们在选题、选人、选事时必须衡量的要素。如果一个选题以及中心人物没有任何改变现状的动机，只是日常工作生活的记录，叙述就没有发展，也就不是一个好选题，无法形成叙事推动力。

第七，中心人物能在镜头前讲述故事、表达情感。由于视听媒介自身的形象性，中心人物需要通过其行为、语言、表情、手势等形象因素来传达信息。在选择中心人物的时候，必须考虑其在镜头前的表达能力。一个表达能力强的中心人物，会在记者的采访中自然、生动地讲述自己的故事，传达信息，从而使节目生动，富有感染力。

3. 中心人物的"借力"

中心人物首选事件的当事者，《红色气质》中的瞿独伊、《再说长江》中的冉应福、《大众村的故事》中的村党委书记李军……生动的作品背后往往有鲜活的人物作为支撑。总的说来，视听报道里的中心人物取决于记者的发现、判断与选取，这需要记者花费大量的时间去筛选与判断。但是，新闻是与时间赛跑的，在通常的情况下，我们没有充足的时间去占有资料、筛选人物。因此，对中心人物的选择常常无法周全。其实，在这个问题的具体处理上，我们既要坚持在事件与生活中去寻找与发现，同时也应该打开思路，借势而为。

我们在前文中着重谈到了事件当事人、亲历者、见证者等作为中心人物的作用。除此之外，需要注意的是，在某些情况下，记者本身就是一个很好的讲述故事的中心人物。体验式采访报道的记者、调查性报道的记者，他们的寻访与调查为用户带出事件背后的信息，通过记者的出镜报道为用户讲述事件的来龙去脉。美国 CBS 的《60 分钟》、中央电视台的《新闻调查》等调查性栏目无不是以记者作为节目中揭开事件真相的中心人物。认识到记者能够成为报道的中心人物，有助于增强我们采访与报道的主动性。在有些纪录片中，当纯粹、冷静的记录无法在短时间内集中表现缓慢的生活状态时，记者的实时交流就成为可能，借记者与对方的交流把散漫的生活状态集中呈现出来。比如纪录片《运行中国》第一季，如何用可视化的具体方式呈现中国城市化这一宏大的命题？在节目开篇，编导组让美国主持人丹尼·福斯特在上海攀登能够俯瞰金贸大厦的在建上海中心大厦的顶层。这一设计可谓巧妙，既带出了城市化的主题，也形象地呈现了中国的发展速度。在这里，主持人就是一个很好的讲述故事的体验者。

《运行中国》
二维码

图 5-2-10 《运行中国》截图

除记者自身之外，还可以引入第三方，比如专家、研究者，把这些常年研究某一事物的人引入事件中，借其力推动故事的叙述。比如，电视纪录片《鸟瞰中国》里的城市建筑摄影师郑宪章。

《幸福照相馆》
二维码

在视听新媒体时代，我们要清楚认识到，除了以上三类人物之外，每一个用户都能成为今天视听报道的中心人物。在社交连接的时代，与视听内容交互的用户，与报道者共同建构了信息。比如，《快看啦！这是我的军装照》《幸福照相馆》等，以用户上传照片或穿上军装照或形成全家福照片为表现形式。在"自媒体"时代，每一个用户成为报道中的主角，评论、交互等行为为报道注入新的活力。

除了以上列举的种种借力之外，我们还可以借助"托物言志"的方式，在中心人物的"物"上做文章。

4. 中心人物的"物"

正如前文所言，"引人注目的中心人物"除了节目所选择的人以外，也可以是"物"。这个"物"是一个形象化的载体，是讲述故事的一个支点。比如，新华社的短视频《父亲·我们·时代》[①]以罗中立的油画《父亲》开篇,选择这幅油画,不单是因为画的名字是"父亲",它更是一个形象的缩影,极具标志性的作用。《父亲》画中人的原型是大巴山一位老农民,它代表了改革开放前中国人的困苦和渴望的迷惘状态。本片从油画《父亲》出发,以画框为贯穿始终的标志性物件,通过一个个画框中的"父亲",讲述一个个生动的改革故事。画框中"父亲"的形象在变,展露在改革开放潮头的代表人物形象也在不断变换,但不变的是画框所承载的"父亲"的概念。

托物言志、借景抒情,中国传统文学作品早已为我们树立了许多经典案例,正如"红豆生南国,春来发几枝",借咏红豆而寄相思之情。记者在报道现场时,可留意能不能找到推动叙事向前的形象化载体——物件。一张老照片、一块石头、一棵树都是记者感悟现场时的所得,是能够传达现场的形象载体。记者寻找形象化承载物的过程,实际上就是报道主题聚焦、提炼的过程。比如,《看见》栏目纪念日本海啸一周年的《气仙沼的这个春天》,是这样开始的:

镜头:远处海边的松树,为记者引路的当事人平山仁义。

同期声(当事人平山仁义):现在看到的那棵松树,看起来像条龙,经常用在报道里。

镜头:松树的全景,俯瞰气仙沼的全景。

解说词:这棵树还活着,它站立的这片海滩,在日本东北地区的沿海小城气仙沼。一年前,日本大地震,这里被史无前例的巨大海啸洗劫。

镜头:平山仁义走近松树。

解说词:这棵树成了它的同伴中唯一活下来的。

镜头:平山仁义介绍。

同期声(平山仁义):没错,原来这里有更多的(松树),现在只剩下这一棵。这是原来那一片里靠边的一棵。

镜头:平山仁义和松树。

解说词:灾难过后,海滩上几乎所有站立的东西都已不在。后来,人们意外地发现了这棵还活着的树,于是叫它"复兴之树"。每天,都有人来看它,希望从它身上获得力量。

[①] 新华社通讯社.《父亲·我们·时代》系列创意互动报道[EB/OL].(2019-05-23)[2023-11-22]. http://www.zgjx.cn/2019-05/23/c_138082764_2.htm.

节目从一位幸存的当事人和一棵幸存的"复兴之树"开场，具体、形象。在地震后，美联社的一则消息报道，日本陆前高田的海岸边曾经有一片古老的松树林，全国闻名，但在地震当天发生10米高的海啸后，海水淹没了整片树林，最后只剩下了一棵顽强的松树，这棵松树有250多年的树龄，而它也成了当地人乃至全日本人震后重建的精神寄托。节目以寻访松树为开头，本身就传达了记者的情感与寄托，就如这棵松树的象征意义——希望、力量，正如一位接受采访的当地居民所言，这棵松树就像是黑夜里的一点光，给了他们信心和力量。

图 5-2-11 《气仙沼的这个春天》截图

"感时花溅泪，恨别鸟惊心"，报道中形象化载体"物"的背后其实还是"人"，是生命，是人之"情"，记者不是为了"物"而报道"物"，而是传达出生命的体味。作家沈从文说："即对于一切自然景物，到我单独默会它们本身的存在和宇宙微妙关系时，也无一不感觉到生命的庄严。"①

5. 中心人物的"回环"设置

在节目叙事中，当我们选择了一个中心人物承载主题的时候，实际上是选择了从一个个案入手，但是这样的个案需要由点到面地提升，从单一个案到普遍现象扩展。提升、扩展以后，又该如何进一步把握呢？经典节目的叙事规律是在节目收尾处回到中心人物，形成一个由点到面再到点的回环结构。比如上文提到的《气仙沼的这个春天》，节目结尾处，又回到了海边这棵"复兴之树"，回到了这个象征生命不息、希望不止的象征物。这样的"点—面—点"的报道方式成了一个样板，比如《去远方》（ *Going the Distance* ）②这条报道，讲述美国出现了越来越多的奔波于生活与工作之地的工薪族——超级通勤者（super commuter），节目是这样开始的：

---

① 沈从文.水云：沈从文散文［M］.南昌：江西人民出版社，2018.
② 美国全国广播公司《晚间新闻》，2012年4月12日播出。

解说词：休斯敦这个木工工房每天都很早开工，但是这里没有人比罗德尼（Rodney Beseda）起得更早，他每天早上4：15离开家，因为他每天的上班路程单程就要95英里。（从一个个案入手，叙述中心人物罗德尼寻常一天的路途。）

同期声：上路的头5分钟是最困难的，我会想，天啊，我能完成吗？（用中心人物具体的同期声叙述感受，传达观众可以感知的信息。）

解说词：但是他确实这样做了，他一天有三个半小时在车上，一个星期跑1000英里，一个月要花450美元的汽油费。作为4个孩子的父亲，他每天都要在城市间穿梭，他就是我们所说的超级通勤者。现在，生活在一个城市而在另一个城市工作的人越来越多，他就是其中之一。

在此之后，节目转而叙述美国8个大都市的通勤者的故事，由点上升到面。节目结尾，又回到罗德尼：

解说词：对于这些超级通勤者来说，在当前不景气的经济状况下，这是他们为了家庭与生活而采取的迫不得已的选择。对于罗德尼来说，这样做的目的很简单，他生活在这里，家庭在这里，而长途跋涉去工作是为了更好的收入。（从整体现象再回到个案故事，形成回环收尾。）

中心人物的这种回环设置，使叙事由点到面，又从面回到点，中心人物成为一条具体的红线，串起了概念和现象，具象了主题和立意，最后形成首尾呼应，点题结尾。

图 5-2-12 《去远方》截图

三、如何塑造中心人物

当我们发现并确立了一个好的中心人物时，在实际拍摄中，问题又来了，如何把中心人物塑造得自然、生动、有趣？如何把人物的塑造深入到性格精神层面？

（一）需要解决的两个核心问题

一是在认知层面，如何在最短的时间里寻找并发现事件里中心人物的特点、性格和思想。

二是在行动层面，如何通过采访、拍摄将人物的行为、动态细节捕捉、激发并真实自然地呈现出来，以此来展现人物的性格、思想等，使人物在节目中立起来，使节目有血有肉有性格。

（二）中心人物的两个层级

1. 贯穿节目始终的中心人物

一般来说，出彩的中心人物应该贯穿节目始终，其思想与性格才能深入呈现。比如前文提及的《红色气质》中的瞿独伊贯穿节目始终，其性格与精神特质呈现得比较饱满。这样的中心人物在典型性、代表性和可视性等方面都呈现出完美的状态，找到这样的中心人物实属不易。在体量较大的专题或纪录片中，中心人物在事件的起承转合等各个节点都应有所呈现。在时长较短的消息类新闻中，中心人物则起到穿针引线的贯穿作用，比如前文提及的《去远方》中的罗德尼。

2. 代表性的中心人物

《冬奥山水间》
二维码

在有些情况下，一个节目有多个中心人物代表不同的视角，这时，中心人物的主题功能作用远远大于其性格、思想与精神的呈现。比如《父亲·我们·时代》中改革开放不同年代的开拓者和奋进者，而专题片《冬奥山水间》也以设计北京冬季奥运会延庆和张家口场地的不同专家，体现出人与自然和谐共生的中国方案。

3. 中心人物在节目中的两个核心

（1）时间核心

人物在事件中具有绝对的时间占有权。想要塑造人物，必须保证足够的接触时间，因为人物在开篇和关键节点都起着重要的作用。比如，美国刑侦节目《身体证据》（*Body of Evidence*）里，案件顾问黛尔（*Dayle Hinman*）在案件调查的开篇、困惑时刻、关键时刻、豁然开朗时刻等几个节点都出场，占据着核心枢纽的地位，尤其是找到关键细节和证据的时候，她都在场，她的思考、提问、表情、手势、疑惑等细节都在这个过程中呈现出来，虽短暂，但不断反复，久而久之，在观众心目中，一个集冷静、智慧、美貌于一身的干练刑侦顾问的形象便树立起来。比如，在《汉尼拔》（汉尼拔是美国密苏里州的一个小城市，马克·吐温的故乡，也是案件中凶手的故乡以及他埋葬受害者之地）这一集里，讲述一位受害者的汽车停在一个大型超市旁，受害人不知所终，黛尔和刑警来到现场勘查汽车，根据刑警的叙述和她与刑警的问答，马上提出三种可能：第一种是受害者可能因家庭不睦等，自己把车停到超市，然后逃离；第二种是受害人在其他地方被害，凶手把汽车开到超市旁停下；第三种是什么也没发生，这只是伪造的现场。黛尔通过询问刑警，得知受害人家庭和睦，排除第一种可能，把方向指向第二种可能。就是这样一些关键转折点，最能展现人物的性格、经验、智慧等个性化因素。

（2）故事力核心

人物在事件进程中有绝对的推动作用和决定作用。除了时间因素外，如果可以确定主人公是事件发展的故事力核心，也可以帮助其在用户心目中确立主角的地位。故事力核心在于，每一个事件的关键节点（困难—解决的矛盾）都是由中心人物主要发起的。

4. 发现中心人物

视听采访是在真人真事的基础上塑造人物，容不得虚假。记者在采访现场首要的任务是去发现，而非想象和臆造。生活的丰富程度远远大于个人的想象，记者应该心怀真诚地去发现生活中的真实，这样才能打破中心人物刻板印象的误区，形成个性化的展现。

（1）深入沟通

在条件允许的情况下，记者要与中心人物进行深入的、长时间的沟通，围绕着节目主体挖掘真实的故事。这没有太多的技巧可言，甚至于笨拙、真诚与投入，才是一种有效的、"反技巧"的技巧，其本质是人与人之间最朴素的沟通、信任与理解。沟通既有助于了解人物的性格、思想、行为等特点，为主题找到合理、合适的载体；同时，也有助于消除中心人物的戒备心，使中心人物在实际拍摄中放松、自然。比如，《人物》杂志素以触及人性的采访报道见长，其认为在对人物的采访沟通中，"真正的采访从第三次开始",在同人物的反复见面、彼此熟悉的过程中,无论是普通人还是公共人物,才能破除他们天然的"公共面具",从而让记者提出更老到、更直击核心的问题。①

在《廉价蒲草"编"出亿元淘宝村》中,记者在采访前期做了大量的调研和准备工作,节目最终从30多个淘宝店主中选取两个中心人物:一个是湖北工业大学80后本科毕业生安宝康,另一个是年近六旬的农村老木匠张洪文。一个是新生代大学生,一个是传统的庄户人,两代人都被网络改变了命运,人物选择角度多元。安宝康是年轻人的代表,大学毕业后进入县城的一家化工企业工作,但最终不顾母亲的极力反对,选择回家开网店。依靠创新和努力,他的网店收益良好,获得了母亲的理解和支持。安宝康和母亲的转变,正是网络和电子商务在农村发展的真实写照。张洪文是老年人的代表,是连拼音打字都不会的庄户人,更别提用电脑上网,他甚至不知道买家口中的"亲"是什么意思。然而为了开网店,这位农村老木匠把小学生汉语拼音贴在墙上,开始学习 a、o、e。他用"一指禅"的方式打字,虽然很慢,但一笔笔订单就这样做成了。这两个人物个性鲜明,行为、语言鲜活生动。事实上,在记者选定这两位人物之初,情况却并不乐观。"由于没有面对过镜头,两位主人公在面对采访时非常不自然,也很难发掘出真正有价值的东西。这下可让采访组犯了难。为了消除主人公的陌生感,他们每天和主人公待在一起,一起吃饭、聊天、拿货……完完全全地让自己融入他们的生活。最后,主人公在面对他们的采访时,就像老朋友一样娓娓道来,过程很流畅。那位老伯在了解深入以后给采访组留下了很深刻的印象。因为他对智能手机、微信、网络非常感兴趣,节目组就教给他尝试这些新的事物。'他有非常强的学习能力和愿望,我们后来的采访进行得都很顺利。'"②

(2)敏锐观察

在短时间内迅速了解主人公的性格特点实属不易,但是通过观察主人公的言行举止等外在特点,可以帮助记者找到人物的性格特点及可视化的表现方向,有利于在拍摄中捕捉细节,在报道中为塑造人物性格提供思路和方法。

第一,人物对着装是否在意。结合中心人物的职业特点,着装可以侧面反映其性格特点。比如,一般情况下,对着装打扮不太注意,甚至有些不修边幅的人物,性格显现为雷厉风行、不拘小节、行动力强。而对着装打扮比较在意、干净整洁的主人公,

---

① 人物. 真正有关人性的故事是如何浮出水面的 [EB/OL]. (2015-11-10) [2023-11-22]. https://mp.weixin.qq.com/s/f8JqNfrPDhxGnd9VeKP_RA.
② 牟宗平. 用心发现,宗述平说 [EB/OL]. (2015-12-25) [2023-11-23]. https://mp.weixin.qq.com/s/C3fcPdTczLryyYp0sQkDQw.

性格严谨踏实，行事逻辑缜密、注意细节。

第二，言谈举止的多寡。言谈举止可以反映一个人的性格和修养，虽然在短时间内很难对主人公有深入的言谈举止的观察，但是可以从其言谈举止的多少，大致推测出主人公的性格。比如，比较健谈、动作较多的人，性格比较外向；不善言辞、处事安静的人，性格比较内向；说话声音较大、较快的人，性格比较"大大咧咧"；说话细声细语、不主动说话的人，性格可能比较严谨。

第三，有无特殊爱好或习惯。一个人的爱好和习惯同样可以反映他的性格特点。比如，爱好爬山、骑行的人，往往具有冒险精神；爱好钓鱼、下棋的人，性格比较安静，逻辑比较清晰；习惯性看表的人，具有时间观念，追求细节；习惯带着本子，随时记录的人，性格比较踏实，思维比较严谨。例如，在原中央电视台《撒贝宁时间·刑警队长章雍》这一期节目里，记者发现中心人物办公室里的钟表是其非常注意的物件，由此推断章雍十分重视时间观念，为影像的结构和人物的刻画提供了参考方向。

第四，有无特殊的手势、习惯性动作。一个人的手势和习惯性动作，往往可以透露其性格。比如，讲话时动作、手势较多、较大的人，一般比较乐观、开朗、自信；摸着下巴讲话的人，可能比较傲慢，或者过度自信；喜欢抖腿的人，性格可能比较自我，很少考虑他人；常摸头发的人，可能比较情绪化，甚至有些焦虑；常常低头的人，性格和行为则比较谨慎。

（3）通过提问等方式直接获得信息

除此之外，记者在前采时，可以在交流中旁敲侧击地询问主人公及其同事以下几个问题，并观察主人公的谈吐与举止：

询问主人公：
您觉得自己是个什么样的人？
您平时有什么爱好或者习惯？
当您压力比较大的时候，您会怎么缓解？
您最有成就感的一次经历是怎么样的？
您觉得自己最大的优点和缺点是什么？

询问同事：
您觉得主人公是个什么样的人？

他平时有什么特殊的爱好和习惯？

他有特定的动作或手势吗？

他在工作中的什么行为让你印象最深刻？

你和他之间发生的最让你印象深刻的事情是什么？

需要注意的是，以上人物衣着、外貌、形态、语言的观察判断只能作为实际操作中的参考和指向，切不可成为塑造人物的定式。有的时候，出乎意料的反差恰恰能成为新鲜有趣的素材，在反常中蕴含合理性，构成人物鲜活的一面。

5. 合理调动与激发中心人物

（1）行进中的人物

《拾荒十年，不为生计！午夜街头这个佝偻的身影让人动容》二维码

在采访中，让人物动起来、让人物在不同的场景中出现，这不仅是增强中心人物鲜活性的手段，更是迅速确立其成为用户心目中"熟悉的陌生人"的重要手段。

最生动的人物，是让人物自己在熟悉的现场中发声。例如短视频《拾荒十年，不为生计！午夜街头这个佝偻的身影让人动容》，用伴随式采访和倾听的姿态，记录并展现老人的拾荒过程，以及他与路人、家人的交流互动等生活化的场景，老人的述说生动自然。

次级的表现是用他人的叙述或解说搭配人物的摆拍影像，人物的动态只是片段化的展示，无实际叙事上的意义，这多见于一些并未深入采访的电视专题片。

最末级的表现是在主要人物的叙述（解说）下配合空镜头。即人物在镜头前的状态是静止的，用外部描述取代人物的活动，即传统的解说词带画面的方式，这个叙述是静态的，镜头多为非指向性的画面。比如，短视频《老菜场 新市集》展示苏州古城区的双塔市集，白天是菜市场，晚上是夜生活的缩影，片中镜头大部分是片段式的市集和人物画面，配之以解说词叙述，而对主要人物的采访比较静态，形态相对传统。

以上，每一次的降级，都是在削弱人物与用户的接触时间与程度，减少人物与用户的交流。

（2）主动状态下的人物

中心人物被卷入使其生活遇到障碍的挑战中，而中心人物具有强烈的解决问题的愿望，这一动机构成了中心人物强烈的主动性。记者要善于抓取人物在事件中的主动性，同时，合理调动、激发人物的主动性，这样节目才更有张力。

故事的核心是人。对中心人物的塑造是在真人真事的基础上完成的，这需要记者既要动态抓取与调整，也需要前期设计和调度，有相当大的难度。具体动态的采访拍摄，我们在下一章会进一步探讨。

> 记住："新闻之所以重要，主要有一个原因，那就是——人。它写人，影响人。而且通常只有当它对人有影响时，最无生气的题目才会显得重要。""人是新闻的理由，写新闻时每个记者都应从人的角度去探索。"

思考

1. 视听采访与写作具体化的思路有哪些？
2. 什么是故事？故事驱动的叙事有哪些要素？
3. 中心人物具体承载何种功能？其判断标准有哪些？
4. 如何塑造中心人物？

瞬间或大或小，需在动态中捕捉

第六章
视听采访拍摄：动态与细节

在厘清采访特点、选题策划和报道思路之后，本章开始，我们进入现场，而视听采访最具特点的工作方式就是围绕着视觉和听觉展开的信息采制。在采访报道中，动态和细节可以说是记者在事件现场要把握的两个要素，它们对于凸显现场事件和人的本质与特点具有重要作用。而动态和细节也互相关联，在动态中抓取细节，往往能体现鲜活、真实的新闻事件和事件中的人。

第一节 动态采访

作为过程展开的视听采访报道，是动态的结构而非静态的展示。**动态不仅是一种外在的呈现形式，更是一种采访观念、创作理念。**作为纪实观念的核心要素之一，动态观念是一种开放的观念。理解这一点，并不意味着，我们在现场只能听之任之，除了被动地跟随记录，在其他方面毫无作为，而是能够意识到现场的突发性与突变性，从而对现场有更好的预判、有更强的掌控力。拍摄也好，采访也好，选择也好，都能在事发瞬间做出最为优化的拍摄采访抉择。

视听媒介按照时间顺序展现连续的动态画面，其媒介特点决定了我们在现场抓取素材时要展现事物的运动，并以一种动态的方式来结构事件、展现信息。在这里，我们对动态有两方面的理解：一是视听形象的动态，一是动态采访过程。它们既体现在形式上，也体现在内容上。

一、视听形象的动态性

外在的动态性是由视听媒介的特性决定的,因此,强调动态性也就是凸显视听媒介的优势。记者首先应该从这个方面去思考并探寻采访现场一切可以挖掘到的动态信息。

(一)寻找采访现场中的动态因素

从哲学角度讲,事物总是处在运动变化当中的,记者需要明白怎样通过运动来呈现信息。鲁道夫·阿恩海姆说:"运动,是最容易引起视觉强烈注意的现象。"[1]谈到视听形象的动态,我们最先需要思考的问题是如何从采访现场寻找到动态的因素,从而在连续的视听画面中赋予事物以动态感。此"动态"是指事物外在形式方面的动态。

对于动态的事件和人物行为(习惯称之为内部运动),动态的采访拍摄较为自然。对于静态的事物,我们该如何挖掘其中的动态因素?所谓"山随平野尽,江入大荒流",因为诗人对景致采取的是动态抒写,从而构成一幅生动的图景。同理,比如去采访一个新闻人物,通常会加入对这个人物所在环境的空镜介绍。假如这个人物所在的环境是一栋办公大楼,若要拍摄这栋大楼的空镜,记者首先要思考的问题是如何从这栋静止的大楼中找到动态的因素。我们可以对比以下镜头:

  一栋静止的大楼
  一栋人来人往的大楼
  一栋有旗帜飘扬的大楼
  一栋有门转动的大楼

在视听采访拍摄中,哪一种镜头更好?显然后面三种方式更自然、更有动态感,突出了事物的动态因素。然而,有的记者在采访拍摄时恰恰是反其道而行之,为了追求画面的干净、工整,往往会抛掉现场那些相对随意的、富有质感的动态因素。其实,有的时候,来来往往的人群、一些遮挡镜头的事物恰恰能够反映记者所在现场的鲜活感。

具体而言,采访中的动态因素可以从以下两方面来考虑。

---

[1] 阿恩海姆.艺术与视知觉[M].滕守尧,朱疆源,译.成都:四川人民出版社,1998:508.

1. 从静态的事物中寻找动态的因素

这是镜头内部运动,从看似静态的场景中找到动态的人或物。在交代事件背景、环境的段落中,我们通常会使用一些空镜头配合解说词叙述,在这种情况下,首先应当强调画面的指向性,即画面信息与解说信息形成互为补充、互相印证的效果。在此基础上,强调画面中的动态因素。比如短视频《挂壁人》,用镜头展现挂壁公路的打开方式和建设者希望走出大山的强烈愿望,现实环境中抓取的人物动态、飞石滚落与大仰大俯的运动镜头配合,使开掘公路的艰险与人的决心相映衬,体现出人与自然搏斗的奋斗精神。

图 6-1-1 《挂壁人》截图

2. 运用运动镜头

运动镜头,人们习惯称之为外部运动,即通过镜头的机械运动来强调画面的动态,使用走动镜头、摇臂拍摄、无人机航拍以及光学镜头的推、拉、摇、移、跟等方式、虚与实的变换,来突出不断变化的空间、连续发展的时间以及不断延展的生活流程。专题片《冬奥山水间:张家口篇》以张弛有度的镜头运动和无人机航拍画面,把雪如意的壮美以及其与大自然和谐共生的情致较为完美地呈现出来。而在许多历史回溯采访中的事发环境运动展示,实际上就是通过空间运动的方式表现时间,通过运动镜头展现历史事件所发生的现场环境,配以合理的解说词,让用户通过现场环境联想到同一空间环境在过去时间中所发生的事情。比如纪录片《邓小平》里著名的"江西小道"段落里,在叙述到邓小平在江西新建县拖拉机修造厂当钳工时,镜头运动展现了小平同志从工厂到住地经常走的小道,解说词这样说道:

> 江西的冬天很冷,起初邓小平去厂里劳动,走大路,要走将近一个小时,既劳累又不安全,工人们就在工厂的后墙开了一个小门,专供邓小平夫妇出入,从那以后,人们发现,每天清晨和中午,都有两位老人行进在这片

田间，日复一日，年复一年，渐渐地踏出了一条坚实的小道。直到今天，这里的人们还称它为邓小平小道，在这条坎坷的小道上，邓小平走了三年，思考了三年，有人说，中国后来发生的许多事情，就是从这条小道衍生出来的。这里也有一条小道，在江西的日子里，邓小平每天上午去工厂劳动，下午在院内读书和种菜，晚上则沿着院内的小道走上几十圈，那时候，国家的政治经济每况愈下，他的沉重心情是可想而知的。

在这个段落中，镜头在小道上的缓慢运动提供了情境基础，而解说词的叙述则提升了内涵。通过镜头运动与解说词的叙述，观众仿佛被带到了小平同志在江西那段岁月的情境中。

图6-1-2 《冬奥山水间：张家口篇》截图

对于静态事物而言，运动镜头能够起到较好的动态效果。不过，记者要把握的原则是：任何一种方式的镜头运动都必须有依据、有功能意义。镜头运动可以表现空间的延展，也可以表现事物与事物之间的关系，不要为了运动而运动，尤其不要因为无目的的镜头运动而损害了信息的表达。

新技术的发展，为运动拍摄提供了更为便利的手段，其中，无人机航拍不仅提供了鸟瞰的视角，更为现场的运动拍摄提供了便利的手段。它增强了新闻画面的冲击力和表现力，更拓展了我们理解事物的角度。

《独家航拍｜直击西昌泸山山火："水龙"与"火龙"的艰苦拉锯》二维码

比如,《独家航拍|直击西昌泸山山火:"水龙"与"火龙"的艰苦拉锯》[1]报道四川凉山州西昌泸山突发山火,火势直逼人口76万的凉山州州府。记者采用无人机和手持相机拍摄,全景与远景结合,整体面貌与局部细节并重。其中,无人机航拍不仅克服了核心现场难以触达的困难,更直观呈现出火龙与水龙艰苦拉锯的现场,切实反映了当地消防、公安、民兵等多个力量联合奋战救火的英勇顽强,迅速回应社会关切。

图6-1-3 《独家航拍|直击西昌泸山山火:"水龙"与"火龙"的艰苦拉锯》截图

(二)把静态的素材变为动态的素材

采访中有许多素材是静态的,比如文件、报纸、照片等理性素材或者形象素材。这些素材是以空间展开的形式出现的。这时候,记者要充分调动各种形象手段营造动态的氛围,把建立在空间延展基础上的素材变为按时间发展的视听素材。

1. 引入采访等人际交流元素

用对话等人际交流的方式盘活静态的信息。比如纪录片《邓小平》中的"广安老家"里"翻家谱"的段落。在这个讲述邓小平家族历史的段落中,记者没有简单地为我们呈现邓小平广安老家里的家谱画面,如果以这样的形式出现,则画面的形象会单调、死板。相反,记者通过跟随采访拍摄一位阿婆进入祖屋里寻找家谱的过程,带出邓小平的家族历史。我们可以看到阿婆进入昏暗的小屋,打开白炽灯,为记者找出一本发黄的家谱:

《邓小平》
二维码

记者在现场采访阿婆:"阿婆,您识字吗?"

阿婆回答道:"我不识字,我要是能识字,就把这家谱认得完了。"

---

[1] 王云,袁敏. 独家航拍!直击水龙与火龙艰苦拉锯[EB/OL].(2020-04-02)[2024-01-10].https://cbgc.scol.com.cn/news/264138?from=iosapp&app_id=cbgc.

于是，记者拿起家谱，开始诵读上面的文字信息。这段有趣的人际交流与动态采访过程，不仅牵带出小平同志小时候生活过的地域环境，还从现实入手，把我们带到了小平同志的家族历史中。家谱只是一个静态的事物，如何调动采访手段，把这个点上呈现的事物变成流动的画面，这是记者应该着墨的地方。同样，在纪录片《邓小平》"法国岁月"的段落里，在叙述到邓小平等勤工俭学的青年学子下船踏上法兰西国土那一刻的情景时，记者找到了当日的法国报纸。但是记者没有简单地展示报纸的文字照片内容，而是通过一位法国女士读这则消息，这一形象过程让观众生动了解当时邓小平等人到达法国时的场景。发黄的报纸和相片具有浓郁的历史感，但通过当下的采访过程，历史和现实连接的天际线自然呈现。

素材是死的，采访交流是活的。通过以上案例，我们可以认识到，动态是形式，而在形式背后，其实是深刻的创作理念的呈现。在视听采访中把静态素材变为动态形象素材的一个要点，就是从现实着手，找到现实与历史相通的那条天际线，通过纪实的采访、交流段落，赋予其人文信息，并通过这些流动的人文信息带动静态的素材。一切以媒介的视听元素为着眼点，一切以现实着手，一切以人为中心，这样的采访自然会生动、独特而富有情感。

2. 拓展形象思维，使用模拟、替代等形象手段

充分发挥记者形象思维的作用，用鲜活的视听形象去表现一些司空见惯的事物，从而赋予信息新鲜的表现形态。在视听新媒体时代，技术赋能的可视化极大释放了视听表达的空间，动态字幕、数据可视化、信息可视化等手段让缺失的现场得到还原，让难以表现的背景、氛围、心理等获得直观、形象的效果。比如，《人民日报》短视频《中国共产党百年述职报告》提炼易于传播的"金句"，以动态字幕呈现不同时代的特征。又如，新京报短视频《北京市2023年国民经济和社会发展计划执行情况》采用提炼数据、数据可视化的方式，展现成就报道。

图 6-1-4 《中国共产党百年述职报告》截图

图 6-1-5 《北京市 2023 年国民经济和社会发展计划执行情况》截图

一些通用的社交视频剪辑软件也赋能普通用户，用户可以运用各种剪辑特效技术，强化视觉运动，一镜到底，遮挡剪辑，反差对比等，构成移动社交平台上丰富的视觉形象运动。

二、结构动态的采访过程

事件是发展的，现场是流动的，还原事件、呈现鲜活现场的一个巧招，就在于结构视听动态采访过程。

视听采访是时间的艺术，它用连续的画面，以时间顺序来结构事件的特点，体现过程的流动性。在采访报道中，我们要意识到，"动态"过程其实包含两个层面：一个是**事件发展的动态，一个是采访过程的动态**。

因此，在采访拍摄中，记者要考虑如何按照现场事件的流程来结构一个动态的采访过程，动态采访过程要与动态事件过程相匹配。阿恩海姆说，一个"事件"的主要特征，恰恰就在于它是动态的。我们称火车站为一件"事物"，而称一列火车的到来为事件。[1] 作为视听纪实的一个核心，动态的采访过程正是为了匹配事件的这种动态特征。现场这种稍纵即逝、不可逆转的特点，要求视听采访必须运用进行时的、面向未知的动态进程取材。动态采访过程正是记者结合视听媒介自身的优势、适应真实事件现场的特性而做出的选择。而对于相对静态的现象或主题，本身鲜有动态事件作为承载，这时候则需要找到动态的事件，注重用动态的采访过程去挑动生活。对于现象

---

[1] 阿恩海姆. 艺术与视知觉［M］. 滕守尧，朱疆源，译. 成都：四川人民出版社，1998：509.

及主题报道结构方法的详细分析与论述，请参见第四章。

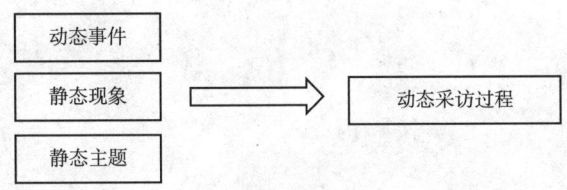

图 6-1-6　动态采访过程结构图

结构动态采访过程是为了体现自然与真实，对事件的动态结构有时丢掉的是形式上的工整与干净，但生活的毛糙自然与真实鲜活恰恰蕴含在动态之中。正如老子所言，大巧若拙。我们要获得的是动态的真实，而不是工整的虚假。但是，从另外一个角度而言，同样的事件过程，在视听新媒体语境下，短视频新闻对过程的理解已经与传统电视新闻或纪录片完全不一样：过程被精简压缩，剪辑跳跃，关键环节凝练，点式成组叙事，简言之，过程高度凝练，极致呈现。

表 6-1-1　传统电视媒体与视听新媒体对过程的理解对照表

序号	视听要素	传统电视媒体的过程	视听新媒体的过程
1	镜头	长镜头叙事	蒙太奇剪辑
2	视听观念	原生态叙事 生活流 自然毛糙	精简提炼 高亮放大
3	关键环节	关键环节蕴含于纪实段落中，在铺垫中呈现高潮	只有关键环节或关键点直接呈现高潮
4	叙事	完整叙事	点式成组叙事
5	声音	现场同期声为主	音乐和字幕信息为主
6	时长	时间长	时间短

比如《中国梦365个故事丨隐秘的冬奥观众》，讲述坐落于山林间的北京冬奥高山滑雪场地，动物出没，人与自然和谐共生，其中选取了研究者对周围的野生豹猫的诱捕研究段落，诱捕的过程完全采用关键点展示，并摘取研究者在不同场景中的精简叙述和现场同期声，一个动作，一个挣扎，一个词，一个尖叫，一次抚摸等，这个过程就是由这一组关键点组合而成，形成一个碎片化语境下的过程重组。

《中国梦365个故事丨隐秘的冬奥观众》二维码

图 6-1-7 《中国梦 365 个故事 | 隐秘的冬奥观众》诱捕豹猫的画面

具体来说，动态的采访过程需要把握以下技巧。

（一）注重信息的动态推进

根据所采访和拍摄的事件的冲突、碰撞以及兴趣点，推动信息发展。与前文强调画面外在形态相比，这是一种强调内在信息张力的动态表现，即通过碰撞、冲突、交流等因素来体现信息的推进和叙事的发展。比如，访谈中富有戏剧性的交流和碰撞，事物细节信息中呈现出的兴趣点，现场交流过程的发展，等等，都构成了叙事的不同环节。

（二）确立"早开机，晚关机，中间不停机"的意识

新闻要求记者在现场挖掘和结构故事，展现现场从未知到已知的过程，这是最有感染力的。鲜活现场的稍纵即逝决定了我们必须采用"早开机，晚关机，中间不停机"的随时抓取状态。具备这样的意识是为了确保记者能够瞬间切入事件。

这个概念并不意味着摄像机一直处于拍摄状态。在视听采访拍摄中，"'早开机，晚关机'更多表现为一种取材意识，而不是拍摄技巧。'早开机，晚关机'是指没有进入拍摄状态或按正常取材需要应该结束拍摄状态的时候所进行的拍摄"[①]。换言之，"早开机"是指提前开机进现场，尤其是面对突发现场的，这样做能够敏锐地捕捉到事件，同时抓到被拍摄对象还没进入戒备状态下的真实的动态行为；"晚关机"是指采访结束

[①] 任金州，马莉. 电视新闻摄影［M］. 北京：北京师范大学出版社，2004：198.

《相对论》
二维码

后在被摄对象放松戒备的情况下所进行的真实捕捉;"中间不停机"是指善于预测并抓住正在进行的事件的过程与高潮,抓取富有个性的细节去呈现事件的状态。比如在《相对论》"年终,回访我的朋友们"中,记者回访开饭馆的汪婆婆母子俩。记者事先未打招呼突然闯入性的采访,展现了汪婆婆见到记者刚开始恍惚,然后突然回过神的惊喜状态,真实自然地呈现出被访人与记者的情感,采访场面生动自然。"我们的拍摄,是开着机进现场,开着机找采访对象……另外,还舍弃了三脚架、灯光、手持话筒等,追求极致地贴近现场。"①

在移动媒体时代,手机、行车记录仪、交通监控仪等移动和监控拍摄设备极大地丰富了抓取现场的手段,但这并不是说记者就要放弃抢拍的能力。从这个角度而言,有经验的记者随时都处于一种待命状态,突发意识和快速反应意识非常重要。比如短视频《习近平看望"快递小哥"》,2019年春节前夕,习近平总书记在结束到北京前门东区看望慰问工作乘车返回途中,临时下车来到前门石头胡同的快递服务点,看望仍

《习近平看望"快递小哥"》二维码

在工作的快递小哥。由于是临时之行,摄像甚至都来不及调试设备,紧急中使用备用手机拍摄记录下了习近平总书记和快递小哥交流互动的温暖时刻。这体现了记者对新闻的敏锐观察力,迅速捕捉到并用镜头记录故事的亮点,用原生态的纪实风格代入互动现场,引起受众情感上的共鸣。②

(三)"进行时报道"——掌握随机拍摄采访的能力

动态更多的是在随机拍摄采访中呈现出来的,如果说"早开机,晚关机,中间不停机"的意识是拍摄技术的基础,那么,随机拍摄采访就是综合能力的体现,这就要求记者善于进行"进行时报道"。所谓**进行时报道,是记者在新闻事件发展过程中,随机选取一个点介入拍摄采访,实时进行的新闻报道**。这种报道特别契合视听媒介善于做进行时态记录的特性,报道内容的鲜活度、过程的悬念感、结果的未知性都为节目增添了吸引力。比如短视频《拾荒十年,不为生计!午夜街头这个佝偻的身影让人动容》,全程采用随机动态抓取的方式,人物采访都在行进中展开,尽量用跟随和倾听的方式记录下王坤森老人日常的拾荒过程,以及他与路人、家人的交流互

《拾荒十年,不为生计!午夜街头这个佝偻的身影让人动容》二维码

---

① 笔者对中央广播电视总台新闻新媒体中心策划部特别报道组制片人庄胜春的访谈,2024年1月。
② 曾祥敏.中国新媒体研究报告2021[M].北京:人民日报出版社,2022:323-329.

动等真实场景。"在拍摄人物时，我更偏重对事件的动态记录以增加沉浸感，用细节和事实来填充人物的立体感，而涉及需要采访来辅助说明的段落，则更倾向以'边做边说'或者'即兴问答'的形式来进行，让受访者以更加自然的状态出现在镜头里。"①

图 6-1-8 《拾荒十年，不为生计！午夜街头这个佝偻的身影让人动容》截图

进行时报道让记者成为新闻事件的亲历者，在事件行进中切身体会事件性质、人物情感，从而逐渐触摸到事件的本质。这种进行时报道意识如果从事件类新闻扩展到现象、主题类新闻中，即可理解为随机拍摄采访的能力。在报道中的随机拍摄采访能够拓展选题视角和操作空间。

（四）把静止的点扩展为动态的采访过程

在动态的事件报道中，正在进行的事件过程与采访报道的过程相对统一，这种情况下，动态的采访拍摄比较容易把握。但是，当我们的报道不是正在进行的事件时，尤其是在现象类和主题类的报道中，该如何处理？这时候就取决于采访报道过程的结构。在这类报道中，事件和人物都相对处于静态中，就需要报道者打破这种状态，运用动态的采访过程让人和事件在镜头中流动起来。采访过程因为记者的存在而展开，无论是采访还是拍摄，无论是旁观式记录还是介入式访谈，记者要把激发生活的过程尽量鲜活地呈现出来。

---

① 倪雁强."竖"看也精彩！浅析"竖屏"短视频人物报道采写技巧 [J]. 传媒评论，2022（12）：13-15.

1. 动态呈现

在拍摄采访中，尽量让被访人走动起来，多一些他与熟悉的工作和生活场景的互动，从而多拍一些动态镜头；记者与被访人交流时，也多一些走动交流的镜头。让人物在行动中交流，不仅能够让对方放松心态，舒缓情绪，调节氛围，让采访成为一种自然的交流，也能让被访人迅速与用户拉近距离，产生亲近感。这样的动态把握，特别适合一些软性的生活化的专访。我们可以看看一些让人赏心悦目的采访，从 CNN 的《未知之旅》(*Parts Unknown*)到《十三邀》访谈，无不是尽量让人物在日常的状态中接受访谈，能够呈现更多信息。

2. 多场景呈现

在呈现"中心人物"时，尽量把他放在不同的场景和环境中去拍摄采访。① 比如，采访政府官员时，除了办公室的静态采访，有条件的话可以与他在楼前漫步交流；去被访者家里时，抓拍一些对方活动的镜头、对方与家人交流的动态。阿尔·汤普金斯认为，要让用户感觉自己与事件中的"中心人物"度过了一段时间，从而更能理解报道的人物与事件，② 这样的理念诉求需要在多场景中展开。比如，纪录片《丝路舞者》有一个段落讲述新疆舞者岳露的故事，记者把对岳露的座谈、岳露编辫子的动态场景、岳露跳舞的动态场景有机结合起来，以岳露的访谈来解读她跳舞时的舞蹈动作、对舞蹈感受和理解，信息相互呼应，互相映衬。在有限的时间里，观众对被访人有了较为深刻的认识。而在《权威访谈｜张扬对话王亚平：重返太空的 183 天》中，访谈场景涵盖了空间站训练模拟器、航天员健康中心、王亚平的家等，丰富的空间元素与动态性采访相结合，让人物更为真实、立体。

《丝路舞者》
二维码

《权威访谈｜张扬对话王亚平：重返太空的183天》
二维码

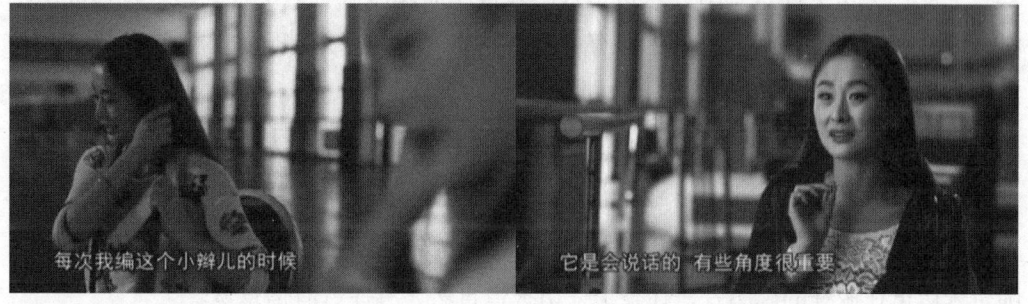

---

① TOMPKINS A. Aim for the heart：write for the ear，shoot for the eye：a guide of TV producers and reporters [M]. Chicago：Bonus Book，2004：98.
② TOMPKINS A. Aim for the heart：write for the ear，shoot for the eye：a guide of TV producers and reporters [M]. Chicago：Bonus Book，2004：98.

图 6-1-9 《丝路舞者》截图

3. 扩展过程

尽量扩展与被访者交流的过程,以便牵带出更多有意义的人文信息。比如去采访一位老人时,在他寻找自己照片的过程中去结构采访,而不是让他把照片事先准备好,等着采访。笔者在文献纪录片《中国广告二十年》的创作中,曾经就广告营销的主题采访一户长虹品牌电子产品的忠实用户,他们因为长虹"红太阳"系列广告关联的红色经典歌曲而激发了怀旧情绪,笔者请他们在镜头前唱一唱他们熟知的红色经典歌曲《太阳最红,毛主席最亲》,在歌声中引出长虹广告,生动地阐述了长虹广告营销方式的效果。这样的采访过程使记者找到了有力的影像落脚点,能够具体形象地传达信息与情感。

(五)与事件同步,多做伴随式的采访拍摄

伴随事件发展进行拍摄、采访,目的是让事件和事件中的人物尽量保持原来生活中的状态,从而在镜头前呈现出比较真实、自然的一面。视听媒介的采访拍摄是一种干扰性很强的采访形态,往往会把现场事件与人物从其原有的状态中抽离出来,如果处理不好,现场事件会中断,人物也会因为警戒而无法展现其个性。当这种情况出现时,记者应当使事件和人物处于原有的生活状态之中,采用伴随式的采访拍摄,在动态中去结构事件。

比如,《直击台风"轩岚诺"连线岱山安置点:1.2万名工人生活保障如何?》中,记者在安置点舟山市岱山县职业学校的教室里进行报道。面对教室里志愿者和被安置工人之间的互动,记者深入其中,随机观察体验教室里的环境,讲解放置的物品,并随机采访正在服务的志愿者,让整个采访报道自然、有序、有信息量。

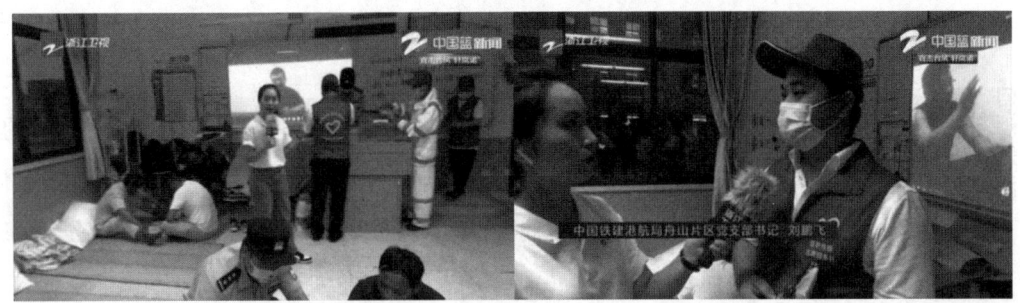

图 6-1-10 《直击台风"轩岚诺"连线岱山安置点：1.2 万名工人生活保障如何？》截图

"干扰"永远是记者在现场面临的问题。对于拍摄周期相对较长的报道而言，记者可以通过融入拍摄环境和被摄人物的生活的方式，尽可能减少对被摄者和被摄事物的影响，以便更真实地拍摄人物和事物所具有的常态，还原其本来的面貌。但是在"短、平、快"的新闻或栏目化纪录片中，这显然是一种奢侈。在这样的情况下，记者既要坚持真实性原则，又要充分发挥自身的主体意识，尽量让被摄者忘掉镜头的存在，以开放的思维状态对待拍摄。

（六）具备开放性的思维

随机拍摄采访要求记者具有开放性的思维方式，有随时接受任何可能发生的事情的心理准备。新闻注重的是变化和突出事件新的报道点。记者不能先入为主、预设事件，即使有的时候有确定的主题，在拍摄中也要按照事件发展的自然逻辑去结构采访。

1. 善于捕捉现场突发态势

随时做好任何事情可能发生的准备，在新闻事件现场，任何发生都是合理的，忠实记录下瞬间即逝的事件关键点、高潮点和过程，往往会意外而惊喜地捕捉到鲜活的生活，这是记者新闻意识的体现。比如，浙江电视台的短视频评论节目《一瞬间》的"你可以说中文"一段，捕捉到记者在义乌用"蹩脚"的英文采访一位外国人，对方却用流利的中文说："你可以说中文。"这一"尴尬"瞬间，恰恰带出发展中的中国语境下，中文和中国文化的普及。再如，中央广播电视总台海采节目《新年新愿》中，记者以动态开放的思维采访一位卖糕点的小哥魏忠帅：

小哥："新年好！是要上电视吗？哪个台的？"

记者："央视的。"

小哥猛地抬起头，两眼放光，用表情演绎了大大的感叹号——"！"

小哥："希望家人身体健康，希望我的小买卖跟大集一样红红火火！"

《新年新愿》二维码

记者与小哥的问答极具交流感，在动态的采访交流中，自然朴素的情感涌现在镜头前。正如记者所言，那一刹，一道光打在我心上，也留在了镜头里。我希望这个瞬间能被人关注、仔细倾听，也应该被呈现在全国人民面前。①

图 6-1-11 《新年新愿》截图

2. 随时调整报道主题

随着事态的发展，以一种发现的心态去报道事件，自然会抓到生动而富有个性的报道角度和鲜活的现场，这需要记者在现场根据具体情况随时调整报道主题与角度。比如长消息《交警来开会 高速路堵车》②，黑龙江和吉林两省交警联手开展打击高速公路违法行为专项活动，却把会场设在了高速公路的收费口。记者在当日报道这项专项行动的时候，发现了这项活动造成的堵车现象。于是，记者一方面记录了开会的过程，另一方面及时采访了司机对这次事件的反应，形成了一个对比性的报道。记者以一个现场发现的姿态，随时调整报道角度，把一个会议类的报道结构成一个舆论监督类的报道。

一般而言，记者在报道一个事件之前，都会凭借自己的报道经验、知识积累对事件的起因、发展、结果、背景有一个预判。这种判断通常和我们日常的心理预期基本吻合，但是这些判断都是事先想象的结果，有时会被真实的生活击得粉碎——事情的发展超出或者偏离了记者预先的设想，恰恰在这样的时刻，新闻的"新"才油然而生。

《采棉专列百名采棉工调查》二维码

下面，我们以中央电视台"走基层"系列报道《采棉专列百名采棉

---

① 李承泽. 我在现场 | 哪个台的？[EB/OL].（2024-02-02）[2023-12-23]. https://mp.weixin.qq.com/s/PY-sO1LMSQ1t951u-B5PSg.

② 黑龙江电视台. 交警来开会 高速路堵车[EB/OL].（2007）[2023-12-22]. https://www.hljtv.com/news/folder8/2024-04-18/959583.shtml.

工调查》《棉花种植户薛海振的烦恼》《招工难 种植户明年改种农作物》为例，看看记者如何在采访报道中去调整结构报道主题。这三条系列报道，实际上呈现的是记者的三个"没想到"。第一个"没想到"发生在从河南商丘开往新疆乌鲁木齐的第一趟采棉工专列上。记者在对 11 号车厢的 100 名采棉工进行采访时发现，采棉工中的老年人之所以千里迢迢外出打工，并不是因为家庭条件差，相反，绝大多数老人在家乡种地有保障，子女能赡养，生活没有负担。到新疆采棉，主要是自己闲着没有意思，想出来转转，同时也能赚点钱。比如，在节目中接受采访的唐文柱老两口对记者介绍，别人一个人能赚 5000 块钱，他们两人一共能赚 5000 块钱，为的就是不把自己累着。由此，记者完成了《采棉专列百名采棉工调查》。第二个"没想到"发生在采棉工到达乌鲁木齐之后。记者原本以为这么多的采棉工到了新疆，可能会遭遇找工作难的状况，没想到现实的情况却是种棉户"招工难"。棉花种植户薛海振去年给出的工钱是 1.2 元 / 公斤，今年给出 1.8 元 / 公斤的价钱，但还是很难招到采棉工。记者在《棉花种植户薛海振的烦恼》里呈现出这样的问题。第三个"没想到"出现在对"招工难"现象的进一步采访中。记者在对新疆维吾尔自治区统计局的采访中发现，工钱上涨仅是招工难的表面现象。据不完全统计，2011 年新疆种棉的面积增加了约 270 万亩，完全靠人工采摘的话，就需要增加 18 万名采棉工。然而，新增棉田的面积、所需人手等信息，都只是亲朋好友之间互相转告，没有一个良好的对接机制。有的种棉户无奈地表示，明年可能就不再种植棉花，而改种比较容易机械化收获的农作物了。由此，记者形成了《招工难 种植户明年改种农作物》这一报道。三个"没想到"，是记者从实际采访中抓取的三个鲜活的选题。"没想到"就是一种开放的姿态！

《棉花种植户薛海振的烦恼》二维码

《招工难 种植户明年改种农作物》二维码

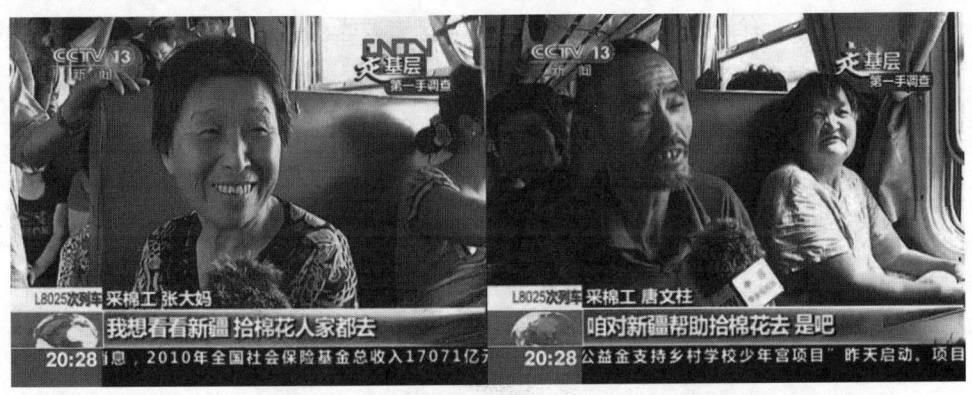

图 6-1-12 《采棉专列百名采棉工调查》截图

图 6-1-13 《棉花种植户薛海振的烦恼》截图

(七)"挑""等""抢"三字技法

简言之,我们用"挑""等""抢"这三个字精练地总结出动态采访的特点。新闻现场是流动的,记者在新闻事件现场要动态地拍摄事件,应该掌握"挑""等""抢"的基本技巧,不失时机地捕捉动态的事件和人物。"有意思的故事是抓拍的,很多东西其实它就是一瞬间的,需要去等待、去捕捉。我们有时候构图歪了也不愿意动摄像机。因为一旦动了,拍摄对象就会意识到你在拍他。我觉得纪录片最大的魅力,就是人物忘记摄影机的存在,他流露出来的状态才是他自己。"①

"挑"是挑选。挑选是一种主动意识,是在拍摄中渗透记者的主观思考,是记者与事件的有效互动。挑选意味着从一般事实中挖掘最有价值的新闻事实,从一般视角中挖掘最有特点的视角,从众多被访者中挖掘最有价值的被访主体。在实际采访中,往往会有从众效应,此时的记者应该有自己的判断,而不是人云亦云地结构事件。有时,记者从逆向角度去拍摄事件,往往能获得更新鲜的角度。

"等"是等待。有人说,新闻是等出来的。记者要学会在等待中观察,在等待中预见高潮的出现。在这里,我们的等待就有三层含义,一是如前文所言,选题的操作也需要"养鱼",需要等待动态事件的发生。二是此处探讨的拍摄等待,道理一样,是从微观而言,在某个事件中,等待某种事态的发生和发展。三是报道后,持续地等待关注,还会有更多"富矿"。比如上文提到的,新华社记者在拍摄《春运母亲》之后的十年,持续关注等待变化。正如有记者谈到,重要的是,不要轻易结束。与事件主人公保持连接,可以拓展、丰富报道的意义。事件报道做完之后,持续关注,可能会

---

① 柴红芳. 坚守的理由:纪录电影《落地生根》创作的策划、拍摄思考 [EB/OL]. (2021-11-10) [2024-12-23]. https://www.xuexi.cn/lgpage/detail/index.html?id=1043345020753483141.

有意想不到的收获。①

"抢"是抢拍、抓拍。抢拍是记者在现场瞬间的判断，是记者随时应对突发事件的工作状态。抢拍要求记者养成突发事件早开机、开机进现场、待机等待的职业习惯。抢拍要求记者边拍摄、边观察，同时要求出镜记者或编导的配合。现场是记者与事件的赛跑，同时也是记者与其他记者的竞争。比如每年全国两会中，记者对代表们的"围堵"采访，更需要视听记者抓拍、抢拍的功力。作为记者，我们面临这样的情形，既要积极主动，抢占有利位置，又必须冷静观察和思考，保持定力，不能一窝蜂似的随波逐流，赶热闹，唯流量。

图 6-1-14　全国两会采访报道现场

三、摆拍

摆拍是在记者的安排与设计下，重新结构复制采访现场的一种方式，是视听采访发展的一种趋势。我们在此说的摆拍，明确是现场复原的再现型摆拍，而非子虚乌有的造假型摆拍。

早期电视采访的观念是"格里尔逊"式的解说词加画面的方式，宣导式的解说词统摄引领画面，画面属于从属的地位；20世纪90年代兴起的"纪实潮"，追求现场纪实的直接性和原生态，强调跟拍和抓拍，冷静观察现场，尽量减少对现场的干扰，比如电视纪录片《望长城》。当然，矫枉过正，这个时期也出现了为了纪实而纪实的创作，没有信息量的生活流充斥其间；21世纪初，视听采访中出现关键段落的摆拍和设计，时间和经济成本以及成片效果，都不允许采访长时间等待和抓拍来完成，集中让被访人呈现平时的状态便成为常态，比如《舌尖上的中国》；到了视听新媒体时代，摆拍设计更被

---

① 方力. 今天我们怎么做记者 | 民生新闻持续追踪的意义 [EB/OL]. (2023-07-11) [2024-12-23]. https://mp.weixin.qq.com/s/TpPLobmLESChCAHiNtEeAw.

放大，短视频中的采访拍摄开始了纪实与创意的结合、虚拟与现实的融合，摆拍设计成为内容创作的主要部分，比如《臊子书记》。在短视频盛行的当下，情感性和情绪性的BGM取代了解说词，成为引领画面的新要素，历史仿佛经历了一个轮回。

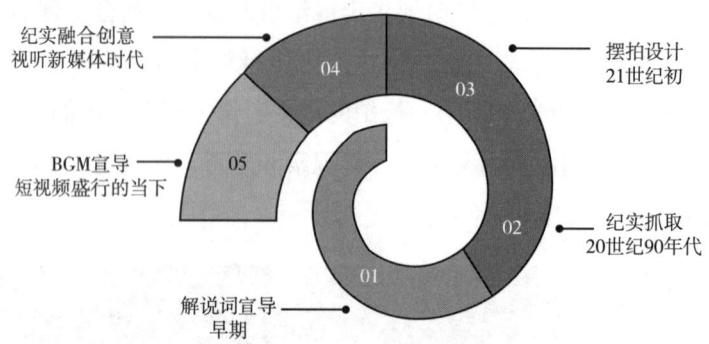

图 6-1-15　电视采访观念流变

《舌尖上的中国1》二维码

我们说现场要靠抓取，但是在现实场景中，有很多精彩的瞬间稍纵即逝，这不得不说是一种遗憾，然而这种遗憾有时是可以用摆拍和设计弥补的。实际上，被称为纪录片鼻祖的《北方的纳努克》中，很多因纽特人的工作生活场景，是在导演弗拉哈迪指导下摆拍设计出来的。此外，随着对影像品质要求的提高，单靠抓取，无法保证其在影像品质方面的要求，此时摆拍便成为一种选择。比如中央电视台纪录片《舌尖上的中国1》，在其影像叙述中，许多连贯的纪实场景并不多见，而是靠镜头的组接配以解说词形成意义，有许多镜头采用动态特写的方式表现食物的精美和现场的鲜活，这些高品质的影像镜头是靠摆拍结构出来的。由此可见，这样的摆拍是建立在事件实际发生基础之上的。有人认为，再现型虽违背了"当下的真实"，但是符合"历史的真实"。[①]

（一）摆拍的原则

总体原则是，能不摆拍尽量不摆拍，而不得不摆拍时，要认识到摆拍只是对现场结构影像的一种弥补，不能作为新闻采访拍摄的主要手段，更不能影响新闻真实。因此，对摆拍应当有明确的底线，要做到有所为有所不为。我们不妨先反观"抓拍"，抓拍抓动态、抓情绪、抓细节、抓金句，那么，摆拍则守好自己的底线，各司其职。

第一，摆拍有度。摆拍应该在采访完成之后，出于剪辑和成片的需要进行结构，而不能成为新闻节目的首要或主要的结构元素。这也是我们把摆拍放在动态采访之后来探讨的原因。

---

① 刘志钧．新闻摄影中的摆拍：类型、问题和伦理因应［J］．城市党报研究，2022（8）：87-89．

第二，摆拍应该建立在事实基础之上，不能主观臆造支撑事件的基本事实。一方面，摆拍的场景应该选择采访对象做过或时常为之的行为和语言，只不过在采访过程中，难以抓取，需要摆拍加以重新结构；另一方面，在一些不影响历史主要脉络的小事件上，通过适当推理和合理想象形成场景，以增强报道的可视性和趣味性。

第三，摆拍是对事件的归纳和重新梳理，是让采访语言和事件现场变得更为集中，因此，摆拍宜虚不宜实。对于采访对象感受性的、情绪性的语言应该杜绝摆拍，对于重要的历史细节也应该慎用摆拍，否则，会有做作、造假之嫌。

第四，摆拍之前，记者或编导必须充分认识事件的整体意义。摆拍要解决的是什么样的问题？是情绪性镜头，还是影像的连贯，抑或是叙事的完整？

（二）如何让摆拍显得真实、生动

总体而言，摆拍应结构动态，丰富场景，虚实结合，以虚为主。

1. 摆拍场景的影像设计要有意趣，以多元角度（非常人的视角、大仰大俯的视角）仔细雕琢，把叙述性的镜头和写意性的镜头相结合

2. 尽量选取两极镜头，即特写与全景（或远景）来摆拍

特写是相对孤立的镜头，与环境因素联系不紧密，因此，摆拍容易控制也不会影响事件的动态性和连贯性。全景镜头或远景镜头是空镜头，主要取其势，并不会有太多的细节，是摆拍的主要镜头。

3. 远景要尽量避免手持拍摄

要注意设计镜头内的调度（如运动的人和物体），在整体的静中突出动态的元素。

4. 对于人物的中、近景尽量采取抓拍的方式

中、近景是交代人物与环境关系的镜头，注重叙事的连贯性，应该多用抓拍，少用摆拍，才会显得自然、连贯。

5. 必要时，摆拍中、近景要尽量让人物做他最熟悉的动作，越复杂越好

这时候人物的表情、动作自然，也会增强镜头的动态感。记住，他们都不是职业演员，没有经过严格的镜头前训练，而只是表现自己的惯常行为，只有这样，人物才不会因为在镜头前无所事事而显得紧张局促。记者的任务是拍摄到他们的习惯性动作，也符合真实的要求。可以适当采用手持拍摄的方式，增加"纪实感"。特别要注意前后景的虚实变化及光线的方向。

6. 中、近景要尽量避免让采访对象直视镜头

被访者直视镜头容易紧张，不利于表现场景的生动、自然。但有一种情况除外，即记者有意使镜头成为一个开放的空间，让被访者直视镜头，实际上是与用户形成直接的沟通与交流。从某种程度上说，它已经超越了叙事的意义，而具有情绪展示的作用。比如短视频《我的阿勒泰》中一组采访对象直视镜头的展示，中央电视台纪录片《舌尖上的中国1》第二集结尾不同地区的不同家庭面对食物直视镜头的展示，都已经超越了叙事的意义而成为情绪上的铺陈。

《我的阿勒泰》二维码

7. 拍摄系列关联画面

对于重点的空镜，一定要多景别成组拍摄，远景、中景、特写相结合。对于人物核心动作，要多角度拍摄，这样才能为后期剪辑提供足够多的可能性，形成节目的节奏感。

在这里，我们引入一个概念——系列关联（sequence）画面，它是结构动态现场的镜头组合。系列关联画面是指共同结构一个场景而彼此相关联的镜头组合，这组系列关联画面把一个相对完整的动态行为从不同机位、不同角度、不同镜头焦距等方面拍摄下来。摄像师要善于在现场根据事件的流程结构动态的系列关联画面，"通过系列关联画面，摄像师能以第一人称的观察视角把现场重新结构出来"[①]。系列关联画面有助于逻辑清晰地还原现场动态，结构故事。比如拍摄一个人登上公共汽车的场景，从车开门、人物上车、见到司机，到走入车厢这一连串动作，摄像机须从不同角度、不同景别拍摄这一动态行为，全景拍车开门、人物上车，中景拍人物脚踏上车的阶梯，近景拍微笑的司机，以此形成分解的系列相关联的画面组合。比如在美国全国广播公司《晚间新闻·改变世界——特殊的圣诞祝福》里，装扮成圣诞老人的蜘蛛人攀爬在医院大楼的玻璃窗外，探望生病住院的孩子们。记者精心拍摄了成组系列关联画面，来呈现这个新闻故事的关键动态场景。

在结构系列关联画面的时候，要把握以下几个要点：

- 认识动态场景在片子中的作用，抓住核心的动态场景精心结构。
- 人物动作干脆、利落，不拖泥带水。动态性不强的场景，绝不考虑做系列关联画面。
- 每个动态段落也有节点，如停顿、强调、结束。
- 动态场景中也可细分出关键点，要多角度、多景别拍摄，以突出关键点。这些关键点往往是动态场景中的核心动作、关键环节。

---

① SHOOK F. Television field production and reporting [M]. 7th ed. New York, NY: Routledge, 2017: 13.

- 注意动态场景的叙事推进，动作要有阶梯变化，景别角度也可以有递进变化。
- 多景别、多角度结构。全景、中景、近景、特写等各司其职，厘清现场信息。此外，除了常规叙事性视角，也可用大仰、大俯、正向、反向视角等表现性视角，形成强烈的视觉效果。剪辑干脆、利落，节奏适当。

结构系列关联画面不仅仅是一种技巧，更是一种意识，这要求摄像师在现场不要东一榔头西一棒子地随便抓取画面——这样的画面是孤立的、没有意义的，而应该有意识地去把现场还原成一个通过镜头连接产生意义的逻辑结构。当然，抓拍形成系列关联画面难度较大，要求记者能在现场迅速变换摄像机机位和焦距，同时还要明白开机转换机位与景别的有效性，因为开机转换能保持声音的连续性，能比较完整地保留现场声音信息，这为后期画面的分剪插接提供了依据。而如果进行摆拍，则可以按照上文的原则，调度被访对象，精心地结构和摆拍。

8. 摆中有抓，抓中有摆

前文提及，为了保证影像真实自然，要开机进现场。同理，在摆拍中，也应该注意避免机械化，要"摆中有抓，抓中有摆"，不要总是调整好机器，对好焦了才开拍。有的时候，恰恰要保留对焦的过程，这不仅能保持场景自然，还能增强镜头的情绪性，由此会让你的后期剪辑更加丰富。

9. 设计"情绪性空镜"

充分利用现场环境、物件、道具、人物动作、光影等来设计"情绪性空镜"，注意结合彼时彼地的自然条件（天、地、风、水）。比如，《大众村的故事》叙述村里因为收购加工废旧塑料，导致环境污染严重，村委会下决心整治，但又遭到村民强烈的反对，在面临污染和村民无法割舍现有生计的两难局面时，记者用飘零的雪花、满眼废旧物品的环境和孤零零站立的一只狗来呈现此时的氛围。

图 6-1-16 《大众村的故事》截图

同时，善于发现现场的活物，猫、狗、鸡、鸭等，并将其置于拍摄的场景中。这些活物不仅能增强画面动态性和趣味性，它们与主人的互动也能呈现生活环境和心理因素。比如，《红白·羊肉情缘》里的"猫"、《不平凡的一个》里的"狗"、《爱的重量》里的"兔子"等。

图6-1-17 《红白·羊肉情缘》《不平凡的一个》《爱的重量》截图

> 记住：运动，是最容易引起视觉强烈注意的现象。事件是发展的，现场是流动的，还原事件的真实，呈现鲜活的现场的一个巧招，就在于结构视听动态的采访过程。

第二节　细节是金

细节是金，在视听采访报道中，细节是记者抓取事物本质、表现事物特点、刻画人物情感的技巧和手段，也是全面理解事件和事物整体面貌的重要元素。从这方面来说，注重报道细节即注重用事实说话。相比之下，有的报道很多时候是以概念说话，不注重以具有说服力的细节与事实来报道，这就使新闻容易处于"假、大、空"的状态，缺乏贴近用户的语态以及言之凿凿的说服力。苏轼有诗云"谁言一点红，解寄无边春"（《书鄢陵王主簿所画折枝》），从报道的视角和形象具体而言，通过细节来展现事件，也能起到以点带面、以小见大的作用。

对于文学作品，我们常常用"一滴水折射出太阳的光芒"来形容以小见大的创作手法和敏锐把握事物的能力。西汉刘向曾言："以小明大，见一叶落而知岁之将暮，睹瓶中之冰，而知天下之寒。"1941年，文艺批评家兰塞姆曾提出，使文学成为文学的东西不在于文学作品的框架结构、中心逻辑，而在于作品的细节描写，只有细节才属于艺术，也只有细节的表现力最强……细节描写不要说重复，连"转述"都不行，能够转述的只能是逻辑的东西、理论的东西。[1]

细节也是我们认识世界的切入点，"天下难事，必作于易；天下大事，必作于细"。从认识论上来看，是以小见大、以点带面的认知思路。我们认识这纷繁复杂的世界时，由于个人视野所限，不可能看到一个事物的全貌，这时候，从能反映该事物特点的细节着手，从而认识事物本质和全貌具有重要意义。

一、细节的界定、特征与功能

厘清细节的内涵并把细节与其相对应的概念进行对比分析，理解其普遍意义，对于我们把握采访中的细节具有重要作用。

（一）细节的界定

视听采访报道的细节与其他媒介的细节有相通的原理，但也有自身媒介的特点。

1. 什么是细节

从文学开始，细节便是叙事的要素之一，细节是"文艺作品中细腻地描绘人物性格、事件发展、场境和自然景物的最小组成单位"，"场境和人物性格的具体表现，由许多细节描写所组成"。[2]《电视艺术：多元与重构》一书认为，细节是"构成人物性格、事件发展、社会情境、自然景观的最小组成单位。社会情境和人物性格的完整屏幕体现，往往是由许多细节组成的"。[3]在视听采访报道中，**细节是采访现场中蕴含新闻价值，展现人物性格与情感，提升意义象征的细微之处**。在这个定义中，采访细节首先是细微的、具体的。细节虽小，作用却大。

在采访现场，一个好的细节具有三方面的意义：

第一，聚焦与提升报道的新闻价值；

第二，凸显人物个性、情感与性格；

第三，承载意义象征，提升内涵。

美国哥伦比亚广播公司原新闻主播丹·拉瑟曾经提出电视新闻需要"瞬间"，一条电视新闻中至少应该有两到三个"瞬间"。何谓"瞬间"？按照丹·拉瑟的解释，就

---

[1] 转引自：汪中求.细节决定成败[M].北京：新华出版社，2005：124.
[2] 夏征农，陈至立.辞海[M].6版.彩图本.上海：上海辞书出版社，2009：2468.
[3] 高鑫，高文曦.电视艺术：多元与重构[M].北京：北京师范大学出版社，2006：74.

是让电视用户看到新闻事件的同时，能感觉到它，嗅到它，知道它。[①]丹·拉瑟的"瞬间"从某种意义上可以理解为对细节的捕捉与展示。

2. 细节对应的外部关系

所谓长短相形，高下相倾。在报道中，细节与它周遭的元素是相辅相成的。作为报道者，我们要知道，细节代表微观，它与宏观相对；细节代表个案，它与背景相对；细节代表具体，它与抽象相对。而报道者就是不断地在这些元素间来回转换，报道视角也在这之间变换，从而使报道作品形成一个有点有面、有个案与背景、既具体又抽象的相对全面的报道。

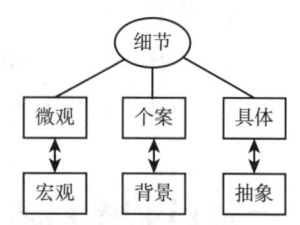

图 6-2-1　细节对应的外部关系图

（二）细节的特征

细节不是随随便便能抓到的，试想，我们一般用什么样的动词来描述细节？**捕捉、刻画**。从这组动词中，可以看到细节的难能可贵，因此，我们常常说"金子般的细节""珍珠般的细节"。如果说结构是人体的骨架，那么细节就是人体的血肉，一个好的视听报道作品能在用户心目中留下印象的往往是细节画面、细节形象。

"占尽风情向小园"（宋·林逋，《山园小梅二首》），细节犹如小园，虽小但丰富无限。好的采访细节一定是满足**"具体、细腻、生动、富有个性"**等条件的，即细节是可以捕捉到的生动有趣的具体形象，而且细节是创造性的、独一无二的、无法重复的。可以这样理解，新闻现场中的细节是此时此地所独有的；不是固定不变的，而是随着事件的发展稍纵即逝的。由于其细微的表征，细节不是随随便便就能抓取到的，它不会自己跳出来，成为一种显性的状态，而是要靠记者用心去发掘、去发现、捕捉、刻画、放大，这也是衡量一个记者新闻敏感的标尺。有些报道之所以平淡、没有个性，就在于记者所展现的只是表象和事物的概貌，没有去捕捉、刻画只属于这个现场的独一无二的细节。

（三）细节的功能

总体而言，细节具有两个功能，一是凸显主题，二是暗含报道倾向。因此，善于用细节说话，是辩证处理客观事实基础上的主观报道这一矛盾统一体。

[①] HAMILTON J. All the news that's fit to sell: how the market transforms information into news [M]. Princeton: Princeton University Press, 2006: 165.

1. 用细节凸显主题

当记者在现场对细节高度重视的时候，这个事件的主题就会逐渐明晰，其新闻价值点就会自然闪现。所谓"嫩绿枝头红一点，动人春色不须多"（宋·释亮和尚，《偈颂七首其一》），重视细节能够使记者不流于对事件从发生到结束的流水账式的概述，而是在捕捉细节的基础上提炼主题，从而去结构有变化、有特点的新闻。同时，细节的呈现往往具有形象大于思维的作用，其所呈现出的主题深邃而有内涵。比如纪录片《北方的纳努克》拍摄的是因纽特人纳努克一家的生活，其中的"留声机段落"令人印象深刻，当导演把留声机放给纳努克听的时候，他从未接触过留声机这一文明社会的物件，最本真的反应是惊喜、疑虑、好奇。而当导演把胶质唱片递给纳努克时，想想，他的第一个动作是什么？纳努克用牙齿去咬唱片。这个细节生动、有趣、令人惊喜，表现了处于蒙昧时代的纳努克遇到新鲜事物都用牙齿咬这一本能的动作。这样的细节场面为我们揭示出节目更深层次的主题意义，反映出一种文明的冲突和碰撞。

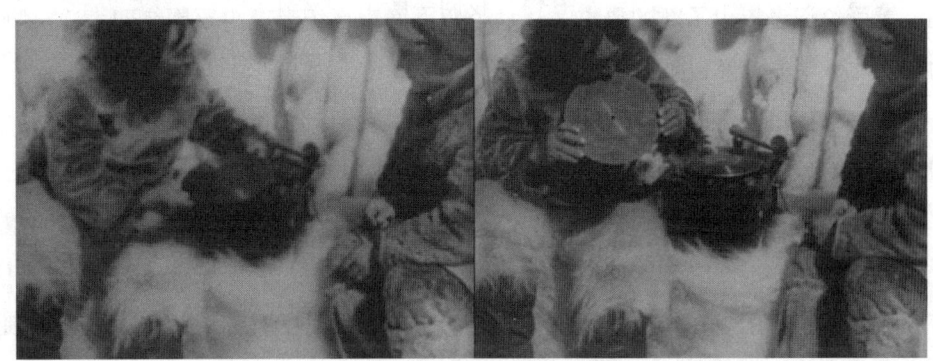

图 6-2-2 《北方的纳努克》截图

细节选取还要考虑其对报道的主题是起到强化而不是削弱的作用。在这里，细节不等于细枝末节，不是枝枝蔓蔓的东西，不是无关痛痒、可有可无的信息，细节应当是反映事件和事物本质特征的信息，是记者以一当十的典型挖掘，是为这个现场事件的主题服务的。所谓"射人先射马，擒贼先擒王"，细节是在简洁、明确的主题统摄下的对具体形象的刻画，"细节表现要服从屏幕形象的塑造和主体意念的表达"[1]。如果细节没有以事实本质为内核，带来的结果就不是一叶知秋，而是一叶障目了。琐碎的细节只能模糊思想和主题。因此，细节不是随便抓取的，捕捉的细节一定要能够反映本质、放大本质。如果对主题无用，再好的细节，也不要选取，这正是我们探讨细节的意义所在。

---

[1] 高鑫，高文曦. 电视艺术：多元与重构［M］. 北京：北京师范大学出版社，2006：74.

2. 用细节暗含报道倾向

新闻报道是主观见之于客观的活动，其客观中立只是相对的。细节的选择、抓取和呈现同时也是暗藏倾向，体现报道客观、中立的一种手段。在报道中，记者不直接评述、表露倾向，而是通过对事件细节的发现与放大来体现。例如美国有线电视新闻网（CNN）一贯的报道风格：对人和事物进行深入挖掘，用细节来表达自己的倾向。在朝鲜最高领导人金正日去世的报道中，CNN记者在金正日遗体告别仪式当天报道：葬礼中使用的大部分车辆为大众车，而运送金正日遗体的车却是一辆美国林肯，侧面反映出金正日的生活与其他民众的不同。

二、如何刻画采访中的细节

细节如此珍贵，那么，在视听采访报道中，如何捕捉并刻画细节？作为点睛之笔的细节无疑给记者提出了新的要求。从这个角度而言，记者至少要围绕四力——脚力、眼力、脑力和笔力，从以下三方面下功夫。

第一，细节是现场抓取的，只有深入现场，才能抓取到此时、此地、此事件、此人的独一无二的细节，脚底板下出新闻的笨功夫和"我在场"的意识是细节捕捉的基础。

第二，在采访中，善于观察和访问，挖掘具体的事件、形象的故事和确凿的数据，以此来做活事件，立起人物。比如在采制《人民满意的公务员——钱义荣》报道时，安吉县融媒体中心记者在采访钱义荣本人时，从他的手机中看到了有7000多人的通讯录，占了他所服务的安吉县溪龙乡共9000多人的近78%，而且这份通讯录上记录的不仅是7000多人的电话号码，还详细记录了每一位乡亲的家庭住址，以及他碰到过的农业问题和应对方法。这个独一无二的细节，瞬间让钱义荣全身心投入科技惠农，助力乡村振兴的形象"立"起来了。①

第三，带着问题和思考去寻找细节，正如前文所言，细节是为主题服务的。一方面，在现场中发现细节，要思考其所反映的问题本质；另一方面，对事件和人物有初步的判断，要通过在现场发现细节加以印证。

（一）刻画画面形象细节

视听媒介信息的综合表达方式，决定了它的细节呈现也是多样化的，这就要求记者在理解采访细节的时候打开思路，较为全面地去运用各类细节。手机、监控摄像头、

---

① 傅洪宾. 全媒体时代典型人物报道创新探析[J]. 传媒评论，2023（6）：67-69.

行车记录仪、无人机等新技术设备的普及，以无所不及、无处不在的视角把对细节的捕捉提升到了一个新的高度。

1. 画面形象细节的功能及要求

视听采访报道首先要从形象细节去展现事件本质，突出典型人物。如果从最基本的层次即画面来理解细节，它一般是通过近景或特写来表现的，即摄像师或编导强调某个事物的局部，将其在画面中放大，从而引起用户的关注。这样的画面细节具有很强的指向性，是编导要让用户"看什么""关注什么"。这种细节往往是视听报道中的"点睛之笔"。

《"悬崖村"扶贫纪事》二维码

从镜头的角度而言，在一个事件中，既有介绍场景、空间关系的全景镜头，也有观照细节的近景和特写镜头，视听的叙事就有空间、有层次了。

具体而言，画面细节要观照到形象动作细节、细节证据等。

《杭州跳桥救人的外卖小哥》二维码

形象动作细节主要是指人物细微的表情、体姿动作等，用画面细节刻画人物形象，不仅仅是体现人物的外在形象，更重要的是能够明心见性，体现出人物的性格与态度。中央电视台"走基层"系列节目《"悬崖村"扶贫纪事》中，当记者因为山路艰险而无法前行的时候，摄像师抓拍到了哭泣的记者手抓悬崖边一丛枯草的细节，这一"救命稻草"的动态细节抓取，反映上山的艰难以及上山人进退两难的无助。此外，《杭州跳桥救人的外卖小哥》中，彭清林跳下桥之前的犹豫与自我鼓劲的细节（用户手机拍摄）；《帅气的弯腰》中，天安门广场升旗仪仗队队员在行进中弯腰捡拾游客掉落的国旗的细节（用户手机拍摄）；《惊人的一阻挡》中，商场店员用身体充当刹车，阻挡从扶梯快速滑下的老人轮椅（楼宇监控摄像头拍摄）等，无不以抓取的细节呈现出当事人瞬间爆发出的个性与情感。①

《帅气的弯腰》二维码

《惊人的一阻挡》二维码

细节作为证据，具有很强的说服力。比如在电视新闻《收棉时节访棉区》中，记者对细节的抓取。当记者去调查一家非法收购加工棉花的工厂时，这个厂区的工人已经提前得到消息而暂时停止了收购和生产。记者在证伪过程中，需要有确凿的实证材料向用户展示这个工厂非法收购棉花的真相。记者通过对现场的敏锐观察和捕捉，也

---

① 古兵（央视新闻）. 杭州跳桥救人的外卖小哥［EB/OL］.（2023-06-19）［2023-12-20］. https：//m.thepaper.cn/newsDetail_forward_23536175；人民日报. 帅气的弯腰［EB/OL］.（2018-12-20）［2023-12-20］. https：//www.bilibili.com/video/BV1St411a7VK/?vd_source=d25bcc72c59d1e840147f4e27d3e79ae&share_source=weixin；哈尔滨日报. 惊人的一阻挡［EB/OL］.（2021-04-21）［2023-12-20］. https：//m.thepaper.cn/newsDetail_forward_12311187.

利用"全感采访"①，在画面中为用户呈现了许多生动、具体的细节。比如"办公室虽然人去屋空，杯中的茶水却余温尚在"，摄像机镜头为用户展示了记者触摸桌上茶杯的动作以及茶杯的特写；"轧花车间显然刚刚经过清扫，空气中还弥漫着尘土的气味"；当记者采访一个坐在台阶上的女工时，女工否定的回答与镜头中展示出来的她头发上的棉花特写形成矛盾；从门缝看见的已经打好的棉包以及墙上的收购棉花的时间表的特写镜头都为用户揭示出了事件的真相。这些细节非常真实、具体地抓住了事件的本质。又如电视新闻报道《奥运冠军孙福明爆出假摔丑闻》②中，记者用比赛中台下孙福明的教练示意孙福明放水的手势这样一个细节画面与孙福明的假摔形成印证，真实传达出现场的潜信息，获得实证效果。《新闻调查：用爱修补记忆》节目报道了阿尔茨海默病病人家属如何克服困难照顾病患的故事。为展示家属如何照顾好阿尔茨海默病病患，镜头抓取了病患家中的一个有趣的细节，即在家中的许多洗漱日用品上，都用文字标记出来每件用品的用途，同时抓取了女儿郭鸣晓为病患母亲留下的字条，展现了照顾此类患者所需要的细致入微。

图 6-2-3 《新闻调查：用爱修补记忆》截图

---

① 全感采访是记者在采访时，运用视觉、听觉、触觉、嗅觉、味觉等所有的感觉器官，获得对事物全面的感性印象，并由多种感觉综合为对事物整体的质的认识。曾祥敏．电视采访［M］．3 版．北京：中国传媒大学出版社，2018：203．
② 南京电视台．奥运冠军孙福明爆出假摔丑闻［EB/OL］．（2006-07-18）［2023-12-20］．https://news.cctv.com/china/20060718/107482.shtml.

2. 动态中抓取细节

细节是从现场事件中自然流淌出来的，是与现场事件融为一体的。因此，我们在处理画面细节的时候，要注意细节与事件整体信息、环境背景的关联，不能突然用特写来表现，致使细节抽离了事件，显得生硬、做作。由此可见，细节不能摆拍，只能抓拍，只有在动态中抓取，才能呈现出鲜活、自然、真实的状态，才具有说服力。上文提到的案例《奥运冠军孙福明爆出假摔丑闻》中孙福明教练的手势、《收棉时节访棉区》中说自己来玩的女孩儿头发上的棉花，无不是在自然、生动的交流中呈现出来的细节。这就需要记者眼明手快，在现场善于观察，在观察中适时捕捉，形成报道的视觉重音。在《"并村"之后》的第一集《一根水管引发的换位思考》中，记者围绕合并了六个村的红星社区即将举行第一场民生实事"八选五"推进大会展开拍摄，敏锐捕捉到讨论刚开始，两位村干部就因为饮用水的矛盾互怼起来，原本打算坐在一起的他们，纷纷情绪激动地拉开椅子，又按照原来的村扎堆起来，散会后，他们在调解下勉强握了手。记者用不关机的记录，场景化的叙事，动态抓取了这些细节，① 正是这些生动的场景细节体现出并村之后的"难"。散会后，记者采访到其中一位女干部胡秀月富有情绪地回答："自来水还没下来呢，还和他并村？"这让细节内涵更为丰富。

图 6-2-4 《一根水管引发的换位思考》截图

3. 细节成组使用

一般而言，单一的细节不太容易说明问题，两个及两个以上的细节才能在用户心目中累积起对事件性质、人物个性的认识，强化事件的性质和报道者见之于观察之上的倾向与观点。

那么，问题来了，因为细节的宝贵性，如果我们在一个事件中只能抓取到一处令人印象深刻的细节，怎么办？一般的做法是，反复强调。如果一个细节足够吸引人，

---

① 杨川源. 越难越有价值：新闻现场报道的时度效 [EB/OL]. (2021-11-10) [2023-12-25]. https://www.xuexi.cn/lgpage/detail/index.html?id=10433450207 53483141.

足够说明问题,用户对它的期待就不止一次。比如在电视新闻《奥运冠军孙福明爆出假摔丑闻》中,孙福明教练的手势动作被先后在开篇和结尾使用,以此来强化证据,证明孙福明假摔。但是,需要说明的是,在反复使用中要避免信息的完全重复,要在反复中有所变化,把一个场景分成具有变化与递进的几个场景,从而形成整体叙事的推进。

(二)留意声音细节

同画面一样,作为传达信息的另一种通道,声音也是有细节的,也是能够放大、提炼从而表达意义与情感的。声音细节需要观照被访者的言语细节,比如被访者最生动、最能说明问题的一句话;同期音响细节,比如雨滴落在窗台上的声音;等等。关于声音细节,在这里我们不做过多分析,具体请参见本书第七章。

(三)选取细节场面

如果我们把视野再放高一点,跳出镜头的局限,视听采访中的细节还可以理解为叙事中的细节场面,即一个具体的形象事件或采访场面。这种形象事件或场面往往是报道的兴趣点。在这样的细节场面中,往往蕴含着戏剧性的冲突、情节故事点、人物交流等。

《中国之路》二维码

一个细小而具体的事件能折射出一个大的社会背景或者主题概念,从而使细节起到以小见大、以具体反映抽象的作用。视听报道要用形象素材叙事,任何一个抽象的概念或者理性的分析都需要用人们易于接受的具体形象来承载,这是视听采访的一个特性。因此,在视听报道中,记者需要选择有代表性的细节场面,在这些细节场面中自然牵带出丰富的形象细节。比如中央电视台系列报道《中国之路》的一集,反映中国20世纪90年代由于经济过热,导致经济波动、通货膨胀、物价上涨,国家因此采取了一系列宏观调控政策,成功地实现了软着陆,使经济运行恢复平稳。面对如此宏大的题材,记者没有在节目一开始就从理性概念和宏观政策着手报道,如果这样,节目将显得空洞、枯燥。记者选取了辽宁省锦州市一户普普通通的人家,这户人家的男主人是单位里的会计,在家里也承担着会计的工作。他把每天家庭的收入与支出都记在账本上(甚至连存车的五分钱都记了下来),从而建立了一个家庭收支明细账。记者围绕这户人家账本中的支出数字在国家实行经济软着陆之前和之后的变化着手,通过具体的数字以及与男主人的采访交流这样一个细节场面来反映宏观的经济背景。在这个细节场面中,特写镜头所呈现出的账本上的数字以及数字背后这户人家的人文信息使节目变得生动、有趣。因此,细节场面的展示往往是节目的兴趣点,是吸引用户的一个手段。

此外,细节场面能够调节新闻作品叙事的速度和节奏,其与交代时空背景、人物关系的叙述段落相配合,形成详略得当的叙事安排。

(四)补充、强化细节

与文字后期描述不同,在现场捕捉还原细节,永远是视听媒介的第一要义,但是在一定的条件下,可以适当地在后期弥补或强化细节。

1. 访谈、解说词补充与强化细节

在实际的创作中,由于前期拍摄的不足,记者想要突出的事件或人物的细节未必在画面的显要位置或视觉中心点,或者视觉画面难以充分表现细节,细节表述模糊而不能引人注目,这时候,需要借助采访交流或解说词凸显这些细节信息。解说词与画面共同形成配合,说明问题。比如,中央广播电视总台《北纬53°守卫零下50度的中国》为了展示极寒天气有多冷,一位小战士挑起盆中的方便面,特写镜头虽然呈现出方便面,但为了让观众更好地感到这里的寒冷,记者问:"喔,我这个面是冻上了是吗?"战士说:"对,所以说我们在巡逻过程中,如果要吃面条的话,我们就得与面条赛跑。"这一问一答全报道变得非常形象生动。2021年,央视财经播出电视新闻报道《废旧钢筋一夜翻新!一年上万吨黑心钢筋流入工地》,在3·15晚会上曝光了黑心钢筋加工的不法行径。在报道中,记者由于是跟踪隐藏式拍摄,因此采用了大量的画面配合后

《北纬53°守卫零下50度的中国》二维码

《废旧钢筋一夜翻新!一年上万吨黑心钢筋流入工地》二维码

图6-2-5 《北纬53°守卫零下50度的中国》截图

期解说词的手法，还原事实真相。比如，解说词讲解了每天挂车空车去不同的工厂拉钢筋，在工厂待一会儿后就满载着钢筋开出来的情况，配合隐藏拍摄的画面。再比如，解说词讲述了黑心钢筋翻新的过程，同样配合记者拍摄到的现场情况，连贯画面信息的同时，也帮助观众更好地了解事实。如果单从画面而言，很难形成意义，但是记者适时用解说词补充、强化，弥补了画面信息的不明确之处。当然，靠后期解说词弥补的方式只能是退而求其次的补救方案，其效果是有限的，不能成为记者忽视现场抓取能力的借口。

2. 图示强化细节

随着媒介的发展，可视化因素日益重要。有的节目通过后期添加的图示强化、明确画面中没有以特写状态存在的细节。比如同样在《废旧钢筋一夜翻新！一年上万吨黑心钢筋流入工地》中，记者在展现钢筋翻新黑作坊时，利用无人机航拍画面，配合红色框线，介绍了黑工厂各个区域的职能分配。在展示翻新后的钢筋材料时，记者又利用图示向观众突出强调了钢筋上所刻的"4E""12"的标志，此标志为国家抗震钢筋的标准要求，并随后报道了翻新钢筋不合格，揭示了黑心行径不合法的欺诈行为。

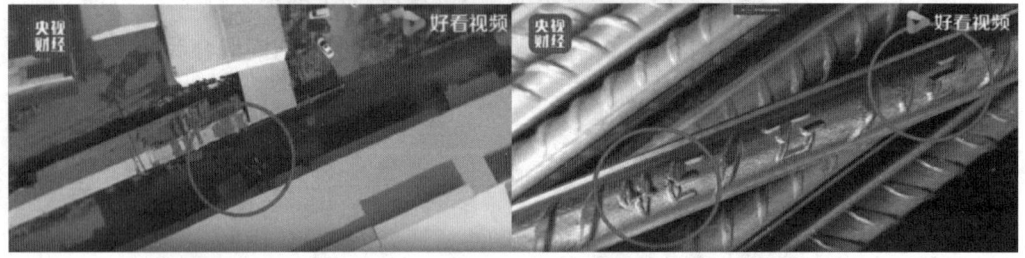

图 6-2-6 《废旧钢筋一夜翻新！一年上万吨黑心钢筋流入工地》截图

（五）提升细节

细节往往是细微而具体的，做到以个体反映全体、以个性特点反映事物本质，就需要记者找到二者的连接点，这是一个提升细节的过程。这样的方式使报道既有点上的捕捉，又有面上的观照，既有具体形象的刻画，又有诗意的提升以及情感的抒写。

因此，记者在采访中不仅要善于捕捉、放大细节，同时也要发挥想象力去提升细节。除在现场摄取影像素材外，视听报道还可以依靠解说词、音乐音响以及字幕等其他形象手段和表现元素去提升细节。

我们先借鉴文字对细节提升的一个形象案例，比如新华社庆祝改革开放40周年《向着新航程扬帆奋进！——从小岗精神看中国改革开放40年》的导语：

> 一个村庄的位置可以有多高？
> 安徽，小岗村，以不到100米的海拔标记了中国改革开放的精神高地。
> 一枚手印的力量可以有多大？
> 立下生死契，按下18枚红手印，释放出中国改革开放的初始动力。

富有形象力和感染力的文字力透纸背，用具体的细节数字形象表达改革开放的起点和作用。

中央电视台大型纪录片《再说长江》第十五集《告别家园》以雄浑的气势、细腻的形象捕捉以及富有情感空间的诗意提升，使节目叙事生动、情感深沉、意蕴悠长。这一集围绕"家国情怀"的主题记录了长江三峡之一瞿塘峡附近的大溪村村民的迁徙过程。在这一过程中，村民在自己的小家以及国家这个大家之间做出了抉择，其间离别的矛盾、冲突相互交织。记者抓取到了许多形象细节，并通过丰富的想象力把节目提升到诗意与情感的高度。比如在船长冉应福把积累多年的资料交给徒弟以后，镜头抓取到了冉应福上岸后回望江上行船的镜头，解说词这样叙述道：

> 冉应福把一身的手艺连同多年积累的资料交给了徒弟，却无论如何都割舍不尽对三峡的回忆。儿时的玩伴、峡谷的涛声，伴着他人生半百所有的故事，都在49岁这一年，留给了家乡和长江。

编导敏锐地抓住这一场景，利用解说词提升了情绪。配合着冉家离开三峡前的一次普通的团圆饭，解说词这样叙述道：

> 搬迁就在今天，冉家邀请前来送行的亲友，吃了一顿团圆饭，他们默默地品尝着故土难离的滋味。

一次普通的吃饭场景，被提升到一种情感的高度。在冉家打包行李时，记者用特写镜头抓取到了冉应福的妻子整理线团的动作，解说词叙述道：

> 女人更知道家意味着什么，哪怕是一根针、一团线，都蕴含了几十年来编织起一个家庭的千丝万缕的情感。

《再说长江》
二维码

在一位村民离开自己的家时，镜头里展现的是村民关上自家房门的场景，解说词叙述道：

> 当大溪的外迁移民开始走出家门的时候，似乎和任何一个早晨没什么两样，有的人还顺手带上了永远不会再开启的家门。

这些普普通通的场景被记者放大、提升到情感与精神层面，解说词点出了用户心中有、笔下无的一种情绪，这种提升挠到了用户的痒处。但同时，我们可以看出，这种细节的提升都是围绕着"家国"这个主题来展开的。

（六）把细节放在标题或开篇

某些时候，为了增强报道的吸引力，我们可以用文字或者单帧画面的形式，把细节或重要的数据放在标题里，先声夺人，让用户迅速获得部分核心信息，从而能够吸引用户关注。尤其是移动社交平台的短视频，经常把一些重要现场细节动态放在开篇，作为叙事的提示和钩子。比如，《人民日报》短视频《甘肃积石山地震后，武警官兵为青海受灾小朋友做饭》以孩子沉浸吃饭的细节，配以字幕信息，形成有吸引力的封面。又如，《人民日报》的《缉毒警察为缉查毒贩滚下十米高坡》，特写呈现警察擦伤的手臂，央视新闻的《涿州洪水中，年轻武警战士彰显军人本色》，让军人直抒胸臆等，都用细节展示事件的本质特点。

图6-2-7 《甘肃积石山地震后，武警官兵为青海受灾小朋友做饭》截图

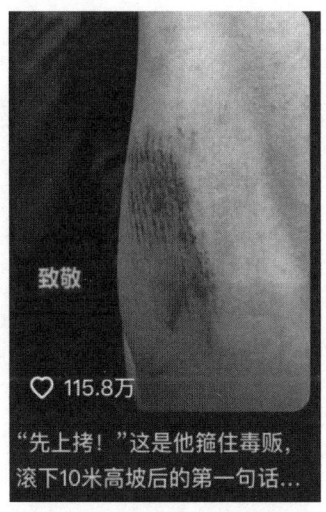

图 6-2-8 《缉毒警察为缉查毒贩滚下十米高坡》截图

图 6-2-9 《涿州洪水中，年轻武警战士彰显军人本色》截图

三、细节有度

细节的刻画和表现同样要注意新闻伦理，要把握尺度，不能为了报道的吸引力而博取眼球，为了争取流量而滥用细节。

（一）避免有闻必录

正如上文所言，细节是被选择和放大了的事实，在现场抓取细节不仅要遵守公序良俗和相关法律，也要有人文关怀。因此，报道细节要避免有闻必录和客观主义，在选择和以特写画面呈现事实的时候，不能泄露国家、政府机密，不能侵犯当事人隐私，不能宣扬血腥暴力。避免因不恰当地呈现涉密文件、证件信息、儿童隐私、身体信息等的细节而给当事人带来伤害，给社会带来不良影响。

（二）避免细节失实

细节失实是新闻失实的一种，视听新媒体时代，移动社交传播平台以视频和图片等为主的虚假新闻日益泛滥，其中的视听细节失实更多是有意为之。其成因是在无法获取现场细节的情形下，为了博取流量或者为了某种利益而制造细节。一是主观造假，摆拍设计；二是移花接木，任意抓取其他事件的视频进行组接拼贴。视听新媒体时代，关于细节失实的典型案例不断涌现，主要涉及新闻伦理和法律分析，本书在此不赘述。

> 记住：细节不等于细枝末节，不是枝枝蔓蔓的东西，不是无关痛痒、可有可无的信息，细节应当是反映事件和事物本质特征的信息，是记者以一当十的典型挖掘，是为这个现场事件的主题服务的。

思考

1. 视听形象的动态性如何体现？
2. 动态的采访过程主要包括哪两个方面？如何结构动态的采访过程？
3. 摆拍的原则是什么？如何让摆拍显得"真实"？
4. 什么是细节？如何捕捉并提升细节？

有无相乘，虚实相生，无远弗届

第七章 视听采访拍摄：全景视频和无人机

技术赋能拓展了现场采访报道的边界，创新了报道形式与形态。就现场信息采集而言，手机、虚拟现实设备和无人机使现场采访报道扩展了视角、增强了动态性、提升了灵活度、强化了沉浸感、构建了临场化。其中，虚拟现实和无人机技术构成了全新的报道图景，是视听采访报道的创新亮点。为此，本章将着重进行探讨。关于手机拍摄，尤其是Vlog报道，我们将在后文中进一步分析。

第一节 全景视频报道

虚拟现实（VR）技术催生了全景式、沉浸式的新闻报道，360度全景拓展了新闻现场报道的视野，创新了视听采访报道的手段和形态。同时，虚拟现实技术具有的交互、沉浸和想象的特点，开启了全新的信息采集、呈现、传播和交互模式，也带来了视听叙事方式的巨大变革。

一、全景视频报道的演进

2012年起，美国媒体将虚拟现实技术引入新闻报道。[1]2014年9月，美国《得梅因纪事报》（The Des Moines Register）将这一技术应用在新闻项目《丰收的变化》

---

[1] 尤红. VR新闻的重构特征与伦理风险[J]. 现代传播（中国传媒大学学报），2020（4）：51-55.

（Harvest of Change）中，展现美国社会经济变化如何影响艾奥瓦州的一户农场家庭，从此，虚拟现实技术开始引发全球新闻机构关注。2015年被公认为全球"虚拟现实新闻元年"，在英美主流新闻媒体中，《纽约时报》（The New York Times）最早开设VR频道，开发VR新闻手机应用NYT VR，发布难民儿童纪录片《流离失所》

《流离失所》二维码

（The Displaced），该片通过照片、文字和虚拟现实视频深入讲述了分别来自乌克兰、南苏丹和叙利亚的三个儿童的故事，对虚拟现实叙事进行了积极的探索。美国广播公司（ABC）和美国有线电视新闻网（CNN）也开设了VR频道和新闻栏目。同年9月3日，我国《人民日报》制作了"9·3"胜利日大阅兵虚拟现实全景视频，将虚拟现实技术应用在重大主题报道中，拉开了我国主流媒体广泛应用虚拟现实技术的大幕。2016年全国两会期间是我国主流媒体探索全景新闻的爆发期，新华网共推出了17个全景新闻作品，其中，《去天安门，从一个前所未有的角度看升旗》这个作品近距离、多角度、全方位地拍摄了天安门广场升旗的场景。在新华网的全景视频中，用户可以自主选择操作模式和视频质量，并且可以从正常视角、鱼眼视角、圆桶视角和小行星视角4个视角进行观看。此外，新华网还推出了一款基于虚拟现实技术的小游戏《你能当两会记者吗？》，别出心裁地将虚拟现实技术与游戏结合起来，丰富了可视化报道的形式。政协会议开幕当天下午，《人民日报》客户端也火速发布了《VR带你进会场·政协大会这样开幕》的VR产品。此后，VR连同AR（增强现实）、MR（混合现实）等术语成为探讨媒体技术时的高频词，被视为媒体融合发展和融媒体产品创新的增长极。

《去天安门，从一个前所未有的角度看升旗》二维码

《你能当两会记者吗？》二维码

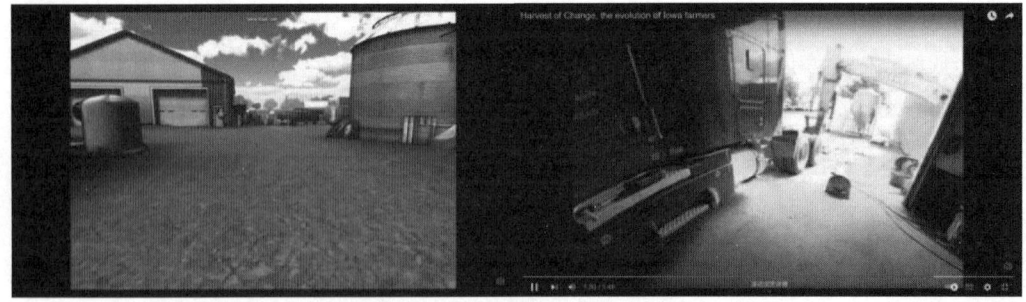

图7-1-1 《丰收的变化》截图

图 7-1-2 《去天安门，从一个前所未有的角度看升旗》截图

通过技术融合，新闻现场架设多机位VR设备拍摄，叠加CG、2D视频等各类包装，制作精品短视频，后端自由组合成并流、混流直播，形成具有先进影像风格的VR直播。①此外，现场利用移动拍摄车、滑轨、摇臂、航拍器等辅助设备实现多种VR运动镜头拍摄，在后期制作中叠加CG元素、字幕、图片、2D视频等各类媒资和包装，制作信息高度集成的短视频。

图 7-1-3 庆祝中华人民共和国成立 70 周年大会大阅兵 MR 视频截图

虚拟现实技术在全景记录、还原真实时空环境的同时，还可供创作者在现实空间场景中叠加窗口、图层、超链接等虚拟数字内容，并允许用户在观看VR内容的界面中一并获取图文与音视频信息。因此，与一般视频相比，虚拟现实技术具有用户与内容间的互动性、内容与内容间的互文性这两大优势。

二、全景视频报道的特点

虚拟现实技术最为显著的特征就是立体、生动的视觉呈现能力。传播学者马歇尔·麦克卢汉认为，电子媒介是人的视觉、听觉、触觉乃至中枢神经系统的延伸。虚拟现实技术的应用则实现了人体功能的超越——突破了现实世界中人眼的视觉角度和

---

① 笔者对中央广播电视总台 VR 专家姜华的访谈，2024 年 3 月。

大脑的注意力范围，提供同一时刻周围环境360度的全息影像画面，构建了现实意义上的"超真实"媒介场景。用户在其中以"上帝视角"总揽全局，捕捉从其他媒介载体、产品形式中无法获得的细节信息。

（一）全景视角，自主选择

全景视频报道将拍摄视角、机位选择等权利交给用户，让用户在主动探索新闻报道的同时，获得差异化的使用体验。例如，在中华人民共和国成立70周年阅兵活动当天，央视新闻联合人民网、新华网第一次提供虚拟现实多视角直播，在天安门广场周围设置了观礼台视角、长安街高点视角、仰望长空机群视角等7路独家视角，用户可

《VR全景带你看天舟六号发射》二维码

以自由选择观礼角度，获得与电视大屏端迥然不同的观礼体验。产品上线后70小时内共有12.65亿人次访问观看，成为国庆期间可圈可点的现象级新闻产品。[①] 2023年5月9日，中国军视网在"天舟六号"飞船发射前一天推出融合报道作品《VR全景带你看天舟六号发射》。这一作品允许用户在虚拟环境中多角度观察天舟六号发射现场的各个细节，从亲手组装火箭到零距离观看火箭发射，用户可以自由选择观看角度，形成

更客观的判断和看法，提升了用户体验天舟六号发射的真实感和互动性。由此，用户从看新闻到自主"玩"新闻，增强了现场探索挖掘的兴趣。

图7-1-4　庆祝中华人民共和国成立70周年大会VR直播现场

（二）沉浸体验，还原现场

全景视频报道以现场情境还原能力，成为突发事件报道中凸显临场化的生动报道类型。特别是在一些成因复杂、涉及面广的新闻场景中，虚拟现实技术弥补了以往图文乃至视频报道篇幅、视角有限的不足，将新闻报道由"读图时代""视频时代"进一

---

① 新浪VR.70周年阅兵全景回顾：首次使用4K全景直播［EB/OL］.（2019-10-10）［2021-09-14］.http：//vr.sina.com.cn/news/hot/2019-10-10/doc-iicezzrr1344122.shtml.

步推进至"现场时代"。例如,2020年6月,一辆槽罐车在浙江温岭发生爆炸,严重波及周边建筑物,造成特大伤亡事故。央视新闻新媒体随即推出《VR全景看温岭槽罐车爆炸现场》,以爆炸事故发生处为原点绘制360度全景图,并在图中标注车辆残骸最远飞落点,展现爆炸冲击所造成的严重破坏和现场救援情况,实现了图文、视频都难以企及的现场还原感。此外,该报道让用户在滑动屏幕查看事故现场过程中直观感受到爆炸威力,起到了安全教育警示作用。

《VR全景看温岭槽罐车爆炸现场》二维码

图 7-1-5　VR 全景看温岭槽罐车爆炸现场

(三)情景伴随,身临其境

作为一种媒介形态,虚拟现实技术的一大突破是消融了内容产品千人一面的固定形态,邀请用户从主观视角出发与其互动,从而产生一种"身临其境"的代入感。[①]而逐渐盛行的慢直播也同样试图建立代入感,营造个体在场、集体参与的沉浸式、互动式体验场景。目前,大多数慢直播均采用景区、交通路况监控摄像头作为直播信号,而部分摄像头视角固定、清晰度较低,视觉呈现效果不理想,难以吸引用户长时间驻留观看,更无从建立代入感与伴随感。随着5G技术和360度全景摄像头的进一步普及,建立在高速率、低延迟信号传输和超高清晰度图像采集基础上的虚拟现实技术将有效推动"VR+慢直播"融合,使情景伴随成为VR新闻报道的重要场景之一。例如,

---

① 喻国明,谌椿,王佳宁.虚拟现实(VR)作为新媒介的新闻样态考察[J].新疆师范大学学报(哲学社会科学版),2017,38(3):15-21,2.

在 2020 年新冠肺炎疫情暴发初期，雷神山、火神山两座医院的建设吸引举国目光。央视频客户端随即推出 VR 视角信号，24 小时直播雷神山、火神山建设实况，让用户 360 度全景观看施工现场，[①] 全民见证、全景展现"中国速度"。

图 7-1-6　雷神山、火神山医院建设 VR 慢直播现场

三、全景视频报道的应用场景

全景视频要实现传播效果的最大化、最优化，就要将合适的内容与形式相匹配，彰显技术、技巧对于内容传播的叠加放大效应。

（一）内容表达：契合虚拟现实传播特质

在内容选材上，要充分利用用户选择使用 VR 新闻产品的原始动力——新鲜感和好奇心，即以前所未有的视角观察现实生活的吸引力。而当新闻机构一拥而上，推出大量会议现场、文艺演出、景区风光的 VR 产品时，用户的新鲜感已随时间消磨殆尽，使用相关产品的意愿也随之减少。因此，VR 新闻产品的内容选择必须突出新奇性，尝试为用户呈现未曾发掘的观察角度、空间场景，让用户闻所未闻、见所未见。例如，央视影音推出"天舟一号"发射任务 VR 全景直播，创造了史上最近距离（100 米）全程直播火箭发射的纪录。用户不仅可以通过屏幕直面火箭发射一瞬间颇为震撼的视觉冲击，还可沉浸式观看火箭吊装、转运等环节，感受到航天发射类报道前所未有的体验。再如，新华社在 2020 年珠穆朗玛峰高程测量期间推出了"珠峰慢直播"，用户可 24 小时欣赏珠峰 360 度景观的实时变化，获得纵览世界屋脊的新奇感。

[①] CMG 观察.100000000+ 网友看过的央视频慢直播，成功秘诀你 get 了吗？［EB/OL］.（2020-12-22）［2021-09-08］. https://mp.weixin.qq.com/s/E8ruFXSPNhLDDhuMRp4zwA.

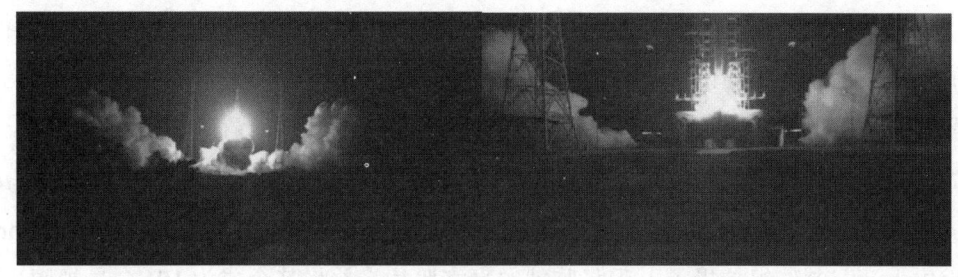

图 7-1-7 "天舟一号"发射任务 VR 全景直播

在内容呈现上，需利用虚拟现实技术在营造时空纵深感上的天然优势，以技术推动内容呈现与叙事推进。例如，CNN 在决定是否采用 VR 技术制作新闻时就选择了"目击者测试"（witness test）标准，即在室内、街头、广场等场景中呈现是否能够帮助用户更好理解故事内容。① 严格遴选故事题材能有效避免技术形式喧宾夺主所造成的内容、技术"两张皮"。再如，BBC 在 2017 年推出了一项介绍伊拉克军队打击 ISIS 恐怖分子的 VR 新闻产品。记者在直升机上设置全景相机，记录了飞机从起飞到巡航的全过程，并在鸟瞰视角中标注地理坐标、插入现场画面，VR 技术的加入使原本需要多组镜头才能说明的情况变得一目了然，实现了一般角度难以提供的信息广度。

（二）体验强化：建构深度沉浸感、在场感

虚拟现实技术的两大核心特征即"沉浸"和"在场"，前者指"用户被卷入其中的程度"，即虚拟环境对物理现实的还原度，是评价虚拟系统技术的客观衡量；后者则为"用户的在场感"，涉及用户的主观体验，是心理学上的内在作用。② 因此，强化沉浸感、在场感是提升 VR 新闻用户体验的重要抓手。

沉浸感，即让用户暂时从实时的物理世界脱离，转而进入虚拟环境的感觉。③ 强化沉浸感，就要在产品中调动用户视觉、听觉、触觉、运动感等多种感官，同时在虚拟场景中与用户建立强烈的情感共鸣，使用户产生心理与生理的双重沉浸。在具体路径上，利用运动引导视觉焦点、运用声音吸引注意力是 VR 视频的常用技巧。④ 例如，今日俄罗斯（RT）在 2016 年就以 VR 形式记录了叙利亚第一大城市阿勒颇战后的景

---

① BILTON R. What's holding back virtual reality news? Slow tech adoption, monetization, and yes, dull content [EB/OL].（2017-04-24）[2021-09-15］. https://www.niemanlab.org/2017/04/whats-holding-back-virtual-reality-news-slow-tech-adoption-dull-content-and-yes-monetization/.
② 杨慧，雷建军. 作为媒介的 VR 研究综述[J]. 新闻大学，2017（6）：27-35, 151.
③ 史安斌，张耀钟. 虚拟现实新闻：理念透析与现实批判[J]. 学海，2016（6）：154-160.
④ 贾盛云，董小染，曾祥敏. 全景视频叙事的特点与策略研究[J]. 电视研究，2017（6）：10-13.

象。记者手持全景相机,在城市街道上边走边讲解,用户则可以自由转动角度查看四周的断壁残垣。在跟随记者游览的过程中,用户的视觉和运动感与滑动屏幕的触觉相互配合,在记者叙述的听觉指引下不断"步行前进",实现了感官与产品的高度融合。又如,美国公共电视网的前线(Frontline)节目组出品的 VR 新闻《监禁之后》(After Solitary),还原了曾在缅因州监狱长期被单独监禁的犯人肯尼·摩尔(Kenny Moore)的狱中生活。制作组拍摄了上千张监狱的真实照片,并将其合成为 VR 全景视频,用户可以完全代入肯尼·摩尔的视角,沉浸式地感受监狱的幽闭氛围。这一产品充分调动了用户的视觉与听觉等感官要素,着重突出虚拟环境中的压抑感,从而让用户对于影片的主题有更深的理解。

图 7-1-8 《监禁之后》截图

强化在场感,就要凸显用户在 VR 场景中的主体参与作用。德国《图片报》高级制作人 Marc Jungnickel 认为,让用户"做自己或在现场"(be them or be there)是衡量 VR 产品质量的两个标准。① "做自己"即为用户提供真切的第一人称视角体验;"在现场"即让用户"进入"现场。这两个方面更能使用户体会到现场的氛围,感同身受。半岛电视台制作的 VR 新闻《也门的恐怖天空》(Yemen's Skies of Terror)记录了 3 名也门未成年人主人公的生活,跟随他们的步伐,通过他们的讲述,用户得以从一个在场者的角度感受他们的生活是如何被三年战乱永久改变的。身临其境地穿行于瓦砾废墟中,头顶是日夜不息的空袭,在也门这片恐怖的天空之下,是千万民众无法言说的苦难。在这种不安定的氛围中,VR 技术很好地传达了传统新闻所不具备的在场感。

---

① MILLER C. VR and 360 video: what are they good for? [EB/OL]. (2017-05-18) [2021-09-15]. https://www.bbc.co.uk/blogs/academy/entries/6d292464-be4c-4e0a-a846-59d1340af4f0.

四、全景视频报道的叙事技巧

全景视频给用户提供了 360 度的视角选择，但是由于人类视角的有限性，用户只能通过身体的转动或设备的移动来变换视角，获得 360 度的全景体验，这就意味着，在某一瞬间，用户仅能看到全景视频所呈现的信息的一部分。换言之，很有可能出现下面这种情况：两个人观看了同一部全景视频作品，但是看到的内容可能不同。视角的增广带给用户前所未有的视觉体验，同时也给叙事带来了有史以来最大的挑战：哪儿都能看到，在一定程度上也意味着，很有可能恰恰没有看到重点。因此，和传统视频相比，全景视频势必会创造一个全新的影像叙事模式，这开拓了影像叙事的空间和手法，但也带来了全新的挑战。

传统的二维视频，叙事主线是固定而明晰的，而全景视频的主线掩藏于 360 度的场景里。在全景视频 360 度的空间内，用户缺少把关人来强制其观看某些信息，用户选择观看的某个画面未必是关乎整个故事进展的关键画面或叙事主线，甚至有可能完全错过关键画面。在这种情况下，用户观影完毕后很有可能不明所以，不知道记者或导演想说什么，只感到震撼、炫酷，并无其他实质性的信息收获。这些问题不得不引起我们的思考。因此，这就需要借助以下几个叙事要素的帮助，将用户适时带回到叙事主线上来，至少不错过关键画面和信息，这也是目前全景视频叙事的主要特点。

（一）利用运动引导视觉焦点

阿恩海姆说："运动，是最容易引起视觉强烈注意的现象。"[①] 动物的天性使然，移动物体对其注意力具有天然的吸引力，因为只有确认有没有物体或者其他动物在向自己靠近，才能躲避危险。人和其他动物一样，亘古流传的基因决定了我们的注意力会更容易被正在运动的物体吸引，我们的视觉焦点会自然而然地转移到它们身上。因此，画面中人物的走动、手势的指引、物体的运动等，都能成为捕获用户注意力，把大家的视觉焦点从 360 度的自由空间吸引到叙事关键画面上的手段。VR 纪录片《流离失所》就是一个很好的例子。《纽约时报》在叙事过程中多次娴熟地利用运动物体对用户的吸引力来协助叙事，使其流畅完整。例如，片中主人公 Hana 在农场摘黄瓜挣钱，通过 Hana 的走动，作品把用户的注意力转到画面的右后方，下一个镜头中出现了收黄瓜的

[①] 阿恩海姆. 艺术与视知觉 [M]. 滕守尧，朱疆源，译. 成都：四川人民出版社，1998：508.

卡车，Hana 会把收获的黄瓜送到这里。通过运动物体吸引用户视觉焦点，《流离失所》对此运用得较为娴熟，数量也非常多。在美国国家地理的 VR 视频《和熊一起在堪察加游泳》（*Swimming With Bears in Kamchatka*）中，运动物体对叙事的积极影响更为明显。作品通过熊在水里追逐嬉戏、游泳、捕捉三文鱼等数量众多的动物运动，牢牢抓住用户的目光，实现流畅叙事。

图 7-1-9 《流离失所》截图

图 7-1-10 《和熊一起在堪察加游泳》截图

由于 VR 视频有 360 度的画面空间，这就需要 360 度空间中的所有人和物都处于被拍摄状态，任何一个方向都不能有摄制人员、设备道具等外来因素的干扰。因此，VR 视频中这些关乎叙事的关键性运动需要在拍摄前就有精确的设计或成熟的演练，这样做不可避免地会加大导演设计的工作量，但是其在促使叙事更加流畅方面的作用不可小觑，同时能在很大程度上使用户获得更好的观影体验。

（二）运用声音吸引注意力

追溯一切视频的发展源头，都得从卢米埃尔兄弟的《工厂大门》说起。电影发明之初虽然是无声的，但是逐渐在放映时有了和画面相配的音乐，来满足人们对视听体验的基本要求。现在，声音已成为影响影片叙事的一个重要因素。声音在叙事效果的呈现上表现在诸多方面，如声音与叙事视角、叙事时间、叙事空间、节奏的控制、悬念的设置、隐喻的表达、冲突的表现等，起到重要作用。[①] 在全景视频中，声音又起到了吸引用户注意力、捕获用户视觉焦点的作用。通过声音的吸引，继而由导演间接引导叙事，确保用户不错过全景视频中的关键信息。《纽约时报》的全景纪录片《流离失所》在叙事方面就充分利用了声音吸引用户。例如，在飞机给难民空投食物的场景中，飞机出现前先响起飞行时巨大的轰鸣声，吸引用户找寻声音源头，这样用户就能够看到飞机从远处渐渐靠近，然后投递食物的场景。通过声音来引导，这样即使是在360度的空间画面中，用户也能捕捉到核心内容，不错过影响影片叙事的关键镜头。基于视听体验中"画面"和"声音"的不可分割性，和其他叙事要素相比，声音是一种自然的也很简便可靠的引导叙事的方法。

（三）多向字幕补充画面内容

字幕对画面信息有着强调、提示、补充、说明的作用，能够简明扼要、直截了当地将画面中的重点信息传达给用户。在全景视频中，字幕发挥的作用同样重要，但是在字幕设置方面和传统视频有很大不同。由于全景视频有360度的画面空间，字幕若仅出现在360度空间中的某一个方向，很容易背对着用户，人类视角的有限性会导致字幕被完全忽略，字幕对叙事的诸多有益影响也就无从谈起。因此，在全景视频中，基于其视频空间的全角度特性，记者可在多个方向设置字幕，确保画面补充信息不丢失，从而使叙事更完整，用户能够更精准地获得视频的核心信息。例如，在半岛电视台的《也门的恐怖天空》中，字幕总是均匀分布在水平面的三个方向上；而在美国国家地理的《和熊一起在堪察加游泳》中，字幕则多数设置在前后两个方向。灵活运用字幕来引导用户，使影片叙事尽可能流畅自然，是VR视频中记者引导叙事的又一方法。

（四）少量剪辑使叙事更流畅

强烈的沉浸感，使VR视频有别于传统视频，但也给叙事带来了巨大的挑战。传统视频用镜头讲故事，频繁的镜头切换是故事往前推进的重要保证，但是传统视频里面的普通剪切，到全景视频里就变成了360度的空间转换，镜头的频繁快速切换往往会给用户带来一种时空穿越的眩晕感，因此，除非为了特地制造以上这种"乾坤大挪移"的震撼效果，高频率剪辑、镜头移动等使视频内空间产生剧烈变化的叙事方式至少目前在全景视频中应尽可能少出现。例如，在《流离失所》长达11分8秒的节目时

[①] 姜燕. 论纪录片声音元素的艺术表现力 [J]. 现代传播（中国传媒大学学报），2010（7）：64-67.

间里，只有 30 个镜头，切换了 29 次，其中有 19 次（将近 2/3）的切换方式都是通过屏幕逐渐变黑再转入新场景，3 次是渐隐渐现，仅有 7 次是直接切换，而且是切换到了同一场景下的不同角度。诚然，和传统视频相比，低频率的剪辑方式不能发挥全景视频的蒙太奇叙事。但不可否认的是，现阶段，少量的镜头切换确实能使用户获得更好的体验，使叙事更流畅自然。视频用画面讲故事，而不是用剪辑讲故事，全景技术虽然给传统的叙事方式带来了巨大的挑战，但并非全盘割裂。就如电影发明之初《火车进站》用一个长镜头给观众带来巨大震撼一样，我们可以这样认为，现在的全景视频就像彼时新生的电影一样，经过逐步探索，其推动叙事的手段、方法等会逐渐丰富多样起来。

而诸如全景叙事带来的故事主线发展与用户自主选择之间的矛盾，并随之在画面和声音上产生诸多革新，还需要进一步探索。"全景"与"单一"、设计编排与自主选择不仅是技术带来的"变"与"不变"的革新和调适，更是传播者和用户之间关系的博弈。因此，探索 VR 新闻的创新实质上是探索传播者与用户关系的革新，这是关键所在。

五、扩展技术的采访报道[①]

技术的无限革新，带来了虚拟与现实融合的不断深入，拓宽了报道的视界。从虚拟现实（Virtual Reality，VR）到增强现实（Argumentd Reality，AR），再到混合现实（Mixed Reality，MR），进而到扩展现实（Extended Reality，XR），新闻现场还原的技术、方式越来越多元。增强现实是将计算机生成的虚拟信息叠加到现实世界信息之上，从而增强用户对现实世界的体验。VR/AR 技术具有"3I"的技术特征：沉浸感（Immersion）、交互性（Interaction）和想象性（Imagination）。混合现实技术是虚拟现实技术的进一步发展，该技术通过在现实场景中呈现虚拟场景信息，在现实世界、虚拟世界和用户之间搭建一个交互反馈的信息回路，以增强用户体验的真实感。MR 技术结合了 VR 与 AR 的优势，VR 是纯虚拟数字场景，AR 是虚拟数字场景结合裸眼现实，而 MR 则是数字化现实加上虚拟数字场景。通俗地讲，MR 不是简单地把虚拟的物体放到现实环境中，而是把虚拟的物体与现实环境有机融合起来，形成富有层次感和协调性的混合空间。如今，综合了 VR、AR、MR 等多种技术实现的新型沉浸式技术扩展现实（XR）得到了广泛使用。比如，在前文探讨的 VR 直播中，可以叠加 AR、MR

[①] 曾祥敏. 融合新闻学［M］. 北京：中国传媒大学出版社，2023：271-273.

信息，形成多种信息复合的 AR 或 MR 直播。又如，中央广播电视总台《三星堆新发现》融媒体直播特别节目，运用特种直播设备，融入 XR 虚拟还原技术，结合图文介绍、直播讲解、XR 技术赋能的记者讲述短片，打造了用户同 3000 多年前古蜀先祖们的对话场景，建构了一次融合传播之旅。

《三星堆新发现》二维码

新闻现场在虚拟现实技术的赋能下，从"小"到"大"，进而从"无"到"有"，从"实"到"虚"。技术赋能的视听采访，无远弗届。

图 7-1-11 《三星堆新发现》XR 技术赋能的穿越时空短片截图

> 记住：全景视频要实现传播效果的最大化、最优化，就要将合适的内容与形式相匹配，彰显技术、技巧对于内容传播的叠加放大效应。

第二节　无人机航拍报道

法国纪录片《家园》（*Home*）中有这样一句解说词："即便是你再熟悉不过的地方，从空中鸟瞰也会震撼到你。高度、高空，永远是人类探索地球和反观自我的不懈追求。"航拍作为一种特殊的拍摄角度，往往可以产生独特的视觉冲击力。但是由于拍摄条件的要求，过去，航拍在影像创作与传播领域还是一种"奢侈"的存在，往往只存在于大型节目制作中。随着近年来无人机拍摄设备的日益普及，轻量化、小型化的无人机不仅丰富了视听创作视角，丰富了表现形态，更为普通用户进行日常分享提供了更宽阔的视角。

一、无人机航拍报道的特点

无人机的历史可以追溯到一战,英国空军发明了一款名为"凯特琳飞虫"(Kettering Bug)的空中鱼雷,实际上就是一架无线电遥控飞机,整个机体就是鱼雷,而后的一百多年间,无人机也更多地以侦察角色活跃在军事领域。随着当代无人机技术的普及,轻便小巧的民用无人机为新闻和纪录片视觉美学拓展提供了更为丰富的手段,更成为个人传感器新闻和社交传播的重要工具。

(一)多元视角,直观呈现

如果把我们的日常拍摄看作在二维平面上进行,那么航拍就好像是将拍摄空间提升到了三维的立体空间中。无人机与视听创作的结合,一定程度上也是利用了军用无人机的一些特点——"安全性高""空间扩展""远程控制"——来帮助创作者记录或者拍摄一些他们原本需要承担更大风险去拍摄的对象,从而为影像创作提供更"广阔"的空间。不等同于物体一个特定方面的概念,如果一个人想要获得一个圆球或是一个晶体的整体概念,就不能仅依靠从一个角度所获得的印象,因为一个物体的视觉概念是从多个角度进行观察之后得到的总印象。当我们试图通过影像创作展现给用户某一物体的时候,所能展示的仅仅是某一个方向上看过去的投影,而通过无人机,创作者可以更便捷地将原本局限于地面这一平面上的拍摄空间提升到立体空间中,从而更直观地为用户展现现场。在一些大型的活动如国庆阅兵式、城市建设的大格局如展现雄安新区整体规划的短片《无人机探秘河北雄安新区》、壮丽的自然风光等特定题材的拍摄中,无人机航拍都可以发挥其独特的作用,让用户从整体上感知现场。

《无人机探秘河北雄安新区》二维码

《鸟瞰中国》二维码

《航拍中国》二维码

俗话说,远取其势,近取其神。例如,《鸟瞰中国》《航拍中国》等以航拍视角展现了中国各方面的发展,如高铁、桥梁、建筑和美丽山川,通过航拍镜头的运动,既能将中国发展中的超级工程与高、险、雄壮的背景结合呈现,又能展现出壮阔的全景视野。在《鸟瞰中国》里,四川大英县人造海滩、新疆达坂城风电场、青海太阳能发电站、贵州射电望远镜呈现出丰富的点、线、面层次对比,乐山大佛两山排闼而来的视觉撞击，浙江丽水特高压电网光影相互映衬的自然与人造景观，在鸟瞰角度下，这些宏大场景蔚为壮观。中国南北大地壮阔的地理景观、丰富的人文风貌、多元的文化跨度为"鸟瞰"这一创意提供了腾挪的空间。在《卫报》的数据新闻产品《无路可走：美国的不平等如何影响基础设施的建设》（*Roads to Nowhere: How Infrastructure Builton American Inequality*）中，制作团队着重利用了无人机航拍能够提供"鸟瞰视角"的优势，大量使用了无人机的航拍视角来展现美国的基础设施建设情况。数据新闻中使用无人机航拍在如今已经算不上新鲜事，但这一结合揭示了无人机航拍在展现宏观场景时的独特优势：一个直观的俯视也许要胜过千言万语。

图 7-2-1 《无路可走：美国的不平等如何影响基础设施的建设》截图

从我们前文探讨的观察发现事物的角度来看，拍摄角度是观察事物的物理角度，抽象而言更是叙事的视角、认识问题的视角。由此，拍摄角度的丰富性，决定了我们认识问题的丰富性。无人机拍摄不仅给我们提供了一个冷静俯视的视角、全能的视角，更重要的是赋予观者一个审视万事万物的全新视角，并成为激发惯常叙事系统的手段。

（二）技术赋权，感官延伸

艾瑞咨询的数据表明，到 2025 年，国内小型民用无人机市场规模预计达 750 亿元人民币，其中航拍及娱乐将占到 300 亿元人民币。无人机航拍器的普及，刺激了大众对于空中创作的热情，越来越多的摄影爱好者、飞行爱好者通过航拍进行影像创作与表达，并展现他们独特的创意。借鉴麦克卢汉的看法，无人机航拍也可以被看作一种"机械化"：将自然加以转换，将我们自己的品性加以转化，将其改变为放大的形式和专门化的形式。世间万物观察事物的时候都不可能有窥得任意全貌的自然天性，但是有了无人机的帮助，就可以通过媒介实现，并且形成一种独特的拍摄视角。

媒介是人的延伸，无人机作为一种普及的延伸，帮助大众用他们以前所不具备的高度去观察他们所处的世界。在无人机航拍的大众化普及的过程中，越来越多的寻常百姓获得了他们以前无法触及的新视角——飞行视角。通过无人机，更多的人有机会切身用鸟的视角去观察世界。而随着这种超越自我的形态的经验积累，视听创作，甚至是人生哲学都有了全新的启发。我们可以参考麦克卢汉对于印刷术的表述理解无人机航拍在大众影像创作中的启发意义：印刷术的普及，使大众文化得以普及，从口口相传变为有字可据；无人机航拍的普及，让"飞行"变得成本低廉、便捷，让一种技术从高冷变得普及。从这一点上来看，无人机航拍的普及，可以被看作一次大众的创作狂欢，也是对于大众智慧的又一次开发。

无人机不仅仅可以作为拍摄的主体，也可以成为影像创作中被拍摄的个体，作为人的延伸去表达意义。阿恩海姆认为人的躯体同样可以被作为表现媒介，那些在后台操纵木偶的人通过整合各个部分让它们参与到整体中，完成意义的表达，而无人机也可以作为这种延伸的"躯体"。比如，2024年春节，在中央广播电视总台春晚沈阳分会场，3000架无人机编队幻化成大国重器；香港以千架无人机呈现粤剧花旦脸谱、兰桂坊庙街等香港打卡点，表演最后，无人机汇成一幅巨型二维码，用户还可以通过扫码领取消费优惠券。相较于直升机、飞机等传统搭载工具，无人机更具灵活性，可以更加灵活地在各种空间里进行创作，并且在数量上更有优势。这种数量上的优势往往可以直接转换成对于受众的视觉冲击力。而且无人机凭借智能化的特性可以更轻易地进行整体编程，整体的整齐度、默契度能够得以保证。

图7-2-2　无人机编队展演

（三）仰观宇宙，俯察天地

《家园》二维码

《家园》的摄影师贝特朗在讲述他的航拍工作时曾这么说："我希望透过从空中看地球，让人们尽可能看到地球今日真实的样貌。我这么做的动机，是基于摄影在环保架构中能带来冲击。我们的时代所发生最新奇的事，就是人类有着改变环境的力量，而我希望我的摄影作品可见证这个事实,而让人们有所体悟。"

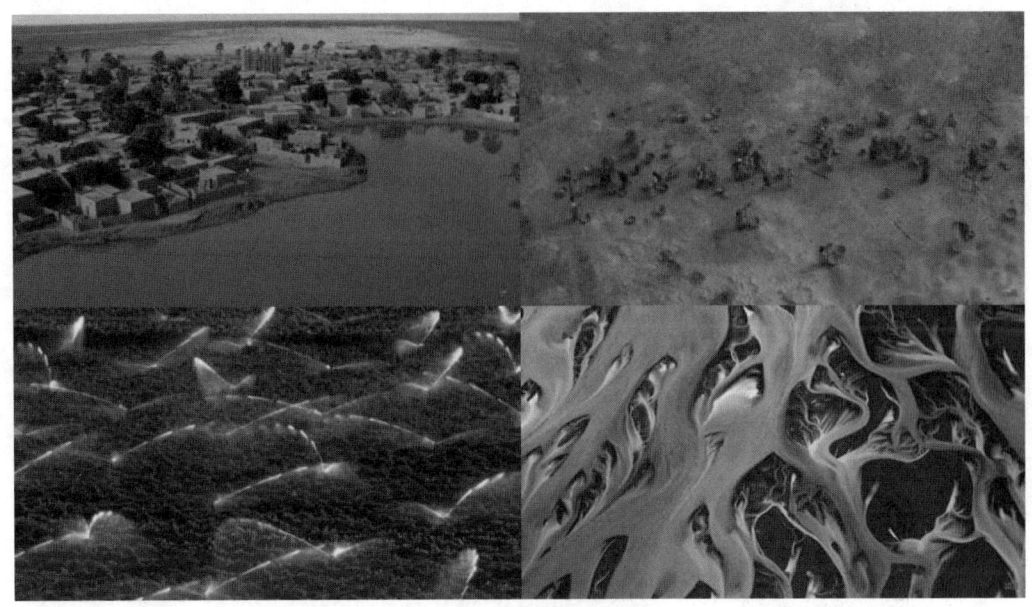

图 7-2-3 《家园》截图

无人机航拍的普及,使得每一个感兴趣的大众都有机会切身实际地进入他们原本只能在纪录片、电影中看到的高视角,并且可以自由选择其中的或宏大或微小的视角。我们往往可以把这种航拍镜头称作"上帝视角""造物主视角",这使得人类远高出了我们自己所在的这个层面,以更贴近自然、贴近历史发展规律的视角看待事物、自然、社会、宇宙。在这种视角中,人类可以用一种参与其中而又高于其上的姿态观察一个细胞的分裂与分化、一个家庭的繁衍与延续、一个国家的发展与变化,这不仅仅是视觉感官上的改变,也是人类对于自身参与者身份的转换思考。

"会当凌绝顶,一览众山小。"我国的古诗中很早就有古代文人对于高度、审美意趣的见解。在高的视角上,创作者与受众都可以享受到新的视觉奇观,这种奇观让人们的审美意趣不再仅仅局限于平视还是俯视的视角,而是在不同的视角中都可以感受到客体的视觉美感或者视觉冲击力,获得最适合的、前所未有的视觉快感。在 OK Go 的 MV 作品 *I Won't Let You Down* 结尾处,有一段俯瞰大地后环顾四周天空的长达一分多钟的镜头,这个镜头中并没有需要特别表达的信息,但是片子的意境却从中慢慢展露。这是一种站在高处审视世界、欣赏自然的意趣,虽然有一种天地中只有我独自一人的孤独感,但也有一种与天地同在、与日月同辉的气魄感,而这种审美上的

I Won't Let You Down 二维码

豪情，只有在登极高、望极远时才可获得。

图 7-2-4　*I Won't Let You Down* 截图

二、无人机航拍的应用场景

总体而言，无人机航拍的应用呈现在三个方面：天与地的运动场景、融合视听新场景以及社交分享场景。

（一）上天入地，易用高效

航摄、减震、延时、地面跟拍技术的发展，为运动和特殊视角的拍摄提供了便利。其中，如何上天入地，为观赏者提供前所未有的视觉奇观，成为当代视听审美营造的创作要求。对于日常新闻而言，传统航拍是昂贵的，一定程度上对于新闻来说过于"高大上"。直升机、热气球、固定翼飞机等飞行设备价格昂贵、操作难度大、危险性大，对于摄影师的要求也极高。对于高速运转、以快取胜、经费有限的新闻机构来说，无论从经费还是人员上考虑都过于"奢侈"且"不现实"。相比之下，价格低廉、操作要求低的无人机航拍填补了空间上的不足，满足了新闻中对于"俯瞰视角"的刚性需求。2015 年 8 月，天津港发生特大爆炸，对于记者来说，靠近爆炸现场是不现实的，新华网无人机队带来的天津港爆炸中心的航拍画面第一时间为用户呈现了现场的情况。烧焦的汽车、熏黑的大楼以及不断发生小型爆炸的集装箱堆，都很难通过记者进入现场拍摄。同年 12 月，深圳光明新区一工业园发生大规模山体滑坡，《南方都市报》出动了无人机，拍下了山体滑坡灾难现场的 360 度全景图片。在周边道路被阻断的情况下，记者通过操作无人机深入现场一线，及时满足了公众对于现场画面的需求。

突破无人区，无人机更善于在"3D 环境"下完成新闻拍摄任务，能比人类更高效、更优质地拍摄到珍贵的画面。所谓"3D 环境"，即 Dull（阴暗的）、Dirty（肮脏的）和 Dangerous（危险的）环境。无人机航拍可以帮助记者进入危险的区域、被限制进入的区域、从平面观察无法为用户充分描述的区域。

（二）媒介融合，创新视觉

无人机航拍作为一种拍摄方式，也为媒介融合与创新提供了新的载体。很多新技术，如 VR、大数据等均可以与无人机结合起来，呈现出前所未有的视听表现力。比如新华网的短视频《无人机航拍：换个姿势看报告》，通过将航拍素材与增强现实技术结合，融合总理的两会报告同期声，将两会的报告进行了可视化的编辑。在该段视频中，交叉纵横的马路上浮现出 GDP 的上涨指数，医院门诊楼上显现出医改的重

《无人机航拍：换个姿势看报告》二维码

要举措，在一块已经拆迁完毕的棚户区上，一些虚拟的大楼拔地而起，展现政府解决住房问题的计划。这段视频将航拍技术与数据可视化结合起来，在恰当的场景中融合技术，让用户更好地去理解。视觉层面上，无人机拍摄的画面大气、信息直接，与后期所做的数据特效结合起来，俯瞰的视角让用户感觉正在随着镜头的指引观看一幅巨大的发展蓝图。新华网融媒体产品创新中心在这个短视频的介绍中说明："在视频画面上叠加数据，对航拍技术、画面比例等要求很高。因此，在视频制作脚本的基础上，项目组还拟定航拍镜头脚本，对航拍场景、拍摄风格等细节进行严格要求。"①

图 7-2-5 《无人机航拍：换个姿势看报告》截图

无人机航拍的媒介融合还应用于 VR 等新的媒介领域。随着 VR 设备的普及，相

---

① 马轶群.《无人机航拍：换个姿势看报告》如何炼成？："无人机＋数据新闻团队"创新两会报道［J］.中国记者，2017（4）：126-127.

应的视频产品也越来越多。许多城市已经制作出其专属的VR全景产品，用户通过VR设备观看就好像飞翔穿梭于城市之间，既可以从空中俯瞰全景，又可以俯冲观看其中的细节，通过这两种技术的结合，受众可以有身临其境的感觉。

由《亚利桑那共和国报》（*The Arizona Republic*）与《今日美国报》（*USA TODAY NETWORK*）合作完成的融合报道《墙》（*Wall*）聚焦横亘在美墨国界处的边境墙。该项目综合运用了航拍与VR等技术，力图将边境墙以数字化的形式复现在融合产品中。用户既可以从宏观角度观看航拍视角下的边境墙，也可以点击地图上的地点以VR的形式展开微观探索。航拍与VR等技术的融合丰富了作品的视觉层次，也带来了更真实的观赏体验。

（三）社交分享

无人机的轻巧、便携使其伴随用户，同样也可被视为日常分享的社交工具，在未来新闻源的开发上具有较大潜力，而类似2023年巴以冲突中哈马斯发布的从无人机和高空投下的炸弹等视角拍摄的第一现场、第一人称视角的视频，具有强烈的现场感和沉浸性，迅速在社交平台上传播。这些视频成为最直接的现场报道信源，使得用户以前所未有的视角，深入战争现场。因此，将无人机视为手机一样的无处不在、无人不及的社交工具，对未来的新闻报道具有重要意义。

三、无人机航拍的技巧

无人机航拍提供的更广阔的拍摄空间以及更多元的拍摄角度，能够为观者呈现丰富多样的真实，同时在更深层面上为创作者的审美探索与哲学层面思考提供了空间，并反过来给用户带来更加丰富的视听体验。

（一）融合实用功能和审美价值

无人机航拍通过运动拍摄有效地拓展了叙事视角，把新闻现场立体、清晰、多元一体地呈现在用户面前，相对完整地呈现信息，有效回应用户的关切。从这个意义上而言，无人机以相对自由的运动，解放了拍摄者的身体，提供了更多报道呈现的可能，强化了多视角的应用功能。

无人机航拍能够展示事件或现场全貌，呈现整体意义。比如，电视专题片《祁连山生态调查》的开篇出镜报道，为了呈现祁连山被掠夺式开发后的场景，记者站在黑河河滩上报道，无人机运动拍摄呈现出逐渐干涸萎缩的黑河，让人一目了然。

图 7-2-6 《祁连山生态调查》报道截图

航拍也能在人所不能及之处，展现作为证据的多视角。比如，广播专题《神秘"曹园"》①的调查寻访过程，就是通过无人机航拍获得了相关证据链。记者对"曹园"的探访吃了闭门羹，调查似乎陷入困局："'曹园'方面不发声，稿子显得不平衡；不能进入'曹园'，更是无法核实举报材料。如果翻墙而入，一是里面什么情况尚不明朗，围墙上的钢丝电网是否有电？不仅很难翻墙而入，也比较危险。二是如果被主人扣上一个私闯民宅的'帽子'，也是比较麻烦的事情。和同事商讨后，我决定选择相对安全的地方，跳过荒沟，由同事在下边托举着，我就趴在围墙上对着里面的建筑拍照。由于院子太大，还有树木遮挡，拍到的建筑物全是树影婆娑的远景，违法建筑的模样很难看清楚。最后我决定用无人机在'曹园'上空飞一圈，这才对'曹园'内的布局和建筑群有了大致了解。"②

《神秘"曹园"》二维码

对无人机航拍的完整理解是它不仅能在高空俯瞰，更能贴地飞行，穿过拱门、长廊，贴近高空建筑，近距离运动展示无人能及的细节。比如短视频《独家航拍：香港理工大学之殇，看看暴徒对它做了什么？》③，无人机近距离展示被暴徒打砸之后的香港理工大学的各个角落，揭露他们的暴行。

---

① 中央广播电视总台. 神秘"曹园"［EB/OL］.（2020-10-14）［2024-01-14］. http：//www.zgjx.cn/2020-10/14/c_139434385.htm.
② 管永超（管昕）. 全媒体时代如何放大舆论监督的正面传播价值：以中国新闻奖作品《神秘曹园》为例［EB/OL］.（2021-11-10）［2024-01-14］. https：//www.xuexi.cn/lgpage/detail/index.html?id=1043345020753483141.
③ 中国日报官方微博账户. 独家航拍：香港理工大学之殇，看看暴徒对它做了什么？［EB/OL］.（2020-10-21）［2024-01-15］. http：//www.zgjx.cn/2020-10/21/c_139453952.htm.

图 7-2-7 《独家航拍：香港理工大学之殇，看看暴徒对它做了什么？》截图

《超震撼航拍——看，星光战胜火光！》二维码

　　跳出实用功能，如果从审美价值和象征意义的角度去理解无人机航拍的应用，则具有更深层的含义，从而提升报道的新闻价值。比如获奖摄影作品《超震撼航拍——看，星光战胜火光！》[1]及短视频，在重庆山火现场，消防队员通过"反烧法"进行阻断和灭火。当山火越来越逼近隔离带，记者采用无人机进行空中观察。从高空俯瞰，熊熊山火与由救援人员的头灯组成的发光的灯带，正好构成一撇一捺，组成了一个"人"字形，有网友将这取名为"人定胜天"。[2]而在短视频中，救援人员的鼎沸人声与航拍画面的对位剪辑，同样传达了人的力量与山火火势的对抗。

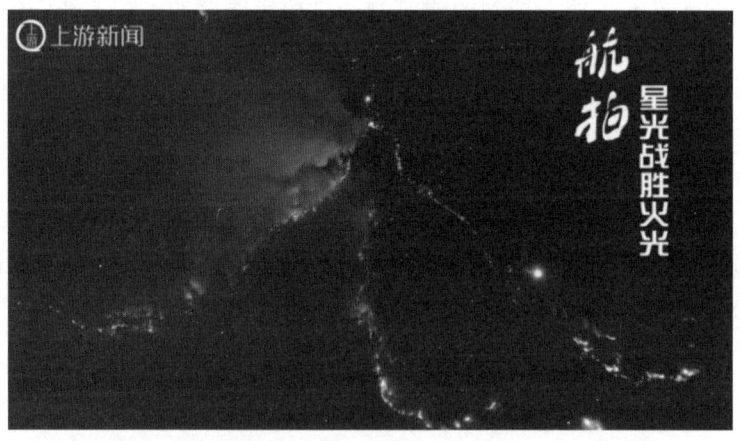

图 7-2-8 《超震撼航拍——看，星光战胜火光！》截图

---

[1] 上游新闻. 超震撼航拍：看，星光战胜火光！［EB/OL］.（2023-10-16）[2024-01-14].http://www.zgjx.cn/2023/10/16/c_1212289290.htm.
[2] 周瑄.新闻工匠精神的底色：最后20%的坚持［J］.传媒评论，2024（2）：32-33.

（二）创造奇观视角

《航拍中国》第四季的开篇解说词这样说道："俯瞰这片朝夕相处的大地，再熟悉的景象也变了一副模样。"的确，熟悉的陌生化是审美营造的一个方法。乘坐飞机在天空中飞行时所得到的经验，以及在飞机上所拍的那些与传统的视觉景物不一致的照片，都促进了景观审美的发展。运动摄像机拒绝使自己的视线与地面平行，这样一来，在所拍出的景物中，与地心引力一致的主轴线就可以自由变换。用户在惊叹俯拍视角的时候，其实是接收到了一种新奇的视觉奇观。比如，2020 年 7 月，江西省鄱阳县发生洪水灾害，记者用无人机记录下了当时的画面。房屋、植被与洪水的尺寸对比给人以极大的震撼，这种与日常生活经验迥异的感受就缘于无人机所带来的奇观视角。

无人机影像分享网站 Dronestagram 评选出了 2017 年全球最佳的 20 张无人机航拍照片，其中有一幅描述的是融化的冰川中一只北极熊尽力从一块冰跨向另一块冰，而在航拍视角下又像是北极熊正在竭力不让冰川融化裂开。通过航拍视角，在最直观的层面，我们得到了分明的色块以及从平视视角难以得到的构图，画面中的元素被简化，仅仅保留了创作者想要展示的部分。同时，画面意义又进行了一次再创作，表现了作者对于全球变暖的担忧，在美学之下又有着人文层面的设计与关怀。航拍视角为我们提供了新的美学创作思路。

（三）设计运动叙事

在英文中，Movies、Motion Pictures、Moving Pictures 等说法都表明，运动在视听传播中具有极其重要的意义。从影像刚刚诞生起，运动镜头就成为其中不可或缺的一部分。从《四百击》中经典的男孩跑步的长镜头（使用了轨道车载摄像机），到《泰坦尼克号》里露丝想象中重回船上纵览旧景（使用了斯坦尼康），运动中的镜头往往可以通过调度起到很连贯的叙事作用并交代清楚中心人物与环境的关系。

航拍镜头可以被看作一种高级的运动镜头，在法国纪录片《家园》中，有一个片段是驼队的迁徙，镜头在广袤的沙漠里飞行，俯瞰一片绿洲，其间有端水的女人、田间劳作的男人、加工粮食的人们，这一段中既有运动镜头又有固定镜头，通过大的环境具体到其中个体所处的环境，再进行个体的详细介绍，通过画面讲述人类在自然条件下适应自然甚至改变自然的能力。这种俯瞰的视角从一个场景迁移到另一个场景，并不会有同景别切换的突兀感，起到了很好的调度与叙事作用。

无人机航拍是一种比传统航拍镜头还要高级的镜头，无人机的特点使得其可以在狭窄区域、贴近地面的区域、室内、不同的场景之间等多种环境中切换，这让镜头的丰富度大大提升。例如，音乐组合 OK Go 的 MV 作品 *I Won't Let You Down* 使用了一镜到底的长镜头，从室内开始面对乐队，并时不时通过画面的细小移动与演唱者互动，航拍器起到引领的作用，将乐队引到室外的操场上并向上平移，渐渐从贴地的平视视角转化为从上向下的俯瞰视角，画面中的演员也越来越多。导演充分利用这种俯瞰视角以数量元素组成各种马赛克图案。整个 MV 由一个航拍器的长镜头完成，借助精妙的调度在一个镜头内完成叙事。其中有近处细致的描写也有在高处一览全局的纵览，有与地面平行的贴地飞行拍摄也有竖直线上的俯瞰拍摄，有室内的精细动作描写也有室外空旷地带的整体记录。无人机在叙事的自由度上有更强的突破空间的能力以及更精细的动作方式。

　　随着无人机技术的成熟与发展，无人机航拍几乎已经成为好莱坞电影中的影像标配手段，尤其是动作片和含有动作元素的商业大片，对无人机航拍的使用频率和使用方法更加丰富和多元。无人机有着多轴螺旋桨、智能的核心处理器、精确的位移数据甚至还有可提前预设的运动路线，这使得每一台航拍器都像一个拥有强大运算功能而又经验丰富的灵活摄像师，有着精确的执行力并且可以通过路线设计体现其艺术灵感。无人机航拍的叙事能力不仅仅可以体现在电影中，在纪录片和新闻中也可以发挥作用。可以设想一下，现在很多的记者出镜都可以通过自拍杆完成，而如果记者提前设计好航拍器的飞行路线，就可以在不借助摄像师的情况下出镜，并配合解说进行现场的调

图 7-2-9 《心传》截图

度与介绍、从局部到整体的展现。同样，在纪录片中，借助无人机航拍器的灵活性，通过现场的调度、航拍器的运动、画面内的剪辑，实现镜头叙事。在《舌尖上的中国 第二季》的第二集《心传》中，有一段关于挂面爷爷家的片段，该片段以六翼飞行器拍摄的一段 17 秒镜头结束，镜头从一个男子端着新做的挂面走出门开始，穿过一排排的挂面进而拉升镜头，掠过吃饭的一家人然后将村子、一整片高原收入，随着高度的提升，影片通过画面，既纪实叙述了挂面这一过程，又起到了很好的写意上的提升，传达出从小家庭到大社会，家传美食带给人们的幸福感。

《心传》二维码

（四）融合宏观与微观

提到航拍视角，我们往往想到最直观的就是高视角，但是它同时代表一种"宏观"与"微观"相结合的思考问题的视角。在航拍镜头下，我们可以看到客观事物的全局，例如在法国纪录片《家园》中，有一个介绍远古海洋细菌的片段，在直升机的航拍镜头下表现以纳米级别计量大小的海洋细菌的钙化是不可能的，所以摄制组从宏观地俯瞰岩层颜色分化来表现这是一代代积累下来的钙化细菌所形成的不同的岩层。在这个段落中，细菌的钙化是我们所要讲述的根本层面的变化，而摄制组通过航拍视角转换思考方式，用宏观层面的整体变化来展现微观层面上的细小变化。这一思路很像在化学实验中通过试剂颜色的变化来推断微观层面上化学反应的过程。可以说，在传统航拍的时候，创作者就已经有了在"宏观"与"微观"思维方式上的相互替代、选择用最合适的视角展现描述对象的能力。但是，特别需要注意的是，不要让鸟瞰下的壮美落入空洞的展示与抒怀之中。

从拍摄技巧而言，因为传统航拍器的硬件限制，摄像机无法距离微观层面那么近，"宏观"展现方式与"微观"现象本质离开了剪辑是无法相互衔接转换的，故而传统的航拍影像都停在"宏大"的视角上。技术变革不只是改变生活习惯，而且要改变思维模式和评价模式。如果说航拍可以让人们从宏观视角去思考问题，那么可近可远的无人机则提供的是"宏观"与"微观"之间的无缝衔接。《鸟瞰中国》在大篇幅的俯拍视角外，还注重远景与特写的两级拍摄角度的切换。远景和特写两级镜头的自由转换是当代视觉审美的凸显，这样的视觉表达不仅是营造出其不意的戏剧性手段之一，也是时空叙事自由跳跃的表现。央视网发布的短视频《从黄土地到中南海，一镜到底看习近平的公仆之路》在《人民日报》等媒体的微信端获得了广泛的传播。这

《从黄土地到中南海，一镜到底看习近平的公仆之路》二维码

个视频其实不是严格意义上的一镜到底,而是通过特效、剪辑等特殊手法使其看起来连贯,但是其剪辑的思路其实具有很强的无人机航拍的逻辑。其中有一个镜头是在一间昏暗的小屋里面,一根红蜡烛正在燃烧,镜头外移从小屋出来是一群依依惜别的老乡,然后摄像机向上向后拉起展现出整体的黄土高原。这一个镜头体现了"宏观—微观"思考问题的灵活性:微观上讲述了习近平总书记在基层为人民服务、获得百姓认可的细节,宏观上则是黄土高原整体风景的宏大气势,从而体现为人民服务、实现民族复兴的意志。航拍器在前半段完成了对微观事件的叙事,在后半段又完成了整体气氛的烘托与情感的抒发。无人机航拍器既可以在微观单元内完成叙事与描写,也可以瞬间提升到宏观整体的层面上进行全局的意境书写与情感抒发。而从更高层面上来说,在剪辑拍摄思路、思考问题的角度中,无人机都为我们提供了启发:对于客体的描述,通篇宏观或通篇微观都是不可取的,应当具有在宏观视角与微观视角中灵活自如转换的能力。

  而从选材叙事而言,内容的选材和叙事的方式决定了无人机航拍的虚实结合、高下相倾,从而避免落入空洞的展示之中。在《鸟瞰中国》《航拍中国》中,报道者把个体人物故事融入冷静的、远距离的风物观察中。《鸟瞰中国》的叙事架构决定了它必须能自如运用这样的转换,把壮美河山与个案人物故事结合起来。比如,上集开篇,在西双版纳龙舟赛的激烈氛围中,由水面开阔、龙舟争游的盛大场面,突然转到赛龙舟选手岩红罕,他的戏剧性特写跃然而上;嵩山少林寺习武的僧人延飞,抽离出来的鸟瞰视角与身在其中的大特写为少林武术这一延续千年的文化增添了意境;还有浙江丽水的千山万壑、森森林立的特建高压网线与着红色工装的徐建明的鲜明对比。正是在这样的对比中,观者对传统文化的再发现,人类利用自然、改造自然的故事,以及中国人运用现代文明开拓创新的故事,有了新的认识。这种两极的巧妙对立与转换不仅仅体现在镜头上,还呈现在具体的内容设计上。比如,在下篇开始,创作者把上海市民许志豪一家清明扫墓与王先生一家回乡过春节等量齐观,生与死、分别与团聚两极

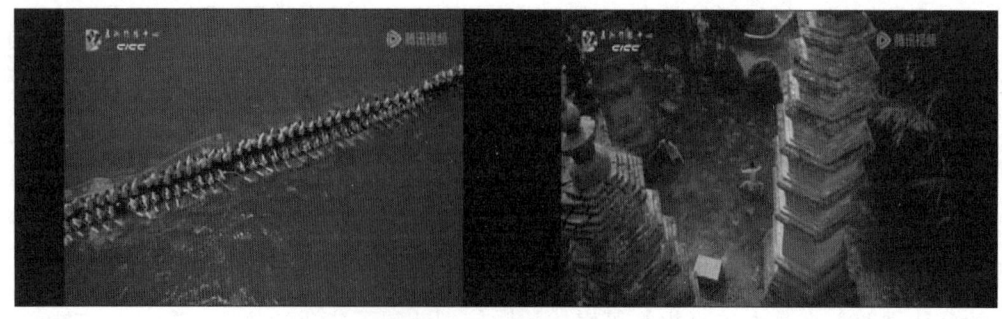

图 7-2-10 《鸟瞰中国》截图

就这样轻巧地连缀在一起，很好地体现出中国文化中的矛盾观。所谓"云在青天水在瓶"，正是在这样两种视角的不断碰撞之下，中国人和自然、生命、宇宙的关系因为极大、极小的视角反复转换而变得更加具体与深刻，颇有哲学意味。

无人机航拍上可登天俯瞰，下可贴地飞行，利用无人机技术的采访报道，拓展了大众观察世界、体察问题的视角。在无人机航拍视角中，基于技术变革的表达和呈现，其深层的影响是人们的行为方式与思考方式，它是一览众山小的超然视角，也是上天入地的运动自如，更是视听报道思维创新的方式。

> **记住**：无人机航拍应用场景主要有三个方面：天与地的运动场景、融合视听新场景以及社交分享场景。

思考

1. 全景视频报道有哪些特点？
2. 全景视频报道有哪些叙事技巧？
3. 无人机航拍主要有哪些应用场景？
4. 无人机航拍有哪些技巧？

耳畔泊千帆，听事实的回音

第八章
视听采访拍摄：现场同期声

在视听采访中，同期声是新闻事实的一部分，但往往也是容易被忽视的一部分。如同史官记录历史，运用同期声即是对事件的秉笔直书。同期声的凸显与时代和社会的发展息息相关，是媒介功能演变的具体体现。它展现出媒体对用户的尊重，对用户主动参与意识的凸显。过去"视电视为讲坛"的格里尔逊模式基本上剥夺了现场同期声，取而代之以大量的主观解说词和音乐，用户处于被动接受、听之信之的状态。而同期声的使用，无疑把更多现场判断与解读的权力交给用户，用户能听其言、观其行、察其势，在信息的相互参照中形成自己的判断。到了视听新媒体传播的时代，同期声的使用也出现两种趋势，一种是与画面一样出现了碎片化和高潮抓取的趋势，另一种是被背景音乐（BGM）所引领或代替，被情绪牵引。

第一节　同期声的特点及创作方法

记者对同期声的尊重，就是对现场的尊重、对事实的尊重，同期声意识反映了新闻报道的客观性原则。传统的电视新闻依靠声画一体的形象素材传达信息，现场同期声是电视画面不可分割的一部分。自从 ENG、EFP 等电子采集系统出现以后，新闻信息便从一开始即通过信息双通道的模式被采集、编辑与整合。其中，现场的同期声便与画面一起成为电视采访信息的载体与重要表现元素。随着带摄影功能的照相设备、手机、行车记录仪等轻便拍摄设备的普及，现场拍摄和同期声抓取更为灵活、简便，乃至无所不及。我们理解同期声的客观性、实证性和表现力，对发挥视听媒介表现和传播优势具有重要作用。

一、同期声的界定与特点

同期声是与后期剪辑配上的主观声音（包括音乐、音响、解说词）相对应的，它们共同构成了视听传播的声音系统，同画面一起传达信息，表达情绪和情感。因此，同期声和主观声音既有信息传播和表达的差异，又能形成互补，发挥差异化特色，形成系统的声音结构，这是我们理解同期声的目的。

（一）同期声的界定

同期声是客观的声音与音响，是从现场摄取并源自采访画面自身的声音与音响。同期声包括：

- 人物的有声语言（记者、事件当事人的有声语言）；
- 人与环境碰撞发出的声响（比如脚步声、敲门声等）；
- 自然环境发出的声响（比如风声、雨声等）；
- 现场的有源音乐与音响（比如现场的电视机、收音机、手机等视听设备传出的音乐、音响等）。

同新闻报道后期所配的主观音乐、音响相比，同期声是前期在采访现场所拾取的客观声音。

（二）同期声的特点

1. 客观性

客观性是事物不受主观思想影响而独立存在的性质。同期声是新闻事件现场固有的声音，它呈现出事件本身的信息，有助于新闻最大限度地还原现场事件和人的状态。同期声的这种客观性有助于新闻在内容与形式上保持事件相对独立的面貌，也能把创作者的思想隐含于同期声的呈现与表现当中。同时，同期声也是被选择和被提炼、放大的，同样是主观见之于客观的产物，有效利用同期声，不仅能传达信息，也能表达创作者的意图，传达思想和价值观。比如，短视频《堤坝上，只有知了

《堤坝上，只有知了燥热的鸣叫声和这群小伙子们狼吞虎咽的声音》
二维码

燥热的鸣叫声和这群小伙子们狼吞虎咽的声音》①，短短 9 秒钟的视频，记录了河南贾鲁河开封段抗洪抢险现场，已"作战"50 多个小时的中部战区空降兵某旅战士们短暂休息分批吃饭的场景。视频以现场同期声为重点，突出了此起彼伏的蝉鸣声和小伙子们"狼吞虎咽"的吃饭声。由此，短视频点到为止，颇有微言大义，让用户自己去体味其中深意的感觉。

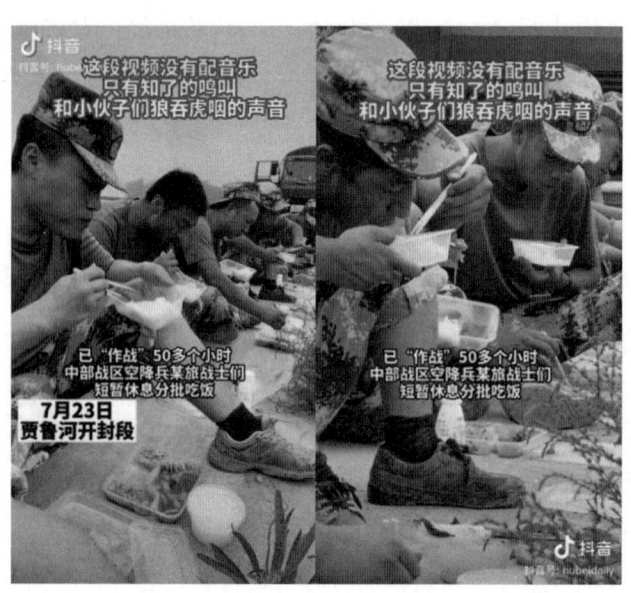

图 8-1-1 《堤坝上，只有知了燥热的鸣叫声和这群小伙子们狼吞虎咽的声音》截图

2. 现场性

同期声是传达现场信息的载体之一，是一种形象性的元素，其本身就承载了现场的一部分事实信息。因此，可以说同期声是现场氛围的重要来源。一个缺乏同期声的现场不是完整意义上的现场。人物述说的同期声能带出很多言语之外的丰富信息，其语调、语速配合人物的表情、手势能够充分发挥视听媒介用形象语言叙事的优势，从而给用户一个具体、真实的现场氛围。比如，在中央电视台《"悬崖村"扶贫纪事》节目里，记者跟随驻村干部爬上陡峭的崖坡之路。爬到半山腰时，记者因为疲惫和害怕而无法前行，进退两难：

记者："我们非得从这儿走吗？"
驻村干部："只能从这儿走。"

---

① 湖北日报抖音号. 堤坝上，只有知了燥热的鸣叫声和这群小伙子们狼吞虎咽的声音［EB/OL］.（2021-07-23）［2024-05-04］. https://v.douyin.com/i2MobGEx/.

记者（哭腔）："我不想走了。"

驻村干部："加油，都能上去，没问题。"

（记者哭泣并抓住悬崖边的一丛枯草。）

这段同期声将悬崖的艰险充分地呈现出来。当信息通过当事人的声音传递出来时，它不仅传递出显在的语言信息，同时也牵带出许多潜在信息。有时新闻的竞争恰恰在此，而这一点往往容易被记者所忽视。试想，当所有记者都能在新闻发布会获得这些信息的时候，个体的竞争力在哪里，新闻的特点在哪里？恰恰就在这些容易被人忽视而又具有含金量的潜在信息上，重视这些潜在信息渗透了创作者对视听传播的深刻理解与把握。因此，对于视听采访来说，如何意识到视听媒介的形象性优势，充分发挥同期声带来的现场感便成为记者要着力考虑的问题。

3. 实证性

由于源自现场本身，同期声比较完整地展现了现场信息状态，实证性较强。直接展现现场人物的述说有助于用户直观、深刻地理解事件的性质与特点。短视频《独家视频｜游客："彭麻麻呢？"》里习近平总书记与游客的亲切交谈，共话家长里短，视频完全保留现场同期声，以偶发性、街拍式记录视角，以细节和言语展现领导人的以人民为中心的情怀。短视频《"无耻、无德"！华春莹犀利反击6连问，火力全开》更是以外交部新闻发言人的直接引语为叙事主体，把现场氛围和人物情绪呈现出来。

现场的同期声增强了新闻报道的权威性和可信度，有助于新闻的客观、公正——新闻事实本身是具有力量的。因此，同期声的这种实证性有助于提高信息传达的可信度。在拾取证据、辅佐论证上，同期声具有不可替代的作用。同期声就相当于文章中的引用，字字确凿，句句有出处，具有很强的实证性。另外，同期声的使用实际上也是尽可能地给用户提供多种形象信息，这些信息相互补充、相互参照、相互印证，让用户形成自己的判断。从这方面来说，在关键信息的展示与叙述上，记者要特别重视同期声的拾取，并对同期声采取审慎的选取态度。

4. 多义性

同期声与现场画面一样，能够综合传达信息。由于事件现场是一个立体综合的空间，这样立体的"场"所发出的声音也是多样的，因此，同期声所传达的现场信息、现场氛围具有多义性的特点，用户能够从这些声音中解读出不同的信息。比如，短视频《救援人员背起被困居民过一座临时搭建的独木桥过河》[①]中，湍急汹涌的河水之上，救援人员亦步亦趋在独木桥上挪动着脚步，同期声是轰鸣的水声和零星的喊叫声，让人领略到灾害面前人的渺小，更让人敬佩这些英勇的救人于危难中的前行者。

图 8-1-2 《救援人员背起被困居民过一座临时搭建的独木桥过河》截图

二、结构同期声的技巧与方法

同期声往往是节目中传达客观信息、体现节目节奏的重要手段。具体而言，它有这样一些特点：**精挑细选，选择典型、扼要、生动的同期声**；分割同期声，一个同期声通常时长 2—5 秒，且只表达一个观点；同期声转场，创造节奏；同期声成系统，层层递进；结尾处运用令人印象深刻的同期声。

（一）选择典型、扼要、生动、具有个性的同期声

同期声是体现视听报道现场感的重要因素，强调这一点，绝不意味着只是用同期声体现现场感，运用同期声应该突出其有效信息量——反映当事人的个性特点，体现事件的性质，或是提供确凿的证据。运用同期声不在量，而在质。

[①] CGTN（中国国际电视台）抖音号.救援人员背起被困居民过一座临时搭建的独木桥过河［EB/OL］.（2022-09-06）［2024-02-02］. https://v.douyin.com/i2Mot4oF/.

在实际的报道创作中，容易出现两类问题：要么忽略同期声的存在，要么过度使用同期声。前者体现为解说词囊括引领一切叙述，形成主观的宣导。后者则体现为毫无选择地记录当事人的琐碎生活，同期声拖沓、冗长，没有信息含量，比如3分钟左右的电视消息，被访人的同期声讲述就长达1分多钟。在中国电视与纪录片发展的"纪实潮"时期，曾经涌现出许多所谓"跟腚派"的作品，即毫无选择地记录当事人的琐碎生活。因此，一方面，我们要避免忽视同期声；另一方面，要善于分割同期声。要善于引用有特点、有个性，能反映现场特质的同期声，为新闻报道提供一个"新闻眼"。记者要善于从被访者众多的语言中精选最能反映事件特点与本质的同期声，从被访人十几分钟的谈话中，摘取最精简的几十秒同期声。从这一点而言，同期声的选择也是记者对新闻事件提炼能力的体现。例如：

《四川派往武汉的医疗队出发 送别现场丈夫带哭腔大喊》二维码

驰援武汉的医生家属（男）："赵英明，平安回来，你平安回来，（我）包一年的家务我做。"

驰援武汉的医生家属（女）："我和儿子都会等你的，我不哭，我不哭，不哭。"

这些极具生活化的同期声，融合在极具个性化的交流中的言语，被记者提炼出来，聚合起来，能够反映事件的性质、人物的情感与个性，令用户印象深刻，促使我们的情感蒸腾，思索良久。

下面，我们具体分析短视频《独家全记录｜晚舟，回家！》，这是在中央广播电视总台进行全媒体直播报道之后做出的盘点短视频，其中对孟晚舟在飞机落地后于深圳宝安机场的感言做了择要选材。

《独家全记录｜晚舟，回家！》二维码

视频开篇（深圳宝安机场）

地面导航员："国航552深圳塔台，这里是中国深圳宝安机场，祖国永远是你最强大的依靠，孟晚舟女士，欢迎归来。"

孟晚舟："我终于回家了。"

（盘点孟晚舟从加拿大回国的经历）……

视频结尾（深圳宝安机场）

孟晚舟："我想说，有五星红旗的地方，就有信念的灯塔，如果信念有颜色，那一定是中国红。"

需要说明的是，同传统的电视新闻相比，短视频对同期声的摘取更加精练、简短、高燃，更加突出金句和关键的同期声。

（二）利用同期声为叙事创造节奏

《功勋犬"黑豹"来啦》二维码

如果在一条新闻报道中，解说词包办一切叙述，单从声音的角度来说，是单调的。因此，作为形象素材之一，同期声的运用使报道的声音形成变化，同期声与解说词两种声音状态交替，避免在单位时间里声音素材过于单一和呆板，为叙事创造出丰富、有变化的节奏感。比如，短视频《功勋犬"黑豹"来啦》[1]，警犬黑豹的训导员在野外训练黑豹的同期声穿插在解说词的叙述之中，具有很强的现场感，也体现了人物性格。

下面，我们具体分析美国全国广播公司《内幕版》（*Inside Edition*）栏目的一条新闻《团圆》（*Revnion*）[2]。这条新闻讲述驻伊士兵比尔（Bill Hawes）回国的事件，为了给儿子约翰（John Hawes）一个惊喜，比尔事先没有告诉约翰，而是直接来到儿子的学校。这幕父子相聚的场景通过电视传播，感动了众多美国人。记者于是给这个家庭提供了一个奖励——畅游迪士尼乐园一天。这条新闻是记者在原有事件的基础上通过主观介入、策划而形成的策划性报道。在这则新闻中，记者对声音节奏感的把握可谓细致而精巧。

表 8-1-1 《团圆》分析

序号	镜头内容梗概	声音素材
1	父子在学校相见场景	主持人导语：整个国家看到了父子相见的感人一幕，我们的记者觉得应该给这个家庭一个奖励——迪士尼游玩一天。
2	约翰一家人在迪士尼乐园	记者解说词：这是约翰非常特殊的一天。
3	约翰一家人在迪士尼乐园	同期声（约翰）：我们现在去迪士尼乐园。
4	约翰在迪士尼乐园场景，父子在学校相见场景	解说词：这是约翰人生中的重要历程，仅仅在几天之前，他得到了一个惊喜。
5	父子在学校相见场景	同期声：约翰的哭泣声
6	父子相见场景	解说词：父子相见的场景感动了整个美国。

---

[1] 科尔沁右翼前旗融媒体中心. 功勋犬"黑豹"来啦［EB/OL］.（2023）［2024-02-01］. https：//weibo.com/7408066931/NmMPc6Zrq?refer_flag=1001030103.
[2] 美国全国广播公司《晚间新闻》，2007 年 4 月播出。

续表

序号	镜头内容梗概	声音素材
7	父子相见场景	同期声（比尔）：我想念你。 同期声（约翰）：我也想念你，爸爸。
8	父子相见场景	解说词：我们收到了数千万观众的电邮，被这父子在学校相见的这一幕深深打动。
9	父子相见场景	同期声（约翰）：我爱你，爸爸。 同期声（比尔）：我也爱你。
10	一家人相聚场景	解说词：这一场景太震撼了，我们决定奖励他们去迪士尼乐园。
11	约翰一家人在迪士尼乐园	同期声：约翰和家人拍照时的笑声。
12	约翰一家人在迪士尼乐园	解说词：迪士尼乐园给了约翰一个王室般的接待。
13	约翰摇摆风铃的场景	同期声转场：铃声
14	约翰与白雪公主在一起	解说词：而这个小男孩告诉每个人他父亲回来了。
15	约翰的同期声与迪士尼乐园的白雪公主的场景	同期声（约翰）：我爸爸在学校里给了我一个惊喜。
16	父子在升旗仪式上敬礼场景	解说词：父子和自己喜欢的迪士尼人物合影，而约翰像他父亲一样向国旗敬礼。 同期声：美国国歌插入
17	升旗仪式	同期声：美国国歌高潮段落
18	升旗仪式	插入解说词：没有再比这更令人兴奋的欢迎仪式了。
19	比尔面对镜头述说	同期声（比尔）：没有什么能比回家更好的了。

从以上节目镜头列表可以看出，记者对这条新闻的声音处理非常细致，完全打碎了不同的声音素材，整个节目的节奏特别明快。其中，利用同期声转场、同期声推动高潮等，更体现了记者利用声音剪辑因素创造戏剧性结构的努力。

（三）同期声层层递进，组合成系统

在现实创作中，当我们把大段的同期声分割以后，自然要形成同期声的不同段落，如何处理这些段落？需要遵守的一个原则是，同期声传达的信息能够不断地推动叙事向前发展，从而形成相对完整的系统。从某种意义上来说，同期声递进的过程就是叙事递进的过程。在《团圆》这条新闻报道中，同一个场景的同期声叙述被记者分割成了三段。

第一段：约翰的哭泣声。

第二段：比尔："我想念你。"
　　　　约翰："我也想念你，爸爸。"
第三段：约翰："我爱你，爸爸。"
　　　　比尔："我也爱你。"

从哭泣，到"想念"，再到"爱"，是一个情感不断递进深入的过程，它们组成一个完整的情感提升的同期声系统。

在短视频《独家全记录｜晚舟，回家！》中，孟晚舟现场讲话的同期声以意义逻辑而不是时间逻辑排列，从而形成很好的意义推进、情感递进的叙事。在现实的创作中，我们往往遇到的问题是重复，即看似多段同期声出现，但其传达的信息是重复的。在这种情况下，除非每个被访者所代表的群体不一样或者呈现的视角不一样，否则这些同期声就没有同时存在的必要。

（四）借力同期声丰富形象素材

1. 同期声传达意义

《大众村的故事》二维码

视听报道的声音素材大致可以分为同期声、解说词、后期配上的音乐音响这三种。同期声是客观的，而解说词、音乐音响是主观的。在创作中，我们应最大限度地发挥客观声音的功能，充分利用同期声中的有声语言、人与环境碰撞发出的声响、有源的音乐等信息表现元素，丰富形象素材。比如，《大众村的故事》开篇讲述江苏宿迁市将进行废旧物资回收加工综合治理这一背景信息时，采用的是村里大喇叭里的同期声，利用这一现场元素有效开拓了素材来源，避免用解说词单一说明。

2. 同期声拓展想象

《弗洛伊德枪击事件一周年》二维码

另外，在现场画面信息不足的情况下，同期声能够有效弥补信息的缺失，甚至引导用户通过想象主动填补信息，从而形成一个更大的想象空间。在美国"9·11世贸大厦撞机事件"报道中，当大厦倒塌时，记者手提着摄像机奔跑，刚开始是摇摇晃晃的画面，没有主体拍摄物。接着，弥漫的烟尘遮蔽了镜头，虽然没有任何现场画面，但是人群的喊叫声、奔跑的脚步声、喘息声以及建筑垮塌的环境声都传递出现场的真实情境。这种缺失画面的同期声甚至为观众提供了更大的联想与想象的空间，令观众更加为现场人物的命运担忧。再如，2007年12月5日，美国内布拉斯加州奥马哈城的一家购物广场（VON MOUR）发生一起枪击案，一名男子枪杀了八人并饮弹自杀。美国全国广播公司（NBC）的《内幕版》栏目在报道这起事件的时候，由于缺乏现场的镜头，节目素材采用了大量911报警电话里的录音资料。这些声音素材有躲在商场里打报警电话的求救声，有藏在试衣间里的目击者在报警电话里的描述，而画面则是枪击案后的商场的空镜头。这些报警电话非常真实地传达出事发时的紧急状态，从而把观众带入现场的情境中。2021年5月25日23时许，美国"弗洛伊德枪击事件"一周年后，CGTN频道前方记者在连线直播讲述中，其身后的街区突然传来枪击声，记者赶紧从镜头中撤离，镜头里呈现的是整个街区的全景，可以看到行人快步逃离。随后，摄像师通过推镜头捕捉可能是枪击事件来源的车辆，补充信息。同期声包括行人逃离的现场音以及接连不断的枪击声，配合演播室中主持人对当前突发事件的简单介绍，完善了现场信息。报道的现场感和突发性，进一步让观众感受到美国社会枪击事件频发的现状。

图 8-1-3 《弗洛伊德枪击事件一周年》截图

所谓"眼见为实，耳听为虚"，缺失现场画面的镜头固然是一种遗憾，但是记者应该积极思考如何把这种不利因素变为有利因素,如何通过声音素材来创造一种更为独特的氛围。以上所举案例充分说明了记者用形象素材传达现场的积极主动性。

由此,我们在现场采访报道时,对同期声的摄取要保持其完整性。尤其是突发性事件出现的时候,记者要有开机进现场的意识,不管镜头是否平稳,是否能对准被摄物,先开机摄取现场完整的同期声,使声音成为结构现场的主线。

3. 同期声连贯空间

同期声作为一种连贯空间、拓展镜头语言的技巧,还有更大的发挥空间。我们在现场拍摄的时候,如果只有一台拍摄设备,但要把立体的现场呈现出来,应该怎么做?比如,三个人对话,要保证成片,既有全景,也有每个人的特写交流画面,这时候,可以开机移动,保持对话同期声的完整性,摄像机就可以自由拍摄全景、各对话人物的特写和反应。最后在后期剪辑的时候,以对话的同期声为主线,通过分剪插接,从而形成一个立体、多角度、有交流感的场景。

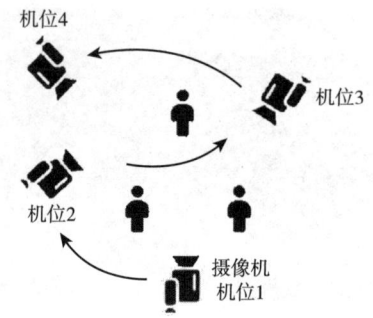

图 8-1-4　同期声不间断拍摄现场

(五)善于发现现场中的同期声,使之成为节目的结构性因素

同期声结构性的意义,实质就是使它成为贯穿节目始终的叙事性提示和情绪渲染的载体,从而使这种主观创作情绪的抒发与事件本身形成互动,为情绪的提升提供源头活水。这就避免了单纯主观音乐或主观音响的主观性、随意性与强制性。由于参与情绪提升与渲染的声音来自现场,自然也是与现场事件紧密联系并带有很多现场信息和氛围的,它从而成为一种既能提升情绪又相对客观的"生活之音"。从这一方面来说,编导的创作工作其实是对现场声音的发现与提炼,是对生活本身的一种升华。当我们把对同期声的理解上升到这种高度时,它就不是一个简单的技术问题,也不是一个简单忠实记录同期声的问题,而成为一个发现与感悟现场,进而选择提升的工作,这体现了创作者对声音处理的主观能动性。

比如，纪录片《邓小平》"广安老家"段落开始的第一个镜头是邓小平同志年轻时的照片，而声音素材则是一段记者在广安采访时摄取的乡间童谣。这段童谣来自何处？是编导配上的主观音乐吗？当叙事发展到记者为寻找邓小平故居而询问当地小学生的段落时，又出现了小学生现场演唱的童谣，观众恍然大悟，原来段落开头的童谣来自此处。在这里，这段童谣被巧妙地用于片中，成为一种渲染情绪的、富于艺术表现力的素材，同时也成为组织这个段落的结构性因素。

《邓小平》二维码

在纪录片《俺爹俺娘》里，这种同期声的运用方式更加凸显，在影片开头即出现了一段老人演唱的带着浓重地方口音的歌谣：

> 同志们呀，个个要听真，咱为了救人民参加了八路军。在家里咱本来可都是些老百姓，革命的战士可不要忘了本。

而类似的歌谣在本片中很多段落开始前反复出现。当影片发展到摄影家焦波在爹娘家乡为邻居焦念会录制歌谣的时候，观众才明白这段歌谣原来是从这个现场中生发出来的。这段歌谣淳朴、自然、充满了浓郁的地方风情，渗透了当地人浓浓的精神气质。显然、这段歌谣对片子的主题是一种强化，那种对根、对土地、对人民的深厚情感涌现出来。因此，编导把这段歌谣穿插在节目中，不断形成提示与累积效果，从而为影片的基调与情绪形成一种贯穿始终的结构性因素，这种同期声的穿插自然、朴素，没有矫揉造作主观强加式的东西，而是在现场中提升出的一种情怀。

因此，记者应该善于发现现场中的同期声，使之成为一种情绪的提示以及可以反复出现的结构性因素。

（六）利用同期声创造空间感

"空山不见人，但闻人语响。"空谷传音，愈见其空，在这里，诗人用声音为我们传达出空间。同理，同期声能够创造一个立体的现场空间，同期声所牵带出的许多环境信息，为我们创造了一个事件存在的真实环境，提供了更多的空间信息。周传基认为，"声音和光一样，是塑造电影空间的手段"①。在视听采访中，记者也应该善于利用同期声，创造事件立体的空间氛围。我们可以借鉴伊朗导演马基德·马基迪（Majid Majidi）

《南汇嘴观海公园，上海气象台追风小组直击台风》二维码

---

① 周传基.电影·电视·广播中的声音[M].北京：中国电影出版社，1991：95.

的电影《小鞋子》(又译为《天堂的孩子》)的开头段落,这段 5 分钟出字幕的段落是一个长镜头。这个特写长镜头展现的是一双手在补一双小鞋子,但是背景声既有与画面一体的补鞋声,同时又穿插了叫卖声、高跟鞋走在石板上的声音、摩托车经过的声音。画面虽是特写,而声音却是"全景"的"运动景别",这些丰富的声音为我们传达出这个补鞋的环境是在一个嘈杂的集市的信息。电视新闻及纪录片等非虚构类电视节目完全可以运用这种声音处理技巧。

记者应该充分认识到同期声的重要作用,尽量去体现同期声的空间感与现场感,这样才能把用户带入一个真实的语境中,去体悟现场的"质感"。《新闻 30 分》中的一条新闻"沽河草甸森林火灾火场风力大,扑救难度增加",主持人与前方记者做了连线报道。我们看到,前方记者在总指挥部的一个空旷、安静的屋里,向我们讲述屋外风有多大,扑救难度有多大。而在这样一间安静的屋子里,观众如何能感觉出来呢?记者能不能打开窗户,让观众听听屋外风的呼啸,让观众听听风打在窗户上的声音。所以,这明显是记者对新闻事件现场把握的严重缺失,这种缺失是没有现场意识、没有同期声意识。所谓"僧敲月下门",诗人用"敲"字的声音感描绘出了夜深人静处好不容易有人来访的孤寂。同理,现场记者不仅应该有画面意识,还应该意识到声音所带来的空间感。2021 年 7 月 25 日,上海气象局气象主播在报道南汇嘴观海公园受到台风影响时,深入事件现场进行报道。画面中的记者在空旷的观海公园中,头发被飓风吹得十分凌乱,展现了现场风力的强劲。与此同时,现场音中"呼呼"的风声,以及记者为了对抗风声而声嘶力竭的呐喊,也从声音的角度展现了台风登陆的真实威力。

图 8-1-5 《南汇嘴观海公园:上海中心气象台追风小组直击台风》截图

如果外面有风,记者就应站在风口上,让用户看看记者被风吹乱的头发,让用户听听风刮过的啸叫声;如果有雨,记者就应让用户感受一下雨打芭蕉的节奏,让用户听听水滴落在窗台上的旋律,让用户看看雨滴打在镜头上的状态。这些声音都能让用户体会到现场的"质感",感受到自然的呼吸以及生命的跃动。

（七）运用同期声调动现场氛围、人物情绪

应当说，这渗透了记者的主观引导，即记者通过现场观察，在现场发现能反映事物特点、调动现场氛围与人物情绪的声音，并把这种声音放大。比如，在"党旗下的风采"北京教育系统优秀共产党员系列片《沙漠里的北京额吉》中，创作者在行进的车上播放主人公——一位多年治沙的离休老人喜欢的歌曲，从而激发了老人的情绪。老人最后不仅跟着歌曲唱起来，还吐露了许多心声。这段现场音乐成为老人抒发情怀、升华节目情绪的重要元素。

由此可见，在现场，有时候记者并不是完全被动的，记者的介入与主动参与，可以很好地调动被访者潜在的生活状态。记者完全可以把被访者最喜欢的音乐，印象最深刻的电影、电视作品等有声素材引入拍摄现场，使被访者与现场形成良好的互动。

当然，这种引导并不意味着让记者去制造莫须有的同期声，而是要求记者通过观察与主动引导，把被访者的一种日常性状态更集中、更戏剧性地展现在镜头前。

（八）同期声创造余响

同期声犹如"直接引语"，如果在结尾处能够运用极具表现力的同期声点题，或者提升意义，将会在用户头脑中留下余响。比如电视消息《中国自然保护区的大熊猫》[①]报道我国对四川大熊猫自然栖息地进行熊猫数量普查。片子是这样结尾的：

> 解说词：研究者希望这次数量普查是又一个里程碑，使大熊猫培育和保护工作能够进入正轨，培育出更多的国宝。
> 画面：躺在床上的熊猫宝宝。
> 同期声：熊猫宝宝的呢喃声……

最后的同期声不仅重新点题，而且熊猫宝宝的面孔特写和它的呢喃声为节目增色不少，令人回味无穷。

（九）无声也是一种信息

无声与有声相辅相成，二者共同建构了真实的现场。有的时候，在采访过程中，生活停顿处的无声、被访者自然的沉默，都是合理的，都能够传达出更多的信息，正

---

① 美国全国广播公司《晚间新闻》，2011 年 11 月 20 日播出。

《记者采访霍顿有关队友服用兴奋剂，一脸无语》二维码

所谓"有之以为利，无之以为用"。在视听报道中，常常是一两秒钟的无声能够展示停顿，它仿佛给用户开了一扇窗，稍作停歇；又常常能创造悬念，吸引我们去期待后续的发展。记者不要认为被访者的无声、沉默就是无效信息，也不要在后期粗暴地剪掉这些停顿、漠视这种沉默，或者用解说词掩盖这些无声。记者如果善于体会沉默，善于尊重停顿，善于使用无声，那么节目就会"无声胜有声"。2019年，澳大利亚游泳运动员马克·霍顿在接受ABC记者采访如何评价自己的队友药检呈阳性时，尴尬的霍顿采取了沉默不言的回避方式，面对记者的多次追问，霍顿依然选择沉默，最终登上大巴离开。此前，霍顿拒绝与中国运动员合影，而如今面对自己队友药检呈阳性，霍顿却无言以对，记者和镜头忠实地记录下这一过程。还有一些经典新闻里的瞬间，《收棉时节访棉区》里极力回避记者提问的工人的无语；《寻找小王丽的家》中面对蛮横的老婆坚决不要孩子，软弱的丈夫王怀连的沉默；短视频《病死猪田间乱丢知道吗……〈问政山东〉现场局长被8连问后语无伦次》里局长的无声……

"墨痕断处听江流"，无声就像中国山水画中的留白，只有笔墨空白的地方才能使人感受到情感蒸腾与意念流淌出来的声音；无声也如"空山无人、水流花开"的自然妙色，人在物我合一的境界里更能体味到空灵的意境。在许多节目中，我们都能感受到被访者沉默的力量，感受到喧嚣过后停顿的魅力。

> 记住：精挑细选，选择典型、扼要、生动的同期声；分割同期声，一个同期声通常时长2—5秒，且只表达一个观点；同期声转场，创造节奏；同期声成系统，层层递进；结尾处运用令人印象深刻的同期声，辩证理解无声胜有声的表达。

第二节　同期声与主观声音的关系

视听报道的声音信息主要分为客观声音信息（同期声）与主观声音信息（见图8-2-1）。在创作中，我们一定要明确不同的声音信息系统承担着不同的功能，让它们各司其职，才能形成对新闻事件、新闻人物以及观点、意向的有效表达。

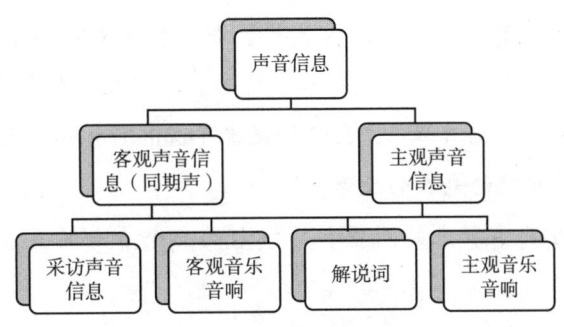

图 8-2-1　视听节目声音结构图

同期声与画面承担着传达现场信息的作用。在主观声音信息中，解说词（在视听新媒体中，解说词的功能被字幕信息所替代）主要承担着介绍背景、事件与人物之间的关系，直接表达思想、观念以及压缩时空等功能；主观音乐音响则起到提升情绪、情感的作用。在视听报道中，同期声的客观性、现场性、实证性使其成为报道中的首要声音元素，因此，我们要把握的一个原则是，能够用同期声交代清楚的尽量使用同期声，只有在同期声不能完全表情达意的情形下，才使用主观声音。尊重同期声就是尊重"用事实说话"的报道原则。

记住，现场信息本身就是有力量的！

一、同期声与解说词的匹配关系

作为现场抓取的声音，同期声与主观声音存在一个相互协调与配合的关系。这种相互协调与配合不仅是在形式上构成变化，以形成错落有致的节奏，更重要的是在信息的相互补充上能够发挥各自的长处和特点。就像钟表里的齿轮一样，同期声应该与主观的声音非常精准地咬合在一起，在形式上形成呼应，在内容上共同完成叙事与表意。当然，这不仅仅体现为前期注意抓取典型的声音，同时也在于后期剪辑时的同期声意识，即"解说词为看而写"，解说词是在同期声的基础上形成的。但在实际的操作中，很多电视新闻却反其道而行之，往往是先有解说词案本，再根据解说词贴画面。这样形成的节目，一切以解说词为中心，也就很难体现出同期声的作用，很难体现出节目的现场感，这是一个需要纠正的问题。下面我们来分析一下《自行车人》（*Bicycle Man*）[①] 这条新闻报道。

[①] 美国全国广播公司《晚间新闻》，2011 年 12 月 25 日播出。

导语：最后，有一样东西，很多孩子都肯定会渴望拥有的——自行车，而现实是很多家庭为孩子买不起一辆自行车，所以在一个小镇上，这些有需求的人都去求助"自行车人"，我们的记者 Thanh Truong 将讲述这位为很多孩子实现圣诞节愿望的老人的故事。

解说词：在北卡罗来纳州费耶特维尔的一个古老的五金店里，组装零部件……

同期声：自行车铃声。

解说词：也许是这个圣诞老人工作室里……

同期声：装配自行车的声音。

解说词：下面要做的最好的事了。（记者把这句解说词拆分成三段，与同期声相互搭配，形成大珠小珠落玉盘的清脆节奏）

同期声："自行车人"的笑声。

解说词：拥有大量的工具、节日心情、一颗金子般的心，眼前的就是这位"自行车人"。

同期声（摩西·马西斯）："我的真名是摩西，但很少人知道这个了。"

解说词：摩西·马西斯是一名退役的海军机械师。他在20年前就手工装配自行车并赠送给家境不太富裕的孩子，因此赢得了"自行车人"的绰号。

同期声（摩西·马西斯）："有很多孩子在圣诞节早晨醒来时得不到礼物，我就试着去弥补他们的缺憾。"

图 8-2-2 《自行车人》截图

解说词：于是一年来，摩西就把别人捐赠的二手车重新修理、装饰。

记者出镜报道："所有这一年来辛苦的工作，最后都汇聚到年底的这一天，'自行车人'能够及时地在圣诞节这天把1100辆自行车送到孩子手上。"

从这条报道中，我们看到记者发挥了厘清各种元素的功能，报道的解说词与同期声形成很好的呼应关系，在内容上互相衔接，在形式上增强了节奏感，共同推动叙事前进。

二、被访者有声语言的客观叙述与主观叙述

被访者有声语言能够传达确切的信息，在具体的采访中，我们要特别注重同期声中人物的客观叙述与主观叙述之间的关系。

（一）被访者的客观叙述

被访者的客观叙述是指被访者基本不带自己的主观观点、情绪和对事件的判断，只是如实地陈述事实。一般来说，记者为了求证信息，会如实采用这些客观叙述的信息，比如政府发言人的陈述、权威人士介绍情况、当事人对事件的还原等。当然，这种客观叙述是相对的，因为从被访者口中说出来的信息本身多少都会有些主观性，更别提被访者有时会在陈述时掺杂个人的主观意图。

（二）被访者的主观叙述

被访者的主观叙述是指当事人在叙述事件时牵带出对事件性质的判断以及个性化的叙述，这样的叙述能够引出更多的信息，从而具有较强的吸引力。比如，当记者去调查一起枪击案的时候，第一种方式中，记者以这样的提问开始：

记者："警官，这里发生了什么事？"
警官："有一男子用枪扫射，受害人当场死亡，我们的调查正在进行。"

警官的回答是非常冷静客观的叙述，然而，这种客观叙述完全可以用解说词来替代。如果记者换一种提问方式：

记者："警官，你是第一个到达现场的人，当你看到大街上的尸体，你头

脑中的第一反应是什么？"

　　警官："我告诉自己，不要再发生了，这是这个星期的第三起枪杀案。"

　　记者："你在这个城市工作了很多年了，治安到底怎么样？"

　　警官："我想这个城市是安全的，但是这个区域，大概十多条街是有问题的，我们已经在控制这个局势了，简直太疯狂了。"

　　第二种回答则融入了警官个性化的情绪和思考。由于访问的目的不同，我们不能简单说哪一种方式更优，但是从视听媒介的表现特点来看，第二种方式能引出更多信息，更具个性化的表现力。由于记者的提问方式不同，人物述说的方式也随之不同。

　　这个案例告诉我们，在一般情况下，人物述说类同期声往往作为新闻事件中有声语言的主观部分进行展现，比如当事人的想法、观点、感受、情感。由于这种同期声是个性化的信息呈现，才被记者直接展现在节目中，否则的话就可以用解说词来代替（换言之，解说词承担着客观叙述的功能）。我们只有认识到同期声的主观叙述和客观叙述的区别，才能更好地提出采访问题。

　　需要进一步阐明的是，记者在采访前就要明确：这段采访是为了获得事件的背景信息，还是为了获得生动的同期声引用语？如果只是为了获得事件的背景信息，那么被访者的客观叙述和介绍足矣，但如果是为获得有个性的同期声引用语，就必须精心地采访和引导。

三、被访者有声语言与解说词信息互补关系

　　被访者有声语言是一种直接引用，而解说词则是一种转述与代述。

　　一般来说，解说词起着概述的作用，而同期声则抓取事件当下的细节和现场信息。比如中央电视台《高端访问｜专访英特尔公司董事长克雷格》这期节目中，解说词介绍英特尔公司的历史和克雷格的经历，而同期声则承担刻画克雷格在生活工作中的细节与关键性转机的功能。

　　另外，我们在使用被访者同期声的时候，要特别注意同期声与当事人的非语言信息的配合，共同营造一个丰富的信息场。什么时候用同期声，什么时候用解说词代述，一个主要的判断标准是：同期声以及当事人的非语言符号是否只能用视听媒介的形象信息来传达，用解说词代述是否会损失现场的综合信息。比如原阳光卫视《人物志｜华莱士》这期节目中，节目叙述到迈克·华莱士最疼爱的儿子彼得在一次度假中坠落山崖而亡时，同期声与解说词的搭配相辅相成。

表 8-2-1 《人物志丨华莱士》的同期声与解说词分析表

序号	声音
1	解说词：彼得在耶鲁的成绩出众，所以获准去欧洲度过 1962 年的暑假。
2	解说词（配音乐）：在希腊，彼得走到一家可以俯瞰科林斯湾的修道院，他坐在山顶上一块突出来的石头上，享受着四周的美景。突然，他身下的那块石头塌了下来。
3	华莱士："他通常每星期或每十天便会和他的母亲或我联络，但突然间，整整几星期变得音讯全无，我们没有听到电话，我们没有听到电话……"
4	解说词：迈克忧心如焚，他和搜救队来到了希腊，按照彼得前往修道院的路线进行搜索。
5	华莱士："我们带着几头驴子一直走到山顶。到了山顶后，一往下望，在那里……躺着我的……儿子。"
6	华莱士："我从未经历过这样的事……它对我的打击太大了。"
7	解说词：彼得·华莱士安息在希腊的郊野，年仅十九岁……

在这个片段中，解说词只是介绍事件背景，而在描述华莱士寻找儿子的细节时，编导把话语权完全交给华莱士，华莱士不仅叙述了他看到儿子时的现场细节及心理，更重要的是，他的语气、手势、言语停顿都给我们呈现出一个失去爱子的父亲当时的强烈感受。这种直观的感受显然是很难用解说词代述与转述的。

短视频作为视听新媒体形态，已经越来越摒弃传统电视解说词的叙述，从而避免解说词的主观介入，以及适合移动场景的无声观看，开始大量出现使用字幕信息代替解说词的形式，这就比较完整地保留了同期声的信息，从而形成节目信息客观、理性的传达。比如《新京报》"我们"的短视频，报道突发现场新闻，基本都是采用"字幕＋现场＋同期声"的模式，更多保留了现场氛围。

四、同期音响与解说词的关系

对于不用特别传达具体信息的被访者同期声和同期音响而言，原则上，我们应该保留这些同期声信息，配以解说词，从而既有信息量又为报道创造现场感。但是在实际创作中，很多新闻报道粗暴地抹掉这些同期声，使新闻报道声、画"两张皮"，这样的处理方式丢掉了视听媒介的信息表达特性，需要在实践中予以修正。

五、同期声与主观音乐音响的关系

主观音乐音响是表达创作者情绪的一种手段。在新闻报道中，应该谨慎使用主观音乐音响。如果处理不当，将会损害新闻报道的客观性与真实性，落入先入为主的表达误区。在主题报道、宣传报道、灾害性报道中，这样的问题比较明显——为了提升情绪，增加流量，不适当地加入带有主观情绪的音乐音响，极大地妨碍了用户对事件与报道人物的理解（关于短视频中音乐的大量使用，我们将在下文中探讨）。

（一）传统媒介的主观音乐

在国际媒体中，新闻报道中的理性与客观也体现在对主观声音的使用上。在谈到日本"3·11"大地震报道时，日本NHK综合台最重要的新闻节目之一《九点看新闻》（News Watch 9）的制作人阿部博史认为，日本媒体一般不会在新闻里使用音乐，不希望音乐影响新闻本身，而受灾民众的悲伤与希望也不必用音乐来渲染。[①]

主观音乐音响能不能在新闻报道中使用？在何处使用？如何利用现场的同期声元素隐晦地表现创作者的主观感受，这是考验记者运用视听媒介手段传达信息的基础。在这个前提下，如果还要提升情感与情绪，可以适当加入音乐或音响。即把握主观音乐音响的原则是，先有事实信息传达，先有建立在同期声基础上的情感表达，才能有音乐或音响加入的提升。

在当前的实际创作中，随着故事化、情节化叙事方式的盛行，新闻越来越与戏剧化的方式相结合。在一些深度报道和纪录片中，音乐音响也开始越来越多地使用，这实际上也是严肃报道理念与戏剧化新闻报道理念之间的冲突与碰撞。在这里，我们不下结论，这需要创作者在实际中去考量，有效把握使用的度。

（二）视听新媒体的音乐

互联网情绪性的语境，极大地改变了传统信息传播的理性、客观的理念，尤其是在社交平台的短视频中，以情绪性的背景音乐引领画面，赋予主观情绪的宣导越来越普遍。背景音乐最早源于欧洲戏剧，后又穿插在电视剧、电影、动画动漫、电子游戏中，起到提升情绪情感、烘托气氛的作用。背景音乐与一般的音乐作品不同，强调音乐与使用场景间的适配。在视听新媒体时代，背景音乐大量用于短视频中，一些社交平台以背景音乐为聚合，引导用户根据音乐进行内容生产，用户甚至以背景音乐为先导，进行画面拍摄剪辑，"视觉呈现出逐渐依附于声音的逆视觉主控趋势"[②]。音乐

[①] 任金州，杨臻，任效松.灾难报道中的媒体行为及其思考：以日本NHK地震报道为例［J］.现代传播（中国传媒大学学报），2011（6）：49-52.

[②] 谢辛.声音的视觉化：从抽象动画电影到"互联网+声音BGM"观念延伸［J］.北京电影学院学报，2018（5）：54-62.

的可视化与情绪的可听化，两者形成视听融合的新发展，有人认为其具有氛围"担当"——让用户迅速进入特定空间，获得沉浸感与体验感；社交"嘴替"——代替千言万语，一切尽在音乐中；情感"桥梁"——利用背景音乐的"情绪"基因，共享情感体验；破圈"辅助"——打破代际隔阂、跨越文化差异，促进沟通交流的作用。①

而社交平台的这种短视频生产和审美模式，也尤其渗入了过去以理性、客观为基础的新闻报道中，目前有以下几种类型。

1. 情感提升，情绪渲染

在新闻短视频中，事件类新闻以比较单纯素净的音乐为主导，与事件现场同期声的现场展示相配合，起到情感提升和情绪渲染的作用。比如《新京报》"我们"短视频《紧急出动：云南昭通镇雄发生山体滑坡》，以若隐若现的音乐淡淡垫在下面，符合事件的情绪，适可而止。一些时政主题类报道也以音乐展现恢宏、厚重、庄严、激昂等基调，提升画面的情感浓度。比如，央视新闻短视频《山东舰航母编队参加东部战区环台岛演练》中使用《镇海》这则音乐获得用户好评。

《山东舰航母编队参加东部战区环台岛演练》二维码

图 8-2-3 《山东舰航母编队参加东部战区环台岛演练》截图

---

① 之江轩（浙江宣传）. BGM 为啥让人"上头"［EB/OL］.（2023-10-25）［2024-02-04］. https：//mp.weixin. qq.com/s/lJ5bijCIqQciB4UhmLmvwQ.

2. 主导叙事，形成主题

音乐元素和风格也不断迎合网络用户，出现了热门流行音乐，《人民日报》新媒体以《成都》《星辰大海》《少年》等流行歌曲诠释时政主题；还有"洗脑"神曲，比如新华社两会报道鬼畜音乐《江南 style》《PPAP（Pen Pineapple Apple Pen）》等展现重要议题；此外，还有"魔性"音乐，如"中国军号""中国军工""中国船舶""中国航天科工"等视频号中应用的音乐。音乐使用可谓铺天盖地，面对这一发展趋势，我们要认识到这种方式更多地起到一种情绪宣导作用，适应用户对信息传播休闲、放松、愉悦的要求。但是，这种方式不是新媒体的唯一方式，甚至不是新闻表达的最佳方式。

3. 带动节奏，辅助叙事[①]

以视觉叙事为主，音乐点缀其中，适当增强视听节奏，尤其是在新闻叙事中，无论是音乐基调，还是音乐使用量，都做到恰到好处、藏露有节、不喧宾夺主，也有效提升了叙事节奏。比如，微纪录片《爱在落坡岭》[②]记录了2023年7月31日洪水造成K396次列车在河北落坡岭受困事件，不同来源的视频素材被整合剪辑讲述故事，同期声成为信息呈现的要素，音乐只是简洁地铺垫情绪。

《爱在落坡岭》
二维码

图 8-2-4　微纪录片《爱在落坡岭》截图

4. 表明立场，体现态度

新闻报道聚焦当事人发表评论、阐明观点、体现态度的时候，采用音乐强化情绪，比如《"无耻、无德"！华春莹犀利反击6连问，火力全开》中，新闻发言人犀利驳斥

---

① 吴晓琴，何伶凌. 巧用音乐说话让好题材发光：浅谈新闻短视频中背景音乐的应用[J]. 新闻前哨，2022（20）：39-40.
② 央视新闻. 爱在落坡岭[EB/OL].（2023-08-05）[2024-02-04］. https://weibo.com/2656274875/NdaOfiADV?refer_flag=1001030103.

美方政客的言论，音乐表达鲜明的态度。

总体而言，记者需要认识到虽然新媒体时代强化了音乐引发情绪，但这只是其中一种方式。一方面，新闻短视频仍然是以现场同期声为信息传达的基础，音乐使用要适度，适应不同的事件，辅助叙事和情绪表达。另一方面，不可走极端，不能喧宾夺主，随意滥用，避免堕入音乐同质化、泛娱乐化的陷阱。

《"无耻、无德"！华春莹犀利反击6连问，火力全开》二维码

> 记住：同期声与画面承担着传达现场信息的作用。能够用同期声交代清楚的尽量使用同期声，只有在同期声不能完全表情达意的情形下，才使用主观的声音。尊重同期声就是尊重"用事实说话"的报道原则。

思考

1. 什么是同期声？同期声有哪些特点？
2. 结构同期声的技巧与方法有哪些？
3. 构成视听报道声音系统的主要有哪几个方面？
4. 如何理解视听新媒体的音乐运用？

活在现场，提升出镜价值

第九章
视听采访报道：出镜报道

记者的现场出镜报道是视听媒介信息传播的特有形式。**现场出镜报道是指记者在新闻事件现场，面对摄像机（用户）以采访者、目击者或参与者的身份进行的报道。**出镜记者是现场最切身的感受者，也是最直观的呈现者。现场出镜报道是记者推己及人的信息传达，出镜记者是现场的代言人、用户的引领者，他们用自己的动态行为、亲身感受让用户身临现场。因此，出镜记者在动态性事件报道中要有预见性，在静态报道中要有所设计，全方位地将记者所在的现场真实、立体、鲜活地呈献给用户。在这一章中，我们将讨论现场出镜报道的规律、技巧与方法，以及创新趋势。

第一节　现场出镜报道

现场出镜记者不是花瓶似的摆设，但也不是事件的中心；出镜记者是因为事件和现场而存在的，现场永远比记者的形象有魅力。因此，出镜记者首先要明确的是现场出镜报道的功能与意义，并在出镜报道中有效地体现这些功能与作用，否则出镜报道就会成为新闻报道中可有可无的段落，在后期编辑时，极有可能被剪掉。因此，出镜记者应该时刻提醒自己："我的出镜报道不能被删掉。"那么，出镜报道究竟有哪些功能与意义？它如何体现视听媒介的优势？

一、出镜报道的意义

记者在现场的出镜报道是充分发挥视听采访的媒介优势，以直观、形象的信息呈现可近、可信的新闻报道。正如《相对论》出镜记者庄胜春所言，现场出镜分两种，一是视觉画面需要补充信息，这个信息是记者在现场的独家发现，从直观感受到由感官获得的现场具体信息。二是记者有想表达的东西，总结性的、思考性的，更多的可能是好奇。要表达出记者的未知，记者其实也是代表观众进行探索的。[1]

（一）凸显现场感

记者在现场出镜，能够打破单一展示事件现场的模式。通过记者的介入、引领，用户能够跟随记者更好地理解现场的性质与氛围。这是现场出镜报道具有生命力的一个重要因素。记者在现场的一个目的是，突出现场，将屏幕前的用户"带入"现场，尤其是在当下视听传播日益突出临场化和代入感，更需要记者以人际交流的方式让用户身临其境。明确了这一主旨，记者才能有效地进行现场出镜报道设计。

（二）强化可信度

记者亲临现场，获取第一手资料，使记者和所属媒体形成与现场的亲密互动关系，从而为记者、为报道、为所在媒体增强可信度和权威性。尤其是在"全员媒体"，人人都能发信息，但很多人是"键盘侠"的时代，记者突出"我在场"具有重要意义。

（三）深化信息

通过记者的行为动态与述评，浮在表象之下的深层信息被揭示出来，从而加大了报道的信息量，这是最能考验出镜记者现场观察、体验与发现能力的要素，是新闻敏感的重要体现。

（四）可视化信息

记者现场镜头前的动态展示和讲述，可将原本抽象、模糊的信息可视化、具体化，形成形象化的求证性报道，这样的出镜段落在舆论监督报道中尤其重要，也使节目出彩。

---

[1] 笔者对中央广播电视总台新闻新媒体中心策划部特别报道组制片人、出镜记者庄胜春的访谈，2024年1月。

（五）结构段落

现场报道在视听报道中可以起到统领报道结构的作用。一般来说，现场报道作为一种声画合一的信息形态，在节目中穿插使用，可以改变叙事的形态。西方的电视现场报道有经典的"三明治"结构，即**记者出镜报道 + 现场短片 + 记者出镜报道**，这样的报道结构使报道具有很强的现场感。

现场出镜报道段落与解说词加画面段落、现场采访段落共同形成错落有致的节目叙事形态。因此，记者除了要考虑报道线索、主题、角度以及熟悉采访对象外，还要考虑出镜报道在整个节目中的功能，在现场报道前就构思好段落结构，设计语言叙述，以便和其他信息形态形成系统性的整体结构。

- 现场出镜报道作为节目开端，引领用户迅速进入现场，以最新的事态切入事件信息，这是现场出镜报道的常规形态。
- 现场出镜报道作为结尾点题、升华或者叙述事态未来走向。
- 现场出镜报道作为段落转换，在节目中起廓清层次、过渡、转场的作用。
- 对于一些相对静态的主题类或现象类报道，记者的现场出镜报道往往能够改变报道的叙述形态，增强报道的现场感。

二、提升出镜价值

视听出镜报道也同其他报道形式一样，它的优势是潜在的，能否转变为实在的传播优势、取得预期的效果，必须依赖于记者全方位的准备和设计，即跳出"出镜"看"出镜"。

（一）敏锐的观察力

新闻事件形形色色，现场情景纷繁复杂，人、事、物的关系和空间场景瞬息万变，无论画面还是同期声的摄录都需要一定的条件，容量也有一定的限制。在现场，该突出什么人和事，该捕捉什么画面、录取什么音响，都需要记者当机立断。现场报道的成败，在很大程度上取决于记者的新闻判断力和识别能力，出镜报道亦如此。这种报道通常没有事前准备好的完整稿子，即使是对预知性事件的报道，也需要记者随时印证和检验事前准备与现场情景是否吻合。突发性事件的报道，是不可能有事前准备的，全凭记者的现场观察、分析、归纳和构思，并及时予以恰当的处理和报道，而这一切都要在瞬间完成。因此，任何一次现场报道，都是对记者新闻素养的全面检验。

（二）充实的准备

记者在现场报道前应尽可能做好准备，做好长期和短期准备、镜头前和屏幕后的准备。长期准备是理论和知识储备，短期准备是考虑到报道时各种可能发生的情况。准备"十"做"一"，因为有充分的背景材料和预案，记者就会胸有成竹，而准备"一"做"一"，则极有可能在出现意外时无所适从。

在现场报道中应尽可能提供准确的、有价值的背景材料，增强报道深度。现场报道主要依靠现场画面和同期声表现新闻事件，传播新闻信息。但是，画面和同期声只能表现一定场合的即时情况，而不能表现过去和镜头以外的事物，为了增加报道的广度和深度，往往需要调动背景材料，借以交代事件的来龙去脉、烘托主体事实，或揭示其社会意义。这就要求记者在报道前做好充分的准备工作，尽可能多地了解、掌握相关事件的背景材料、知识以及和全局有关的一切情况，这样才能充分、准确地反映事件，丰富报道的内涵。对于突发性事件的报道，则需要记者随时注意研究客观实际、结合报道思想，敏锐地判断其新闻价值，做到临场沉着冷静、忙而不乱。另外，突发性事件可遇不可求，记者能否抓住机遇，及时予以恰当的报道，取决于平时的积累和基本功的训练。

《总台央视驻阿根廷记者在赛前的报道》二维码

在 2022 年世界杯阿根廷队和澳大利亚队的比赛前，总台央视驻阿根廷记者所做的赛前报道，不仅选择的地点不是典型环境，而且报道中没有主题和有价值的信息，错误百出，显然没有经过精心准备。

前方主持人好，我现在是在阿根廷的首都布宜诺斯艾利斯著名的地标建筑阿根廷布宜诺斯（读错）布宜诺斯艾利斯大学法学院门口的过街天桥上。我们可以看到啊，这里呢（重复），是当地一个非常著名的地包（标）建筑，而我下面所（重复）所处的位置是当地非常重要的交通干道，现在已经车上（口误）路上的车已经不多了，大家应该都在家里或者在其他地方准备观看这场阿根廷即将与澳大利亚上演的比赛。

就像您刚才所提的问题啊，阿根廷在小组赛的表现其实一开始并不是特别如人意，因为他们在预选赛中的表现一直非常地出色，所以说当地的球迷，包括他们阿根廷对在全世界的球迷对于他们本队的表现都是非常（重复）有非常大的期待的，但是他们在第一场球赛输了之后呢，在第二场梅西可以说力挽狂澜，一（重复）一记进球，整（重复）整个提起了阿根廷队在当场的（口误）当时的一个气势，所以说也是在后来的两场的比赛中啊，能够保持胜利的这样一个结果，而阿根廷当地的媒体呢对此也是由比较负面消极失望的情绪转为了非常积极热烈非常有巨大的期待啊，对于他们的阿根廷队在本届世界杯的最终表现，他们其实还是有非常高的这样一个希望期待的啊，阿根廷呢这里是一个南美的足球王国，可以说这里是一个出了非常多的世界级的（口吃）足球明星的这样一个国家啊，包括现在正在踢球的梅西，还有一个不得不说的就是阿根廷的传奇球星马拉多纳，他也在几年前去世了离开了我们，而这届世界杯的比赛呢也是阿根廷在几十年来迎来了第一场没有马拉多纳的世界杯比赛，所以说阿根廷人对这场（口误）这届世界杯上的表现呃动人的期待也是掺杂着一种非常复杂的情绪啊，希望马拉多纳这位阿根廷球王能够在能够呃怎么说他在天堂或者在其他地方能够得到安慰，呃阿根廷它是一个足球国度刚刚已经说了，为什么呢？因为阿根廷他从小其实作为了男孩子人生中第一个礼（重复）礼物可能就是一个小（重复）小的足球。在这里的足球的氛围非常浓厚，很多的公园里面都有小（重复）小球场，而且很多的广场里面随便一个小空地就可以成为阿根廷男孩子或者是女孩子玩足球的一个场地，所以说他们对于足（重复）足球兴趣的培养是从小进行的，这也是为什么阿根廷这里能够孕育出这么多的传奇的球星。啊，刚才说那马拉多纳，马拉多纳为什么会在阿根廷的球迷（重复）球迷的心中有这样重要的地位呢，不得不说的一届比赛呢就是在1986年墨西哥的世界杯中，在一场比赛中呢阿根廷对阵英格兰队，马拉多纳在这场比赛中上演了传奇的进球，也是横扫了英格兰队，一扫（重复）一扫完阿根廷在1982年马岛战争中失利的这样一个比较失望的情绪啊，可以说是在那场比赛中马拉多纳带领阿根廷队击败英格兰队一血马岛战争失败的耻辱，从此马拉多纳被阿根廷人问呃（口误），认为是一个民族的英雄，而在那届比赛中呢，马拉多纳也是带领了阿根廷队最终拿到了这个冠军的宝座。呃阿根廷梅西还有一个非常重要的细节啊，就是今（重复）今天的这场比赛将是梅西的参与的第一场职业球赛啊，他呢也是在阿根廷队完成了好像是100多场比赛吧具体数字我记不清了，反正这场比赛也是对阿根廷人对梅（重复）梅西来说也是非常重要的一场比赛，那我们就在这里祝愿阿根廷在这场比赛中能够有好的表现。阿根廷加油，梅西加油。主持人。

这样一次重要的赛前报道，记者长达 5 分多钟的讲述，没有信息量，没有独家角度，没有主题，不知所云，错误百出，其在现场的意义何在？

（三）良好的表述

现场情景不断发展变化，记者没有太多时间去考虑措辞，这就要求记者具有流利的口才、机智的谈吐，具有能够就现场发展变化流畅地陈述新闻事实的能力。这种边观察、边思考、边报道的口头表达能力，不是一朝一夕练就的，而是平时不断积累知识和语言材料、锤炼语言表达技巧的结果。

通常而言，记者在平时训练的时候，要善于用不同的表达方式去复述一个相同的信息，用不同的提问方式去表达同一个问题，把握信息转换的能力。有经验的记者锻炼语言表述能力的方法有两个：一是经常把听到和看到的新闻复述给别人；二是加强写作训练，让遣词造句成为下意识的行为，这样在现场才会有足够的精力去考虑内容。

从语言表述而言，写眼前景，说家常话，平易冲淡。记者现场报道的语言要精练，又要口语化，具体要求主要有：不用书面语言、报章语言，尽量使用短句、简单句；一个句子表达一个意思，长句易使用户听了后头忘了前头；语言简短，干净明了，且要言之有物、有内涵。

（四）得体的形象

出镜记者的形象必须得体。这并非要求记者外貌出众，而是要求记者具有良好的气质、得体的装束、适宜的体态，能够与报道现场形成良性互动，让用户产生信任、亲近之感。简单地说，出镜记者要因地制宜，无论是在田间地头还是在庄严厅堂，在什么样的现场就应该有和这个现场相契合的形象。另外，在直播出镜报道中，一些容易干扰出镜的因素也要有所考虑，比如记者的头发，有的记者喜欢披肩发，在风大的时候，头发有可能成为干扰视觉注意的障碍。此外，记者的体态、姿态语也是传达信息、表达情感的载体。比如，2019 年 3 月 13 日，肯尼亚 NTV 电视台主持人丹·姆万基报道埃塞俄比亚航空一架客机发生坠机空难事故时，因不当手势遭到批评。姆万基在讲述空难时，身后的屏幕正在模拟空难过程。在展示飞机

《丹·姆万基报道埃塞俄比亚航空坠机空难事故》二维码

撞到地面爆炸的画面时，姆万基开始挥手驱散特技呈现出的烟雾，并走出画面。这一主持人本来试图形象展示现场气氛的动作，却引来了同事和观众的愤怒，大家认为这种行为是对空难的一种嘲弄，并指责姆万基对死难者的家属没有同情心。第二天，姆万基发表了一封致歉信。① 因此，对于视听采访报道而言，记者在镜头前的呈现是全方位的，也是审慎的，是服务内容的形象表达。

图 9-1-1 《丹·姆万基报道埃塞俄比亚航空坠机空难事故》截图

综上，具备这样一些基本的素质，我们就可以来探讨具体的方式与方法。

三、现场出镜报道的技巧与方式

现场出镜报道要遵循总体的规律，须首先从其对新闻报道的总体价值和意义去思考，然后才能进入具体的技巧和方法。

（一）总体要求

总体而言，记者在现场出镜报道，要把握好三个目的和五组关系，才能从点和面、横向和纵向的角度去提升出镜报道的价值，从而为现场出镜成为整体报道的有机组成部分，赋予其更大的意义。

1. 找准三个目的

- 提升整体报道的新闻价值（主题），出镜在于提升新闻报道的价值，凸显主题。
- 增大报道的有效信息量，通过出镜挑起、梳理现场更深层次的信息。

---

① 环球网. 激怒观众 肯尼亚主持人用不当手势模拟埃航空难遭批［EB/OL］.（2019-03-14）［2024-01-12］. https://3w.huanqiu.com/a/c36dc8/9CaKrnKj1J6.

- 增强报道的信息可视化呈现，通过记者的讲述以及形象、姿态等非语言符号提升信息的具象化和可理解程度。

2. 把握五组关系

- 现场和主题的关系。现场的讲述和行为动态如何凸显主题。
- 现场和背景的关系。现场事件的背景因素有哪些。
- 现场（现在）和历史、未来的关系。现场事件在历史坐标中具有何种意义，呈现哪些新意。
- 看见和看不见的关系。表层现象下隐藏着何种有价值的信息，记者能帮助镜头前的用户挖掘多少深层意义。
- 细节和宏观的关系。如何通过可见与具象的载体连接更大的背景和社会意义。

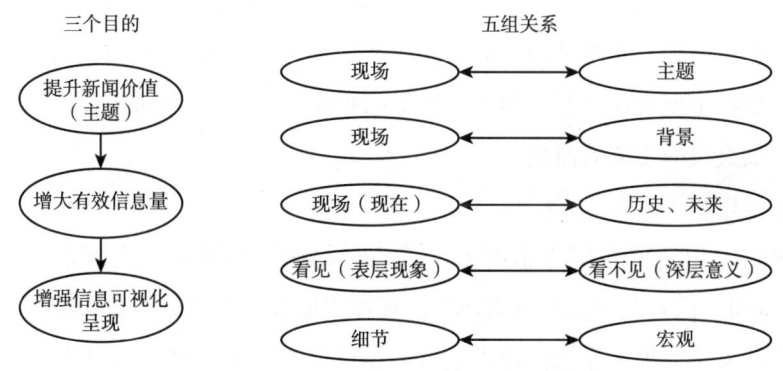

图 9-1-2　现场出镜报道总体要求示意图

成功的案例如总台记者对国庆七十周年庆典现场的报道：

> 我现在说一说城楼上吧，今天我们是在凌晨四点多就来到这里（第一时间来到现场），我们登上城楼之后发现，城楼大殿的一梁一柱、鎏金门窗，还有汉白玉栏杆，处处都经过了精心的修缮（现场细节），城台上也新铺上了红地毯，而在城楼大殿的檐下，我们看到挂上了八个大红灯笼，每个灯笼的直径都在三米多（丰富信息），非常地喜庆，这也与开国大典时，城楼上的红灯笼的装饰是相统一的，所以也成了一种历史的呼应。（历史对比）

图 9-1-3 《向伟大复兴前进》截图

（二）具体方法

透过原理，我们要进入可操作的方法和路径，具体而言，大致有九个在出镜报道中需要掌握的方法、技巧以及注意的主要问题。

1. 突出记者与事件、现场的关系

记者的现场出镜是向用户传达事发时"我在场"的信息，因此，在现场报道中，出镜记者首先要明确其与报道现场的紧密关系，突出记者在现场观察、报道的权威性。简言之，现场报道要突出"第一时间""第一现场"，满足用户对最及时的信息、最鲜活的现场、最直接的交流的需要。

（1）贴近现场

一般来说，记者要在镜头中展示出"此时此地"的新闻价值因素。为用户展现"事发多长时间，记者就已经身在现场"，或者"记者正在现场的什么位置，与现场是一种什么样的关系"等，才能体现出记者现场报道的价值。比如，《中国第一艘载人飞船发射升空》①，记者李姬芸在航天中心发射场做了现场报道，记者背后不远处便是等待发射的载人飞船。

> 观众朋友，这里是酒泉卫星发射中心，我现在所处的位置离发射塔架只有一千米，这也是我们被允许进入的离发射塔最近的地方，现在是北京时间的 8 点 59 分，大家可以看到我身后的发射塔架已经全部打开。现场工作人员也已全部撤离，神舟五号飞船的发射进入了倒计时，中国人的飞天梦想就要实现了。（镜头从记者摇、推到正在点火升空的火箭。）

---

① 上海东方卫视，2003 年度中国广播电视大奖作品。

这条出镜报道可谓经典之作，整个报道采用一个长镜头，把记者的现场报道与事件紧密结合起来。出镜记者在报道中强调了记者与现场的紧密关系，从而突出了这条新闻的"第一时间"和"第一现场"。记者被规定在限定的区域内时，可以如实向用户说明情况，并积极利用现场因素，突出记者与现场的关系。比如，记者或者手摸着警戒线，或者口头陈述"这是我离现场最近的距离"，让形象说话，让现场证言。

图 9-1-4 《中国第一艘载人飞船发射升空》报道现场

图 9-1-5 美国广播公司（ABC）记者在现场警戒线外进行出镜报道

（2）做活现场

在现场报道中，记者要迅速地融入现场，尤其是突发事件、灾情救援的报道，需要突出记者就在最前线，身后就是灾情现场，或是即将投入救援的力量。这里有两种情况：面对静态的现场环境，记者以自我陈述为主，找准典型环境，让现场鲜活地呈现在自己身后，比如小彭 Vlog

《中国之声》
视频二维码

《北京门头沟直升机空投物资幕后：坚守希望的人最可爱！》；而对于有人出现、人物众多的现场，记者要充分发挥自己的主动性和灵活性，以现场为支点，使现场报道、现场采访形成一个流动的过程。《中国之声》报道陆军第81集团军4架直升机即将起飞赴门头沟执行第3批次救援任务时，记者出镜站在即将起飞执行任务的直升机旁，以正在做准备的驾驶舱为背景，驾驶员的动态成为叙述的支点。

图9-1-6 《中国之声》相关视频截图

《美国警察暴力执法导致黑人男子死亡 抗议示威不停局势紧张》二维码

在实际的报道中，有的记者常常置身于正在发生的事件之中进行报道，比如站在暴风雨中、站在呐喊的游行队伍中。需要说明的是，这样的场景隐含着许多不可控因素，记者不仅要确保自身的安全，同时也要注意背景突变等因素，具备开放思维，随时调整报道方式。比如，总台央视新闻《美国警察暴力执法导致黑人男子死亡 抗议示威不停局势紧张》[1]，记者站在防暴者和示威人群发生冲突的核心区域里进行报道，不远处，防爆弹投掷声不绝于耳，而在报道过程中，突如其来的人群骚动和撤离打断了报道，记者也随着人群跑动撤离。正因如此，记者的现场报道具有很强的代入感和真实感。

---

[1] 中央广播电视总台. 美国警察暴力执法导致黑人男子死亡 抗议示威不停局势紧张 [EB/OL]. (2020-05-30) [2024-01-12]. https://tv.cctv.com/2020/05/30/VIDEP6GiJqACwVFDjqeDmRWc200530.shtml.

图 9-1-7 《美国警察暴力执法导致黑人男子死亡 抗议示威不停局势紧张》截图

（3）挖掘典型现场

对于呈现特殊人群工作生活的报道，则需要挖掘、找准日常的典型现场，体现记者融入了被报道者的日常生活。这样才能使报道不限于泛泛而谈，而是直接呈现报道对象工作生活的"第一现场"[①]。比如，小彭 Vlog《为什么特警们一两个月不照镜子？小彭探访北京反恐特警总队，结果被拉入训练队伍了……》中，记者有意识地选择聚焦特警队员们日常的典型场景，通过出镜交流形成与特警的互动。

2. 以动态的人际传播形象化地展示现场信息

在现场报道中，一般来说，遵循一个原则：背景动，"我"不动；背景"死"，我"活"。这样的原则有助于形成一个有规律的视觉呈现，既避免了死板，也规避了无序。

首先，参见前文"动态与细节"一章的分析，记者在现场做出镜报道，要先寻找现场动态的因素。记者在现场观察、等待，对位行进中的事件，适时进行出镜报道。比如，总台记者报道涿州水灾群众转移，以行进中的卡车为背景，切入动态事件：

> 这里是涿州市的西茨村，这里距离靖雅学校大约有一公里，而且周围全部都是积水。我们可以看到，现在从积水区域，已经驶出来这样一辆平板的卡车。卡车上全部都是从学校安置点内转移出来的受灾的群众。

图 9-1-8 《河北涿州：救援人员转移安置点被困群众》截图

---

① 笔者对《中国日报》记者彭译萱的访谈笔录，2023 年 8 月 30 日。

其次，如果现场是静态的，则需要做"活"现场，犹如电影里的场面调度，出镜记者可以充分利用人际交流的特点，通过自己的动作、行为、语言为用户形象地传达信息。比如《愚人节的风暴》[①] 这条消息报道了美国新罕布什尔州愚人节遭遇冰风暴并引起停电，当地人处在寒冷与黑暗中。记者在曼彻斯特当地做出镜报道，利用现场滚雪球的方式证明冰风暴的严重程度，并走进一户人家与户主交流，获知当地停电的细节信息。

记者（捧起地上的雪，团成雪球）："晚上好，戴安（主持人），这里积雪大概有半英尺深，很深很重的雪，对于滚雪球来说再好不过，但是对输电线路却是一次灾难。所以，现场有大量的工作人员在为恢复当地输电线路而忙碌着。"

（扔掉雪球，记者走入一户人家采访了住户奥尼奥。）

记者："您能给我讲讲从今天早上开始的停电情况吗？"

奥尼奥："从今天早上7点15分就开始停电了。"

记者："现在还没恢复？"

奥尼奥："现在还没恢复。但他们告诉我马上就会来电。"

记者："那你怎么保暖？"

奥尼奥："我们穿了一层又一层的衣服，我今天早上一直抱着我的狗，相互取暖。"

记者："这是你的诀窍？"

奥尼奥（笑）："这真的是诀窍。"

记者（转向摄像机报道）："希望电能马上来。在这里，有3万多名住户像奥尼奥一样未曾预料到这4月份突如其来的冰雪，并经历雪后带来的不便。"

出镜记者通过设计，把一个本不具有动态感的现场有效地调动了起来，而奥尼奥一句"我今天早上一直抱着我的狗，相互取暖"让我们一下子感受到了这个现场的温度。

一般而言，出镜记者在镜头前做纵向或横向走动的方式较为普遍，镜头移动或长

[①] 美国广播公司《世界新闻》，2011年4月1日播出。

焦调度形成变化。比如在《龙卷风席卷肯塔基小镇》[1]的报道中，天气频道记者在长达1分钟的时间里从远处走向镜头，叙述龙卷风给当地带来的灾害。

> 记者（手拿砖头）："昨天深夜，直径半英里左右的龙卷风席卷了这里，风势强劲，给建筑造成了毁坏，就像你看到的一样，一片废墟。（扔掉砖头，继续迎着镜头走）这是这个社区糟糕的状况，搜救行动已经开展了一天，这个社区也戒严了，只有搜救队能够进来，他们挨家挨户搜了不止一遍，有时甚至三遍，以防漏掉死伤者。电力系统遭到了损坏，没有一个建筑能幸免于难，这场代号'EF3'的龙卷风时速135英里，当地政府已经宣布进入紧急状态。我早些时候采访市长，他对这个只有2000多人的小镇遭受的灾害损失感到震惊，你看，现场到处都是瓦砾；同时，市长还说，死一个人都太多。"

记者应当有镜头意识，清楚现场报道是"出镜+摄像"的艺术。记者运动的时候，需要充分考虑与摄像师的配合，即摄像机的镜头能够跟上记者的思路和动作。在做现场报道前，记者可先与摄像师进行沟通、设计，形成最佳的行动路线与镜头调度方案；如果摄像机镜头无法到达出镜记者语言叙述需要的位置，那么出镜记者的语言叙述就需要调整。在直播报道中，没有事先沟通且需要大幅度走动的时候，出镜记者则需要给摄像师以暗示，让摄像师跟着自己走。

3. 选择典型现场环境

利用环境因素的现场报道是一种求证性的报道，通过对现场环境的形象展示，以及人与环境的互动，增强视觉说服力。

（1）与环境互动，形成视听呼应

记者应主动选择典型的现场报道环境，充分利用环境因素加强报道与事件的联系和呼应，尤其是在主题类或现象类报道中，要充分考虑环境因素。做体育报道时，场景选择在田径场、体育馆；做金融报道时，在股票交易所、银行大楼前等。在典型环境中，记者可以充分利用视觉、听觉、嗅觉、触觉等全息感知，运用口语、体姿语、体态语与环境互动，把信息呈现得明晰、形象而生动。比如，在呈现洪灾带来的洪水深度时，有的记者用自己的身体与环境形成类比，形象地体现水的深度。

---

[1] 美国广播公司《世界新闻》，2012年3月3日播出。

我的身高 1 米 7，我站在这个台阶上，大家可以看到，伸手，这里还有一个水留下的水印，那么这两米多高的水就浸泡过我们这个尚书第一天一夜的时间。

——《福建泰宁洪水退去 清淤全面展开》

为了给你一个密西西比河洪水的初步印象，我现在在一个孩子们平时玩耍的广场，洪水到底有多深呢，你看那边的看着像是二层的房子，但实际上它是三层的。（洪水淹没了一层。）

——NBC TODAY

很多人可能会觉得通过听觉，如果水量突然增大，我是不是可以听到。我不知道，大家在我现在的这个话筒当中，能不能够听到水声。以现在的水流量，我自己说话的声音听起来会非常地困难，再加上山谷当中的鸟叫虫鸣，你想完全靠听觉来识别上方可能到达的更大的水头是几乎不可能的。

——《总台记者探访彭州山洪现场：围栏被破坏 属地质灾害观测区》

图 9-1-9 《福建泰宁洪水退去 清淤全面展开》截图

图 9-1-10 NBC TODAY 报道截图

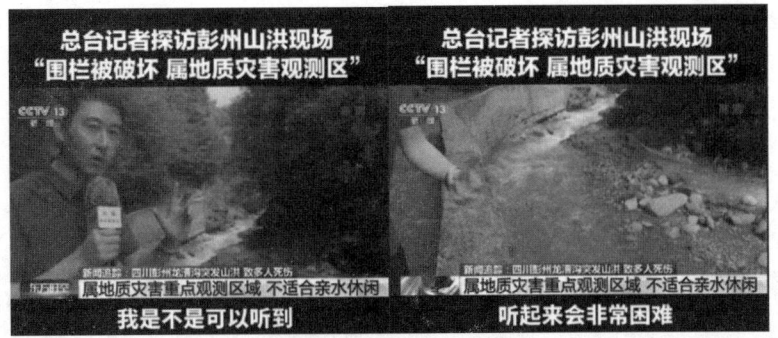

图 9-1-11 《总台记者探访彭州山洪现场：围栏被破坏 属地质灾害观测区》截图

努力挖掘视觉形象载体背后的价值，比如北京广播电视台《天涯共此时》栏目"一带一路"特别节目《"欧洲之门"汉堡对接中欧贸易》中，记者在易北河汉堡港的货仓旁进行出镜报道，从它保留已久的货运吊钩开始切入，增强了新闻的历史纵深感。

《"欧洲之门"汉堡对接中欧贸易》二维码

早在1732年，满载着丝绸、茶叶、瓷器的中国货船就是通过我手边的这条易北河经汉堡港进入到欧洲大陆，也开启了中德之间的贸易往来，而你往我身后看，这有一座红砖大楼，它建于19世纪，这也是当时汉堡港的货仓了。你往楼顶看，还可以看到当时装卸货物用的吊钩，其实这个吊钩到现在为止还能够正常使用，但是面临如今中欧贸易几千亿美元的大单，现在这样的吊钩已经被如今现代化的智能平台所代替。

图 9-1-12 《"欧洲之门"汉堡对接中欧贸易》截图

环境选择要慎之又慎，否则适得其反。比如，在《今日中国丨这里是绿色共享的内蒙古》中，记者报道内蒙古自治区达里湖地区的生态发展，华子鱼洄游产卵。但是，记者开头穿着准备下河的水裤，选取的报道地点的背景环境却是枯黄的草地，与绿色无关，无法把用户代入典型环境中，更与先声夺人无缘，人与自然和谐共生的环境体现不足。

《今日中国 | 这里是绿色共享的内蒙古》二维码

图 9-1-13 《今日中国 | 这里是绿色共享的内蒙古》截图

当事件发生涉及多个现场，要考虑核心现场环境和关联现场环境。比如凤凰卫视报道东航客机在广西梧州坠机事件，一方面选取坠机地点——广西梧州藤县郎南镇墨龙村进行出镜现场报道，一方面选取航班原定到达地广州白云机场内，航班乘客家属集中安置处进行出镜现场报道。

（2）利用环境提升新闻价值

选择典型环境时，不仅要考虑环境与事件的关系紧密程度，更重要的是要思考环境对新闻价值的提升作用。透过环境中现实的现象，从点提升到面，甚至是象征性的意义，从而让用户从看见的场景去体会看不见的价值。笔者印象深刻的一个经典案例，是在 1997 年香港回归直播报道中，白岩松临时改变地点的现场报道。白岩松在直播前一天到预设的现场报道点——连接深圳和香港的深圳皇岗口岸踩点时，发现在前面离香港更近的落马洲大桥上有一条标志性的管理线，这条线的一面是深圳，另一面就是香港。于是，白岩松将报道地点由原定的皇岗口岸改为落马洲大桥上的这条管理线处。我们来看看白岩松的现场报道：

　　各位观众，我现在是在落马洲大桥上，大家可以看一下，这个有一个铁的这样的一条线，在桥的中央，可以这样说吧，我现在左脚一面就是香港，那么在右脚的这一面就是深圳，刚才水均益也说了，按理说这条线是不应该存在的，因为深圳和香港自古就属于同样的一个县志，但是 150 多年前，英国人侵入之后，后来便有了这样一条线，便拥有了这条深圳和香港之间让很多人感到伤心的线，但是，再过三个多钟头，这条线就只具有区域线的意义了，一面是我国的经济特区，一面是我国的特别行政区。

《1977—2022：岩松话香港》二维码

当解放军驻港部队的车一辆辆越过管理线时，白岩松作为离这一历史性跨越最近的见证者，难掩激动之情：

越过管理线！第二辆车越过管理线！……

当驻港部队先头部队的车一辆辆越过管理线后，白岩松向观众们报道：

各位观众，这条线并不长，车速也并不快，但是今天驻香港部队越过管理线的这一小步，却是中华民族的一大步，为了这一步，中华民族等了百年。

在此，白岩松的现场报道得益于他前期的了解和观察，当他得知有这样一条标志性的管理线时，立即决定改变报道策略。香港回归、驻港部队跨过管理线，这条线的性质有了根本性改变，白岩松正是抓住了这一重要的改变，进行了精彩的现场报道，也正是因为见证了驻港部队跨越管理线的这一激动人心的时刻，才有了后面白岩松说的今天的一小步是中华民族的一大步这样的有感而发。其实，结合前文所言的中心人物，这条线正好是记者抓到的一个形象的载体，一个有提升新闻价值空间的载体。

4. 利用物件道具

利用物件道具也是一种求证性的报道，道具是主题的凝练、形象化的载体，也是报道语言的依托。

（1）找到语言的支撑点

报道越空越危险，物件道具可以使记者的言语有所依托，尤其是初做出镜报道的记者，要善于寻找出镜叙述的支撑点，才能让自己的报道言之有物，语言自然、流畅。一本书、一张照片、一块手表等，这是记者在现场观察发现的，并能够体现事件新闻价值的承载物。因此，记者要善于在现场去寻找这些形象的物件，这也是提炼新闻角度的一种方法。在前文中，我们也提到过中心人物中的物件，原理都是相通的。比如，总台记者报道甘肃积石山地震灾区，身处倒塌房屋废墟之中，利用现场环境和物件，为我们还原事发情景。

现在大家可以看到在我的左手边就是这一次临街的一个门面房。那么这个门面房其实是一个由砖混结构构成的，但是，在地震之下，这个砖混结构的房屋已经完全地变成了一片废墟。当然我们在这里还看到了一些孩子的一些课本。不过我刚才就在这里碰到了这个房子的女主人，她说因为他们跑出来得比较及时，所以不管大人也好，孩子也好，都已经全部跑了出来，所以没有造成人员的伤亡。

图 9-1-14 《甘肃临夏州积石山县发生 6.2 级地震》报道现场

（2）寻找形象的载体

记者做出境报道时可以寻找能与事件产生对比、类比的物件，使报道的信息更加形象化。比如，记者报道人类基因 DNA 构造的时候，站在一个螺旋式的楼梯口，用螺旋式的楼梯来类比人类 DNA 的结构；在报道湖泊能起到天然净化水资源的功能时，记者为用户展示了咖啡壶的过滤原理，来说明湖泊的工作原理；在报道屋里起火时，记者用了氢气球演示烟雾的运动路线；等等。总台记者报道东航 MU5735 失事，在现场用黑匣子模型介绍情况：

《记者用黑匣子模型介绍情况：现场无法搜到第二个黑匣子信号》二维码

通过我手上的这样的一个模型，再给大家重点做一个介绍。很重要的原因就是昨天通过现场，大家看到了我们昨天在核心区发现的这个语音通话记录器的这样的一个黑匣子。当时的这个语音通话记录器的完整的什么样呢？大家把这个遮住，就是比它短 20 公分，这一块是非常相像的。

那我们拿出来就会发现，我们大家通过这两天我们的一些新闻介绍已经知道了，我们的黑匣子在设计的时候，其实已经进行了层层的多层的包裹，应该说为了保护数据，或者对这个相关的这个设备的保护，已经进行了多重的防护，但是你看在巨大的冲力之下，它也是出现了肢解。

图 9-1-15 《"3.21"东航飞行事故 总台独家直击搜救现场》截图

物件在报道中往往能起到点睛的作用，有时，物件就像一个代理人，能引出许多有趣的故事。比如，《小彭一带一路 Vlog：怎样才能成为戴珍珠耳环的少女？》中，记者通过模仿维米尔的画作《戴珍珠耳环的少女》，引出画中用到的群青色。群青色的使用可以追溯到阿富汗生产的青金石，而这些矿石颜料在古代中国的出现正是丝绸之路的功劳。这整条线索最终导向的是一个宏大的主题，然而一开始的切入点是相当细微的。这种由浅入深、以小见大的方式能给用户留下更深刻的印象。

《小彭一带一路 Vlog：怎样才能成为戴珍珠耳环的少女？》二维码

图 9-1-16 《小彭一带一路 Vlog：怎样才能成为戴珍珠耳环的少女？》截图

5. 尽量使现场信息条理化、秩序化

现场报道要让处于行进中的纷繁复杂的事件以一个比较清晰、明确的面目呈现在用户面前。记者是现场信息的把关人，是新闻报道的首要组织者，因此，出镜记者在现场报道时要善于抓主要矛盾，抓事件主要脉络，忽略细枝末节的东西。比如上文提及的《"欧洲之门"汉堡对接中欧贸易》这条新闻，记者在汉堡港做出镜报道，面对数以万计的集装箱，记者在现场做了信息深化，说明"有三个集装箱来自中国"，并在中远海运的货轮上解读不同集装箱的功能，通过货运单说明集装箱里面的物品情况等。

6. 报道中注意突发信息

《东航MU5735坠机核心救援现场直播报道》二维码

在出镜报道的同时，记者要时刻关注事件中的变化和突发因素，随时调整报道状态，以和现场形成有效的互动并最大限度地避免突发因素。比如，在 2006 年德国世界杯足球赛现场，中央电视台《足球之夜》记者在德国奥芬巴赫体育场里报道巴西队的训练赛。正当记者在现场做出镜报道时，记者身后的两位球迷开始在镜头前踊跃展示他们所支持的德国和巴西的国旗，并极力想与镜头互动，记者果断地调整了报道状态，与现场球迷展开沟通和交流。在这里，记者充分利用这些突发情况，变不利因素为有利因素，向用户展示了现场真实、生动的信息。又如，总台记者进入东航 MU5735 坠机核心救援现场直播报道，当看到一张乘务人员的证件时，马上伸手捂住，并示意镜头避开。"距离黄金 72 小时还有机会，希望它们的主人还能平安。"说完，记者又介绍其他物品，体现了记者的报道准则和人文关怀。

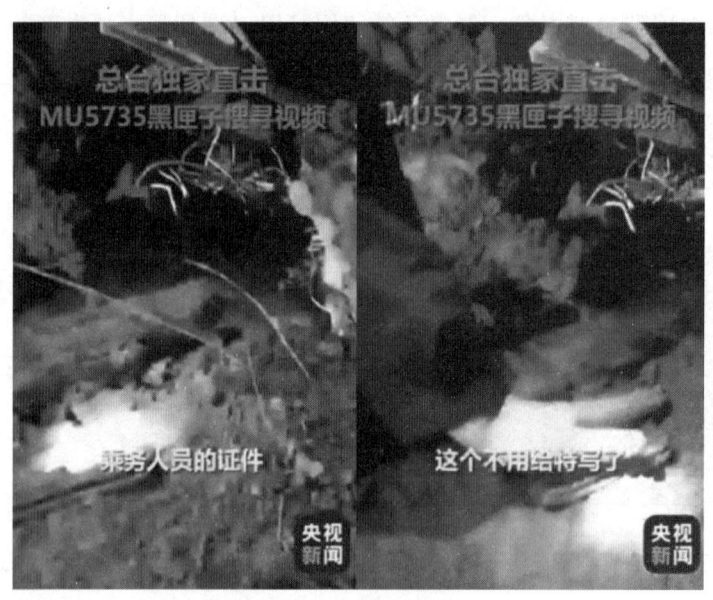

图 9-1-17 《东航 MU5735 坠机核心救援现场直播报道》截图

记者在出镜报道时通常面对摄像机、背对事件现场，摄像师应当配合出镜记者，提示、帮助他随时注意背后的信息变化，从而能够及时跟进事态，或避免尴尬甚至危险的发生。比如美国地方电视媒体的一名记者在报道雪灾时，正当她全神贯注地面对摄像机做出镜报道时，身后一辆突如其来的铲雪车卷起一大堆雪向她砸来。就这一点而言，有经验的记者应该对出镜报道的地点做充分的判断，避免各种危险情况的发生。

7. 记者的情绪也能带出现场感

在做现场报道时，出镜记者报道的情绪也能带出现场感。有经验的记者能够利用自己的感受和情绪把现场鲜活地带动起来。对于这个问题，可能有的人会说，记者在现场应该保持一种理性、中立的状态，不能有情绪。但我们认为，在很多情况下，记者首先是人，其次才是职业记者，保持客观中立是为了做出真实、不偏不倚的报道，这就要求记者在镜头前对自己的情绪有所克制。然而，记者这一职业同样有着人道主义的要求，同样需要具备基本的共情能力。情绪的流露是自然的就好，只要做到有度，不是无节制地煽情，这种情绪就能够带出现场感来，从而感染用户。报道灾害事件的情况下尤其如此：一方面，记者的情绪体现了报道对受灾群众、遇难人员的尊重；另一方面，通过展现记者受到的感染，那些灾难中体现的崇高精神也传递到了用户的心中。

在视听新媒体时代，记者的个性化讲述也越来越凸显，情绪的展现也成为一种常态。比如，《人民日报》记者进入东航 MU5735 客机坠毁事故核心区进行移动直播报道时，时常出现哽咽、唏嘘，带出自己的情绪。

8. 提升可视化的呈现

随着无人机和 360 度摄像机等新技术在新闻报道领域的普及，出镜报道的方式越来越灵活，空间调度也越来越多样，可视化呈现也越来越丰富。记者的出镜报道中，穿插了多元视角的现场画面，给观众更立体的报道空间和事件展示。比如上文提及的，总台记者报道涿州水灾群众转移，在记者出镜陈述自己了解的背景信息的过程中，后方穿插航拍全景，全景展现洪水对社区的影响和政府采取的救援措施。

> 我从西四村工作人员处了解到，在静雅学校安置点，一共有来自周边6个村庄的1400余名群众安置在这里，受积水影响，安置点内的水电和通信是中断的，所以说，救援也是当前的一个首要任务……

图 9-1-18 《航拍暴雨后的涿州 全力营救！》截图

在这个过程中，要注意，记者的讲述应与画面信息对位，否则容易声、画"两张皮"，难以形成呼应。

值得关注的是，近几年来，真人秀的元素也开始融入记者的出镜报道，它发展了过去记者体验式出镜报道的样式。比如，在美国公共电视台（PBS）播出的4集纪录片《透视美国》（America Revealed）中，主持人在高塔、空中等各种非常人所能及的地方展开报道，提供给我们极为特殊的视角和体验。在这个过程中，主持人也尽量将自己融入现场的情境，依靠自身的深入体验来呈现现场。

图 9-1-19 《透视美国》截图

9. 注意的问题

（1）出镜报道不能包办一切

出镜报道是现场记者从自身所处的方位和视角进行的信息传达，其语言叙述、镜头展示、细节挖掘和背景介绍，都是基于自己所在的现场。从这一点而言，出镜记者要充分认识到自身的定位，而不要让自己的报道或者冗长无信息量，或者没有权威性，这就丧失了出镜报道的功能和意义。

（2）借助辅助工具

《大国外交最前线 | 上半场延长近半小时！中美元首会晤现场气氛如何？》二维码

记事本。记事本是记者出镜报道梳理谈话脉络，记录重要数据和引用语的辅助工具。在做出镜报道时，有的记者为了在镜头前体现出言辞流利而忌讳看记事本，其实适当地借助记事本，看看记事本上的数据和引用语，反而能够给用户一种严谨、引用有出处的感觉。比如，在《大国外交最前线 | 上半场延长近半小时！中美元首会晤现场气氛如何？》中，记者面对镜头讲述会议核心信息，引述习近平总书记的讲述时，为了确保引用准确而翻阅笔记本进行报道。而随着新媒体技术的发展，很多记者开始借助平板电脑和手机来辅助出镜报道。

图 9-1-20 《大国外交最前线丨上半场延长近半小时！中美元首会晤现场气氛如何？》

雨伞。在雨中做出镜报道，最好带一把透明的雨伞。透明的雨伞不会使记者的面部因光线不足而显得暗淡。

> 记住：要活在现场，不要立在现场，出镜报道要提升新闻价值和有效信息量。

第二节 Vlog 新闻出镜报道

Vlog 是 Video Blog（视频博客）或者 Video Log（视频日志）的英文简称，指在互联网上发布的视听或图文形式的网络日志，是互联网新媒体诞生的个人记录形式。视频博客最早出现在 2002 年，电影制作人卢克·波曼（Luuk Bouwman）创办视频网站 Tropisms，发布数百期旅行视频[①]，随后，美国的凯西·奈斯泰德（Casey Neistat）在 YouTube 上推出众多 Vlog 作品，扩大了 Vlog 的影响力，引起用户效仿。

Vlog 作为一个英文词语，在中国视听新媒体里普遍使用，逐渐成为"全员媒体"语境下，用户生产发布视频的代名词。Vlog 的视频也以灵活、便捷的手机自拍为主要形态，以参与社交分享传播为主要功能诉求。为适应用户的审美心理，主流媒体也开始使用 Vlog 的形式报道新闻，对新闻事件进行个性化的讲述和人格化的展示。

---

① 张陆园，陈雨桢.视频博客刍议：媒介属性、叙事形式、审美特征与文化趋向[J].现代传播（中国传媒大学学报），2023，45（5）：110-116.

2018年4月，在报道博鳌亚洲论坛年会时，中央广播电视总台CGTN推出的《博鳌行Vlog：亲和力观察力幽默感集于一身的田薇忙忙忙》被认为是最早的主流媒体Vlog报道。①2019年，全国两会期间，Vlog形式的视频新闻报道开始大量出现，其中中国日报社的"小姐姐两会初体验"系列Vlog（共4集）获得广泛影响力。此后，在《人民日报》、新华社、中央广播电视总台、《光明日报》《中国日报》等许多主流媒体打造"主流网红"的过程中，Vlog新闻出镜报道成为主要形态。2019年11月9日，央视新闻主播康辉推出"大国外交最前线"系列Vlog。该Vlog系列一经发布便引爆网络，微博话题#康辉的Vlog#登上热搜，阅读量更是高达2.4亿次，第一支Vlog在微博平台的阅读量达1.5亿次。2020年，新冠疫情期间，央视新闻发布了"武汉Vlog"系列和《武汉：我的战"疫"日记》。视频通过对于医护人员、武汉普通市民等的群像展示，对于公众不良情绪的消解及社会舆论的稳定发挥了重要作用。此外，在主题报道中，以新闻当事人作为第一人称讲述者，呈现事件和现场，也增强了报道的亲近感和个性化。

综上，Vlog新闻可以界定为以移动短视频形式，采用第一人称视角和个人叙事为主，对事实的现场报道。

图9-2-1　部分主流媒体记者Vlog新闻出镜报道截图

一、Vlog新闻报道的特性

同传统的电视出镜报道不同，Vlog新闻报道适应于网络传播，其表达方式的个性

---

① 沙晓羽，王艺璇，全会.主流媒体Vlog报道的话语创新：以中央广播电视总台《大国外交最前线》为例［J］.传媒，2023（10）：45-47；黄峥.Vlog时政新闻报道的传播优势及思考［J］.新闻世界，2022（12）：28-31.

化和人格化、视听呈现方式的随机性和灵活性，打破了传统出镜报道的思维、表达惯性，这也是互联网思维和语态、用户创造倒逼传播媒介表达形态发生变化。同样，在视听元素的方法论上，我们不能一概拒绝，也不能全盘接收，要辩证地去处理这种变与不变。

总体而言，Vlog 报道在现场的镜头调度、语言、语态相较于电视出镜报道更具灵活性、随机性和交流感。

表 9-2-1　传统电视出镜报道与 Vlog 新闻报道的报道特点对比

传统电视出镜报道	Vlog 新闻报道
旁观视角	体验现场
全知视角	第一视角
仪式感	亲密感
候场感	随机性
告知式	社交式
核心信息	周边信息

（一）第一人称视角

Vlog 新闻打破第三人称的旁观式视角，基本采用第一人称的主观叙事视角，记者通过这一主观视角和镜头形态，深入事件和现场之中，从而以更加个性化、主观化的视角去选择现场，发现细节，呈现事件。

传统的现场报道中，记者以旁观者的身份，冷静、客观地审视现场和事件，镜头仿佛是"第三只眼"，尤其强调避免对现场的干扰，而采取保持距离地拍摄和记录，从而尽量全面、立体、多角度地去感知事物，由此也来带来现场与观众的距离感。

Vlog 新闻报道从一开始就以记者个性化、主观化的视角去体验现场和事件，镜头犹如记者的眼睛，亲力亲为，亲眼所见，自拍的画面呈现的是记者自身与现场的交流和互动。由此，现场报道带有记者强烈的个人属性，这不仅拉近了事件与用户的距离，也缩短了用户与记者的距离。用户以个性化的视角而不是全知全能的视角体验新闻现场，审视新闻事件和人物，具有强烈的临场和在场意识。

图 9-2-2 "小彭 Vlog"工作现场

(二)沉浸性体验

传统的现场报道强调"眼见为实",记者是用户的代言人,端正、板正的镜头景别与构图,让观众保持距离地观察。

Vlog 新闻现场报道多采用近距离拍摄,特写画面,记者贴身视角和随机移动转换场景方式,把用户带入现场,具有临场性、沉浸感和代入感,从传统媒介的"眼见为实"转变为"体验为真",由此强化了用户的在场感和体验感。

(三)人格化表达

传统的现场报道强调记者的"字正腔圆"与"端庄严肃",媒体的形象更大于记者自身形象,由此体现出媒体的权威性和庄严感。

Vlog 新闻则强调记者的个性化和生活化,媒体的形象更隐含在记者的形象中,"传播者以真实的人格出现,把受众当作独特的个体进行交流和沟通"[①]。人际交流的特质更为突出,采用对话式的语态而非播报或告知语态,记者感同身受的情感与情绪、个人化的感想更多地呈现出来,通过记者人格化表达、生活化讲述、个性化呈现让用户感受记者和现场的亲近与自然。由此,内容被轻松、自然、有趣地传播。

(四)多元化内容

内容呈现既有内容本身,也有表达。就内容本身而言,传统现场报道是围绕事件核心进行报道,掐头去尾,隐藏事件核心之外的东西和过程性的交代。从形式上说,镜头呈现状态封闭,呈现形态趋于规整。

---

① 黄峥.Vlog 时政新闻报道的传播优势及思考[J].新闻世界,2022(12):28-31.

Vlog 新闻报道则有更多元的内容和表达，尤其注重事件核心之外的幕后和过程，比如采访拍摄准备，与核心采访人物有关的人物、幕后花絮等。从形式上而言，镜头开放，相对随意、自然，打破传统的景别和运动规则，更多呈现手机端的生活化的状态。

（五）亲密式交流

Vlog 创造了记者对着镜头自拍叙述的形态，这种"怼脸"式的讲述或者对镜言说的形态，创造了与用户"私密"的交流感，形成了虚拟社交关系。从大众传播时期的观众与媒体人物之间看似面对面互动的"准社交关系"（Para-social Relation）[①]，转变到社交媒体时期用户与发布者之间同步互动的"跨准社交关系"（Trans-Parasocial Relation）[②]。跨准社交关系强调集体互惠、同步互动和共同创造。虽然 Vlog 新闻报道创造的这种交流实质是单向度的，并非像网络直播一样即时互动，但记者或当事人面对镜头，假想用户存在，从而创造一种虚拟交流，用户也把这种对镜言说的"私密"对话，作为虚拟的情感陪伴。此外，用户通过在线评论、弹幕等方式，形成实质的互动交流，从而与记者或讲述人建立更个性化的亲密关系。

图 9-2-3 《十八洞村龙金彪的 Vlog|脱贫之后》《"萌"婶代表记》截图

二、Vlog 新闻报道的方法

厘清 Vlog 新闻报道的特性有助于我们适应移动社交传播特性，扬其长，避其短，在报道中不断探索尝试。

---

① HORTON D, RICHARD WOHL R. Mass communication and para-social interaction: observations on intimacy at a distance [J]. Psychiatry, 1956, 19 (3): 215–229.
② LOU C. Social media influencers and followers: theorization of a trans-parasocial relation and explication of its implications for influencer advertising [J]. Journal of advertising, 2021, 51 (1): 4–21.

（一）体验式发现

体验式采访早已有之，**指记者以参与者或目击者的身份，亲身参与到事件中，体验被访人的感受与情绪，并通过视听语言符号传达的采访方式**①。这种采访形式最能发挥视听媒介过程性、连续性和现场性的特点，也是记者在现场交流互动中，挖掘发现新闻价值的重要手段。手机、自拍杆、手持云台的便捷性，增强了 Vlog 体验式采访的灵活性，能够让记者以更多元的角度、更随机的方式观察事物，感受现场，发现细节，形成互动。

1. 体验聚焦主题

记者的体验式采访一定要聚焦主题——新的发现、好奇的特点、新奇的事物，等等，都是记者凝练主题的方向，结合社会发展大背景、国家战略大方向，新闻的新也在于此。体验式采访切忌做成走马观花式的流水账，见到什么说什么，或者忽略了重点，或者掩盖了重点，这都是体验式采访容易出现的问题。尤其是 Vlog 的体量小，越聚焦越有故事，越聚焦才能让报道越突出，越有独特性。比如，"小彭 Vlog"有关党的二十大报道的视频中，"我的'机器人'朋友"一期围绕与国际记者借助手机智能翻译等手段进行沟通交流，讲述各国记者对中国式现代化的感想和关注的重点。相比于其他泛泛的报道，该报道让人有印象更深刻的好奇点。

2. 体验突出感受

记者体验式采访加强"全感采访"②，能够强化记者自身对现场多方的感受，并能够具体化这一感受——听到的，闻到的，触摸到的，感受到的信息，从而能够立体而人性化地向用户传达感受。Vlog 的日志特性突出了记者在现场的个性化感受，记者需要把这个感受具体化地呈现出来。《时政 Vlog| 亲历 FAST 重要一刻》报道，以习近平总书记通过视频察看"中国天眼"现场，同总控室的科技工作人员连线为新闻由头，记者近距离地感受 FAST，通过近距离目测、亲自跑圈打卡、无人机拍全天眼的高度等多种方式去体会 FAST 之大和技术装备之强，以此强化用户感受，Vlog 的自拍视角也增强了用户的沉浸感。而跑圈设计，恰恰契合 FAST 总设计师南仁东生前在 FAST 圈梁上跑步的动态影像，使记者的跑圈设计自然，形成呼应，致敬艰苦奉献的科学家。

《时政 Vlog| 亲历 FAST 重要一刻》二维码

---

① 曾祥敏. 电视采访［M］.3 版. 北京：中国传媒大学出版社，2018：230.
② 参见本书第六章第二节《细节是金》。

（二）随机性采访

我们在第六章中探讨的动态性采访在 Vlog 中更加凸显，其机动性和灵活性赋予采访更自由的空间，采访报道的随机性、伴随式、移动性取代了调试准备、静态等候和仪式摆拍等传统方式，强调随时随地切入、即兴观察讲述、自然轻松交流，把观察、发现、讲述与交流融为一体，随时调适切换。央视 V 观时政 Vlog《林海情：在河北省最北端，镶嵌着一弯深绿……》中，记者坐着护林员骑的摩托车，在动态中跟随人物进行即兴的拍摄、提问、采访。比如，护林员带着记者看第一代林子时，二人的交流：

《林海情：在河北省最北端，镶嵌着一弯深绿……》二维码

记者："大伙儿说，要带我看一看第一代林子。"
护林员："抱一下，抱一下！"
记者："这就是林一代种下的树，现在都这么高了，刚好，我刚好能抱住。"

在护林员经常吃午餐、休息的地方，记者掏出壶喝咖啡，被访人与记者交流的段落：

护林员："看你喝咖啡，我怎么喝着（我的水）不香了呢？"
记者（笑）："哈哈！"
护林员："想来一口，那不好意思。"
记者："喝不喝吧，没事。"
护林员："哎呀，好爽啊，对于我来说赶上过年了。"
记者："如果没有你们在这儿护林的话，我们在北京喝的这咖啡里可能会有沙子。"
记者："我在山里转半天，就觉得两个字，孤单。"
护林员："自己有时候也吼两嗓子，觉得太闷腾了，吼两嗓子。"
记者："唱啥？"
护林员（唱）："走在乡间的小路上……"
（伴随着歌声，护林员骑着摩托载着记者行进在林间小道上。）

图 9-2-4 《林海情：在河北省最北端，镶嵌着一弯深绿……》截图

（三）个性化互动

在 Vlog 中，记者虽然代表媒体，但是更强调记者个体与现场交流互动，更加强化记者个性化的代入感和交流感，这也是出镜报道打上记者烙印的一个标志。比如许多用户认为《中国日报》记者彭译萱更能与现场产生互动，更能融入现场，具有鲜明的风格，就在于在"小彭 Vlog"中，记者以一种开放的状态，随时参与到现场的活动中。

适当反问，多用人称代词，如"我""你"。比如，《小彭 Vlog| 为什么特警们一两个月不照镜子？小彭探访北京反恐特警总队，结果被拉入训练队伍了……》中，"我酷吗"（记者像特警队员一样披挂入列反问特警队员），"你要走吗"（记者询问正在演练中的特警队员）。

参与其中，尤其是突出动态行为。比如《小彭 Vlog| 从机场到会场，小彭带你近距离观察中美元首会晤！》中，"你们这个舞蹈的名字是什么，像这样的吗"（记者自己比画），"巴厘真美"（记者敲对方的鼓）。

《小彭 Vlog | 从机场到会场，小彭带你近距离观察中美元首会晤！》二维码

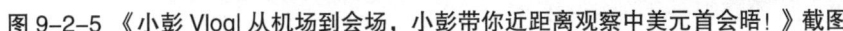

图 9-2-5 《小彭 Vlog| 从机场到会场，小彭带你近距离观察中美元首会晤！》截图

（四）平实的姿态

网络强调平等分享与交流，记者不再是全知全能的俯视者，也不是百科全书式的博学家，而是从个人视点去了解现场的人。因此，记者需要放下姿态，放松体态，消除仪式感，跟用户进行点对点的平等对话交流，通过自然的交流和个性化的行为，把重大主题、时政报道化为生活化的叙述，从而让用户代入个人的情感和经历去感同身受。记者自然生动的体态体姿替代完美无瑕的动作设计，必要时，可以适当加入日常中生活化的行为动态，体现真实、鲜活、松弛的一面。比如，《在"祖国心脏"里"熬夜"是有多难忘》等报道的记者在 Vlog 报道中插入一些紧张采访之余的困顿，如打哈欠、伸懒腰等动态行为，让用户感受到日常的状态，比较符合网络交互的氛围。又如，《"开箱"喽！看看我都带了什么上两会》中，记者对着摄像说："要不等会儿再拍，先帮我把箱子拿上去。"这些类似于气口或闲笔的段落增强了生活感，拉近了与用户的距离。

图 9-2-6 《在"祖国心脏"里"熬夜"是有多难忘》和《"开箱"喽！看看我都带了什么上两会》截图

(五)社交式话语

正如前文所言,由于发布者与用户间的"跨准社交关系",网络交流强化了人际交流的传播样态,形成有来有往的互动感,强化点对点、一对一的对象感。

1. 强化对象感

从话语内容上,记者更要以用户的角度去现场采访提问。比如,央视新闻记者张竣的《武汉观察》系列Vlog,其关注点聚焦用户在疫情期间关切的问题——"在武汉街头不戴口罩会发生什么""武汉抗疫一线医生是如何休息的""武汉居民现在这样买菜""中国的'基建狂魔'都是超人吗"等,记者以用户的视角和好奇心深入现场去探究回答这些问题,从而获得一手独特的信息。

从交流语态上,记者或当事人近距离面对镜头,通过目光注视与言语交流,体现出强烈的对话感和互动感。基于此,记者应当在讲述中转变语态,以对话式的语言取代播报的极致顺畅流利,以真实质朴的讲述取代单向度的侃侃而谈。例如,"要用的是什么呢?您猜""你知道吗""对了,很多朋友还在关心""我会带大家了解一下""一起来揭秘"等对象化、互动式的表达,提升了Vlog新闻报道的召唤力和感染力,增强了用户"对我说"的指向性和对象感。

2. 把握语态

有研究者提出话语样态的概念①,并将话语样态分为话语样式和话语体式,话语样式可以分为宣读式、朗诵式、谈话式和讲解式四种类型,话语体式可以分为高雅庄重、平实正规、通俗灵动、消闲自在四种类型。其中,通俗灵动是指在比较宽松亲切的场合,无论家人团圆还是亲友相聚,都要求话语和心态自如放开,可以嘘寒问暖、拉拉家常、聊聊世事。消闲自在是在十分亲密的场合中,无论挚友戏谑还是家人交流,都要求话语和姿态自由自在,亲近自然、无拘无束、海阔天空、心心相印。话语样式的四大类型,结合话语体式的四种形态,就衍生为16个基本的话语样态,这16个基本话语样态又能够衍生出各式各样的具体样态。由此,我们可以看出,Vlog报道的语言基本从广播电视谈话式,更进一步发展到社交语境下的一对一对话式的话语样式,而从话语体式而言,更倾向于通俗灵动和消闲自在的话语体式。在此基础上,根据不同的报道语境,做适当的调适,比如对于时政报道类的核心事件,更注重平实正规和通俗灵动的融合;对于时政报道的周边信息,更注重运用通俗灵动、拉家常式的对话;对于社会类新闻语境,则强调运用极具个性化的消闲自在的语态和语言。

---

① 张颂. 播音创作基础[M]. 3版. 北京:中国传媒大学出版社,2011:143-147.

简言之，Vlog 报道的语态可以从语言、语境和风格三方面考量。其语言基本介于说家常话和播报语言之间，既不是琐碎的生活化语言，也不是严整规矩的播报语言，而是经过精心设计、逻辑缜密、又自然质朴、具有对象感的话语语态和语言。结合不同的语境，以及记者的个性化风格，从而构成 Vlog 的合适语态。下面，我们来看看这三个典型案例。

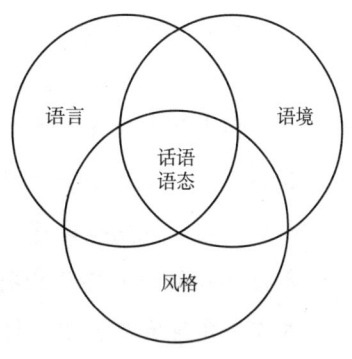

图 9-2-7　Vlog 报道的语态

（记者对着镜头）

除了赶各种采访外，我最近想得最多的事情其实是……Food, Food, Food!

如果我想饱餐一顿，在北京哪里吃最划算呢？

那当然是我们的单位食堂。

到单位食堂啦。

为了供两会报道的记者用餐，中国日报社特意开设了这个餐厅，饭菜都和往常一样，只不过餐厅延长了开放时间，所以就算你回来晚了，到了办公室也不会饿着。

……

我在查看我们的联系手册，今年中国日报社派出 61 名记者报道两会，每个记者都要报道一个或多个领域。今天早上，麦笛文问到的问题，就是孙晓晨要报道的领域，看看他能不能帮到我。

——《小姐姐的两会初体验》

无论是对核心议题的讲述还是两会采访报道之余的闲笔，都体现出小彭一贯活泼、可爱、自由自在的风格，语言呈现出轻松、无拘无束的感觉。

（记者对着镜头）

我一般就会特别喜欢在这个大厅里来进行拍摄出镜。

每次两会的时候，在这里面拍摄第一场出镜，对我来说也是一个很有仪式感的事情。

我的同事们还没到，他们正在整理设备，我先在这里等他们一会儿。
……

初春的北京生机盎然。随着今天下午全国政协十三届四次会议的开幕，2021年的全国两会正式开启。两会是民主的殿堂，是汇聚共识、激发力量的平台，是汇聚党心民意，连通国计民生的桥梁纽带。在未来的几天里，来自各行各业的代表委员们将在畅所欲言中凝聚共识，在集思广益中明确方向。其实今年再次在3月如期来到大会堂进行两会的报道，我还是有很多感触的。今年两会又回到我们熟悉的初春三月，从延期到如期，这背后真的是凝结着太多的不易。我们回望过去的一年，曾经肆虐一时的新冠肺炎疫情得到有效的控制，我国疫情防控也取得巨大的战略成果。如期而至的不光是重回初春的全国两会，还有我们在日常生活中，像学校如期开课了，商场、餐厅、影院早已经正常营业了，国内的航班、火车也都已经恢复了，在国际疫情走势还存在不确定性的时候，我们的国家，我们的生活重回了正轨，社会经济正在逐步地恢复常态，这点非常非常不容易。在这个过程中，"人民至上"的价值理念以及我们的制度优势都在这场疫情防控战役中得到了充分体现。每当想到这些，我都感觉非常感慨。

——《张扬两会 Vlog》

无论是在采访之余的闲笔和周边信息，还是核心议题的讲述，张扬的语言和语态更偏重端庄、亲切、流畅。

图 9-2-8　张扬在全国两会现场

在中间休息的15分钟，我们再次进入中美元首视频会晤的现场。
那么和会晤开始前以及会晤开始开场白部分的时候相比，我在这个现场感受到的气氛明显这个热度在上升。那据了解呢,对于这次中美元首的视频会晤,美方的态度是很主动的,在主动寻求,那么既然是主动寻求呢,也就需要真正地拿出诚意来,美方要搞清楚到底应该怎么定义中美关系,什么才是真正的负责任的管控分歧,而中国在哪些原则底线问题上是绝对不会让步的。

习近平主席在今年9月10号和拜登总统通电话的时候指出,中美关系不是一道是否搞好的选择题,而是一道如何搞好的必答题。那么今天的这次元首的视频会晤呢,中方是希望双方都带着诚意共同来探寻这道必答题的答题的思路、解题的方法。我们当然希望这次中美元首的视频会晤能够成为解答这道必答题的一个很重要的步骤。

上半场的视频会晤是在北京时间上午10:42结束的,休息15分钟,下半场的视频会晤应该是在北京时间上午10:57开始,大国外交最前线,我们继续一起关注。

——《大国外交最前线|上半场延长近半小时!中美元首会晤现场气氛如何?》

相较而言,新闻主播出身的康辉在重大时政主题的Vlog核心信息讲述里,话语语态更偏重庄重、平实和准确。

无论哪种语态,总体把握交流感和信息量,真实自然,弱化仪式感、候场感和播报感,强调即时性和随机性,记者不清楚、不了解的可以如实回答,带着好奇心去探索挖掘。

(六)激活周边信息

碎片语境下,记者既要把握高潮和燃点,进行"掐尖"表达,也要激活周边信息。有的时候,事件核心之外的轻松愉悦的周边信息和衍生话题恰恰符合网络传播的需求,用户在评论区也经常出现"偏题"评论和互动。比如,成都大运会期间爆火的吴艳妮被各大媒体相继报道,年轻用户在关注吴艳妮取得亚军的好成绩的同时,更聚焦她身上展现出的新时代女性运动员的形象,又美又飒,充满阳光、健康、力量、自由的气息。再比如,中国羽毛球选手王正行将自己的羽毛球拍借给乌干达选手的暖心举动,显示出团结友好的体育精神,也为中国运动员塑造了良好的形象。还有像成都串串店坐满外国运动员、张雨霏和大熊猫花花同框等各种话题报道。

《康辉的第一支Vlog：要出趟远门了》二维码

同理，记者在进行Vlog新闻报道时，也适当地引入周边信息，如采访准备、现场背景花絮等。比如，《康辉的第一支Vlog：要出趟远门了》就以"要出趟远门做准备"为核心，用取设备、整理行李箱、准备护照等信息，引出即将开始的时政活动和报道信息。这种幕后揭秘式的软性话题，不仅吸引用户注意力，也引出时政报道的主题，激发用户关注活动和新闻报道。这条视频下的一些评论，如"康辉的行李箱真结实""康辉的底妆是啥牌子的""总台央视的地砖居然贴着胶布"等，也都呈现出用户关注周边信息的状态。而针对用户提出的这支视频中"Vlog"的发音问题，康辉在第二支Vlog视频中专门做了回应，"Vlog这次的发音对了吗"，带出真实、坦诚。

图9-2-9 《康辉的第一支Vlog：要出趟远门了》互动页面及视频截图

再如，在"小彭Vlog"中，记者会插入跟出租车司机的交流、吃饭选餐、做泡面、化妆等生活化信息，把记者的日常与要报道的现场和事件形成关联，从而给用户一个更宽松的报道空间，也让记者呈现出真实、自然的状态，强化了记者的个性化标识。而在《张扬两会日记中》，在清晨去会场前，记者向用户展示自己快速打理头发的诀窍，带出记者在两会采访期间紧张忙碌的状态。

（七）辩证处理两组关系

如何继承传统报道的规律和方法，又能适应新媒体的发展，Vlog出镜报道同样面临守正创新的问题。

1. 随机拍摄和摆拍设计

我们需要认识到，一方面，Vlog 报道发展了真实、自然、随机的镜头和语言风格。另一方面，同当前的短视频一样，Vlog 报道也出现了重设计、强摆拍，以及融合多种形式的趋势。尤其是在主题性报道中，记者出镜设计、体验报道以及字幕包装等都具有前期策划设计的感觉。"就个人经验而言，早期的 Vlog 会做更多的策划和预先设计，但目前基本转向现场随机的采访拍摄。在了解拍摄主题的前提下，随机的现场拍摄更不受框架限制，也能捕捉到更生动的对话和更多真实自然的反应。这需要记者自身对精彩内容的嗅觉，要更积极主动地寻找采访对象。"①

在媒体融合的理念下，尽管视频采制出现了多元化的报道和创作形式，但作为事实报道的新闻，仍然需要坚持真实、客观的底线。

2. 严肃主题和娱乐信息

从视频的需求而言，底层是娱乐休闲，中间层是垂直的刚性需求，顶层是公共信息的获得。从目前 Vlog 新闻的发展来看，这一形式主要针对移动社交平台传播，而且因为其社交分享属性，重点主题偏轻松、愉悦、休闲等内容，即使是时政主题报道，也比较聚焦于核心事件的周边信息，而不是严肃话题的深度报道和解读。记者的个性化感受和日常生活化的展示也日益强化。视频下的评论也多偏重于核心事件之外的花絮或散点式的关注点。

图 9-2-10 "小彭 Vlog"工作现场

在新媒体时代，面对 Z 世代用户对时政和公共信息的忽视，而更易于接受垂直和愉悦、休闲的信息，如何从话语表达和形态呈现等方面把时政、公共信息软化，或者探索 Vlog 等形式的报道对时政、公共信息进行适度、正向的解构，从而增强时政报道和公共信息的传播力，这也是记者在 Vlog 报道方面需要继续探索的命题。

---

① 笔者对《中国日报》记者彭译萱的访谈笔录，2023 年 8 月 30 日。

> 记住：Vlog出镜报道以第一人称的个性化讲述和人格化表达拉近了用户与现场的距离，更适用于社交传播。

思考

1. 现场出镜报道的意义何在？
2. 如何提升现场出镜的价值？
3. 现场出镜报道有哪些具体方法？
4. Vlog新闻报道有哪些方法？

最好的访谈是聊天式的对话

第十章
视听采访报道：提问与访谈

提问与访谈[①]是视听采访中重要而独特的部分，以人际交流的方式展开，是信息的开掘、语言的艺术，是人情的交往，更是思想的碰撞。视听媒介能够直观地展示、还原这些提问与访谈，让观众和用户进入双方交流的情境。因此，充分发挥视听媒介记录、还原现场的特性，能够通过提问与访谈获得信息开掘的深度、情感交流的浓度，以及思想碰撞的烈度。

第一节 理解现场提问与访谈

现场提问与访谈是同视听媒介的表现与传播方式紧密结合在一起的能充分发挥视听传播优势的访问活动。视听现场访谈的形式与内容是密不可分的，采访的内容直观地呈现在镜头前，借助采访活动中的视听因素（记录双方的举止及声音以及所处环境等画面）的表现力来传递信息、渲染气氛、表现思想和突出主题。在采访过程中，记者随时要考虑如何利用采访手段组织内容、结构报道，要考虑通过采访的变化获得真实生动的表现效果。视听现场访谈通过采访对象的言行举止，把握并体现深藏于人物内心的思想和情感，通过采访对象生动的语言进一步展现事物的个性。总之，视听现场访谈具有双重意义，既是收集和挖掘材料的活动，也是有序地表现新闻内容、传播新闻信息的活动，而且前者是直接为后者服务的。

---

① 狭义而言，现场采访更多即指现场提问与访谈，本文为了把访谈与现场拍摄等区别开来，严格使用访谈的称谓。

一、获得真实信息——形象化的人际交流方式

好的采访是让被访对象忘了这是采访,而视听采访媒介的轻便化为采访交流的动态性和随机性提供了便利,记者已经越来越意识到还原人际交流形式对视听媒介的重要性。视听采访"是人本化的采访,它比其他任何媒介都更加要求交流的人际化和采访的个性化"[①]。自然、真实、开放,才能引起好奇,激发兴趣。

通过展示记者与被访者的交流、被访者相互之间的交流来传达信息也是视听采访区别于其他采访的重要特征,而这种交流本身不仅是视听采访的形式,也是视听采访的重要内容,信息就是在这样的直观互动状态下传播的。因此,采取什么样的提问访谈方式主要根据现场情境和被访者而有所调整,形式本身不重要,重要的是能够获得真实的信息。

二、现场访谈的方式

从访谈的外在形式而言,我们不妨把访谈分为随机即兴访谈、动态专访与相对静态的座谈式专访。从采访的内在氛围而言,我们把访谈分为交流式访谈与交锋式访谈。从获取信息的类型而言,有事实性访谈、观点性访谈和观念性访谈。

(一)随机访谈与专门访谈

随机访谈是针对同一主题对不同对象的即兴访谈,而专门访谈是对同一对象的深入访谈,又可分为动态专访和座谈式专访。

1. 随机即兴访谈

在新闻事件现场,记者随机选择采访对象,这种采访方式在视觉感受上给人以真实、客观之感。用户看到采访对象是记者临时在现场抓取的,有的是自己主动迎向记者说的,一切都没经过事先的精心安排,因此采访对象讲话的内容也让人感到客观、可信。随机即兴访谈,人人都可以成为采访对象,会使观众产生更强的参与感。广义上而言,随机即兴访谈也可以是记者在动态专访中随机提出问题,记者能够结合现场,即兴提出问题,让访谈具有动态性和交流感,往往能够深化内容,带出情感,收获意想不到的效果。

---

① 朱羽君,雷蔚真.电视采访学[M].北京:中国人民大学出版社,1999:25.

随机即兴访谈绝对不是随意采访,而是带着某个主题、某个问题去进行随机调查、采访。这种采访常用于对某一问题、某个现象、某个事件的态度意见的调查,收集舆论,是可视的"民意调查"。

在视听采访的发展历程中,随机即兴访谈经历了从最初的街头小范围的随机调查,到后来场景式的海采。2012 年,中央电视台推出了海采式节目《你幸福吗》,大范围随机采访街头路人,听取他们的感受。2017 年新春,其更推出了场景式海采节目《为谁辛苦为谁忙》《"二孩"之后》《家是什么》等。所谓场景式,即改变了过去任意环境的抓取,而将采访地点设置在某一特定的场景中,如菜市场、矿井下、列车车厢、茶馆餐厅、妇产医院等,记者沉下心与人们拉家常、聊愿望,捕捉中国人对国家、社会、家庭的真实感受,形成特定场景的采访交流。应当说,这种场景式的海采主题更集中,更具广泛性和规律性。

随着移动技术设备的发展,Vlog 等形式的随机访谈更增强了访谈的灵活性和鲜活度,《Vlog:两会小姐姐的初体验》中记者对参加全国两会的外媒记者的随机采访、《从机场到会场,小彭带你近距离观察中美元首会晤》中记者对巴厘岛机场迎宾队的随机体验采访都为我们带来了鲜活的现场和丰富的信息。

2. 动态专访

动态专访可以采取漫步式、追随式的形式进行采访。漫步式采访是记者和采访对象边走边谈,以漫步方式进行采访,视觉感受上让人觉得亲切、自然、有人情味。这种采访方式适合调节气氛,结合环境因素呈现出被访者更多的信息。追随式采访是指记者不干扰采访对象,跟随着采访对象的活动,让对方边工作边回答问题。这种采访方式视觉上给人以真实、亲切、生活之感。比如新华社《权威访谈 | 张扬对话王亚平:重返太空的 183 天》,创作者把访谈场景置于空间站训练模拟器前、航天员健康中心

《权威访谈 | 张扬对话王亚平:重返太空的183天》二维码

里、王亚平的家中,结合场景进行动态访谈、跟踪式访谈,塑造了生动的谈话场景。

动态专访是一种记者与被访者在相对自然的语境下形成的交流。这种采访方式的核心是不让被访者与他正在进行的生活状态割裂开来,从而能够以相对轻松的状态与记者交流。这种方式最适合没有充分准备、没有被访经验、容易在摄像机前紧张的被访者。运用这种采访方式的目的是记者帮助被访者忘掉摄像机、忘掉灯光、忘掉所有与采访拍摄有关的事物,而完全沉浸在问题的探讨之中。正因为视听媒介有很强的形式感,记者在采访中所做的重要工作恰恰是去掉这种形式感,其实也是去掉被访者的紧张感,让他们重新回到生活的状态。

图 10-1-1 《权威访谈丨张扬对话王亚平：重返太空的 183 天》截图

3. 座谈式专访

座谈式专访在视觉感受上有稳重、专注之感，因此，它适合严肃、正式的访谈，也是在一个集中、有限的时间里和被访人进行深度访谈，比如采访政要、名人等。采访双方没有过多的动作干扰，可以让观众集中注意力去思索对话的内容。进行座谈式专访是为了获得更深入的信息，它的魅力在于记者与被访者进行思想、观念的碰撞与交流。比如，中央广播电视总台的《高端访谈》、美国全国广播公司的《60 分钟》等，都主要采用这种方式。

（二）交流式访谈与交锋式访谈

在采访中，根据不同的访谈性质，面对不同的被访者，记者选择的是不同的采访方式。交流式访谈主要针对愿意接受访谈，并能够与记者充分沟通的被访者；而交锋式访谈主要针对对记者存有戒心的人、不合作者、狡辩者，一般而言，交锋式访谈在调查性报道、负面报道中比较常见。当然，在某些正面访谈中，当对方态度比较强硬或居高临下时，也可以适当运用交锋式访谈。

电视访谈中有许多经典的访谈案例，而在交锋式访谈中，可能把对抗风格做到最极致的，当数被称为"斗牛犬"（bulldog）的美国主持人迈克·华莱士（Mike Wallace）。他在调查性报道中经常以对抗性很强的问题展开交锋式访谈，他提问直接，而且常常表达自己的态度，因此成为颇受争议的访谈记者与主持人[1]。

---

[1] 美国哥伦比亚广播公司（CBS）的《晚间新闻》（Evening News），2012 年 4 月 8 日播出。

（你们）要想让事情办成，只有钱。（华莱士做出钱的手势）

——采访俄罗斯总统普京关于腐败的问题

主席先生，巴勒斯坦人可能也想干掉你。

——采访巴勒斯坦领袖阿拉法特关于暴力的问题

有很多人都讨厌你丈夫，甚至讨厌你。

——采访富兰克林·罗斯福总统的夫人埃莉诺·罗斯福

交锋式访谈当然不是为了交锋而交锋，不是为了激起冲突，而是为了获取真相、获得真实的信息，为了在信息停顿处把谈话往前推进，在信息阻塞处把通道打开。正如美国全国广播公司（NBC）记者米切尔（Andrea Mitchell）评价华莱士所言："他是一个好的讲故事者，总是推动故事往前发展，你总想知道更多关于被访者的一些东西。"① 而从交流形态上来说，它有的时候是以比较激烈的言辞、外在的情绪呈现的，而有的时候却绵里藏针、暗带机锋。

（三）事实性访谈、观点性访谈和观念性访谈

从访谈目的而言，记者是想获取事实信息，还是取得被访人对某一事件的看法，或者是针对被访人的思想和观念做深入开掘，会使访谈进入不同的方向，获取不同的信息。

1. 事实性访谈

事实性访谈主要是记者针对新闻事件，与当事人交流，获取新闻的事实信息。这样的访谈主要针对离事件最近的人，获取他们第一视角的信息，从而获得对事件相对完整深入的了解。因此，事件的新闻性和当事人的权威性（与事件的接近性），构成了访谈的核心要素，事实性访谈更注重访谈客观性的陈述。比如，突发新闻事件中，央视新闻《相对论|水后的涿州书库，遇见一批又一批"救书人"》描述了 2023 年涿州洪水退去后，全国图书物流仓储基地之一的涿州园的大批图书遭受浸泡，记者采访受灾仓库的工人，通过他们的故事折射出洪水带来的损失以及灾难中"人"的不屈精神。

《相对论|水后的涿州书库，遇见一批又一批"救书人"》二维码

记者："现在缓过来了吗？"

书商邹斌："感觉现在好像……脑子好像蒙了。"

记者："一进来，我也是感觉有点麻麻的。"

---

① 美国全国广播公司（NBC）的《晚间新闻》（*Nightly News*），2012 年 4 月 9 日播出。

记者:"就不知道……"

书商邹斌:"对,因为我们越往外清(泡水书),就是感觉心里越慌,把那地方全部放满了。这里面只清了30%左右出去。还得具体看多少损失。"

记者:"这个还得评估是吧,政府有统计吗?"

书商邹斌:"现在已经统计了,每家公司损失多少先自己报上去。"

记者:"保险能解决吗?"

书商邹斌:"保险公司也跟我们说了,他说你这图书,图书的折扣有很多种,不好评估价值啊!"

再如,《权威访谈｜张扬对话王亚平:重返太空的183天》是在中国载人航天工程立项三十年之际,采访中国首位太空行走的女性航天员,通过她的讲述折射出中国航天事业三十年的发展。

《白岩松专访世界气象组织秘书长》二维码

2. 观点性访谈

观点性访谈是针对某一事件,寻求被访人对事件的看法、搜集舆论观点,或者寻求权威人士的观点,帮助大众厘清事件发展的性质或走向,更注重访谈的主观性表述。比如,《白岩松专访世界气象组织秘书长》就北京出现的高温天气,采访世界气象组织秘书长彼得里·塔拉斯,探讨全球性的天气变化。

3. 观念性访谈

观念性访谈是针对在某一领域有卓越建树、特殊贡献或富有特点的人的访谈,通过访谈深入开掘,着力展示被访人的心路历程、思想观念和意志品质。当然,选取的人物如果具有新闻性,找到新闻由头,能够获得更多关注。比如张扬对话"扬帆系列"对中国女足主教练水庆霞、北京人民艺术剧院院长冯远征等名人名家的系列访谈。

图 10-1-2 "扬帆系列"张扬对话水庆霞、冯远征工作现场

> 记住：提问与访谈是视听采访中重要而独特的部分，以人际交流的方式展开，是信息的开掘、语言的艺术，是人情的交往，更是思想的碰撞。

第二节　如何接近被访者

与被访者建立良好的关系，迅速与被访者拉近距离，是创造良好访谈氛围、获得成功访谈的前提。因此，研究如何接近被访者，是访谈准备的目的之一。

一、有备而来

在前文的采访策划中，我们已经强调采访不打无准备之仗，而如何获得成功的采访，对被访者的事前预判与把握是重中之重。

（一）研究分析采访对象

记者对采访对象的基本情况了解得越充分，研究得越仔细，对其在采访过程中的心理活动就能判断得越准确，也就越能与对方进行沟通，迅速达到采访的最佳状态，记者对采访对象的认识不应从与采访对象见面之后才开始。在明确采访对象之后，记者便应该通过各种间接的渠道了解采访对象的基本情况,例如采访对象的性别、年龄、籍贯、业务专长、爱好等。事先进行这种初步的认识,有利于记者在与采访对象见面之后找到"共同语言",形成一种良好的心理状态:他是我"第一次见面的老朋友",或者是"熟悉的陌生人",从而打开采访局面。正所谓,酒逢知己饮,诗向会人吟。

总的来说,分析采访对象主要从以下几方面入手:

第一,分析采访对象的性格、语言表达方式;

第二,估计采访对象合作的程度;

第三,预想可能达到什么样的采访结果;

第四,估计可能会遇到哪些障碍,如果方案A行不通,有没有方案B。

如果记者事先不做任何准备,对采访对象一无所知,往往容易提出幼稚甚至愚蠢的问题,引起采访对象反感。由于采访前缺乏对采访对象基本情况的研究,见面时常常找不到共同话题或一个合适的"由头"来打开局面,结果造成面面相觑、相视无言的冷场,严重时甚至导致采访中断。对此,曾经采访过斯大林的美联社记者尤金·莱昂斯深有感触,在采访前他得到通知,会见时间只有两分钟,而在实际的采访中,两分钟很快就过去了,斯大林却并不着急,但此时的莱昂斯却没有一个完整的问题提纲,结果他在斯大林的办公室里待了差不多两小时,却没能提出意义重大的问题来,事后他回忆说:"我永远感到内疚。"

(二) 充分的心理准备

记者在采访中应该抱有这样的一种心态——对方接受你的采访是正常的,对方不接受你的采访也是正常的。尤其是初学者,在实际的锻炼中如果能有这样的心理准备,就会在采访前有多种采访方案的预设与准备。我们永远都无法预测现场的变化,我们永远都带着开放的心态去接受任何可能发生的事情。

二、不配合的采访对象

采访对象不配合的理由多种多样,记者只能根据实际情形进行调整,具备耐心,稳住情绪,或正面引导,或反面刺激。

（一）赢得对方信任

真诚交流。具备足够的耐心，采取办法让大家敞开心扉，一点点去打动对方。但是，比不配合更难的是采访对象的言不由衷、口是心非，在镜头前，所有采访对象最初都是想表现最好的自己，而不是最真实的自己。记者要通过不断地采访沟通，让采访对象逐渐回到最真实的自己，用最本真的情感打动人。比如中央电视台 2017 年"新春走基层"节目《高铁上的"掏粪男孩"》，采访了几位 90 后高铁地勤机械师，听上去挺风光的工作，却是跟粪便打交道。记者刚开始采访他们时，只要话筒一举，这几个"掏粪男孩"要么不敢讲，要么讲空话。记者没有什么好办法，于是干脆采用笨办法，先和他们一起上夜班，学着掏厕所。当记者连续上了 4 个夜班，独立掏完一次集便箱，又毫无保留地说了自己的感受后，"掏粪男孩"才开始敞开心扉。①

《高铁上的"掏粪男孩"》二维码

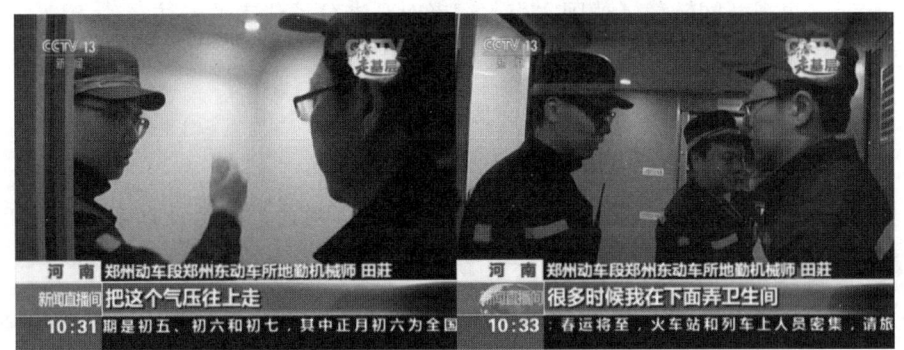

图 10-2-1 《高铁上的"掏粪男孩"》报道截图

共情共鸣。记者要与被访者共情，感同身受，尤其对于采访中的弱者而言，记者要获得对方同情继而产生信任感。俗话说，比弱者弱，比强者强。当面对一些不愿接受采访的弱者时，比如灾难中的受伤者、心理受到创伤者，记者需要投入很大的耐心，有记者认为获得对方的同情是采访弱者最好的方法。获得对方的同情，其实是淡化记者的职业状态，以一个普通人的状态与之交流。

投其所好。记者能够以对方熟悉的东西赢得对方的信任。2012 年两会期间有这样一个采访故事，一位记者为了能够采访释永信，堵在释永信的房间门口，软磨硬泡，甚至说出了"我佛慈悲，希望大师能帮忙完成任务"的话，释永信才接受了一次短暂的采访②。

---

① 杨华. 新媒体时代也是主流媒体的新时代［J］. 新闻战线，2017（5）：11-15.
② 周锐，刘岩. 记者高喊"我佛慈悲"为突破重围采访释永信［EB/OL］.（2012-03-07）［2024-01-20］. http：//fo.ifeng.com/news/detail_2012_03/07/13023582_0.shtml.

（二）直接发问

如果时间有限或者对方声明不接受采访，可直接发问，或适时地进行"封闭"式提问——抛出最关键的问题，让他回答"是"或"不是"即可。直接发问的关键是记者的提问要抓住问题的重点和要害，无论对方是否回答，摄像机都能捕捉到对方的言语或非语言符号信息。通常来说，直接发问之后需要采取步步紧逼的方式。

（三）步步紧逼

《德国之声｜记者对乱港分子代表的专访》二维码

对于顾左右而言他、极力狡辩的被访对象，可以适时采取步步紧逼的方式。从某种意义上来说，记者与被访者之间也在进行一种心理的较量，特别是面对一些棘手的问题和采访对象，记者应该多揣摩对方的心理，才能适时调整自己的心理状态，挖掘到有价值的新闻。比如2019年央视新闻转载《德国之声》记者对乱港分子代表的专访：

记者："邵岚，欢迎来到《冲突区》。"

邵岚："我的荣幸。"

记者："如果你们认为香港警方使用暴力是不对的，那为什么示威者使用暴力就可以？"

邵岚："呃……我不觉得抗议者使用暴力是有意图攻击任何人，我相信他们使用暴力只是为了保护自己而已，因为他们目睹了警察在毫无理由地殴打抗议者。"

记者："你是说他们在对警察以牙还牙？"

邵岚："是的。"

记者："但他们做的可不仅仅是对警察以牙还牙，10月20号我们看到有一些所谓的勇武者向车站旁边的警局投掷汽油弹——这可不仅仅是以牙还牙吧。一周前，一名抗议者用美工刀刺伤了警察，我们还见到了自制炸弹在路边爆炸。万幸的是，这些炸弹没有造成死伤。所以这才是我所说的，你们这些示威者的暴力行为。"

邵岚："呃……"

记者："这么做的正当性在哪里？"

（四）开机进现场

正如前文所言，镜头前被访者的任何一种状态都是信息，他与你争论、辩解甚至回避、沉默都是一种信息状态，即使对方没有回答，其表情、动作、态度等非语言符号也能传达信息。开机进现场是电视记者动态采访的重要观念，美国哥伦比亚广播公司《60分钟》原主持人迈克·华莱士在许多调查性报道中，都是直接向被访者进行询问，无论对方回答、拒绝、争辩、躲避、遮挡、推搡抑或无语，这些信息都能被摄像机捕捉到，生动地呈现在观众面前。

> 记住：记者在采访中应该怀有这样的一种心态——对方接受你的采访是正常的，对方不接受你的采访也是正常的。

第三节 现场访谈的总体原则

无论是现场随机即兴访谈、动态专访还是座谈式专访，都要遵循总体的原则和要求，在这一节中，我们主要分析现场采访的普遍规律。

一、现场提问的总体要求

就提问而言，无论是现场随机访谈还是专访，都要求记者体现视听媒介的提问特点。

（一）关注与倾听——做有思想的耳朵

卡耐基曾说："如果希望成为一个善于谈话的人，那就先做一个注意倾听的人。"好的访谈就如日常生活中的聊天，有意思的是，汉字"聊"的部首是一个"耳"旁，这充分说明了在聊天过程中"听"的重要性。访问要求记者精神高度集中，全神贯注地倾听对方的回答，否则很容易发生问题——没有听清访问对象说了些什么，什么重要，什么不清楚，什么不对。初出茅庐的记者有时只顾准备提出下一个问题、考虑怎样措辞，以致没能注意到访问对象因为他的漫不经心而停止不语了。记者在访问时必须竖起两耳倾听每一个回答、每一句话、每一个观点、每一个细节。听懂了才能提出好的跟进性问题，否则无法对谬论提出疑义，无法澄清含混不清的问题，无法抓住话头、补充提问。记者不但要竖起自己的耳朵，而且要带着用户的耳朵倾听。对记者来说清楚的问题对用户来说并不一定也清楚，记者应该排除其中的障碍。

在访谈过程中，记者要投之以关注的神情，这不仅是对被访者的尊重，也是被对方传达的信息吸引、表示感兴趣的一种表情。比如中央电视台原《实话实说》节目主持人崔永元在节目中就非常善于倾听，是从一个倾诉者转变为倾听者的代表，是一只"有思想的耳朵"。他说："这才是真正的谈话！我说的听就不是技巧问题，这是真正在听，用心在听，所以他在打动你的时候，你才会落泪；他说得有意思，你才会哈哈大笑，才会忘掉自己。"① 美国《奥帕拉访谈》主持人奥帕拉在节目中也自始至终投入关注的神情，她随时都在用她的体态和体姿语向被访者传递这样的信息："我和你们一样，我是真的理解你们。"②

在访谈中，多一些倾听，放弃预设，形成开放的谈话场，不仅是一种人文关怀，更是让交流深入的基础。

（二）深化信息

现场采访报道是声画同步结合、互相加强了信息的优化组合，它能在相同的报道时间中深化信息内容。视听媒介是声画一体的信息双通道，当画面能够呈现现场信息的时候，记者的采访提问需要揭示画面没有呈现的内容，否则就形成了简单的重复。从这一点来说，现场提问的信息与解说词功能相同，即揭示画面里更深层的信息。要发挥这种作用，记者就必须在采访中思考如何深化信息，不要让自己的提问流于表面。

在思辨性报道中，记者通过现场采访，让人物表达自己的思想观点，通过有针对性、有明确目标的提问，有层次地围绕主题立意层层展开。后期编辑用平行交叉剪辑手法，把有思想交锋的不同观点、心态的语言场景组接在一起，在用户心目中产生撞击，既增强客观事实报道的说服力，又以强烈反差的对比增强报道的思辨色彩。

（三）突出双向交流

好的采访是聊天式的采访，是双向交流。双向交流要求记者边问、边听、边思考，在理性与情感的交流中收集信息。双向交流的优点是互为传者，信息反馈及时迅速。记者要善于利用各种因素，积极调动起对方的"交流"心理。在有的专访中，双方毫

---

① 笔者对崔永元的访谈，1999年，科技情报所。
② 苗棣，等.美国经典电视栏目[M].北京：中国广播电视出版社，2006：110.

无交流,机械地一问一答让人感到僵硬,气氛也不够融洽。双方彼此交流讨论式的采访更能展示记者的新闻采访水平。它要求记者在确立中心后,精心提出第一个问题,在采访对象回答时认真听,然后紧跟采访对象回答的内容深入追问。交流式采访给用户的印象是记者在边听边思考中提问题,是在和采访对象进行交流。

交流式采访中更深层次的是共情采访,是记者为双方找到情感共鸣点,更进一步形成共同价值观,推动访谈进入和谐深入的层次。比如《高端访谈》,记者在采访巴基斯坦总理夏巴兹·谢里夫时,有一段双方交流:

记者:"巴基斯坦的兄弟姐妹们现在怎么样了?我知道这是破纪录的洪灾和降雨,有三分之一的国土被淹没,你们是如何应对的?"

夏巴兹:"是的,有三分之一的国土被淹没了。就在此时此刻,信德省和俾路支省部分地区的洪水仍未退去,民众面临着水媒传染病的威胁。现在冬天就要来了,在北部山区人们需要庇护所。在此紧要关头,中国再次伸出了援手,你们开通了航线,用军用飞机把物资运送到灾区,然后再通过海运,为我们受灾地区的民众送来了物资,并捐助了大量资金。不只是中国政府,中国企业、中国人民,有人告诉我甚至还有中国电视机前的孩子。"

记者:"我可以跟您分享一个真实的故事。有一个来自中国南方的14岁女孩,她将自己的大部分零花钱捐给了巴基斯坦。她说,这是因为在2008年汶川地震期间,巴基斯坦把本国所有的储备帐篷都捐赠给了地震灾民。患难见真情,她想要在巴基斯坦有困难的时候予以回馈。"

夏巴兹:"千真万确,你说了我想说的话。这就像是一个家庭,这就像是一个身体,如果身体的一部分在痛,整个身体都会感受到疼痛,这就是我们兄弟关系的真实写照。就像你所说的,患难见真情,中国一直与巴基斯坦同舟共济,这就是我们兄弟情谊最美好的体现。"

记者:"这是一种让人为之动容的关系。"

夏巴兹:"绝对让人动容,一个14岁的女学生,这是一个非常美好的故事。我相信这个故事会在社交媒体上广为传播,这充分说明了我们两国的情感纽带。我认为我们将围绕着两国之间的合作继续推进双边关系。我已经邀请习近平主席再次访问巴基斯坦,他也非常慷慨地告诉我,他愿在方便时尽早成行。"

《高端访谈｜
专访巴基斯坦
总理》二维码

记者通过精心准备的知识材料，适时与被访者形成分享交流，找到双方的共同价值点和情感共鸣点。正如记者所言，"我当时想，中巴是很友好的关系，肯定要埋一个见微知著、人性化的个体故事，总会用得上，而且我当时做功课了解，这个小姑娘在巴基斯坦还有一定的知名度，所以就决定提给总理"①。

图 10-3-1 《高端访谈｜专访巴基斯坦总理》截图

（四）激发个人感受

1. 突出个性

视听采访要着重表现人的活动，这也是由视听传播特性所决定的。报纸、广播报道需要用一定的篇幅来描写现场环境、时空特点，而视听媒介在表现人的过程中，就同时展示了环境空间与时间特征景象。人是新闻中最活跃、最生动、最有表现力的因素，通过对特定新闻人物的采访，挖掘他的内心思想，与采访对象探讨理性问题等，都是深化新闻内容的重要手法，也是展现人物个性的有效手法。

艺术家强调把握表现个性的东西是艺术的真正生命，同样，发现、捕捉、表现个性，也是视听媒介的活力、魅力所在。采访挖掘被访对象的个性化语言、个性化动作是展现人物性格的重要方法。在 2016 年巴西奥运会期间，中国游泳选手傅园慧的采访爆红网络。

---

① 笔者对中央广播电视总台 CGTN 记者王冠的访谈，2024 年 2 月。

记者:"你游了58秒95。"

傅园慧:"58秒95啊?我以为自己是59秒,我有这么快?我很满意!"

记者:"你觉得今天这个状态有所保留吗?"

傅园慧:"没有保留!我已经用了洪荒之力了!"

记者:"我们知道其实这一年你的身体状态不是很好,走到这一步非常难。现在恢复到以前的自己了吗?"

傅园慧:"这已经是历史最好成绩了,我就用了这三个月去做恢复。鬼知道我经历了什么,真的太辛苦了,我真的有时候感觉我已经要死了。我当初的训练真是生不如死!今天的比赛我已经心满意足了。"

记者:"是不是对明天决赛充满希望?"

傅园慧:"没有!我已经很满意了!"

被访对象完全不按套路走,完全出乎意料,但回答真实、有个性。这段采访和回答也对许多传统的程式化的采访提出了挑战,形成了颠覆。

2. 引发情绪

现场采访中,记者根据不同的采访任务、目的,要适当运用能引发对方兴趣、使对方兴奋起来的问题。因为兴奋能调动起思维的积极性,回忆、思考细节、情节,谈自己的感受,这样的采访展现在屏幕上也能把用户的情绪调动起来,对加强节目的情绪感染力也是很重要的。

寻找能引发情绪点的问题,关键在对采访对象有所了解的基础上,有预测、有目的地设计问题。现场采访是可视的,一旦记者的问题成功地把采访对象的情绪激发起来,可视的人物情绪就能感染用户的情绪。情绪、情感等在专题类的节目中更是不可缺少的因素。

中央电视台2017年春节场景式海采节目《家是什么:难舍的根,不解的愁》中,其中在浙江农村采访时,在外打拼多年的一位回乡者包林伟说,每年回家一到村口都不想坐车,想下车走路。

《家是什么:难舍的根,不解的愁》二维码

记者:"你走那段路的时候都在想些什么?"

包林伟:"看着,想着,闻着,这片土地的气味挺好。"

记者:"是什么味道?"

包林伟:"小时候的味道……"

短短几句话，就刻画出了这位回乡者真切的"乡愁"。记者的追问有效地与受访者形成了互动，深化了信息，在现场带出了被访者的情绪。

图 10-3-2 《家是什么：难舍的根，不解的愁》截图

3. 引发情感

《文心雕龙》有言，"夫情动而言形"，大意是人的感情激动了，就形成语言，情动于中而行于言。现场采访报道给予用户的不仅仅是对话交流信息本身，还要让用户从可视的采访中去感受、体验某些内容，包括情感。记者在现场采访不仅要挖掘到信息，出色而成功的采访还要在交代事实的同时，展现人物个性和情感，而个性和情感因素又通常是糅合在一起的。有个性的语言带有情感色彩，同样能唤起用户的情绪、兴奋点、联想及想象力，即能调动起用户喜怒哀乐等情绪的采访，都是个性化的采访，人物个性也在用户的联想、想象中展现出来。比如央视新闻《相对论｜水后的涿州书库，遇见一批又一批"救书人"》中，记者采访了一位正在打包受损图书的大姐：

《相对论：水后的涿州书库，遇见一批又一批"救书人"》二维码

记者："家里有事吗？"

书库工作人员郑大姐："嗯，养着牛。"

记者："养着牛呢？"

书库工作人员郑大姐："牛也受损了，都淹了吗。不说了，一说寒心啊，一说我就哭。"

记者："哎呀，不说了不说了不说了。那回去准备怎么计划呀接下来？"

书库工作人员郑大姐："先计划让孩子上学呀，这不孩子考上大学了吗。"

记者："哦，这是您孩子？"

书库工作人员郑大姐:"我儿子,挣点钱挣出学费呀!"

记者:"那学费有着落了吗?"

书库工作人员郑大姐:"咱能维持,我儿子可以。"

记者:"儿子可以啊?"

书库工作人员郑大姐:"可以,从来不跟人攀比。"

记者:"是吗?"

书库工作人员郑大姐:"考完试在家待四天就出去打工去。"

记者:"小伙子多帅呀你看。"

书库工作人员郑大姐:"随我了是吧?"

记者:"是吧,老帅了。"

书库工作人员郑大姐:"是吧?随我了。"

记者:"从不认命,小伙子后面写的那字。"

书库工作人员郑大姐:"没事,这点困难打不倒。"

记者:"把孩子供上大学,然后再重新开始把牛养起来是吧?"

书库工作人员郑大姐:"还得给我儿子说媳妇呢!"

记者:"还得说媳妇呢,是。"

图 10-3-3 《相对论 | 水后的涿州书库,遇见一批又一批"救书人"》截图

新闻因为当事人的情感而精彩!

信息、个性、情感是好节目必须具备的三个要素,成功的现场采访中,人物独特的语言既能讲述事实、交代必要的背景信息,也可以进一步展现人物的个性和情感。

4. 拓展思想内涵

视听媒介的形象化特点,要求记者尽量发挥画面形象的作用,而现场采访的问题应是画面表现不了的内容,特别是对人物的内心活动、思想、概念等方面的阐述。采访的语言要在对画面形象的补充深化上下功夫,用现场采访开拓报道的思想内涵。好的采访是记者与被访者的共谋,是双方的碰撞与激发让问题进入闻所未闻的深度,让思想的开掘进入前所未有的境界,这是任何单一一方都无法达成的。

(五)客观理性的提问

新闻是客观事实的报道。记者在提问时也要想到用事实说话,忌带主观色彩。提问的问题要客观,这在批评性报道的现场采访中更要注意。有的记者出于义愤,提问时往往把自己个人的感情色彩带进去,这是不符合新闻规律的。新闻要客观,谁是谁非,摆出事实,让用户去判断。

问题客观性,既要注意提问态度上的客观,忌带感情色彩,也要注意语言表达上的客观,忌带主观色彩,不要提那些让人一听就带有明显倾向性或诱导性的问题。

要做到这一点,记者必须控制自己在现场的情绪,不要被被访人带到特有的情境中,应做到任尔如何取闹,我自岿然不动的境界。有的记者,在现场被情绪化的采访对象激怒,参与到事件的争执中,失去了应有的理性与从容,这是不符合职业记者的修养与规范的。

二、辩证处理几组矛盾关系

理论触碰现实的时候,总是显得苍白与灰暗,在实际的采访中,我们往往会面临许多难以逾越的矛盾,而有些矛盾是没有单一或最终答案的,需要在现场灵活应对。如果我们能在采访之前对此有充分的认识,那么在实际操作中就会有更多腾挪的空间。

(一)处理好提问的"一次性原则"和问题重复的辩证关系

任何事物都有两面性,问题的"一次性原则"和重复并不矛盾,而是在不同采访情境中的应对方式。

采访中的一次性原则是指在采访的准备和实际操作中,一个问题只问一遍。现场采访的问题都是精心选择、有目的、有针对性的设问,所以一般情况下不提那些重复的问题。比如在访谈的前期策划中,对被访对象的预采访要特别避免所提的问题与正式采访问题相同,否则会造成被访人兴奋度降低,影响谈话质量。一般来说,可以采用转换提问方式或者旁敲侧击的方式引出记者想要知道的背景信息,抑或从被访人周围相关人物那里了解信息,在正式采访时才由主持人提出正式问题。比如《面对面》

对刘姝威的采访，记者第一次与刘姝威见面期间，在翻阅刘姝威的资料时，记者更多选择了沉默。对于记者的沉默，刘姝威有些不习惯，她问记者："你没有问题吗？"记者说："有，但我要在采访中问你，而你有一次回答的机会。"①

从另一方面说，问题的重复也同样有效，当面对被访对象回避重要问题、急需探寻事实真相的时候，记者可以重复性地追问。《问政山东》有关病死猪田间乱丢一事的报道中，在被访对象说官话、套话的时候，记者连续重复地追问，给被访对象施加压力，逼迫其为这一乱象给出合理解释以及实际的解决方案。

《病死猪田间乱丢知道吗？〈问政山东〉现场李莎八问临沂农业农村局负责人》二维码

    记者："问一下临沂农业农村局的负责同志在吗？刚才短片当中所提到说村民拨打过12345。这个事您知道吗？"

    记者："就这个事您了解吗？"

    记者："是今天刚了解的还是之前打12345的时候就知道？"

    记者："好，那我想问您，这位负责同志。在咱们这里，大片的这种死猪堆在这，这种现象您之前知道吗？"

    记者："您知道吗？"

    记者："应该知道？"

    记者："之前您知道是吗？您是怎么管理的呢？"

    记者："就是当时我们接到电话之后，其实也没有第一时间赶到现场是吗？就这个问题，其实您并不是太了解，今天刚了解是吗？"

当报道中需要通过现场采访就某一事件呈现公众态度时，常用重复的问题设问。问题的重复，即面对不同对象问同一个问题，通常用于咨询调查性节目或用在表达民意上，正因为问题是一个，那么采访对象的选择就要不同，要有不同领域、不同阶层、不同年龄段等方面的代表性。在后期编辑时，即视频发布中，记者的问题可删掉，不用出现，只要把回答者的语言组接在一起，以表示各方面公众的舆论。近年来，中央电视台在春节等重要节假日推出的海采节目《你幸福吗》《"二孩"之后》《厉害了，我的国》都是采取街头随机提问的方式，这些提问获得的回答千差万别，但多元地体现了舆论。

---

① 王志，耿志民，欧阳询. 面对《面对面》[M]. 北京：文化艺术出版社，2006：82.

（二）处理好闭合式提问与开放式提问的辩证关系

闭合式提问与开放式提问，不能简单地评价孰好孰坏，而是要记者在现场随机处理。

一般情况下，应以开放式提问为主，目的是从被访对象口中得到更多信息。在现场采访节目中，有很多自我封闭式的提问，被采访对象只能被动地回答"是""对""没有"，记者的提问未能引出更多的新信息，连新闻事实本身也交代不清。记者成了主角，被采访对象则成了配角，显然满足不了广大观众获取新信息的要求。因此，一般情况下，不提让采访对象只能回答"是"或"不是"的问题，因为这样的设问几乎毫无信息量。

话当然不能说得那么绝对，在某些情境中，这类问题有时也有存在的合理性，并不是绝对不可用。时任中央电视台记者童宁在谈到"即兴采访"时候就提道：

> 我在电视纪实节目《街谈巷议》中采访北京街头的人们，请他们对撤销林业部长职务一事发表自己的看法，我用的是一句短得不能再短的即兴采访的问话：
>
> **记者：林业部长该撤吗？**
>
> 回答非常踊跃。这是为什么？
>
> 因为这个问题非常好回答，尽管答案是千奇百怪各式各样的。被采访者的心理是：别在摄像机前出丑。你问的问题愈好回答，他就愈高兴愈兴奋愈奋勇愈勇敢愈敢说愈说愈好。这就建立了继续深入采访的默契的合作关系。对方顺利地回答了你提出的第一个问题，就有信心来回答你提出的第二个、第三个问题……这时，就要求你，一个即兴采访的记者的问话"有如连珠炮"了。当他回答了第一个简短的问题后，正是脸上表情最丰富的时候，你的第二个问题就要跟上去，不容他思想开小差，而要他集中精力回答你的问题。问题一个连着一个在脑海中浮现，提问一个跟着一个从嘴里进出，犹如排炮一般集中火力猛烈攻击要害之处。[①]

这个采访实际上是随机了解人们的态度，采用闭合式提问能迅速接近对方。而且，闭合式提问在适当情况下运用的时候，应该有相关问题跟上，才能得到有效信息。

---

① 童宁．"突发"的魔力：记者采访技巧之二［J］．电视研究，1996（8）：26-31．

（三）处理好理性、中立与情绪的辩证关系

其实，这个问题也一直是业界争论的问题。在采访中，一名职业记者应当保持理性、中立的态度，在提问时不会因为被访对象或者事件而表露自身的情绪。但是，的确在许多节目中，比如《人民日报》记者在东航 MU5735 客机坠毁核心区进行移动直播报道时数次哽咽，CNN 主播凯特因为叙利亚男孩奥兰姆的悲惨照片而哭泣，美国奥兰多枪击案连线中 CNN 记者安德森·库柏流下眼泪等，都是采访和报道中呈现了记者比较强烈的主观情绪。尤其是在移动社交传播语境下，个性化的记者提问和报道体现了越来越多的共情性。

应当说，新闻主播和记者首先是人，其次才是记者。虽然我们说新闻要客观理性，但在实际操作中，经常是比较矛盾的。记者感受现场中的人，才能感同身受，报道的新闻才有温度。我们不主张记者煽情，但在这种情况下，主播和记者的情绪可以理解，也应当得到尊重。正是这样实践中的矛盾，才让新闻采访和报道充满魅力，鲜活生动，主播和记者不是机器。①

（四）处理好"我在场"与"添乱"的辩证关系

作为记者，我们都强调新闻事件发生时"我在场"的意识，而在实际采访中会面临对现场的干扰和破坏，这样的情况在汶川大地震和日本"3·11"大地震中都得到了凸显。记者渴望在现场有个人的视角与现场救援形成了矛盾，有的时候，记者的出现妨碍了救援。《中国青年报》2011 年 3 月 16 日刊发的文章《"我在场"的使命与"记者添乱"的争论》中谈到的问题值得我们思考。我们认为在重大事件面前，媒体与记者"我在场"的意识不容否定，但是具体到现场采访报道中，记者要遵循采访报道大系统的命令，做到报道不添乱。另外，记者应该有效组织自己的采访报道方式，使效果最大化，同时将对现场的干扰减到最少。

> 记住：做有思想的耳朵，突出双向交流，让访谈在开放状态中进入更深层次。

---

① 笔者接受《传媒狐》的采访所谈，参见：张耀升. 哽咽的主播年年有 这次轮到 CNN［EB/OL］.（2016-08-13）［2024-01-20］. https://mp.weixin.qq.com/s/Q68ZUFP0SR1p-QfvMuhP6g.

第四节　现场随机采访

现场随机采访具有相当的灵活性、不确定性和挑战性，正是这种特点考验着记者的反应、组织和现场调度能力。

记者的现场采访语言应具有鲜明的目的性，即使是为避免冷场，或为联络感情的交谈式的语言也应为报道任务服务。提问交流既有既定的目的，也应有根据现场随机应变的灵活性。记者要根据采访对象情况及时调整自己的语言，特别是面对不愿吐露真实想法的采访对象，要在有准备和无准备之间流动的状态下，让对方顾不得防备而说出真实想法。问题既要有逻辑性，也应有现场切入点，从采访目的性出发及认识事物的逻辑性出发，采访语言也要求有逻辑性，围绕采访目的与采访对象的情况，从不同角度，找准现场的切入点，和对方进行交流。

一、随机采访的准备

在随机采访之前，记者应该询问自己以下几个问题，对随机采访达到的效果和目的有提前的预判。

（1）选择采访对象是否多元，街采中所选择的对象能否代表不同的视角（参照性别、年龄、职业等人口统计学指标）？

（2）采访的问题是否围绕着主题展开，层层递进？

（3）选择什么样的采访对象比较善于合作，两人成行的还是独自一人的，情侣、父子、母子等？

（4）如何接近被访者，如何陈述自己的采访目的，迅速被采访对象接纳？

（5）热场的问题怎么开始，跟进性的问题为何（由浅入深，被访者的表达会更丰富）？根据采访对象的反应有不同的问题，因人而异，边观察边提问（观察与访问同在）。

（6）记者如何把握语气、语态，既能与采访对象形成互动，又不妨碍信息的抓取？

（7）从采访对象处获取有效信息，回答是真实的吗？有个性吗？超出你的预想吗？

二、现场随机采访提问要求

具体设计问题时,从"现场"特点出发,围绕"随机"和"即兴"的采访氛围,还应注意以下几点。

(一)问题应具体

现场随机采访时间限度决定了不宜提大问题,应提具体的问题,使采访对象能直截了当、简短扼要地答复。像"您当时是怎么想的""您感觉如何"等笼统的问题,结果只能使采访对象抓不住问题的要点而作泛泛的或者言不由衷的回答。这些笼统的大问题会给观众造成记者无知的印象。

布雷迪在《采访技巧》中也尖锐地剖析了"您感觉如何"等问题的弊端,认为这些提问"实际上在信息获取上等于原地踏步,它使采访对象没法回答,除非用含糊不清或枯燥无味的话来应付"①。比如对一名乒乓球运动员刚刚夺得世界冠军后的采访,像"拿了世界冠军后你有什么感想"或"你的体会是什么"这样老套的提问就缺乏针对性,由于问题太过空泛,采访对象也不好回答,很可能讲出一大堆与比赛无关的话。相反,应换成具体一点的问题,如:"今天的比赛你在大比分2∶3落后的情况下,及时采取了怎样的战术又重新掌握了比赛的主动?"

作为记者,应该尽量不问空泛的问题。"你有什么感想""你印象如何"……早期电视屏幕充斥着这类空泛无指向的问题,被新闻界同行作为电视记者不会采访只会拍摄的例证,也让观众感受到电视的肤浅。现在这样的问题越来越少了,这也从一个侧面显示出我国视听报道记者的成长、成熟。中央电视台原记者、主持人敬一丹曾说:"从干这行儿,我就给自己一个约束,采访时不许问'请问您有什么感想?'"她举了这样一个典型的例子:"那次去沙漠边缘采访一户三世同堂的人家,沙丘已逼向墙角,我想了解荒漠化对这家人的影响,也就是这家人面对沙漠的'感想',可怎么能问得巧一点?我从孩子的名字切入,说:'出门就是沙,进门也是沙,就叫沙沙。'这大概比一般的说法'沙漠影响了一代又一代'要形象多了。"②业精于勤,勤于思考,采访设问必有长足进步。

---

① 布雷迪.采访技巧[M].范东生,王志兴,译.北京:新华出版社,1986:92.
② 敬一丹.给自己一个约束[J].电视研究,1997(2):50-51.

当然，万事无绝对，像"你是怎么想的""你有什么感想"可以在采访中根据语境适时提出，以获得对方的思想和感受之类的信息。在有的情况下，这类问题往往能引出被访者的许多信息，或者从其描述中再延伸出新的问题。

总体而言，不打无准备之仗，不问空泛的问题应该成为记者的追求，尽量从一个具体问题着手，往往能获得意想不到的效果。

（二）问题应简短

在随机采访、伴随式采访、行动采访中，时间短促，采访对象往往没有太多准备。因此，问题本身要简短些，要让采访对象和用户第一时间就能听明白。过长的问题会使对方听了后面忘了前面，抓不住问题的核心，不能给出准确的答复。即使是在问题中交代背景材料，也要尽量扼要。在用词表意上，要善于把背景交代与问题本身分开，也不要提那些合二为一的问题，要具体地一个一个问。问题过长，记者自己滔滔不绝地讲，也易造成"卖弄"的印象！而采访对象在夸夸而谈的记者面前会感到被冷落而不知所措。

有的记者在提问时，常常有很长的铺垫。比如："你是全国劳动模范、青年企业家、政协委员、新长征突击手……请你谈谈对当前经济形势的看法好吗？"诸如此类的提问，切忌用在随机采访中。

例如，《"二孩"之后》的记者在上海外滩随机采访街头游客：

> 记者："那二胎政策放开，有没有考虑（生二胎）？"
> 游客："可以，这事可以，我觉得身体也行，整一个。"
> 记者："有没有考虑过有压力，两个宝宝？"
> 游客："有点儿压力，但这事儿，毕竟是男人嘛，这事儿得扛住啊。"
> 记者："就是扛住是吗，那你爱人会不会也有这个想法？"
> 游客："做工作。"
> 记者："那包不包括要做这个大孩儿的工作呢？"
> 游客："大孩儿的工作啊，大孩儿的工作也得做。毕竟想法很多，现在小孩儿啊。"
> 记者："哪个方面的工作？"
> 游客："能接受一个家庭能有多个孩子。"

记者在街头随机即兴采访游客，边走边采，问题具体简短，游客的回答极具个性，真实而生动。

（三）问题应是新闻的重点

现场采访时间有限，因此问题要少而精，应选择新闻报道的重点，以及用户最关心的问题。我们往往在前期准备时，要做发散性的问题准备，想到尽可能多的角度，但是在具体提问时，就要收回来，围绕主要的方向，聚焦主题进行有针对性的提问。这样获取的采访，才会有的放矢，有递进性，有深度，而不是浅尝辄止地做表面文章。比如，2023年11月初，在美国加州州长凯文·纽森访华期间的记者发布会上，许多外媒记者老调重弹，鼓噪和炒作"中美脱钩""零和博弈"等问题，对两国民间的传统友好、密切经贸往来、广泛共同利益避而不谈。中央广播电视总台CGTN记者问出了一个关键问题："现在有一种论调，说中美关系正走向'零和博弈'，对此您怎么看？"纽森回答道："中国越成功，世界越成功。""有人从'稀缺性'的角度看待这个世界，（也就是）零和博弈；我不这样，我从一种'富足'的角度来看待世界。"这段采访在国内外社交平台上被大量转载，体现了中国记者直击核心问题、获得广泛影响力的能力。[①]

三、现场随机采访的注意要领

随机采访对记者的知识经验积累、现场反应和采访技巧的把握都有较高的要求，主要体现在镜头意识和全感采访的技能把握上。

（一）记者要有镜头意识

所谓镜头意识，第二章中已经有较为详细的陈述，这里主要从访谈的角度强调。镜头意识是指记者在采访报道中，要始终意识到自己的采访是在摄像机前的采访，由此考虑镜头的拍摄位置以及镜头里可能出现的内容。

1. 照顾摄像师的拍摄

（1）要善于引导采访区域进入摄像师的镜头，并且为摄像师抓取最好的角度提供便利。比如，记者意识到被访人的站位和角度不利于摄像师抓取其正面形象时，要及时调整采访方位，使其给镜头一个舒服的角度。

[①] 董雪. 我在现场 | 中国记者犀利提问！海外网友：问得好［EB/OL］.（2023-12-06）［2024-01-24］. https：//mp.weixin.qq.com/s/L5hdNRNesR-i4CDP8XGw_Q.

（2）一些关键性的细节要保证摄像师能够充分调整镜头抓拍到。当镜头呈现的内容由于光线或其他原因不完整时，记者要善于在现场去强化和补充这些细节，从而使采访提问内容与镜头内容形成呼应。

（3）在一些危险的情况下，要善于保护、引导摄像师，充当其"第三只眼"，因为此时摄像师的注意力主要放在寻像器上。

2. 深化镜头的内容

好的现场采访是记者的提问与镜头的拍摄密切配合的，记者既要注意采访提问与镜头里拍摄的内容相配合，也要不断深化镜头的内容。观众与现场记者的区别在于两者掌握的"信源"不同，如果信源重叠就没有必要设置前方记者了。记者的现场采访应该超越视觉和表象，向更深层次发展。这样，出镜采访的作用才能得到充分体现。记者要善于思考，让观众既通过摄像机镜头看到现场，也能透过镜头里的现场把握更深层次的东西。这就要求记者不能见画面说画面，而是善于挖掘镜头之外的信息，要充分调动自己的各种感官为观众带来视觉之外的人性化的感受。

《高端访谈｜专访印度尼西亚总统佐科》

3. 从现场信息切入采访与报道

这一方式与上文并不矛盾，而是问题的两面，互为辩证。一方面，我们强调记者的采访信息不能与镜头重复。另一方面，我们要注意根据现场的信息切入提问和交流。这是看菜吃饭、就地取材的最好方式，能形成良好的交流氛围。比如《高端访谈》记者采访印度尼西亚总统佐科：

主持人："总统先生，我们再来聊一下您个人。我也看了您以前接受的很多采访，您大多数时候都穿着运动鞋，这是为什么呢？"

佐科："因为这双鞋是印尼国产的，价格也便宜。折合多少美元呢？28美元。我很推荐印尼小企业的产品。"

主持人："中国有很强的消费能力，我觉得您展示的运动鞋会吸引不少中国观众。您在社交媒体上也非常活跃，除了分享您的工作、愿景，您还分享自己的个人生活。例如泡草药茶、唱歌、跳舞、照看孙子孙女。顺便说一句，他们真的很可爱。目前有数千万中国观众正在收看我们的节目。您最想向中国观众展示些什么呢？"

佐科："是的，我希望人们能从各个方面更多地了解我，了解我真实的样子。不仅是我作为总统的样子，也是我作为一个父亲、丈夫和祖父的样子。我想为中国的网友们送上诚挚的问候，希望以后你们可以来印尼畅游巴厘岛和万鸦老,感受印尼的美和人们的热情。关于草药茶,我早上总是习惯喝点姜黄和生姜制成的饮品。每天早上都在坚持,这是我为了保持健康从20多年前开始就一直在做的事情。"

这些问题本来已经准备好了,但是借现场场景提出,具有很强的现场感和镜头感。

图 10-4-1 《高端访谈丨专访印度尼西亚总统佐科》截图

在《权威访谈丨张扬对话黄伟芬:星辰有梦,不负使命》中,访谈进行到一半,黄伟芬的助手突然闯进来提出要签字,使采访中断。面对这一突发情况,记者随机向黄总提出问题:

记者:"黄总,这个是签的什么字啊?"
黄伟芬:"就是那个发射任务书。每次任务发射前,我们各个系统的总师还有指挥都要在这个发射任务书上签字……我们航天员也准备好了,航天系统的产品各方面都准备好了。"

《权威访谈丨张扬对话黄伟芬:星辰有梦,不负使命》二维码

这个访谈段落本是采访中的一个幕后插曲,但在全媒体语境下,被呈现在用户面前,记者就突发情况的随机提问,反而把采访的偶然性变成一个生动展现航天发射场和航天人的场景。

图 10-4-2 《权威访谈丨张扬对话黄伟芬:星辰有梦,不负使命》截图

（二）运用全感采访

全感采访是指记者在采访时，运用视觉、听觉、触觉、嗅觉、味觉等所有的感觉器官，获得对事物全面的感性印象，并将多种感觉综合为对事物整体的质的认识。全感采访是采访中由感性到理性的过程，通过所有的感性印象，确定它们之间的内在联系，从而综合为一个整体。所以全感采访是形象思维和逻辑思维的结合，是从感觉、感性认识开始，最终归结到理性认识上。

正如"明月别枝惊鹊，清风半夜鸣蝉，稻花香里说丰年，听取蛙声一片"（《西江月·夜行黄沙道中》），词作者辛弃疾从视觉、听觉、嗅觉各方面书写了恬静如画的山村。全感采访，最早也是文字记者提出来的，为使新闻报道写得活灵活现、生动、鲜活，记者要在采访时把所有的感觉器官都调动起来，不仅用眼看，用语言问，还可用手触摸，用鼻子闻，用舌尝味，通过记者的感受，描写事实，形成对事物的认识。视听采访具有形象传播的优势，记者先在新闻事件现场有意识、有目的地运用全感采访，使报道更具有现场感、好看且更可信，因为它传递的都是记者自己感官所得到的第一手材料。

经典电视报道《收棉时节访棉区》里有一段极为精彩的全感采访，《收棉时节访棉区》是《焦点访谈》中的一则调查性报道。1996年，我国已实行社会主义市场经济，粮食、蔬菜等大部分农副产品价格都已放开。但由于种种原因，棉花收购还没完全进入市场，由国家统一定价收购，社会上也就因此产生了不遵守国家法令、擅自抬高价格收购棉花的现象。在棉花收购季节将临之际，为从舆论导向上协助政府做好棉花收购工作，《焦点访谈》派记者到我国棉花收购大省湖北省进行采访，报道了一些棉花收购站秩序井然、棉农反映良好的现象，也报道了存在违法收购的现象。襄樊县朱集镇棉花加工厂在此前一年以代农加工的名义违法收购棉花，曾受到国务院有关部门通报批评。记者采访中得知今年他们依然在违法收购，于是前去采访。这个厂子是镇政府办的，有人向记者告知真实情况，也有人通报镇领导。得知中央台记者要前来采访，镇政府即下令工厂关门，让工人立即整理现场。当记者前去采访时，工厂大门紧闭。采访就从大门处开始，记者问开门的工人这里是否在收购棉花，一个说不知道，一个说没收。在记者的追问下，工人又说收过。调查伊始就产生了悬念。在后面的采访中，记者巧妙地运用了全感采访——触觉：记者按常规到厂干部办公室，办公室内空无一人，但桌上有衣服、茶杯，记者摸茶杯，还有温度，于是对观众说："茶杯余温尚在，看来主人刚刚离去。"嗅觉：记者来到车间，车间里也空无一人，记者凭自己的鼻子闻到的气味说："空气中弥漫着尘土味，看来这里刚刚打扫不久。"视觉：镜头随着采访记者的问话运动起来，只见院子里的人能躲的躲，躲不掉了就坐在台阶上。记者指着来往躲避的人，问一个坐在地上的人："你们是这个厂子的？"坐在高处的人回答说是来玩的。那么，这个呢？这个呢？回答说都是来玩的。更精彩的是当记者询问一位女工，对方回答说"家里没事，来这里玩的"，摄像师的镜头已经推到她的头发上，特写展示她头发上沾着的棉花。记者又追问一个身上沾满棉花的人："你的身上怎么都是棉花？"对方支支吾吾，走开了。

听、问、看、摸、闻等各种感觉调动起来的信息呈现给观众一个鲜活而立体的现场，这里到底有没有收购棉花，观众心中已经有了判断。

全感采访的现场动态展示，让用户的认知随着记者对现场事物的感性认识上升为理性判断。它展现的是第一手材料，采访调查的过程，结论由用户自己得出，使调查报道更可信，更生动。比如，在东航坠机现场直播中，记者通过结合自己直观的触觉、嗅觉、听觉来展示坠机现场的气温较高，穿着防护服的救援人员工作非常艰辛，也使得用户对坠机现场有了更直观的了解。

> 记者："而且我要特别说，今天的天气呢，比着前两天可能有些变化。前两天是降雨，我们很多人看我们的直播觉得哎呀，在雨中搜索真的特别难，觉得我们的这些搜救真的很辛苦。但我要告诉大家，今天虽然雨停了，此时此刻，我以我的切身感受告诉大家，当他们身穿这样的防护服在现场进行搜寻工作时，其实难度更大，或者说要经受的考验更大。因为大家可以理解啊，在目前雨停之后，我查了一下气温，目前这个核心区的室外温度呢，大概在20度以上。而且大家仔细听，在这个山林中能听到蝉鸣声吗？所以这个蝉鸣声就意味着现在当地这个季节有点要入夏的感觉，也就意味着现在这里的气温，今天最高气温预报是会达到28度。大家可以想象，在这样一个相对高温的环境下，大家穿着密不透风的防护服，然后要在这里进行非常重体力的这样的搜寻工作，应该说是非常难的。"

（三）明知故问

有的时候，记者实际上已经知道或者揣摩出了问题的答案，但还是要向被访者提出问题，让他们面对镜头回答。在《问政山东》中，记者在对运输厅厅长的采访中提问："权力下放之后反而效率更低，您认为这件事符合权力下放的初衷吗？"本意就是让厅长面对镜头回答问题，给观众一个合理的解释和交代。

> 记者："好，那接下来我们来问一下江厅长。江厅长您看，短片当中呢大车司机也提到了，说原本以为这个权力下放了之后应该是办得更快了。但是呢现在看根本就办不出来。那您觉得这是咱们的这个审批权下放的初衷吗？"
>
> 江厅长："那肯定不是审批权下放的初衷，下放这个超限运输车辆行驶公路的许可权限是为了更快更好，让群众更满意，从片子上反映的问题来看，这一点还没有做到。"

在一般性采访中，让被访对象对着镜头（实际上是对着用户陈述），这样的方式使节目富有人际交流的情感。比如前文提到的"钱凤鸣老人36年的凤凰自行车"，记者在采访前就已经知道这辆车的历史年龄了，但是在采访中仍然问钱凤鸣：

> 记者："你这车骑了多少年了？"
> 钱凤鸣："36年了。"
> 记者："大概是？"
> 钱凤鸣："1963年3月份买的，待会儿你看看发票就知道了。"

这段记者的明知故问实际上是通过钱凤鸣亲自向观众讲述她的自行车的历史，这样不仅使叙事完整，而且能在交流中牵带出钱老的情感因素。

在调查性采访中，记者可以采用明知故问的手法获得证据，从而与其后面采访到的内容形成印证。比如在中央电视台《焦点访谈》的《追踪陈化粮》一期节目中，记者采访吉林省万顺华饲料有限公司工作人员的提问：

> 记者："这车拉的都是什么粮？"
> 工作人员："都是陈化粮，都是拉去加工饲料的。"
> 记者："都是拉去加工饲料的？"
> 工作人员："对、对、对。马上就要拉走了。"
> 记者："你能确定肯定是加工饲料的吗？"
> 工作人员："百分之百。"

记者:"拉给哪个厂?"

工作人员:"合心加工厂。"

其实在这段采访前,记者心里已经清楚对方的陈化粮的用途,但是在现场仍然用明知故问的方式让工作人员作假的行为在镜头前暴露出来,从而为下文做好铺垫准备。记者在这段采访后赶到合心饲料厂采访,得到的信息是,这个厂已经两年不生产饲料了。而陈化粮实际上被运到了沈阳的辽中县星晨粮谷加工厂,加工成了大米。这样的采访和印证使证据真实可信。

(四)同类替换

另外,记者还要注意问题的同类替换,潜台词就是"换言之"。你提问的时候如果意识到对方对问题不理解或者不懂,要适时地转换表达语言,重新组织问题。如果你的问题太宽泛,则要举例说明。如果问题太抽象,则使之具体一点。《面对面》采访龙芯总设计师胡伟武时,问题提及芯片设计软件受国外"卡脖子",胡伟武冒险决定研发自己的芯片指令系统,但是半途更换指令系统是十分危险的。记者认为这么说过于抽象,于是立刻进一步阐释"相当于把地基都拔了",引导被采访者具体地解释中途换指令系统的风险。

《面对面|胡伟武:研制自己的芯片》二维码

胡伟武:"当时我就觉得要做自己的智能系统,但对龙芯这样的企业有可能是颠覆性的。"

记者:"那时候会想到最坏的结果吗?"

胡伟武:"那如果搞不成了,那就死了呀。一个企业换指令系统,那是风险很大很大很大的。"

记者:"相当于把地基都拔了。"

胡伟武:"对,地基拔了,因为你想,所有的软件浏览器是基于操作系统的。都得重新做,我们要做生态,这个非常难。"

> 记住:随机采访的提问交流既有既定的目的,也应有根据现场随机应变的灵活性。问题既要有逻辑性,也应有现场切入点,从采访目的性及认识事物的逻辑性出发。

第五节　人物专访

视听传播史上那些杰出的访谈者，如白岩松、崔永元、王志、杨澜、窦文涛、默罗、华莱士、拉里金、奥帕拉、安东尼·博登，他们的访谈充满着个性、渗透着思想、蕴含着力量。最关键的是，他们不仅是访谈引领的专家，更是好奇的倾听者。在这个过程中，他们不仅获得了信息的深度，也形成了自己的风格。随着互联网全媒体时代的到来，人物访谈也出现了很大变革，访谈节奏加快、多平台分发、矩阵传播等适应移动化、碎片化、全媒体语境的运作，也催生了许知远、张扬、邹韵等新时期的专业访谈者。

在现场采访中，人物专访是有准备的访谈，它的魅力在于采访者与被访者在相对稳定的语境中进行一次思想的碰撞与交流。因此，专访的深度、广度远远超过随机采访，由于在形式上是相对稳定的访谈，其更注重在访谈交流本身上做文章，在问题设计、言语方式、信息层次上形成重点。

一、全媒体语境下的专访之变

为适应移动社交传播语境，传统的广播、电视访谈在访谈时长、交流节奏、核心内容、传播平台和渠道等方面进行了相应的变革，以适应用户兴趣和平台的迁移。

（一）全媒体传播

人物专访深入、体量大、时间长，适合在传统电视端播放，而在移动社交传播语境下，针对社交平台的短视频传播形态，要进行话题拆分、主题放大，以适应不同的社交平台传播。比如，《权威访谈｜张扬对话王亚平：重返太空的183天》制作了集合视频、图文等多种表现形式的融媒体产品矩阵，适应抖音、微博等社交平台，多元呈现采访中的精彩瞬间。

（二）快节奏叙述

移动社交传播具有短、快、活、新的特点，因此，人物专访也要按照短视频时长进行相应调整，而在叙述、剪辑和场景转换等节奏上也更加强调明快，相对灵活。比如上文提到的新华社"张扬访谈系列",在场景转换、镜头运动剪辑、话语转换等方面倾向于适应年轻人的审美习惯和移动社交传播场景。

(三)周边信息呈现

相较于传播媒介的封闭性,新媒体的人物专访更呈现出开放性,主题和信息点选取相对灵活,兼顾互联网的兴趣点和情绪点,传媒电视访谈弃之不用的准备、寒暄等相对松弛的段落恰恰是互联网用户感兴趣的槽点。比如《白·问》中记者采访阿根廷球员梅西的开篇,在为梅西装随身话筒、调试话筒的过程中,记者与梅西展开了交流。而在《权威访谈 | 张扬对话黄伟芬:星辰有梦,不负使命》中,工作人员闯入谈话现场打断访谈,找黄伟芬签字的段落也被很好地呈现在访谈中,让人们看到了发射中心更多的日常,形成了一个突发的揭秘段落。

图 10-5-1 《白·问 | 记者采访梅西》开篇

(四)交互语境

互联网"连接"的本质将用户引入访谈的场景,从而推动访谈与用户的交互,促进访谈的空间开放与场景拓展。尤其是把人物访谈与移动直播联系起来,让访谈更贴近用户的需求,将是未来实践探索的趋势。

二、人物专访把握的重点

同其他访谈相比,人物专访方法有共通性,也有自身的特殊性,需要我们融会贯通,在实际采访中灵活运用。

（一）人物专访的基础

对于一般性采访准备，本书第二章中已经有详细介绍，人物专访准备除了前文提到的要求以外，由于是专项、深入的访谈，其准备至少应该从以下几点着手。

1. 找准自己所在媒体与被访人在价值观、采访诉求上的契合点，形成共情共鸣

无论是为了探求事实真相还是进行思想和观点的采访，在准备时要明确自己代表的媒体与被访人在利益诉求上有什么契合点，对方为什么能接受自己的采访。比如，对方想通过他信任的媒体发声，想与他价值观相契合的媒体进行沟通。

2. 对采访对象做深入研究

从不同信源、与被访人相关的不同对象了解采访对象的详细信息，尽量获取独家信息，这个过程也是使访谈深入的过程。《人物》杂志要求每篇采访稿必须做到千字一个信源，一篇 8000 字的深度报道中，必须出现 8 个信源，而且这些信源不能是同质化的。这样能保证有足够的独家信息而不是媒体上多次报道的信息去提问。①

3. 有耐心与被访人物沟通交流

在时间允许的情况下，有足够的耐心等待被访人物对你及你所代表的媒体进行审视，有足够的耐心与对方积极地沟通和交流，每一次磨合都能激发碰撞出新的信息。

具备这些基础后，你就可以出发了。

（二）重视开场、创造谈话基础

"在人类的舞台上，上演着许多互动的戏，而你正是这无尽演员中的一位……无论你的回答是什么，它们都有一个重要的共同因素，你必须面对四分钟防线，这是关系建立或再进一步时，接触一开始时的短暂片刻。"② 记者在与被访人初次见面的最初几分钟内如何打破坚冰将决定整个采访怎样进行下去。在这几分钟内，采访对象在判断你：你是否有诚意，是否值得信赖，是否有能力处理我提供给你的信息，并且如愿地写出有关我的情况？正如中央广播电视总台 CGTN 记者王冠所言："记者/主持人一定先要放松下来。利用正式开机前调整麦克风或者穿戴同传设备的宝贵 5 分钟左右时间同被访人进行'暖场寒暄'，找一些记者/主持人有感而发、对方也真正感兴趣的提问。比如我问普京，在奥利弗·斯通的纪录片里，您说您是 61 岁把滑冰和冰球同时学

---

① 《人物》编辑部. 真正有关人性的故事是如何浮出水面的 [EB/OL]. (2019-01-01) [2024-01-25]. https://zhuanlan.zhihu.com/p/113522433.
② 林纳特·苏宁, 纳塔莉·苏宁. 人际关系的奥秘：最初四分钟接触 [M]. 金小萌, 杨健, 译. 北京：作家出版社, 1989：1-2.

会的，现在日理万机，情势复杂，还有时间健身吗？普京侃侃而谈，说在健身中才能获得'真正的休息'，健身是手段，不是目的，健身是达到更大目标的一种手段，健身后的身心舒展可以更聚焦更重要的事情。"①

好的开始是成功的一半，记者在专访中的开场问题是敲门砖、试金石。我们先来看《60分钟》的主持人迈克·华莱士对邓小平的采访开头。华莱士在采访邓小平时，首先以漫谈的方式同邓小平进行交流，巧妙地表露了他的意图。

华莱士："我把今天同你的交谈看成一次非常难得的机会。因为像你这样的人物，我们记者不大容易得到专访的机会。"

邓小平："我是一个普普通通的人。"

华莱士："我希望我们在一起的一个小时对你是有趣的。"

邓小平："我这个人讲话比较随便。因为我讲的都是我愿意说的，也都是真实的。我要我们国内提倡少讲空话。"

华莱士："你有没有接受过一对一的电视采访？"

邓小平："电视记者还没有。与外国记者谈得比较多的是意大利的法拉奇。"

华莱士："我读了那篇谈话，感到非常有趣。法拉奇问了你不少很难回答的问题。"

邓小平："她考了我。我不知道她给我打多少分。她是一个很难对付的人。基辛格告诉我，他被她剋了一顿。"

华莱士："是的。我采访过法拉奇。但我也问了一些她很难回答的问题。"

这段采访中三言两语的对话，至少表明了华莱士的四个意图：第一句对话表明了他对此次专访的重视。老练的华莱士深知只有在访问对象确认记者满怀诚意并非常重视访问的情况下，记者才能得到对方的信任，进而达成双向合作。第二句对话道出他素以硬性采访著称，对美国政界首脑经常进行咄咄逼人的提问。第三句对话显示他的专访对邓小平是开创性的第一次电视一对一专访，这在某种程度上提高了此次专访的新闻价值。而后的对话用意在于引起邓小平对他本人的重视，因为他曾向难以对付的法拉奇提出过难以回答的问题，说明他也不是等闲之辈。这段对话案例充分证实了记者在提问过程中发挥创造力的作用。虽然华莱士采取的是漫谈方式，但每句话都是有

---

① 笔者对中央广播电视总台 CGTN 记者王冠的访谈，2024 年 2 月。

意图的。采访也是人情的交往，是人性的揣摩。

对于记者而言，好的提问技巧应该达到这样一个标准，即能够积极主动地为实现特定目的进行创造，开场尤其重要。当然，在实际操作中，现场访谈的开始未必是节目的真正开场，但无论怎样，记者都应该在专访开场有特别设计和准备。比如，在访谈开始，适当地赠送对方一件小礼物，这个礼物与双方都有密切的联系，而且与本次访谈有一定的关联。"前几个问题设计的主要考量是：打开对方话匣子、让对方放松下来，且契合专访的场合和主题。不能太软，比如'您今天累吗''您西装领带看上去不错'，也不能太硬，比如'您如何看待中国式现代化'。"①

记者在专访中要善于热场，要善于组织一个好的开场。好的开场应该透露出这样的信息：

1. 显示记者和用户对这次访谈的关注和重视

《白岩松专访世界气象组织秘书长》二维码

记者可以从最有价值的新闻点出发提问，应当说，所有人物专访都是有新闻由头的，为什么在此时采访他（她），一定是用户关注的热点使然，所以从新闻性出发，是结构专访开篇的最直接的提问方式。比如，2023 年 7 月，白岩松采访世界气象组织秘书长彼得里·塔拉斯。世界气象组织发布的数据显示，当年 6 月，是有记录以来最热的 6 月，全球平均海面温度也创历史新高。因此，记者的第一个问题便是：

记者："秘书长先生，很高兴您接受我们的采访，谢谢您。我知道您在芬兰，很羡慕，那里应该很凉爽，但您是否也感觉芬兰比过去更热了？"

彼得里·塔拉斯："是的，全球气温正在上升，因为在过去一个世纪中，我们一直在大量使用化石燃料，因此我们逐渐看到了气候变化的影响。而这些影响也逐年越来越明显。"

记者："您知道，在 6 月份的时候，北京曾经有连续 3 天气温超过了 40 度，这在过去从来没有过，而在 7 月份的时候，又不断出现了 40 度以上的高温，这是偶然的吗？从全球的角度来看是什么样的？"

彼得里·塔拉斯："全球范围热浪出现的次数越来越频繁，去年夏天，中国经历了史上最高温，而今年夏天，中国南部和西北部地区也出现了历史高温天气，目前，中欧、南欧以及北美部分地区正在经历非常剧烈的热浪天气。"

---

① 笔者对中央广播电视总台 CGTN 记者王冠的访谈，2024 年 2 月。

一开场，记者用中国用户最关心的热点问题提问，这是一个事实性的访谈，目的是回答用户对天气变化的疑惑。

2. 创造良好氛围，激发被访者谈话的热情和欲望

中国古语说，"酒逢知己千杯少，话不投机半句多"。一般情况下，在专访现场，记者首先应以创造性的开场引起被访者谈话的兴趣，使双方的交流顺利推进。比如《白·问》中记者采访梅西，开篇交流时，记者这样说道：

> 记者："很高兴隔了六年又见面了，但是六年前，我记得采访您的时候，是阿根廷三个亚军，还比较难过，但这回您是带着三个冠军来的。"
>
> "（正式）首先我要非常非常地同情你，因为来北京来中国七次了都不能走出酒店，真的非常难。会不会心情不太好，因为想去看看都没法看。"

记者通过回忆之前的采访经历，勾起被访人的记忆，又用三个冠军的傲人成绩对比六年前的境遇，今昔对比更使被访人产生兴奋之感，梅西甚至起身与记者进行了击掌庆贺，一下子就营造了谈话的氛围。正如记者所言："因为我六年前采访过他，他身边的人特意告诉我，他还记得，所以交流就比较无障碍。"[①] 这样的无障碍更源于记者对开场问题的精心设计。

3. 证明记者对这次访谈有充分的准备

访谈是在双方信息平等基础上的交流，被访对象抽出半个小时甚至更长时间接受访问，不是想喋喋不休地讲述那些基础的信息。尤其是名人、政治人物这样一些忙里偷闲，而又很难接受采访的对象。如果对方意识到记者本人对自己没有足够的信息了解，没有足够的资料准备，就会产生轻视、排斥的心理。因此，记者有把握的技巧就是在提问中暗示自己为这次采访做了精心的准备。英国《卫报》记者 Lynn Barber 曾就名人专访说过："做好功课，带着充分的准备与好奇心前往。一开始就提出详尽的问题，去证明你对他所知甚详，也提醒他，你期待他以努力回答你的问题。"比如中央广播电视总台《高端访谈》专访印度尼西亚总统佐科：

> 记者："亲爱的总统先生，感谢您接受我们的采访。现在已经很晚了，但

---

① 白岩松. 白说世界杯［EB/OL］.（2023-06-16）［2024-01-25］.https://www.toutiao.com/w/1768871089905676/?log_from=09879400101dc_1714977835610.

您还是神采奕奕,您今天已经工作了很长时间。当印尼总统是不是很难?是不是总这么忙?"

佐科:"是的。印尼是一个群岛国家,我们有17000个岛屿,514个市县,37个省,714个部族以及1300种地方语言。因此无论谁成为印尼总统,都必须访遍这514个市县和17000个岛屿上生活的民众,否则他们可能会因为散居各地,而感受不到总统的存在。"

记者:"我们这次来到了美丽的巴厘岛,很多当地人告诉我们,您会到乡间考察,解决当地人面临的问题,了解他们的需要。您的治国哲学是什么呢?"

佐科:"我的政治生涯起步于连续两届担任(梭罗)市长,随后担任了(雅加达地区)省长,此后又连任印尼总统。的确从担任市长以来,我就一直坚持走进民众,贫民区、河沟边都留下了我的足迹。担任省长和总统期间也是一样,我会到地方、农村、河岸边视察,一直想跟民众直接交流,因为那些地方才是问题切实存在的地方,是问题的起点,也是我们制定相关政策的灵感之源。"

面对一国政治领导人,记者从接触总统的日常开始提问,引出总统治国理政的担当,从微观到宏观,从具体到抽象,点面结合。而且记者从提及事先与当地人的交流,进而引出了一个比较抽象的问题——"您的治国哲学是什么",这不仅让被访人更能够理解问题,也体现了记者对总统有所了解,是有备而来的。

记者有充分准备还意味着不问被访对象老掉牙的问题,尤其是对于一些接受过无数采访的名人而言,他们往往已经对不同记者讲述了自己发家、奋斗、跌倒、爬起的历史。如果记者的开场还是那些看似有故事实则无新意的陈年往事,那跟谋杀对方的生命没有什么不同。

4. 暗示此次访谈的目的

《高端访谈|独家专访俄罗斯总统普京》二维码

此次采访针对何种由头?为什么选择这位被访对象?是信息采访,还是个性采访?是思想交流,还是挖掘故事?记者在问题中都可以暗示此次访谈的目的。当然在实际操作中,这样的信息有的时候在访谈前的沟通中已经传达给对方。这样的做法可以让对方对此次访谈有较为清晰的认识和良好的准备。《高端访谈》中,记者在采访俄罗斯总统普京时,提的第一个问题就指出了本次访谈所聚焦的核心问题,即中俄关系发展对世界局势稳定的重要意义，暗示了在当前世界局势的背景下，中俄要继续保持高水平的友好关系。

记者："尊敬的普京总统，感谢您接受中央广播电视总台的专访，今年三月的中俄联合声明说，中国和俄罗斯的关系已经达到了历史的最高水平，最近您在瓦尔代会议上说'俄罗斯和中国的合作对于稳定世界至关重要'，您能详细地阐释一下您对目前中俄关系的定位，以及对未来发展的愿景吗？"

普京："当你提到俄中关系，我立刻想到，两国关系，不是在当今国际形势下形成的，也不是当前世界政治局势下的权宜之计，两国关系是20年来悉心经营、稳定发展的成果。每一步都是基于两国自身利益，这是双方的共识……"

图 10-5-2 《高端访谈 | 独家专访俄罗斯总统普京》截图

（三）善于梳理、总结、提炼对方的想法与观点，为用户指明方向

在访谈中，被访者的语言千差万别，其很多内心想法和观点可能隐藏在具象的叙述中。记者应该适时地做一个提炼者、引领者，从被访者感性的表述中提炼出具体的观点，从而有助于用户理解，同时也把访谈引向一个比较明晰的方向。比如《面对面》采访凤凰卫视原新闻主播刘海若的母亲黄庆中的段落。刘海若在英国旅游时遭遇列车脱轨事件，受了重伤。在英国一家医院里，其母亲黄庆中与医院就是否为刘海若做脑干测试，检查她是否脑死亡产生了严重分歧。

记者:"那你为什么就不愿意让他们做脑干测试?"

黄庆中:"我觉得拔掉管子,可能我女儿就没命了,因为她太弱了,所有帮助她的东西统统拔掉了,她怎么活,这是我一个很直觉的反应,我觉得她不应该那么快拔,应该再过几天,等我女儿养一段时间,才能够拔。"

记者:"这个时候可能是不是一种亲情让你产生……"

黄庆中:"我也不知道,我那个时候就是这样子,我这个人平常一向马马虎虎的,那个时候我想到我女儿的性命比什么都重要。但是我告诉你,更可笑的事在这里。好像是第二天吧,突然来了一个医生,是一个印度人,就来跟我大女儿讲,说要给海若缝肚子,你们相不相信,在那个时候,她的肚子没有缝,我们都不知道,只在那儿争论要不要做脑子测试,因为她盖着东西,我们都没有看到她的肚子都没有缝。"

记者:"你不相信他们?"

黄庆中:"我没有讲出来,我心里是这么想的。"

《面对面｜周深：向光而行》二维码

通过聆听黄庆中的叙述,记者敏锐地把握住了黄庆中当时的不信任心态,把它点透,从而使观众更好地理解当时的事态性质。当记者体现出这种准确把握采访对象内心感受的提问水平时,被访对象与记者就能拥有交流的默契。在中央广播电视总台《面对面》节目中,记者采访周深时问道:

记者:"人们会把歌声划分年龄、性别、经历,以及大牌抑或不大牌,是不是从你内心深处,你特别希望,打破歌声本身的标签?"

周深:"是的,哇,谢谢王宁老师,我很想做这个事情。"

周深:"我觉得就是一个人唱歌,不要有那么多好听的指标吧,一定要多高的音,一定要多稳,或者是多让人觉得做不到什么什么叫好听,或者是厉害的舞台。我觉得好听,就是听完之后会让你长舒一口气,会让你脑海里面浮现很多画面,你不用去介意这个歌手是什么性别,或者是什么样的风格,你就是在某个时间、某个时刻,听到了一个歌,觉得哇塞,原来音乐这么美好,我觉得这个才是音乐最原始的样子。"

图 10-5-3 《面对面｜周深：向光而行》截图

（四）灵活把握访问技巧和思路

从某种程度上讲，技巧的运用是因人因事而异的。记者怎样灵活地提问，怎样提出有分量的问题，或者怎样巧妙地用提问方式将信息引出来，的确有一些基本的规律。

归纳起来，主要有七种技巧和对策可以作为参照。

1. 充当对手，展开讨论

对持有不同思想观点的对象进行采访时，记者采取这种技巧往往能够开掘采访深度，比较适合思想观点的采访。

2. 抛砖引玉，唤起回忆

采访往往涉及追溯往事，有人能够倾吐，有人则不愿回忆。记者若能选择一件特别能够触动对方情感的事抛砖引玉，则会唤起对方的怀旧之情，这一技巧适合个性专访。

3. 探索询问，留有余地

记者选取具有伸缩性的问题提问，对方可以适时地倾吐对某人某事的看法、评价。对于表态、反映性报道，采用这种方法可以避免出现绝对化的倾向。

4. 恰如其分地肯定，鼓励对方讲下去

对显而易见的成就或观点做恰如其分地首肯，对方会感到记者是懂他的自己人，会激发谈话的热情，这一技巧适用于新闻人物和名流专访。

5. 提出疑问，"激怒"对方和盘托出

当采访对象因某些做法不被人理解，或者引起社会上的不同议论时，记者可以引用其中某些否定性议论，以疑问口气提出问题，对方会为了澄清事实，一怒之下吐露事情的原委。此种技巧适用于有争议的事件、人物、现象的采访。

6. 问题宽窄结合，灵活多变

根据不同的采访对象、不同的报道题目采取灵活多变的提问技巧，可先宽后窄或先窄后宽，即采用"漏斗式"的提问顺序或者是"倒漏斗式"的提问顺序。换言之，先提出一个涉及范围较广的问题，然后收回到较窄的范围，或者先小范围提问，然后再放开来谈。

7. 顺向问题与逆向问题——交流与审视结合

在实际采访中，问题的组织有顺向问题和逆向问题之别，有人又称之为"顺毛捋"和"反毛捋"。

顺向问题是记者根据对方的回答思路，或阐明对方没有澄清的信息，或做顺向进一步提问，是一种记者与被访者的交流。记者根据交流的实际发展方向，根据对方在回答中的语言与观点，就势提出想要问的问题，从而把访谈自然推向深入。在采访中，有的记者往往按照拟好的提纲来提问，这就把访谈变成了一个生硬的、按部就班的一问一答的死板交流。在实际的采访中，记者应该把准备好的问题融入头脑，适时灵活地在交流中提出问题。比如美国的《60分钟》节目采访美国歌手碧昂斯的访谈：

> 碧昂斯："我很小的时候就学会了权衡评估一切事物，我很早就下定决心决不做一些事。"
>
> 记者："不嗑药？不暴饮暴食？不乱交朋友？没有不堪承受的压力？"
>
> 碧昂斯："是的，我觉得我很幸运，我的成功是一步步取得的。"

记者顺着碧昂斯的话，但进一步帮她说明所谓不做某些事是指什么。信息在相互交流中明晰。

反向问题，是问题不沿着采访对象回答的方向走，而是质疑采访对象的回答，从而从不同角度印证谈话、抓住事物本质。反向问题是记者在与被访者交流之外的一种审视与反驳。这样的提问往往与被访人产生碰撞、交锋，使谈话深入下去。

记者在访谈中应该把顺向问题的交流与逆向问题的审视结合起来，从而避免顺杆出溜、被采访对象牵着走。"访谈过程中，交流与审视交叉推进"，此起彼伏，就形成了谈话的节奏与冲突。记者只有懂得将交流与审视交替运用的艺术，既拉近与采访对象的距离，又保持一定的距离，才能以职业访问者的身份将访谈式采访进行下去。[①]

[①] 王志，耿志民，欧阳询. 面对《面对面》[M]. 北京：文化艺术出版社，2006：70.

以上七种技巧仅仅是从众多提问实例中提炼概括出来的，并不能包括全部提问技巧。真正能够巧妙运用提问技巧不是一件容易的事，需要借鉴前人的经验并不断地实践。

（五）发挥多维性思维

创造性采访的特定含义是：创造性采访不仅引出信息，而且允许进行信息互动、碰撞，从而创造出一种采访对象单方面不能达到的交流状态。记者在专访中怎样引出信息、交流信息？人物专访是问、听、看、想四者结合的有机采访活动，因此，记者只有具有多维性思维，才能达到上述水准。

1. 确定访谈的魂

为什么要约定这次专访？要达到什么目的？问题该怎么统摄，而非一盘散沙？这需要记者在设定问题的时候，有明确的目的，是采访者的知识、洞察力和创造性想象形成的过程。漫谈也好，集中也罢，有追求的记者应该赋予每一次访谈以灵魂，其主题、个性、思想才能很好地体现出来。

2. 访问与观察同在 [①]

西方心理学家经过多次实验，证实"谈话过程中自然流露出来的体态和面部表情，并不是出于无心的偶然活动……而是具有口头能表达出来的特殊传感意义"。很多记者在访问中对此观点有深刻体会。显然，访问中需要记者察言观色。观察什么？如何细致入微地观察？

一是观察对方说话的方式，包括表情、手势、神态、语调。这些因素往往体现了人物的鲜明个性。

二是观察对方对访问的反应，是紧张、激动，还是兴奋、高兴？是烦躁不安，还是滔滔不绝？这些都可以表明访问对象对问题所持的态度。

三是观察对方的外表，包括外貌、身材、服饰。这些可以体现访问对象的外部特征。

四是观察对方所处的环境，包括他拥有的财产、室内的装饰、摆放的特殊物品、居住的地理位置。这些可以衬托人物的生活习惯、爱好。

3. 访问与思考并存

访问是一个艰苦的脑力劳动过程。思考什么？如何思考？

一是围绕着事件思考。当对方向记者叙述一件事的时候，记者应该思考事件的开

[①] 相关问题的探讨还可参见本书第五章第二节《引人注目的中心人物》。

头、经过、结尾是否完整，细节是否具体，数字是否确实可信，发现漏洞、疑问，应当立即要求对方澄清。

二是围绕着观点思考。当对方提出了一个观点、一条经验时，记者要认真思考这个观点是否正确，是否具有科学性，该经验是否符合客观实际，有什么普遍意义。

三是围绕着主题思考。主题在专访中的体现方式比较独特，是通过一连串的提问或者不间断的交流过程体现的。记者在采访前就应对主题思想有所思考，在访问中应注意挖掘新鲜、生动、能够说明和深化主题的事实与观点。

四是围绕着专访的形式思考。特定的专访形式有着特定的时间长度、表现形式的要求，记者必须考虑形式与内容的有机结合。

综上所述，可以发现，记者的多维性思维就是从不同角度、不同侧面去认识事物、分析事物、反映事物。

三、人物专访的提问方式

采访中的提问是一门艺术，而这种艺术是记者与被访者互动交流中的共谋。在具体的采访中，有多种提问方式与技巧，记者应当在实际采访中灵活运用，同时在前期问题准备和策划中也要有意识地设计各种类型的提问方式，根据实际情况，有针对性地做出调整。提问类型与方式没有绝对固定的模式，都是为了获得真实的信息、个性与情感。正如《问政山东》主持人李莎所言，在访谈中，她会充分考虑和运用直问、设问、反问、假设性提问、追问等方法，根据不同的问题和现场回答，做出即时的调整，能有道具的时候，一定要使用好道具，以增强问题的集中度和视觉冲击力。[①]

（一）正面提问，开门见山

这种提问方式，有人又称之为"开闸放水式"的提问，抓住关键问题，单刀直入，直奔主题。记者发问的目的是获取新闻事实，为了解未知事实向知情者发问，不要绕圈子。如《焦点访谈》的一期节目《惜哉文化》中，面对吉林博物馆着火事件，记者设计了两个问题，一是火灾到底造成多大损失，二是有无许可证。记者直接用这两个问题问不同的人，包括群众、博物馆原馆员、当地政府官员和消防部门的人员，通过不同人的回答形成对比，探寻事实真相，同时反映了一些官员的官僚主义作风。正面

---

① 笔者对山东广播电视台《问政山东》栏目主持人、制片助理李莎的访谈，2024年3月。

提问要求记者有高屋建瓴的问题把握能力，所提的问题往往是关键的、触及事件核心的，这样的问题往往起到以一当十的作用。《白·问》节目中，白岩松采访中国民用航空局航班事故技术调查组专家，开门见山地提出了在寻找东航MU5735黑匣子的工作中，是什么原因导致了两个黑匣子的发现间隔了多日，聚焦了黑匣子寻找工作的技术困难。专家对此直接进行了解答。

《白岩松专访"3·21"东航MU5735航空器飞行事故技术调查组专家》二维码

记者："首先呢，大家知道这个，我们第一个黑匣子找到似乎相对顺利，是在3月23号的时候就找到了，但是直到3月27号，就是昨天才找到了第二个黑匣子，为什么会间隔这么久？它的难度在哪里？"

李勇："是这样，现场搜寻这个黑匣子的话，应该是我们当前工作的一个重点，所有的人都在关注这项工作的一个进展的情况，我们调查技术人员，从第一天进现场的话，我们根据这个现场的撞击的情况基本划定了一个搜寻的重点的区域。应该说前期的搜寻的话相对还顺利一点，在23号，我们在这个核心撞击区域的这个浅表地层发现了第一个记录器，也就是我们的驾驶舱舱音记录器，但是在随后的搜寻过程当中的话，我们一直没有发现这个数据记录器。在这几天的搜寻过程当中，我们从不同的区域发现了大量的这个飞机的残骸。我们每天的话都会对飞机残骸的这个发现的位置做这个残骸的分布的分析，根据这个分析结果呢，我们再调整第二天的这个搜寻的重点区域。通过前几天的这个搜寻，我们发现除了这个重点区域的这个撞击区域之外的话，在这个我们的东南方向的左侧的撞击点的左侧的山坡上，我们发现了大量的飞机的残骸，而且其中这些残骸也包括一些与第二部记录器安装位置接近的这个客舱部件。后面的话我们又结合这个物探的一些结果，同时结合一些我们找到的一些视频的这个分析，初步确定了飞机撞地的这个姿态，以及撞地之后这个残骸的一个运动的轨迹，我们判断这个飞机撞击之后大量的残骸，特别是尾部的残骸就是飞溅到了这个东南方向也就左侧的山坡上。所以从25号开始我们就加强了对左侧山坡，也就是这个重点区域的搜寻，直到昨天上午，我们的搜寻人员在我们的这个确定的重点搜索区域，在地下1.5米这个挖掘深度，发现了第二部记录器。"

图 10-5-4 《白岩松专访"3·21"东航 MU5735 航空器飞行事故技术调查组专家》截图

(二)迂回采访,侧面提问

此种提问又分为两种情况。

第一种情况是记者可以采用转述代述的形式,以其他人的口吻提出问题。记者或者以观众的口吻,或者以其他人士对被访者的评价来引出问题。

此外,一些刺激性很强的问题,也迫使记者采取此类方式,比如 1980 年伊朗人质事件,华莱士顶着压力采访伊朗最高领袖霍梅尼,其中引用了埃及总统萨达特对霍梅尼的评价:

> 埃及总统萨达特说你的做法是有损于伊斯兰颜面的,而且他称你——阿訇,请原谅我,这是他的话,不是我的,他说你是一个疯子。

华莱士是伊朗人质事件后第一个采访霍梅尼的美国记者,在当时局势如此紧张的情况下,面对伊朗最高领袖,一贯以提问刁钻著称的华莱士借萨达特之口,向霍梅尼抛出了这样尖锐的问题。而这个问题并不在事先提交批准的问题单之列[1]。事后,华莱士回忆道:"我当时心里想,天啊,他会不会把我关起来?"[2]

借助互联网的发展,媒体与用户的互动逐渐增强,记者或主持人往往采取搜集用户提问的方式来为节目注入互动的活力,这样的访谈更能激发观众的兴趣,对象感更强。《白·问》第一期访谈驻美大使崔天凯时,白岩松通过一位在美留学生王越峰现场

---

[1] WALLACE M, GATES G P. Between you and me [M]. New York: Hyperion Books, 2005: 129.
[2] HATE A. Newsman Mike Wallace dead at 93 [EB/OL]. (2012-04-09) [2023-01-25]. https://edition.cnn.com/2012/04/08/us/obit-mike-wallace/index.html.

向崔天凯提问。王越峰询问崔天凯："大使馆是否给予在海外的华人或留学生处理社会动乱、种族歧视等相关问题的建议？"崔天凯就这个问题发表了看法。另外，白岩松还抽取了网友的实时评论问题，向崔天凯发问。比如："疫情结束后，我是党员家属去美国旅游会受到影响吗？""拜登将恢复对多国旅行的限制，怎么看待这一政策？""中美之间是否会有新的防疫外交？"

《〈白·问〉第一期：白岩松对话中国驻美大使崔天凯》二维码

图 10-5-5 《〈白·问〉第一期：白岩松对话中国驻美大使崔天凯》截图

第二种情况是，对一些敏感的问题，记者不好单刀直入，则通过旁敲侧击的方式来提出问题。换个说法，换种形式，但自有深意。比如，杨澜 2005 年年底采访马来西亚总理巴达维，在研究资料时发现巴达维的妻子刚刚去世，杨澜很想问一问对方这方面的问题，因为他们感情很好。"但坐在你对面的毕竟是一个总理，一上来就问人家妻子去世的事，很唐突，也不礼貌。在谈完许多政治方面的话题之后，我就想怎样让他自己把这个问题谈出来。所以我就决定这样问他：在过去的 2005 年发生了很多事，但对你影响最大的事情是什么？他就说，对我来说，2005 年是哀恸的一年，因为我妻子去世了。他讲了十几分钟，讲他和他妻子的感情，她最后的日子，讲得非常好。采访结束后，他的新闻秘书就说：'你们中国记者真有本事，因为我们总理在公众场合从来不谈个人生活。'"①

（三）追问

记者常用的一种提问法，是根据采访对象的现场回答作出即兴提问的采访方式，

---

① 杨澜. 你可以不成功，但不能不成长 [EB/OL]. (2008-08-26) [2024-01-25]. http://expert.bossline.com/402/viewspace-3072.

目的在于捕捉那些具体的事实和细节。追问考验记者对事件的深入把握，同时考验记者在现场组织问题、即兴发问的能力。一般而言，追问可以分为两种方式。

一是寻根究底法。就一个问题由浅入深、富有层次地提问，按照中央电视台记者童宁的说法，可以称之为"起承转合法"，是什么，为什么，怎么样。有时候一个封闭式的提问后面接着就应该有后续的问题，被访者一个简短的"是"或"不是"可能正是记者、用户要知道的东西，但是一般情况下，人们总是想从对方口中得到详尽的回答。如果用简单的提问，无法使对方回答得详尽，最好紧接着问"为什么"。"为什么"不是可以用简单的"是"或"不是"来回答的。另外，这种"为什么"的提问往往给了对方一种无形的尊敬，迫使对方发挥他的专长来回答问题，而问题的答案或许恰恰是观众需要了解、知道的东西。比如《面对面》记者采访沙祖康时，沙祖康谈到"我愿意当幼儿园的园长，也不愿当联合国的副秘书长"。记者适时提出"为什么"，从而引出了沙祖康对祖国的情怀。

二是步步紧逼法。尤其是在质疑、求证中，或者面对的被访者处于躲避、绕圈子、顾左右而言他的时候，记者可以如此追问。比如，《病死猪田间乱丢知道吗……〈问政山东〉现场局长被8连问后语无伦次》中，针对有关政府官员的不作为，记者在问政现场做出这样的追问：

"村民拨打过12345您知道吗？"

"这个事儿您了解吗？"

"是今天刚了解的还是之前打12345的时候就知道？"

"大片的死猪堆在这儿，这种现象您之前知道吗？"

"您知道吗？"

"之前您知道是吗？您是怎么管理的？"

"就是接到电话之后，也没第一时间赶到现场是吗？"

"这个问题您并不是太了解，今天刚了解是吗？"

正如记者所言，因为现场问政的过程中，对方并没有按照我们假设的逻辑来回答问题，一个典型的特征就是在"绕"。我们的职责就是针对现场暴露出来的堵点、痛点、难点，让相关负责人绕不开、躲不过、推不掉，给出解决问题的时间表和路线图。因此，在现场的提问中，我们先要把对方拉回正常的问答轨道上来。[1]

---

[1] 笔者对山东广播电视台《问政山东》栏目主持人、制片助理李莎的访谈，2024年3月。

有人认为，一个职业记者的职责应该是，当采访对象给记者提供一个答案的时候，记者要根据这个答案再提出至少五个问题，而记者和采访对象之间的问答互动正是人物专访节目的主要内容。①追问对记者的现场判断、即兴提问、把握谈话走向的能力提出了更高的要求。

（四）带背景的提问

有的时候，专访对象是身居高位或者是知识水平、阅历都较高的精英人士，记者在提问中往往会忽略最基础性的只展现事实的问题，而是首先介绍事实背景，接着直接进入观点和思想层面的问题。这样既向被访者和用户交代了背景，也体现了记者的有备而来，又让访谈直接进入深层次的交流。比如《张扬对话 | 王亚平：重返太空的183天》中，记者向王亚平展示了上一次出征时王亚平母亲送行时记者同事拍摄的视频，以视频为切入点，借此询问家人对于王亚平出征是什么感受。王亚平讲述了家人的不舍与牵挂，侧面展现了航天英雄的平凡与不易。

《张扬对话 | 王亚平：重返太空的183天》二维码

> 记者："你们出征的时候也见过她（王亚平母亲），你可能都不知道，而且这段视频，应该我从来没有给你看过，我今天给你看一下。就是她在这个大厅里面，现场给她拍了一段视频，给你看一下。"
> 记者："她戴着眼镜？"
> 王亚平："嗯，对。"
> 记者："她为什么戴眼镜？"
> 王亚平："是因为估计眼睛哭肿了。"
> 记者："都哭肿了？"
> 王亚平："嗯。"
> 记者："我觉得可能不光是因为分离，不光是因为可能有半年多的时间。"
> 王亚平："对对，嗯，那会儿他们就开玩笑，回来之后开玩笑地跟我说，说你在太空飞行15天，我们在地面能折寿15年，这开玩笑啊。就是一种惦记，一种牵挂……"

在《高端访谈 | 专访新加坡总理李显龙》中，主持人邹韵通过引用新加坡总统在

---

① 王志．耿志民．欧阳询．面对《面对面》[M]．北京：文化艺术出版社，2006：166.

《高端访谈|专访新加坡总理李显龙》二维码

假期有做数学题的习惯的背景资料，进而将做数学题与治国理政相比较，向总理提问哪一个更难。李显龙的回答展现了他在治国理政上的深层次思想。

邹韵："我们谈谈您个人，我听说您对数学很有热情，像我这样的人去度假时，我们会放松玩，我们听说您休假的时候，会专门拿出时间，去研究未解决的数学问题。您认为数学对您治国理政的方式有什么影响？"

李显龙："这是一个浩瀚的领域，我读了两年的数学本科课程，所以才刚刚起步。我很喜欢数学，我学得还不错，但是街上有很多比我有天赋，比我才华横溢的数学家。我觉得我有责任回到新加坡，成为新加坡的一分子。我过着非常充实的生活，我先在部队服役，然后在政府工作，如今我在政府工作将近40年了。这些经历一直激发我的思考，因为要处理的问题覆盖方方面面，其中一些要量化，比如要平衡预算。"

图 10-5-6 《高端访谈|专访新加坡总理李显龙》截图

在这里，我们需要辩证思考的是，带背景的提问往往是长问题，它与我们之前倡导的提简短的问题并不矛盾。一般而言，在一些深度访谈中，带背景的提问能迅速牵带出很多信息，扩展访谈的内涵。因此，我们在实际的操作中需要辩证地使用。

（五）假设性提问

假设情境、巧设埋伏。这是一种创造性的提问方法，记者希望得到新的、更打动人心的、更能反映事物本质的素材，对事物或人进行合乎规律的预测和推断，然后设法在某种推测性提问中验证可能性和真实性。在《面对面 | 南昌舰：挺进深蓝》中，记者采访了055大驱的95后女舵手徐文茜。面对外国海军舰艇企图穿越我军舰队的挑衅行为，徐文茜是掌舵手。在询问当时徐文茜阻止外舰穿越的内心真实想法时，古兵进行了假设性提问。

《面对面 | 南昌舰：挺进深蓝》二维码

> 徐文茜："我当时能听到能感受到的是不停的舵令，指挥员不停地下舵令，我要频繁地转向，转变我们本舰的航向，去阻止它穿越我们编队。"
>
> 徐文茜："我不可能让你有什么可乘之机，从我编队穿进去穿过去。"
>
> 记者："但它如果硬闯呢？这么堵截的话会发生碰撞的。"
>
> 徐文茜："可能会。"
>
> 记者："你想过这个问题吗？"
>
> 徐文茜："没有，我觉得这不是我应该思考的一个问题，你思考这个干吗？干就完了呀！就那个时候祖国利益是高于一切的。"

再如《问政山东》请山东省教育厅、自然资源厅、住建厅主要负责人一起到问政现场，针对"幼儿园入园难、入园贵"的问题进行专题问政。穿插其中的假设性提问，如"您若是孩子家长，就近上不了幼儿园，着不着急？"等，确实增强了被问政对象和观众的代入感，也让台上的领导"出了一把汗"。①

假设性提问是创造性的提问方式。需要注意的是，假设的情境要合理合情，也要做好对方拒绝回答的准备。

（六）概述性提问

概述性提问是通过记者的有效梳理与总结，以简明扼要的问题，牵带出事件最突出的特点和最富戏剧性的性质。比如，中央电视台《对话》栏目播出的《大坝前的对话》，针对立项以来就一直存在争论的三峡大坝水利工程，以2010年的大洪水为契机

---

① 笔者对山东广播电视台《问政山东》栏目主持人、制片助理李莎的访谈，2024年3月。

和由头，在三峡大坝现场对话相关专业人士，以事实和科学态度回答方方面面对三峡工程的疑问。在节目开端，记者结合当年大洪水的新闻由头，向访谈嘉宾提问："如果这是一个考试的话，相当于什么级别的考试，是小考、中考还是大考？"这一问题具有概括性，也有针对性，更加巧妙。

《十三邀｜许知远对话罗翔》二维码

概述性提问能够帮助用户一针见血地抓住被访人最突出的特质，从而对谈话主题、谈话方向有一个提纲挈领的把握。概述性提问是富有人情味的提问。比如，哪些事对你最有刺激性？你最喜欢哪一类人？你最信奉哪种人生哲学？你上任以来遇到的最棘手的问题是什么？这些问题带有个人色彩，常会勾起人的回忆，引发情感，启发思维。这类问题往往在节目开头或结尾提出。比如《十三邀》中，许知远访问罗翔，开篇便问罗翔最欣赏的法学人物有哪些。

许知远："如果找一个非常杰出的法学人物鼓舞你，是谁呢？"

罗翔："想起来其实很多人。马丁·路德·金、甘地、林肯。"

许知远："在他身上最触动你的是什么呢？"

罗翔："勇敢。其实在我的词汇中，我觉得勇敢是一个高级的词汇吧。"

许知远："我也是。"

罗翔："因为我自己不够勇敢嘛。在人类所有的美德中，勇敢是最稀缺的。"

收尾问题同样有效。比如，国际足联前主席布拉特执掌国际足联17年，因牵涉国际足坛反腐风暴最终被国际足联禁足。中央电视台记者对他进行了专访，其收尾问题是："15年前你第一次接受我的专访，你告诉我足球之所以伟大是因为它既教我们怎么赢也教我们怎么去输，这对我非常有帮助，我想问的是，你现在来总结你是个赢家还是个输家？"布拉特回答说，在这之前他一直都是赢家，他相信他最终是一个赢家，因为他是那个将足球带到全球的人。有这个定义在，有这个历史坐标在，他不会输，这也是记者的专业判断，与政治无关，任英美媒体如何喧嚣，时间才是检验一个人物是非功过的标尺。作为收尾性的总结问题，这个问题可以说简要地引出了布拉特对自己的职业评价。

图 10-5-7 《十三邀｜许知远对话罗翔》截图

（七）激问

激问即记者通过一定强度的刺激设问，促使采访对象的感觉由"要我谈"变成"我要谈"，从而打开采访通道。此形式常常适用于谦虚不想谈、有顾虑怕谈和高傲不屑谈等情况的采访对象。记者则可采用一定强度的刺激设问，促使对方在感觉上发生变化，从而使采访活动顺利进行。这种提问方式有两类。

一类是正面激问。即记者在其所假设的问题中，投入一定的强度刺激，迫使对方的态度朝相反方向转化。在访谈节目《立场》中，主持人易立竞专访周杰，就周杰此前出现过的争议问题进行询问。

> 记者："你自己重新看《还珠格格》吗？"
> 周杰："我从来都没完整地看过，我没有看自己戏的习惯。"
> 记者："比如你走到哪儿，此时此刻在播放《还珠格格》，你会跟着一起看吗？"
> 周杰："我为什么要跟着看？我一点儿都不好奇。"
> 记者："你会排斥吗？"
> 周杰："我不会，我会走，你们看你们的，因为我本身就是一个把工作和生活分得非常开的一个人。"

另一类是错问。该方式的刺激强度超出激问的强度，而且要求记者从事实的反面设问。同样在《立场》中，记者就周杰此前出现过的争议问题进行了询问。

易立竞："你说时间会冲淡一切，但事实上没有冲淡。"

周杰："冲淡了啊！当年的那些人早就冲淡了，那些人已经35、40岁了，还没冲淡啊？早冲淡了，你看还有几个发言的。"

易立竞："你怕不怕再过十几年的话，又有一拨人成长起来把这事儿供出来？"

周杰："你觉得我累不累啊？实际上我写一篇东西，你仔细看的话，我已经写得很清楚了，我根本没有讲这件事儿，我是跟你讲，假如是这样的，他会不会那样，他为什么没有那样，因为他当时是这样这样这样，我已经讲得这么明白了，就是为了举一反三，让现在的年轻人不要跟风，想一想，学会思考。"

图 10-5-8 《立场｜专访周杰》截图

（八）观点求证式提问

记者把被访者过去在不同场合中的观点重新拿出来，进行求证，以深化背景、展现被访者的思想、性格与精神境界。这种提问方式也是记者与被访者在观点上面对面的交流与碰撞。比如《东方之子》记者采访在巴塞罗那奥运会上获得男子100米蝶泳和50米自由泳两个第四名的蒋丞稷时，有这样的提问：

记者:"在你取得两个第四名的时候,你说过一句让人印象非常深刻的话,你说,可能两个第四这种缺憾也是一种美,你是怎么理解这种美的?"

记者:"我听说你在游完以后,说过一句话,那一瞬间给了你这14年一个很大的回报。"

记者:"但是面对这14年的游泳生涯时,你也说,你恨了14年游泳。"

游泳运动员蒋丞稷在多个场合中都出语不凡,表现出其他运动员罕有的思想和精神境界,记者在采访中多次引用他的观点进行面对面求证,从而向观众展现一个努力拼搏向上但是又充满矛盾、辩证思索的运动员的个性。

在《高端访谈》中,王冠专访俄罗斯总统普京时提问:

记者:"您曾经说过要将欧亚经济联盟和共建'一带一路'倡议实行对接,用您的原话说就是'连通这些连通彼此的项目',能不能具体给我们解释一下您的构想?您这一次在北京参加'一带一路'国际高峰论坛,还有哪些期待和展望?"

《高端访谈|独家专访俄罗斯总统普京》二维码

记者:"普京总统,最近的瓦尔代会议当中,您说到了世界需要'公平的多极化',您提到了'价值观霸权''道德霸权'这样的概念,您还说所谓'基于规则的秩序'是殖民思想的体现。您为什么这样说?在您看来应如何推动国际关系的多极化和民主化?"

(九)启发引导式提问

让被访者更清楚地说明事情真相,要求记者运用启发诱导的原理和技能,旁敲侧击,循循善诱地促使采访对象对新闻事实产生回忆。启发引导通常也称联想,一是接近性启发引导,即记者凭借经验,对在空间和时间上相接近的事物形成联系,使采访对象通过一事物回想起另一事物;二是相似性启发引导,列举性质上相似的一些客观事物,使采访对象通过这些事物回想起另一事物;三是对比性启发引导,记者列举出在性质上相反的一些客观事物,使采访对象引起对另一事物的回想。

中央广播电视总台《面对面|生死迫降》专访川航机长刘传健中有这样一个案例:

《面对面|生死迫降》二维码

记者:"你说突发了一声爆炸声?"

刘传健:"对,巡航过程中,发生了一声爆炸。"

记者:"当时这个爆炸声音有多大?通俗地给我们描述一下声音的感觉。"

刘传健:"这个应该比较大,真不好描述这个,这个声音比较大。"

记者:"有时候一些东西爆炸,比如过去爆米花那些东西,是那种声音吗?"

刘传健:"哦,哦,对,爆米花这个声音,至少有这个声音。"

记者:"声音那么高?在密闭空间,这个分贝非常大了。"

刘传健:"非常大了,对,当时一下很惊愕的一种状态。"

图 10-5-9 《面对面|生死迫降》截图

启发引导式提问还可以采用询问例证的办法。这些问题往往是跟进性的问题,"比如说是什么""您能举个例子吗",这些问题让被访者的回答更加具体,从而能让用户更好地理解。

需要着重指出的是,启发引导式提问绝不是让被访者按照记者的想象走,不是要求被访者的回答符合记者的既定思路,而是为了让回答更具体、更能被用户理解。在采访中,记者应以实事求是的态度,引出被访人的真情实感。这需要记者非常审慎地把握提问的方式。比如,"5·12"汶川大地震中,中央电视台记者在现场采访救灾警花蒋敏的段落值得商榷。蒋敏在地震中失去了奶奶、外婆、母亲和女儿,但仍然坚守在救灾第一线。记者在现场采访时这样提问:

记者:"你的工作是从什么时候开始的?"

蒋敏:"从12号地震时就开始了。"

记者:"每天要工作多长时间?"

蒋敏:"从12日以来基本上没有休息。偶尔就是打盹。"

记者:"我们听说家里也有自己的亲人在这次灾害中遇难了。"

蒋敏:"是,我的父母,还有我两岁的女儿都不在了。"

记者:"在这种情况下你怎么能坚持在战斗第一线呢?"

蒋敏:"如果他们有生存机会,那边会有很多好心人在帮助他们。"

记者:"你在救助这些灾民的时候,看到老人和小孩,会不会想到自己的父母和女儿?"

蒋敏:"会想起,一切都会想起,每当我看到很小的小孩,跟我的女儿差不多大,与他们在一起的时候,我知道她已经不在人世了,作为一个母亲,我太想她了。"

记者的这段现场采访首先为我们呈现了一个灾难下的母亲所承受的重量以及她的大爱,但是从另外一方面而言,在这样的情况下,是否要去揭开她的伤痛?在采访中,记者的提问是否合适?(比如换成类似这样的问题,"听说你的女儿当时是和外婆在一起?"看对方反应,让对方接话,或者是问出事以后回过家吗。)另外,记者的问题是否在诱导蒋敏朝记者的方向回答?这些引起了很多观众的质疑。无论怎样,这是现场记者永远要面对的矛盾和困惑,也是记者在现场要不断去回答的问题。

> **记住**:提问类型与方式没有绝对固定的模式,都是为了获得真实的信息、个性与情感。

思考

1. 面对不配合的采访对象,主要可以用哪些方法完成成功的采访?
2. 现场提问的总体要求有哪些?
3. 如何处理现场提问的四组矛盾关系?
4. 什么是全感采访?结合前面章节的知识点,思考全感采访在现场采访中的整体把握。
5. 人物专访要把握哪些重点?
6. 人物专访的提问方式有哪些?

调动视听符号，像告诉朋友新鲜事那样去写作

第十一章
视听写作：短新闻

短新闻是视听传播中最常见的报道类型，它体量短小，语言简明，迅速及时地呈现最新发生、发现的事实，满足人们第一时间获知信息的需求，是重大突发性事件发生时新闻竞争的重要方式。

视听短新闻主要包含视频短新闻、音频短新闻和H5融合形式等新闻类型。视频短新闻指综合运用视觉与听觉符号及时快速传播新信息、讲述新闻故事，例如电视消息以及新媒体渠道上的短视频新闻；音频短新闻，则指通过听觉符号对新闻事实进行简短快速的传播，例如广播以及基于互联网和移动终端的音频新闻；互联网时代，H5将视频、音频、文字融合，进一步突破了原有的报道局限，打造出更加融合、更具互动性的新闻形式。

本章主要围绕以上三种视听短新闻类型，结合具体案例分析其写作要求，探讨写作技巧与方法。

第一节 电视消息写作

电视消息是以视听符号对新闻事实进行及时、快速、简要的报道。电视消息形态上包括主播口播、静态图片新闻、图像新闻等。图像新闻有现场活动画面，是电视消息中最常见的一种报道形式。

一、电视消息的特点

电视消息是电视媒体发挥信息功能的重要类型。以"短、平、快"的方式及时满

足观众知晓信息的需要。电视消息具有以下特点。

（一）时效性强

电视消息重在第一时间报道最新消息，告诉观众发生了什么事，现场情况如何。对于突发事件一般采用连续报道的方式，事件原因、进展、应对措施、结果等可在后续报道中不断补充、更新。

（二）内容简要

电视消息时效快、篇幅短，内容上是对事实的简要报道。对于新闻报道的六个要素——何时、何地、何事、何人、何因、如何，侧重于前五项，事件的详细过程、复杂背景、深层影响等，往往通过深度报道类的新闻专题提供。

（三）用事实说话

消息是对事实的报道，重在运用客观手法，通过新闻事实及其背景体现传播意图。消息中，记者一般不直接评议事实，这是不同于新闻评论之处。消息可以通过配发"编后""记者手记"等方式表达观点。

（四）视听结合

电视消息综合运用现场画面、同期声、解说词、字幕等元素传播信息，形象直观，现场感强。电视消息写作要有画面意识和声音意识，为观众"看"与"听"而写。

我们以中央广播电视总台《新闻联播》的消息《"奋斗者"号载人潜水器突破万米海深 潜入全球最深海域》[①]为例，感受电视消息的写作特点。

【解说】北京时间今天（11月10日）早上8时12分，我国"奋斗者"号全海深载人潜水器顺利下潜至地球海洋最深处，在太平洋马里亚纳海沟成功坐底，坐底深度10909米，创造了中国载人深潜的新纪录。

第一段为导语，由主播在演播室口播。

---

① 中央广播电视总台《新闻联播》."奋斗者"号载人潜水器突破万米海深 潜入全球最深海域［EB/OL］.（2020-11-10）［2024-01-04］.https://tv.cctv.com/2020/11/10/VIDEMmJSQP4nr4VMmwPVB1il201110.shtml.

【解说+画面】北京时间今天清晨4点20分左右,"奋斗者"号潜水器从"探索一号"母船机库缓缓推出,随后被A架稳稳地起吊布放入水,在蛙人解缆后,开始注水下潜。

此处解说配合画面,简要交代事件基本过程。接下来,是全片的核心现场段落,用画面和同期声呈现下潜深度即将破万米的瞬间。图11-1-1为截取的两个画面。

【现场画面+同期声:潜海深度逼近万米的过程、紧张激动的氛围】

图11-1-1 《"奋斗者"号载人潜水器突破万米海深 潜入全球最深海域》截图

【解说+画面】8时12分左右,"奋斗者"号成功坐底,抵达洋底深度显示为10909米,刷新中国载人深潜新的深度纪录。坐底后,随船的总台央视记者连线身处万米深海的"奋斗者"号潜航员。

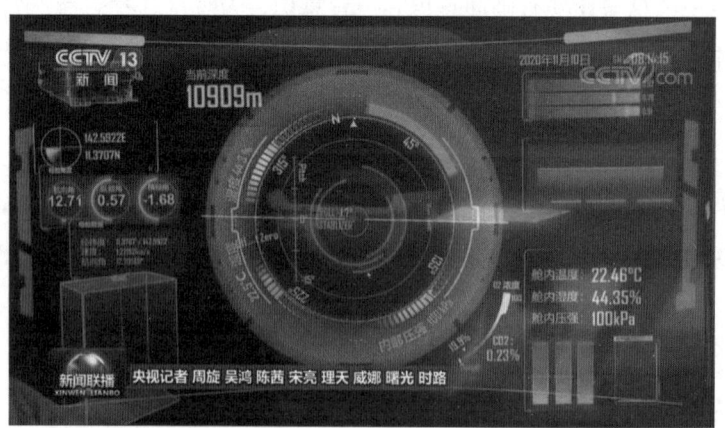

图11-1-2 《"奋斗者"号载人潜水器突破万米海深 潜入全球最深海域》报道核心画面

这个段落中,解说结合画面,强调了潜海深度的最新数据"10909米",并用关键句"刷新中国载人深潜新的深度纪录"点明事件价值。紧接着,解说引出随船记者与潜航员的对话,起到逻辑衔接、转场作用。

【现场画面+同期声】记者:"'奋斗者''奋斗者',我是总台央视记者,请问你们现在的状态怎么样?"

"奋斗者"号潜航员:"一号,一号,我们现在三个人的人员状态非常良好。正在开展机械手功能测试。亲爱的观众们,海底、万米的海底妙不可言。希望我们能够通过'奋斗者'的画面,向大家展示万米的海底。"

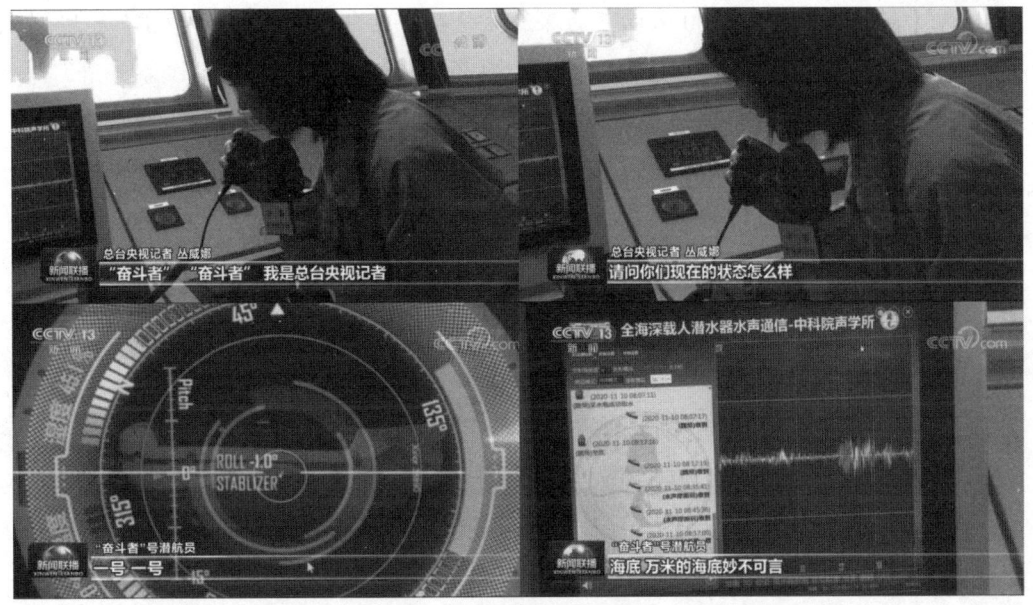

图11-1-3 《"奋斗者"号载人潜水器突破万米海深 潜入全球最深海域》截图

记者与潜航员的对话富有现场感,并直观展示了潜航员在高压的万米海底作业的身体状况,显示了我国的科技实力。潜航员那句"亲爱的观众们,海底、万米的海底妙不可言"让人振奋!

【解说+画面】"奋斗者"号下潜后能够拍摄海底地形地貌、海洋生物等影像资料,同时利用"机械手"对海洋生物、底层海水、海底沉积物和岩石进行采样。

此处解说结合画面，简要报道"奋斗者"号的工作内容。

【画面＋同期声】"奋斗者"号载人潜水器总设计师叶聪：

一万米的距离，200分钟不到，就可以到达海底。潜水器在海底进行航行以及相关的作业，整个潜水器整体的性能，表现出来非常平稳。

此处同期声补充了潜水器下潜的速度、性能，通过总设计师表达，较为专业和权威。

【解说＋画面】6000米以下的深海区是解决生命起源、地球演化等重大科学问题的前沿领域，全世界在深渊获取的科研样品都极其珍贵，"奋斗者"号下潜至万米海底将助力我国未来在大深度海底深渊科研方面作出原创性、奠基性贡献。

此处解说补充背景，解释深海区科考为何重要，进一步体现"奋斗者"号下潜至万米海底对我国未来科研的意义。

二、电视消息解说词写作

视频语言符号大体可以分为声音、画面两类，以画面形态呈现的有动态影像、图片图表、屏幕文字等；声音则包括现场同期声、解说、音乐音响等。有研究者指出，在电视节目中，"一般我们习惯于把那些无形而有声的语言部分作为解说词看待"[①]。在电视消息中，解说词发挥自己有声语言的独特优势，与其他电视表现手段相互配合传递信息。

（一）解说词的功能

解说是对画面的补充、说明或延伸。在电视消息中，声画结合主要服务于新闻事实的呈现，帮助观众更好地理解新闻内容。解说词的作用主要体现在以下五个方面。

1. 交代新闻要素，突出新闻时效

新闻要素清晰是新闻报道的要求。在电视消息中，画面的优势在于展现真实、直

---

① 徐舫州. 电视解说词写作［M］. 北京：北京师范大学出版社，2001：12.

观的"现场":现场环境、场景、细节,例如人物动作、神态等。在表达确切的时间、人物背景、人物关系、事实发生的原因等方面,画面却需要其他符号的协助。

电视消息中,新闻事实发生的确切时间、地点、人物信息等常用解说来说明,电视消息一般在导语中即交代何时、何地、何事,并突出时效性。

画面善于再现有形的、具体的事物和现象,但难以表达无形的、抽象的内容。例如人物内心感受、对事物的评价、原因分析,电视消息中,这些内容常通过采访对象的同期声来提供,以体现客观性。如果用解说来表达,需要表明信源。

2. 提供背景、数据等,拓展现场信息

背景是消息中对新闻事实的解释、说明性材料,必要的背景有助于揭示事件的新闻价值、解释事实发生的原因、体现报道主题。

在《"世界最大的充电宝"——丰宁抽水蓄能电站投产发电》①这条视频中,解说词交代了电站的储能、投资、建设时长、地位等,这些画面难以直接传递的信息,恰好是新闻中不可或缺的内容。

表 11-1-1 《"世界最大的充电宝"—— 丰宁抽水蓄能电站投产发电》画面及解说词

画面	解说词
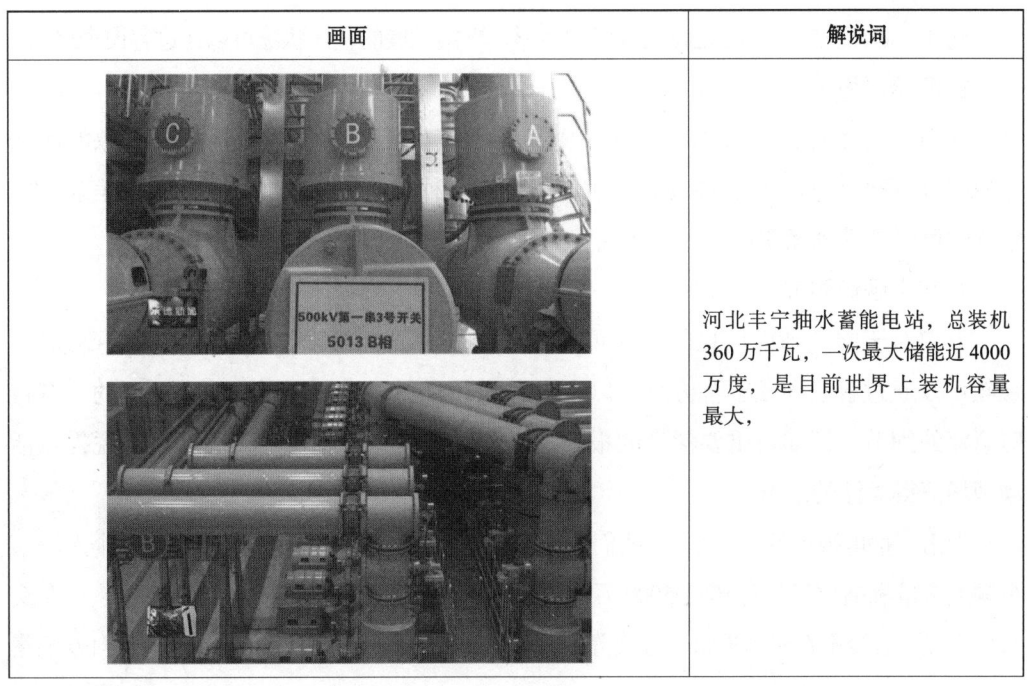	河北丰宁抽水蓄能电站,总装机 360 万千瓦,一次最大储能近 4000 万度,是目前世界上装机容量最大,

---

① 承德广播电视台《承德新闻》2021 年 12 月 31 日播出,节目制作者:王海若、孙小东、杨国辉、吕杰、咸颖,详见:http://www.zgjx.cn/2022-11/01/c_1310667979.htm。

续表

画面	解说词
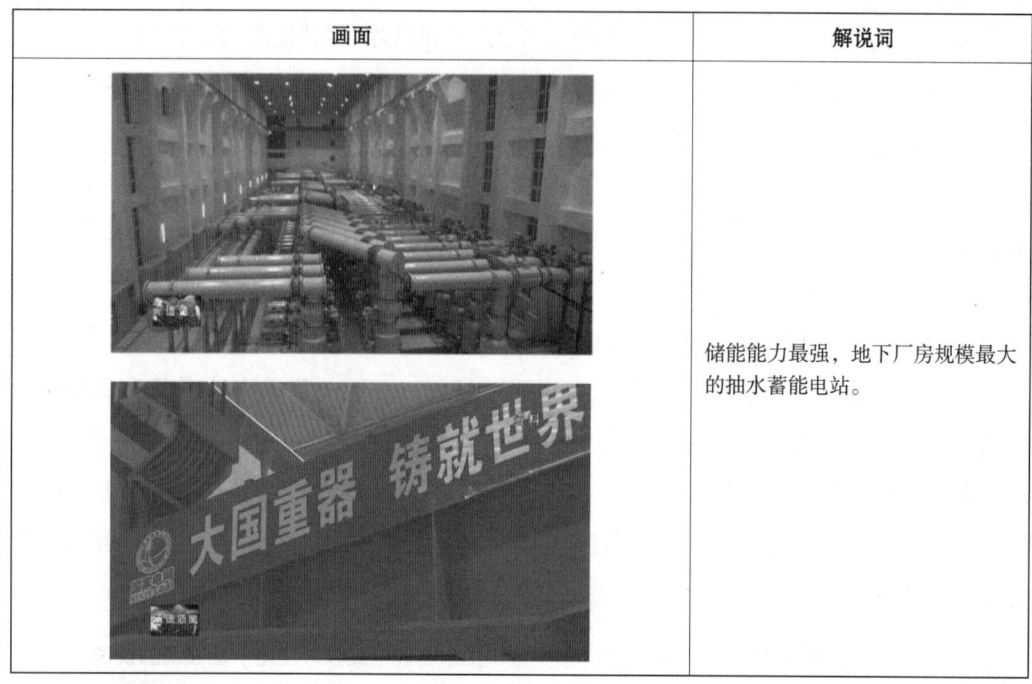	储能能力最强，地下厂房规模最大的抽水蓄能电站。

此外，画面反映的往往是特定现场的情形，事实发展的整体状况可以通过解说来提供。

3. 解释画面

画面具有多释性，人们对于同一画面可能产生不同的理解，观众对图像的解释"是观众自身经验的产物，图像本身也暗含着实现种种解释的可能"①。解说语言表意的精确性可以帮助画面明确其意义指向，为用户理解画面含义提供指引。

4. 突出强调细节

人们对于同一画面信息的关注重点往往因人而异，对于新闻现场中的重要细节，视频可以通过解说词或字幕方式予以突出和强调，引导观众观看画面中重要的、有特殊意涵的细节。例如对重要活动的报道，现场画面信息量丰富，可以通过解说提示活动现场值得关注的细节。

湖南广播电视台的《（今天，我们一起送别袁隆平院士）倾尽一城花 送别一个人》②，视频点击量和播放量累计超过5000万次。③ 2021年5月22日，中国工程院院士、"杂交水稻之父"袁隆平在长沙逝世。在袁隆平院士追悼仪式举行当天，全国各地群众自发汇集

---

① 徐舫州. 电视解说词写作［M］. 北京：北京师范大学出版社，2001：106-108.
② 湖南卫视《湖南新闻联播》2021年5月24日播出，节目制作者：黄博、吴方、杨文、杨帆、覃添。
③ 中国记协网.（今天，我们一起送别袁隆平院士）倾尽一城花 送别一个人［EB/OL］.（2022-11-01）［2024-01-04］. http://www.news.cn/zgjx/2022/11/01/c_1310667980_2.htm.

长沙,在湖南长沙明阳山殡仪馆、湖南省杂交水稻研究中心和中南大学湘雅医院等三处主要场所悼念袁老。记者记录下了人们送别袁老的动人场面。我们选择其中两个解说段落,来看解说词如何与画面有机结合,强调细节,从而声画互补,双通道共同增强感染力。

段落1:在湖南杂交水稻研究中心,悼念袁老的民众排起了长队。一束束鲜花,诉说着哀思,鲜花丛中,有人放上了一把小提琴、一个气排球。

这句解说把观众的视线引向画面。画面中小提琴的旁边有一张卡片,上面写着:"袁爷爷,您走时匆忙,应该忘带了您最喜欢的乐器——小提琴……"而气排球上写着"袁公 天堂好好运动 我们好好吃饭"的字样。看到这样的细节,人们怎能不被打动!

表 11-1-2 《(今天,我们一起送别袁隆平院士)倾尽一城花 送别一个人》画面及解说词

画面	解说词
	鲜花丛中
	有人放上了一把小提琴
	一个气排球

段落2：在中南大学湘雅医院，鲜花再次包围了大门。花束中夹着悼念群众送来的卡片，上面写着"倾尽一城花 只为奠一人"。

这个段落同样是解说与画面同时呈现卡片上的话语细节，表达人们的哀思。这个细节还有点题的作用，显示标题"倾尽一城花，送别一个人"不仅是新闻制作者的表达，更是来自老百姓的情感表达。

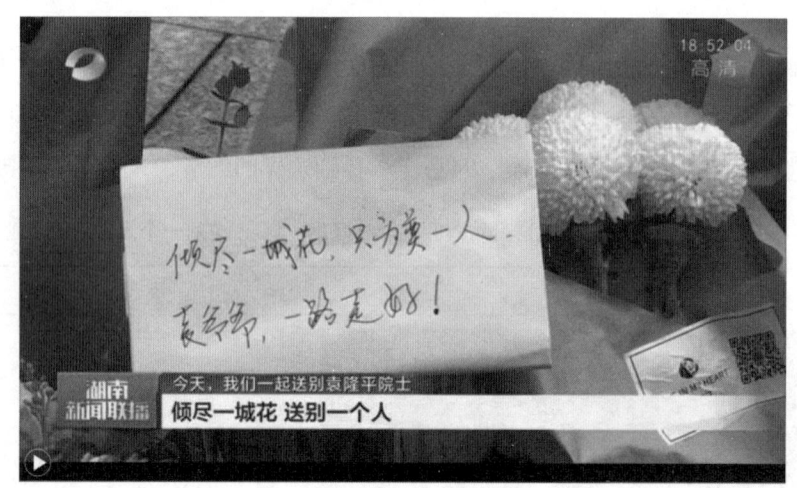

图11-1-4 《（今天，我们一起送别袁隆平院士）倾尽一城花 送别一个人》截图

调查报道类视频常常通过解说、字幕、红色线圈等方式，提醒观众注意画面事实中的不寻常之处。

5. 建构画面之间的逻辑关系

将来自不同时间、空间的画面，富有逻辑地结构和组织，是解说词的重要功能。电视消息中出现以下情形时，可以通过解说词实现语言转场。

（1）电视消息篇幅短，需要对新闻事件原始过程进行提炼、压缩和概括。画面无法将新闻事实完整呈现，可以通过解说词突出重点，发挥解说词衔接画面、结构素材的作用。

（2）新闻内容涉及多个地点，或包含多个人物故事时，可通过解说提示画面地点间的变化、人物故事之间的切换，自然过渡。

（3）在新闻事实中插入背景资料画面时，将新闻现场与早先的资料画面合理衔接，让时空关系、逻辑关系更明晰，更好地体现传播意图。

（二）解说词的写作方法

1. 密切配合画面内容

解说词的内容以画面为基础，依托画面内容的解说有助于增强视听语言的结合感，完全脱离画面泛泛而谈则容易造成"声画两张皮"的问题，影响视频的可视性和可听性。解说词和画面的有效配合，主要体现在以下方面：

（1）解说紧扣画面内容，增强"附着感"

（2）对于画面中已有的信息，解说词要避免简单重复，有内容增量

（3）对重要细节予以点明、强调

央视新闻发布的《张久良：用爱守护病妻20余载 写下10万字"护理日记"》，讲述的是四川省绵阳市安州区秀水镇方塔村村民张久良婚后两年，妻子便患上了肾衰、尿毒症等多种疾病。23年来，张久良用常人难以想象的耐心和爱心，陪伴照顾生活不能自理的妻子。在悉心照顾妻子的同时，他还坚持每天记录下妻子的病情变化、用药情况，总共写下了13本、累计达10万字的"护理日记"。

表 11-1-3 《张久良：用爱守护病妻20余载 写下10万字"护理日记"》画面及解说词

画面	解说词
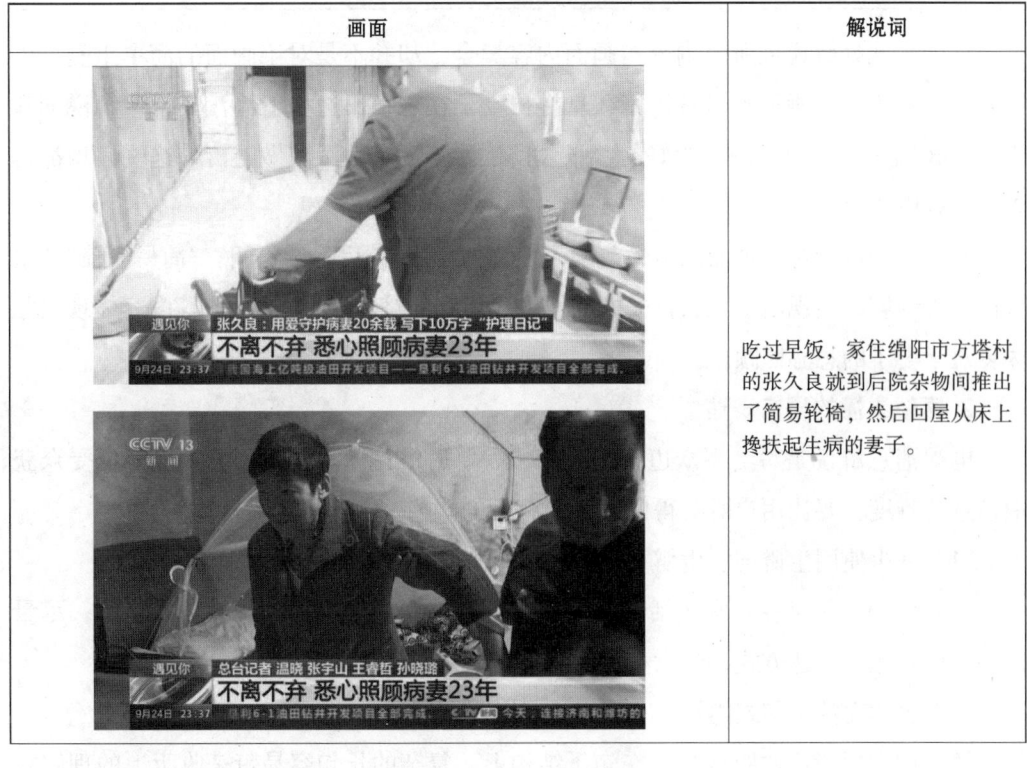	吃过早饭，家住绵阳市方塔村的张久良就到后院杂物间推出了简易轮椅，然后回屋从床上搀扶起生病的妻子。

续表

画面	解说词
	张久良推着轮椅，绕过家门前的水稻田，把妻子泽里卓玛扶上预约的小汽车，到医院做透析。

首先，此处解说词所说内容与画面内容契合，却并不是对于画面的简单重复，以第4幅画面为例，画面只呈现了张久良搀扶妻子在水稻田边坐上小汽车，但解说词却告诉了我们这辆小汽车是预约好的，张久良正要陪妻子去医院做透析，这些信息都是画面所难以传递的。

其次，解说词对于画面细节还起到了强调的作用。"后院杂物间""简易轮椅""水稻田"等内容，表现出了张久良夫妇的居住环境和经济状况，"搀扶"等内容体现出张久良对于妻子的悉心照顾。

2. 通俗易懂的语言表达

电视消息解说是写给观众边看边听的，需要通俗易懂。在表达方式上降低受众获取信息的难度，要让用户既听得懂，还要有听的兴趣。

（1）减少使用生僻词、生僻字

生僻词和生僻字在日常生活中使用频率低，使用在解说词中不易被人理解。尽量运用人们熟悉的表达方式，让大家一听就懂。

（2）表达简洁，句式简短

解说词需要考虑收听效果，在句子结构上，复杂的长句容易带来收听上的理解障碍，短句结构清晰，易于理解。

（3）解释专业概念，增强可听性

新闻中出现专有名词或抽象概念时，需要考虑受众能否听懂，为帮助人们更好地理解，解说词需要对此做出相应的"翻译"和转化，将其转换为大众容易理解的语言。

比如黑龙江卫视《新闻联播》播出的《大庆发现超大陆相页岩油田》[①]，用比喻手法对大庆古龙页岩的储油特点进行说明，进而引出开采的难度和大庆油田勘探开发技术上的突破。

表 11-1-4 《大庆发现超大陆相页岩油田》画面、解说词分析

画面	解说词	视听分析
	大庆古龙页岩看上去就像书籍，	解说词结合画面，用"看上去就像书籍"形象解释了大庆古龙页岩的特点。
	页状层理特别多，	
	一米厚度的页岩，层理就达2000多层。	
	其中，藏有页岩油的孔隙小到了纳米级，开采难度极大，只有通过大规模体积压裂，才能实现有效开发。	进一步说明页岩油开采难度和大庆油田技术上的突破。

[①] 第32届中国新闻奖获奖作品，黑龙江卫视《新闻联播》2021年8月25日播出，节目制作者：向国锐、曲芳林、李永和、姜禹。

3. 生动形象的语言艺术

生动形象的语言有助于提升人们的观看兴趣，是解说中的加分项。要使语言生动形象，主要有以下做法。

（1）讲述有吸引力的具体事实、细节

"形象"往往与"具体"相联系，解说要生动形象，首先内容要具体，用具体的、有特色的事实和细节来吸引人们的注意力。

央视新闻微博账号2023年9月19日发布的《藏不住了！我的物理老师好像是魔法师》，报道江西"90后"物理老师夏振东通过实验将物理知识可视化，让有趣的物理实验走进课堂，帮助学生学习物理、爱上物理。视频解说语言生动有趣，获得149万次观看，1.7万次点赞，2262次转发。

表 11-1-5 《藏不住了！我的物理老师好像是魔法师》画面及解说词

画面	解说词
（画面：央视新闻，夏振东在教室中进行物理实验展示）	隔空断筷是最近夏振东在课堂上展示的一个新实验，为了确保演示成功，筷子被他练断了500多根。

解说选取"隔空断筷"这一新实验，让"物理知识可视化"多了一些故事意味；在视频中，老师还向学生们展示了部分练断的筷子。筷子这一细节和"练断了500多根"这样具体的数字，表现出夏振东为了顺利展示实验而反复练习的用心和努力。

（2）数据形象化处理

视频解说作用于人的听觉，除了内容方面的要求，还要有可听性。表现在数据处理上，可以运用打比方等方式，将不易理解的数据化为有视觉形象的、人们容易理解的表述方式。

4. 把握节奏，为受众的理解留"气口"

视频解说是"为看而写"，写稿时要考虑画面本身的表现力，适合用镜头、现场同期声表现的内容无须使用解说，解说语言与画面、同期声共同完成信息的传递。因而解说的适当中断是电视写稿的特点。视频解说同时还要考虑听觉效果，节奏过于紧凑容易造成信息的过载，而节奏过于松散又容易造成信息的不连贯。因此，解说词应适当"留白"，根据报道题材、镜头画面与同期声的内容等，把握解说词中的"气口"，为受众接收信息提供缓冲带。

三、电视消息导语写作

导语，电视消息的开头，是用来提示新闻要点、发挥导视作用的段落。

电视消息导语和标题的关系不同于报纸消息的情况。报纸消息"看文先看题"，标题居于正文的上方，读者看到标题已知新闻主要内容。电视消息导语一般由主播在演播室口播，然后出现画面+解说，画面底端显示标题。有时候，演播室导语之后是记者现场出镜的画面。这两种情况下，导语先于标题出现，导语需要有提示新闻要点的功能。还有一种情况是两条连续播放的消息之间没有演播室串接，上一条消息播完后直接播出下一条消息，第二条消息开头部分的解说词即为导语。如何先声夺人，吸引观众观看？导语写法不可小觑。

（一）导语的类型

1. 直接陈述式

直接陈述式导语开门见山，直接告诉观众发生了什么事。这是电视消息导语的常见类型，多用于时效性强的新闻报道、事件类题材。

直接陈述式导语写作时要内容具体，言之有物，并能体现新闻事实的不同寻常，避免平淡。

例1：直接讲述异常细节

> 今天，川航一客机在执行重庆至拉萨航班任务时，驾驶舱右座挡风玻璃发生破裂脱落。在民航各保障单位密切配合下，机组安全备降成都双流机场。来看记者的报道。①

这条导语将飞机挡风玻璃破裂脱落这一让人揪心的事实放进前面，后面补充"安全备降双流机场"这一最新进展，有惊无险。

---

① 四川卫视《四川新闻》2018年5月14日播出，节目制作者：王琰、李景良、顾婕、邓绍希、李明泽。

例2：直接突出事物独一无二之处

> 今天，黑龙江省最大的新型经营主体农联农民专业合作社联社成立。它的成员，是分布在全省各地的213家农民合作社。它的土地总经营面积超过了200万亩，占全省耕地的百分之一。①

这条导语突出黑龙江省"最大的新型经营主体"这一关键点，揭示其新闻价值。

2. 评述式

评述式导语在讲述发生了何事的同时予以简短的评价，进一步揭示新闻事实的深层意义，是一种有深度的导语。

由于电视消息重在对事实的客观报道，导语中的"评"往往语言精当，点到为止，无须展开。另外，"评"的部分要有新意，有启示性，能够提升新闻的关注度和观看价值。例如：

> 今天早上7点，湖北省第二大湖泊梁子湖的牛山湖实行永久性破垸分洪，梁子湖水面增加130平方公里。这一举措既是为缓解当前梁子湖水位居高不下的严峻形势，还从长远解决了这一地区易渍易涝问题。还湖于民，还湖于史，还湖于未来。②

3. 故事式

故事式导语从某个具体人物的故事切入，引出值得关注的新现象、新问题、新成就，也可以从细节、场景切入，引出对新闻事实的报道。例如：

> 来关注仙桃市今天上午举行的全媒体电视问政。现场，水产、交通、农业和文广新局等六家单位主要负责人接受考试。中途，场下观看的市委书记给主持人递上了一张小纸条，让现场气氛变得紧张起来。③

故事式导语的优势在于其故事性，以故事、细节、悬念吸引人，不过，它在信息节奏方面慢于直接陈述式导语。

---

① 黑龙江卫视《新闻联播》2015年3月14日播出，节目制作者：杨国栋、姜禹。
② 湖北卫视《长江新闻号》2016年7月14日播出。
③ 湖北卫视《湖北新闻》栏目2018年12月20日播出，节目制作者：郭小容、田园、胡芳、刘庆志。

4. 引语式

引语式导语即在导语中引用新闻人物的话语。电视消息一般选择有重要信息、重要观点的引语放在消息的开头。

写作格式上，电视消息引语式导语和报纸消息导语有所不同。电视消息导语一般先交代人物身份，然后再引述其说话的内容。因而人物本身的重要性、知名度、权威性是写作这类导语时需要考虑的因素。

报纸消息导语常常采用倒装结构，先出现引语，再说明是哪个人物在什么场合下说的。引语在前，以引语内容本身吸引读者。

（二）巧用修辞与热词，增强导语吸引力

导语中运用修辞可以进一步体现事实的新闻价值，增强解说语言的吸引力，消息导语中常见的修辞有对比、设问、比喻、拟人、排比、借用等。

1. 对比

对比可以突出事物的差异，凸显事物的变化、变动、不同寻常。

对比有纵向对比和横向对比两种方式，纵向对比即现在与过去的对比；横向对比表现为不同人物、不同事物之间的对比。例如：

> 进贤县李渡镇大桥村有两个自然村：栽东村和栽西村。这两个村只有一墙之隔，村情基本相同，可现在呈现出不同的景象：东边房屋破旧，慢慢空心化；西边却是别墅连片，人气越来越旺。①

导语从两个相邻自然村迥然不同的景象切入，让人好奇背后的原因。继续看视频可以了解到，一个村抓住南昌市农村新户型示范村点建设的利好政策、乡贤村民协力共同发展，另一个村因循守旧，濒临"空心化"。对比手法贯穿导语及消息主体，增强了表现力，让主题更清晰。

2. 设问

设问可以调动人们的好奇心。导语中运用设问，需要与报道内容紧密相关，且提出的问题能真正引发人们的兴趣，并在导语结束时或者在正文部分给以回答。例如：

---

① 江西广播电视台江西新闻频道《新闻大搜索》栏目 2020 年 12 月 31 日播出，节目制作者：赵洪潭、易义华、高磊、张晓琪、杨汉青。

诸暨中乌生命科学院是当地重点打造的海外人才平台。然而平台挂牌一年多，其中入住的一批乌克兰专家却纷纷离开。洋专家来了又走的背后，到底隐藏着什么样的故事？给当地人才引进带来什么样的思考？请看报道。①

3. 比喻

在消息开头运用打比方的手法，可以让新闻事实的表达更形象生动。例如《安徽新闻联播》曾经播出的反映安徽沿江经济带治理工业废气污染的消息，开头将各种颜色的工业废气比作"盘在头顶的污染龙"，再借用金庸小说《倚天屠龙记》中的"屠龙记"，表达治理污染的决心和力度，让环境新闻报道更为生动。导语如下：

生活在长江边上的安徽人，形象地把当地的工业废气比作盘在头顶的"污染龙"，为了使"沿江经济带"不成为"沿江污染带"，安徽正进行着一场转变经济发展方式的"屠龙记"。②

4. 拟人

导语中运用拟人手法，将无生命的事物人格化，使新闻报道更为生动鲜活。仍以上文提到的"奋斗者"号突破我国载人深潜新纪录为例。2020年11月10日8时12分，"奋斗者"号载人潜水器在马里亚纳海沟成功坐底，创造了10909米的中国载人深潜新纪录。11月13日上午，"奋斗者"号载人潜水器和深海视频着陆器"沧海"号及"凌云"号在马里亚纳海沟开展联合作业。中央广播电视总台对这一科考活动进行了连续报道。我们来听听消息的开头。

（主播）："好，我们来关注我国首艘万米级载人潜水器'奋斗者'号在马里亚纳海沟深潜、再破万米深度的消息。北京时间今天凌晨四点十二分，'奋斗者'号的搭档、全球独家无人深海着陆器'沧海'号以及'沧海'号的小助理'凌云'号，先行从科考母船探索二号保障船上顺利布放，并于九点零二分顺利在马里亚纳海沟坐底。"③

---

① 浙江卫视《浙江新闻联播》2018年7月15日播出，节目制作者：邵一平、杨川源、许勤、胡正涛。
② 央视网.【高举旗帜 科学发展 贯彻落实十七大精神】安徽沿江"屠龙记"［EB/OL］.（2008-01-07）［2024-01-06］.https://news.cctv.com/xwlb/20080107/105560.shtml.
③ 央视网.［视频］"奋斗者"号载人潜水器突破万米海深 潜入全球最深海域［EB/OL］.（2020-11-10）［2024-01-06］.https://tv.cctv.com/2020/11/10/VIDEMmJSQP4nr4VMmwPVB1il201110.shtml.

导语使用"搭档""小助理"等拟人手法，形象地提示了"奋斗者"号、"沧海"号以及"凌云"号之间的关系。拟人手法让科考报道更有吸引力。

5. 排比

以结构相同的成组句式来写作导语，语言上排比整齐，有节奏感；情感上形成累加效果。例如：

> 到今天，牛玉儒同志离开我们已经 90 多天了，这些天来，在呼和浩特、在包头，在街道、在广场、在公园、在公共汽车上，人们说得最多的是牛玉儒（牛书记）。人们为他的英年早逝悲伤，把他勤政为民、鞠躬尽瘁的事迹传扬。人们信服，人们公认，牛玉儒是党的好干部、人民的贴心人。①

6. 借用

导语中使用人们熟悉的俗语、谚语、诗词、典故、歌词等，吸引人们收听收看，同时帮助人们理解新闻事实。

7. 善用网络热词

使用网络热词、流行语也可被视为借用的一种，考虑到这是互联网时代主流媒体话语与互联网文化融合的表现，因此单列出来。适当使用网络热词、流行语，有助于拉近主流媒体与年轻网络用户的距离。

> 记住：声画结合传递信息，解说服务于"看"与"听"。

第二节　短视频新闻写作

短视频新闻是短视频这一新兴媒介形态与新闻信息的结合，是移动互联网时代一种重要的新闻传播模式，新闻属性是其区别于其他短视频的核心特征。动态影像是短视频的媒介特色，短视频新闻写作需要发挥短视频的传播优势，适应移动传播语境下用户的需求。

---

① 内蒙古电视台 2004 年 11 月 20 日播出，节目制作者：顾永生、朝鲁等。

一、短视频新闻的特点

相较于大屏播出的电视消息，短视频新闻的特点不仅仅是"短"。其传播平台和面向的用户使短视频新闻在生产方式、内容、结构、表达形式等方面也有其特点。梳理学界与业界关于短视频新闻的定义，有助于我们理解短视频新闻的特性。

（一）短视频新闻的定义

本章节中的短视频是指时长简短，叙事完整统一，主要在移动社交平台上传播的视听内容[①]，传播形式有横屏，也有竖屏。关于短视频的提法，有移动短视频、微视频等。

短视频新闻的涌现与智能手机的普及、手机网速的提升、流量资费的下降，以及移动短视频社交应用的发展等诸因素相关。一方面，智能手机普及，4G、Wi-Fi 的普遍使用，使得普通个体观看以及制作、上传视频的成本降低；另一方面，移动短视频应用使得拍摄、编辑、上传的技术门槛降低，拍摄和分享短视频成为社交平台用户的日常行为。

短视频适应了移动化、碎片化的浏览需求，也便于用户在社交平台上转发、分享。在新闻领域，新闻机构、普通用户也开始尝试用短视频拍摄记录新闻现场，发布新闻内容。短视频新闻的应用丰富了新闻内容的生产主体、采集方式和表达形态。有人认为短视频新闻的关键不在长短，而在于素材采集方式，"主要以网民手机和公共视频采集的，以新闻核心现场为报道主体内容的就是短视频新闻"[②]。也有人认为，一则优秀的短视频新闻的评价准则应该是"看它距离一个新闻的核心有多近，而视频的长短反倒不是那么重要的……拿到核心现场、拿到核心当事人，从新闻的角度来讲，这条视频就是一个好的视频，这是从新闻价值上面来进行衡量的"[③]。一些突发事件的视频往往来自"在现场"的普通个体、公共空间的视频监控记录。这种原生态的记录带给人们强烈的真实感。"短视频新闻之所以被青年人信任、喜爱，正是因为其呈现的是不

---

① 曾祥敏. 融合新闻学 [M]. 北京：中国传媒大学出版社，2023：155.
② 王海. 新闻短视频"青蜂侠"的发展之道 [J]. 新闻与写作，2020（6）：93-96.
③ 章淑贞，王钰，李佳咪. 短视频新闻的突围之路：访新京报"我们视频"副总经理彭远文 [J] 新闻与写作，2019（6）：87-91.

受干扰的事件核心现场,更真实、更贴近、更有灵魂,所以才宝贵。"①在表现形态上,短视频新闻往往融合音频、视频、图形图片、文字、音乐等元素,表达形式直观、立体,人们可以通过感官系统获取信息、感受现场氛围。

综上而言,短视频新闻可以界定为:移动端首发、以简短篇幅快速及时地呈现新闻核心现场的视频新闻类型。

(二)短视频新闻传播特点

作为一种新兴的新闻产品形式,短视频新闻具备与其他类型新闻产品不同的特点,具体而言有以下六个方面。

1. 即时拍摄、及时分享

得益于移动通信技术带宽的增加与移动设备上音视频制作技术的提高,快拍快编,连接微博、微信等平台快速发布成为现实。2019年国庆报道时,中央广播电视总台视频团队在阅兵式进行中同步制作了超过500条短视频,在央视新闻客户端投放,以《庆祝中华人民共和国成立70周年大会仪式》《10万名群众70组彩车同心共筑中国梦》《雄鹰展翅!飞行梯队震撼亮相》《"钢铁洪流"!大国重器接受检阅》等内容立体式、多角度全景呈现国庆70周年节日盛况。同时,在微博平台,总台共发布111条阅兵式相关视频,国庆日当天视频播放量就超过5.2亿次。②

2. 轻量化,适于"碎片化"浏览

适应移动传播语境下用户碎片化、快速"刷取"的浏览习惯,短视频新闻体量短小,有的短视频新闻长度以秒计算,在内容上相较于传统电视新闻也更轻量化、更精练、节奏更快。短视频新闻往往开门见山,直接呈现事件现场、人物故事,让人们在短时间的观看中了解新闻事件,获得有价值的信息。

3. 展现新闻核心现场

短视频新闻重在呈现新闻现场关键画面。除了记者直击现场,很多素材来自新闻现场目击者、亲历者的拍摄,以及公共机构的监控影像、行车记录仪影像等。因离现场足够近而记录下事发时的现场状况、关键瞬间,视频中多保留现场声、人物之间的对话,通过现场环境、人物行为、细节等展现新闻核心现场的真实情况。

4. 混合生产模式

UGC(用户生产内容)+PGC(专业生产内容)的生产模式成为移动互联网时代,

---

① 王海. 新闻短视频"青蜂侠"的发展之道[J]. 新闻与写作,2020(6):93-96.
② 澎湃视频. 短视频在重大新闻事件报道中的应用与创新:以央视对新中国成立70周年庆典报道为例[EB/OL].(2020-06-18)[2024-01-06]. https://www.thepaper.cn/newsDetail_forward_7891187.

新闻媒体以及资讯类短视频平台主流的短视频新闻生产模式。UGC弥补了记者第一时间未能在场的缺憾，尤其在重大突发事件中成为重要的素材来源；用户参与新闻内容生产还带来了话语风格的改变，新闻语言更多融入寻常百姓的日常话语，这也增强了新闻的贴近性与亲近性。PGC主要是对普通用户的视频素材予以核实、求证、把关和加工，包括通过补充采访提高信息容量，采用更好的剪辑和叙事手法增强表现效果。

5. 互动性强

与传统的电视新闻不同，短视频新闻是将具有社交属性的软件作为传播新闻信息的载体，从而实现新闻产品在移动社交平台的传播。① 依托于交互性强的社交媒体平台，短视频新闻的传播也具有交互性强、参与度高的特点。这种互动性不仅仅是技术层面的体验，更为短视频新闻的生产带来"活水"，助力短视频新闻传播。一方面，短视频新闻创作可以依托社交网络发掘新闻线索，整合并运用普通用户上传的视频素材；在发布新闻短视频时，可以通过社交平台的应用开展投票、观点辩论、意见收集等等，激发用户的参与意愿，增强互动。另一方面，用户在观看视频的同时可以进行评论、点赞、分享，而分享已经成为社交媒体时代用户使用媒介的重要特质，并能推动短视频新闻提升传播力、影响力。

6. 视听元素丰富多样

短视频新闻的编排形式和视听符号较为多样。除了传统的字幕和同期声外，短视频新闻还可以根据报道主题的需要，利用花字、特效、配音与配乐对新闻素材进行包装制作，达到突出主题、强调细节、渲染氛围的效果，在满足观众对感官体验的需求之余，丰富新闻内容的表达形态，扩展新闻的表意空间。

二、短视频新闻的标题拟制

视频播放平台的短视频，除了标题栏的标题句，还会有封面标题，这是短视频新闻不同于电视消息标题之处，是视频播放平台内容制作和分发逻辑的体现。下文将分而述之。

（一）视频标题

视频标题是指在短视频新闻发布时命名的题目，一般被置于视频下方，用户可以

---

① 殷俊，刘瑶. 我国新闻短视频的创新模式及对策研究［J］. 新闻界，2017（12）：34-38.

通过点击标题直接进入观看界面。

标题的作用是告知用户视频主要内容，吸引用户观看。此外，标题中的关键词有利于用户搜索和查找，将视频内容在平台上检索出来。

1. 短视频新闻标题写作要求

（1）准确，用语恰切

准确是新闻报道的基本要求。标题对报道内容的提炼、概括应准确，用词恰切，避免与事实有出入，例如对人物讲话断章取义，对事实的整体概括以偏概全，对事件影响的表述夸大其词。另外，标题与内容须题文一致。互联网上一些短视频为博取流量，存在标题与内容不符、脱节的现象，损害了公众、用户的信任，需要避免。

（2）精练，突出核心事实

新媒体时代，用户的信息获取方式越来越向手机屏幕转移，因此方寸屏幕之间的短视频新闻标题要求简明、凝练。报刊新闻标题既有单行题，也有双行题（引题＋主标题，主标题＋副题），三行题（引题＋主标题＋副题）。短视频标题多用单行题，结构上简化。

好的短视频标题需要一句话突出视频的核心要素，使用户一目了然，在最短的时间内最大限度地满足用户需求，激发用户的点击兴趣。过长的视频标题往往新闻重点模糊，影响用户的观看体验。

（3）生动，有吸引力

短视频新闻标题直接影响着短视频新闻的点击率，对于提升短视频新闻传播力至关重要。短视频新闻标题要求具体、生动，有吸引力。

突发事件、现场活动等动态报道类短视频标题通常采用主谓结构，突出主要新闻要素中的地点、人物、事件（或进展）等核心事实，让用户通过标题对"在什么地方，发生了什么事"产生好奇。

2. 提亮标题的写作方法

标题不是标签体，也不是简单的短语体，需要将内容的看点或亮点用通俗易懂的语言"说出来"，直白地向用户传递观看这则视频的理由。提亮标题、增强吸引力的方法因内容而异，需要根据素材具体考虑将什么写入标题，体现事件的重大、重要、新鲜、不同寻常。常见的方法有以下几种。

（1）突出事件中的新闻点

——突出特殊场景，吸引用户看视频现场

标题中突出特殊现场，吸引用户关注，同时能体现短视频的现场优势。

——突出细节，体现不同寻常

特色细节可增强吸引力；同时，报道热点事件时，面对众多媒体、自媒体对同一题材的关注，选择某一细节放入标题，也是增强差异性的做法。

——运用数据，体现事件新闻价值

选择重要的、特殊的、有意味的数据，体现视频内容价值，吸引用户点击。

——运用打动人心的引语，表现人物态度、情感、理念

以上方法既可单独使用，也可组合出现。例如以下中国新闻奖获奖短视频现场新闻的标题：

- 《地震瞬间，她们抱出 26 个新生儿：要把孩子的安全置于我们之上！》①
- 《惊险！陕西警方现场抓捕制毒嫌犯　查获冰毒 107.52 公斤原料 88 公斤》②
- 《病死猪田间乱丢知道吗……〈问政山东〉现场局长被 8 连问后语无伦次》③
- 《抗洪 Vlog｜记者坐拖拉机赶往安徽庐江圩堤抢险现场：数千人会战守堤坝！》④
- 《上海医疗专家救治组组长：一线岗位全部换上党员，没有讨价还价！》⑤

（2）使用有形象感的特色关键词

运用形象的、有特色的关键词，表达报道对象的特点，有助于彰显主题，且简洁易记，常用于人物报道、重大主题报道等非突发事件类短视频。相较于突发事件报道对信息告知的重要作用，人物故事、主题报道往往具有传播价值理念、发展成就的功能。特色关键词的使用，有助于用户对所报道的人物形象、主题理念产生感性印象。

以下标题都使用了贴合内容的、有特色的关键词。第一个是人物群像类报道的标题，后两个是主题报道类短视频的标题。

---

① 李艺，曾明. 地震瞬间，她们抱出 26 个新生儿：要把孩子的安全置于我们之上！［EB/OL］.（2020-07-03）［2024-01-10］.https://movement.gztv.com/news/detail/H19M1y/?ts=1744673354000.

② 黄利健，苗巧颖. 惊险！陕西警方现场抓捕制毒嫌犯　查获冰毒 107.52 公斤原料 88 公斤［EB/OL］.（2019-01-28）［2024-01-10］.https://page.om.qq.com/page/OzACqfAVtUMrgG0l1O2I9IjA0?ADTAG=tgi.wx.share.message.

③ 林绍荣，刘桂秋，李莎，等. 病死猪田间乱丢知道吗……《问政山东》现场局长被 8 连问后语无伦次［EB/OL］.（2019-04-06）［2024-01-10］.https://sdxw.iqilu.com/share/YS0yMS01NDc3OTMw.html.

④ 王伟伟，陈华，王金海，等. 抗洪 vlog｜记者坐拖拉机赶往安徽庐江圩堤抢险现场：数千人会战守堤坝！［EB/OL］.（2021-05-28）［2024-01-10］.http://www.zgjx.cn/2021-05/28/c_139975280_2.htm.

⑤ 孙冀，石留骏. 上海医疗救治专家组组长：一线岗位全部换上党员，没有讨价还价！［EB/OL］.（2020-01-29）［2024-01-10］.https://m.yicai.com/news/100483417.html.

- 《全乡村民化身"爬山侠"守护雪山！村民跋涉5000米高山捡垃圾》①
- 《共产党员了不起——地下超级工程》②
- 《第四维度|看"共富的种子"生根发芽》③

我们以《第四维度|看"共富的种子"生根发芽》为例具体分析。该短视频从2021年6月《中共中央 国务院关于支持浙江高质量发展建设共同富裕示范区的意见》发布引入，讲述习近平同志在浙江担任省委书记期间，以及后来考察浙江时，对浙江各地经济发展和共同富裕做出擘画和部署，在钱江南北播下了"共同富裕"的种子。多年来，"共富的种子"在之江大地生根发芽，茁壮成长。接下来，短视频通过来自不同村、不同行业的5位讲述人，讲述他们在不同领域耕耘、带动村民发展的故事，反映"共富的种子"如何发芽和壮大。标题中的"共富的种子"，既是视频故事中的白茶苗、养殖喂饵，也是人物奋斗梦想的起源，更是带动人们经济精神"共富"的种子。标题较为贴切形象，富有创意。

（3）善用修辞，巧用热词

短视频新闻的标题既要求准确性，又讲求可读性，这样才能吸引人们有兴趣观看，从而点击浏览。运用修辞手法和加入网络热点词汇是让标题生动形象、具有可读性的有效手段。

如《独家航拍！直击水龙与火龙艰苦拉锯》④，运用比喻的修辞手法将西昌泸山的山火和消防力量分别比作火龙和水龙，既凸显出山火的猛烈和救援力量的强大，也显示出两股力量不断交锋的焦灼战况。相比于直接将山火救援写入标题，加入修辞后的标题更具吸引力和可读性，最终该视频在抖音平台播放量达300万次，微博观看量达百万次。又如《三星堆国宝大型蹦迪现场！3000年电音乐队太上头！》⑤，在标题中运用年轻新潮的网络热词，不仅在互动传播时拉近了与年轻群体的距离，一经发布便收获广泛喜爱，还打破了人们对于传统媒体"严肃""枯燥"的刻板印象。网络热词可以

---

① 杜江茜，吴枫.全乡村民化身"爬山侠"守护雪山！村民跋涉5000米高山捡垃圾［EB/OL］.（2019-06-05）［2024-01-10］.https：//m.thecover.cn/video_details.html?eid=K44bVtlRUYY=&timestamp=1744676993368.
② 河南广播电视台.共产党员了不起：地下超级工程［EB/OL］.（2021-07-01）［2024-01-10］.https：//share.hntv.tv/news/1/14131434300222230021.
③ 朱霄雯，姚朱婧，杨佐零，等.第四维度|看"共富的种子"生根发芽［EB/OL］.（2021-12-28）［2024-01-10］.https：//zj.zjol.com.cn/video.html?id=1781400.
④ 王云，袁敏.独家航拍！直击水龙与火龙艰苦拉锯［EB/OL］.（2020-04-02）［2024-01-10］.https：//cbgc.scol.com.cn/news/264138?from=iosapp&app_id=cbgc.
⑤ 三星堆国宝大型蹦迪现场！3000年电音乐队太上头！［EB/OL］.（2021-03-20）［2024-01-10］.https：//cbgc.scol.com.cn/news/1025099.

增加新闻标题的关注度，但也须把握尺度，运用得恰当和贴切。

（4）调动情感，引发共鸣

情感是社交媒体时代提升短视频传播效果的重要因素之一。有代入感、感染力的标题能够拉近与受众之间的距离，使受众与之产生情感共鸣。如《独家视频丨游客："彭麻麻呢？"》①使用游客对于习近平总书记的一句问候作为标题，通过问句设置悬念，激发受众的好奇心和阅读兴趣。

再如吉林广播电视台客户端发布的《超燃！新型主力战机亮相庆祝人民空军成立70周年航空开放活动》，标题中的"超燃"是网络流行语，视觉上能吸引用户的注意，且该词有让人振奋激动之意，与后半句"新型主力战机亮相庆祝人民空军成立70周年航空开放活动"相结合，有助于激发人们强烈的爱国之情与民族自豪感，从而点击观看视频，感受新型主力战机亮相的精彩场景。

（二）封面标题

封面标题是指在平台展示或平台某账号的展示页每个视频的封面图上出现的标题。常见于视频平台，如B站、抖音、快手这类流媒体平台上。

封面标题强调视觉效果，较视频标题更为简洁、醒目、灵活，有时只突出关键词。

封面标题在位置上占据用户的视觉中心。用方正、加粗的字体占据封面一半空间是封面标题的常见形态。为起到突出视觉中心的作用，封面标题需要将新闻的看点用一个字、一组词或一句话，精确、特色鲜明地表达出来。

封面标题的写作须在封面图与视频标题间建立联系，可以利用封面标题就画面的某种含义进行延伸，也可以借用文字与画面间形成的某种特殊关联，将画面中隐藏的信息转化为能令人"秒懂"的视觉语言，丰富新闻的表意空间。

常见的封面标题写作方式包括：用一句话凝练出新闻事实；用细节、动作、引语吸引用户；活用成语及网络流行语、流行"梗"来表情达意。在写作时，借用口语化的措辞或网络流行语更能吸引用户注意力，激发用户点进来看一看的兴趣。

一则巧妙的封面标题能发掘出新闻中的趣味元素，将严肃的新闻标题演绎得妙趣横生。下图为B站新华社官方账号的投稿视频，在封面标题的写作上基本体现了上述策略。

---

① 央视新闻.独家视频丨游客："彭麻麻呢？"［EB/OL］.（2020-01-19）［2024-01-10］.https://shareapp.cyol.com/cmsfile/News/202001/19/web317347.html.

图 11-2-1　B 站新华社官方账号视频投稿①

新华社在 B 站发布的视频《高原萌兽与"奶爸"的新年"贴贴"》，讲述长江源园区可可西里管理处索南达杰保护站的才文多杰喂养藏羚羊，担当"奶爸"的故事。封面标题为"高原萌兽与奶爸"，只突出关键词，用词可爱诙谐，说明主要信息的同时，保留了"高原萌兽"这一代称，并未揭示其真实身份，留下悬念，引发人们的观看兴趣。

图 11-2-2　《高原萌兽与"奶爸"的新年"贴贴"》截图

---

① 新华社 [EB/OL]. (2019-07-29) [2024-01-10]. https://space.bilibili.com/473837611/?share_session_id=9D18E5CC-D332-490E-A1A8-337B721E3D0B&share_source=copy_link&share_medium=ipad&bbid=Z64DEA63E9383AFF486E97470BD5F9F2186A&ts=1662382921.

二、短视频新闻文本写作

移动互联网时代，短视频适应了人们快节奏浏览的需求，受到网络用户青睐。短视频写作需要适应移动端接收语境，解说语言、画面、同期声、字幕等共同配合，报道新闻事实、讲好故事，整体上实现可视可听的效果。

（一）巧选角度

短视频与微视频篇幅短小，内容也需要相应地"做减法"，角度选取非常重要。讲述的内容宜集中，重心突出，避免面面俱到。语言表达应精准，直奔主题，避免出现套话空话以及不必要的铺垫。

同时，切入角度上突出新意，贴近网络用户，尤其是年轻用户的视角。例如《共产党员了不起——地下超级工程》[①] 短视频使用动画开头切入地道战，讲述了共产党员带领群众挖地道的故事，体现了共产党人独具一格的作战智慧。下半篇幅讲述新中国突破一道道技术障碍和垄断，自主研发地下掘进"神器"盾构机，在新时代依旧打造着自己的地下超级工程，切入角度独特。

表 11-2-1 《共产党员了不起——地下超级工程》画面及解说词

画面	解说词
陆军步兵漫画物语	陆军步兵漫画物语，这本书在中国鲜为人知，书中就记录了让日本人吃尽苦头的地道战。令日军闻风丧胆的地道战，是怎样被先辈们创造出来的？

---

① 河南广播电视台.共产党员了不起：地下超级工程［EB/OL］.（2021-07-01）［2024-01-10］.https://share.hntv.tv/news/1/1413143430022230021.

续表

画面	解说词
	当年因无险可守，为抗击来犯之敌，中国人挖出地下超级工程，现在为谋国之利，中国人将再次智慧攻关，完成新的地下超级工程。

视频使用一本漫画作为开头，吸引用户的注意，通过解说引入"地道战"这一话题。在完成对地道战的阐述后，视频又通过解说词承上启下，承接上半篇幅共产党带领人民挖地道的画面，引出下半篇幅中国人自主研发盾构机的内容。

（二）发挥屏幕文字的叙事功能

移动互联网时代，大量短视频新闻不使用解说，而是通过屏幕文字辅助画面、同期声叙事，以便于用户在移动场景、公共空间观看。这是短视频区别于传统电视新闻的一大体现。

短视频新闻的屏幕文字主要有这样几类：同期声字幕；画面中主要人物、采访对象的身份信息；视频拍摄者、制作者署名；补充性字幕，包括交代新闻要素、补充必要背景及现场画面以外的信息等。

一般而言，短视频画面以秒为单位，时长有限，内容的完整性受到影响，因此需要用字幕将内容补充完整。此外，有一些信息是无法通过现场画面直接获得的，例如确切的时间、地点等新闻要素，以及事件简要背景、整体概况等。这就意味着，我们需要善于使用补充性字幕，来补齐新闻要素并建立起画面间的联系。

1. 短视频新闻中补充性字幕的作用

电视新闻可以在解说词中介绍新闻的背景、进展、结果等信息，短视频新闻适应用户在移动场景观看，通常不设解说词，而是用屏幕文字对新闻相关信息进行补充、说明、解释。

（1）通过字幕补充交代新闻基本要素

新闻基本要素包括何事、何时、何地、何人、何因，以及"如何"进行的。短视频新闻的画面适于展现具体的现场、情节，具体时间、地点、人物身份、人物之间的关系、事件原因等，可以通过屏幕文字补充说明。

在视频封面上，一句话说明何时何地发生了什么事，是短视频新闻的常见做法。这类似于电视消息的导语，但更为简洁凝练。

（2）补充必要背景、概况性信息

短视频的优势在于新闻现场，而事件的背景，以及体现事态规模、影响程度、发展成效等方面的数据等，可以通过屏幕文字呈现。

短视频新闻常以具有吸引力、冲击力的现场画面开头，而后交代必要的背景。受限于时效、时长及文字的视觉效果等因素，其背景较电视消息中的背景更为简短。一些突发事件类短视频可能来不及交代背景。

（3）补充事件进展、后续结果

用字幕来补充事件进展、处理结果，是短视频新闻字幕的常见用法。这些补充性内容，既弥补了因拍摄时间紧张导致的画面素材不足的问题，也可以让内容有相对的完整性。

媒体在使用社交平台上用户发布的热点视频时，须进行事实核查以及补充性的采访，可以在字幕中增加原始视频没有的内容，提供信息增量，提升新闻的传播价值。

（4）用字幕提示画面细节

（5）解释画面含义，避免画面的多义性引发歧义

（6）衔接画面，转场过渡

突发事件类短视频往往时间和地点较为集中，社会发展类、主题报道类短视频内容往往跨越时间和空间，涉及多场景、多情节、多人物，画面间存在跳跃性，需要字幕来串联画面、转场过渡。

写作时需要选择一定的叙事结构，例如按照时间顺序写作时，字幕突出时间点的变化，条理清晰地梳理事件发展过程；按照地域空间结构素材时，字幕突出地点的变化，转场过渡。

在呈现方式上，注意区分来自不同场景和信息源的画面，可以根据画面调整屏幕文字的字体、颜色、位置进行区分。

下面以《微视频丨彻夜救援 台州无眠》[①]为例，具体讨论短视频新闻中补充说明性字幕的写作。报道中补充性字幕的使用，对交代背景成因、提示细节、讲述救援故事、解释画面内容起到重要作用。

---

① 王以军，高鲜朝，牟毅.微视频丨彻夜救援 台州无眠［EB/OL］.（2020-06-14）［2024-01-10］.http：//m.576tv.com/OLTZ/a/id/104472/flash.

表 11-2-2 《微视频丨彻夜救援 台州无眠》分析

补充性字幕	画面内容	时长	部分画面截图
6月13日16点40分左右，G15沈海高速温岭大溪镇良山村路段一辆由宁波开往温州的液化气槽罐车突然爆炸。	三组车载记录仪影像记录下事故发生的第一现场：高速公路上一辆油罐车突然爆炸，车体被炸飞，爆炸产生大量浓烟。	11秒	
16点43分左右，炸飞的槽罐车砸塌路侧的一间厂房，又发生了二次爆炸。	五组镜头记录下第二次爆炸现场。监控录像与居民拍摄显示，爆炸波及附近的高速公路、居民家中、村镇街道、收费站及爆炸厂房所在地的停车场。	21秒	
16点51分，温岭大溪专职消防队最早到达现场。	两组航拍镜头展现二次爆炸后的现场状况：厂房上空浓烟四起，多处建筑物被炸毁。 一组摇镜头展示现场全景：一片废墟中，消防人员在拿喷水枪灭火。	8秒	
与此同时，温岭消防救援大队万昌中路分队迅速集结了4车18人赶赴现场。	两组消防站监控录像，记录下多辆载有人员、设备的消防车集结出动。	5秒	

续表

补充性字幕	画面内容	时长	部分画面截图
17点15分左右，多支消防救援队伍抵达现场。	三组跟拍镜头记录消防队员列队步行至灾区展开搜救。	5秒	
爆炸事故中，两百多户村民和一家工厂的70多名工人受到波及，多人被压在坍塌的房子底下。	三组航拍镜头呈现灾区遍地废墟的景象，展现受灾面积之大。	5秒	
为尽快救出更多人员，消防救援人员分四组冒着极大危险交替进入爆炸核心区的废墟中进行搜救。	三组镜头记录多名救援人员撬动金属板材，解救被困男子的行动。航拍镜头展现挖掘机在废墟中工作。跟拍一名消防员在废墟中寻找救援目标。	11秒	
19点左右，救援人员在一处废墟中发现有微弱的呼救声。	特写镜头展现搜救现场挖掘工作。	4秒	

续表

补充性字幕	画面内容	时长	部分画面截图
一位阿婆被深埋在残垣断壁下，救援人员硬是徒手刨挖清理废墟，争分夺秒抢救阿婆。	竖屏拍摄：救援人员在废墟中徒手挖掘。特写镜头：救援人员清理阿婆身上的砖石碎片，将阿婆从废墟中拉出。	8秒	
20点左右，阿婆被成功救出，并立即被送往医院抢救。	救援人员将阿婆抬上担架，医护人员接力，将阿婆转移接受医疗救援。	5秒	
20点左右，现场已经有100辆消防车、547名消防指战员，15支社会应急救援力量、339名队员参与救援。	五组航拍、中近景、特写镜头，展现现场各救援队的工作进展状况。	8秒	
20点30分，消防人员共救出了12名群众，但坍塌房屋内仍有人员被困失联。	一队由子弟兵组成的人墙护送消防员转移。	4秒	

续表

补充性字幕	画面内容	时长	部分画面截图
时间就是生命，消防人员携带生命探测仪深入废墟内部，采取徒手挖掘、搭梯及使用多项大型救援设备持续搜救。	航拍呈现厂房被严重破坏。 消防员用水枪灭火。 搜救人员在倒塌的房屋间作业。 消防员铺设梯子进入危楼。 吊车在废墟中进行清理挖掘工作。	9秒	
随着救援不断深入，越来越多的受伤人员获救。	消防员将载有受灾群众的担架转移出现场。 消防员手持生命探测器在废墟中探索。 一群救援人员合力转移担架。 摇镜头依次展现消防员、救护车、挖掘机的工作场景。	6秒	
今天0点50分，省委副书记、省长袁家军抵达现场指挥抢救工作。	省市领导指挥救援。	4秒	
今天2点30分，在民房一层搜救出1人 今天2点33分，从厂里搜救出1人 今天2点55分，在坍塌的厂房内搜救出1人 今天3点11分，在民房一层搜救出1人……	全景镜头表现多支救援队伍在现场接受工作安排。 特写镜头，消防员将担架合力输送、抬上救护车。 在医护工作者的看护下，受灾群众被有序转移收治。	11秒	

续表

补充性字幕	画面内容	时长	部分画面截图
这个晚上，约有2660人次参与了救援，现场救出23名被困人员。	消防员将担架抬往救护车。救护车驶离救援现场。	3秒	
截至14日9点30分，事故已造成19人遇难，172人住院治疗，其中重伤人员24名，目前生命体征平稳。	医院内，处理好创面的受灾人员在护士的陪同下被转移至病房。医生走向病房。重症监护室内，4名护士共同监护、救治病人。	5秒	

这条短视频现场新闻强调视觉吸引力，视频开头即在画面上以红色圆圈提示事发地点以及烟雾轨迹。

图11-2-3 《微视频丨彻夜救援 台州无眠》截图

第 3 秒处，以"时间+地点+事件"的字幕简要说明发生了"何事"。

视频前 50 秒，将首次爆炸情况、二次爆炸情况、受灾群众状态等核心事实、典型场景以较完整、连贯的时间线排列出来，让观众对事故的前因后果有个整体性的认识。紧接着，用"时间+人物身份+到达现场"的字幕来反映救援力量到达现场与响应的及时性。最后，用一条概括性的字幕补充说明事故产生的影响，配合跟拍、航拍的现场画面，再现满目疮痍的事故现场与争分夺秒的救援场景。

【字幕】6月13日16点40分左右，G15沈海高速温岭大溪镇良山村路段一辆由宁波开往温州的液化气槽罐车突然爆炸。

【字幕】16点43分左右，炸飞的槽罐车砸塌路侧的一间厂房，又发生了二次爆炸。

【字幕】16点51分，温岭大溪专职消防队最早到达现场。

【字幕】与此同时，温岭消防救援大队万昌中路分队迅速集结了4车18人赶赴现场。

【字幕】17点15分左右，多支消防救援队伍抵达现场。

【字幕】爆炸事故中，两百多户村民和一家工厂的70多名工人受到波及，多人被压在坍塌的房子底下。

视频 1 分 47 秒处，伴随画面的切换，字幕介绍了消防救援人员进入废墟的方式，并聚焦抢救一位阿婆的具体故事，使观众从救援人员的视角感受救援过程的惊心动魄。报道通过一组补充性字幕、画面及现场声呈现"发现阿婆—全力援救—救援成功"的救援故事。字幕在这里起到解释画面信息、完善叙事逻辑的作用。

【字幕】为尽快救出更多人员，消防救援人员分四组冒着极大危险交替进入爆炸核心区的废墟中进行搜救。

【字幕】19点左右，救援人员在一处废墟中发现有微弱的呼救声。

【字幕】一位阿婆被深埋在残垣断壁下，救援人员硬是徒手刨挖清理废墟，争分夺秒抢救阿婆。

【字幕】20点左右，阿婆被成功救出，并立即被送往医院抢救。

突出画面中的细节和重点也是补充性字幕的主要写法。在"抢救被困阿婆"这个故事中，字幕以"救援人员硬是徒手刨挖清理废墟"反映救援人员在没有挖掘工具的情况下，选择用双手挖开废墟，突出救援人员不畏艰难、敢于献身的精神。类似的突出细节的字幕还有"时间就是生命，消防人员携带生命探测仪深入废墟内部，采取徒手挖掘、搭梯及使用多项大型救援设备持续搜救"，展现搜救工作的紧急性、救援难度、救援具体设施。

此外，字幕中多次使用统计数据来补充场外信息，提供信息增量，例如：

【字幕】20点左右，现场已经有100辆消防车、547名消防指战员，15支社会应急救援力量、339名队员参与救援。

这里的字幕用统计数据来量化救援工作的参与情况，表现出救援队伍的积极响应与团结协作，反映救援工作背后强大的凝聚力与组织力。

同样用统计数据来补充场外信息、提供信息增量的还有视频结尾处20秒的屏幕文字。不同于梳理事件发展进程时用一个句子讲清楚一件事，结尾处在交代事件结果时，选择将信息逐条排列、集中展现在一个画面中。这样做的好处是，对救援力量的组成情况、救援突破的精确时间点，以及受灾群众的遇难、救援、医治状况的总结，可以集中凸显救援工作取得的阶段性成果，也让紧张的视频节奏回归平静。

【字幕】今天2点30分，在民房一层搜救出1人
今天2点33分，从厂房里搜救出1人
今天2点55分，在坍塌的厂房内搜救出1人
今天3点11分，在民房一层搜救出1人……
【字幕】这个晚上，约有2660人次参与了救援，现场救出23名被困人员。

图 11-2-4 《微视频丨彻夜救援 台州无眠》截图

【字幕】截至 14 日 9 点 30 分，事故已造成 19 人遇难，172 人住院治疗，其中重伤人员 24 名，目前生命体征平稳。[①]

2. 补充性字幕写作原则

视觉是短视频新闻的主要接受方式，短视频上的叙事性字幕是为了让用户更好地理解新闻画面，要遵循视觉传播"为画面而写"的原则。

（1）配合画面叙事

动态、有现场感的画面是短视频新闻的主要符号，要充分发挥画面叙事的优势，屏幕上的字幕文字主要是补充画面未能提供的必要信息、背景。

（2）宜精不宜多

画面上的屏幕文字宜精不宜多，字幕过多不仅会干扰用户看画面，还不利于用户抓住信息重点。2019 年香港修例风波中，暴徒和激进分子对香港进行了大肆破坏。《中国日报》在揭批报道中，注重现场报道，用事实说话。其官方微博账号在微博平台主持的话题"航拍香港理工大学"获得了 5.1 亿次的阅读量[②]。微博帖文简要介绍了事由：香港暴徒占领香港理工大学后，导致校内一片狼藉，满目疮痍。在发布的短视频《独家航拍：香港理工大学之殇，看看暴徒对它做了什么？》中，仅片子开始的两个画面出现字幕，第一个画面上的字幕为"11 月 19 日 航拍香港理工大学"，交代时间、地点与拍摄方式；第二个画面上的字幕为"现场一片狼藉"，简明扼要评论画面。对于现场遭到破坏的具体情况，主要通过镜头语言呈现，画面内是满地的垃圾、破碎的玻

[①] 王以军，高鲜朝，牟毅. 微视频丨彻夜救援 台州无眠［EB/OL］.（2020-06-14）［2024-01-10］.http：//m.576tv.com/OLTZ/a/id/104472/flash.

[②] 中国记协网. 独家航拍：香港理工大学之殇，看看暴徒对它做了什么？［EB/OL］.（2020-10-21）［2024-01-10］.http：//www.zgjx.cn/2020-10/21/c_139453952.htm.

璃、随意乱放的桌椅，将暴徒对于校园的破坏通过画面直观表现，此处没有字幕也没有解说，无声胜有声。

图 11-2-5 《独家航拍：香港理工大学之殇，看看暴徒对它做了什么？》截图

（三）"自述式"画外音讲述人物故事

在移动短视频新闻中，出现了以报道对象自述方式讲述经历、故事的画外音。从视频来看，这种自述并非来自现场采访的同期声，我们也可将它纳入解说的范畴。

"第一人称"式解说在涉及人物内心想法、情感时更有可信性，不过需要注意与画面事实配合恰当，相辅相成。

浙江新闻客户端发布的短视频《第四维度丨看"共富的种子"生根发芽》[①]，解说由 5 位讲述人以自述式的画外音来完成。第一位讲述人贾伟是湖州市安吉县溪龙乡黄杜村一位回乡创业的"茶二代"，解说中有一组排比式短句，表达讲述人对故乡的记忆：

　　　　山上的晨雾，松软的泥土，父亲的脚步，是我对于故乡后山茶园的
　　记忆。

---

① 朱霭雯，姚朱婧，杨佐零，等.第四维度丨看"共富的种子"生根发芽［EB/OL］.（2021-12-28）［2024-01-10］.https://zj.zjol.com.cn/video.html?id=1781400.

这组排比句让人感觉到情感上的累加和增强，同时听觉上富有节奏感。而在讲述贾伟回乡后产生"共富"的想法时，解说语言中使用了比喻的修辞手法：

当我回到这片土地时，看着满眼的绿色，和那束洒在屋顶上的阳光，我与乡亲们有了一个想法，让这片绿色的波涛拍打到更远的岸吧。

解说将茶园比作"绿色的波涛"，"拍打到更远的岸"指通过茶叶种植的传播，带动更多地区发展起来。此刻画面上出现的是贵州苗族茶农来安吉学习"白叶一号"种植经验、和贾伟一起直播卖茶的图片，字幕、画面、解说相辅相成，解说带来听觉上的美感。

图 11-2-6 《第四维度｜看"共富的种子"生根发芽》截图

四、微博上的短视频文案

当短视频发布在微博、微信、抖音等社交平台上时，平台往往要求用户在发布视频时携带文案。其中，抖音将其称作作品描述，微博不仅允许用户进行文案撰写，还要求用户选择视频类型：原创、二创或转载，同时在标题一栏写着"填写标题能获得更多关注"的字样。短视频在社交平台发布时，往往不是单独出现，不管是自媒体还是官方账号，短视频往往与文字搭配，同步发送。

（一）短视频文案的作用

1. 告知新闻信息

短视频文案往往是对短视频重要内容的提炼和突出，其中包含着主要的新闻要素，例如人物、时间、地点、事件等。短视频文案一般简洁、直白，其最大的作用是向用户告知短视频的主要内容。比如《人民日报》2023年9月19日发布的一则微博：

图11-2-7 《人民日报》2023年9月19日微博截图

2. 携带话题标签，吸引用户参与

短视频文案的另一作用在于，文案可以携带话题标签。话题标签也被称为tag，短视频与话题标签可以互相促进，互相成就，互相借力，提升关注度，推动短视频触达更多的用户，吸引更多的用户参与讨论。

短视频文案携带的话题标签，可以是传播者自主设置的原创话题。媒体常常在微博文案中主动设置话题，引导网络用户参与评论、发表看法。这也是媒体发挥议程设置功能、引导公众关注的重要体现。视频的直观性和现场感较单一的文字更能吸引用户关注，随着更多用户参与讨论，tag有可能成为新的热点话题，引发更多的阅读和讨论。

除了自主设置话题标签，短视频新闻也可以借用已有的热点话题tag提高关注度。tag能够通过大数据进行精准推送，为短视频找到目标用户群体。媒体发布短视频新闻时可以在文案中加入其他媒体、机构等制作的已有一定讨论度的热点话题，借力传播，让有公共价值的新闻视频得到更多的关注。

图 11-2-8　人民网 2023 年 9 月 19 日微博截图

（二）短视频文案写作

用户在观看短视频时，往往会结合文案一起看。短视频文案为短视频的传播、分发提供辅助：可以提示视频中的内容，吸引用户观看；可以为视频内容提供背景，帮助用户理解；可以激发用户参与，增强互动。短视频文案的写作方法可以归纳为以下几点。

1. 提炼视频内容精髓

短视频文案在一定程度上承担着告知视频新闻主要内容的作用，一方面满足用户的信息需求，另一方面吸引用户点击观看。因而，短视频新闻的文案不是内容缩写，而应提炼视频中有吸引力的新闻事实、有亮点的内容，吸引用户点击短视频进行进一步了解。

2. 标题简洁，凸显核心信息

微博帖文的标题与正文在同一段落，标题居于段首，常以【】标识，【】内的简明文字即为标题。由于微博发布后信息流中只显示 140 字的限制，标题字数不宜过多，【】折行亦不利于视觉效果。文案具体内容在符号框外写作。

微博标题多用实题，直接点出新闻核心事实。例如人民视频 2023 年 9 月 19 日发布的日本突发地震的文本＋视频。

表 11-2-3 《日本突发地震》微博图文

图片	文案
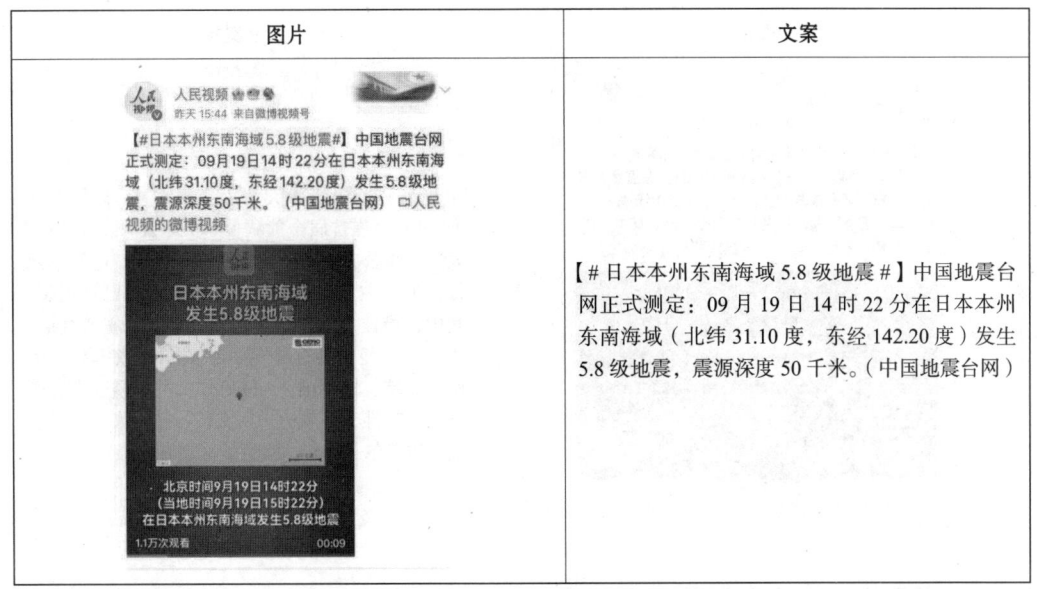	【#日本本州东南海域 5.8 级地震#】中国地震台网正式测定：09 月 19 日 14 时 22 分在日本本州东南海域（北纬 31.10 度，东经 142.20 度）发生 5.8 级地震，震源深度 50 千米。（中国地震台网）

为增强标题的吸引力，标题中可适当借用网络流行语，适应年轻用户对新潮事物感兴趣的心理，拉近与网络用户的距离。不过，这也需要运用恰当。不当套用、滥用流行语也会损害新闻语言的创新性。

此外，标题中也可以突出特色细节，提高新闻的关注度。

微博标题中还常常加入表情符号，这是传统新闻标题所没有的。对这一做法，有研究者认为，情绪化词语和符号普遍进入新闻标题，往往将新闻事实报道引向情感消费方向，是值得慎重考虑的一个问题。①

3. 设置话题标签

话题标签通常嵌在微博新闻文本的标题中，以＃话题关键词＃的形式出现。有多个话题标签时，标签也可以出现在正文中和结尾处。用户点击话题标签即可进入对某一事件或议题的讨论。"话题"功能是微博将互动社交属性与信息传播属性相结合的重要形式，有吸引力的话题标签能吸引用户进一步点击、浏览、参与讨论。

4. 吸引用户互动

互动性是新媒体平台的基本特性之一，微博帖文在传播信息的基础上，还需要促动用户点击、分享、转发，调动用户的参与积极性，例如邀请用户评论、投票，提升短视频的传播效果。例如，《中国日报》2023 年 9 月 20 日发布的金熊猫奖微博电影单元男女主提名相关内容，标题和正文中使用"你最看好谁？"，吸引用户点击和评论。

---

① 邓炘炘，郝丽婷. 微博新闻标题的特点与使用分析［J］. 今传媒，2014，22（9）：4-7.

表 11-2-4 《金熊猫奖微博电影单元男女主提名》微博图文

图片	文案
	【#金熊猫奖电影单元男女主提名#，你最看好谁?】#聚焦首届金熊猫奖#9月20日，首届金熊猫奖将公布获奖名单并颁奖。目前，电影单元最佳男女主角、男女配角的提名名单已经揭晓。其中，最佳男主角提名包括安东尼·霍普金斯、休·杰克曼、易烊千玺、纳威尔·佩雷兹·毕斯卡亚特、成泰燊；5位最佳女主角候选人有西格尼·韦佛、蒂尔达·斯文顿、佩内洛普·克鲁兹、约卡尔·加希、宫哲。你最看好谁?

五、Vlog 新闻的语言组织

随着 Vlog 在视频平台的兴起，Vlog 成为记者记录新闻、传递现场体验、吸引年轻网络用户的新形态。Vlog 新闻生活化的视角、记者像对朋友讲述见闻般的语言风格，有助于增强报道的亲和力。

Vlog[①] 是用于记录个人日常生活的一种视频样态，集图像、字幕、视频特效等元素于一体，并可以在全网发布和传播。这种生活化的、具有个人风格的视频受到互联网用户的喜爱。主流媒体对于 Vlog 在新闻中的应用领域不断增多，题材范围不断拓展。Vlog 作为一种新的视频类型，在人称、视角、语言、表达方式上具有独特之外。新闻从业者需要探索其特性，更好地发挥 Vlog 在新闻传播领域的作用。

（一）Vlog 新闻的语言特点

1. 第一人称讲述，传达"在场感"

Vlog 改变了传统的新闻拍摄方式，在一般的新闻报道中，记者通常使用第三人称视角进行叙事；在 Vlog 新闻中，创作者既是事件的经历者，又是现场的采访者、事件的报道者。报道者以第一人称讲述自己的所见所闻、经历及感受，传递"亲历感"和

---

① Vlog 新闻定义具体参见本书第九章第二节《Vlog 新闻出镜报道》。

"在场感"，同时，第一人称的讲述具有与观众"面对面交流"的效果。

2. 口语化、生活化

Vlog 新闻是拍摄者的口头讲述，不同于书面表达。其语言有较强的生活气息和人际交流感。拍摄者与现场人物的交流，也不同于传统新闻中的正式采访，更带有朋友间的交流氛围。

在内容方面，Vlog 常保留记者采访的准备过程或日常工作场景，这是传统电视新闻报道中不常见的。例如，中国日报《小姐姐两会初体验》系列 Vlog 以一名初次报道全国两会的年轻记者的视角组织报道，涉及记者如何着装、如何向副总编学习报道经验、如何在人民大会堂找到自己想要采访的代表和委员等。在重大时政报道中，从普通人的视角切入，让新闻有了一定的生活气息。

表 11-2-5 《记者小彭的 Vlog：穿什么才能看起来不像是第一次参加两会》画面及语言

画面	语言
	记者："我调整一下设置，好了。"
	记者："您喜欢这个自拍吗？"
	孙尚武（中国日报社副总编辑）："好，挺好的。"

以上段落是记者向中国日报社副总编辑寻求报道经验。此处视频保留了记者采访前调整镜头的过程，以及和采访对象的"闲谈"，就像日常生活中的朋友交流。这样

"非正式"的采访风格增加了时政报道的亲和力。

（二）Vlog 新闻的语言表达

1. 观察和描述现场细节

新闻 Vlog 作为一种新的传播新闻信息的形式，强调报道者的"亲历"和"在场"，如何在现场发掘有价值的信息，观察和捕捉富有新闻价值的细节，找到有代表性的采访对象，是现场组织报道时需要考虑的。

《工人日报》客户端《抗洪 Vlog｜记者坐拖拉机赶往安徽庐江圩堤抢险现场：数千人会战守堤坝！》①是一则细节丰富的现场 Vlog。2020 年 7 月 22 日，安徽省庐江县石大圩白石天河连河段堤防发生塌陷，记者搭拖拉机赶往抢险核心现场，结合镜头语言向观众描述现场一系列细节：被洪水漫过堤坝的乡道、搭载记者的拖拉机上用于抗洪抢险的石块、抢险先锋队的旗帜、大堤上人们正接力传送沙袋加固堤坝、堤坝上已经垒好的三层沙袋、堤坝另一侧滔滔的洪水……这些细节展现了当地的受灾情况和正在开展的救援工作。

表 11-2-6 《抗洪 Vlog｜记者坐拖拉机赶往安徽庐江圩堤抢险现场：数千人会战守堤坝！》画面及语言

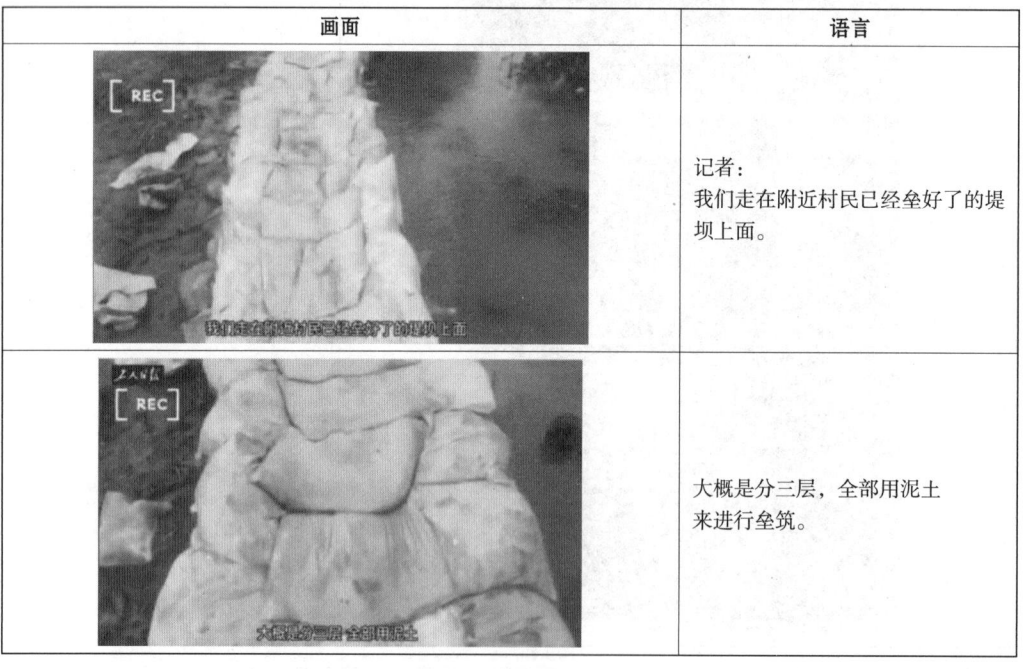

---

① 中国记协网. 抗洪 Vlog｜记者坐拖拉机赶往安徽庐江圩堤抢险现场：数千人会战守堤坝！［EB/OL］.（2021-10-28）［2024-01-10］.http://www.zgjx.cn/2021-10/28/c_1310271873.htm.

2. 提供背景及概况信息

报道者在 Vlog 中既要重视呈现和描述现场情景、细节，也需要补充现场背后的事实、故事，拓展现场画面的内容。例如《抗洪 Vlog | 记者坐拖拉机赶往安徽庐江圩堤抢险现场：数千人会战守堤坝！》中，记者从抢险堤坝上已经垒好的三层堤坝这一细节拓展，进一步深入修建堤坝的人力投入，从而讲述出堤坝上抢修的力量是最多时有"6000 多人""每天三班倒"这样的重要新闻信息，凸显当地干部群众抗洪抢险、保卫家园的决心和勇气。

图 11-2-9 《抗洪 Vlog | 记者坐拖拉机赶往安徽庐江圩堤抢险现场：数千人会战守堤坝！》截图

3. 重视"亲历"过程和体验感

在新闻 Vlog 中，报道者可以通过亲身体验来实际感知现场信息，并将自己的感受讲给观众听。这种实地"亲历"、亲测和体验，有助于增强报道的可信性、说服力。

体验的方式有多种：有的在现场描述时加入嗅觉、触觉等感受，从全感角度对新闻事件、新闻场所进行报道和描述，增强受众的体验感；有的亲身体验某一特定群体的工作状态；有的采用模拟、测试的方式让大家更好地理解新闻事实。

在新冠肺炎疫情防控的特殊背景下，2021 年全国两会期间，记者对"代表通道"和"委员通道"的采访活动是以网络视频"隔空对话"的方式进行的。记者们在位于梅地亚中心的两会分会场新闻中心提问，全国人大代表、委员在人民大会堂"隔屏"回答。新华社记者在报道中模拟代表的视角，帮助观众感受人大代表和记者"隔空对话"的视觉效果，给观众更直观的认识和感受。

> 记者：我带大家模拟一下代表的视角，如果你站在这个位置，看梅地亚的记者们的话，你会感觉看得很真切。①

---

① 新华社.张扬两会日记 | 跟我去大会堂报道人大开幕会［EB/OL］.（2021-03-06）［2024-01-10］.https：//xhpfmapi.xinhuaxmt.com/vh512/share/9811826?channel=weixin.

图 11-2-10　张扬的两会 Vlog 截图

在《小彭 Vlog| 大兴机场首航初体验》中，记者使用了"测试法"增强体验感。2019 年 9 月，大兴国际机场投入运营，它是目前世界上最大的单体航站楼。记者实际测试了从航站楼中心步行到最远的登机口需要多长时间，让观看者跟随着她的脚步来测算，然后结合计时工具显示的时间告诉大家答案。这相较于直接说明数据更能调动观众的兴趣。

表 11-2-7　《小彭 Vlog| 大兴机场首航初体验》画面及语言

画面	语言
	记者："我就来测试一下，看看步行前往最远的登机口

续表

画面	语言
	需要多少时间。"

4. 设计讲述结构

常见的结构可以分为三大类：时间结构、空间结构、逻辑关系结构。

时间结构在 Vlog 新闻中较为常见，报道者按照时间顺序记录现场的体验。时间结构便于展现过程、情节，但需要注意围绕报道主题和重点展开，避免做出流水账式的报道。

空间结构则主要体现在依据一定的空间关系描述现场上，例如重大突发事件的现场，信息点较多，选择合适的地点作为出镜切入点，然后按照一定的空间关系，以记者走动或镜头运动等方式，有序展现新闻现场其他信息点和细节。

逻辑关系结构包括因果逻辑、从个体到整体的递进关系等。报道者往往从现场事实切入，引出原因；从个体切入，拓展到整体情况。

值得注意的是，这些结构在报道中有可能同时存在。例如，在时间结构中，常伴有场景的转换、空间的流动。场景的变化会带来视觉上的新鲜感。这时候要注意场景之间的逻辑衔接。

5. 依托现场，点题升华

Vlog 基本采用顺叙的记录方法，根据时间顺序进行拍摄和剪辑并最终呈现。Vlog 新闻每一期都有一个主题，为了便于用户观看时理解主题，可以通过借助采访同期声、花字等来表达，还可以通过 Vlogger 的口述来进行强调。

Vlogger 口述可能出现在 Vlog 的前、中、后段，当出现在开头部分时，口述主要起到交代主要内容、引入话题的作用，而出现在视频结尾处，则起到画龙点睛、深化主题的作用。

短视频新闻重在对事实的报道和呈现，记者/Vlogger 在点题时可以依托现场环境中的细节或人物说过的话，巧借他物、他人之口，自然点题，提升用户的接受度。

我们来看看新华社《中国－中亚峰会｜Vlog：待到亭亭如盖时》的结尾。2023年5月19日上午，首届中国－中亚峰会结束后，国家主席习近平和中亚五国元首共同种下六棵石榴树。树意味着长青，石榴象征着团结，记者依托画面中的"石榴树"进一步升华主题。

表 11-2-8 《中国－中亚峰会｜Vlog：待到亭亭如盖时》画面及语言

画面	Vlog 语言
	记者："习近平主席和中亚五国元首共同种下六棵石榴树，既见证中国同中亚千年友好交往，更寄托对中国－中亚关系美好未来的期待。"

记住：字幕补充新闻要素，语态贴近网络用户。

第三节 音频短新闻写作

用声音传播信息，诉诸人们的听觉，是音频新闻独有的传播特性。广义上的音频新闻包括所有运用声音报道新闻信息的方式。从大众传播时代的广播新闻到互联网时代的数字音频，用户的收听需求、收听场景与收听方式已发生改变。本节主要探讨以互联网为传播平台的数字音频短新闻。移动互联网时代的音频短新闻写作，既需要新闻思维，也需要声音思维和用户思维。

一、音频新闻的特点

音频新闻通过报道者的有声语音、现场采访同期声、现场实况音响、音响资料等元素来报道新闻、传播信息。缺少画面素材使音频新闻的视觉效果受到制约；不过，这也使得音频新闻的采集过程能更灵活、更快捷，音频新闻写作可以在更宽广的范围内调度素材，还可以通过语言描述为听众建构视觉形象。

（一）音频新闻的定义

音频是指经由传声器转换成的电信号。电视中特指和图像信号（视频）相对应的伴音信号。音频通过扬声器就能发出人耳可以听到的声音，频率范围在20赫兹—20千赫兹。音频信号的强弱代表声音的响度，频率的高低代表声音的声调，频率的成分决定声音的音色。[1]

音频新闻的概念较为宽泛，泛指所有"利用声音报道新闻和传递信息的形式"[2]，可以是对新近或正在发生的事实进行报道的一般口播新闻，也可以是包含了各种新闻音响的音响报道[3]。在过去，广播是以声音形式报道新闻和传递信息的主要音频媒介；如今，随着技术的进步和移动互联网时代的到来，音频新闻不再仅仅局限于广播新闻，各类以声音传播为特色的移动音频新闻节目在喜马拉雅、荔枝FM等互联网平台中出

---

[1] 邱沛篁，吴信训，向纯武，等.新闻传播百科全书［M］.成都：四川人民出版社，1998.
[2] STOVALL J.Audio journalism I：defining the field：the power and importance of sound［EB/OL］.（2009-03-05）［2024-05-10］.https://www.jprof.com/2009/03/05/audio-journalism-i-defining-the-field-the-power-and-importance-of-sound/.
[3] 刘梁超.全媒体环境下音频新闻导语的撰写：以第23届中国新闻奖获奖广播消息导语为例［J］.科技传播，2015，7（3）：39-40.

现。普利策新闻奖评选委员会也在2020年的评选中新增了一个奖项类别：音频报道。[①]

移动互联时代，新媒体凭借可暂停、可倍速、可反复、易保存等技术优势为音频新闻的创新和发展营造了有利条件。在听觉文化复兴的背景下，随着声音传播价值的日益凸显，主流媒体纷纷进入互联网音频领域。传播渠道变化的背后是传播观念的变化，互联网音频新闻写作需要了解互联网音频新闻的传播特点，适应用户收听需求与收听场景的变化，充分发挥声音潜力，提高内容品质和用户收听体验。

（二）音频新闻的传播特点

音频新闻用声音传递新闻事实、思想和情感，内容采制不受画面素材制约，采集过程更加灵活、快捷，选择和调度素材的范围宽广。音频这种媒介形式除了与视频内容相比具有独特优势外，移动互联网时代的到来也助力其呈现出一些与传统广播不同的新特点。

1. 收听场景移动化

移动互联网时代，人们可以在任何时间、任何场景通过智能终端收听音频新闻，不必像过去一样在固定时间打开收音机。这一特点使听众突破了时空的束缚，音频新闻的使用率获得提高。

2. 收听方式伴随性

音频新闻通过声音传达信息，解放了人们的双手和眼睛，用户可以在收听的同时从事其他活动，例如散步、运动、驾车等。移动互联网和智能手机的发展使音频新闻的收听场景更为灵活。

3. 播放过程可控

不同于转瞬即逝的广播，互联网平台提供的音频新闻既有实时直播节目，也有非实时直播节目，它们以整档栏目、单条节目等形式存在，用户可以根据需求随时收听，甚至可以下载。用户还可以根据个人喜好有选择性地对内容进行反复收听，点击相应的控制按钮进行播放、回放、快进或倒退等操作，音频接收方式趋向个性化。

4. 传播方式的互动性

传统广播时代，听众基本处于被动收听广播的状态，听众和广播电台的互动方式有限。移动音频时代，用户可以自主选择感兴趣的音频节目，对内容进行点赞、评论和转发，互动性明显增强。

[①] 史安斌，刘长宇. 音频新闻：脉络、演进与特征 [J]. 青年记者，2020（19）：80-83.

5. 节目多样化、个性化

与传统广播相比，音频新闻的制作者范围更广，内容主题更加多样。与此同时，音频节目可以基于用户的收听行为，通过算法判断用户的偏好，有针对性地推荐内容，或"建立根据其个性需求定制的播放列表"[①]。

此外，音频节目的表达语态也趋于轻松活泼，以贴近互联网时代的年轻用户。如"人民日报评论"微信公众号的《最下饭的交通普法节目，你笑了吗？| 睡前聊一会儿》，主播在开头模仿时下火爆网络的《谭谈交通》的经典搞笑桥段，吸引用户的注意力，阅读量超 10 万次。

二、音频新闻类型

音频新闻的制作主体多样，主流媒体、商业媒体和自媒体都加入了音频新闻的生产与传播领域，推出各具特色的音频新闻作品。按照音频的使用方式分类，音频新闻可分为全音频节目和音频作为融媒体报道的一部分两种形式。

全音频节目指的是全部由音频构成的一档完整节目，喜马拉雅、小宇宙等平台的大部分内容均为全音频节目；而音频作为融媒体报道的一部分指的则是音频参与新闻报道，成为报道中不可或缺的重要组成部分。在一部融媒体新闻作品中，除了音频外，还有其他内容，如文字、图片、视频、动画等，各元素互相配合，共同叙事，让受众更好地理解新闻内容。

全音频节目从具体的新闻实践看，大致可以分为以下两种。

（一）报道类

报道类节目指对新近或正在发生事实的报道。新闻事实是音频报道所要传播的内容主体，而不是报道者的意见与看法。音频报道讲求时效性，需要交代新闻事实的基本要素，真实、准确、客观、全面地呈现新闻事实。在当前的媒介实践中，消息类音频报道、深度报道类音频都很常见。

1. 消息类音频报道

消息类报道指对最新发生的新闻事实予以快速简要报道，这类节目重在及时迅速报道最新信息，时效性强是其传播优势。消息篇幅短小，语言简明，一般只需要集中围绕某个新闻事件或新闻事实中的某一点展开报道。消息写作注重用事实说话，记者

---

① 汪旻. 英国媒体转型发展中对音频产品的探索 [J]. 传媒评论，2020（2）：69-71.

一般不直接出面发表评论。

2. 深度报道类音频

深度报道类音频对新闻事件、新闻人物、社会现象或问题进行详细、深入、全面的报道，展现新闻事实的来龙去脉、原因、深层背景、影响，探讨应对问题的路径等。根据报道对象和呈现手法的不同，深度报道类音频又可分为新闻专题、调查式报道、解释性报道、人物专访等。这类节目内容丰富，时长通常超过 5 分钟，综合运用音响、有声语言、音乐等多种声音素材，在讲求深度的同时，增强可听性。比如，中国之声的《判赔 1.59 亿元，创下史上最高！还是内部人员泄密……》[①]《楼板开裂、房梁钢筋缺失、房门变"纸门"……记者调查湖南娄底安置房问题》[②] 等报道。

（二）评论类

评论类节目指对新近发生的重大或有典型意义的事件、社会现象、公共话题表达观点、看法的节目，是媒体发挥舆论引导功能的重要节目形态。从形式上看，它包括口播类评论、音响类评论、谈话类评论等。关于音频新闻评论写作，请见本书第十四章。

三、音频新闻中的声音类别与功能

声音与文字是人类基本的语言符号。从声音特性的角度看，声音既包括人类创造的语音（语言的声音载体，speech）、音乐（music），还包括自然界和日常生活中存在着的其他数量巨大、种类繁多的声音，统称为一般音频/环境声（general audio/ambient sound）。

根据声音的来源和特性，新闻中的声音符号可以分为口播语言、音响和音乐。口播语言主要指记者、主播、主持人的播报、串词、讲述、评说，也被称为"有声语言"。音响指在新闻事件现场或采访现场录制的声音，有采访对象的声音，也有环境声。

声音蕴含着丰富的信息。所谓"听音识人"表明，人的语音常带有个性化的特征，而环境音响常常被用作特定时空的表征。音频新闻写作需要了解各种声音符号的特性，充分挖掘声音传播的潜力，调动口播语言、音响、音乐等多种声音元素，在传达信息的同时，给人们真切的现场体验。

---

① 中央广播电视总台中国之声.判赔 1.59 亿元，创下史上最高！还是内部人员泄密……[EB/OL].（2021-03-02）[2024-01-10].https://mp.weixin.qq.com/s/L-HZ3JculjhAN81CrTg_1Q.
② 中央广播电视总台中国之声.楼板开裂、房梁钢筋缺失、房门变"纸门"……记者调查湖南娄底安置房问题[EB/OL].（2023-08-28）[2024-01-10].https://mp.weixin.qq.com/s/fhP24qmHlLuCvinPBKuA5w.

（一）口播语言

口播语言指的是新闻制作者的口头讲述、播报部分，有些是由文字稿转化而来，由播音员、主持人或者采写这条新闻的记者本人在演播室或配音间录制而成的。

在新闻报道中，口播语言的主要功能是叙述新闻事实和补充背景资料；在新闻评论中，口播语言在"叙"的基础上还要"评"，针对新闻事实发表观点、阐述看法；在记者手记、新闻解读类音频节目中，记者可以讲述新闻采写背后的故事，直接表达自己的所思所感。

除了叙事说理、传情达意，记者、主播的语音语调还带有其个人化的特点，这也是音频新闻风格个性化的表现。

（二）音响

音响有助于再现现场情境，使听众仿佛置身于现场。音响包括现场实况音响、环境音响、记者访谈、音响资料等。音响是丰富音频新闻节目声音表现力的重要元素。

1. 音响的种类

（1）新闻事件的实况音响

新闻事件、新闻活动过程中发出的各种实况声响，包括新闻人物在现场的讲话、人们的语言交流，以及人物活动过程中产生的环境声，等等。

在新闻事件的发生过程中，必然伴随着各种声音，但并不是所有发生在现场的声音都可以作为实况音响。记者要精选那些富含新闻价值的声音，或传达重要信息，或体现人物个性，或揭示事物特点，或展示精彩瞬间，这类"声音"才是记者应该要在现场捕捉到的"重点""亮点"。这种音响在新闻报道中也被称为主体音响或典型音响。

中国之声融媒体报道《判赔1.59亿元，创下史上最高！还是内部人员泄密……》[1]在导语之后使用现场实况音响，将听众带到令人敬畏的庭审现场。"砰（法槌声）！好，现在继续开庭。上诉人嘉兴中华化工有限责任公司……"审判长敲响法槌、宣布继续开庭，庭审时的实况音响渲染了现场气氛，让报道更生动，更有现场感。

（2）人物访谈

记者在新闻现场或事后对当事人、相关人士的采访，也属于新闻报道的主体音响或典型音响。现场人物讲话录音、人物访谈音响也被称为同期声。

在北京广播电视台北京新闻广播的《5G技术助力国产机器人完成全球首场骨科实

---

[1] 中央广电总台中国之声. 判赔1.59亿元，创下史上最高！还是内部人员泄密……［EB/OL］.（2021-03-23）［2024-01-10］.https://mp.weixin.qq.com/s/L-HZ3JculjhAN81CrTg_1Q.

时远程手术》[1]这条消息中，记者不仅选用了医生现场交流讲话这些实况音响，还在现场采访了一些有代表性的人物，如北京电信的负责人，通过这位负责人来介绍 5G 技术的先进性。

> 记者在现场注意到，整个手术中没有因为上千公里的距离出现信号卡顿处理不及时等反应，负责整个手术 5G 技术支持的北京电信副总经理项煌妹坦言，手术最大的难点就是机器人对于指令的反应速度，应该像操作者用自己的手一样灵敏，而这只有 5G 能实现。
>
> 【同期：项煌妹的录音】5G 的时延的要求就是毫秒级。举一个例子哈，就是针扎你，你感觉到疼是 20 毫秒。

这一段访谈录音不仅体现了 5G 技术时延短的先进性以及其对此次手术的重要支持作用，在语言表达上也通俗易懂。人物没有使用费解的专业概念和技术名词，而是通过类比，用老百姓易于理解的方式来表达。

（3）现场环境音响

新闻事件离不开特定的时间和空间。新闻现场的环境音响指这一特定时间和空间中的背景音响，如风声、雨声、雷声、下课铃声、市场上摊贩们的吆喝声，等等。这些音响反映的是新闻事件的现场环境，在报道中也被称为环境音响或背景音响。

一个音频节目一般会综合运用多种不同类型的音响，尽可能还原现场环境，激活听众的感官，让听众产生"声"临其境的感受。

（4）音响资料

音响资料指非采制于新闻事件现场，但与主题有关的音响。新闻人物此前的讲话录音、具有代表意义的音乐唱片等都可以用作音响资料。

音响资料能拓展时空感，在全音频新闻、融合报道中皆有使用。《人民日报》新媒体中心与快手内容部联合推出的 H5 作品《幸福长街 40 号》[2]为展现改革开放以来的社会变迁，特意选取了一些具有代表意义的音频资料。例如，1984 年春节联欢晚会中陈佩斯与朱时茂表演的小品《吃面条》中陈佩斯的原声，1990 年北京亚运会宣传曲《亚洲雄风》的片段，以及 1987 年春节联欢晚会中台湾歌手费翔演唱的"你就像那冬天里的一把火"……这些音频资料时长虽短，但很有表现力。流传甚广的声音与旋律，能

---

[1] 北京新闻广播《整点快报22点档》2019年6月27日播出，获第30届中国新闻奖广播消息一等奖，节目制作者：韩萌。

[2] 人民日报.幸福长街40号［EB/OL］.（2018-12-18）［2024-01-10］.https：//c.h5in.net/people/.

够激活人们的记忆，让人们重回那个特定的年代。

使用音响资料时，需要尽力寻找典型的、有特色的、富有表现力的声音，通过有特点的声音呈现事物，并通过声音的表征呈现世界。

（5）音效

音效指不是自然界、人类生活中存在的声音，而是模拟的音响，是一种人造效果，也称音响效果。

上文提到的 H5 作品《幸福长街 40 号》为了更好地再现场景，在手绘长图的基础上还使用了动画、音效等形式。第一个场景是 1978 年红旗市场的街口，画面中呈现了红旗市场的摊贩、粮油供应店、照相馆、电影院、穿梭的车流等；音频方面，用户点击画面右上角的"唱片"，可以听到小贩的叫卖声、自行车铃声、汽车喇叭声等。画面与音效配合，一派热闹的街市场景就生动地展现了出来。该作品在《人民日报》官方微博上的阅读量超过 4400 万次。

在一些互联网音频脱口秀类评论中，类似于欢呼、掌声、唏嘘声等音效会穿插到音频节目内容中，渲染气氛、增添节目互动效果，同时会让听众的听觉体验更为丰富。

2. 音响的作用

音频节目是声音的艺术，可以充分运用音响来塑造人物形象、交代时空环境、渲染气氛。美国学者罗伯特·赫利尔德曾将广播中音响的效果归为以下几种：描绘现场和环境；引导听众的注意和情感；描写时间，如敲钟、报时的声音；营造气氛；表明出入场。[①]

这些效果在新闻、故事、有声小说等各类音频节目中都有体现，由于听众对各类节目的诉求是不一样的，音响在各类节目中的运用也有所不同。对于音频新闻节目来说，听众的诉求是信息，真实性、客观性是媒体公信力的前提。因此，要将运用音响来增强报道的真实性、客观性摆在更为突出的位置。

综合起来，音响在音频新闻中的主要作用有：

- 突出现场真实感，增强说服力；
- 表现人物的内心世界、个性特点；
- 显示环境特点；
- 完成场景过渡。

---

① 赫利尔德. 电视、广播和新媒体写作 [M]. 谢静，等译. 7 版. 北京：华夏出版社，2002.

有鲜明特征的环境音响提示听众地点的变化。用代表不同环境的特色音响来串接报道中前后两个段落,预示下一个段落将进入新的场景,出现新的内容。报道往往使用背景音响作为录音素材承上启下、间隔过渡,这样既可使报道有现场感,又能让串接更自然。

(三) 音乐

音乐有很强的抒情性。在音频节目中,音乐可以起到表现主题,渲染气氛,作为背景、间隔、过渡等作用。有时,音乐本身也是节目要表现的内容。

1. 音乐本身是节目的主要内容

若新闻事件中包含音乐,或新闻事件本身就与音乐相关,音频报道可以使用新闻现场的音乐增强现场感、渲染气氛。如在报道音乐会、音乐类比赛、晚会等新闻时,音乐本身就是节目的主要内容,记者或主持人的口播、现场音响可以用于串接内容。

2. 与报道人物相关的音乐

在人物类新闻报道中,采用与报道对象直接相关的音乐可以烘托情感,暗示节目主题。音乐的选择要求与人物具有强相关性。

3. 背景音乐

音乐音量压低,作为节目的背景声存在,营造某种特定的情感。背景音乐运用灵活,可以贯穿节目始终,也可以仅在节目的某个特定片段中使用。

4. 间隔和衔接

在新闻栏目中,音乐是常见的间隔符号。此外,音乐也可以用来衔接两个不同时空里发生的事件。

5. 情感升华,主题深化

一般在音频深度报道、专题报道快要结束时,运用特定的旋律、歌词表现人物之间的感情,或者彰显主题。音乐的选择需要与内容或情感贴切。

四、音频短新闻写作要求

音频新闻写作需要声音思维。音频稿件是供人们听,而非阅读的。这种信息传播和接收方式,使得记者在选材、结构、表述方式、语体等各方面都要考虑新闻的收听效果。听众能听懂、有兴趣听,是音频新闻实现传播效果的前提。

音频新闻写作需要适应听觉特性。尽管目前有些音频新闻同时提供可阅读的文本,但音频新闻的写作仍然需要体现"口说耳听"的特点,这样才能通俗易懂。

为增强交流感,写作音频新闻时可以在脑海里设想一个典型的听众,直接地、一对一地对这个假想的听众"说话",以更好适应用户的收听语境。语言风格上需要运用对话式、简洁、生动、生活化的语言。

(一)导语说出新闻要点,吸引听众注意力

音频消息开头的写作非常重要。人们在收听广播消息时,标题是不可见的;互联网音频平台上有的音频新闻、资讯类节目是以整档节目的方式连续播报,有的附有标题,用户可选择点击某一条新闻。整体而言,音频消息的第一句影响人们对新闻收听价值的判断:这条新闻是否值得收听,是否要继续收听。

音频消息第一句需要说出最重要的新闻点,让听者了解这条信息的价值。记者在写作时需要选择、判断、提炼出新闻点,吸引人们的注意力。例如:

> 省十三届人大常委会第二十六次会议昨天上午高票通过《浙江省数字经济促进条例》,这是我国第一部以促进数字经济发展为主题的地方性法规。①

在这条新闻中,"我国第一部"是体现新闻价值的关键词,被放在导语中。会议现场投票表决的具体情况、为数字经济立法的原因、立法的重点和意义则在主体部分逐步呈现。

由于声音转瞬即逝,且人们收听时常处于伴随式收听状态,第一句最开始的内容不易被注意到,因此需要避免将一些关键信息,例如数据放在开头。可以在引起人们的收听兴趣后,再提供具体数据、细节。例如:

> 山东平邑"1225"石膏矿垮塌事故进入第六天,今天上午,救援取得实质性进展,救援人员与井下的8名被困矿工取得联系,并顺利送下照明、食物等物资,目前救援正在加快推进。②

---

① 浙江之声《浙广早新闻》2020年12月25日播出,节目制作者:王娴、涂希冀、叶澍蔚。
② 中央人民广播电台《中国之声》2015年12月30日播出,节目制作者:王成林、刘华栋。

这条消息的导语突出了时效性，以及"救援取得实质性进展"这一让人振奋的消息。导语第二句中的"与井下的8名被困矿工取得联系"、顺利送下救助物资，对等待他们回家的家人和持续多日关注此事的社会各界来说，是富有价值的具体信息。

（二）用声音描述现场，建构视觉形象

现场，是新闻内容中最鲜活的部分。音频新闻写作要为听众描述现场，展现精彩的新闻场景和故事内容。适当描写新闻事件，可以提供具体的视觉形象，引发听众的联想，让其感觉仿佛眼前出现了一幅画面。

《5G技术助力国产机器人完成全球首场骨科实时远程手术》[1] 是北京广播电视台北京新闻广播《整点快报22点档》播出的一条消息，节目同时在北京电台手机客户端听听FM、北京广播网分发。作为少数能进入现场的人员，记者完整记录了3小时的手术音响[2]。记者在现场解说时，口头描述了手术现场的一些场景与细节，体现5G远程手术的特殊之处。

【导语】今天上午，北京积水潭医院院长田伟在医院的机器人远程手术中心，借助5G技术，同一时间对千里之外的嘉兴和烟台的两位患者实施了机器人远程手术。这场全球首例骨科机器人多中心5G远程手术，标志着我国人工智能应用达到了新高度。来听一下新闻广播记者韩萌的报道：

【同期】（田伟）烟台山医院这边可以开始操作了。

（烟台山医院医生）好，我们准备好了。

（田伟）先从左侧腰12开始。（压混）

听众朋友大家好！现在是9点05分，我现在呢是在北京积水潭医院地下一层的机器人远程手术中心。这里非常特别，既没有病人也没有病床，只有主刀医生——积水潭医院院长、骨科专家田伟，他正坐在三块大屏幕前。今天呢，他不用手术刀，一会儿就将用面前的这台电脑远程操控浙江嘉兴和山东烟台手术室里的两个机器人，给两名腰椎骨折的病人实施手术。

【同期】（田伟）好，开始啊！（压混）

那现在我在大屏幕上非常清晰地能够看到千里之外的两个手术室里，

---

[1] 北京新闻广播《整点快报22点档》2019年6月27日播出，获第30届中国新闻奖广播消息一等奖，节目制作者：韩萌。

[2] 中国记协网. 5G技术助力国产机器人完成全球首场骨科实时远程手术［EB/OL］.（2020-10-14）［2024-01-10］. http://www.zgjx.cn/2020-10/14/c_139436330.htm.

除了病人、医生，还有非常重要的一位成员，就是由我国自主研发的"天玑"骨科机器人。它现在也穿好了像塑料一样的防护衣，准备给病人实施手术。

【同期】（田伟）好好好，别动了。

（浙江嘉兴）开始打导针。

我们看到现在随着田伟医生在北京远程中心的电脑上的一个手势操作后，大屏幕上浙江嘉兴二院这个机器人的机械臂正在患者腰椎上方，大概三四厘米的位置缓缓地移动！它现在找到位置之后，开始将导针插入到患者的腰椎。

【同期】（浙江嘉兴）好，田院长，胸12左侧导针完毕！

（田伟）好好！（压混）

手术刚刚开始十分钟，第一根导针就已经插入了患者的椎体内。现在手术时间已经过去了1小时45分钟，大屏幕上马上就可以显示出机器人回传的患者的腰椎图片。

【同期】（田伟）看看侧位那张片子……啊，侧位非常棒！哎呀～（田伟松了一大口气，现场发出笑声并响起了掌声。）

（在场医生）非常棒！（掌声压混）

两台手术、12颗椎弓根螺钉准确无误地植入了患者体内。记者看到，与传统手术不同，机器人微创手术不需要暴露骨头、大面积切开皮肤，只通过机器人透视技术，医生就可以直接在电脑上看到患者受伤部位的三维立体画面。而这与以往靠经验下针的传统技术是一个巨大的进步，田伟说：

【同期】我们有了机器人这样一个武器，它能够使医生的手术的质量和安全性大为提高。再加上这种远程能够实时操作，等于说机器人又长了翅膀，能够把多远的距离都归为零了！

记者在现场注意到，整个手术中没有因为上千公里的距离出现信号卡顿处理不及时等反应，负责整个手术5G技术支持的北京电信副总经理项煌妹坦言，手术最大的难点就是机器人对于指令的反应速度，应该像操作者用自己的手一样灵敏，而这只有5G能实现。

【同期】（项煌妹）5G的时延的要求就是毫秒级。举一个例子哈，就是针扎你，你感觉到疼是20毫秒。

（记者）后期他们就可以长期地来使用了吗？

（项煌妹）当然了！我们也是会选择真正有应用场景的地方去布5G。

据了解，这台全球范围内首次开展的多中心远程实时骨科机器人手术，标志着智能机器人远程手术技术正式进入临床实际应用。对提升我国边远地区医疗服务质量有非常重要的意义。田伟说：

【同期】可能很远的一个病人，他要到积水潭医院来做手术，过去呢就得不远万里，住店，还得住院啊等等。那现在就可以在当地，通过北京就直接远程控制机器人给他进行手术。可以说是一个时代性的跨越！

目前，在工信部和国家卫健委的推动下，全国有20多家医院建立了骨科手术机器人应用中心，未来将带动300多家医院实现骨科远程手术。

上述新闻中非音响（同期）部分的语言，也就是记者口头报道的部分，叙述与描写交织，有较强的画面感。

除了新闻事件的现场，在报道非事件性题材，如社会现象、新闻人物时，也需要适当对典型场景、典型人物进行白描，为听众提供有画面感的现场环境、情境和细节。

（三）调动多种声音元素，增强新闻的在场感

音频新闻通过听觉与受众发生连接，写作时需要调动多种声音元素，激活听众的听觉感官，丰富听众的听觉体验，增强新闻的现场感。音频新闻中的声音元素越丰富，报道就越生动活泼，越有可听性。

音频新闻在写作时，要充分运用能体现事物特点、现场气氛、人物思想、情感、个性的特色音响、典型音响。能直接表现事实特点、能揭示主题的"现场声"，是音频新闻写作中要充分运用的珍贵素材。记者可以运用人物语言表达人物所思所想、展示人物个性，可以用环境音响展示现场氛围、增强真实感，也可以使用音乐表现主题、渲染气氛，等等。

在上述《5G技术助力国产机器人完成全球首场骨科实时远程手术》报道中，记者一边现场解说，以口头语言描述5G远程手术的特殊之处，一边灵活运用手术现场音响，让听众直接感受现场情境与气氛。听众可以听到医生之间的对话，手术过程中的一些细节，例如手术成功时医生长舒一口气、全场爆发出的热烈掌声，等等。这些音响真实而宝贵，能较好地再现手术中的场景与氛围，有助于将听众带入现场。

（四）口播语言与音响有机结合

音响是增强音频新闻现场感的重要元素，但音响不是万能的，需要与叙述性的口播语言补充穿插，才能更清晰地传达信息。

音响是手段，不是目的，不能为用音响而用音响。音响的出现，对于信息内容、主题表现来说应具有必要性。选用的音响要典型、清晰、有表现力。

由于节目时间长度、节目主题等多种原因，节目中使用的音响，往往是从新闻事实中挑选出来的片段。这时候，叙述语言（口播语言）将起到说明、解释、陈述事实概要、补充相关背景、衔接不同音响片段等作用。以人物谈话录音为例，这类音响常用来表达观点、情感，有时也用于呈现当事人、目击者、知情者或权威信息源提供的一些重要信息。在使用这些音响的时候，需要交代说话人的姓名、身份，以及这段话是针对什么问题、在什么场合下说的。如果节目中出现多个人物的采访音频，可通过每一段采访前的串词承接上一段采访，并自然引出下一个出场人物。

环境音响能表现环境的特征，增强现场气氛，但不能交代确切的地点信息，叙述语言（口播语言）可以弥补这方面的不足。

新闻报道为了更好地让听众了解事件的来龙去脉，认识事件产生的原因和影响，有时需要回顾事件的历史，或把新闻事实放置在一定的社会背景下来观察。叙述语言（口播语言）还是交代新闻背景的重要途径。有时候也可以通过音响资料、人物访谈提供部分背景，这样可以避免表达方式单一、乏味。

音响、叙述语言在传播信息、传情达意方面有各自的优势，二者相互补充。写作中要注意叙述语言与音响的自然衔接、功能互补与有机融合。

（五）语言生活化，富有网感

音频新闻属于口语传播，生僻、深奥的语言不适合用户收听的语境。过于深奥的文字需要听的人具备一定文化程度才能理解，而"听"要求瞬间明白，存在一定的矛盾。

1. 生活化、口语化

音频通过声音传递信息，需要适应"口说耳听"的要求。相较于文字版报道，音频新闻更加贴合人们日常生活中的语言习惯，表达口语化。尽量用人们瞬间能听懂的语言，避免晦涩拗口的表达。多用简单句，结构过于复杂的句式影响收听效果。对于不易理解的数据，可以联系生活中的事物，采用"相当于"的手法进行转化，拉近节目与听众的距离，使听众更愿意收听。

在时间的表达方面，文字新闻中的表达可能是"8月9日11时许"，在音频新闻中则会说成"8月9号上午11点左右"。当然，生活化的表达方式远不止时间的表达。对于专业性的内容，也可以尝试用打比方、举例子等方式将其表达得通俗易懂。

2. 用词有网感

新媒体时代想要做听众爱听的音频节目，在用词上可以针对互联网用户的语言环境，适当运用一些当下时兴的互联网热词，提升网感。

以云听平台上的中国之声《全国新闻联播》为例，其播出的《多地重大工程建设"进度条"不断刷新》《各地解锁消费新场景 激发消费新活力》《会里会外 | 蒋涤非代表：湖南文旅何以"圈粉"世界？》等音频消息，在标题和导语中使用了网络热词。互联网平台单条分发的新闻标题是可见的，用户可以点击感兴趣的标题收听，这是不同于传统广播之处。标题和导语直接影响用户对新闻的收听意愿，适当使用网络热词有助于拉近与新媒体用户的距离，吸引其关注。

3. 对话语态，注重与用户交流互动

新媒体的移动性和音频收听的伴随性，使得听众/用户可能出现在各种场合：他们可能在驾车，可能在散步……不管是哪一种，他们都是在听"你"说话，这就意味着撰稿时要有对话感，要重视与听众/用户的交流，建立与用户的情感连接，增强用户黏性。

音频新闻的"对话感"，既体现在记者、主播、主持人之间的谈话中，也体现在记者、主播与听众/用户之间的交流中。新媒体时代，听众已不再是被动地收听节目，而是与节目实现了双向互动。音频平台均设置了评论区，听众可以积极留言进行讨论。节目主播也会通过积极的话语表达与用户建立互动感。例如，中央广播电视总台央广网与中国交通广播联合策划的音频新闻栏目《嗨！七点出发》[①]。该音频节目的开头，主持人会说："准备好了吗？新闻来了。大家早安！一起来看昨日今晨都发生了哪些大事？"设问句语调活泼，可以调动听众的心理参与，引人思考，符合人们思考和说话的习惯。

4. 简洁明了

移动传播环境下，收听时间碎片化，用户的注意力维持时间有限，音频新闻写作需要尽量保持简洁明了。想要做到简洁，可以从以下方面入手。

写作资讯类新闻时，内容集中，一事一报，无须面面俱到。只写最重要的新闻事实即可，留下必要的新闻背景，去掉无实质意义的空话、套话。

讲述新闻故事的音频节目，撰稿时需要主题集中，该详则详、该略则略，突出新

---

① 央广网. 国家疾控局：集中或居家隔离时不得采取外锁门方式 | 嗨！七点出发［EB/OL］.（2022-09-30）［2024-01-10］.https://mp.weixin.qq.com/s/E_LkbE_nNXNDZZ-SKat4ZQ.

闻事实的重点环节，如事件的关键点、转折点、现场高潮部分等，避免从头写到尾，成为流水账。有些内容还可以选择使用音响来交代，口播语言部分则尽可能简练。

5. 清晰

音频新闻要为听众提供具体、清晰的信息和事实，避免笼统、模糊、模棱两可的表达。

首先，新闻内容要清晰。新闻事实要素清晰是基本要求，与新闻事实相关的时间、地点、人物、事件等基本要素需要表达清楚。除了新闻事实，消息中还需要提供必要的新闻背景。新闻不仅要报道发生了什么事，还要告诉受众事情的来龙去脉，便于受众理解新闻事实产生的原因和背景。

其次，为听众提供清晰可靠的信息来源。记者在引用人物讲话音响、数据等信息时，需要交代具体的信息来源，避免给听众带来理解上的障碍。在一些特殊情况下，媒体出于对采访对象的保护，不便在节目中交代采访对象的姓名，这时候可以只交代人物的身份，听众对这种情况是可以理解的。

再次，报道结构要清晰，适应收听语境。一般情况下，音频节目开头要适应受众的收听心理，将最重要的信息先给出，主体部分可以按事件发生、发展的过程叙述。叙述时要按一定的逻辑关系组织材料，体现顺序性和连续性，避免时间或空间上的跳跃。在逻辑上尽量保持层层推进，段落间承接自然，脉络清晰。

最后，句式简洁清晰。为使得听众更好地理解说话人与内容的关系，一般需要先提示听众将有某个人物的录音出现，使听众能注意到接下来要播出的录音内容。这不同于文字新闻，后者经常先写人物说了什么，再交代是谁说的，通过说的内容引起读者的注意。多用简单句、短句，方便听众理解，避免使用结构复杂的句式和长句。句子成分相对简单的短句、短段落，便于主播和主持人口播，听众收听时也不费力。此外，短句与不太复杂的长句结合，可以形成一定的变动感、节奏感。在词语使用方面，多用双音节词，少用单音节词，前者更容易被人听懂，更符合人们生活中的表达。这方面不同于其他媒介。例如，在网页新闻和微博消息中，为了语言的精简，常使用单音节词，比如"逾""粤"等；在音频新闻中，将其转换成双音节词"超过""广东"，会更符合人们的日常表达习惯。

记住：用声音建构现场，语言口语化、生活化。

第四节　H5 新闻文本写作

H5 新闻具有可视化、交互性等传播优势，成为主流媒体融合传播、吸引用户参与的重要形式。H5 新闻文本的写作除了需要遵循准确、清晰、恰切等要求外，还应考虑移动端媒体的呈现要求，使用户获得更好的体验。

一、H5 新闻的定义与特点

H5 是 HTML5 的简称，是超文本标记语言（Hyper Text Markup Language，HTML）的第五次重大技术修改，其标准规范于 2014 年 10 月 29 日最终制定并在全球推行。[①]相比之前的 HTML，H5 增强了对移动端使用功能的支持。随着智能手机的发展和人们上网方式转向移动终端，H5 的应用越来越广泛。今天我们经常提到的 H5，是以 HTML5 构成网页基础，与 CSS（层叠样式表）和 JavaScript 等两种语言配合，是多项技术和技术标准的集合，并可以调用前端与后端功能，实现动态效果和视听效果。[②]

H5 新闻指运用 HTML5 网页技术制作，整合了文字、图片、视频、动画等形态的可视化、动态的新闻。相较于传统的新闻报道形式，H5 新闻具有多媒体呈现、交互性强、便于转发分享等特点。

1. 多媒体呈现

H5 新闻将多种视听元素融为一体，带来多维感官体验。

2. 交互性

H5 新闻注重互动，通过创意设计吸引用户交互、参与和体验。

3. 操作便捷

H5 实质上是网页，H5 新闻可以在 PC 端和移动端浏览，可以通过不同浏览器打开，可以在微信、微博、客户端 APP 等不同平台传播，对平台的兼容性、适配性强，用户可以跨平台分享。

H5 丰富了新闻产品的样态，让视听传播从"可视可听"进一步走向"可交互可体

[①] 张群，邓小院. 如何打造现象级 H5 新闻报道：以网易《一分钟漫游港珠澳大桥》为例［J］. 新闻与写作，2019（2）：95-98.
[②] 曾祥敏. 融合新闻学［M］. 北京：中国传媒大学出版社，2023：238.

验"，用户的主体性得到重视和激活。近年来，H5 新闻的题材趋于多样化，包括突发事件、时政新闻、发展成就类选题、热点话题、人物报道等，由于 H5 新闻需要一定的制作周期，对于一些可预知、预先判断的题材，可以提前在呈现形态、交互文案等方面进行创意策划。

二、H5 新闻产品类型

随着媒介技术的不断发展，H5 新闻的表现形式也越来越多样。有研究者总结了 H5 产品的基本样式，将之分为图文型、交互型、游戏型、视频型、模拟型[①]；此外，还有全景展现、数据应用类、跨屏互动等提法。本书在已有文献的基础上，将 H5 新闻的报道类型分为 6 种：图文展示型、视频型、模拟型、沉浸体验型、游戏型、生成型。考虑到互动是 H5 新闻的基本特性，本书不再将互动型作为单独的类型。

（一）图文展示型

图文展示型 H5 是最为常见的一种 H5 类型，也是早期 H5 产品的主要表现形式。图文展示型 H5 主要通过图文配合来展示信息，讲述人物故事。图片的形式可以是新闻摄影图片、插画、GIF、手绘画、长图等。图文展示型 H5 通过下滑、翻页等用户动作和动效设计，增强页面视觉上的动态感，有时还辅以音响、音乐，让用户体验更为丰富和立体。该类 H5 制作便捷且成本低。第 32 届中国新闻奖获奖作品《山里来信了》是由《成都日报》锦观新闻制作的图文展示型 H5，讲述四川省凉山彝族自治州木里藏族自治县马班邮路乡邮员王顺友的故事。2021 年 5 月 30 日，在深山里为乡亲们送信长达三十多年的王顺友因病去世。H5 作品采用版画风长图形式，将图画、文字、声音、动效结合，展现马班邮路山陡路险的工作环境。作品中，王顺友晚上在山洞里与马相依为伴的细节、溜索过河的艰险场景、在暴雨和泥石流中及时投递大学录取通知书等故事，具有很强的感染力。用户滑动手指，即可体验作品。

（二）视频型

视频型 H5 主要以视频的方式呈现，可以是一段视频贯穿其中，也可以是几段视频的嵌入，一般在开头或者结尾处体现视频的主题。视频型 H5 方便用户操作浏览，用户只需要跟随引导进行点击就可以完成视频的观看与切换，H5 的特性更方便其传

[①] 詹新惠. H5 产品的基本样式及其在新闻领域的应用 [J]. 新闻与写作，2017（6）：75-78.

播。由湖南日报社制作的第 32 届中国新闻奖获奖作品《H5 | 手机里的小康生活》围绕主人公朱小红脱贫致富的主题，通过嵌入 6 段短视频，真实还原了朱小红的小康生活。

（三）模拟型

模拟型 H5，在传播形式上模拟某种特定的现实场景，呈现相关新闻信息，吸引人们观看、体验、互动。例如，第 28 届中国新闻奖融媒创新一等奖作品《央广主播的朋友圈》系列 H5 报道，将主播口播的视频抠像和虚拟的微信"朋友圈"、聊天场景相结合，吸引人们关注两会报道。主播通过展示自己的朋友圈、微信工作群、主播群，以及模拟和同事视频聊天等方式，或介绍央广的两会特色节目，或展现中央人民广播电台人民大会堂直播间的工作现场，或呈现两会重要信息，例如政府工作报告的内容，或揭秘记者、主播在两会报道背后的故事。画面呈现了主播滑动页面、"点击"视频，抢红包等动作；此外，还有主播加用户微信好友的模拟界面，吸引用户点击、交互。这些都增强了节目样态对微信朋友圈的拟真程度。运用微信朋友圈的形式，可以整合文字、语音、图片、视频素材，突破音频报道形式单一的局限；同时，朋友圈是人们熟悉的社交平台，通过主播展示朋友圈中同事"晒"的内容等方式来报道"新鲜事儿"，为时政报道增添了人际交流的特点和生活气息。

（四）沉浸体验型

沉浸体验型 H5 指在 H5 新闻中借助全景影像、虚拟现实（Virtual Reality，VR）等沉浸式技术，复现空间环境或还原事件场景，使用户"身处"其中，产生"在场"感和身临其境的"沉浸"感。在观看全景影像时，用户可通过触屏自主转换观察视角，选择想要进一步了解的细节。VR 通常需要用户佩戴眼镜等设备。

2023 年 5 月 9 日，中国军视网推出《VR 全景直播 +H5！天舟六号物资收集还差一份你的助力》，把即将发射的世界上运货能力最强的货运飞船之一——天舟六号比作"太空快递小哥"，运用 H5+VR 全景的表现形式，带领用户"打卡文昌市特色航天文化点位，收集天舟六号货运飞船相关物资"[①]。文昌航天发射场是我国唯一一处滨海发射场，画面上每出现一处点位，便相应出现"720°点击查看全景"的提示，用户可观看点位实景，并根据画面中"手指"的提示戳屏，收集一份物资，例如"水囊""种

---

① 央视网 .VR 全景直播 +H5！天舟六号物资收集还差一份你的助力！［EB/OL］.（2023-05-10）［2024-01-10］. https://news.cctv.com/2023/05/10/ARTIrt3RTc3Mee7C5Zd7F24a230510.shtml.

子""舱外服""燃料"。当收集到"燃料"后，一句语音响起——"恭喜您已收集到所有物资"，接下来用户可以点击画面中的"开始拼图"，完成"火箭组装"，之后根据画面文字提示，滑动页面完成天舟六号的发射任务。这个 H5 产品较好地实现了新闻性、在场感、趣味性、知识性的结合。

（五）游戏型

游戏型 H5 是指将游戏的趣味性融入 H5 作品，提升用户的兴趣和参与性，更好地实现新闻内容和主题的传播。相较于简单的人机交互，游戏型 H5 往往融入了一些简单而不失新意的玩法，常见的如冒险、闯关、答题、射击等，增强了 H5 新闻的趣味性，用户在参与的同时也更乐于分享。《人民日报》"中央厨房"在 2017 年全国两会期间推出了一款 H5 新闻游戏《我的两会秘密花园》，用户可以通过浇水施肥，更好地解读《政府工作报告》。

（六）生成型

生成型 H5 发挥互联网用户生成内容的特点，发挥用户的力量，扩大传播效果。具体来说，H5 为用户提供统一的互动模板或界面，用户可以通过上传照片、声音等信息，生成专属于自己的 H5 作品，操作便捷，具有更强的趣味性和参与性。为庆祝建军 90 周年，《人民日报》客户端制作生成型 H5《快看呐！这是我的军装照》，用户上传照片，即可生成自己的虚拟军装照，取得了现象级的传播效果。

在实际操作中，许多 H5 新闻作品会将以上基本类型的 H5 融合起来综合使用，比如视频+图文+互动，游戏+互动，技术+模拟等，以取得更好的传播效果。随着技术的不断发展，H5 的表现形式也不断"上新"，丰富我们的感觉和体验。例如，重力感应 H5，通过角速度传感器测量移动设备的重心变化；还有双屏互动，用户通过扫码可实现跨设备体验，延伸了使用场景。无论技术与形式如何变化，H5 新闻的形式要与内容相契合，更好地服务于用户的需要。

三、文字在 H5 新闻作品中的作用

H5 新闻作品中文字的类型较为多样，如标题文字、文案、交互设计的提示语等。不同类型的文字发挥不同的作用。文字不仅能表达信息，还可以通过调整字体、字号、样式、颜色、设置动画效果等方式体现创意性。

(一)点明主要内容

H5 新闻的标题具有揭示主要内容、吸引用户浏览的作用。

《最后,他说——英雄党员的生命留言》二维码

用户在体验 H5 新闻作品之前,首先看到的是新闻作品的标题,文字标题需要点明主要内容。融媒体互动长卷《最后,他说——英雄党员的生命留言》①选取建党百年历史上牺牲的党员英雄人物,倾听他们生命中感人肺腑的"最后一句话",标题清晰明确地点明了新闻的主要内容,"生命留言"也具有打动人心的力量。

另外,H5 新闻还可以通过导文对标题进一步具体化,交代新闻由头、提示报道的主要内容,奠定报道基调。例如,津云新媒体制作的《沉浸式交互 H5| 深海之锤》,综合运用音视频、图片、文字、游戏等元素,讲述我国超深水打桩锤科研攻关的故事。H5 开头的一段文字表明了报道的主要事实及其新闻价值:

图 11-4-1 《最后,他说——英雄党员的生命留言》截图

> 2023 年 6 月 23 日,由我国自主研发的首台 2500 米级超深水打桩锤,在我国南海东部陆丰 8-1 油田海式成功。该项目填补了我国超深水打桩核心装备的技术空白,综合性能达到世界先进水平。②

(二)引导交互

《复兴大道 100 号》二维码

H5 新闻作品的一个主要特点是互动性,作品中的语言文字可以实现引导交互。在 H5 新闻作品中,由于结合了多种元素,如声音、图片、视频等去展示主题,通常不会使用大段的文字进行表述,而是言简意赅,在表达主题的基础上给予用户良好的视觉呈现效果,体现在 H5 作品中主要是提示语的指示作用。

---

① 中国网.融媒体互动长卷《最后,他说——英雄党员的生命留言》[EB/OL].(2021-06-21)[2024-01-10]. http://v.china.com.cn/news/2021-06/21/content_77578331.htm.
② 津云新媒体.沉浸式交互 H5| 深海之锤 [EB/OL].(2023-12-15)[2024-11-20].https://www.app2020.tjyun. com/jyapp/system/2023/12/15/054827750.shtml.

为庆祝中国共产党成立 100 周年，人民日报社新媒体中心推出横屏手绘长图 H5《复兴大道 100 号》，作品采用长图、AI、微信 SVG、声音、动画等多种技术，以时间轴为线索，营造了丰富多元的场景，生动形象地描绘了中国共产党成立 100 周年以来的伟大征程。作品初始页面的右下角用"向左滑动 走进历史"告知用户操作方式，引导用户体验该新闻作品。此外，该作品创新文字表现形式，采用超链接文字引导用户点击交互，如点击"我要打卡"即可长按保存相应场景的海报。这样的文字设计，加之图片、声音、技术等的配合，梳理了建党百年的历史与人民生活的变迁，为重大主题的有效传播作出了富有创意的探索。

图 11-4-2 《复兴大道 100 号》初始页面

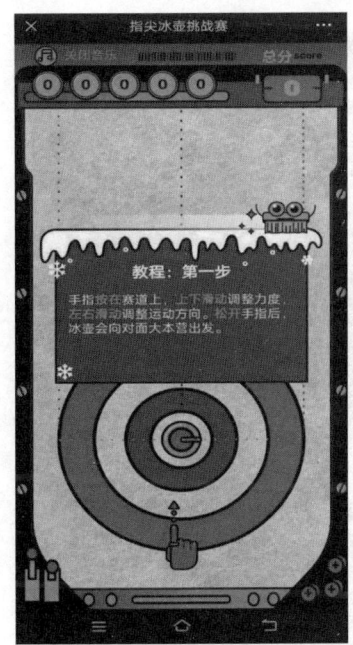

图 11-4-3 《指尖冰壶挑战赛》游戏页面

在游戏型 H5 新闻作品中，文字的提示引导作用也十分突出。2022 年北京冬奥会期间，澎湃新闻制作了 H5 作品《指尖冰壶挑战赛》，将冬奥会比赛中的项目以小游戏的方式进行呈现，作品中用文字提供"教程"，例如第一步会显示："手指按在赛道上，上下滑动调整力度，左右滑动调整运动方向。松开手指后，冰壶会向对面大本营出发。"用户可以按照教程体验冰壶的玩法。

《指尖冰壶挑战赛》二维码

（三）补充背景

文字元素的基本作用是展示信息，帮助用户了解作品所要表达的内容。虽然在 H5 新闻作品中并不需要应用大段

《2021，送你一张船票》二维码

的文字，但文字仍旧是不可或缺的元素，在某些作品中，需要利用文字进行背景补充，以便使作品呈现更加完善易懂。

文字可以在作品开头进行背景补充。由新华社制作的央媒首个庆祝建党百年的融媒体报道《2021，送你一张船票》以南湖红船为线索，融合文字、国潮插画、答题闯关游戏、音频资料、音效音乐等元素，带领用户感受中国共产党领导下的百年征程。作品的开始以灰色调的手绘图为背景，以简洁的文字讲述鸦片战争之后，中国山河破碎，陷入内忧外患的境地，点明中国共产党诞生的历史背景，让用户更好地理解这一融媒体作品的背景和意义。

图 11-4-4 《2021，送你一张船票》页面

《6397公里的守护》二维码

文字也可以在作品中进行背景补充。由交汇点新闻客户端制作的创意互动作品《6397公里的守护》采用模拟定位滑动方式，通过手绘长江长卷，全景记录了长江流域生态、文化保护的生动图景。作品中，作为引导动线的卡牌上写有："2019 年 6 月，'长江大保护绿色共成长'行动计划启动。面向全国征集来的'长江大保护小使者'手持'江豚瓶'，在沿江多个地区采集水、空气、土壤标本。推动落实《2030 年可持续发展议程》，该行动计划将连续进行 12 年。"用户在体验作品的过程中，可以随时点击查看该作品的新闻背景。

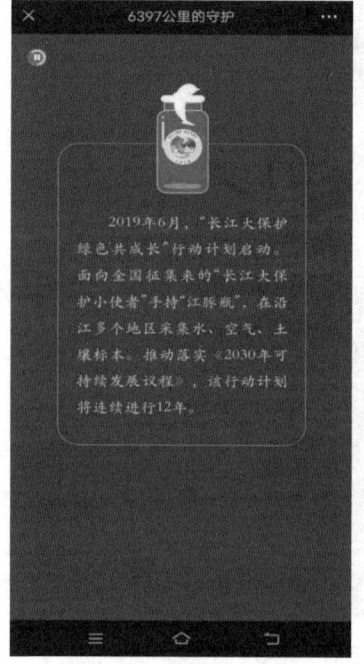

图 11-4-5 《6397 公里的守护》页面

（四）画面释义

除了对背景进行补充，文字还可以对画面加以解释。2022 年北京冬奥会期间，澎湃新闻制作了 H5 作品《"躺"赢的速度与激情》，通过第一视角展现了延庆赛区的雪橇体验。在该作品中，随着第一视角的变化，不同场景会出现不同的白色文本框进行解释说明，例如在出发视角时，会弹出"运动员在出发时借助起点助栏，通过来回摆动获得初速度。甩出身体后，用手趴地的方式进一步加速"的文字解释，而在高速滑行的过程中，会弹出"运动员通过转动肩膀、膝盖来改变滑行的轨迹"的文本说明，并将重点处标黄，方便用户抓住叙述重点，理解滑雪橇的相关知识，起到了一定的科普作用。

《"躺"赢的速度与激情》二维码

图 11-4-6 《"躺"赢的速度与激情》页面

通过文字简单叙述画面行为，让用户明确作品要传达的内容，在互动过程中，穿插重要的新闻信息，让用户在体验作品的同时，了解相关新闻事件的基本全貌。这样的新闻更加简单明确，也更加通俗易懂，易于被受众接受。

（五）结构导航

H5 新闻作品与其他新媒体作品的一个重要区别就是 H5 新闻作品的用户自主性强，许多 H5 新闻作品采用非线性的叙事方式，通过设置交互帮助用户自主选择想要体验的作品内容，文字可以起到结构导航作用。

封面新闻创意 H5 作品《雪山下有个"熊猫村"》采用手绘形式，以四川省雅安市硗碛藏族乡四季景观作为设计主线，以动物穿梭村落与自然之间作为故事动线、藏族人文景观作为主要画面内容，全景式展现

图 11-4-7 《雪山下有个"熊猫村"》页面

大熊猫国家公园内，一个与大自然和谐共处的藏族村落的样貌。作品按一年四季共分为四个部分，每个季节有四个主要的交互小标题，例如冬季包括"声临磧境·冬""与大熊猫为邻""新雪初霁""熊猫宝藏"四个小标题，用户可以按照顺序点击查看，也可以根据自己的喜好任意点击查看相关内容，增强了作品体验的自主性。

在部分游戏型 H5 新闻中，用户选择不同的交互路线可以产生不同的游戏结果。《人民日报》"中央厨房"在 2017 年全国两会期间推出一款游戏型 H5 新闻作品《我的两会秘密花园》，帮助用户更好地理解《政府工作报告》。用户通过扫码进入游戏界面，在游戏开始时会得到一颗种子，界面共有 10 袋肥料，每袋肥料上都写着一条《政府工作报告》的主要内容，共包含经济、政治、文化、社会和生态五个方面，根据画面中的文字提示，用户需要从中任意选择 3 袋肥料，选好肥料之后给种子浇水和施肥即可得到一盆与肥料相关主题的植物，并看到其中蕴含的《政府工作报告》的内容原文，选择不同的肥料，看到的相关内容也不同。

四、文字的创意呈现

H5 新闻作品主要以视觉画面为主，融合多种场景，文字在其中并不是只发挥单一的叙事作用。作为画面元素中不可缺少的一部分，文字已经成为一种可以传达信息的视觉符号，以多种形式融合在不同的场景中。

（一）文字本身是视觉符号

文字的创意形式依照作品主题与作品风格设计，在此基础上融合到相应场景中。前文中提到的 H5 新闻作品《复兴大道 100 号》围绕中国共产党百年征程，融合 300 多个历史事件与场景对建党百年的主题加以呈现。在作品中，既有代表大事件的场景，也有接地气的生活场景，不同的场景中都有代表性的文字说明。在代表中国共产党诞生的历史场景中，文字以路牌"望志路"的形式出现，象征着中共一大的会址；在中国共产党前期活动的场景中，文字以横幅"上海总工会""打倒帝国主义"的形式出现，代表着五卅惨案的爆发所引起的中共领导群众在上海租界举行反对帝国主义示威游行的重要历史事件；在土地革命时期的场景中，文字以村庄墙体上印刷的文字标语"彻底实行土地分配""打倒土豪劣绅 把土地分给人民"的形式出现，体现了中共领导工农红军打土豪、分田地的历史场景。在这个作品中，文字的呈现方式也不同，例如土地改革场景中用的是繁体字从右到左的书写方式，而 20 世纪 70 年代的场景中则用的是简体字从左到右的书写方式，成为契合时代感的视觉形式，场景说明更有代入感与说服力。

（二）文字模拟社交对话

传统的新闻报道往往通过视频或者图片展现新闻场景，而 H5 的可视化属性赋予受众更多的感官体验，也为新闻场景的模拟提供了新的条件。欧文·戈夫曼在"拟剧理论"中表示，场景是一种承载物体和传递信息的特定场所与可感知、可触碰的客观环境。① 但在 H5 作品中，虚拟场景同样可以传递信息，近年来，时政类 H5 新闻作品中出现了一种模拟社交对话的信息样态。

2017 年两会期间，《人民日报》客户端推出了场景模拟 H5《全国两会喊你加入群聊》，制作团队模拟微信对话场景，通过微信聊天的方式让用户了解两会信息。中央人民广播电台也推出了场景模拟类 H5《王小艺的朋友圈》。这种尝试为主流媒体开展时政报道提供了新思路。此后，H5 模拟社交对话式的新闻产品不断涌现。

2023 年全国两会期间，《福建日报》以融合报道的方式呈现代表、委员的履职故事和心路历程。针对代表委员中既有连任的老面孔，也有第一次当选的"新鲜人"这一特点，《福建日报》开设"代表委员对对碰"栏目呈现相关报道内容，此外，还有 H5 形态的《两会"小萌新"遇上"老熟人"这个群聊信息量好大》。数字报页面也附有相关二维码，用户扫码后可进入 H5 新闻页面。

图 11-4-8　福建日报《代表委员对对碰》数字报截图

进入 H5 页面后，用户点击"创建新群"即可加入群聊，群聊场景随着用户下滑页面逐渐展开，群聊中的人包括两位基层一线的人大代表，来自医疗、教育领域的两

---

① 孙琳黎. H5 新闻重大主题报道的叙事策略研究［J］. 采写编, 2023（7）: 18-20.

位政协委员以及《福建日报》的两位记者。聊天场景的内容共包括"老人"和"新人"分享履职故事与心路历程、"老人"对"新人"想说的话、未来五年任期的目标,以及两位记者自2018年以来采访两会的变化四个部分。对话主要以记者提问、代表回答的方式展开。在呈现方式上,聊天内容除了文字呈现,还有声音、图片、表情符号等。例如全国人大代表曾云英用语音、图片的形式分享自己的履职故事和感受,该语音像日常微信聊天一样,支持语音转文字;点击图片可查看大图。这样的文本呈现方式模拟了社交对话,将时政性较强的新闻话题转化成受众熟悉的生活场景,内容和场景相结合,兼具互动与社交属性。

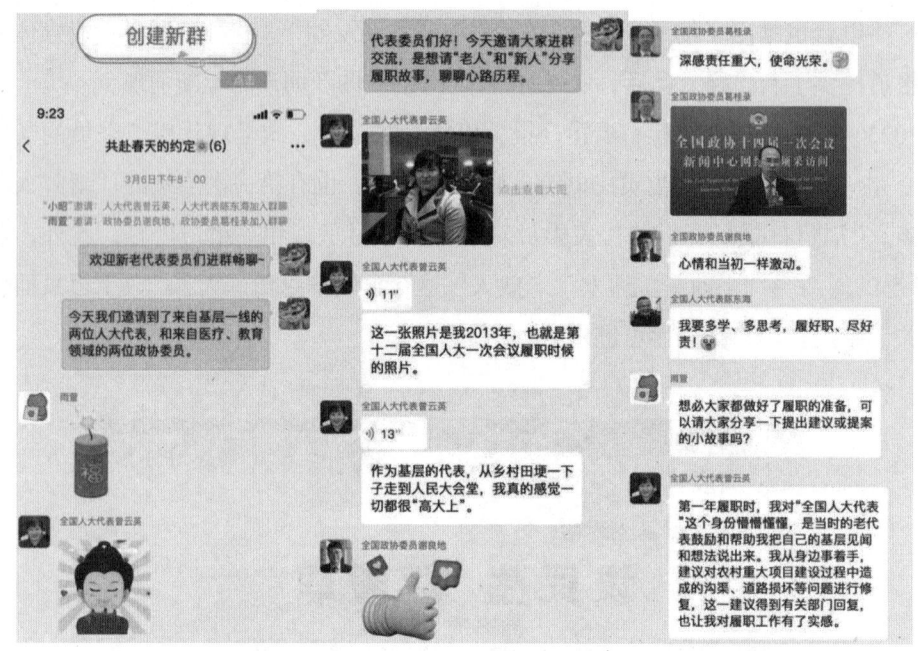

图 11-4-9 《两会"小萌新"遇上"老熟人"这个群聊信息量好大》页面

(三)文字的创意编排

《天渠》二维码

文字同样也可以作为视觉元素进行设计编排,比如,融媒体作品《天渠:一位村支书的36年引水修渠记》[①](简称《天渠》)以水为主线,用下拉式长幅连环画、渐进式动画、360度全景照片、图集、音频、视频、交互式体验等多种报道形式,全景地展现了黄大发带领老一代修渠脱贫、

---

① 黄杨,王辰,李媛,等. 长幅互动连环画丨天渠:一位村支书的36年引水修渠记 [EB/OL]. (2017-04-23) [2024-01-10]. http://image.thepaper.cn/html/zt/2017/04/tianqu/index.html. 作品获第28届中国新闻奖融媒界面一等奖。

带动新一代致富的历史长卷。

作品开篇用 69 个字,即"一道万米水渠,跨 36 年建成,过三个村子,绕三重大山,穿三处绝壁,越三道险崖。一位村支书,用一辈子的时间,彻底打破了村庄干渴的'宿命',带领千余人打开了脱贫致富之门"为整个报道奠定了基调,其中"一道万米水渠,跨 36 年建成,过三个村子,绕三重大山,穿三处绝壁,越三道险崖"采用短句创意排比的形式,句式整齐且富有变化,精练动词的使用,绕、穿、越三个动词精准地描写了水渠修建的不易,使作品富有画面感。

图 11-4-10 《天渠》页面

五、写作要求

文字作为 H5 新闻作品不可或缺的元素,需要与图片、视频、声音等元素相配合,适应人们在移动端的浏览需要,才能达到理想的传播效果。

(一)贴合作品主题

每一个 H5 新闻作品都有其想要表达的主旨,文字的写作需要贴合主题。在作品的开头、中间与结尾处可以适当通过关键词点明主题,使有限的文字更好地表达主旨。

不同题材、主题的 H5 新闻作品风格各异,文字语言需要符合主题的调性。例如,在趣味性与互动性较强的新闻作品,例如游戏型 H5 中,文字语言可以更加活泼生动;而在一些较为沉重的新闻题材作品中,语言则需要严肃表达。

(二)排布逻辑清晰

H5 新闻的融媒体、超链接、非线性结构等特点使得文本写作在思维和呈现方式上不同于传统的文字稿件写作,但依然要有清晰的逻辑框架,才能让用户更好地理解报道的主题。写作时需要对素材划分层次,实现整体逻辑的连贯流畅,避免杂乱无章。此外,对于注重可视性和交互性的 H5 新闻来说,文本写作并非独立叙事,需要和图片、音视频、漫画、交互设计等元素协作、互补,文字叙述的内容与其他元素呈现的内容必须是相互搭配和对应的。

（三）突出重点，避免冗杂

为了使 H5 新闻作品呈现良好的视觉效果，画面上的文字宜少而精，突出重点，让人一目了然。作品中出现多行文字时，需考虑移动终端屏幕的浏览效果，表述尽量简洁凝练，避免冗杂；为使重点突出，可以使用不同颜色的字体或是加粗等方式进行高亮显示。此外，H5 新闻中交互体验环节的提示引导语应简洁明确，方便用户操作。

> 记住：以精练的文字补充、解释画面，引导人们互动体验。

思考

1. 电视解说词有哪些功能？其写作方法有哪些要点？
2. 电视消息导语有哪几个类型，导语写作如何增强吸引力？
3. 短视频新闻的标题有哪几个类型，有何写作方法？
4. Vlog 新闻的语言表达有哪些要点？
5. 音频新闻有哪些声音类别，其功能为何？有哪些写作要求？
6. H5 新闻中，文字的功用有哪些？

速度吸引用户，深度留住用户

第十二章
视听写作：新闻专题

新闻专题，是指运用各种媒介手段，对重要的新闻事件、典型人物或者新出现的社会现象等题材进行深入、具体、详尽报道的新闻作品形式。移动互联网的非线性传播、超文本特征以及网络信息的泛化，使得用户更倾向于超链接的跳跃式的阅读方式，以及浅显易懂的视觉呈现，放弃"深度"而追求"速度"。然而，正是在这种碎片化的传播和阅读环境中，"保持理性""怀揣温度"的深度新闻故事才是留住用户的关键因素。媒体融合与视听传播变革对新闻专题的内容创作、分发模式和信息消费都提出了新的挑战。如何在有限的时间内传递深刻的信息，是媒体从业者需要认真思考的问题。

第一节 深度报道写作

深度报道是新闻媒体的核心竞争力，是新闻舆论场的"硬通货"。《新闻学大辞典》中将"深度报道"定义为："运用解释、分析、预测等方法，从历史渊源、因果关系、矛盾演变、影响作用、发展趋势等方面报道新闻的形式。"① 与其他新闻报道形式不同，深度报道突破了"一人一地一事"孤立简洁的报道模式，更着重于揭示原因（Why）和怎么样（How）两个新闻要素，"用事实解释事实"来呈现新闻的价值和多重意义。

在媒体深度融合发展的当下，记者除了要对新闻事件如实记录、追本溯源、探究趋势外，还需要将深度报道技巧与视听技术融合，创作出有思想、有温度、有品质的深度报道作品。

---

① 甘惜分. 新闻学大辞典［M］. 郑州：河南人民出版社，1993：153.

一、深度报道的选题类型

唐代杜牧认为"文以意为主",清代思想家王夫之也认为"意犹帅也"。选题、采访、写作、编辑等是新闻生产的主要流程,其中,**选题是新闻报道的前期基础性工作**。所谓深度报道的选题,指的是新闻报道对"有关报道领域、范围、重点的抉择"。[①] 从整个新闻采写的流程来看,好的选题是成功的一半。什么样的选题才适合做深度报道?新闻价值包含重要性、显著性、时新性、接近性、趣味性五要素,只有具备敏锐的"新闻嗅觉",才能披沙拣金,在林林总总的新闻线索中迅速捕捉到细微的新闻信息,产出有价值、有深度的新闻作品。

按照新闻传播的一般规律,重大事件、重大问题、重要活动往往是公众关注的焦点,也是深度报道的最佳切入点。深度报道要有敏锐的嗅觉和眼光,抓住时代脉搏和社会热点,记录当下国家、社会的重要议题。

(一)重大事件

重大事件,通常指突发性的、对社会产生深远影响的自然灾害、战争、恐怖袭击、经济危机等。由于其破坏力大、影响广泛、持续时间长,重大事件成为公众关注的焦点,同时也为深度报道提供了重要的题材。深度报道通过深入挖掘重大事件背后的故事,揭示事件的本质原因,引导公众对事件的深刻思考。

我国的深度报道中不乏重大事件主题的佳作,1987年《中国青年报》刊发关于大兴安岭火灾的三篇报道《红色的警告》《黑色的咏叹》《绿色的悲哀》,开启了"深度报道年";2022年8月,以救援重庆山火的凡人英雄为主角的新闻专题《重庆山火突发,他们逆行而上——人民的英雄,英雄的人民!》[②] 更是结合了手绘、三维技术等多种手段,全景式地记录了抗灾救灾的人物群像,通过沉浸式报道手法,引发公众的共情与思考。

(二)重大问题

重大问题是深度报道的富矿,凝聚了社情民心,关涉百姓的切身利益。这些问题

---

① 欧阳明.深度报道写作原理[M].武汉:武汉大学出版社,2004:18.
② 张一叶(张勇),刘颜,白永茂,等.重庆山火突发,他们逆行而上:人民的英雄,英雄的人民![EB/OL].(2023-10-25)[2024-01-25]. http://cq.cqnews.net/cqztlm/col1810999.html.

涉及经济、腐败、环境、医疗、教育、住房、就业、物价、社保等方面，是"民生"新闻报道的重要命题。

在深度报道的选题上，"国计"和"民生"两大范畴并不呈割裂状态。相反，有许多精品力作成功地融合了"国计"的重大性和"民生"的贴近性，形成了深刻而全面的报道，兼顾了社会宏观和个体微观的关切。比如新华社推出的新闻专题《新时代答卷》①，聚焦党的十八大以来的原创性思想、变革性实践、突破性进展、标志性成果，在湖南十八洞村、河北阜平、秦岭、一汽集团车间、雅万高铁施工现场、肯尼亚西亚佩孤儿院等场景地多次拍摄，捕捉最鲜活的新闻人物，讲述平凡人的动人故事，将宏观叙事与微观故事有机融合，立体呈现了中国共产党人的新时代答卷。

（三）重要活动

除了关注重大事件和重点问题，深度报道的选题可以挖掘人类社会为了某种目的而主动组织筹划的活动或行动。此外，重大典型也可以成为深度报道的重要题材。在我国胜利完成脱贫攻坚历史使命的历史节点上，《光明日报》选取了福建宁德作为典型案例，推出《"摆脱贫困"今又是，喜看新篇——福建宁德迈向脱贫后新征程》②，通过今昔对比的写作方法回顾了宁德32年的脱贫攻坚路，以宁德一地之实践彰显全国发展大局。

二、确定深度报道选题的原则

在深度报道中，不论涉及哪一领域，题材选择都应当遵循两项重要原则，这不仅有助于报道更好地契合时代脉搏，也能够揭示事件本质背后的基本规律。

（一）体现时代性

首先是对时代的洞察，这要求记者深刻理解当下社会发展的方向和趋势，以不同寻常的洞察力去把握时代的变化。其次是捕捉时代精神，除了把握形式和结构上的变化，记者还需要敏锐地捕捉思想观念的演进，以真实地呈现时代的精神风貌。再次，记录时代特征。通过对社会各方面的深入观察，深度报道应当成为时代特征的生动记录者，让用户深刻感知社会发展的方向。最后，发出时代呼唤。在报道中，深度报道

---

① 新华社.新时代答卷［EB/OL］.（2023-10-25）［2024-01-25］.https：//h.xinhuaxmt.com/vh512/share/11165117?d=1348c56
② 张政，王斯敏，谢文，等."摆脱贫困"今又是，喜看新篇：福建宁德迈向脱贫后新征程［EB/OL］.（2021-10-29）［2024-01-26］.http：//www.zgjx.cn/2021-10/29/c_1310277285_2.htm.

要具有引领性和启发性,能够通过对时代问题的关注和深刻剖析,发出社会呼吁,引导舆论关注关键议题。

(二)把握规律性

深度报道要有把握本质规律的意识。这就要求记者透过表象,深入事物的深层,揭示事物发展的本质规律。深度报道不仅仅停留在事件的表面现象上,更要通过精准地观察和分析,引导用户从表象走向深层,理解事物发展的内在逻辑。历史上许多著名的深度报道正是通过透视和表现规律性,从表象中挖掘出深层的信息,使报道更具深度和广度。

三、讲好故事:深度报道的叙事技巧

作为深度报道对象的重大事件、重大问题与重要活动所涉及的新闻报道要素通常较为繁杂,记者可以借助小切口大主题、深挖真实细节等叙事技巧,聚焦事件中的特定层面,厘清事件发展脉络,以生动叙述、翔实细节进一步提升深度报道的影响力。

(一)小切口反映大主题

《溜索女孩的
人生之桥》
二维码

通过选择看似微小的切口,深度报道能够更好地反映大主题。这些小切口往往是生活中的琐事、个体的经历或社区中的小事件,但它们在细微处体现了整体时代的变革。这种策略将大主题通过个体化、具体化的方式呈现,用大家喜欢听、听得懂、记得住的语言形式,使用户更容易理解和产生共鸣。比如《溜索女孩的人生之桥》[①]:

【主播导语】今天的人物是一个我们非常熟悉的身影——云南怒江"溜索女孩"余燕恰。十五年前,(她)因为被媒体拍到溜索过江而受到了关注,拍下她的人,正是我们江苏广电总台的记者……十五年过去,余燕恰也已经大学毕业了,她选择了回报家乡,成为一名医务工作者。当年记录下她飞索求学的摄制组也再次赶赴云南,走近这位溜索女孩,见证怒江之畔的沧桑巨变。

【解说词】来到余燕恰的卧室,墙上贴着的一张照片,依稀记录着15年

---

① 戴玲燕,姜超楠,魏玉卿,等.溜索女孩的人生之桥[EB/OL].(2023-10-25)[2024-01-26]. http://www.zgjx.cn/2023-10/25/c_1310746031_2.htm.

前的生活碎片。8岁的她背着滑轮，正要滑溜索去江对面上学。当时住在江边的孩子想上学，都要先学溜索。2007年，我们在怒江边采访时，抓拍下余燕恰溜索上学的小小身影，由于体重太轻，余燕恰靠惯性只能溜到江心，像一片风雨飘摇的树叶，双手不断攀拉钢索，才能把自己拽向终点。

【同期声】余燕恰妈妈 你四堆：

当时跟孩子说害怕也要溜索，不然上不了学，不管多少困难都要去上学。我没什么文化，孩子学文化才有出路，才能养活自己。

【解说词】"溜索女孩"余燕恰和当地人们的生活状况引发全国关注。很快，江苏广电总台联合全国20多家媒体，筹集140多万元善款，在怒江州福贡县建成了3座人马吊桥。其中一座就在余燕恰的上学路上。

【同期声】"溜索女孩"余燕恰：

这就是我们布腊村的第一座吊桥，当时那座桥是我一直以来走过的第一座桥，又没（有了桥）过桥以后，大家都是一起背着书包在桥上边玩闹边去上学。

【解说词】福贡县交通局工程师余友光曾是当地的溜索设计者……2012年，国家启动"溜索改桥"工程，他的工作越来越忙碌……2016年，怒江州"溜索改桥"工程完工，江面上的溜索全部被桥梁代替，获益于交通的便利，余燕恰和同学从村小转到了乡里的完小就读。

【同期声】"溜索女孩"余燕恰：

之前……就觉得世界都是这样的……世界都是过溜索呀，（后来）就发现外面的环境也不一样，世界很大，就想靠自己能够走出去。

【解说词】桥有了，路通了，走出去不再只是梦想。但真正实现梦想，横亘在面前的不只有怒江天险。怒江州曾是全国脱贫攻坚"三区三州"之一，贫困发生率居全国之首……村民们曾以种植玉米为生，产量仅够果腹……让一家人手头宽裕起来的，是长在山坡上的"红果子"——草果。

种草果的收入，加上政府对建档立卡户学生的各项帮扶资金，（使得）余燕恰不必像姐姐那样早早背负家庭的重担。凭借优异的成绩，她从县中一路读到怒江州重点高中，每次放假回家，沿途所见都不一样。原本从马吉乡坐大巴到怒江州州府要颠簸一整天，"美丽公路"通车后，同样的路只需要4个小时……2017年，余燕恰家脱贫；2020年，布腊村整村脱贫。

【同期声】"溜索女孩"余燕恰：

没有想象过家乡会这么快地改变，如果能够用一个词来形容的话，我觉得就是"难以置信"。

【解说词】"脱贫攻坚"为布腊村建起通向幸福生活的桥，见证着这样的变化，幼年想要去看看世界的余燕恰，暗下决心，继续用读书为自己架一座"人生之桥"……2018年，余燕恰以568分的成绩考取昆明医科大学……成为村里近十年来的第一位大学生，在国家助学金和各项补助的帮助下，余燕恰顺利完成学业。就业前夕，她做出一个让老师和同学震惊的决定。

【同期声】"溜索女孩"余燕恰：

外边的人也不愿意进来，医生也非常缺，就想着回来，希望我能够更好地为家乡的人民贡献一份自己的力量。

我是一个非常幸运的孩子，有了非常好的机遇，能够碰见爱心媒体，国家政府刚好也是在我上学的时候加大了助学方面的事情，国家对这边的建设、投入也特别地多，这边发展也越来越好了，离开任何一个方面也是不可能成就我现在的自己。

图12-1-1 《溜索女孩的人生之桥》截图

【解说词】8岁时飞索求学的乐观女孩，已长成坚定的家乡建设者，怒江上的溜索，不再是通向彼岸的工具，而成了游客体验风俗的娱乐。大桥横跨天堑，架在亘古不变的江水之上，也架在有梦想的人通往未来的路上。

《溜索女孩的人生之桥》以一位乡村女孩求学路上由溜索到吊桥的变化为切口，将个人的人生际遇置于脱贫攻坚、乡村振兴的时代大背景之中，串联起国家在基础设施建设、教育、产业发展等方面实施的多项政策，具体而微地展现上述政策给贫困地区村民生活带来的巨大改变。此类报道一般具有以下特点。

1. 选点恰当

"小切口"报道的第一步是选点。选点的恰当性对于报道的深度和精准度至关重要，既要确保所选择的对象有足够的实质材料，这可能需要深入的采访和调查；同时，要确保所选点应具有代表性，能够在微小的事件中反映出大主题，以微小的故事透视整体的格局。选点不宜勉强凑合，而是需要精心挑选，确保其符合"小切口反映大主题"的标准。

2. 认知深刻

记者对事物的深度认知决定了报道的深度。在面对大量材料和复杂问题时，记者需要具备深入分析的能力，得出独特的见解。写"小切口"需要对选定点的深入了解和认知，将自己的情感和认识融入报道，以娴熟的笔触深刻刻画，增强报道的说服力。

3. 写作细致

尽管是"小切口"，仍然需要细致地写作。精心写作是确保报道内容丰富、深度刻画的关键。细致写作包括对细节的关注，对故事情节的精心构建。即使是短小的稿件，也需要通过深入地写作使之更为引人入胜。在范围有限的情况下，精确的描写和敏锐的观察是确保报道质量的关键。

（二）真实细节增加作品厚度

真实是新闻报道最大的生命力。在移动互联时代，面对重大选题与泛碎片化阅读的挑战，一篇好的深度报道关键在于具有新闻的"温度"，引起社会广泛关注，形成强大的思想引领力。新闻的温度与事件的大小无关，而是建立在真实的基础上，尽可能挖掘出其背后的丰富内涵与社会价值，在春风化雨中起到引领导向、引发共鸣的效果。

"总书记来信"系列报道二维码

深度报道的真实细节是打动用户的灵魂之钥。深入挖掘真实的细节，可以使新闻更具有人性关怀，不仅在信息上更加厚重，也更容易引起用户的共鸣和深思。优秀的深度报道必须是从现场的真实细节中挖掘出来的，只有深度挖掘，才能敏锐地感知时代的风云，体察社情民意，正视现实并发现其中的矛盾，从而使报道既上连党心、又下接民心。"总书记来信"系列报道① 在讲述收到习近平主席回信的"高原

---

① 湖南广播电视台. 总书记来信［EB/OL］.（2022-10-25）［2024-01-26］. http：//www.zgjx.cn/2023/10/25/c_1310746219_2.htm.

戍边模范营"战士们的事迹时,通过大量细节信息展现了边防战士们的付出与奉献。

【解说词】1961年,为了祖国的尊严,老一辈岗巴军人听从号令,扛着红旗就上山,誓将岗巴当家建。从此这里有了飘扬的红旗,有了钢铁般的长城,岗巴营成为全军驻地海拔最高的建制营,管控防区百余公里边境线和通外山口,守卫着我国平均海拔最高、自然条件最险的边防线。

【同期声】岗巴营退伍老兵(1979年—1988年服役)刘光福:

第一批老同志、老革命住的是帐篷,那个风又大,吹得呜呜地叫,指导员他就带领战士们,在查果拉上自己修地堡、修暗堡、修第一代房子、修隐蔽部,最后从帐篷里面搬进了隐蔽部、地堡、碉堡里面住宿。

图12-1-2 "总书记来信"系列报道截图

【同期声】岗巴营退伍老兵(1988年—1994年服役)杨合成:

生活是比较困难,就靠(捡)羊粪牛粪(烧火)做饭来维持生活。每月都要派车拉着士兵到山坡上去捡牛粪,回来以后晒晾,干了以后做饭。

图12-1-3 "总书记来信"系列报道截图

【解说词】2020年初,"高原戍边模范营"某连队前推5592高地设立观察哨,从石头垒起的"地窝子"开始,战士们战风沙、斗严寒、抗缺氧,用近一年的时间,用双手建起了5592观察哨,有力捍卫了祖国主权和领土完整。

【同期声】西藏军区"高原戍边模范营"战士孟建滢:

记得有一次在对观察哨进行建设的时候,遇到下大雪,雪在我们身上积了一层又一层,等到晚上回去休息的时候才发现,我们的大衣上结了一层"冰铠甲"。

报道通过三代戍边军人讲述的种种细节,将岗巴恶劣的自然条件、边防战士守边的艰辛真实地呈现在观众眼前。按照时间串联起的纵向叙述也使报道具有了历史的纵深感与时代的厚重感,使观众对一代代边防官兵接力奋斗、以血肉之躯守卫祖国边疆的光辉事迹形成了更为深刻的认知。

(三)转变文风,提高可读性

为了让深度报道更具吸引力,需要突出情感表达,以生动的描写和有趣的叙述方式打动用户,同时,运用图文并茂、视听结合的手法提高报道的多样性和可读性。这也能在保持深度的基础上更好地传递信息,让用户更愿意深入了解复杂的社会问题。

1. 情感表达

转变文风的关键在于注重情感表达。通过深刻的情感描写,报道能够更贴近用户的内心,引发共鸣。使用生动的词汇、形象的比喻和细腻的描绘,能够让用户在文字中感受到故事的温度,产生更深层次的思考。

2. 多元叙事方式

多样化的叙事方式是提高可读性的有效途径。可以尝试采用叙事性强的手法,如讲故事、引用人物经历,或者通过对话的方式呈现信息。这样的叙事方式能够让用户更轻松地理解深层次的问题,同时增强阅读的趣味性。在深度报道中,创造性地结合图片、音视频、交互等多媒体元素,能使报道更具丰富性,提高用户的阅读体验。

3. 提升可读性

在引入深度报道时,采用简短的句子和段落,避免使用过度专业化的术语,让文字更易于理解。使用引人入胜的开头,通过问题、引用或精彩的描述引起用户的兴趣。同时,通过分段和插入互动性的元素,打破篇幅限制,让用户更轻松地吸收信息。

"本文5120字，阅读全文约需9分钟……"公众号等新闻媒体推送深度报道时，为用户提供大致的阅读时间，让他们能够更好地安排时间。这样的温馨提示既可以减轻用户的心理负担，也能够使报道更贴近用户的生活。

四、"酒香也怕巷子深"：深度报道的有效呈现

全媒体时代的到来丰富了媒体的内容呈现手段，为用户获取新闻信息提供了更加多样的选择，也使当前的信息传播呈现出碎片化、个性化、垂直化的特点。制作深度报道同样需要从当前的媒介传播环境与用户使用习惯出发，利用各类新兴手段为深度报道插上"翅膀"，在准确把握社会关切的基础上找准报道方位，从而实现对深度报道的有效呈现。

（一）丰富呈现维度

《重庆山火突发，他们逆行而上——人民的英雄，英雄的人民！》二维码

深度报道需要在全媒体环境下不断创新，以更多元的方式呈现信息，使之更具传播力和吸引力。这不仅是对内容形式的创新，更是对传播理念的深刻变革。这要求深度报道在形式上加速从单一、单维、单向的传播方式向全媒体、多维、互动的方向转变，适应移动化、社交化、可视化的发展趋势，实现同一报道主题、同一新闻主体的"一次采集、N次加工、多元化生成与多终端适配"。

深度报道在全媒体环境中的新形态要求具备可读、可听、可看的特性，同时注重可互动、可分享、可体验，将内容优势转化为传播优势。这意味着报道不仅要提供文字内容，还需要结合音频、视频等多媒体元素，使得用户可以更全面地理解报道内容。而通过互动性的设计，用户可以参与报道的过程，分享自己的看法，甚至在一定程度上体验报道所传达的信息。

《重庆山火突发，他们逆行而上——人民的英雄，英雄的人民！》[1]就是一个全媒体深度报道作品。该作品以一段视频作为开头，概述了重庆山火发生的原因及社会各界参与救援的情况。之后进入网页的导语部分，点明了此次山火救援是"中国奇迹"，并通过视频、动态网页的形式详细讲述了山火扩散及社会各界参与救援的过程。网页中也设置了大量的超链接及互动选项，让用户能够根据自身兴趣选择相应的内容进行

---

[1] 张一叶（张勇），刘颜，白永茂，等.重庆山火突发，他们逆行而上：人民的英雄，英雄的人民！[EB/OL].（2023-10-25）[2024-01-25].http://cq.cqnews.net/cqztlm/col1810999.html.

观看，并在报道最后的"评论区"中抒发自己的观点，强交互的内容形式有效提升了用户阅读过程中的参与感。

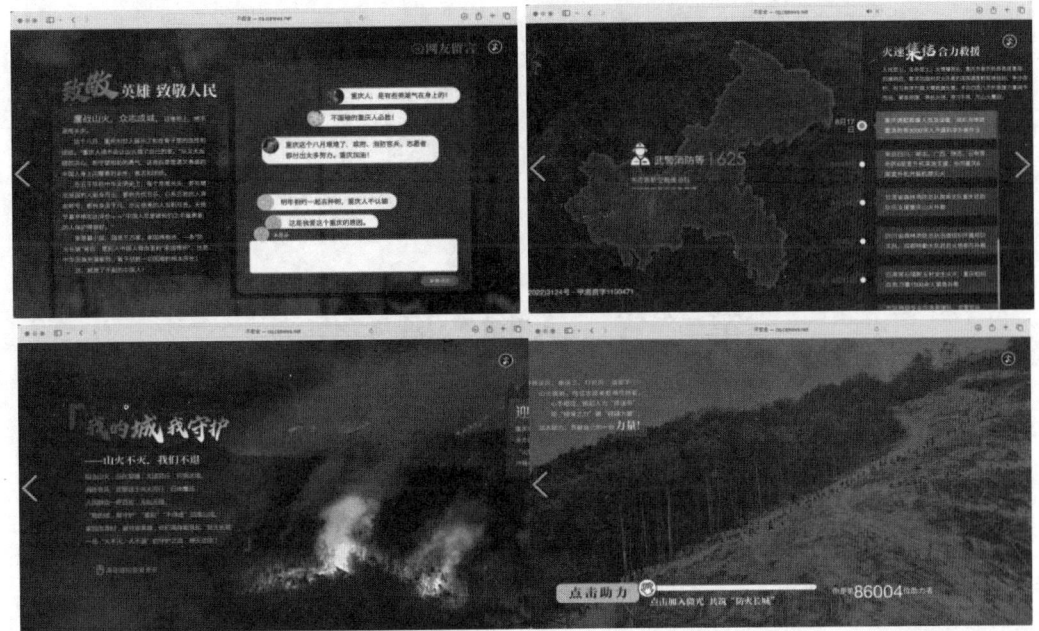

图 12-1-4 《重庆山火突发，他们逆行而上——人民的英雄，英雄的人民！》截图

（二）找准报道方位

"读者在哪里，受众在哪里，宣传报道的触角就要伸向哪里，宣传思想工作的着力点和落脚点就要放在哪里。"①

在深度报道中，找准报道的方位至关重要。深度报道在主流媒体的传播中扮演着重要的角色，其传播力、引导力、影响力、公信力都是主流媒体不可或缺的组成部分。面对网络热点问题，深度报道应该迅速跟进，找到社会公众思想认同、情感共鸣、利益关系、矛盾解决等方面的关键点。主流媒体通过深度报道答疑释惑、明辨是非、疏导情绪，在舆论场中抢占主动地位。同时，深度报道也应当密切围绕党和国家工作、社会热点、人民群众关切主动设置议题，有效引导舆论。

随着信息技术的发展和普及，传播主体急剧增加，"信息海洋"的边界也得以扩展，新闻发布不再是记者的专利。在新的传播环境下，深度报道更应注重"时度效"

---

① 解放军报. 与党同心 与官兵同行 [EB/OL]. (2016-01-01) [2024-01-26]. http://cpc.people.com.cn/n1/2016/0101/c64387-28003070.html.

的辩证统一，借助技术优势，实现快速获取线索、提高采写效率，以及快速传播的效果。

> 记住："快新闻"时代，新闻传播的速度快、传播媒介多样，深度新闻的重要性更加凸显。

第二节　人物专题写作

人物专题写作，是指综合运用各种媒体手段和形式，对特定事件中的特定人物展开具体、详尽报道的作品形式。"人"作为新闻中不可或缺的五要素之一（Who），在大多数新闻中会作为叙事内容的重要组成部分被呈现。但是，与一般新闻产品不同的是，人物专题更加注重对新闻人物进行生动的描写和故事性的叙述，通过具体的场景、对话和细节，挖掘某个人或者某类群体的生活、情感和思想，旨在呈现全面、有深度的人物形象。同时，人物专题内容不仅仅是个体的呈现，其往往还会探讨人物在特定领域、社会群体或者历史时期中的角色及行动，"以小见大"，反映社会乃至国家的发展进程。如今，媒体融合向纵深发展，社交短视频平台成为信息流通中的枢纽环节，信息呈现方式日新月异，人物报道也突破了以往单文本的表现形式，越来越向多模态、多文本、视听交互等的趋势发展。因此，人物专题报道不仅以深度见长，还有很强的时代意义，在当下的全媒体时代中，也融合了更多立体、多维交互的视听元素。

当下，要想呈现一个好的人物专题报道，仍然需要捕捉人物及其经历的真实细节，把握叙事的技巧，积极利用多媒体元素和手段，使人物报道入眼、入脑，更入心。

一、认识人物：人物专题写作的内容把握

开始人物专题报道之前，首先要明确两个问题：专题报道的中心人物是谁？报道要呈现关于该人物的哪些内容？人物专题报道是深入调查和研究的产物，涉及采访、收集资料、查证事实等工作。在深入了解被访对象、获得大量信息的基础上，需要将

这些信息进行分类、加工等处理，摘选出能够突出表现人物且贴合中心立意的信息，这样才能更好地将人物鲜活、个性的一面传达给受众。

（一）真实刻画作为中心的"人"

在人际交往过程中，人物的具象特征很容易给他人留下印象，这些特征包括面容、身高、体形等外在形象，也包括个人的言行举止等。在由物理空间向视听空间转变的过程中也同样如此，要呈现一个人物，就要从人物的具体特征出发，真实刻画人物的形象，语言无须追求繁复，如此可以让受众在脑海中形成关于人物的具体的形象，从而增加人物的逼真性和可信度。同时，人物所处的生活环境等周边信息同样是反映人物特征的"利器"，有些还能够作为线索或伏笔推动后续情节的发展。

《我是188万分之一》二维码

贵州广播电视台的《我是188万分之一》①以系列报道的形式，每期聚焦一位典型人物，以小见大地反映贵州省内188万易地扶贫搬迁人口的生活状况。在介绍来自晴隆县的留守女孩文家秀时，记者选取了她的自述："在我6岁的时候，爸爸妈妈出去打工了，他们觉得在（老家）这里工资比较低，去外面的话工资会高一点。因为我们有三个姊妹，所以他们想多赚一点钱。"寥寥数语便交代了当地此前收入水平较低、留守儿童现象突出等状况，与后续报道中提及的扶贫政策落实留守儿童生活保障、带动外出打工人员回乡创业形成了一定反差，显示出当地扶贫工作在就业保障方面所取得的成效。

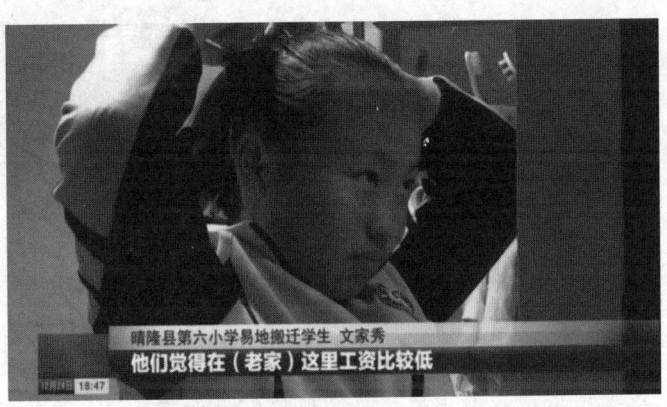

图 12-2-1 《我是188万分之一》截图

---

① 赵婉兵，李京蓉，饶琦，等. 我是188万分之一［EB/OL］.（2020-10-14）［2024-01-26］. http：//www.zgjx.cn/2020-10/14/c_139436682_2.htm.

1. 在矛盾冲突中表现人物

《"时代楷模"黄文秀｜风雨兼程新长征 初心无悔永芳华》二维码

"文似看山不喜平",矛盾冲突是使人物专题报道吸引用户观看或阅读的关键,是人物深度报道中的"调味剂",是叙事或者情节向前发展的推动力。人物的矛盾冲突常常反映着其内心的复杂性和多样性,往往预示着人物内心的变化或是激发其某个决策的动机所在。揭示人物内心的矛盾与挣扎,能够使报道中的人物形象更加丰满和立体。同时,由于矛盾具有普遍性,其反映了人类共同的情感和生活经历,能让受众更深入地理解和关注人物,在人物的情感冲突中找到共鸣、建立情感链接。

在全国脱贫攻坚进入决战阶段时,广西百坭村驻村第一书记黄文秀因山洪不幸牺牲在扶贫岗位上的事迹引发全国关注。广西广播电视台记者在事件发生后辗转多地,对黄文秀的工作生活经历进行了深入挖掘,播发报道《"时代楷模"黄文秀｜风雨兼程新长征 初心无悔永芳华》①。报道对矛盾冲突的详细讲述,还原了黄文秀在扶贫工作中曾遭遇的种种困难与挑战。

图 12-2-2 《"时代楷模"黄文秀｜风雨兼程新长征 初心无悔永芳华》截图

【解说词】百色是全国脱贫攻坚主战场之一,是一个集革命老区、少数民族地区、边境地区、大石山区、贫困地区、水库移民区"六位一体"的特殊地区。乐业县百坭村是自治区级深度贫困村,全村共有460户2068人,2017年底贫困发生率达22.88%。硕士研究生毕业后,黄文秀本可以选择条

---

① 汤婧,罗广勋,蓝桂强,等.【"时代楷模"黄文秀】风雨兼程新长征 初心无悔永芳华［EB/OL］.(2020-10-14)［2024-01-26］.http://www.zgjx.cn/2020-10/14/c_139436684_2.htm.

件很好的国家电网公司工作，但她却做出令人意外的决定，回到百色支援家乡建设。当初，这个戴着眼镜、一脸斯文的女孩子被派驻到百坭村时，乡亲们都有些不以为然：研究生驻村嘛，"镀镀金"走走过场而已，一个文文弱弱的女孩子，能搞出什么名堂来。

【同期声】百色市乐业县新化镇那伟村第一书记 张柏瑜：

毕竟女孩子有柔弱的一面，还记得有一次，她哭着鼻子找到我，（说）贫困户不让进门，我告诉她就是说，要学会说本地（桂柳）话。

记者以对比与冲突具体地展现了黄文秀驻村之初面临的挑战与考验——有着研究生学历的斯文女生，放弃优越的工作条件，回到家乡投身扶贫工作，却因不熟悉当地方言而被贫困户拒之门外。重重的困难牵动着观众的心，一方面，这些信息反复指向"黄文秀为何立志投身扶贫工作""黄文秀该如何开展扶贫工作"等疑问，吸引着观众继续观看；另一方面，这也作为引子为讲述黄文秀具体的工作经历进行了铺垫，使人物形象丰满起来。

2. 细节深入人心

在人物专题写作中，"细节"指的是对人物、场景、事件等方面的具体描述和描绘，以展现出更加生动、丰富的画面。专题中的事件是支撑起作品的骨架与脉络，细节则是贯穿其中的血与肉。细节通常能够触发受众的感官，让他们调动视觉、听觉、嗅觉、触觉等感官，从而更加沉浸式体验感知人物和情境，人物的形象在点滴的细节刻画中更加饱满且丰富，故事也随着细节更具说服力与真实性。

《江梦南：盛开在无声世界》二维码

此外，细节还传达着情感，通过描写人物的细节，特别是人物的情感表达和内心体验，可以让受众更加深入地感受人物的情感世界，产生共鸣和情感连接，增强受众与人物之间的情感联系。好的写作往往是细节之处打动人心，用户浏览完某个人物专题报道，可能回忆不起具体的人物经历，但通常能记住最触动他们的某个细节，甚至勾连起自己的情感记忆，这在信息涌动的时代显得弥足珍贵。

央视新闻频道《面对面》栏目在《江梦南：盛开在无声世界》中，通过解说词和同期声呈现许多细节性讲述，还原了江梦南作为极重度神经性耳聋患者的成长求学过程。

【解说词】既然治疗无望，赵长军夫妇便横下心来，走言语康复这一条路。江文革带着女儿到湖南省聋儿言语康复中心自费参加特教老师的培训，后来，江文革拿到了宜章县最早的一张特教老师资格证书。

【同期声】江梦南母亲 江文革：

每天在家就是这样子抱着她，然后她背对着我，前面一块镜子，我就在后面跟她说话，但她可以在镜子里看到我的口型，又可以从镜子里面看到自己的口型……把她的手抓到这里，让她能够摸着我们的喉咙，我们说话她就能感受振动，我们又把她的手放她自己的喉咙上，又感受振动，就要让她明白你为什么发出声音来，跟不发出声音的时候有什么区别。

图 12-2-3 《江梦南：盛开在无声世界》截图

【解说词】江梦南以全市第二名的成绩考入郴州市六中，开始了异地求学的生活。每年只有寒暑假可以回家……住校期间，没有父母督促着起床，江梦南只好自己想办法。

【同期声】江梦南：

晚上睡觉之前，把手机给设置好闹钟，调成振动，一整个晚上都抓在手里。（记者：但是你知道睡觉的时候手很容易就松了吧？）我不会松。（记者：为什么你不会呀？）如果这件事情非常重要的话，我知道自己听不见，有的事情对大家来说是不一定需要做到的，但是对我来说是必须做到的。可能是在这种信念下吧，所以我的手是不会松的。

在报道中，诸如此类的细节在主人公江梦南及其父母的讲述中反复出现，尽管记者并未过多描述江梦南在成长求学过程中遭遇的困难，但细节性的讲述足以让观众感受到这位失聪女孩付出的异于常人的努力。

二、意犹未尽：人物专题写作的叙事技巧

在进行人物专题报道方面，由于人物自身经历的丰富性，记者在采访过程中一般能够获得较多的内容素材，通过适当增加对比和反差、运用立体场景讲"活"故事和令叙事视角多样化，对采访素材进行有的放矢的整理与编排，使人物叙事更加丰富立体，为观众带来意犹未尽之感。

（一）适当增加对比和反差

在人物专题写作中，增加对比和反差是增强报道可视性的一种常用技巧。这可以是人物性格、身份等方面的反差，或是事件发展现状与结果的对比等，如此人物形象可以一定程度上摆脱扁平化的窠臼，更加丰满与立体，事件的变化、报道整体的走向会变得更加有起伏、有节奏，这也是报道趣味性的体现。

值得注意的是，增加对比与反差并不是故意进行夸大的铺陈，而同样需要遵从事实的选择，写作中一味渲染对比的情绪可能会导致最后的呈现效果出现偏差，甚至对报道的公信力产生负面影响。这一问题在突发性公共事件以及灾难事件的当事人专访中需要格外注意，过分煽情的对比性表述不但会扰乱公众的信息认知，还有可能侵犯相关人员的隐私，造成二次伤害。因此，采取适当增加反差、事实与情感并进的叙述策略更能使报道在稳妥的基础上增强可读性。

2021年，在全国脱贫攻坚总结表彰大会召开的这天，江西卫视推出新闻专题节目《老表们的新生活——鸟哥"打"鸟》[①]。节目聚焦乡村的脱贫攻坚实践，讲述了江西婺源县农民余鹏海加入家乡逐渐兴起并火热的观鸟经济大潮，成为一名职业"鸟导"，带领全国乃至世界各地的鸟友拍鸟，靠自己的勤学与实践让自己与家人过上美好的生活。从认不全字到自学鸟类书籍，从"除了麻雀一无所知"到对鸟类如数家珍，从没学

《老表们的新生活——鸟哥"打"鸟》二维码

过英文到能顺利带着国外鸟友到处拍鸟，主人公积极在家乡新产业中找到属于自己的职业机缘，改变自己的生活，这种人物身上呈现的反差与蜕变为节目增添了特色与吸引点。余鹏海个体生活的变化也是一个切口与显微镜，展现了整个乡村的变迁，即家

---

① 王子荣，何梁，王建国，等.老表们的新生活：鸟哥"打"鸟[EB/OL].（2022-11-01）[2024-01-26]. http://www.zgjx.cn/2022-11/01/c_1310668211_2.htm.

乡积极利用优势，发展生态产业与旅游业经济，走出了一条有特色的脱贫致富道路。

图 12-2-4 《老表们的新生活——鸟哥"打"鸟》截图

（二）立体场景讲"活"故事

在新闻实践语境，场景通常指的是事件发生的具体地点或环境，可以是一个地理位置、一个物理空间，或者一个特定的社会环境。在人物专题写作中，场景具体是指人物展开活动的空间，它能够为了解人物提供背景信息。如果一个人物报道全篇都是叙述同一个场景下的活动和行为，不免有些单调与乏味。场景不同，人物的角色可能不同，不同的行为活动下展现的性格张力有所差异。同时，丰富的场景可以带来更多的人物对话与交流，更能从生活的小切口中发现真实的细节。丰富的场景能够帮助记者从多个侧面对人物经历展开挖掘，呈现出更丰富的人物层次。这就需要记者凭借扎实的职业素养，通过细致入微的观察、认真翔实的记录、将心比心的思考，真正置身于被报道人物所处的社会立场与生活环境当中，避免流于形式的、片面的交流，才能够在人物专题报道中呈现更具烟火气、人情味的场景。

《大山深处走出最美"古丽"》二维码

例如，在《新疆日报》的《大山深处走出最美"古丽"》[①]这篇文字通讯中，记者深入工厂车间、宿舍、社区等，记录了主人公古丽在这些场景下的对话、举止、心理活动等，立体、生动地展现了人物的生活状态、内心世界与精神风貌等。同时，记者还走访古丽的工友等，通过描绘这些人的生活场景与变化，侧面表现古丽对他们的鼓励与帮助，更烘托人物牵挂家乡、无私奉献的品质美。

---

① 李杨，梁立华，杨帆，等.大山深处走出最美"古丽"[EB/OL].（2021-10-25）[2024-01-26].http：//www.zgjx.cn/2021/10/25/c_1310261653_2.htm.

11月27日晚,广州白云机场。

帕夏古丽·克热木走出大厅,工友哈力切·孜亚等五六个姑娘捧着大束的百合、玫瑰迎上来。

11月30日上午,东莞虎门海滩,阳光明媚,海风习习。海滨栈道上,帕夏古丽高高抱起3岁的儿子喜任别克·都依夏……

坐在荒凉的山坡上,望着羊群,帕夏古丽想:天天放着羊、吃着馕,日子难道就要这样过下去?

11月30日22时,职工宿舍。一阵急促的手机铃声响起……

12月3日19时30分,29岁的鞋厂女工布帕提玛·买买提吐尔地,一下班就直奔工厂附近的美容美发店学手艺……眼前的布帕提玛,和过去那个穿着土气、一说话就脸红的姑娘,判若两人。"这家伙,能折腾!"帕夏古丽打趣道。

(三)叙事视角多样化

叙事视角通常指的是记者选择观察、呈现和描述人物的角度或者视点,常见的叙事视角包括第一人称、第三人称以及多角度的混合形式。在以往的人物专题写作中,叙述通常由记者的第三视角展开,辅以人物对白,整体的报道呈现出客观、中立的特点。媒介技术的发展降低了用户自主生产内容的门槛,使媒体平台中内容的叙事视角愈发丰富,在中立的叙述逻辑之外,更多以人物本身为叙事者及多元视角的混合叙事的作品被呈现出来。这不仅是感官上减少阅读倦怠的一种手法,更体现了适应碎片化阅读趋势下受众追求沉浸式阅读、平民视角呈现的需求。

《我是一名驻港女兵》二维码

叙事视角的选择往往与人物自身的特质有很大关系,这需要记者挖掘人物的内心表达,在发现细节的基础上进行延伸,从而创新写作的表达方式。

2022年,在中国共青团成立100周年、香港回归祖国25周年之际,东莞广播电视台推出新闻专题《我是一名驻港女兵》[1]。报道主人公黄希蕾是一名在驻港部队服役的广东姑娘,她凭借出色表现荣获"全国优秀共青团员"称号。报道抓住她写日记的习惯,选择以日记体的形式对人物经历展开介绍。记者将黄希蕾的日记内容作为主线,中间穿插交织与日记相符的纪实内容,包括拍摄、采访、音乐等同期声素材,这样的

---

[1] 田飞跃,苏燕红,马慧敏,等. 我是一名驻港女兵[EB/OL]. (2023-10-17)[2024-01-26]. http://www.zgjx.cn/2023-10/17/c_1212289953_2.htm.

报道方式消减了荧屏带来的距离与军人的角色差异，新颖地将人物的军旅生活及获奖经历呈现出来，生动地塑造了追求梦想、不畏挫折、刻苦训练的女兵形象。其中，日记中有许多黄希蕾对自己日常感受的记录，直观、朴素的表达可以让受众觉得被报道的人物就是生活在自己身边的人，增强了受众对专题内容的接受度，扩大了二者的共通意义空间。

三、耳目一新：人物专题写作的创新呈现

移动互联网技术的发展使当前的信息传播环境出现了改变，这同样要求记者将互联网思维融入人物专题报道的采编过程中，通过多模态形式、差异化整合传播，以及延伸报道、打造情感长尾效应等手段，创新人物专题报道的内容呈现形式，为移动互联网时代下的用户带来耳目一新的新闻阅听体验。

（一）多模态形式，差异化整合传播

如今，信息技术的变革为新闻报道的制作与发布提供了前所未有的资源与平台，受众越来越多地参与信息生产与流通的环节，主流媒体内容制作方式发生深刻变革，这样的背景要求新闻作品贴合移动化、可视化、小屏化、交互化等趋势。人物专题也由原来单维的文本、纸质报道朝着视听交互的方向呈现，与传统制作相比，当下的人物专题报道更多地利用了多种媒体形式，包括文字、图片、视频、音频等，以及交互式图表和动画等元素，使较为宏大、正式的专题更加生动、立体和具有吸引力，人物及事件也能全景式地铺展在受众面前，受众能获得如同亲临现场的观感。

同时，当下的信息、热点资讯等通过社交媒体、短视频平台等渠道进行广泛传播。报道可以更快速、更精准地抵达用户，借由平台开放参与、碎片化呈现的特点，受众可以对内容进行即时互动与反馈。基于此，**典型人物报道的成功通常并不取决于对人物事迹的完整再现，而是依靠"闪光点"与"高光时刻"的精准捕捉**[1]。媒体通过拆解人物专题的内容，用差异化的包装形式展现人物的某个关键特征，这样精细化的传播策略可以在有效时间内满足受众的信息需求并激发情感共鸣，有可能获得"出圈"效应。

例如，重庆华龙网制作的新闻专题《重庆山火突发，他们逆行而上——人民的英雄，英雄的人民！》[2]聚焦2022年重庆山火，以凡人英雄为主角，全景记录众志成城战

---

① 王帅.新时代主流媒体典型人物报道创新刍议：以《人民日报》为例［J］.新闻文化建设，2022（4）：48-50.
② 张一叶（张勇），刘颜，白永茂，等.重庆山火突发，他们逆行而上：人民的英雄，英雄的人民！［EB/OL］.（2023-10-25）［2024-01-26］.http：//cq.cqnews.net/cqztlm/col1810999.html.

山火的英雄壮举。该专题融合多种视听技术，是承载图文、音视频、3D、动画、手绘等形式的立体、复合的新闻专题产品。首先，开头用新闻短片简要介绍火灾背景与整个救援过程，突出高光、燃点。接着，专题用一幅长卷把时间线串联起来，加之感人的文字与真实的同期声，以数据化、可视化、场景化与沉浸式的叙事将重庆山火事件逐点铺开、娓娓道来，塑造了不畏艰险、团结一心、守望相助的"人民英雄与英雄人民"。专题最后"点击助力"与"发表评论"的互动设计，让受众情绪的酝酿于顶峰释放、信息接收与表达实现了一个闭环的过程，同时大大提升了受众的参与度与荣誉感。整体来看，专题报道的综合性强，有效减少受众阅读与获取信息的成本，受众可以通过视听交互的呈现，对复杂的山火事件做到了然于心，这是新媒体形式与新闻报道深度融合的一次成功实践。

图 12-2-5　"长卷报道"的界面

图 12-2-6　"点击助力"的界面

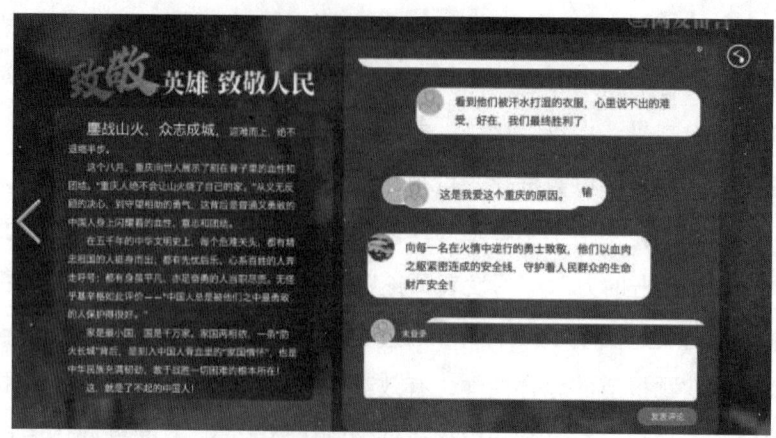

图 12-2-7 "发表评论"的界面

（二）延伸报道，打造情感长尾效应

碎片化阅读时代，对于受众和用户来说，很多报道往往"蜻蜓点水"，入眼不入心。这仍需要主流媒体等发挥引领作用。在人物专题报道上，这可能具体表现为在对特定人物进行报道之后，记者进一步展开可能的追踪报道或者系列报道，关注人物的动态历程，体现主流媒体的社会责任及其内容的权威性。而对于受众来说，浏览一个深度的人物报道所获得的印象和认知不会维持太久，连续性的报道可能会使受众和人物产生紧密的情感连接。"对于英雄人物个人事迹的持续耕耘，就好像挖掘一座永不枯竭的油矿。"① 被选择的对象往往具备新闻性、权威性、典型性②，动态延伸式的报道对于展现人物的精神特质有着潜移默化的推动作用，个体轨迹与国家发展的勾连也得以更好展现。

例如人民日报社制作的新闻专题《时间的答案：这里有一个你不知道的十年》③，通过挖掘历史细节与故事线索，讲述了 2012 年至 2022 年，王亚平、林鸣、王继才和王仕花夫妇、张桂梅等 25 位人们耳熟能详的人物背后鲜为人知的故事。作品用小故事串联起大时代，呈现了大量有时光痕迹的人物影像资料，讲述了他们在十年间的成长变化与命运交汇，展现了人民与国家共成长的十年历程，引发网友的持续关注与热议，真实、细腻又朴素的叙事唤起网友强烈的情感共鸣，彰显了主流媒体的价值引领作用。

《时间的答案：这里有一个你不知道的十年》二维码

---

① 王帅. 新时代主流媒体典型人物报道创新刍议：以《人民日报》为例［J］. 新闻文化建设, 2022（4）：48-50.
② 宋兆宽. 人物报道专题讲座之八 访而叙之 如临其境：专访写作要素谈［J］. 新闻三昧, 1994（2）：43-44.
③ 张意轩, 刘畅, 刘镇杰, 等. 时间的答案：这里有一个你不知道的十年［EB/OL］.（2023-10-17）［2024-01-26］. http://www.zgjx.cn/2023-10/17/c_1212289882_2.htm.

> 记住：人物专题写作中，须得深入挖掘人物的内心故事，以真实和深度触动人心。

第三节　融媒体新闻写作

融媒体新闻是指结合了多种媒介形态（包括但不限于文字、图像、视频、音频）的新闻报道方式，旨在通过多维度的信息展示，为用户带来更全面、更有沉浸感的内容体验。融媒体新闻能够轻易地通过手机、电脑等移动设备进行传播，并且形式灵活多变，用户可以随时根据自己的时间和兴趣暂停或深入阅读，以满足当下快节奏社会中人们的碎片化阅读需求。此外，融媒体新闻实现了新兴技术与新闻报道的有机结合，在丰富内容的表现形式的同时，也提升了用户的互动参与度。

一、报道选材

融媒体新闻的核心优势在于其多元化的内容展现形式和高度的互动性，这种综合的信息表达方式不仅可以更加生动、直观地呈现新闻事件，还能够有效地吸引用户的注意力，增强信息的传播效果。在面对需要深度情感共鸣、丰富视觉体验、具有强烈情感色彩或需要高度互动的报道题材时，融媒体报道具有较大优势，能更有效地抓住用户的心理和情感，促进信息的深入传播和影响力的扩散。

（一）主题报道：用共鸣唤起主旋律

融媒体新闻在传达政策、宣传主旋律时，能够通过互动性强化用户的参与感和在场感，有效减少说教感。利用趣味性的叙事手法，可以使主旋律报道更加生动有趣，更有效地宣传公序良俗、推广社会公德。对于承载着家国情怀的报道，融媒体新闻通过共情的方式，能够唤起用户心中对国家复兴、民族强盛、美好生活的向往，这种情感共

《听·见小康》
二维码

鸣将增强新闻的传播效果。如作品《听·见小康》①就以"听"和"见"为重要着力点，讲述了江苏全省13个设区市及江苏对口帮扶五省区的60多个小康故事，在形式上将行动中"小康幸福车""小康签名长卷""小康留声机"的内容嵌入融媒体新闻作品，让用户从多方面了解全国各地小康生活的样貌以及全面建成小康社会的生动历程。

（二）民生情怀：以共情触动人心

民生新闻以其紧贴民众日常生活的特性，展现了社会基层一线的真实情况，关注群众面临的现实问题，如教育、就业、医疗、住房等，从而构成了与用户之间紧密的情感纽带。采用融媒体新闻的形式对民生新闻进行报道，能够从多个角度、多个层面对其进行展现，有助于报道深入事件的背后，探讨问题产生的根源，呈现更为全面的社会现象，不仅限于表面的事件叙述。这种报道方式使得民生新闻的报道更加立体、生动，提升了新闻的影响力和感染力。融媒体报道创造出的在场感也使得用户不仅仅是被动接收信息，而是能够积极参与新闻事件的讨论和解决问题的过程，从而更有效地激发用户的兴趣和共鸣，促进社会的正向发展。

二、报道方式创新

随着技术升级，融媒体新闻可以打破记者与被采访者乃至新闻发生的事件之间的时间、地点关系，也可以打破传统媒体在播出渠道和时长上的限制，更营造出一种新颖且具有感染力的场景化氛围，为观众带来不同以往的观看体验。

（一）跨屏叙事：突破时空限制，创新交互体验

《天地融屏｜王亚平代表在太空讲述履职故事》二维码

随着AI（人工智能）、XR（扩展现实）等技术兴起，部分新闻作品可以跨越时间、空间的限制，实现"全息异地同屏访谈"。2022年3月，新华社推出《天地融屏｜王亚平代表在太空讲述履职故事》，运用虚拟空间、XR等技术将演播室内的主持人"送"上太空，实现了演播室主持人与太空站内宇航员的面对面交流。这打破了地理界限，为用户提供了前所未有的沉浸体验和趣味性。

---

① 任松筠，田梅，高伟，等. 听·见小康［EB/OL］.（2021-05-31）［2024-01-26］. http://www.zgjx.cn/2021-05/31/c_139980184_2.htm.

图12-3-1 《天地融屏丨王亚平代表在太空讲述履职故事》截图

除此之外，作品《新千里江山图》[①]则以中国古代名画《千里江山图》为背景，利用"三维模型＋场景CG（电脑动画图像）"等多种新媒体技术，将新时代的十年发展成就和奋斗故事融入名画之中，实现了传统与现代呼应、科技与艺术交融、古今相融的场景，极具观赏性和时代感。

《新千里江山图》二维码

图12-3-2 《新千里江山图》截图

---

① 余荣华，熊捷，宋嵩，等.新千里江山图［EB/OL］.（2023-10-31）［2024-01-26］.http://www.zgjx.cn/2023-10/31/c_1310747774_2.htm.

（二）全程直播，提升新闻真实性

随着 5G 时代的到来以及移动终端设备的大规模普及，直播类报道的技术门槛正在逐渐降低，观众也能随时随地通过移动设备接入直播，媒体对新闻事件进行全程直播成为现实。观众可以实时追踪新闻事件的进展，关注事件从开始到结束的全过程，新闻报道的在场感也因此提升。同时，新媒体直播平台的互动特性允许观众通过评论、提问等方式参与新闻事件，进一步增强了新闻的互动性和观众的参与感。

三、融媒体新闻的叙事策略

融媒体新闻的制作与传播策略强调适应移动端用户的快速消费模式，都追求创新性和独特性。

（一）加强关键词的设计

融媒体新闻强调信息的碎片化与轻量化，因此，在新闻的创作过程中，尤其是标题设计、报道角度的选择以及内容的构建上，追求创新性与独特性成为提升作品吸引力的关键。以《长江日报》的作品《72 个红手印，究竟为了留住谁？》为例，该报道采用含数字的提问式标题，巧妙设置悬念，有效激发观众的好奇心与点击欲望。类似地，《今天，发条微信一起点亮武汉》这一作品，通过标题中的直接邀请，为用户提供了强烈的互动感和参与感。由于融媒体新闻包含要素较多，倘若在内容呈现过程中不能有效突出重点，用户就要用更多的时间去理解和消化传播者意图表达的观点，甚至产生与之相悖的理解，这不仅会导致阅读体验的下降，还可能会对报道的传播效果产生限制。因此，记者在制作融媒体新闻的过程中不仅要把握重点，更要提炼出关键词或者关键的事件，由点及面地展开叙述，以清晰明了的方式向观众传递新闻事件中的核心信息。

（二）合理设计故事线

融媒体新闻整合了文字、图片、视频、音频等多种内容呈现形式，实现了不同类型新闻素材之间的相互补充。素材间的"相融"需要依靠逻辑上的承接来实现，因此需要记者对报道的故事线进行梳理与设计，可以将人物、物品或地点等作为开展报道的线索，通过它们的发展变化向用户传递出记者想要表达的中心主旨，从而增强作品的故事性、立体感与趣味性，以线索承载的"小事物"折射出报道希望讲述的"大主题"。以作品《一张照片背后的这7年》[①]为例,该报道从2013年习近平总书记前往湖南湘西十八洞村与村民进行座谈并提出"精准扶贫"重要论述讲起,以当时现场所拍摄的一张照片作为线索,逐一探访出现在照片中的村民,了解他们的生活在此后的7年间发生的变化。用户在浏览这篇新闻报道时,只要点击每位人物的照片,就可以通过超链接跳转到相关报道,看到相应村民的生活经历,直观地了解"精准扶贫"政策给人们生活带来的改变。

《一张照片背后的这7年》二维码

图 12-3-3　融媒体报道《一张照片背后的这7年》截图

(三)选择合适的视角切入

尽管融媒体新闻较长的制作周期导致其在报道时效上有所欠缺,但部分现实操作中难以拍摄到的画面却可以在技术手段的帮助下得到一定程度的还原,因此需要制作团队从报道主题出发,选择合适的报道视角进行切入。**通常的叙事视角包括全知视角(也称上帝视角)、某个人的单一视角、从外部观察和记录人物言行这三种**。如作品《复兴大道100号》[②]选择从外部进行叙事,辅以动态横屏长图的内容呈现形式,将中国共产党的百年奋斗征程集纳于长幅画卷之中,独特的叙事视角使用户在浏览过程中便将国家与社会的发展尽收眼底,令人回味无穷。

《复兴大道100号》二维码

(四)善用叙事结构

相较于传统的叙事结构,融媒体新闻往往会选择复合型结构进行叙事,较常使用

[①] 龚政文,徐蓉,刘安戈,等.一张照片背后的这七年[EB/OL].(2021-06-01)[2024-01-26]. http://www.zgjx.cn/2021-06/01/c_139982034_2.htm.

[②] 人民日报社.复兴大道100号[EB/OL].(2022-11-01)[2024-01-30]. http://c.h5in.net/year100/.

的复合结构有连接式、并列式、嵌入式三种①。连接式结构指按照时间顺序对新闻事件进行排序，常见的表现形态是用长图进行叙事，这种长图能更好地介绍由时间、地点串联起来的新闻事件。并列式结构一般会出现在需要展现多个场景时，各个板块会被清晰地罗列在页面上，使整个报道的主题更加清晰，也更加完整有序。嵌入式结构则经常以"画中画"的形式出现，是对于事件的补充或者拓展，可以帮助观众更好地理解事件发生发展的过程，并丰富与事件相关的细节信息。如作品《最后，他说——英雄党员的生命留言》②采取了竖屏构图的连接式结构，讲述了中国共产党百年历史中多位共产党员为革命事业光荣献身前说的"最后一句话"，并以嵌入式结构在其中插入了多个可以点击播放的音频、视频等补充资料，以英雄们生前的言行作为党的百年奋斗史中的感人注脚，引发用户共鸣。

《最后，他说——英雄党员的生命留言》二维码

> **记住**：在融媒体新闻写作中，创新叙事结构、选择合适视角并精心设计故事线，是塑造深刻报道、拓展信息传播边界的关键。

思考
1. 深度报道在揭示事件背后的原因和趋势时，应采用哪些具体的采访和写作技巧？
2. 在人物专题写作中，如何通过细节真实生动地刻画人物形象？
3. 人物专题报道如何通过人物故事反映更广泛的社会背景和问题？
4. 融媒体新闻报道在设计互动性内容时，应如何平衡信息量和用户体验？

---

① 陈仲仪. 融媒体语境下 H5 新闻的叙事策略研究：以中国新闻奖 H5 新闻获奖作品为例［J］. 新闻世界，2024（1）：70-73.
② 中国网. 最后，他说：英雄党员的生命留言［EB/OL］.（2022-11-01）［2024-01-27］. http://v.china.com.cn/news/2021-06/21/content_77578331.htm.

用镜头还原世界，以影像记录时代

第十三章
视听写作：纪录片

纪录片是一种"以视为主、视听结合"的媒介，文字在纪录片中不再是单一的工具，而是与画面相辅相成、引导观众产生联想与思考的"线索"。纪录片写作的意义不仅仅在于对现实的呈现，它更是一场关于真实的审视和解读。通过视觉与听觉的巧妙交织，纪录片能够以生动的方式还原事实、记录历史，使观众更全面、更深入地理解所述故事，感受真实情感。在媒体融合时代，纪录片连接过去与现在、文化与观众，通过深入挖掘人文内涵，传递文化精髓，引导观众思考社会问题，成为跨越文化边界的心灵之旅。纪录片写作遵循视听写作的一般规律，也有自己的特点，本章着重介绍纪录片独有的写作特点和方法。

第一节 纪录片写作概述

与严肃的新闻报道和高于现实的影视作品相比，纪录片更像是二者折中的产物：在对拍摄内容真实性有着较为严苛的要求的同时，追求以丰富的镜头语言、精心打磨的解说文字以及精巧的叙事结构来实现更为艺术化的表达。纪录片独特的内容追求也使其在创作过程中表现出不同于新闻或影视作品的特点。

一、纪录片的基本概念

什么是纪录片？一个简单的回答可以是：纪录片是关于真实生活的电影。①但事实上纪录片真的能够被如此简单定义吗？我们深入思考这个简单的回答时，就会发现纪录片的内涵远超于这句话。比如，"关于真实生活"是关于谁的真实生活？所有人的还是所有事物的？又或者，在当下媒体融合的前景下，纪录片还仅仅是电影大类下的一个小分支吗？这一切的疑惑催促着我们对纪录片进行更加深入和更加全面的理解。

尽管纪录片是关于现实生活的影片，但它并不是真实生活的简单复刻，也不是直接复制。既然它是一种艺术方式，那么在众多主创合作的过程中一定会涉及艺术的加工、人为的修改和对现实的部分删减。

但不可否认的是，相较于其他的影像类型，纪录片是以真实发生的情况为基本前提的，也就是说现实生活是纪录片不可或缺的原材料，而现实生活往往又是丰富多彩的、不断变化的，这也是定义纪录片的困难所在。当题材越来越广泛、科技越来越发达，真实和虚构之间的界限被不断打破、重构、模糊，以至于我们自己也难以厘清它的概念和特点。但纪录片的创作者依然要决定：节目是给哪些人观看的？这部作品展示了一个怎样的故事？而其展示出的内容又是出于何种目的？所以，我们会在后文中介绍从创作者的角度出发，如何去理解和尝试定义纪录片。

随着时代的发展，纪录片不仅被创作者不断更新和发展，同样也被观众不断地重新审视和理解。传统意义上，观众会认为纪录片主要是记录现实发生的重大事件，例如回顾强军成就、启迪强军未来的大型纪录片《强军》，全景记录庆祝中华人民共和国成立70周年阅兵盛况的纪录片《2019阅兵盛典》；又如以军工重大武器装备型号研制为叙事背景，讲述主人公亲身经历和难忘故事的《军工记忆》；反映重大历史军事战役的《淞沪会战——中日海空大决战》《淮海战役启示录》；等等。②这些纪录片都是记录重大题材的优秀作品，也是观众认知下最典型的纪录片。但无论如何，对于大多数观众而言，**纪录片也应该是关于真实世界的，尤其是与真实世界中的重大事件相关的**。观众希望能够在荧幕上看到现实被尽可能地还原和呈现，这种对"真实"的执念使得它既成为纪录片的灵魂，也是对纪录片的限制。

---

① 奥夫德海德. 纪录片[M]. 刘露, 译. 南京: 译林出版社, 2018: 9-10.
② 刘婷婷. 新闻纪录片年轻化表达初探: 以中国新闻奖一等奖作品《新兵请入列》为例[J]. 上海广播电视研究, 2023（4）: 80-85.

真实是纪录片的灵魂并不难理解,但为什么说真实也是对纪录片的限制?因为随着影视创作行业的商业化,纪录片除了承担社会功能之外,还必须顶住商业和市场的竞争压力。为了达成这个目的,纪录片的创作者不仅需要更新自己的硬件条件、拍摄手法、影片形式,还必须考量观众的审美、市场的需求、政策的指向等,当这一切条件叠加起来时,想要再现真实就没那么容易了。

考虑到这些问题,对纪录片进行准确的界定看来不是一件简单轻松的事情。"再现"和"真实"本就囊括了太多的要素,例如"再现"是多大程度的再现?"真实"又是何者的真实?是否存在公认的真实?这一系列的问题不断困扰着业内人士和研究人员,所以在比尔·尼科尔斯的《纪录片导论》中,他将纪录片定义为"一种相关性的或是相对而言的解释,纪录片的含义体现在它与故事片、实验电影或先锋派电影的相对性中"[①]。

从比尔·尼科尔斯的观点中不难看出,他认为纪录片并不是现实的纯粹复制品,而是对我们所拥有的世界进行再现,它不仅可能呈现一种在此之前我们从来没有遭遇过的世界的面貌,也有可能提供给我们一种不同的对世界的见解。基于此,在《纪录片导论》中,比尔·尼科尔斯试图从四个维度对纪录片进行界定和讨论,这四个角度分别是:**机构组织、从业人员、文本、观众**。

第一,从机构组织的角度来看,简单来说,纪录片就是由制作纪录片的组织或机构生产出来的作品。这就好比说好莱坞的剧情片就是由好莱坞制片体系生产出来的作品一样。这种界定纪录片的方式起到了一种最简单的提示作用,即一部由特定组织或机构制作的作品可能会被认为是一部纪录片。但这种分类方式在如今的市场背景下显得较为落后,只做纪录片的机构并不常见。

第二,纪录片的从业人员有一种区别于其他影片类型从业人员的特征:纪录片制作者拥有一种普遍的、自我选择的特权,那就是再现这个历史世界,而不是用想象去创造一个替代品。这也是一个较为模糊的说法,因为对于创作者而言,他们面对作品都是拥有自我选择的特权的,就像画家可以选择用何种色彩描绘自己的画作,而越来越多根据真实事件进行改编的电影作品也在逐渐松动纪录片对于真实的唯一使用权。

第三,纪录片的文本拥有自己的标准和惯例,比如使用"上帝之声"画外音解说词、进行采访、录制现场音效、切换特定场景以提供用于阐释的影像或者就该场景提出某种观点、仰仗社会演员或者说处于自己日常生活中的角色和行为中的人作为影片

---

① 尼科尔斯.纪录片导论[M].陈犀禾,刘宇清,郑洁,译.北京:中国电影出版社,2007:28.

的中心人物，这些对于许多纪录片来说都是共通的特征。同时，很多纪录片的叙事逻辑带有明显的教导性色彩，这种逻辑致力于阐释相关信息，将电影与现实世界的再现联系起来组织电影的结构。

第四，从观众的角度出发，在观看一部纪录片之前，观众基本上会有这样的假定：这个影片的声音和图像来源于我们所共有的历史世界。而用于记录的设备（摄影机和录音机）也忠实地记录了事物留下的印记（视觉形象和声音）。[1]这也就和前面所讨论的观众的传统看法不谋而合，但随着观众的分众化、垂类化，对于不同的观众而言，真实又分别扮演着怎样的角色，我们暂未得知。

而从学界的理论层面来看，纪录片的定义也是中外学术界多年来一直热衷于讨论的问题，但关于这个问题的答案始终难以形成共识。以色列学者丹·吉瓦做过一个统计，从格里尔逊第一次使用"纪录片"一词来指认弗拉哈迪的作品开始，在过去的百年中，见诸文字的对纪录片的定义已有超过百种。[2]其中，格里尔逊所提出的著名定义"对事实的创造性处理"或许是这上百种定义中被接受度最高的，影响也最为广泛，但这一定义的问题就在于过于含混。[3]就如前文所述，当前不少剧情片也会化用真实事件，根据真实发生的故事进行艺术加工和二次创造，这就使得"对事实的创造性处理"这个定义显得更加过时。当然也有一些学者对纪录片基本原理作出了突破性的阐释，如迈克尔·瑞诺夫、布莱恩·温斯顿等，但他们的研究也都没有成为标准定义。[4]从上述的学界成果梳理来看，理解纪录片的定义不仅能够帮助我们快速把握纪录片，也有助于发展和深耕纪录片的理论研究领域。

近年来，部分研究还打破了人们对于纪录片的刻板印象，认为纪录片和真实是天生联系在一起的概念，但这些研究将真实性与纪录片进行了切分，所以在这些研究者看来：作品可能或多或少地失真，可能存在有意无意的误导，甚至可能出现彻头彻尾的谎言和欺骗，但都无损作品的纪录片地位——不"真实"的纪录片也是纪录片，不"客观"的纪录片也是纪录片，不诚实的纪录片也是纪录片。我们尽可以说这些影片在伦理上存在严重问题，但并不妨碍其纪录片的身份。[5]这也从侧面反映出，真实依然是纪录片研究领域无法回避，并且会被不断提起和反思的重要概念。对于纪录片的创

---

[1] 尼科尔斯. 纪录片导论［M］. 陈犀禾, 刘宇清, 郑洁, 译. 北京：中国电影出版社, 2007：30-45.
[2] GEVA D. A philosophical history of documentary, 1895-1959［M］. Gewerbestrasse：Palgrave Macmillan, 2021.
[3] GRIERSON J. First principles of documentary［M］// HAROY F. Grierson on documentary. London：Faber & Faber, 1979：35.
[4] RENOV M. Theorizing documentary［M］. New York：Routledge, 1993; WINSTON B. Claiming the real［M］. London：BFI, 1995.
[5] 王迟. 分析哲学视野下纪录片的定义［J］. 电影艺术, 2023（2）：104-113.

作者而言，把握对于真实的基本尊重，秉持相对客观的创作态度，就是开启纪录片的第一把钥匙。

二、纪录片的主要类型

对纪录片进行类型上的划分和对纪录片进行定义一样困难，因为不同的学者也有不同的划分标准，其中帕特里夏·奥夫德海德在自己的著作《纪录片》中将五花八门的纪录片类型主要归纳成了以下几类。[①]

（一）公共事务纪录片

公共事务纪录片的主题主要涉及社会贫困、集团腐败、医疗卫生等一系列与公共服务相关的题材。这类纪录片常常采取调查或问题导向的形式，呈现一种权威的、从社会科学的角度观察问题的视角，并以专业新闻人的口吻代表受到该问题影响的公众发言，同时依靠新闻报道的专业性来彰显其权威性。

（二）宣传纪录片

宣传纪录片是为了让受众能够相信一个组织的观点或者发展前景，就像它的名字一样，其最终目的是"宣传"，而宣传的组织多种多样，可以是具体的集团企业、公益组织、国家政府等。宣传纪录片地位最重要的时期，是第二次世界大战时期及其前后，当时电视媒体尚未普及，电影仍然是主要的大众视听方式，并且这种纪录片可以宣传政府及国家形象，形成积极的社会舆论风气。和其他纪录片一样，尽管它有宣传和劝服的意图，但也要向观众展现真实生活的内容。

（三）历史类纪录片

历史类纪录片是最常见的一类纪录片，创作者通常会利用一系列历史材料来呈现某一时期的历史故事。除了真实的历史影像之外，由于历史已经过去，想要完全地重现当时的场景并非易事，所以历史类纪录片中也会运用相应历史时期的照片、画作等辅助材料，从而给予观众真实的体验感。

[①] 奥夫德海德.纪录片[M].刘露,译.南京：译林出版社,2018：60-114.

（四）民族志纪录片

民族志纪录片通常是展现其他文化、异域民族风情的纪录片。对于民族志纪录片而言，新奇性是其区别于其他类型纪录片的特点之一。而民族志纪录片的创作者更需要有同理心和文化包容的心态，将世界范围内罕见的民族文化展现出来。也有部分人类学家认为，一部影片必须由专业的民族志学者拍摄，并采用相关专业的调查、记录方式，才能被称为民族志纪录片。但对于大部分观众而言，那些展现异域民族文化的影片就可以被称为民族志纪录片。

（五）自然类纪录片

跟历史类纪录片一样，自然类纪录片也是众多创作者喜爱的主题之一。因为自然类主题更加远离人类社会所附带的主观色彩和意识形态，这使得自然类纪录片更容易实现纪录片所追求的"真实"，而自然类纪录片下也有众多的子主题，包括动物、植物、奇异自然现象等。当前人类所面对的全球性危机也成为当下自然类纪录片可创作的重要子主题之一。

有研究者认为有两种依据"纪录片功能"划分的纪录片类型：

一是雷诺夫的《纪录片理论》中基于纪录片本身作用的纪录片类型的划分："揭示或保留"；"劝说或提倡"；"分析或质疑"。

二是埃里克·巴尔诺在《世界纪录电影史》里将纪录片拍摄者的角色进行了分类，包括预言家、探险家、报道记者、画家、拥护者、吹鼓手、揭发者、诗人、编年史作者、奖励者、观察者、触媒者、游击战。① 而这种按纪录片拍摄者的角色进行分类的方式在当前题材越来越广泛的纪录片行业中已经略显过时，找到一个更加科学、合理的类型划分标准也是纪录片理论研究的重要任务之一。

当前国内研究领域的纪录片类型则更加丰富多样，按照题材可以分为重大主题类、自然类、社会现实类、历史文化类、科技与工程类、对外传播类等。而每一个分类之中又可以划分出更加细致的子主题。例如，社会现实类纪录片重点关注社会中的各种人群，而根据不同的人群，又可以划分出若干纪录片类型。正是当前纪录片题材的广泛丰富，创作手法的不断推陈出新，使得当前的纪录片归类面临各种困难和挑战。基于此，我们可以大体上将我国主要的纪录片类型划分为以下几类（见图13-1-1）。

---

① 王竞. 纪录片创作六讲［M］. 北京：世界图书出版公司，2014：5-6.

图 13-1-1　我国主要的纪录片类型

纪录片类型	代表作品
历史类	《紫禁城》《河西走廊》等
文化类	《舌尖上的中国》《风味人间》等
自然类	《众神之地》《我们的国家公园》等
体育类	《嗨，亚运》《冰雪绽放》等
民族类	《布达拉宫》《原声中国》等
重大题材类	《习近平治国方略：中国这五年》等
科技工程类	《超级工程》等
探险类	《看不见的顶峰》等

> 记住：通过艺术的视角和技术的精细处理，纪录片在真实与再现之间架起了一座探索世界多维面貌的桥梁。

第二节　纪录片创作的核心要素

探讨纪录片解说词写作，首先要理解其创作的核心要素，在大的图景之下，才能体会纪录片写作的要义。**不论是纪录片的取材要源于真实生活，还是纪录片要反映真实、呈现现实，都体现出真实是纪录片不可或缺的重要特点。**但除了真实以外，追求人文关怀也是纪录片的核心要素之一。

一、人性挖掘与情感表达

对于任何的艺术形式而言，深入挖掘人性的价值，探讨人类群体的情感，呈现人类社会的辛酸苦辣，都是亘古不变的意义追求。一般的电影通过虚构一个故事来深入探讨各种关于人的问题，例如斯派克·琼斯导演的《她》（*Her*）借助一个架空的未来世界来探讨人类的情感生活，并提出人和人工智能是否可以产生真爱的问题。而对于纪录片而言，组成它的"血肉"皆来自现实生活，纪录片是对真实的"人"的刻画，纪录片的笔触更多围绕人来展开。正是这种活生生的真实性赋予纪录片更具深刻性的特点，从而产生各种优秀的作品，对人性的话题进行呈现和讨论。例如，新闻纪录片《开往春天的高铁》①，聚焦国家推动赣南等原中央苏区对接融入粤港澳大湾区的重大战略，以赣深高铁通车这一重大事件为主要的拍摄对象，通过介绍赣深高铁通车后三个普通人的真实生活变迁的故事，使得整部影片不但抓住了国家发展的重大契机，同时从小切口出发，令影片内容不空洞、有温度、有意义。这种原本宏大主题的纪录片通过聚焦于人、讲述于人、依托于人的处理方式，使得宏大主题被切分为具体而真实的个体，正是活生生的个体更能让我们感受到国家重大方针下普通人的生活变化和不同的情感体验。

图 13-2-1 《开往春天的高铁》截图

在《开往春天的高铁》这部纪录片中，影片的第三个主人公——深圳某女装品牌高管郑吉花，是国家战略发展影响下的一个鲜活缩影。正是赣深高铁的通车，使得她不用再在两地奔波的路途上花费大量的时间和精力，她的真实经历符合纪录片整体想要表达的价值取向，同时，她也是万千受惠者的典型代表之一，这种普通性和特殊性的结合使得她的故事尤其感人。郑吉花早年刚来深圳时，年幼的女儿在老家成了留守儿童，而高铁的开通不仅打通了两地之间的经济往来，更为万千家庭提供了更快的团聚方式，这种最朴素的情感体验使得整部影片更具人文关怀感染力。"影像具有与生俱来的纪实性，而终极的人文关怀缺少不了对人性的关注，因此，体现于纪录影像中

---

① 袁进涛，周东，许文兵，等. 开往春天的高铁 [EB/OL]. (2022-11-01) [2024-01-28]. http://www.zgjx.cn/2022-11/01/c_1310667759_2.htm.

的人文关怀,首先表现在对个体的关注。"①《开往春天的高铁》正是做到了对个体的关注,用真实的小故事融合动人的大情怀,互为表里,体现了纪录片应有的人文关怀和情感表达。

除了呈现具体的个人故事以外,纪录片还会对不同人群的现实处境进行挖掘,了解人类究竟如何生存,人生究竟有没有固定的意义,世界对于人类而言究竟意味着什么……这些问题或聚焦,或宏大,但也正是这无数个问题激发了无数创作者的灵感,让他们以纪录片为自己的表达手段,从中闪耀出无与伦比的人性光辉。

作为一种大众文化类型的艺术创作,纪录片要始终关注社会的变化、人的生存情况,追求社会发展与进步的影像显现,运用平民化的视角,反映社会发展中的主体"人"的喜怒哀乐与价值诉求,加之纪录片的素材源于现实生活,这使得纪录片成为一种适合呈现社会现象、反思社会问题的传播媒介。人作为社会的主体,在社会发展的过程中,其生活状

《舌尖上的中国》二维码

况、价值诉求、精神追求和个性势必也会出现不同程度的差异,所以纪录片始终绕不开对不同人群、不同社会进行直接或间接的表达。真实生活被记录在镜头之中,鲜活的人也被呈现在各种荧幕之上,社会的发展成果以及社会发展过程中的问题都不同程度地被反映出来,最终创作者还会加入自己对于人性、社会的思考,从而为纪录片增加更多的哲学意味,引发公众的思考和讨论。比如经典的文化类纪录片《舌尖上的中国》,以平民化的视角讲述中国不同地域的饮食文化,不仅帮助百姓了解了更多的中国美食,也展现了中国各地居民不同的生活习惯和文化习俗,引起社会的广泛关注;又如纪录片《二十二》,关注中国近现代历史中无法被忽视的群体——慰安妇,整部影片透露着以人为本的创作思路,运用合理的创作技法保护了各位被摄者的个人隐私,深入挖掘每位被摄对象背后的故事,成为一部至今为人称道的优秀纪录片。文化类和历史类的纪录片集中展现的对象都是人本身,或者与人相关的故事,这使得人文关怀和情感表达在这类纪录片中体现得最为突出。但随着近几年纪录片的不断发展,原本较为硬核的"科技工程类"纪录片也尝试在影片中融入人文关怀,以体现自身更加柔和的一面。

《二十二》二维码

---

① 陈霖,曾一果,高峰,等.新世纪人文纪录片研究[M].苏州:苏州大学出版社,2014:17.

图 13-2-2 《舌尖上的中国》截图

图 13-2-3 《二十二》截图

《超级工程》
二维码

例如,中央电视台在 2012 年推出的纪录片《超级工程》在国内外广受好评,随后,中央电视台在 2016 年推出了原班人马制作的《超级工程Ⅱ》,在 2017 年推出了《超级工程Ⅲ:纵横中国》。这部科技工程类纪录片以国际化视野为创作前提,不仅展现了中国举世瞩目的工程建设成就,而且将人文情怀融入其中,使其脱离了传统浓厚的宣传意味,将更多的笔墨投在一个个中国建设工程背后的普通工人身上,使得冰冷的建筑体现出热烈的人文情怀。《超级工程》在拍摄前期有过大量的调研和专业知识的学习,这使得它能够科学、精准地展现各个超级工程建设中的精彩瞬间。与此同时,《超级工程》不满足于只是一部具有科教意义的纪录片,还添加了更多"人"的因素。在《上海中心大厦》一集中,影片重点对塔吊司机魏根生进行了细致的刻画,他已经工作多年,每天工作超过 10 个小时，对自己的工作内容早已烂熟于心，他还会在工作之后热爱生活，用手机记录高空作业的景色。尽管这样的镜头并非影片的重点，却给枯燥冰冷的工程建设增加了一份热爱生活的人文情怀，使得无生命的技术闪耀出生命的光辉。

图 13-2-4 《上海中心大厦》截图

二、宽泛题材的创作探讨

过去的几年里，中国纪录片呈现多主体、多角度、多规格的重要特点。其表现主体之广泛、角度之丰富、规格之齐全，呈现前所未有的发展态势。重大主题、主线类创作守正创新；自然类纪录片厚积薄发，内蕴中国价值；社会现实类纪录片探索更具温度、锐度的建设性表达；历史文化类纪录片擦亮典型符号或挖掘新符号、新题材，展开新读解；科技与工程类纪录片呈现现代化的中国形象，推动科学传播。①

重大主题类纪录片方面，以《功夫学徒》第二季——《功夫学徒之走读中国》为例，这部聚焦中国脱贫攻坚的纪录片于 2020 年正式播出，影片涉及脱贫攻坚相关的众多关键概念，如精准扶贫、扶贫先扶智、乡村振兴等，将纪录片和真人体验融合在一起，使得原本容易陷入枯燥乏味的重大主题类纪录片变得饶有趣味，兼具真实性和趣味性。影片中，10 名受邀学徒来自不同国家，他们去往中国乡村进行各种活动体验和项目比赛，在实践中真切感受中国乡村振兴的丰厚成果。这部影片做到

《功夫学徒之走读中国》二维码

---

① 韩飞. 类型突破与现代化描摹：2023 年中国纪录片创作发展研究 [J]. 当代电视，2024（1）：14-21.

了推陈出新、守正创新，将硬性的"发展思想"转变为软性的"真人呈现"，虽未直言中国式现代化的各种思想，却用更具贴近性、趣味性的方式向世界呈现了我国脱贫攻坚的丰硕成果。

图 13-2-5 《功夫学徒之走读中国》截图

《众神之地》
二维码

自然类纪录片方面，以《众神之地》为例，这部自然类纪录片由哔哩哔哩流媒体平台出品，相较于以往引起社会热议的社会生活类纪录片，这部影片是典型的自然类纪录片，为观众介绍了分布在中国四角的不同生态，用精妙绝伦的镜头为生活在都市的观众呈现了最真实、最自然的生灵画卷。在《山神归来》这一集中，影片不仅在画面上呈现了我国长白山的人杰地灵和独特的自然风光，而且以东北虎为线索，体现当地居民对东北虎的尊重和信仰，展现人与自然和谐共处的中国生态理念。

图 13-2-6 《众神之地》截图

图 13-2-7 《众神之地——山神归来》截图

社会现实类纪录片方面，以《三矿》为例，这部纪录片主要记录了具有百年历史的阳煤集团三矿即将关井的故事，影片以三位采煤队长为整个故事的发展线索，以个人呈现整个时代的变迁，在鲜活的个体身上，可以看到中国传统重工业转型过程中的真实变化和个体命运。随着中国式现代化的发展进程不断推进，重工业不断朝着更加智能化的方向发展，于是以煤矿工人为代表的体力工人群体便逐渐从主流视野中消失，而这部影片则将镜头对准煤矿工人群体，展现了在媒体报道中较少受到关注的他们的现实生活处境，肩负了为不同群体发声的社会担当。

《三矿》二维码

图 13-2-8 《三矿》截图

《风味人间》
二维码

历史文化类纪录片方面,以《风味人间》为例,这部纪录片一经推出便收获众多好评和关注,它以全球美食为线索,讲述了全球不同地区的文化故事。影片将中外食物的制作过程进行对比呈现,秉持跨文化交流的包容态度,展现各国不同的饮食文化,使得中华文化以美食为中介进行了友好的交流和传播,为中华文化的国际化传播提供了打造新符号的重要思路。

图 13-2-9 《风味人间》截图

《大工告成——北京大兴国际机场》二维码

科技工程类纪录片方面,以《大工告成——北京大兴国际机场》为例,《大工告成》以北京大兴国际机场通航的"百日倒计时"为主要的叙事线索,在此基础上按照时间线索呈现不同的建设阶段,讲述了北京大兴国际机场建设和通航过程中不同部门齐心协力的故事。这部纪录片呈现了我国在建设北京大兴国际机场工程时的重要过程,将中国式现代化的发展浓缩在机场的建设之中,以小见大,刻画了一个强大、自信、智能、以人为本的国家形象。

图 13-2-10 《大工告成——北京大兴国际机场》截图

上述类型为近年来我国纪录片领域主要涉及的题材，事实上，受篇幅限制，有大量的纪录片无法在此被详细罗列和介绍，但随着我国纪录片产业的发展，纪录片的主题、拍摄手法等也越发多样，我国纪录片市场涌现出更多优质的作品，为我国的文化发展和传播作出了重要的贡献。

三、"新形式"与"新题材"蓄势待发

随着中国纪录片产业的发展和进步，越来越多具有时新性的纪录片出现在公众视野中。这里的时新性可以从两个维度理解。一方面，"新形式"的纪录片如雨后春笋般不断萌发和出现。微纪录片的概念首次出现在《2020年中国纪录片发展研究报告》中，这类纪录片打破了传统纪录片时长较长的限制，大部分集中在5—25分钟，拍摄对象依然是现实生活。互联网和现代信息技术、智能设备的广泛应用，使得网络中早已出现大量短小精悍的视频影像，微纪录片早已存在，只是学界未对其概念进行界定而已。所以相比其他常规纪录片，微纪录片不仅制作简单，而且传播快捷，与当代大众追求快餐文化的心理需求相契合。①以抖音平台推出的纪录片《走丢的神仙们》为例，该系列纪录片每集时长不超过10分钟，同时还采用了竖屏影像的方式进行制作，这一做法降低了纪录片的制作成本，也与移动互联网时代用户碎片化的内容浏览习惯相匹配，通过微观聚焦的方式，进一步消弭了纪录片与观众之间的距离感。

《走丢的神仙们》二维码

图 13-2-11 《走丢的神仙们》截图

另一方面，"新题材"的纪录片也蓄势待发。在当前这样一个瞬息万变的社会里，可供纪录片创作者发挥的题材日渐丰富。例如，随着社会公众对心理健康问题的关注

---

① 王昉.5G时代微纪录片的创新传播策略探析［J］.传媒论坛，2023，6（23）：39-41.

持续走高，不少心理题材的纪录片开始进入公众视野，诸如《小人国》《心理解析》等纪录片引发了人们对个体精神世界的理解和重视；此外，在青年亚文化审美吸引更多关注的当下，流媒体平台哔哩哔哩推出的纪录片《人生一串》不仅在叙事策略上迎合了Z世代受众的焦点和兴趣点，也预留了创设弹幕互动的空间，通过发起和参与各类"仪式"活动，让用户在一边观看一边讨论中，收获情感能量，产生情感连带，分享共同的情绪或情感体验。①

面对当下"短频快"的消费心理，以及青年正在成为文化消费的重要群体的趋势，新时代的纪录片创作必须不断跟上时代发展的潮流。但纪录片创作所需要承载的精神内核和承担的社会义务不能在追求时新性的过程中被消磨殆尽，纪录片始终要以呈现真实、关怀社会、聆听人的故事为首要目的。

> 记住：纪录片创作应深入人性，展现真实，通过多样化的题材和创新形式，反映社会、探索未知，唤起共鸣与思考。

第三节 纪录片解说词的创作与叙事

纪录片是一种"以视为主、视听结合"的媒介，但图像依然存在着自身的局限性，所能呈现的信息量依然有限，这时候语言文字就承担了更加重要的信息补充、细节刻画、引发深入思考等多种作用。

一、两种创作方式

纪录片不仅是一种重要的艺术创作方式，也像社会的"日记"一般，担当着回首过去、展示当下、窥探未来的作用。**而解说词的编写是连接纪录片艺术表现和观众理解的桥梁**。为了确保解说词的作用和效果，纪录片解说词的写作需要考虑多方面的要素，包括为诵读而写、为画面而写、为观众而写等。而纪录片解说词的创作包括两种

---

① 王诗如. 青年亚文化视阈下纪录片创作叙事策略探析：以《人生一串》系列纪录片为例[J]. 采写编，2023（8）：166-168.

基本类型。[①]

（一）照脚本念稿

这一类是纪录片解说词最常见的创作方式，因为纪录片"以视为主"的特点要求后期的解说词写作要根据纪录片的画面进行有针对性的补充。解说词能够有效地介绍一个新角色、概述事态发展，或简要罗列事实，在按照剧本进行创作时，解说词需要包括以下几点要素：提供简要的事实信息，对影片特质负责，避免情绪操纵，避免价值判断，避免引导观众倾向于任何一方等。

（二）即兴发挥稿

这种创作方式并不常见，尤其是当商业和市场越来越介入纪录片的创作过程中，这就促使纪录片创作需要更加高效、合理、科学的运转方式。即兴发挥的创作稿件虽然有时也会起到画龙点睛的作用，但远不如按照剧本进行精心打磨那么高效和科学，也更容易出现一些写作过程中的失误，例如啰唆、笔调沉重或堆砌辞藻、解说者不够权威等。

二、"言之有味，听之有景"

不同于一般电影的字幕，纪录片的解说词创作首先要完成的任务是让观众听得清楚、听得明白。听得清楚要求配音人员口齿清晰、音色匹配。听得明白则要求纪录片解说词本身做到口语化、生活化、通俗化，让观众在观看影像的同时能够通过解说弥补缺失的背景信息，增加对影像本身的思考，所以，简单来说，纪录片解说词需要最大程度做到**通俗易懂**，从而增强可听性和亲切感。

在解说词的撰写过程中，一方面，创作者要避免堆砌华丽的语句、频繁使用生僻的词语，同时要考虑到汉语本身的特性，防止同音的词语给观众带来理解上的误差，妨碍观众的视听感受，所以解说词的语言要做到准确、干净；另一方面，创作者要善用丰富多样的语言结构和修辞方式，通俗化、口语化的要求并不等于放弃汉语本身的美感，而是要以画面本身为主，利用好汉语语言的声韵和节奏，从而创造出更加丰富、精彩的视听形象。内容主题方面的区别也使不同类型的纪录片在解说词创作方面表现出一定的差异。

[①] 拉毕格.纪录片创作完全手册：第5版［M］.喻溟，王亚维，译.成都：四川人民出版社，2019：467-468.

（一）历史文化类纪录片创作

《从长安到罗马》二维码

以历史文化类纪录片《从长安到罗马》为例，解说词在其中扮演着不可或缺的角色。这部纪录片并没有采用专业的配音员，而是为了契合历史文化类纪录片的严谨风格，邀请行业专家担任解说，使纪录片解说更加具有权威性，提高观众对其的信任度。在一段将汉字和拉丁字母进行对比的旁白中，解说词运用比喻的修辞手法，将原本静态的专业知识转变为动态的情景想象："它（汉字）就像中国人的胎记，将多民族的中国紧紧地凝聚在一起。"这句解说词简明扼要又富有诗意，基于整部影片的风格基调，营造了更加隽秀的文化气息。

图 13-3-1 《从长安到罗马》截图

由央视纪录频道制作的微纪录片《如果国宝会说话》则在解说词的创作中融入人称叙述的手法，从而丰富了节目本身的表达方式，增强了纪录片的吸引力。这部影片摆脱了传统纪录片客观的第三方视角，通过灵活运用"你""我""他"的不同人称视角，赋予原本沉闷的古物人格化的特征，从而增强了影片的故事性和趣味性。例如在介绍《唐代仕女俑》时，纪录片采用第二人称的手法，拉近了观众和昔日的大唐女佣之间的距离，尽管大唐盛世已经过去了几百年，但当我们听到"你梳着少女特有的双垂发髻，端庄可人；你脸颊饱满，小巧的鼻子和嘴巴都让人怜爱"时，依然能够感受到当时女佣们的体态和表情，就像观众在回忆老朋友的长相。与此同时，第二人称手法的恰当使用使得唐代女佣的形象增加了更多活生生的气息，她们不再只是历史课本

《如果国宝会说话》二维码

中的静态图片，而是一颦一笑都近在咫尺的真实存在。又如在介绍敦煌莫高窟壁画的《飞天》一集中，影片解说词并没有像一般的历史文化类纪录片一样进行专业的解释，而是采用第一人称的视角，让飞天壁画自己介绍自己："我生在恒河流域，温润的季风和沃土，孕育了我丰硕的身体，我们享受着两两相伴的欢愉，围绕着神祇与佛陀。"第一人称的叙述方式不仅丰富了解说词本身的语言结构，还让原本冰冷的壁画变成了活的叙述者，从而让观众有一种身临其境的体验。而在《青州龙兴寺佛教造像》一集中，创作者采用第三人称的视角，合理使用比拟的修辞手法，"初生的他，拥有一张圆脸，笑得像个孩子，他的颧骨与鼻头高高隆起，如山峦，如丘陵"，赋予原本的人造物以人的特性，"笑得像个孩子"让佛像多了一份亲近感，增强了观众观看时的代入感。

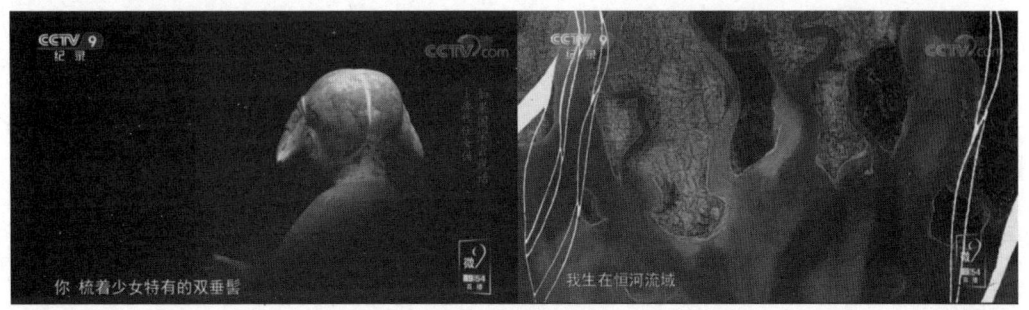

图 13-3-2 《如果国宝会说话》截图

（二）现实题材纪录片创作

在新闻纪录片《新兵请入列》[①] 中，解说词在满足通俗易懂这一要求的前提下，融入用户思维，考虑到该片主要面向的受众群体为年轻人，解说词为契合青年群体的表达习惯，巧妙地融入了网络流行语。例如，"班长光环""最强辅助""一看就会，一做就废"等，这些解说词既没有破坏该片少年意气风发的风格，还营造了活泼自然的观看氛围，让年轻受众在观看影片时偶尔会心一笑，增加影片和观众之间的亲密度，让原本刻板印象中严肃正经的纪录片多了几分幽默俏皮的色彩。

《新兵请入列》
二维码

---

① 获得第 32 届中国新闻奖新闻纪录片类一等奖。

图 13-3-3 《新兵请入列》截图

（三）自然类纪录片创作

《影响世界的中国植物》二维码

为听而写的创作思路可以应用于各种不同类型的纪录片中，除了上述已经介绍的历史文化类和社会现实类题材外，自然类纪录片也可以采用这种创作思路，赋予影片新的生命力。在纪录片《影响世界的中国植物》中，植物不再只是植物，而是人性精神的载体，也因此被统称为"她/她们"，这一特殊的人称代词设计不仅凸显了植物孕育生命、延续生命的特点，同时，观众配合画面看到"她"时，相较于"他"更多了一份母性气质的观影体验。例如在《水稻》一集中，解说词写道："如果她们和人们一样，是否会思考这样的问题，我们从哪里来，我们要到哪里去。"这一句解说词不仅将

图 13-3-4 《影响世界的中国植物》截图

水稻拟人化，发出了水稻是否也会思考哲学问题的疑惑，也让观众在观看的过程中代入自身，将原本对水稻发出的疑问转向自己，进行自我反思。好的解说词除了能让观众听得清、听得懂之外，还能引发观众的进一步思考，建立起自身和纪录片之间的互动联结，完成情感的互动和交换。

三、互动设置

纪录片的创作需要紧跟时代发展而创新，新媒体时代的到来不仅在某种程度上改变了纪录片的呈现形式和创作技法，也让观众从曾经被动的观看者变成了能够参与讨论，乃至参与创作的"共创者"。观众角色的变化也促使纪录片解说词的创作需要注重观众在观看过程中的参与性，从而调动起观众的兴趣，为他们带来更高质量的视听体验。

（一）适度"留白"引发观众思考

"留白"是提高观众参与程度的重要创作手法之一，也就是创作者需要在撰写解说词的过程中，将自身代入观众的立场，预想观众对于某一画面或某一情节的反应，从而在恰当的时机留给观众互动和思考的空间，设置开放式话题，引导观众进行主动思考。新媒体时代强交互性的观影习惯，也使得纪录片的生命延续到影片结束后的群体讨论，而优秀的解说词则可以引起持续而广泛的社会讨论，为社会进步提供重要的舆论环境。

例如，央视网出品的纪录片《人生第一次》从个体生命中的种种"第一次"出发，按照时间顺序展现了我国居民从出生、上学、立业、成家直至死亡的各个阶段。在解说词撰写方面，该纪录片充分采用了"留白"的创作技法，例如在《长大》一集中，解说词是这样写的："上完诗歌课后，这一次走进大山有点不一样。他心头的锁，一点点被打开了。"

《人生第一次》
二维码

解说词把握住了画面切换的间隔性，让上完课和走进大山之间存在间隔的空间，从而为观众提供了缓冲时间，配合整体的音效和画面，使得人们进一步思考孩子的教育问题，将被摄对象、叙事主线和讨论话题巧妙地融为一体，从而满足了观众思考和回味的需求，不仅增加了画面本身的渲染效果，也让片子想要聚焦的社会话题在观众心中发芽生根，引发一系列的后续讨论。

图 13-3-5 《人生第一次》截图

（二）充分使用同期声

在制作社会题材类型的纪录片时，由于记录对象往往以人为主，尤其是在涉及生老病死等话题时，解说词的不当使用可能会导致纪录片陷入刻意煽情的陷阱中，因此有创作者选择舍弃解说词，通过充分使用同期声内容，来实现交代背景、串联情节、表达情感等作用，以被记录者真实、直观的表现打动受众。

《生死金银潭》
二维码

新冠肺炎疫情暴发后，人民日报社新媒体中心拍摄制作的纪录片《生死金银潭》[①]便充分使用了这一创作策略。作为全国最早深度报道武汉定点医院隔离"红区"的纪录片，《生死金银潭》主要记录了武汉市金银潭医院医护人员在一线抗击疫情的真实故事。与其他纪录片不同的是，《生死金银潭》全片没有使用解说词，而是采用了来自现场医护人员、病患等人的同期声，尽管没有了解说词带来的"全知全能"的第三视角，但同期声为观众还原了当时处于疫情"风暴中心"的金银潭医院的真实情况。正是这种客观性为观众带来了沉浸式的观看体验，增强了纪录片的真实性和冲击力，使《生死金银潭》一经播出便引发了国内外网友的大量讨论。一方面，《生死金银潭》完全放弃使用解说词，使得观众成为观看影片主动创作和思考的第一人，同时，全球疫情肆虐的大背景使观众更多了几分感同身受的共情；另一方面，《生死金银潭》的出现打破了西方媒体对于中国国内疫情状况的妖魔化"抹黑"，向海外观众展现了中国医护人员在一线抗击疫情的真实状况，有利于引导观众基于纪录片内容展开客观、中立的互动讨论。

---

① 李志伟，王源宗，施佳杰，等. 生死金银潭［EB/OL］.（2021-10-29）［2024-01-31］. http://www.zgjx.cn/2021-10/29/c_1310278362_2.htm.

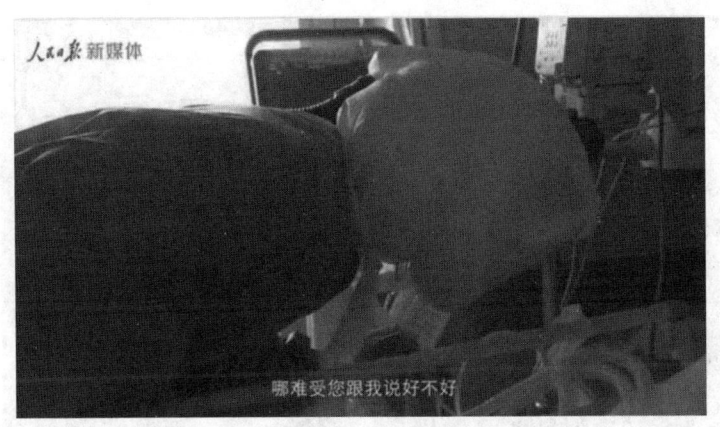

图 13-3-6 《生死金银潭》截图

四、表现细节

前文提到，纪录片是以观看为主的艺术形式。尽管解说词可以起到画龙点睛的作用，但画面本身便已呈现了大量信息，因此，解说词无须重复画面中已有的内容，而应当具有与画面相匹配的表现能力。解说词的表现能力主要来自其对细节的补充和刻画，也就是说，**丰富直观的画面应有相应的细节配以具体的解说词作为补充**。例如，在历史文化类纪录片中，当纪录片画面中出现某件文物时，解说词便可以通过介绍相关史实资料，帮助观众更好地了解文物的具体信息及历史价值；在人物类纪录片中，每当画面中有新的人物出现，解说词也可以起到介绍人物、帮助梳理其与故事主线间的关联的作用。

在说明细节外，优质的解说词还能够通过比喻、类比等方式，将抽象的概念具象化，删繁就简、去芜存菁，帮助观众更好地理解整部影片所要呈现的内容和故事。为了给观众留下深刻印象，增强影片的立体感，解说词还肩负着将画面未能表现的细节通过语言讲述出来的"重任"。例如，在纪录片《人生第一次》的《当兵》一集中，在介绍新兵入伍后迎来家人探望的场景时，解说词说道："军营能够把一个男孩变成男人，却改变不了他看妈妈的眼神。"解说词补充了镜头语言难以展现的细节，抓住"眼神"这个重要的内容载体配合相应的画面，将母子重逢时的情感刻画得入木三分，让每一位观众都能真切地体会到二人重逢时的激动和欣喜，从而引发受众的情感共鸣。

《人生第一次——当兵》二维码

图 13-3-7 《人生第一次——当兵》截图

当制作纪录片的手段越来越先进、制作的内容越来越丰富时,创作者依然要坚守刻画细节的初心,不能因为快节奏视听语言的风靡就完全顺应潮流,而放弃了纪录片应有的细节呈现。纪录片解说词的创作,应坚持将抽象的内容具象化、生动化、细节化,为画面表达服务,为帮助观众更好地理解内容服务。

五、把握节奏

移动互联网技术的发展使当前受众的内容观看日益呈现快节奏、碎片化、去场景化的特点,这与纪录片故事线完整、叙事娓娓道来、单集时长较长的特点存在一定的矛盾。为了更好地适应当前传播环境的需要,在创作纪录片解说词的过程中,还需要注重对语言节奏的把握,通过更强的节奏感塑造出情节叙事的"轻重缓急",以激发观众的观看兴趣。

在此情形之下,纪录片行业也正在开展一些有益的尝试,目前已有一些利用竖屏媒介进行传播的微纪录片出现。这也倒逼当前的纪录片团队更加注重精简画面内容,并通过快节奏、有网感的解说词来加快叙事节奏。中央电视台推出的纪录片《舌尖上的中国》不仅将每集的时长进行了压缩,还将呈现的内容进行了增添和重新组合,使得每一种被介绍的食物具有突出的个性,给观众留下深刻的印象。这种分段、分板块的新尝试也启示未来纪录片解说词的创作需要适应快节奏的话语表达。

以纪录片《人生第一次》中的《退休》为例,该集以快节奏、富有网感的解说词介绍了老年大学:"高等学府哪家强,老年大学走一趟。985,211,'双一流',这些我们都不是。但我们学生的平均年龄遥遥领先清华北大。这里是你们更新知识的殿堂,健身养心的场所，开心娱乐的园地，广交朋友的平台，智力开发的基地，国标、蒙古舞、拉丁舞、月光下的凤尾竹、全球热门专业，我们应有尽有。"这段解说词将原本大段的内容进行切分和删改，使其相较平铺直叙的介绍词更加具有节奏感，让观众听起来动感十足，饶有趣味；同时，解说词的内容采用了青年群体更常用的流行语言，增强了年轻群体观看时的代入感。

《人生第一次——退休》二维码

图13-3-8 《人生第一次——退休》截图

与时俱进，深入挖掘年轻受众的观影习惯，在坚守真实、细节的前提下，紧跟时代，敢于在纪录片中尝试多元化的表达形式，才能让更多的纪录片融入年轻人群体，为纪录片的创作提供源源不断的观众来源。

> 记住：纪录片解说词的艺术在于以精准的言辞补充视觉叙事，激发深思，连接过去与未来，成为观众与真实世界沟通的桥梁。

思考

1. 纪录片在追求艺术化表达的同时，如何确保对真实生活的准确再现？
2. 在当前媒体融合的背景下，纪录片创作如何平衡观众的多样化需求与真实性的传达？
3. 纪录片解说词的创作如何平衡画面信息和语言信息的关系，确保二者能够相互有效补充？
4. 如何利用纪录片解说词的创作，增强观众的情感共鸣和引发深度思考，特别是在处理社会现实题材时？

以人们乐于接受的方式交流观点，同频才能共振

第十四章 视听写作：评论

新闻评论是指对现实生活中人们关注的新闻事件、具有普遍意义的新现象和新问题表达观点和看法，传播观点和见解是其区别于其他新闻类型之处。新闻评论有着鲜明的针对性和指导性[①]，具有引导、表态、解惑的功能[②]。新闻评论是媒体传播主流价值观、发挥舆论引导功能的重要阵地。

视听评论重视评论说理的可视性、可听性，即创作者如何将抽象、理性的思想观念与感性的视听符号结合，提升评论的传播效果。随着媒介技术的不断更新升级、媒介融合的深度推进，视听评论的形态相应发展。从大众传播模式的广播电视新闻评论到网络视听评论，新闻评论的表达形式不断创新。在当前的互联网平台上，媒体可以更好地研究用户，了解用户关注的现象、话题以及用户心理，运用短视频、网络音频、脱口秀、表情符号等多种新形式，在丰富用户视听体验的同时，更好地与用户交流看法，提高评论的传播效果。

本章将讨论不同形态视听评论作品的特点以及写作方法，关注说理文字与视听元素如何有机结合，使评论的表达能更加形象生动，入眼入耳入心。

第一节 电视新闻评论

电视新闻评论是视听评论的重要类型，是对公众关心的新闻事件、热点话题、社

---

① 丁法章.新闻评论学[M].上海：复旦大学出版社，1985.
② 马少华.时评的历史与规范[J].新闻大学，2002（3）：48-51.

会现象分析、说理，在传播主流价值观、引领正确舆论导向以及凝聚社会共识方面发挥着不可替代的作用。电视新闻评论写作需要处理好画面与解说、事实呈现与分析评论、观看与收听之间的关系。

一、电视新闻评论的特点

电视新闻评论是针对新近发生事实表达观点、见解的电视新闻节目，节目的重点在于对新闻事件、现象的评论、分析和解读[①]。不同于广播评论或文字评论，电视新闻评论具有画面作为形象论据的优势，主播（评论员）出镜与观众交流的形式，使得作为大众传播的电视新闻评论具有拟人际传播的特点。

（一）重视现场实据

电视新闻评论节目以其独特的影像叙事方式，为观众提供真实、直观的论据。在电视新闻评论中，论据主要通过画面和现场采访同期声呈现；创作者的分析和思考，由文字转化而来的解说完成。电视新闻评论常常在展示对新闻事件的调查过程后由主播予以点评，或者在展示调查过程时夹叙夹议。

事实胜于雄辩，以《焦点访谈》为代表的电视新闻评论节目，用镜头里的事实说话，通过记者的实地调查和采访，获取了大量真实的影像资料，展示事件发生的来龙去脉、现场关键细节。在观看画面的过程中，观众自身对事实已能产生一定的认识，这就为理解片尾演播室主持人的点评提供了逻辑前提。电视谈话类评论节目中也会插入提前制作的视频片段，为主持人、嘉宾的讨论提供评论依据。

（二）视听手段丰富

电视新闻评论对于素材的运用非常灵活多样，现场画面、访谈画面、音像素材、资料画面等，都可以用来作为评论的论据。多样的视听手段丰富节目的视听表现，令评论更具有表现力和感染力，提高了观赏性，满足观众"看评论"的需求。比如《复园里"复原"之路的启示》[②]中，制作组通过福州一座历史建筑与一条路之间的激烈矛盾，探讨了城市发展与古迹保护的关系。节目中，制作组使用了丰富的视听素材，通过相关文化遗产保护的资料画面、古迹附近居民的现场采访、相关政府工作人员的访

---

① 杨凤娇.广播电视新闻写作［M］.北京：高等教育出版社，2013：290.
② 福建电视台综合频道《新闻启示录》栏目 2021 年 9 月 27 日播出，为第 32 届中国新闻奖评论类获奖作品，节目制作者：林丹、吴俊锋、张晶、李丞、叶育民，详见 https：//www.fjtv.net/folder6/folder60/folder62/folder122/2021-09-27/3889806.html。

谈音频等，展示了各方对于古迹保护和道路扩建的观点。

案例分析：《复园里"复原"之路的启示》

① 资料画面

【画面】

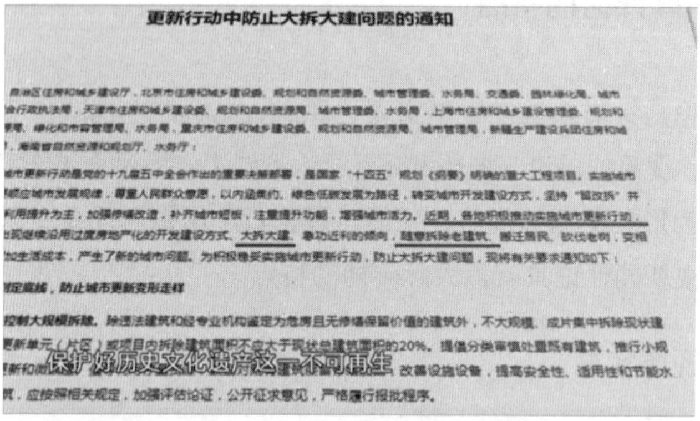

图 14-1-1 《复园里"复原"之路的启示》截图

【解说】从今年 8 月 30 日住建部发布的通知可以看出，保护好历史文化遗产这一不可再生、不可替代的宝贵资源，依然是一些城市管理者必须补上的重要一课。

② 访谈画面

【画面】

图 14-1-2 《复园里"复原"之路的启示》截图

【同期声】目前如果能够往里面拓宽来，应该是能解决交通拥堵问题。同时采取措施，也能保留这几栋老建筑。这个方法目前来看应该还是可以的。

③虚拟地图
【画面】

图 14-1-3 《复园里"复原"之路的启示》截图

【解说】在复园里往东方向进行道路分叉。既原地保护了复园里和它前方的一栋文物建筑，又缓解了交通压力。不久之后，复园路的拥堵情况将得到逐步改善。

④采访音频
【画面】

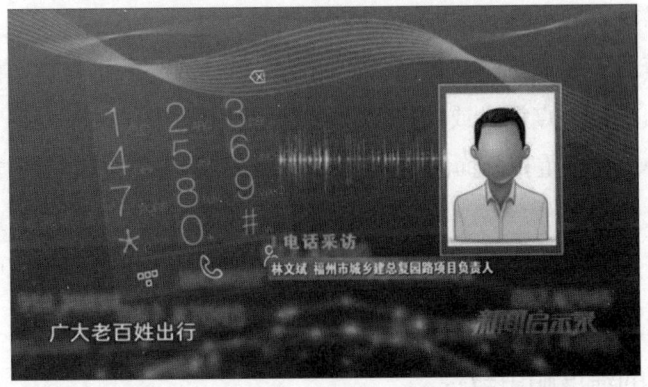

图 14-1-4 《复园里"复原"之路的启示》截图

【同期声】广大老百姓出行，特别是早晚高峰期非常堵，所以我们尽量能做宽就做宽一点。那个地方有条件做个分流，起码会改善局部嘛。这个市政府已经批复了。

（三）拟人际传播的语言

电视媒介属于大众传播模式，但是主持人、评论员在镜头上与观众"面对面"交流，具有了拟人际传播的特点。因而电视新闻评论撰稿时要有这方面的意识，即虽然是面向不特定的大量观众播出，但仍要设想自己是在面对一位特定的听众，与之对话，平等交流观点，而非单向灌输自己的观点。

二、电视新闻评论的写作要求

电视新闻评论的写作因具体的评论方式有所差异，但整体上要重视评论的针对性，避免泛泛而谈；体现评论语言与画面的结合，提升评论的深度；考虑电视媒介"口说耳听"的特点，增强语言上的交流感。

（一）评论语言与画面结合

从视听符号的使用方式来看，电视新闻评论包括口播评论、述评、谈话体评论。口播类评论主要通过主播的有声语言传播，不含现场图像和现场同期声，文字语言相对完整。这类评论大多出现在消息类新闻栏目中，主要有本台评论、本台评论员文章、本台短评、编前语、编后语等。本台评论、本台评论员文章是源于报刊的评论形态，说理文稿完整。本台短评、编后语一般是为电视消息配发的评论，需要紧扣视频中播出的事实，予以简短的评论。

在述评类节目中，节目在演播室提出问题之后，或先展示对事实的调查过程，结束时在演播室由主持人点评；或在展示调查的过程中对事件的某一环节进行分析，夹叙夹议。这两种情况都重视画面的论据作用，从画面中引出分析和观点，具有针对性，更易为观众接受。

在谈话体评论中，也经常插入提前制作的视频短片，作为评论的由头或评论的依据，让评论更有针对性，避免泛泛而谈。

（二）观点的深度和思辨性

电视新闻评论是主流媒体进行舆论引导的重要工具，评论必须有深度、有新意、有思辨性，才能得到观众的认同。评论的深度和思辨性来自评论者对所评事实全面而深入的了解，对问题的分析要避免浮于表面。不仅分析事件的表面矛盾，更要透过事件的表面现象剖析问题的实质；不仅关注一种声音，更要呈现不同意见；不仅着眼于当下，更要放眼未来，从而提出有思辨性、有深意的观点和见解，彰显电视新闻评论的思想力量与独特价值。比如，《求才，莫让才求人》是山东广播电视台《民生直通车》新闻栏目发布的一则电视新闻评论。该电视新闻评论聚焦青岛人才制度改革，针对青岛部分引进的高学历人才能安家却不能落户、孩子无法入学等长期没有解决的现实问题进行分析，并结合电视问政，最终推动了问题的有效解决。在调查过程中，为了深入了解引进人才为何安家在市南区却只能落户在市北区这一问题，记者走访了青岛市自然资源和规划局、青岛市市北区政府、青岛市市南区民政局、青岛市公安局等多方相关部门，最终发现了人才引进过程中"相关部门各自为政、政策隔空打架"等制度性的问题。

值得一提的是，这则评论善于抓住采访中的细节，从政府工作人员的一句"找找人"出发，提出本则评论的核心观点——"求才，莫让才求人"，并透过现象看本质，认为解决问题应该靠制度、靠规则，而不是找关系、靠交情。这则电视新闻评论直面人才改革中的难点、痛点，对问题进行深入剖析，并推动了问题的解决，体现了舆论监督和正面宣传的统一。

（三）层次清晰，适应观众收看习惯

电视新闻评论体量并不短小，通常一期评论的时长为10—20分钟。为了让观众清楚事实的来龙去脉，在了解事实的过程中自然接受评论的观点，电视新闻评论在结构上需要层次清晰，从现象到原因、到影响、到实质，再到解决措施，从多个层面展开分析，在逐层推进中完成观点的表达。

仍以《求才，莫让才求人》为例[①]。《求才，莫让才求人》共剖析了人才安家落户和孩子上学两个现实问题，每个问题都经历了从了解高层次引进人才对问题的讲述，到走访各级部门明确问题的原因，再到总结这些问题的后果——打击人才在山东安家的信心，分析层次清晰，逐步推进，引导观众认识问题的根源及影响。评论最后还切入了《电视问政》的现场画面，让观众知道之前所述的问题已经得到解决，从而更好地达成正面宣传的效果。

[①] 山东广播电视台电视公共频道《民生直通车》栏目2020年12月23日播出，获第31届中国新闻奖电视评论类二等奖，节目制作者：商晓虎、吕兖周、关霄、丁宏娟，详见：http://www.zgjx.cn/2021-10/29/c_1310277802_3.htm。

另外，观点与评论素材之间衔接紧密。在如下两个片段中，主持人评述环节的关键词均来源于上一段现场采访的同期声内容，素材之间衔接紧密，吸引观众继续收看主持人的评论内容，而且让主持人评论的内容直接得到了现实素材的佐证，使得评论更加具有说服力。

【片段一】
【画面】高层次引进人才现场采访

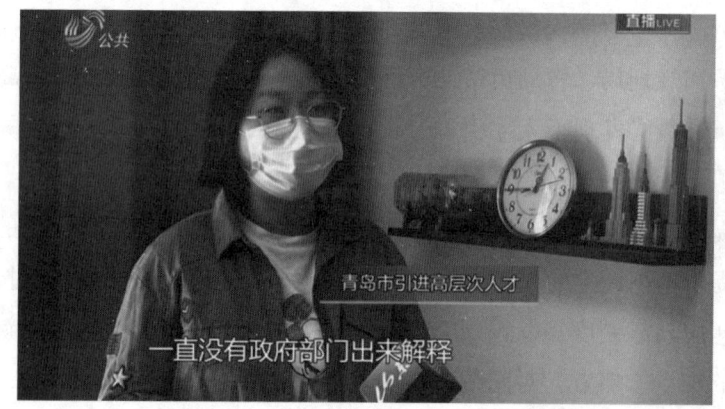

图 14-1-5 《求才，莫让才求人》截图

【同期声】一直没有政府部门出来解释，一直都是推脱式的。
【画面】主持人评论

图 14-1-6 《求才，莫让才求人》截图

【解说】推脱、无人理会。面对一座座机关大楼，140多位人才用尽办法寻求解答，却只得望洋兴叹。政府为吸引人才、留住人才提供的人才公寓，却困住了人才。政府的承诺说变就变，对于人才的诉求拒之门外、置之不理，着实寒了人才的心。那么问题究竟出在哪里呢？

【片段二】
【画面】相关资料画面

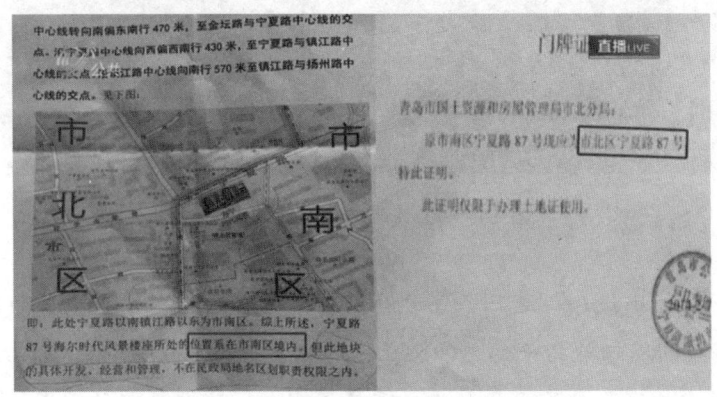

图14-1-7 《求才，莫让才求人》截图

【解说】问题再次陷入死循环，如何破题？市南区民政局的工作人员认为，关键还在公安户籍部门。他建议，可以找找人。

【画面】民政局工作人员现场采访画面

图14-1-8 《求才，莫让才求人》截图

【同期声】公安这块你们没找找人?
【画面】主持人评论

图14-1-9 《求才,莫让才求人》

【解说】"找找人"这三个字颇具讽刺意味。这些人才是青岛市想办法,甚至颇费周折从四处招来的,却又让他们四处求人。相关部门各自为政、政策解释隔空打架,以至于让人才公寓属于哪个区这么简单的问题6年无解。解决问题应该靠制度、靠规则,而不是靠"找找人"、托关系。

(四)采用平等、对话的语态

"语态"本为语法学术语,我国新闻传播领域对于语态的研究,可追溯到孙玉胜的《十年——从改变电视的语态开始》,他在谈电视新闻改革时认为,电视新闻节目要实现创新,就需要缓和电视媒体说话的口气,尝试一种新的语态,也就是新的叙述方式,而叙述方式的突破应当从叙述态度、叙述内容和叙述技巧三个方面进行[①]。新媒体背景下的电视评论,更需重视与观众平等交流,在内容和视角上贴近传播对象,在话语形态上体现视听媒介的特性,在说理方式和语气上注重互动和交流感,摒弃生硬、说教式的语言,用平等的、对话的方式与观众讨论和交流观点,以观众更容易接受的方式分析新闻事实,提升舆论引导水平。

江苏省广播电视总台融媒体新闻中心打造的《评新而论》栏目很好地采取了语态转变的策略,一改严肃、庄重的风格,以幽默脱口秀的形式生产个性化的电视新闻评

---

① 孙玉胜.十年:从改变电视的语态开始[M].北京:人民文学出版社,2012:42.

论。以 2019 年 3 月推出的一期关于义务教育阶段学生"减负"的节目[①]为例，节目从"男孩因作业太多报警求助"的热点新闻入手，引出各地推出减负方案后为何家长给孩子自加压力的问题。节目中有对教育部相关政策内容的呈现，有采访学生、教师、家长的声音，还援引了相关调查数据，多方面体现"减负"后的变化，没有一味叫好，而是把家长的疑虑、对于升学压力的担忧、学校教育资源不平衡等现实问题展示出来，引导大家思考"减负"该如何落实、推进。这样贴近观众、贴近现实的节目内容和评论姿态，是能激发观众的观看兴趣和讨论的。

在视听语言方面，节目综合运用音视频素材、漫画，以及有网感的表情包等，增强吸引力。同时，主持人的语言也非常口语化，以唠家常的方式，塑造和观众之间平等交流、对话的氛围。为了更生动地描述小学生报警吐槽作业多的事件，主持人还模仿该小学生的语气，说："警察叔叔快来救我啊！"主持人的口播评论词还出现了很多网络用语，比如："这一切的背后究竟是亲情的扭曲，还是作业多到丧心病狂？"节目以幽默、平等的语态和观众对话、说理，带领大家深入思考义务教育"减负"之后，学生依旧面临家长主动加码课外培训的局面。节目认为，究其根本，依旧是学生竞争评价体系单一的问题，并进一步引导观众思考如何更好地进行教育改革。

图 14-1-10 《评新而论》截图

移动互联网时代，电视新闻评论面临时效性、传播形态、评论语态等方面的挑战，需要在评论角度、话语形态等方面不断创新。还应注意的是，评论创新的前提是论据的可靠性，主流媒体在对网上热议的事实进行评论之前需要先调查核实，避免错误地、片面地认识事实。

> 记住：以视听论据增强吸引力，以角度深度增强竞争力。

---

① 江苏省广播电视总台江苏·公共新闻频道《评新而论》栏目，播出时间为 2019 年 3 月 2 日，该专栏获第 30 届中国新闻奖新闻名专栏一等奖，详见：http://www.zgjx.cn/2020-10/14/c_139438869_3.htm。

第二节　短视频新闻评论

短视频新闻评论以简短的视频形式传播观点，适于用户在移动端观看，是媒体融合背景下新闻评论视频化探索的新形式。在说理方式和技巧上，短视频新闻评论需要考虑社交平台的用户构成、观点多元的舆论生态，话语风格更契合社交平台用户的调性。

一、短视频新闻评论的特点

短视频新闻评论即以短视频为呈现形态的新闻评论，它融画面、声音、文字、主播的表情体态等多种元素于一体，是一种动态的、视觉化的评论样态。新闻现场视频可以为用户提供认知事实的场景。其他可视化手段的运用，也能让抽象的说理过程更易于理解、有吸引力。

随着智能手机和移动互联网的普及，以及5G技术的发展，短视频成为用户青睐的传播形式，也成为主流媒体在媒介融合背景下探索评论视觉化的创新路径。短视频新闻评论是基于移动端，适应传播碎片化、视觉化、社交化而出现的新型说理形态，一般以社交媒体平台作为主要分发渠道。

面向社交平台的短视频新闻评论，与电视新闻评论在说理的形象性、语言通俗易懂等方面存在共性，但也表现出较大的区别。在话题上，更多体现对社交平台上热点话题的关注；在说理方式和技巧上，则更考虑社交平台的用户构成、观点多元的舆论生态，话语风格更契合社交平台用户的调性。

（一）选题更加关注社交平台热点

短视频新闻评论的选题领域广泛，涉及国内外时政、经济、文化、社会民生新闻等，依托于社交平台传播的短视频，尤其需要关注社交平台上的热点事件，在选题上表现出对社交用户关注热点的回应，这也是评论员对传播对象情绪的把脉与互动。

不同于传统新闻评论选题突出"重大性"，针对涉及国计民生的大事、重大突发新闻[①]，时评短视频的选题往往离用户更近一些，既有重大事件，也有社交用户热议的日常生活中其他值得关注的问题。

---

① 周庆安.电视新闻评论的语态革新［J］.新闻与写作，2010（4）：12-14.

《陈迪说》是《新京报》旗下的一档时评短视频栏目,由时评人陈迪出镜对热点事件发表评论。该栏目既关注重庆大巴坠江、上海史上最严垃圾分类、美国大选等国内外重大事件和重要议题,也有学生减负、捡钱包未归还是否犯罪、故宫抽烟者上网炫耀、知名演员家暴、五星级酒店乱象、公共交通猥亵等社交用户热议的话题。有研究者对其选题和评论语言进行梳理后发现,"评论员观点的提出很多都是对网络上一些较为偏颇和有失公允的言论进行有理有据的反驳和引导"[1]。面向公众的说理不是观点的单向输出,而是一种对话[2],需要有对象意识。社交媒体为评论员了解平台热点和用户情绪提供了可能,短视频评论针对用户关心的问题展开分析或从他们感兴趣的话题入手阐述观点,探讨其中具有公共性的深层问题,是对社交网络用户关切点的回应,也有助于获得更多用户的关注与认同。

(二)话语风格年轻化,淡化权威平等对话

使用网络用户熟悉的语言,语言风格更具网感。有研究者认为,具有网感的微视频能紧跟网络潮流,抓住互联网表达热点和网民的思维方式,用创意赢得关注。[3]比如,2020年6月4日中央广播电视总台短视频新闻评论《主播说联播》在社交平台哔哩哔哩网站上播出的内容,标题为"点赞农民夫妇'魔性'舞蹈,生活就要这个态度":

> 主播:"主播说联播,今天我来说。今天说什么呢?想先和大家说说最近在网上特别火的一对农民夫妻,他们被关注是因为他们很'魔性'的舞蹈,来看看他们的舞姿吧。没有璀璨的灯光和华丽的舞台,他们的舞台就是自家老旧的房屋前面,甚至就是在田埂上。他们的舞蹈呢,真的也说不上是标准的动作,可是看着就会特别地解压。因为你能够感受到一种发自内心的快乐,而在这一段段快乐的舞蹈背后,是一个很'治愈'的故事。可能很多朋友也通过网络了解到了,这一对农民夫妻当中的丈夫,前些年出车祸,结果留下了很严重的心理后遗症,经常因为情绪的紧张,身体会出现抽搐,为了让身体能够好起来,为了让自己能够真正快乐起来,两口子开始学习跳舞。如今他们不仅能跳舞,而且还会编舞。如果您仔细看他们的舞姿的话,会发现很多生活当中熟悉的动作,比如说早上起来梳头,比如说农民朋友种地等等,如今他们舒展着眉头,在传递着快乐。这种快乐通过网络也传递给了更

---

[1] 孙弘.媒介融合背景下新闻评论的发展策略研究:以网络新闻评论节目为例[J].东南传播,2021(6):20.
[2] 徐贲.明亮的对话[M]北京:中信出版社,2014:282.
[3] 钟新.王岚昕."使命感"与"网感":重大主题的微视频表达策略——人民日报社新媒体视频创新大赛获奖作品分析[J].新闻战线,2017(21):74-76.

多人。您说是不是很'治愈'？看着他们的舞蹈，我会这样想，过日子嘛，少不了风风雨雨，每个人可能都会遇到坎。遇到坎了怎么办？还是要快乐地起舞。我们的生活真的需要这样的一种态度。简单地说，三个字：'爱生活'。"

这段评论的语言明显具有口语化的特点，而且使用了网络流行语，例如"点赞""魔性""治愈"。屏幕上的小窗播出了这对农民夫妻在田野上跳舞的视频，与主播的评论形成很好的呼应，为观点提供了有说服力的事实基础。

屏幕上滚动着弹幕文字，例如"这对夫妻超可爱""看着自己也感觉很快乐""爱生活"等，体现出观看者对评论中观点的认同，同时让其他的观看者产生共同在场的心理，并感受到他人对此事的看法。

（三）评论形式更加丰富多样

短视频新闻评论没有严格的时长标准，有1分钟以内的"微型评论"，也有5分钟左右的时评。在样态上，常常采取主播出镜的方式讲述时事，通过类似脱口秀的方式进行口头评论，例如中央广播电视总台的《主播说联播》、新京报旗下的《陈迪说》等，出镜的方式既有演播室录制＋画面片段，也有主播在新闻事实现场出镜的"现场评"，例如中央广播电视总台在客户端、微博、抖音等平台发布的短视频新闻评论《时政现场评》。

此外，还出现了采用音乐剧、迷你剧场等进行艺术化改编的评论形式。新华社旗下的《迪迩秀》是围绕主持人王迪迩打造的短视频国际新闻评论栏目，突破以往主流媒体主持人严肃、端正的形象，采用小剧场、经典音乐剧填词等"跨界"方式，用犀利的语言对国际舆论场中的事件和言论进行评论，收获了不少年轻网友的好评。例如，《后妈茶话会之中美抗疫差距》通过年轻人喜欢的音乐剧选段来评论中美两国的抗疫差距，回击西方对于中国防疫工作的污名化。

二、短视频新闻评论的写作方法

短视频新闻评论的价值重在表达对新闻事实的认识和分析，突出关键词有助于在短时间内有效传递观点。独特的、个性化的评论视角和观点有助于增强评论的辨识度和竞争力。同时，要注意发挥视觉符号作为论据的作用，并增强评论语言的听觉效果。

（一）突出关键词，有效传递观点

短视频新闻评论重在说理，视觉符号中的视频片段和图片提供辅助性的形象论据，观点和看法主要通过主播或者评论员以"说"的方式口头表达。说理的语言具有抽象性，且声音转瞬即逝，如何让网友有兴趣听并能留下印象？强调关键词是常见的方法。

我们以央视新闻短视频新闻评论《时政现场评｜跟随总书记的脚步 到塞罕坝看树看人看精神》为例，选取其中的语言片段，感受如何通过关键词、关键句提示主要观点。2021年8月23日，习近平总书记来到河北省塞罕坝机械林场考察。中央广播电视总台时政报道团队派出特约评论员杨禹跟随总书记的脚步，深入总书记重点考察的塞罕坝机械林场月亮山、尚海纪念林，进行现场评论，重点阐释和解读总书记考察期间的重要讲话精神。① 在这条视频评论中，评论员以三个关键词"创造奇迹之地""绿色发展之地""精神焕发之地"，提纲挈领地展开他的感受和思考。我们以第一个关键词"创造奇迹之地"为例，看看评论员如何具体展开评论，并通过口头语言、字幕加以提示和强化。

> 评论员："到塞罕坝看树看人看精神，我有三点体会。第一呢，这片林海是从无到有，历尽艰辛，可以说这里是创造奇迹之地。上个世纪60年代初，国家下决心，在这块曾经的绿洲经百多年退化成荒漠之地，来建设一个新的林场，通过恢复植被、阻断风沙，1962年，第一批塞罕坝的建设者369人毅然上坝，从此拉开了历经近六十年、三代人艰苦奋斗的序幕。今天呢，这里115万亩的森林，这是世界上面积最大的人工森林。这里的树啊，是塞罕坝人一棵一棵亲手栽种下来的，可以说这里创造了从荒漠变林海的奇迹。第二点感受呢……"②

评论员提出"创造奇迹之地"这一关键词后，用具体的事实来支撑这一观点。这里有从荒漠到林海的对比，有第一批建设者毅然上坝的感人故事，更以"世界上面积最大的人工森林"来体现建设者的斐然成果。

同时，画面上同步展现关键词"创造奇迹之地""绿色发展之地""精神焕发之地"，起到点题作用。关键词字幕同时有结构全片、加深人们印象的作用。例如图14-2-1 两个画面上的字幕。

---

① 第三十二届中国新闻奖参评作品《时政现场评｜跟随总书记的脚步 到塞罕坝看树看人看精神》对采编过程的介绍［EB/OL］.（2022-11-01）［2024-01-15］.http://www.zgjx.cn/2022/11/01/c_1310668221.htm.
② 央视新闻客户端.时政现场评｜跟随总书记的脚步 到塞罕坝看树看人看精神［EB/OL］.（2021-08-25）［2024-01-15］.https://content-static.cctvnews.cctv.com/snow-book/index.html?item_id=14799350793107048896&toc_style_id=feeds_default&share_to=wechat&track_id=54c57bd6-3a89-41a2-b434-a679dc886a70.

图 14-2-1 《时政现场评丨跟随总书记的脚步 到塞罕坝看树看人看精神》截图

围绕作为观点的关键词，在使用简洁、醒目的关键词字幕之外，进一步用字幕简要补充内容，拓展内涵。例如图 14-2-2 两个画面的字幕。通过这些字幕，观众可以更好地理解"创造奇迹之地"和"精神焕发之地"的含义。

图 14-2-2 《时政现场评丨跟随总书记的脚步 到塞罕坝看树看人看精神》截图

（二）深度与个性化视角，提升辨识度与影响力

互联网时代，"人人都是评论员"，社交平台上流动着海量的信息和观点，要想获得用户的关注，成为舆论场中不可忽视的声音，短视频新闻评论员的观点既要有深度，还要有新鲜感，有区分度。评论员需要突破惯性思维、打破分析套路，寻找独特的视角，通过对时事热点的个性化点评，建构活跃的、有存在感、有号召力的意见领袖角色。

"新闻评论的基本功能就是对新闻进行认识。判断是新闻评论的核心价值。"[①] 央视评论员白岩松曾用寻找"第二答案""第三答案"的提法，表示在寻找新闻视角时答案不是唯一的，要尽可能采用别的媒体没说过的、有个性特点的视角。这对于短视频新闻评论同样适用。

---

① 马少华.时评的历史与规范［J］.新闻大学，2002（3）：48-51.

(三)运用动态视觉语言,增强表现力与说服力

视频的最大特征是以动态的方式呈现各种视觉符号。在现代传播科技的作用下,现代文化已日益转向以视觉为中心,特别是以影像为中心的感性主义形态。①评论本是以说理见长而非以新闻现场取胜的文体,在视听新媒体时代,短视频新闻评论可以综合运用现场视频、动态字幕、GIF 动图、动画等动态视觉语言,将抽象的说理可视化,增强逻辑论证的表现力。

来自新闻现场的关键画面有实证功能,可以为观点提供事实论据。以主播口头语言形式表达的评论(一般同时以"文字"形式叠加于画面)则对图像中的事实、情境进行诠释,帮助受众理解事实后面的背景、意义。

动图、三维动画可以降低说理的抽象程度,增强视觉上的吸引力。三维动画还可以作为模拟场景来还原现场,提升评论内容的说服力和受众的沉浸感。

如前文所述,在评论员分析过程中,还可以采用逐个弹出关键词的方式同步提炼要点,用花体字突出想要强调的内容,动态简短的文字可帮助吸引受众的注意力,让观点的表达更清晰、更有效率。如 2023 年 8 月 22 日,《主播说联播》在对日本将于 8 月 24 日启动福岛核污染水排海事件的评论中②,使用了"不必要""不合理"和"不正当"三个关键词,立场鲜明地表明了态度,并使用变化了的字体形式对其进行突出强调。

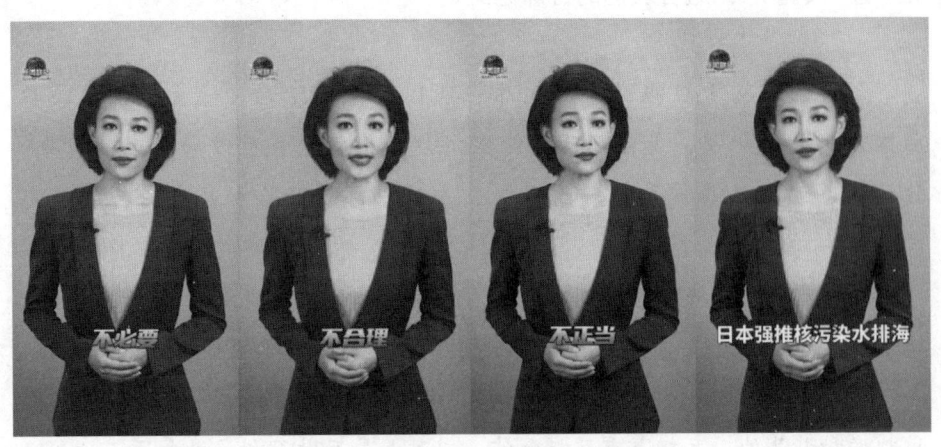

图 14-2-3 《主播说联播》截图

屏幕上滚动弹幕的形式,可满足网络用户表达看法、分享观点的需求。看到满屏

---

① 孟建.视觉文化传播:对一种文化形态和传播理念的诠释[J].现代传播,2002(3):1-7.
②《主播说联播》,2023 年 8 月 22 日播出,详见:https://www.douyin.com/video/727015525049182136.

的弹幕，观看者会感到并不是一个人孤单地看，同时还可以了解其他人的看法。

（四）巧用谐音，丰富表达内涵

在特定的语境中，妙用谐音可以造成话语表层意义上所描写的事物景象与深层意义上所陈述的情志思想相关联①，让评论的表达更幽默有趣。短视频评论中字幕的运用，可以帮助听者更好地理解声音语言上谐音的意趣。2019年12月19日，澳门回归祖国20年之际，中央广播电视总台短视频栏目《主播说联播》播出的评论中，主播分析说澳门回归之后打开快速发展之门的一个重要原因，是澳门把一国两制落实得很好；并巧用"莲"与"连"的谐音，例如"莲成一家"，"心手相'莲'庆来年"②，表达"一国两制"下澳门与祖国内地紧密相连、共同发展，共享祖国繁荣富强伟大荣光。澳门古称莲岛，1999年12月20日零时，以莲花为主图案的澳门特别行政区区旗、区徽，取代了旧旗徽，澳门迈入了一个新时代。③熟悉这些背景的人自然了解"莲花"的重要寓意，也能理解"莲"成一家、心手相"莲"这些字词组合表达的特殊意义。

图 14-2-4 《主播说联播》截图

今天的联播重点报道了习主席在澳门的系列活动。习主席说，回归祖国以来的二十年，是澳门历史上经济发展最快、民生改善最大的时期。他还说，澳门认真贯彻"一国两制"方针取得的经验和具有的特色值得总结。

总结君，请上线来说说，回归之后，澳门打开快速发展之门，这奥秘在哪里？要我说，一个重要原因当然是澳门把"一国两制"落实得很好，这"一国"也是一心，一颗中国心，一颗共谋发展之心。"两制"也是两利，两种制度和谐共处，互相尊重互相合作，同时也是互助互利。说白了，一个地方不折腾，齐心协力积蓄积动能，当然就会向上升腾，前方必然高能。

---

① 任付标，胡志英. 浅析幽默话语的结构及语用功能［J］. 黄淮学刊（社会科学版），1993（3）：73-78.
②《新闻联播》微信公众号. 主播说联播｜刚强"总结君"上线 前方高能［EB/OL］.（2019-12-19）［2024-05-10］.https://mp.weixin.qq.com/s/b5aSi-pvzDIytpcoYj8gtg.
③ 参见：《新徽号在午夜熠熠生辉》，新华社澳门1999年12月20日电。

明天就是澳门回归祖国20周年的日子了,过去二十年,"莲成一家",莲花聚宝,澳门是人足年丰有余庆。面向未来,继续心手相"莲"庆来年。祝愿Macao,明天更美好!①

> 记住:以动态视觉语言增强可视性,以关键词提高观点的表达效率。

第三节　音频新闻评论

音频新闻评论是以声音为符号表达观点和主张的评论形态。移动互联网时代,音频新闻评论写作需要重视音响论据的运用,了解用户在不同场景下的收听需求,增强说理的可听性,发挥音频在价值引领、舆论引导方面的功能。

一、音频新闻评论的特点

音频新闻评论,是以声音手段对新近发生的事实进行评论、分析和解读的新闻节目。区别于偏重呈现新闻事实基本要素的音频新闻报道,音频新闻评论更强调媒体机构或个人等评论主体对新闻事实的看法、观点和主张,即表达意见性信息。

在"人人拥有麦克风"的互联网时代,纷繁复杂的碎片化信息和多元意见层出不穷。面对众声喧哗的舆论环境,主流媒体不仅需要对新闻事实进行动态追踪报道,及时厘清新闻线索,客观全面地展现事实,还要进一步提供对新闻事实的认识、分析和判断,发挥释疑解惑和舆论引导作用,助力和谐社会的建构。

声音是人们获得信息、认识世界的重要方式,也是音频新闻评论表达观点的载体。媒介表达方式和用户接收形式的特殊性,使得音频新闻评论具有自身的独特性。

---

① 主播说联播[EB/OL].(2019-12-20)[2024-01-10].https://weibo.com/2219251027/IlzqIxE5A?sudaref=www.baidu.com&type=comment.

（一）重视音响论据

不同于视觉化的新闻评论能够使用画面来进行解释说明，音频新闻评论需要通过声音来完成信息的传递和观点的表达。因此，在音频新闻评论中，音响成为支撑观点的重要论据素材，具有真实、形象的特点。在音响素材的选择上，也需要着重突出其说服力、感染力。

以中央广播电视总台《新闻纵横》为代表的许多音频新闻评论节目，常使用新闻现场的同期环境音、背景声、采访录音等音响素材直观展现新闻事件，增强论说的可信度和感染力。例如《新闻纵横》栏目播出的评论《"暴走团"占道等问题频出引争议　专家：相关行为已涉嫌违规》[①]，通过采集"暴走团"现场嘈杂的环境音，让听众直观感受"暴走"现场比较混乱的场面。

【片段一】

女主持人："'暴走团'行为是否涉嫌危害公共秩序？怎样引导'暴走团'有序、合规地进行运动锻炼呢？一起来听总台记者李杨、郭威、朴艺然的报道。"

【现场环境声】（"暴走团"节奏感十足的音乐和口号声）

眼下，被称为"暴走"的健步走运动参与者众多，大大小小的"暴走团"成了城市健身的一道风景。在辽宁沈阳北陵公园每天都有十多支大型"暴走团"队伍，每支队伍的人数多达百人。

【同期】

群众一："快点走，（走出）全身都出汗。"

群众二："户外运动挺好……它给我快乐，给我健康。"

记者："感觉怎么样？"

群众三："感觉挺爽的（笑）。"

记者："为什么想来'暴走'呢？"

群众三："'暴走'比较锻炼身体嘛。"

在这个段落中，暴走团的音乐、口号声等现场环境声将听众带入活动现场，观众

---

① 新闻纵横．"暴走团"占道等问题频出引争议　专家：相关行为已涉嫌违规［EB/OL］．（2023-08-25）［2024-01-10］．https://ytweb.radio.cn/share/albumPlay?correlateId=2229292&columnId=15682083075316&appUuid=48a773df-b444-4772-8a67-d420c6fdbc4e.

对新闻事实有了较为真切、具体的感受。记者的叙述中进一步用数字说明"暴走团"的规模,为讨论是否涉嫌影响公共秩序提供事实基础。群众接受采访的语言是原生态的,让节目更为鲜活。这段有现场感、有表现力的音响素材回答了新闻事实是什么样的,以及"暴走团"成员"暴走"的原因。

【片段二】
辽宁省本溪市治安管理支队民警曹玲波向记者介绍了一支"暴走团"影响交通的情况:

【同期】"他们明显是走在机动车道上,而后方来的机动车,非常明显为了躲开健走团选择压中间线往外侧行走,这样对机动车的通行造成了一定的妨碍,另外对自己的安全构成了一定的威胁。"

个别"暴走团"也因为噪音大、影响交通等备受诟病。记者在地方线上投诉留言平台看到多条对"暴走团"占路、逆行、毁坏交通设施的投诉留言。沈阳市北陵公园还发生过两支暴走队伍争夺路权,最终发生恶性伤人事件。

"暴走团"的问题已经引起社会重视,有的地方已经出台相关措施对"暴走团"的行为进行约束。例如,公安部门针对健步走制定了"不得占用马路"等限制措施,设置隔离护栏,防止"暴走团"进入危险地段。

民警曹玲波建议,参与暴走运动的群众也应选择适合的场地,自觉遵守交通规则,控制音量。

【同期】"在有人行道的路段要选择在人行道行走;夜间行走、参加活动要尽量穿浅色衣服,容易被发现才安全;听音乐,尽量把音乐的音量调小;尽量选择公园等密闭场所活动,不要在道路上与车辆混行。"

交通运输部管理干部学院教授张柱庭认为,"暴走团"上路的一些行为,已经涉嫌违法。

【同期】"道路交通安全法规规定在城市道路上,列队行走的方式都算行人,要走人行道。但是在公路上,由于它可能在技术标准里没有专门的人行道,所以允许行人在公路上行走,但是必须靠路的右侧行走。那么行人上路列队走时,现有法规规定只能列两列。当你自己的这条路被占用的时候,比如像施工,或者其他车停放挡住你的道了,要借用其他的车道,叫作借道行驶,因为路权是对方的,借道行驶的一方要来承担更多的注意义务。"

中国人民大学公共管理学院教授王丛虎表示，针对"暴走团"行为出格的问题，可以沟通、协商解决，必要时也可以通过执法手段来约束和惩戒。

【同期】"和他们的组织、领队沟通，目前全国各地的城市周边或城市中心都有很多专门适合跑步运动健身的场所，我们要积极引导。而且现在的基础设施建设、公共服务都已经满足了他们的要求，对那些不听劝告、一直坚持自己的行为不改正构成了违法的人，道路交通部门或者执法队伍可以针对违法情形做认定识别、固定证据，进行处罚。对于影响人民群众生活的，社会大众也可以给予劝告，让社会各方力量共同治理这种不合理的行为。"

【演播室主持人】男主持人："'暴走'绝非乱走，绝不能触碰交通规则的红线，对于'暴走'乱象不该一路开绿灯，既要堵也要疏，约束堵拦越界违法行为，疏通引导正确的户外运动习惯，才能让'暴走'走上真正安全有序的健康之路。"

记者在解说的过程中穿插了不同人物采访原声，既有"暴走团"成员的声音，也有民警反映"暴走团"带来噪音大、影响交通等问题。人物原声真实，也能让听众更直接地感受到人物的态度与情绪。专家学者的采访录音则明确表达了观点，也增强了论点的科学性和权威性。演播室主持人在节目结尾以精练的语言予以总结式的评论，起到了画龙点睛的作用。

（二）平等对话的语态

虽然音响素材能够在音频新闻评论中发挥重要作用，但有声语言还是音频新闻评论进行观点表达的重要载体。生硬的说教式语言不利于用户接受音频新闻评论传递的观点、态度和意见，甚至会起反作用。传播者需要借助声音媒介在情感表达、感染力、亲和力方面的优势，以平等对话的姿态与听众展开互动交流，这样才能增强论说的说服力。

（三）伴随性收听

音频新闻评论作用于人们的听觉，解放人们的双眼，使得人们可以在移动状态、"多重任务"场景下收听。移动互联网的发展使音频重新受到用户的重视，音频新闻评论成为主流媒体新闻竞争的新赛道。

音频新闻评论可以发挥声音特有的亲近感、陪伴感来说理，另外，也要考虑人们的"非注意"收听状态，在语言、结构上顺应人们的收听习惯，更好地传播新知识、新观念，引导人们对热点事件、话题的认识，增进人们对社会公共性问题的沟通与交流。

二、音频新闻评论的类型

随着"耳朵经济"的蓬勃发展，音频新闻评论的形式也日益丰富起来。从当前的媒介实践看，音频新闻评论根据内容呈现形式的差异大致可分为口播类音频新闻评论、谈话类音频新闻评论、解读类音频新闻评论、脱口秀类音频新闻评论。

（一）口播类音频新闻评论

口播类音频新闻评论，是指单纯通过主持人口头语言进行评述的节目，没有应用任何音响素材进行辅助论证，甚至可以是 AI 智能语音播读新闻评论文稿。这种类型的音频新闻评论以纯有声语言进行观点的表达，由于形式略显单一，非常考验选题和语言表达的功力。

以"人民日报评论"账号下的音频栏目"睡前聊一会儿"为例，该栏目兼具新闻性和情感性，对当下热议话题或热点现象进行评论，如考研热、恋爱观、村 BA、国产电影、追星等。这些话题与听众生活接近性强，相较于政策解读、时政评论等严肃类新闻话题更容易吸引用户关注。在语言风格方面，"睡前聊一会儿"将说理性语言和情感性语言相结合，语气亲切温和，更容易给予听众心灵的陪伴和抚慰，有时还会以一首打油诗作为评论结尾，幽默而不失深度，给人以启迪。

（二）谈话类音频新闻评论

谈话类音频新闻评论通常是以两到三人对谈的形式展开，可以是主持人作为提问者，向记者或嘉宾等评论主体提问，交流对话题的看法和观点，也可以是多位评论主体围绕话题直接展开对谈，在观点的交锋中清晰阐明各自的看法。

以澎湃新闻的《漫游记》栏目为例。该栏目属于以谈话形式展开的音频类记者手记，为记者提供了一个在客观报道新闻事件来龙去脉的基础上，表达自己所思所想所悟的机会。《离题丨与布菌为邻：6620名感染者的日与夜》[①]是该栏目的第一期节目，

[①] 澎湃新闻.离题丨与布菌为邻：6620名感染者的日与夜［EB/OL］.（2021-11-07）［2024-01-10］.https：//www.thepaper.cn/newsDetail_forward_9884695.

音频时长约为15分钟。主持人对这篇报道的记者进行了访谈，记者在二人一问一答的互动中向听众讲述了采访背后的故事，通过声音向听众传递了自己对此新闻事件以及所采访人物的态度和看法。记者和主持人的语音语调会增强感染力，声音中传递出来的情感让听众获得了一种更有温度的收听体验。

（三）解读类音频新闻评论

解读类音频新闻评论即记者借助音频，以口述的方式概述自己报道的主要内容，解读自己选择该选题的原因、契机及幕后故事，并表达自己在采访过程中形成的个人见解，有时还会为听众推荐该媒体本期其他值得阅读的优质报道，起到内容引流作用。例如，南方周末APP音频节目《南周头条播报》每周更新一期，每期时长为6—10分钟不等。每期节目邀请当周《南方周末》重点报道的作者作为主播，用"第一人称"讲述自己的报道缘起、过程、感受，对报道细节进行深度解读。

这类记者述评的表达方式贴合人们日常的语言习惯，结构比较简单，对于一些抽象的概念，会特意给出形象化的解释。在解读《从摩天大楼的叫停令中，窥见中国经济的一隅》[①]这篇报道时，记者就将里面涉及的"250米和500米高楼"解释为"站在跟前得使劲仰脖子才能看到顶的摩天大楼"，还将其与美国"9·11"事件中被撞击的双子塔的高度类比。这样的补充性解释能更好地唤醒听众的形象化感知，增进听众对所评论事件的理解。

（四）脱口秀类音频新闻评论

脱口秀类音频新闻评论，是指以脱口秀的形式对热点新闻事件或话题进行评论的节目。这种新兴的音频新闻评论节目的主持人通常风格鲜明，或麻辣犀利，或风趣幽默，新闻事实和观点会在轻松趣味的收听氛围中被传递给听众。

不同的新闻脱口秀栏目时长不等，有的几分钟，有的接近15分钟，10分钟左右的居多。一期节目包含对多个新闻事件的评论。主持人先对事件进行陈述，再予以简短的评议。语言表达较为灵活，如使用个性化的停顿方式、语气词、反驳、反诘、网络热词、热梗等，有的主持人还模拟事件中某个人物说话的语气。节目中还会穿插融合掌声、喝彩声、嘘声等音效，配合主持人的叙述和点评，强化主持人对事件的态度和看法。

[①] 南方周末服务号.南周头条播报｜从摩天大楼的叫停令中，窥见中国经济的一隅［EB/OL］.（2021-08-02）［2024-01-10］.https://mp.weixin.qq.com/s/ht6dHkm8YnkIiRj5mfgDIQ.

三、音频新闻评论的写作方法

音频新闻评论是主流媒体表达主张、引领社会主流价值观的重要节目类型。由于评论说理往往较为抽象，音频新闻评论要善于从节目的切入角度、声音元素等方面增强评论的吸引力。

（一）巧选角度，先声夺人

评论说理的内容较为抽象，加上人们收听音频时常处于伴随性收听状态，如何让听者对音频评论产生兴趣？这就需要在写作时选好切入角度，在节目开头很短的时间内抓住听者的耳朵，"先声夺人"。实践中可以根据选题灵活选择具体的切入角度。这里仅列举几种常见的切入方式。

1. 从"新鲜事"切入

从有较强新鲜感的事实切入，引出评论的问题和观点。音频评论的新闻事实既要有代表性和典型性，还要具有新意。新意越强，听众收听的兴致越高。例如：

> 前不久，丰城市有六家单位因在营商环境和重大项目建设领域不作为、慢作为、推诿、扯皮，导致企业和群众反映强烈，被授予"踢皮球奖""蜗牛奖"。这一新鲜做法在当地引起强烈反响。这个奖牌评选标准是什么？评选以后又给当地营商环境带来什么效果？请听新闻述评《从"蜗牛"获"奖"到"码"上"服务"》。[①]

评论从"踢皮球奖""蜗牛奖"这些人们很少听闻的事物入手，引出丰城市设置这些奖项的背景、原因，以及"中奖"单位的整改和由此带来的工作进度、工作作风的变化。评论中还讲到了丰城市的另一项举措——营商环境"码上评"系统，企业、群众可以扫描二维码对服务进行评议，体现丰城市解决营商环境存在的问题的力度。

2. 从"细微处"切入

"细微"是相对于宏大、笼统而言的，小切口让评论的角度更具有针对性、更独特。可以对重大新闻事件中某一值得关注的细节展开评论，也可以从具体事件出发，

[①] 第32届中国新闻奖获奖作品，宜春明月之声新闻综合频率101.1《周末空间》2021年12月26日播出，节目制作者：程俊、刘梦冉、曲洁、江波，详见：http://www.zgjx.cn/2022-11/01/c_1310667790_2.htm。

引出对具有普遍性的问题的评论，以小见大。例如《搞一次卫生何需9份"痕迹"》[①]的开头方式：

> 前不久，一位扶贫干部向记者反映，说自己在帮扶的贫困户家里搞一次卫生，前前后后做了9份台档，所花的功夫比搞卫生还要多。

接下来出现的是这名扶贫干部讲述自己经历的同期声。评论从"搞一次卫生建9份台档"这样的经历说起，引出基层扶贫工作中的"痕迹主义"，再分析其原因，探究其根源，指明其危害，并提出相应建议：痕迹管理须辩证、理性看待，坚持适度原则。

3. 从"矛盾"切入

从现实生活中存在的矛盾、冲突切入，分析问题背后的原因、实质，探讨问题如何解决。以北京广播电视台北京新闻广播FM94.5《新闻热线》刊播的广播评论《如此"满意"失民意，"人民至上"怎落地？！》为例，该评论的开头提出一种值得人们警惕的"怪现象"："一些部门嘴上说着要让人民群众满意，所干的工作却让人民群众非常不满意，甚至有些部门还要求人民群众不能不满意。"[②] 节目在对生活中的一些案例进行调查和采访后，分析原因，指出"这是权力观、政绩观出现了问题"。接下来，节目探讨了这种作风的危害，进而讨论怎么才能让人民群众真正满意的问题，提出"满意不满意，关键看民意"，要让"人民至上这个命题真正落地"的核心观点，点明了"嘴上说着让人民满意，不管人民群众是否真正满意的作风可以休矣"。

（二）丰富声音元素，增强说理可听性

音频新闻评论诉诸用户听觉，写作时力求形象思维与逻辑思维、感性与理性并重。要充分发挥声音具有形象感的优势，让记者、主持人的有声语言与实况音响、人物原声等论据相互配合，共同推进和完成对新闻事件、人物、现象的评论，增强节目的说服力与可听性。

1. 音响为说理提供依据

音频新闻评论是说理的节目，有理有据是分析和说理的基本要求。音频评论要发挥声音具有形象感的优势，充分使用音响论据。论据包括事实论据和理论论据，音频

---

① 第29届中国新闻奖获奖作品，江西省分宜县融媒体中心FM99.1《分宜新闻》2018年12月23日播出，节目制作者：严伍、李建艳、胡冰、王鑫，详见：http://www.zgjx.cn/2019-06/23/c_138143777.htm。
② 第32届中国新闻奖获奖作品，北京新闻广播FM94.5《新闻热线》，2021年12月26日播出，节目制作者：姚柏言、刘芳，详见：http://www.zgjx.cn/2022-11/01/c_1310667789_2.htm。

新闻评论可以使用新闻现场的实况音响或当事人、知情人的讲述，形象、直观地向听众提供事实依据，还可以援引专业人士、权威人士的分析提供理论分析，为评论说理增强说服力。

2. 有声语言串联音响片段，适时表达观点

音响（同期声）论据通常以片段的方式呈现，主持人或记者的叙述、评论等有声语言需要发挥逻辑串联、补充论据、表达观点的作用。对于重要而未采集到音响的事实论据、理论论据，例如法律、政策等，可以通过解说补充。多种声音元素综合使用，增强音频评论节目的可听性。

仍以前文提到的《搞一次卫生何需9份"痕迹"》为例，评论中使用了来自分宜县不同镇里扶贫干部的讲述、村民的声音，反映基层工作中过度注重"痕迹管理"的问题。在评论"痕迹主义"现象时，节目援引中共中央办公厅专门下发的《关于统筹规范督察检查考核工作的通知》作为理论依据，"要求改进督察检查考核办法，必要的记录、台账要看，但主要看工作实绩，不能一味要求基层填表格，报材料，不能简单以留痕多少评判工作好坏"。在引述之后，节目归纳总结出"痕迹管理须辩证理性看待、坚持适度原则"的观点。节目还采访了分宜县委党校常务副校长的看法和建议。

节目中的人物原声论据让节目鲜活、可信，从不同侧面增强了论证的力度。以下是该评论的部分段落，我们可以由此感受采访对象原声与记者有声语言的交替使用，人物采访原声为评论提供事实依据，解说串联音响片段，并适时表达观点。

【同期声】分宜镇扶贫干部陈某某："为了迎接镇里的模拟扫村，我去贫困户家，看到卫生还不够好，就帮他打扫了一下，结果，填清楚时间、地点、清扫人和当时的照片，竟做了9份痕迹台档。"

"痕迹"是指事情过后留下的迹象。近来，作为考核手段之一，痕迹管理被广泛使用于各项工作中，特别是每当脱贫攻坚阶段性考评、检查、验收时，既有大摞写不完的各种材料，又有填不完的各种表格。扶贫干部苦不堪言。

【同期声】双林镇宋家村扶贫干部吴某某："有一系列的档表卡册要填。什么贫困户的花名册呀，拟新增贫困户的花名册呀，还有因病致贫花名册呀，产业资金扶贫的花名册呀。反正，有600多项。"

有时候扶贫干部好不容易填完一套表，新的版本又发下来要重新填报。反反复复填表、截图、建台账、留档案。

【同期声】湖泽镇水川村第一书记刘某:"净做一些无名头的事情。我印象最深的,有一套扶贫对象的收入台账,反复搞了八九次,一年下来,村里光材料费、复印费就花了4万多元。"

有痕可查,可以弥补过去绩效考核相对虚化的不足,使考核内容更加具象,有效防止形式主义。但一些地方在工作中过于注重痕迹管理,重痕不重"绩",留迹不留心,一定程度上又演变成了痕迹主义。

基层扶贫干部的原声讲述,让听众对基层工作过于注重痕迹管理的问题产生具体的认识和印象。解说一方面串接不同人物的音响,一方面进行评议,并提出"过于注重痕迹管理一定程度上演变成了痕迹主义"的核心观点。

3. 根据节目风格灵活运用声音符号

音频评论可根据节目类型、平台风格和用户定位,灵活运用多种音响符号,增强节目的表现力。例如,一些在互联网平台播出的音频脱口秀节目,面向年轻的互联网用户对热点事件和话题进行评析,在陈述事由、夹叙夹议的过程中使用音乐、音效等音响渲染气氛,主播有时还模拟他人声音,以增强表现力。这些声音符号让节目氛围更为轻松有趣,能满足部分网络听友了解新鲜资讯观点和放松解压等多重需求。

音频节目类型的丰富带来声音符号的多样化,需要注意的是,思想性是音频评论的灵魂,多样化的形式要服务于有深度、有新意的观点,才能让用户"听有所值",不仅仅是吸引用户,还要能留住用户。

(三)层次清晰,适应收听需要

音频新闻评论是声音传播,声音具有线性传播、转瞬即逝的特点,评论需要观点明确、结构清晰,便于听众抓住核心、理解要点。尤其是具有一定时间长度的音频新闻评论,节目的逻辑层次不宜过于复杂。以时长5分钟或超过5分钟的新闻述评类节目来说,常用的逻辑结构为:从异常现象引出问题或从个案引出问题,接下来是问题的具体表现、原因,以及"怎么办"。

以《搞一次卫生何需9份"痕迹"》为例,节目通过一名基层干部的经历,引出基层工作过度注重痕迹管理的问题,接下来通过更多基层干部、村民的同期声,讲述"痕迹主义"的多种表现,在此基础上探讨"痕迹主义泛滥"的原因、危害以及"怎么办",分析逐层深入。

这种痕迹主义泛滥，在于地方对中央精神理解不深、不透，机械执行，在各级督察、检查、巡查工作中，看记录、查文件、找留痕，成了常态。一旦发现痕迹断档或留痕缺项，就会被通报甚至问责，以至基层事事都要开个会，拍个照，留个档案记录，以备检查，苦不堪言。长期以来，不仅耗费了基层干部的时间精力，增加了基层负担，还引起了群众的反感和不满。危害不容小觑。要让痕迹管理回到提升效能的原意，需要各级领导和基层干部同向发力。痕迹主义出现在基层，但根源在上面。因此，要以上示下，上下联动抓作风、文风、会风，各司其职，守土有责，守土负责，守土尽责……

此外，在开启一个层次或一个层次论述完毕时，解说可以承上启下，对上一个段落中音响采访的内容进行总结，提炼观点，并引出下一个层次的音响论据。节目结尾可以对核心观点进行突出与强调。

（四）说理精当，深入浅出

说理是评论节目的价值所在。不同于音频报道，音频评论作者需要以解说或现场评论的方式，直接表达对新闻事件、人物、现象的看法和观点。说理具有抽象性，且音频新闻评论使用的是声音符号，缺少视觉、文字的配合，长篇大论的说理不利于保持听众的注意力。

音频评论的说理常常与对事实的讲述相伴随，或以事说理，或缘事以理，通过具体事实及音响吸引听众，并让说理有针对性；说理时语言宜精当，恰到好处，不宜冗长。以前文提到的《从"蜗牛"获"奖"到"码"上"服务"》为例，其结尾评论画龙点睛，态度鲜明，言简意赅。

> 习近平总书记指出："人民对美好生活的向往，就是我们的奋斗目标。"党的作风关乎人心向背。一切懒政、怠政、推诿扯皮、不作为、慢作为的工作方式，都是同人民的期望相背离。丰城市对政务环境中存在的"怕慢假庸散"等问题，颁发"反向奖"，对为官不为等现象"喝倒彩"，让企业、群众"码上评"，倒逼工作作风转变。我们对这样的做法点赞。[①]

[①] 第32届中国新闻奖获奖作品，宜春明月之声新闻综合频率101.1《周末空间》2021年12月26日播出，节目制作者：程俊、刘梦冉、曲洁、江波，详见：http://www.zgjx.cn/2022-11/01/c_1310667790_2.htm。

音频新闻评论依靠口语传播，其语言表达需要考虑听觉效果，浅显易懂。尽量使用老百姓喜闻乐见的、生活化的、接地气的语言，避免使用生僻深奥、易产生歧义的语言；多运用短句，少用结构复杂的句子，让人们一听就懂。还可以适当使用修辞，结合语言的音韵特点，增强评论的听觉效果，让人们愿意收听。

在见解上，则要做到"深"。音频新闻评论重在观点传播，对新闻事件的思考和分析不能仅仅停留在表面。评论主体需要提升理论素养，有意识地锻炼和培养自己透过现象看本质的能力，提升思维深度和高度。

> 记住：丰富声音元素，增强说理的可听性。

思考

1. 电视新闻评论的写作特点和要求分别有哪些？
2. 短视频新闻评论的写作特点和要求分别有哪些？
3. 音频新闻评论有哪些类型？
4. 音频新闻评论的写作特点和要求分别有哪些？

后 记

在建构中国自主的知识体系的大背景下，中国特色新闻传播学建设恰逢其时，《视听采访与写作》正是在这样的背景下应运而生，努力为中国特色新闻传播学构建视听传播的知识和智识图景。

在移动互联网时代，技术驱动下的新闻信息传播已经发展到视听传播为核心的阶段，"媒介发展到视听阶段，视频是传播的最高形态"[①]。技术赋能下的视听媒介创新发展，信息的可视、形象与沉浸传播，使舆论引导、价值引领和用户体验获得极大升维。视听采写带来的临场化和沉浸性，推动了主流价值的形象化表达，视听传播带来的情感度和代入感，推动用户"追求身体感知的还原"和"追求交往互动的深化"[②]。我们已经进入"视频天下"[③]的传播格局。因此，在塑造主流舆论新格局和讲好中国故事的时代大背景下，视听采访与写作，不仅是创新主流舆论引导，让"党的创新理论飞入寻常百姓家"的形象路径，也是推动中华文化创新性发展和创造性转化的重要手段，更是提升国际传播效能的重要话语力量。从这一方面而言，掌握好视听采访与写作的方法与规律，具有重要意义。

视听采访与写作既有一般新闻采访与写作的共性规律，也有自身的特点，本书聚焦视听采写的特色规律和方法，对一般的采访与写作不做过多的赘述，在写作中，具有以下思考与读者们分享。

第一是就核心主旨和写作思路而言。视听采访与写作是新闻思维、视听思维与用

[①] 孙玉胜：视频是传播的最高形态 未来也不会改变 [EB/OL]. (2018-09-09) [2024-05-07]. https://www.sohu.com/a/252758117_570245.
[②] 王晓红. 新型视听传播的技术逻辑与发展路向 [J]. 新闻与写作, 2018 (5): 5-9.
[③] 参见：廖祥忠. 视频天下：语言革命与国际传播秩序再造 [J]. 现代传播（中国传媒大学学报），2022, 44 (1): 1-8.

户思维的融合，它既具有一般新闻采访与写作的规律，也有视听媒介特有的理念与方法。本书正是基于"如何发挥视听媒介优势，创新信息传播手段，升维用户体验"这一核心进行写作。循着这一主旨，在写作框架上，本书按照阶梯递进式的结构，首先从视听采访写作的理念、特点、原则入手帮助学生厘清视听新媒体时代，新闻采写的守正创新之道以及视听媒介的采写规律；从第四章开始，即按照新闻采写流程进行分析。第四章和第五章，是在视听思维之下，分析选题和节目结构的思路。第六章、第七章、第八章是从拍摄为中心的角度进行分析；第九章、第十章是从出镜记者现场报道、提问与访谈的角度进行分析；第十一章、十二章、十三章、十四章尽量从不同体裁分析视听写作的技巧和方法。

第二是视听媒介的统一性和差异性。在媒介变革时代，从传统的广播、电影、电视到视听新媒体，视听采访写作同样面临着变与不变，守正创新的问题。正是基于此，传统媒介与新兴媒介的采写呈现出复杂性与多元性，这为本书的写作带来了一定的难度。在写作的过程中，写作团队以融合视听为整体思路和框架，采取化繁为简，以简驭繁的方法，把统一体现视听媒介特点的方法进行归类分析，把不同视听媒介的特色方法进行差别分析，从而体现统一性和差异性，帮助学生理解视听表达的总体规律和各自的特点。

第三是就写作方法而言。作为方法论和应用型的书籍，本书按照理论、方法和案例应用三个层次逻辑来结构知识图谱，把讲道理、摆事实、举案例三者充分结合起来，通过解剖典型案例的方式，做到深入浅出地讲解每个知识点。所选取的案例融汇了广播、电视和视听新媒体的报道案例，结合了中国和国外的典型案例。中国新闻实践尤其是媒体融合战略下主流媒体的创新探索，为本书提供了非常丰富的优秀报道案例。实践是理论之源，正是在这样的实践的丰富滋养下，本书也努力探求新闻传播学自主知识体系的建构，在写作过程中，团队获批教育部哲学社会科学研究重大专项项目《中国式现代化道路与新闻传播学自主知识体系建构研究》，本书也是该课题的阶段性成果之一，期望为中国特色新闻传播学的建设提供中国新闻视听实践创新的视角。

第四是从教学育人的角度而言，本书不仅是专业书籍，更希望通过大量与时代、与国家同行的优秀报道案例分析，以新闻传播的视角，让读者理解中国发展与中国道路。因此我们也希望本书是课程思政的一个抓手，将立德树人、培根铸魂与专业知识的探讨相融，增强学生的文化自信。

本书写作具体分工为：曾祥敏负责整体设计和统筹，具体撰写第一章至第十章，杨凤娇具体撰写第十一章和第十四章，汤璇撰写第十二章、十三章，杨凤娇与汤璇参与撰写第二章和第三章部分内容。研究团队中，师资博士后翁旭东、博士研究生董华茜参与部分内容的写作。

在此，特别感谢浙江广播电视集团融媒体新闻中心高级记者杨川源、中央广播电视总台新闻新媒体中心策划部特别报道组制片人庄胜春、中央广播电视总台CGTN主持人王冠、浙江日报报业集团"浙视频"记者周莎莎、山东广播电视台《问政山东》栏目主持人李莎、福建省广播影视集团融媒体资讯中心采访部主任游宁剑、《成都商报》红星新闻深度报道中心记者杨灵、中央广播电视总台VR专家姜华、新华社摄影部记者卢烨、新华社音视频部记者李桢宇、中国日报社新媒体中心记者彭译萱。他们于百忙之中接受我们的访谈，提供了宝贵的一线采访写作的经验。他们报道不同领域，有着不同的专攻术业，如重大主题报道、蹲点报道、舆论监督报道、国际传播等，共同推动中国新闻实践的发展和创新。

由衷感谢中国传媒大学本科生院对本项目的支持；感谢中国传媒大学电视学院对本项目的统筹组织；感谢中国传媒大学出版社对本书出版的支持。

在媒体大变革、社会大发展的时代，技术赋能媒体的深度和广度前所未有，传媒参与社会治理的深度和广度前所未有。在写作本书的时候，OpenAI发布了视频生成模型Sora，继文字、图片之后，人工智能开始迈向视频多模态时代。未来人工智能对新闻传播，对视听采访与写作将会产生何种影响，值得期待！

然而，越是在社会飞速变革的时代，我们越要回到新闻传播的原点去思考，何为采访与写作的应有大义。新闻学是"人"学，脚底板下出新闻，"我在场"意识，新闻记者的脚力、眼力、脑力与笔力，以"人"为核心的报道理念，讲好故事，等等，这些新闻采写的"老话"，更应成为融合视听时代的"新话"。

视听采访写作需融理论于实践之中，大道至简，唯有在应用中才能体悟其原理和方法。百尔所思，不如我所之，所谓操千曲而后晓声，只有践行不息，才能在新闻实践中不断创新经验，谋求规律，锤炼智能，获得智识，提升智慧。

人工智能已经从文生文、文生图发展到文生视频，人工智能将多大程度影响新闻生产和传播？人机协同又将把视听采编引向何处？视听传播又将与新闻、社会的互动共创深入到何种程度？

未来可期，唯笃行不息！

作者于北京
2024年11月

中文文献

专著文献

［1］阿恩海姆. 艺术与视知觉［M］. 滕守尧, 朱疆源, 译. 成都: 四川人民出版社, 1998.

［2］奥夫德海德. 纪录片［M］. 刘露, 译. 南京: 译林出版社, 2018.

［3］巴尔诺. 世界纪录电影史［M］. 张德魁, 冷铁铮, 译. 北京: 中国电影出版社, 1992.

［4］包军昊, 张晓明. 相聚《新闻会客厅》［M］. 北京: 文化艺术出版社, 2006.

［5］波兹曼. 娱乐至死［M］. 章艳, 译. 桂林: 广西师范大学出版社, 2004.

［6］布雷迪. 采访技巧［M］. 范东生, 王志兴, 译. 北京: 新华出版社, 1986.

［7］布隆代尔.《华尔街日报》是如何讲故事的［M］. 徐扬, 译. 北京: 华夏出版社, 2006.

［8］曹璐, 吴缦. 新闻专稿教程［M］. 北京: 中国广播电视出版社, 1995.

［9］陈霖, 曾一果, 高峰, 等. 新世纪人文纪录片研究［M］. 苏州: 苏州大学出版社, 2014.

［10］传媒茶话会. 传媒实操小红书: 不可不知的采编小技巧［M］. 北京: 人民日报出版社, 2023.

［11］德波顿. 新闻的骚动［M］. 丁维, 译. 上海: 上海译文出版社, 2015.

［12］丁法章. 新闻评论学［M］. 上海: 复旦大学出版社, 1985.

［13］高鑫, 高文曦. 电视艺术: 多元与重构［M］. 北京: 北京师范大学出版社, 2006.

［14］格雷夫斯．事实核查：后真相时代美国新闻业的选择［M］．周睿鸣，刘于思，译．北京：中国人民大学出版社，2023．

［15］赫利尔德．电视广播和新媒体写作［M］．谢静，等译．7版．北京：华夏出版社，2002．

［16］拉毕格．纪录片创作完全手册：第5版［M］．喻溟，王亚维，译．成都：四川人民出版社，2019．

［17］雷蒙-凯南．叙事虚构作品：当代诗学［M］．赖干坚，译．厦门：厦门大学出版社，1991．

［18］李普曼．公众舆论［M］．阎克文，江红，译．上海：上海人民出版社，2006．

［19］曼切尔．新闻报道与写作［M］．艾丰，等编译．北京：中国广播电视出版社，1981．

［20］苗棣，等．美国经典电视栏目［M］．北京：中国广播电视出版社，2006．

［21］尼科尔斯．纪录片导论［M］．陈犀禾，刘宇清，郑洁，译．北京：中国电影出版社，2007．

［22］欧阳明．深度报道写作原理［M］．武汉：武汉大学出版社，2004．

［23］彭兰．新媒体导论［M］．北京：高等教育出版社，2015．

［24］邱沛篁，吴信训，向纯武，等．新闻传播百科全书［M］．成都：四川人民出版社，1998．

［25］任金州，马莉．电视新闻摄影［M］．北京：北京师范大学出版社，2004．

［26］舒德森．新闻社会学［M］．徐桂权，译．2版．北京：中国人民大学出版社，2010．

［27］斯隆，等．普利策新闻奖最佳作品集［M］．丁利国，等译．北京：中国新闻出版社，1987．

［28］孙发友．新闻报道写作通论［M］．北京：人民出版社，2007．

［29］孙玉胜．十年：从改变电视的语态开始［M］．北京：生活·读书·新知三联书店，2003．

［30］童兵．理论新闻传播学导论［M］．北京：中国人民大学出版社，2000．

［31］托多罗夫．奇幻文学导论［M］．方芳，译．成都：四川大学出版社，2015．

［32］汪中求．细节决定成败［M］．北京：新华出版社，2005．

［33］王竞．纪录片创作六讲［M］．北京：世界图书出版公司，2014．

［34］王志，耿志民，欧阳询.面对《面对面》［M］.北京：文化艺术出版社，2006.

［35］《新闻调查》栏目组."调查"十年：一个电视栏目的生存记忆［M］.北京：生活·读书·新知三联书店，2006.

［36］徐舫州.电视解说词写作［M］.北京：北京师范大学出版社，2001.

［37］杨凤娇.广播电视新闻写作［M］.北京：高等教育出版社，2013.

［38］叶子.电视新闻：与事件同步［M］.北京：北京师范大学出版社，2007.

［39］泽利泽.想象未来的新闻业［M］.赵如涵，译.北京：中国人民大学出版社，2022.

［40］泽利泽.严肃对待新闻：新闻研究的新学术视野［M］.李青藜，译，北京：中国人民大学出版社，2022.

［41］泽特尔.图像 声音 运动：实用媒体美学（第三版）［M］.赵淼淼，译.北京：北京广播学院出版社，2003.

［42］张林，等.大事背后：凤凰卫视资讯台揭秘［M］.北京：中国和平出版社，2005.

［43］张颂.播音创作基础［M］.3版.北京：中国传媒大学出版社，2011.

［44］曾祥敏，吴炜华.融媒体新闻这样做［M］.北京：人民日报出版社，2022.

［45］曾祥敏.电视采访［M］.3版.北京：中国传媒大学出版社，2018.

［46］曾祥敏.融合新闻学［M］.北京：中国传媒大学出版社，2023.

［47］曾祥敏.电视新闻学［M］.北京：中国传媒大学出版社，2012.

［48］曾祥敏.视听传播：主流媒体融合、社交、垂直、智能、沉浸、场景的逻辑演进［M］.北京：人民日报出版社，2023.

［49］曾祥敏.中国新媒体研究报告2020［M］.北京：人民日报出版社，2020.

［50］曾祥敏.中国新媒体研究报告2021［M］.北京：人民日报出版社，2022.

［51］曾祥敏.中国新媒体研究报告2022［M］.北京：人民日报出版社，2023.

［52］中国记协新媒体专业委员会.融媒体新闻这样做［M］.北京：人民日报出版社，2022.

［53］中华人民共和国著作权法［Z］.最新修正版.北京：法律出版社，2020.

［54］周传基.电影·电视·广播中的声音［M］.北京：中国电影出版社，1991.

［55］周小普.广播电视概论［M］.北京：中国人民大学出版社，2014.

［56］周勇.广播电视新闻学导论［M］.北京：高等教育出版社，2011.

［57］朱羽君，雷蔚真．电视采访学［M］．北京：中国人民大学出版社，1999.

［58］朱羽君，殷乐．生活的重构：新时期电视纪实语言［M］．北京：北京广播学院出版社，1998.

期刊文献

［1］常江，王晓培．短视频新闻生产：西方模式与本土经验［J］．中国出版，2017（16）：3-8.

［2］陈仲仪．融媒体语境下H5新闻的叙事策略研究：以中国新闻奖H5新闻获奖作品为例［J］．新闻世界，2024（1）：70-73.

［3］傅洪宾．全媒体时代典型人物报道创新探析［J］．传媒评论，2023（6）：67-69.

［4］韩飞．类型突破与现代化描摹：2023年中国纪录片创作发展研究［J］．当代电视，2024（1）：14-21.

［5］黄峥．Vlog时政新闻报道的传播优势及思考［J］．新闻世界，2022（12）：28-29.

［6］贾盛云，董小染，曾祥敏．全景视频叙事的特点与策略研究［J］．电视研究，2017（6）：10-13.

［7］姜燕．论纪录片声音元素的艺术表现力［J］．现代传播（中国传媒大学学报），2010（7）：64-67.

［8］蒋晓丽，何飞．互动仪式理论视域下网络话题事件的情感传播研究［J］．湘潭大学学报（哲学社会科学版），2016，40（2）：120-123，153.

［9］敬一丹．给自己一个约束［J］．电视研究，1997（2）：50-51.

［10］李兴国，余跃．在悬念中叙事：论电视节目中的悬念意识［J］．现代传播，2003（5）：57-59.

［11］刘梁超．全媒体环境下音频新闻导语的撰写：以第23届中国新闻奖获奖广播消息导语为例［J］．科技传播，2015，7（3）：39-40.

［12］刘婷婷．新闻纪录片年轻化表达初探：以中国新闻奖一等奖作品《新兵请入列》为例［J］．上海广播电视研究，2023，4：80-85.

［13］刘志钧．新闻摄影中的摆拍：类型、问题和伦理因应［J］．城市党报研究，2022（8）：87-89.

［14］龙念，贾佳．悬念设置·冲突建构·仪式营造：湖南卫视《声临其境》的

戏剧性解读［J］．中国电视，2018（8）：39-42.

［15］马少华．时评的历史与规范［J］．新闻大学，2002（3）：48-51.

［16］麦新．H5的分类及制作时应注意的要素［J］．青年记者，2018（14）：102-103.

［17］孟建．视觉文化传播：对一种文化形态和传播理念的诠释［J］．现代传播，2002（3）：1-7.

［18］倪雁强．"竖"看也精彩！浅析"竖屏"短视频人物报道采写技巧［J］．传媒评论，2022（12）：13-15.

［19］任付标，胡志英．浅析幽默话语的结构及语用功能［J］．黄淮学刊（社会科学版），1993（1）：73-78.

［20］任金州，等．灾难报道中的媒体行为及其思考：以日本NHK地震报道为例［J］．现代传播，2011（6）：49-52.

［21］沙晓羽，王艺璇，全会．主流媒体Vlog报道的话语创新：以中央广播电视总台《大国外交最前线》为例［J］．传媒，2023（10）：45-47.

［22］史安斌，刘长宇．音频新闻：脉络、演进与特征［J］．青年记者，2020（19）：80-83.

［23］史安斌，张耀钟．虚拟现实新闻：理念透析与现实批判［J］．学海，2016（6）：154-160.

［24］宋兆宽．人物报道专题讲座之八访而叙之如临其境：专访写作要素谈［J］．新闻三昧，1994（2）：43-44.

［25］孙琳黎．H5新闻重大主题报道的叙事策略研究［J］．采写编，2023（7）：18-20.

［26］童宁．"突发"的魔力：记者采访技巧之二［J］．电视研究，1996（8）：26-31.

［27］汪旻．英国媒体转型发展中对音频产品的探索［J］．传媒评论，2020（2）：69-71.

［28］王迟．分析哲学视野下纪录片的定义［J］．电影艺术，2023（2）：104-113.

［29］王昉．5G时代微纪录片的创新传播策略探析［J］．传媒论坛，2023，6（23）：39-41.

［30］王海．新闻短视频"青蜂侠"的发展之道［J］．新闻与写作，2020（6）：

93-96.

[31] 王诗如. 青年亚文化视阈下纪录片创作叙事策略探析：以《人生一串》系列纪录片为例[J]. 采写编, 2023（8）：166-168.

[32] 王帅. 新时代主流媒体典型人物报道创新刍议：以《人民日报》为例[J]. 新闻文化建设, 2022（4）：48-50.

[33] 吴丰军. 本土化、故事化、娱乐化：美国三大电视网的早间电视新闻节目的特色[J]. 南方电视学刊, 2003（6）：94-95.

[34] 吴晓琴, 何伶凌. 巧用音乐说话让好题材发光：浅谈新闻短视频中背景音乐的应用[J]. 新闻前哨, 2022（20）：39-40.

[35] 谢辛. 声音的视觉化从抽象动画电影到"互联网+声音BGM"观念延伸[J]. 北京电影学院学报, 2018（5）：54-62.

[36] 杨慧, 雷建军. 作为媒介的VR研究综述[J]. 新闻大学, 2017（6）：27-35，151.

[37] 杨炯. 新闻短视频如何在导向和流量之间找到最大公约数[J]. 中国记者, 2023（5）：64-66.

[38] 杨仕章. 论谐音及其功能[J]. 中国俄语教学, 1998（3）：30.

[39] 殷俊, 刘瑶. 我国新闻短视频的创新模式及对策研究[J]. 新闻界, 2017（12）：34-38.

[40] 尤红. VR新闻的重构特征与伦理风险[J]. 现代传播（中国传媒大学学报）, 2020, 42（4）：51-55.

[41] 喻国明, 谌椿, 王佳宁. 虚拟现实（VR）作为新媒介的新闻样态考察[J]. 新疆师范大学学报（哲学社会科学版）, 2017, 38（3）：15-21，2.

[42] 詹新惠. H5产品的基本样式及其在新闻领域的应用[J]. 新闻与写作, 2017（6）：75-78.

[43] 张陆园, 陈雨桢. 视频博客刍议：媒介属性、叙事形式、审美特征与文化趋向[J]. 现代传播（中国传媒大学学报）, 2023, 45（5）：110-116.

[44] 张群, 邓小院. 如何打造现象级H5新闻报道：以网易《一分钟漫游港珠澳大桥》为例[J]. 新闻与写作, 2019（2）：95-98.

[45] 章淑贞, 王钰, 李佳咪. 短视频新闻的突围之路：访新京报"我们视频"副总经理彭远文[J]. 新闻与写作, 2019（6）：87-91.

[46] 钟新, 王岚昕. "使命感"与"网感"：重大主题的微视频表达策略：人

民日报社新媒体视频创新大赛获奖作品分析［J］．新闻战线，2017（21）：74-76.

［47］周健，王培铎．论悬念的焦点［J］．大连教育学院学报，2000（2）：28-30.

［48］周炯．用好方法讲好故事：美国CBS"60分钟"节目的成功之道［J］．今传媒，2005（3）：49.

［49］周旭辉．"追风"启示录：移动直播《超强台风"利奇马"登陆浙江温岭 浙视频记者勇闯台风眼》采访心得［J］．传媒评论，2020（12）：18-19.

［50］周瑄．新闻工匠精神的底色：最后20%的坚持［J］．传媒评论，2024（2）：32-33.

网络文献

［1］CMG观察．100000000+网友看过的央视频慢直播，成功秘诀你get了吗？［EB/OL］．（2020-12-22）［2021-09-08］．https://mp.weixin.qq.com/s/E8ruFXSPNhLDDhuMRp4zwA.

［2］柴红芳．2021中国新闻传播大讲堂：纪录电影《落地生根》创作的策划、拍摄思考［EB/OL］．（2021-11-25）［2023-11-15］．http://www.zgjx.cn/2021-11-25/c_1310330103.htm.

［3］陈晓萍．腾讯媒体研究院：找到那个"一针见血"的问题，为历史留下一份底稿 | 传媒前线［EB/OL］．（2020-03-09）［2023-11-25］．https://mp.weixin.qq.om/s/jUNVIbL7X-1nKPqmfR6BbQ.

［4］传媒茶话会.短稿怎么开头？看完这篇你就懂了！［EB/OL］．（2023-07-04）［2023-11-25］．https://mp.weixin.qq.com/s/7PNrRVM0PmeKlBy_3UZruQ.

［5］董雪．中国记协：中国记者犀利提问！海外网友：问得好［EB/OL］．（2023-12-06）［2023-11-25］．https://mp.weixin.qq.com/s/L5hdNRNesR-i4CDP8XGw_Q.

［6］方力．传媒评论：今天我们怎么做记者．民生新闻持续追踪的意义［EB/OL］．（2023-07-11）[2023-11-25］．https://mp.weixin.qq.com/s/TpPLobmLESChCAHiNtEeAw.

［7］关中．2021中国新闻传播大讲堂：践行四力 锤炼精品［EB/OL］．（2021-11-25）［2023-11-25］．http://www.zgjx.cn/2021-11-25/c_1310330171.htm.

［8］管昕．2021中国新闻传播大讲堂：全媒体时代如何放大舆论监督的正面传播价值：以中国新闻奖作品《神秘"曹园"》为例［EB/OL］．（2021-11-

25）［2023-11-25］. http：//www.zgjx.cn/2021-11/25/c_1310330153.htm.

［9］郭华，郑弘. 传媒：短视频在重大新闻事件报道中的应用与创新：以央视对新中国成立70周年庆典报道为例.［EB/OL］.（2020-06-17）［2023-11-25］. https：//mp.weixin.qq.com/s/H-81s3iUgcZ9Kt11-DH7bQ.

［10］国家广播电影电视总局. 互联网等信息网络传播视听节目管理办法［Z/OL］.（2005）［2022-08-13］. http：//www. gov. cn/gongbao/content/2005/content_64200.htm.

［11］韩咏秋. 2021中国新闻传播大讲堂：苦练"四力"内功 不负时代使命.［EB/OL］.（2021-11-25）［2023-11-25］. http：//www.zgjx.cn/2021-11/25/c_1310330135.htm.

［12］胡诗柯，宁海林. 传媒评论：正能量如何赢得大流量［EB/OL］.（2023-01-19）［2023-11-25］. https：//mp. weixin. qq. com/s/2ihE_2GIc3TrtATPzoJSuw.

［13］互联网视听节目服务业务分类目录（试行）［EB/OL］.（2017-03-01）［2023-11-25］. https：//www. nrta. gov. cn/art/2017/3/1/art_2062_36686. html.

［14］姜超楠. 好故事，可遇亦可求［EB/OL］.（2024-02-07）［2023-11-25］. http：//www. zgjx. cn/2024-02/07/c_1310763828.htm.

［15］Jack. 德外5号：致敬青年节：让Z世代"新闻不回避"｜德外视窗［EB/OL］.（2023-05-04）［2023-11-25］. https：//mp. weixin. qq. com/s/3QD3M6vR3C2bOahk31Mn7w.

［16］李承泽. 中国记协：我在现场｜哪个台的？［EB/OL］.（2024-02-02）［2024-02-25］. https：//mp.weixin.qq.com/s/PY-sO1LMSQ1t951u-B5PSg.

［17］刘国昌. 华文融媒：写典型人物，"非典型"一面能不能写？［EB/OL］.（2022-12-06）［2023-11-25］. https：//mp.weixin.qq.com/s/39bq96ypXhQaZAckPWvl6w.

［18］牟宗平. 用心发现，宗述平说［EB/OL］. https：//mp.weixin.qq.com/s/C3fcPdTczLryyYp0sQkDQw.

［19］人民网. 在成都发布2023中国网络视听发展研究报告［EB/OL］.（2023-03-29）［2023-11-25］. http：/sc. people. com. cn/n2/2023/0329/c345167-40356870.html.

［20］人物. 真正有关人性的故事是如何浮出水面的［EB/OL］.（2015-11-10）［2023-11-25］. https：//mp.weixin.qq.com/s/f8JqNfrPDhxGnd9VeKP_RA.

［21］任洁.激怒观众 肯尼亚主持人用不当手势模拟埃航空难遭批［EB/OL］.（2019-03-14）［2023-11-25］. https：//m.huanqiu.com/article/9CaKrnKj1J6.

［22］沈雯. 杭报集团业务交流：每个人物都是时代的一束光：短视频生产怎样才有穿透力？［EB/OL］.（2023-05-10）［2023-11-25］. https：//mp.weixin.qq.com/s/Bvp55bOz-GerCv9FJ3-gpA.

［23］习近平总书记主持党的新闻舆论工作座谈会并发表重要讲话［EB/OL］.（2016-02-19）［2023-11-25］. https：//news.cri.cn/uc-eco/20160219/9eea7c05-d3de-df82-d025-cb63afcdd00a.html.

［24］谢晓玲. 编辑网：典型人物报道要写出"非典型"之处［EB/OL］.（2020-08-03）［2023-11-25］. https：//mp.weixin.qq.com/s/56HeHtj3qeTZB9IbT4hYHQ.

［25］新浪VR. 70周年阅兵全景回顾：首次使用4K全景直播［EB/OL］.（2019-10-10）［2021-09-14］. http：//vr.sina.com.cn/news/hot/2019-10-10/doc-iicezzrr1344122.shtml.

［26］颜一颀, 顾周皓. 传媒评论：省级媒体如何在国际传播中有效提升影响力：以TianmuMedia关于公羊队驰援土耳其地震灾区的报道为例［EB/OL］.（2023-03-13）［2023-11-25］. https：//mp.weixin.qq.com/s/7zHmAVGe_8v1JrhBIclckw.

［27］杨川源. 2021中国新闻传播大讲堂：越难越有价值［EB/OL］.（2021-11-25）［2023-11-25］. http：//www.zgjx.cn/2021-11-25/c_1310330160.htm.

［28］杨华. 新闻战线：新媒体时代也是主流媒体的新时代［EB/OL］.（2017-04-11）［2023-11-25］. https：//mp.weixin.qq.com/s/CZ2NIMtdmA9x_uj6I1ZB0g.

［29］杨澜. 你可以不成功，但不能不成长［EB/OL］.（2008-08-26）［2023-11-25］. http：//expert.bossline.com/402/viewspace-3072.

［30］袁曙宏. 关于《中华人民共和国著作权法修正案（草案）》的说明：2020年4月26日在第十三届全国人民代表大会常务委员会第十七次会议上［EB/OL］.（2020-11-12）［2022-08-13］. http：//www.npc.gov.cn/npc/c30834/202011/f254003ab9144f5db7363cb3e01cabde.shtml.

［31］张凡. 这部"土掉渣"的电视剧，为何"好看哭"？| 睡前聊一会儿［EB/OL］.（2021-01-26）［2023-11-25］. https：//mp.weixin.qq.com/s/H5hDaKdmpdJnaxhBgurhtQ.

［32］张耀升. 传媒狐：哽咽的主播年年有 这次轮到CNN［EB/OL］.（2016-

08-23）［2023-11-25］. https：//mp.weixin.qq.com/s/Q68ZUFP0SR1p-QfvMuhP6g.

［33］之江轩. 浙江宣传：记者不该犯"材料依赖症"［EB/OL］.（2023-11-23）［2023-11-25］. https：//mp.weixin.qq.com/s/bXaKgloL5X1b8OvyJfiEAw.

［34］中原网. "数"说幸福②｜连续"霸占"《政府工作报告》热词榜单，它是谁？［EB/OL］.（2023-03-10）［2023-11-25］. https：//mp.weixin.qq.com/s/ALmiPO143OGOK4l91k7gEA.

［35］周科. 2021中国新闻传播大讲堂："共鸣、共情、共振：以"春运母亲"报道为例"［EB/OL］.（2021-11-25）［2023-11-25］.http：//www.zgjx.cn/2021-11/25/c_1310330136.htm.

［36］朱磊. 人民日报评论：人民日报评胡某宇事件：真相呈现，让理性回归［EB/OL］.（2023-02-03）［2023-11-25］. https：//mp.weixin.qq.com/s/kS7tu5GQsqgSxpZ8ZntZVg.

英文文献

[1] ALLEN W H. Audio-visual communication research [J]. The journal of educational research, 1956, 49(5): 321-330.

[2] Audio-visual communication and audible communication [EB/OL]. (2022-08-12) [2023-12-29]. https://www.businesscommunicationarticles.com/audio-visual-communication-and-audible-communication/.

[3] European Parliament, Council of the European Union. Directive 2010/13/EU of the European Parliament and of the Council of 10 March 2010 on the coordination of certain provisions laid down by law, regulation or administrative action in Member States concerning the provision of audiovisual media services (Audiovisual Media Services Directive) (Text with EEA relevance) [Z/OL]. (2010-04-15) [2022-08-13]. https://eur-lex.europa.eu/legal-content/EN/ALL/?uri=CELEX%3A32010L0013.

[4] FRANKLIN J. Writing for story [M]. Plume book, Penguin group, 1994:71.

[5] GEVA D. A Philosophical history of documentary, 1895-1959 [M]. Gewerbestrasse: Palgrave Macmillan, 2021.

[6] GRIERS J. First principles of documentary [M] //HARDY F. Grierson on documentary. London: Faber & Faber, 1979: 35.

[7] HAMILTON J. All the news that's fit to sell: how the market transforms information into news [M]. Princeton: Princeton University Press, 2006:165.

[8] HORTON D, RICHARO W R. Mass communication and para-social interaction [J]. Psychiatry: interperonal & biological processes, 1956, 19(3): 215-229.

[9] KOVACH B, ROSENSTIEL T. The elements of journalism: what newspeople

should know and the public should expect［M］. New York: Crown, 2021. Chapter 1: What Is Journalism For; Chapter 8: Engagement and Relevance.

［10］LOU C. Social media influencers and followers: theorization of a trans-parasocial relation and explication of its implications for influencer advertising［J］. Journal of advertising, 2021: 1-18.

［11］MILLER C. VR and 360 Video: what are they good for?［EB/OL］.（2017-05-18）［2021-09-15］. https://www.bbc.co.uk/blogs/academy/entries/6d292464-be4c-4e0a-a846-59d1340af4f0.

［12］RENOV M. Theorizing documentary［M］. New York: Routledge, 1993.

［13］BILTON R. What's holding back virtual reality news? Slow tech adoption, monetization, and yes, dull content［EB/OL］.（2017-04-24）［2021-09-15］. https://www.niemanlab.org/2017/04/whats-holding-back-virtual-reality-news-slow-tech-adoption-dull-content-and-yes-monetization/.

［14］ROEH I. Journalism as storytelling, coverage as narrative［J］. American bebavioral scientist, 1989, 33（2）: 162-168.

［15］SHOOK F. Television field production and reporting［M］. 7th ed. New York, NY: Routledge, 2017.

［16］The Council of the European Communities. Council Directive 89/552/EEC of 3 October 1989 on the coordination of certain provisions laid down by law, regulation or administrative action in Member States concerning the pursuit of television broadcasting activities［Z/OL］.（1989-10-03）［2022-08-13］. https://eur-lex.europa.eu/legal-content/EN/TXT/?uri=celex%3A31989L0552.

［17］TOMPKINS A.Write for the ear, shoot for the eye, aim for the heart: a guide of TV producers and reporters［M］. California: Bonus Book, 2004.

［18］WALLACE M, GATES G P. Between you and me［M］. New York: Hyperion Books, 2005.

［19］WINSTON B. Claiming the real［M］. London: BFI, 1995.

图书在版编目(CIP)数据

视听采访与写作 / 曾祥敏, 杨凤娇, 汤璇著. ――北京：中国传媒大学出版社, 2025.1.
ISBN 978-7-5657-3840-1

Ⅰ.G212

中国国家版本馆CIP数据核字第20253LB172号

视听采访与写作
SHITING CAIFANG YU XIEZUO

著　　者	曾祥敏　杨凤娇　汤　璇
策划编辑	沈　悦
责任编辑	沈　悦
封扉设计	大鹏设计
责任印制	李志鹏
出版发行	中国传媒大学出版社
社　　址	北京市朝阳区定福庄东街1号　　**邮　编**　100024
电　　话	86-10-65450528　65450532　　**传　真**　65779405
网　　址	http://cucp.cuc.edu.cn
经　　销	全国新华书店
印　　刷	北京中科印刷有限公司
开　　本	787mm×1092mm　　1/16
印　　张	34.5
字　　数	654千字
版　　次	2025年1月第1版
印　　次	2025年1月第1次印刷
书　　号	ISBN 978-7-5657-3840-1　　　　**定　价**　108.00元

本社法律顾问：北京嘉润律师事务所　郭建平